全部财政收入完成43.8亿元
全市一般公共预算收入28.7亿元
全市一般公共预算支出49.6亿元
全市固定资产投资完成171.7亿元
全社会消费品零售总额完成197.4亿元
全市各项存款余额832.2亿元
城镇居民人均可支配收入51295元
农村居民人均可支配收入21914元

霸州市迎宾道市区段　（徐凯　摄）

霸州年鉴

2022

霸州市人民政府　编

方志出版社
Publishing House of Local Records

图书在版编目（CIP）数据

霸州年鉴. 2022 / 霸州市人民政府编. —北京 ：
方志出版社, 2022.12
ISBN 978-7-5144-5539-7

Ⅰ. ①霸… Ⅱ. ①霸… Ⅲ. ①霸州－2022－年鉴
Ⅳ. ①Z522.24

中国版本图书馆 CIP 数据核字(2022)第 243842 号

责任编辑：刘方圆
责任校对：刘玉霞
责任印制：梅中英
出 版 者：方志出版社
地　　址：北京市朝阳区潘家园东里 9 号（国家方志馆 4 层）
邮　　编：100021
网　　址：http://www.zgfzcb.cn
发　　行：方志出版社图书营销中心（010-67110500）
印　　刷：廊坊市林樾印刷包装有限公司
开　　本：889 毫米×1194 毫米　1/16
印　　张：24.5
字　　数：636 千字
版　　次：2022 年 12 月第 1 版
印　　次：2022 年 12 月第 1 次印刷
定　　价：300.00 元

党史学习教育

6月21日召开市委理论学习中心组党史学习教育读书班学习会
（霸州市融媒体中心　提供）

6月28日胜芳镇中华街党支部书记为老党员代表们颁发“光荣在党50年”纪念章　　（霸州市融媒体中心　提供）

城市建设

廊坊市第四人民医院东院区综合性病房楼　（霸州市卫生和健康局　提供）

5月29日，京德高速公路霸州段建成通车　（霸州市交通局　提供）

霸州市书香苑小区　（霸州市融媒体中心　提供）

5月29日，荣乌新线高速霸州北收费站建成通车　（霸州市交通局　提供）

经济发展

4月9日，第25届中国（胜芳）全球特色定制家具国际博览会开幕式举行　（霸州市融媒体中心　提供

小仙炖霸州食品有限公司　（霸州市融媒体中心　提供）

河北土英农业科技有限公司花卉种植基地　（霸州市融媒体中心　提供）

河北海阳顺达节能玻璃有限公司　（霸州市融媒体中心　提供）

精神文明

9月30日，2021年霸州市自行车山地挑战赛举行　（霸州市教育局和体育局　提供）

胜芳花会　（霸州市融媒体中心　提供）

市民在广场舞龙　　（杜岩龙　摄）

市民休闲时光　（杜岩龙　摄）

生态环境

益津关秋韵 （刘卫华 摄）

霸州中电环保发电有限公司 （霸州市融媒体中心 提供）

霸州市金各庄路口　（张贺通　摄）

中亭河夏景　（霸州市融媒体中心　提供）

编 修 人 员

主　编：杨东伟

副主编：郑　靖

编　辑：贾国玲　谷蓬然　白俊英　刘俊杰

朱颖娜　郑丽红　郝建山

编辑说明

一、《霸州年鉴》是霸州市人民政府主办，霸州市委党史政策研究中心承办编辑的一部全面记述霸州市市情的大型综合性、资料性工具书。旨在为领导科学决策提供依据，为国内外各界人士了解和认识霸州提供新信息，为编修《霸州市志》积累史料。

二、《霸州年鉴（2022）》卷编修以马克思列宁主义、毛泽东思想、邓小平理论、“三个代表”重要思想、科学发展观、习近平新时代中国特色社会主义思想为指导，坚持辩证唯物主义和历史唯物主义的立场、观点和方法，客观翔实地记录了2021年霸州市自然和社会经济发展的基本情况。

三、《霸州年鉴（2022）》采用分类编辑法、设类目、分目、条目3个层次，条目为基本记述层次。类目的设置，大体按工作性质和社会分工相结合的原则，机构、企事业单位等排序和层次一般不表示其地位和规模。

四、《霸州年鉴（2022）》设特载、专文、专题、大事记、霸州概况、中国共产党霸州市委员会、霸州市人民代表大会、霸州市人民政府、中国人民政治协商会议霸州市委员会、中国共产党霸州市纪律检查委员会（霸州市监察委员会）、群众团体、法治·军事、综合管理、基础设施建设、农业、工业·信息产业、商贸·流通、财政·税务、金融、科技·气象、文化·卫生、教育·体育、社会生活、乡镇区办等。

五、《霸州年鉴（2022）》所采用的文稿，均由霸州市直各部门、各乡镇（开发区、办事处）相关部门专人提供，并经各供稿单位及主要领导审核。

目 录

特 载

专 文

专 题

大事记

霸州概况

中国共产党霸州市委员会

霸州市人民代表大会

霸州市人民政府

中国人民政治协商会议霸州市委员会

中国共产党霸州市纪律检查委员会霸州市监察委员会

群众团体

法治·军事

综合管理

基础设施建设

农 业

工业·信息产业

商贸·流通

财政·税务

金融

科技·气象

文化·卫生

教育·体育

社会生活

乡镇区办

特　载

霸州市人民代表大会常务委员会工作报告

——在2022年1月27日霸州市第八届人民代表大会第二次会议上

霸州市人大常委会主任　刘仰生

换届以来的主要工作

2021年7月，在市委的正确领导下，在市七届人大常委会的精心组织下，在全体人大代表的共同努力下，市八届人大一次会议圆满召开，选举产生了新一届市人大常委会、各专门委员会组成人员和“一府一委两院”领导人员，为霸州经济社会各项事业发展奠定了坚实基础。市八届人大常委会秉承和发扬历届人大常委会的优良传统，在市委坚强领导下，坚持以习近平新时代中国特色社会主义思想为指导，以全面贯彻落实中央和省、市委人大工作会议精神为契机，聚焦党委重大决策部署，聚焦人民群众所期所盼，聚焦推进治理体系和治理能力现代化，牢记使命担当，依法履职尽责，坚定推动高质量发展，为新时代全面建设经济强市、生态新城、美丽霸州做出了积极贡献。

一、强化政治引领，“两个维护”的自觉性坚定性进一步强化

常委会坚持以习近平新时代中国特色社会主义思想统揽人大工作，牢固树立政治机关意识，始终胸怀“两个大局”，心系“国之大者”，不断提高政治判断力、政治领悟力、政治执行力。

坚持党的领导，维护党的权威。常委会始终把坚持党的领导作为开展工作的根本保障，牢固树立“四个意识”、坚定“四个自信”、拥护“两个确立”、做到“两个维护”，不断强化政治担当，把准政治方向，提高政治能力。坚持党管干部和人大任免有机统一，共任免“一府一委两院”国家工作人员39人次，确保了市委人事安排通过法定程序圆满实现。市委人大工作会议和《中共霸州市委关于新时代坚持和完善人民代表大会制度 加强和改进人大工作的若干措施》为做好新时代霸州人大工作提供了遵循，指明了方向，常委会和全体代表要坚决贯彻、全面落实、认真执行，以实实在在的工作业绩推动市委各项决策部署落地见效。

加强理论学习，坚定政治方向。制定了常委会和领导班子理论学习计划，系统学习了习近平总书记在党的十九届六中全会、庆祝中国共产党成立100周年大会、党史学习教育动员大会、在承德考察调研时发表的一系列重要讲话精神、《中共中央关于党的百年奋斗重大成就和历史经验的决议》、中央、省委、廊坊市委人大工作会议精神及关于新时代坚持和完善人民代表大会制度加强和改进人大工作的一系列指导性文件，坚决做到始终在思想上政治上行动上与以习近平同志为核心的党中央保持高度一致。

抓好党史教育，确保取得实效。坚持高标

准谋划部署、高质量推进落实，持续加强学习研讨，组织多层次专题交流，常委会领导带头讲党课，从百年党史中感悟“江山就是人民，人民就是江山”的丰富内涵，深刻领会“两个确立”的决定性意义，坚决做到“两个维护”，自觉践行初心使命。继承发扬伟大建党精神，深入推进“我为群众办实事”实践活动。扎实开好党史学习教育和巡视整改专题民主生活会，共向社会各界征集到改进工作的意见建议63条，班子成员主动认领、建立台账、制定整改措施，立行立改，确保学习教育取得实实在在的效果。

二、坚持问题导向，监督的针对性实效性进一步增强

常委会坚持正确监督、有效监督、依法监督，不断创新方式方法，打好监督“组合拳”，助推全市经济社会高质量发展。

依法决定重大事项。常委会密切关注霸州经济运行态势，先后听取审议了市政府关于全市 2021 年上半年计划、预算执行情况的报告、2020 年市本级决算和全市总决算（草案）的报告、2020 年度市本级预算执行和其他财政收支情况的审计工作报告、2020 年国有资产管理情况的报告。审查批准了 2020 年市本级决算、《关于 2021 年霸州市地方政府债券收支预算调整方案（草案）的报告》，两次审查批准了《霸州市 2021 年财政收支预算调整方案（草案）的报告》，为市政府集中财力办大事和经济平稳运行提供了保证。

认真做好工作监督。按照年度工作安排，听取审议了市政府关于国土空间总体规划编制、食品安全监管、安全生产监管、退役军人服务保障体系建设、2021年度人大代表建议办理、2020年度审计查出问题整改、2021年民生实事项目完成情况等7个专项工作报告，并进行了满意度测评，测评档次均为满意。按照省委和省人大统一部署，组织省市县乡四级人大代表开展了优化营商环境、农业结构调整、地下水超采综合治理、公共医疗卫生服务四项联动监督，市法院民事执行工作联动监督和“6+1”联动监督“回头看”，有效推动了全市经济社会高质量发展。

组织开展视察调研。围绕推动市委决策部署落实和人民群众普遍关注的热点问题，组织代表对主次干道承载力提升、老旧小区改造、医疗卫生服务能力提升、学前教育普惠工程等民生实事项目开展了视察，现场实地听取部门汇报，详细了解项目进展情况和下一步计划，针对存在的问题短板，提出了意见建议。开展了大运河文化挖掘保护传承利用专题调研，充分发挥人大广泛联系群众的优势，深入走访大清河和中亭河沿线村镇群众，深度挖掘文化资源、历史底蕴，为高标准建设霸州大运河文化带，打造大运河文化美丽宜居城贡献人大智慧力量。

三、用心用情服务代表，代表主体作用进一步彰显

常委会充分尊重代表主体地位，支持和保障代表依法履职行权、积极发挥作用，把人大工作的“根”深深扎在人民群众之中。

支持保障代表履职。持续加强和改进代表服务保障工作，支持代表依法行使人民赋予的权力。进一步拓展代表参与常委会工作渠道，坚持代表列席常委会会议制度，吸纳各方面代表意见建议。及时调整各乡镇区办“人大代表联络站”设置，不断完善代表活动制度机制。按代表专业领域和岗位实际，组织参与专题调研、视察和执法检查，切实保证代表的参与权、知情权、表达权。

提升代表履职水平。制定代表培训长期规划，采取“集中与分批、线上与线下、请进来与走出去”相结合的方式，对全市各级代表和人大业务骨干开展分阶段、分批次、有针对性地培训。印发通知，要求各乡镇区办人大依托“代表联络站”和微信群、“学习强国”等网络平台，认真组织代表学习党的方针政策、法律法规和人大专业知识，注重发挥连任代表的传帮带作用，通过老代表讲述履职经历、传授经验做法、交流心得体会，引导初任代表切实增强责任意识、代表意识，着力提升履职能力水平。

注重发挥代表作用。选配具备法律、财经、城建、科技等领域专业知识的代表，同政府、高校专业人士共同组建专家人才库，参与人大重大事项决策、视察调研、学习考察等活动，为推进人大工作创新发展提供智力支持和决策参考。向全市各级人大代表特别是企业家代表以及人大系统党员干部发出倡议，号召代表们在推动全市产业发展、转型升级上发挥积极作用，充分利用企业联系广泛、资源丰富的优势，着力引进一批利于产业发展、产业链完善的优质项目，为霸州经济发展注入新动能。截至目前，共收集到意见建议 31 条，初步筛选项目 10 个。

四、夯实自身建设，履职能力和水平进一步提高

常委会树立“标准更高、规矩更严、效果更好”的工作理念，着力加强自身建设，努力打造让党放心、人民群众满意的政治机关、国家权力机关、工作机关、代表机关。

强化制度机制保障，坚持从建章立制入手规范各项工作。常委会党组制定出台了《中共霸州市人大常委会党组工作规则》，主任会议修订了《霸州市人民代表大会常务委员会主任会议议事规则》，常委会修订完善了《霸州市人民代表大会常务委员会组成人员守则》《霸州市人民代表大会常务委员会议事规则》《霸州市人民代表大会常务委员会人事任免办法》，各项工作开展进一步制度化、规范化、常态化。

常委会领导班子成员围绕市委中心工作，积极主动作为，发挥职能作用。组队赴江西南康、浙江安吉学习考察，借鉴吸收先进理念和成功做法，就推进智能制造、扶助企业上市等方面提出意见建议，为市委市政府做优做强霸州家具产业，推动传统产业上档升级提供了参考。同时，切实履行包联帮扶职责，认真做好包联乡镇工作指导，深入包联企业项目调研，走访慰问贫困户、退役军人和老党员，协调解决生产生活中遇到的问题，切实把党和政府的好政策落实到位。

各位代表！常委会工作取得的成绩，是市委坚强领导的结果，是常委会组成人员、各专委会组成人员和全体人大代表共同努力的结果，是“一府一委两院”密切配合的结果，是各乡镇人大积极协助的结果，是全市人民和社会各界大力支持的结果。在此，我代表市人大常委会，向各位代表、各有关方面，付出的辛勤劳动，给予的关心关怀，表示衷心的感谢，并致以崇高的敬意！

我们也清醒地认识到，在履职第一年，常委会工作还存在一些差距和不足，主要是：讨论决定重大事项机制有待完善，善于监督、有效监督的能力有待提高，代表议案建议办理质量有待加强，履职能力水平、自身建设有待提升。我们将虚心听取代表和各方面的意见，在今后的工作中采取有力措施，切实加以改进。

2022年的主要任务

2022年将召开党的二十大，这是党和国家政治生活中的一件大事。今年市人大常委会工作的指导思想是：在市委坚强领导下，坚持以习近平新时代中国特色社会主义思想为指导，深入贯彻党的十九大和十九届历次全会精神，全面贯彻党的基本理论、基本路线、基本方略，统筹推进“五位一体”总体布局，协调推进“四个全面”战略布局，牢牢把握稳字当头、稳中求进工作总基调，完整准确全面贯彻新发展理念，积极抢抓京津冀协同发展、雄安新区规划建设、大运河国家文化公园建设重大机遇，唯实惟先、善作善成，聚焦聚力高质量发展主题主线，突出做好产业发展和生态建设“两篇文章”，围绕建设环京津核心功能区重要节点城市、廊坊市副中心城市和京南水乡文化旅游名城，打造京津雄创新转化先行区、县域经济转型升级引领区、临空经济发展协作区、大运河文化魅力宜居城依法履职行权，更加有效地支持“干”、更加积极地改进“为”、更加精准地提升“治”、更加务实地落在“效”，推动经济社会实现更高质量、更有效率、更加公平、更可持续、更为安全的发展，为谱写新时代全面建设经济强市、生态新城、美丽霸州新篇章贡献人大力量。

（一）着力增强监督工作质效。坚持围绕中心、突出重点、增强实效，统筹运用法定监督方式，让监督更加精准、更加有效。围绕推动经济社会高质量发展，听取审议计划、预算、决算、审计报告，听取审议市政府有关专项工作报告，认真做好会前调研，并对有关专项工作进行满意度测评。围绕优化生态环境，听取审议2021年度市政府环境状况和环境保护目标完成情况的报告。落实中央有关部署，听取审议市监察委员会专项工作报告。听取审议2021年规范性文件备案审查工作情况的报告。继续就大运河文化挖掘保护传承利用开展专题调研。配合省和廊坊市人大常委会，适时开展联动监督和执法检查。

（二）着力深化拓展代表工作。密切常委会与代表、代表与人民群众的联系，把推进代表联络站建设作为实践全过程人民民主的重要抓手，进一步完善民主民意表达平台和载体，更加广泛地听取民情、反映民意、汇集民智。组织代表聚焦主题主线开展专题调研和集中视察，更好支持和保障代表依法履行职务。加强对代表议案建议办理的督办，探索建立建议办理代表评议工作机制，不断提高代表对议案建议办理的满意度。

（三）着力提升自身建设水平。牢牢把握“四个机关”定位，把政治建设摆在首位，巩固党史学习教育成果，不断增强“四个意识”、坚定“四个自信”、做到“两个维护”，持之以恒改进纪律作风，建设忠诚干净担当的高素质人大干部队伍。研究推动市委人大工作会议和市委《关于新时代坚持和完善人民代表大会制度 加强和改进人大工作的若干措施》的具体方法举措，推动全市人大工作再上新台阶。

各位代表！赓续百年奋斗路，砥砺复兴新征程。让我们在习近平新时代中国特色社会主义思想指引下，在中共霸州市委坚强领导下，勠力同心，奋勇前行，共同开创新时代霸州人大工作新局面，为新时代全面建设经济强市、生态新城、美丽霸州而努力奋斗，以优异成绩迎接党的二十大胜利召开！

政府工作报告

——2022年1月27日在霸州市第八届人民代表大会第二次会议上

霸州市人民政府市长　　田　军

2021年政府工作回顾

2021年是霸州发展史上极具挑战、极不平凡的一年。一年来，在中共霸州市委的坚强领导下，在市人大、市政协的监督支持下，我们同全市人民一道，高举习近平新时代中国特色社会主义思想伟大旗帜，认真落实中央、省和廊坊市决策部署，始终坚持发展新理念，主动适应发展新常态，积极融入发展新格局，全力稳增长、促改革、调结构、优环境、惠民生，较好地完成了各项目标任务，实现了“十四五”良好开局。

一、坚持实现“双胜利”不动摇，常态化疫情防控和经济社会发展取得新成效

始终坚持人民至上、生命至上，全面压实“四方责任”，落实“四早要求”，严格执行“十个常态化”、30项防控措施，加强“八支队伍”建设，建立七大信息化系统。全年投入疫情防控资金4859万元，圆满完成两轮全员核酸检测、重点区域五轮核酸检测，全市疫情防控形势保持平稳。在此基础上，牢牢把握发展第一要务，积极应对严峻复杂发展形势，扎实做好“六稳”“六保”工作，全力以赴保运行、稳增长，经济综合实力逐步提升。一般公共预算收入完成28.74亿元，同比增长5.3%；地方生产总值完成435.6亿元，同比增长4.1%；规上工业产值完成865.4亿元，同比增长34.2%，规上工业增加值同比增长4.6%；社会消费品零售总额完成197.4亿元，同比增长5.4%；预计城乡居民人均可支配收入同比分别增长7%和9%。

二、坚持推进开放发展不动摇，重点领域实现新突破

协同发展迈出重要步伐。签约引进亿元以上产业项目62个，其中京津项目13个，占比21%；在谈亿元以上产业项目122个，其中京津项目51个，占比41.7%。成功引进了投资12亿元的中关村协同发展大健康产业园和投资5.6亿元的河北住工装配式建筑构件两个非首都功能疏解项目。借势雄安联动发展全面提速。编制完成“十四五”规划及6个配套专项规划，制定出台《霸州市服务支持雄安新区规划建设2021年度重点工作台账》，国土空间规划编制取得决定性成果。荣乌新线一期、京德高速及霸州连接线建成通车，京雄城际、津兴铁路、R1线项目有序实施。柏思诺家具有限公司成功入驻雄安新区，与雄安新区自贸区跨境电子商务实验区达成战略合作，为开拓雄安市场打造了重要桥梁。大运河文化保护传承利用工作顺利推进，大运河系列规划初稿全部完成。参照雄安新区防洪体系标准，对蓄滞洪区安全区进行加固，完成全市河渠、堤防、主要扬水站和中小型水闸检修工作。园区能级持续提升。人事和薪酬体制机制改革纵深推进，开发区“二次创业”由破题开路进入实质推进阶段。裕华西道景观提升、码扬路改造等一批基础设施建设加快实施，胜芳金属玻璃家具产业园老旧工业区改造工程有序推进。全年开发区营业收入完成1349.6亿元，同比增长13%。对县域发展支撑作用进一步增强。项目建设取得实效。争列省、廊坊市重点项目31个，总投资327.5亿元，当年投资完成率分别达到177%和159%，项目数量、开工率和投资完成率均居廊坊前列。举办重点项目集中开工活动4次，开工项目31个、总投资119.2亿元。骧程智慧建筑装饰基地、维龙软通智慧产业园等一批高质量产业项目加快建设。

三、坚持供给侧结构性改革不动摇，产业素质再上新水平

传统产业加速转型。加强顶层设计，出台了《霸州市鼓励企业转型升级加快项目建设优惠政策（试行）》。全年净增规上工业企业37家，列入省级“千项技改”项目27个，申报产品地方标准1项。成功举办两届特色定制家具国际博览会，交易额达315亿元。创新驱动深入实施。全市新增高新技术企业39家，科技型中小企业475家，市级以上“专精特新”企业8家。新培育工业设计中心项目1个，市级以上研发平台达到71家。成功获批河北首个国家级（家具）知识产权快速维权中心。现代服务业持续壮大。制定了《霸州市“十四五”时期现代服务业规划》，全年新增规上服务业企业7家，限上贸易企业14家。拥有省级电商示范基地1个，省级电商示范企业3家。“淘宝镇”数量位居全省第一，“淘宝村”数量位居全省第三、廊坊第一。农业发展提质增效。粮食播种面积达45.9万亩，总产量18.7万吨。休闲食品加工产业集群，入选“河北省农村产业融合十大典型案例”。全市农业龙头企业增至17家，其中国家级1家、省级6家。新增地理标志产品1项。4家企业成功申报河北省食品产业强县项目。鑫地美农业科技产业园被评为省四星级休闲农业采摘园。

四、坚持统筹城乡发展不动摇，新型城镇化展现新面貌

城市更新步伐不断加快。制定了《霸州市城市更新实施方案》，与中铁集团正式签订《霸州市城市更新项目战略合作框架协议》。实施了东环路改扩建及雨污分流排水管网改造工程，完成市区19条道路、68.9公里雨污管网建设任务。启动城中村改造项目2个。完成老旧小区改造21个，惠及居民720户。供热平台建成投用，覆盖小区68个。建设停车泊位1560个。廊泊线绕城工程进展顺利，完成中亭河北13公里路面铺筑和中亭河、何家堡两座大桥建设。全域供水管网改造升级和污水管网全覆盖工程扎实推进，关停自备井80眼。乡村振兴战略深入实施。巩固拓展脱贫攻坚成果，脱贫人口人均纯收入达18025元，同比增长13.4%。全市农民合作社达1177家，家庭农场135家，农业生产托管服务面积42万亩次，完成16.5万亩农村土地经营权流转。发放惠农补贴5210万元。突出抓好9个省级美丽乡村创建工作，完成42个项目和3800户美丽庭院建设，申报省级美丽乡村精品示范村2个。全市农村厕所粪污无害化处理和综合利用基本实现全覆盖，规模养殖场粪污处理设施配套率达100%。

五、坚持环境建设不动摇，县域发展优势得到新提升

营商环境进一步优化。全面落实“助企纾困”政策，累计发放纾困基金24.25亿元，惠及企业89家。深入开展“走千企、访万家、解难题、促发展、暖企纾困”大走访活动，走访企业和个体工商户2.3万家，立行立办解决问题1141个，协调部门短期办结问题771个。全市依申请政务服务事项实现80%“最多跑一次”、100%网上可办。全面推行企业开办“全程网办、一日办结”，审批时间压减至7个工作小时。落实生态环境监管正面清单制度，6个重点项目，38家重点企业通过省正面清单动态管理系统审核。生态环境进一步提高。全年PM2.5平均浓度41微克/立方米，同比下降14.58%，下降率排名廊坊第2；优良天数达259天，同比增加25天。完成大清河流域污水处理设施扩容、污水处理厂提标改造等工程。国、省控河流断面达到地表水四类水质标准，城区水源地全部达到或优于三类水质标准。建立土壤环境隐患排查制度，完成9家土壤污染企业隐患排查整治和101个村庄生活污水无害化治理工作。社会环境进一步改善。深入开展安全生产专项整治三年行动，累计检查企事业单位1.1万家次，发现隐患2.2万个，整改率100%。切实保障食药安全，全年查办食品类案件659起、药品类案件239起。强化社会治安管理，刑事案件和电信诈骗案件立案数量同比分别下降7.8%和44.4%。完成286个小区智能感知前端建设。

六、坚持以人民为中心不动摇，群众美好生活迈上新台阶

社会保障不断完善。全年社会保障投入10.6亿元。城镇新增就业6825人，下岗失业人员实现再就业733人，城镇登记失业率控制在2%以内。严格落实社会救助兜底保障政策，累计发放低保专项资金2447.7万元，散居特困人员补助金1477.4万元、残疾人补贴898.8万元。全市累计新增养老床位200张，20个社区全部建成日间照料间。城乡教育扎实推进。市一小新建教学楼、市二小改造等17个项目竣工投用，城区九年一贯制学校、市二幼改造等30个续建、新建项目加快推进。市二小被命名为“北京冬奥会和冬残奥会奥林匹克教育示范学校”。全年教育投入完成13.4亿元，占全部民生支出的36%。医疗条件持续改善。全力推进“健康中国霸州行动”，有序开展基层公共医疗服务惠民工程，廊坊四院、霸州三院医共体体系框架建设基本完成，廊坊四院二病区、霸州三院和霸州镇卫生院迁建工程竣工投用。文化事业繁荣发展。成功举办第十六届农民文艺汇演，完成“七进”文化惠民演出213场。胜芳镇（花灯）被命名为“中国民间文化艺术之乡”，牤牛河历史文化公园被评为国家AAA级旅游景区，荣获省“秀美河湖”称号。

过去的一年，我们深入学习宣传贯彻党的十九届六中全会精神，扎实开展党史学习教育和“四史”宣传教育，弘扬伟大建党精神，坚决捍卫“两个确立”，自觉增强“四个意识”、坚定“四个自信”、做到“两个维护”。全面推进政务公开工作，政务公开考核综合评分位列廊坊第一，霸州市人民政府连续11年被评为廊坊政务公开优秀单位。主动接受人大法律监督、工作监督和政协民主监督，人大代表建议和政协提案全部按时办复。深入推进党风廉政建设和反腐败斗争，政府职能和作风加快转变。国防动员扎实开展，退役军人服务保障工作不断加强，获得省级双拥模范城“五连冠”。同时，审计统计、人民防空、妇女儿童、工会、气象、档案、残疾人等各项事业均取得新成绩。

各位代表，成绩的取得，是中共霸州市委总揽全局、坚强领导的结果，是市人大、市政协监督支持、积极参与的结果，是全市人民和社会各界团结一心、奋力拼搏的结果。在此，我代表市政府，向全市人民，向人大代表、政协委员，向各民主党派、人民团体和各界人士，向驻霸解放军、武警官兵、政法干警和中省直驻霸单位，向所有关心支持霸州发展的朋友们，致以崇高的敬意和衷心的感谢！

各位代表，我们也清醒地认识到，政府工作中还存在许多短板和不足：新旧动能转换还不快，传统产业占比依然偏高，战略性新兴产业和现代服务业尚未形成有效支撑，转型升级任重道远；在用足用好协同发展重大机遇上还需进一步精耕细作，霸州蕴含的发展潜力还有待充分释放；生态治理、减污降碳、化解风险等任务依然较重，营商环境存在短板，服务企业意识有所欠缺，资源环境等要素制约仍需下大力气破解；民生领域还有欠账，市政基础设施、公共服务水平与人民日益增长的美好生活需要相比，都还有较大差距；依法行政意识淡薄，法治思维和法治观念欠缺，依法行政主体责任落实不到位。这些问题，都需要我们在今后的工作中认真加以解决。同志们，当前霸州已经到了“退无可退、背水一战”的关键当口，我们必须牢固树立“一日无为、三日难安”的责任意识，以奋起直追的志气勇气、永不懈怠的精神状态、扎实务实的工作作风，忠诚尽职，迎难而上，跨越发展。

2022 年工作安排

2022 年是党的二十大召开之年，也是落实省第十次党代会和廊坊市第七次党代会精神的开局之年，做好今年工作意义重大。

今年政府工作的总体要求是：坚持以习近平新时代中国特色社会主义思想为指导，深入贯彻党的十九大和十九届历次全会精神，全面贯彻党的基本理论、基本路线、基本方略，统筹推进“五位一体”总体布局，协调推进“四个全面”战略布局，牢牢把握稳中求进工作总基调，完整准确全面贯彻新发展理念，积极抢抓京津冀协同发展、雄安新区规划建设、大运河国家文化公园建设重大机遇，唯实惟先、善作善成，聚焦聚力高质量发展主题主线，突出做好产业发展和生态建设“两篇文章”，围绕建设环京津核心功能区重要节点城市、廊坊市副中心城市和京南水乡文化旅游名城，打造京津雄创新转化先行区、县域经济转型升级引领区、临空经济发展协作区、大运河文化魅力宜居城，推动经济社会实现更高质量、更有效率、更加公平、更可持续、更为安全地发展，不断增进民生福祉、倾力打造法治政府、保持社会和谐稳定，谱写新时代全面建设经济强市、生态新城、美丽霸州新篇章，以优异成绩迎接党的二十大胜利召开。

落实好霸州市第八次党代会精神，推进经济社会高质量发展，我们将紧紧围绕打造“一市、两中心”，做实做好十项重点工作。

一、在高质量发展上实现新突破，打造廊坊南部经济副中心

把握协同发展机遇，融入京雄同城发展。强化规划对接。全力推进国土空间总体规划编制工作。做好雄安新区管控区乡镇国土空间规划、重点功能规划和村庄规划。加快编制京雄高铁沿线村庄规划。强化产业对接。争取中关村等专业园区在我市设立特色产业创新中心、孵化器，吸引雄安新区配套产业、北京非首都功能疏解在霸州布局，加快形成“京津雄研发、霸州孵化转化”格局。突出抓好中关村协同发展大健康产业园和河北住工装配式建筑构件两个项目，做好开工保障；大力推进投资 6 亿元的国科京南智慧谷项目，促其尽快落地。强化生态对接。深化大气污染联防联控，大力推进水系连通及农村水系综合整治。抓好白洋淀流域生态环境治理和保护，加强白洋淀流域 8 个入河排污口企业监管，确保排放水质达标。强化交通对接。坚决保障 R1 线等重大轨道交通建设条件，深度谋划与雄安新区市政道路互联互通，重点推进 112 国道环境综合治理改造提升、京德高速连接线亮化绿化、京雄高铁霸州北站广场道路等工程。

抓紧抓实项目投资，增强持续发展动力。巩固拓展“产业项目倍增行动”成果，推进项目建设提质增效，力争全年谋划运作 5000 万元以上项目 200 个，其中，实施建设亿元以上项目力争达到70个，新开工亿元以上项目不少于35个。全力推进重点产业项目，确保投资13.5亿元的丰厨中央厨房、投资10亿元的骥程智慧建筑装饰基地、投资26.2亿元的宝亨高档家电板、投资6亿元的科信日月光半导体封测等4个重点项目年内开工。加快推进重点谋划项目，力促投资100亿元的双铁联动TOD项目，投资70亿元的华北油田霸州矿区改造项目，投资15亿元的梅花股份有限公司达恒智慧工业物流园，中国农业大学院士工作站，国家电投集团新能源氢电生产等项目取得实质性进展。

纵深推进创新驱动，释放经济发展动能。培育壮大科技创新主体，建立健全“科技型中小企业—高新技术企业—科技领军企业”梯度培育机制，完善覆盖企业从初创、成长到壮大各个阶段的支持体系。积极帮助企业申报省市技术改造、“专精特新”等各项奖补资金。力争2022年新增国家级高新技术企业15家，入选省级“千项技改”项目10个以上，新增廊坊市级“专精特新”企业5家以上。做大做强创新创业平台，积极引进京津优质创新资源，推动产学研用深度融合，支持域内企业与京津高校、科研院所共建一批新型研发机构、企业技术创新中心。深入开展“两化”融合，积极推进霸州市产业工业互联网平台建设，鼓励和引导企业加快电子信息技术步伐，实现“企业上云”20家以上。扎实推动精品车间建设，继续推进工业设计“入企进园”工作，年内新增廊坊市级工业设计中心1个。

提升园区发展能级，做优产业发展平台。加快推进老旧工业小区改造。编制全市改造专项规划，尽快与山东土地发展集团、上海房德集团等企业签订合作协议，做好项目立项、土地预审、规划设计等前期手续，适时启动征迁、拆建工作。完善配套服务。重点抓好总投资13.6亿元的高新技术产业园基础设施建设工程、总投资9.8亿元的胜芳产业园标准化厂房工程和总投资1.3亿元的津港道管网及道路工程，持续推进开发区食品检测共享实验室建设，确保尽快投用。继续深化改革。在完成全员聘任制基础上，以争创国家级开发区为目标，细化量化绩效考核管理。制定《创建国家级开发区五年行动方案》，对标商务部5类30项考核指标，逐个研究达标举措，为争创国家级开发区打好基础。

二、在新型城镇化上实现新突破，打造廊坊南部城市副中心

扎实推动城市更新，夯实服务发展载体。突出抓好基础设施改造提升。持续推进东环路、朝阳路、泰安路等5条市政道路建设，谋划实施市区排水泵站新建、改造工作。突出抓好城市更新。开展城市体检工作，完善城市更新区块、地块划分，加强老城区城市设计，摸清试点区域底数，核算更新区域成本，启动试点片区建设。突出抓好投资1.3亿元的老旧小区改造工程，力争完成33个老旧小区、106栋住宅楼改造任务。完善停车设施布点布局，建设公共停车位1200个。持续规范房地产市场，解决好办证难、入住难等房地产开发遗留问题。全面提升城市精细化管理水平，打造一批特色风貌街区。探索推进城市网格管理模式，构建城市管理“一张网”。开展马路市场退路进店行动，全面取缔占道经营。探索实践城市信息模型、数字城管二维码、“互联网+”等应用，建立城市管理快速处置机制，加快建设“智慧城管”。

落实乡村振兴战略，加快补齐短板弱项。持续推动巩固脱贫攻坚成果同乡村振兴战略有机衔接，扎实开展“百企兴百村”行动，促进强村富民。不断深化农村集体产权制度改革，逐步规范乡村治理机制，加强农村集体资金、资源、资产管理。发展新型农业经营主体，加大家庭农场、农民专业合作社示范创建力度，加快培育农业社会化服务组织。推进农业结构战略性调整，落实藏粮于地、藏粮于技战略，稳定粮食综合生产能力，全面加强“菜篮子”工程建设，保障好初级产品供给；支持农产品加工企业、种植养殖合作社等主体申报省级以上名牌产品，积极争取高产创建、农村清洁能源等强农惠农项目，建成1～2个省级现代农业示范区、2～3个市级示范区。扎实开展城乡环境综合整治，全力实施城乡基础设施改造提升、城乡环境秩序整治等“四大集中行动”，重点推进23项重大工程，突出抓好全域供水管网改造升级和污水管网全覆盖工程，确保全市三分之二以上村街完成“农村五清三建一改”任务，农村基本实现卫生厕所和粪污资源化利用全覆盖，村庄绿化率达到35%以上。完成全市20%村庄美丽乡村建设工作，争创省级美丽乡村15个，打造示范典型。

三、在环境建设上实现新突破，打造宜居宜业典范城市

持续优化营商环境，鼓励民营“二次创业”。完善产业发展政策，明确行业领域鼓励类、限制类、淘汰类条目，指明行业转型升级方向，盘活低效用地、投入高效领域。完善民营企业上市、民营企业家培训、县域特色产业集群、民营企业引才引智、民营企业突出贡献等奖补机制，激发民营经济创造力。研究制定产业、产品、监管、服务四大标准，实行企业和行业“黑名单”制度，以标准化提高核心竞争力。深入开展“政银企保”对接，精准拆圈解链。将资源要素保障向承担转型升级任务的重点龙头企业倾斜，全力支持前进、兆建、胜宝、宏升、柏思诺、华盛实业、三钢科技、金彪玻璃、青朗科技等一大批企业改造升级、转型转产、二次创业，打造新的经济增长点。强力推进“放管服”改革。深化市场准入、商事制度改革，统筹推进“互联网＋监管”。进一步提高行政审批效率，完善工程建设项目联合验收机制，推进信息共享，做实“一网通办”。持续抓好“证照联办”改革，切实降低企业成本。构建“亲清”新型政商关系，依法保护各类市场主体产权与合法权益，规范行政执法行为，扎实开展规范乡镇执法专项行动，严厉查处和坚决杜绝乱收费、乱罚款、乱摊派等违规违纪违法行为。深入开展“走千企、访万家、解难题、促发展、暖企纾困”大走访活动，切实帮助企业解决难点、卡点问题。

持续优化生态环境，提高城市宜居水平。聚焦打造京津冀生态环境支撑区，坚持减污降碳修复协同发力，进一步做优环境质量、做大生态容量。打好蓝天保卫战，持续强化企业污染深度治理、扬尘污染管控、机动车污染防治和重污染天气协同防控等领域的治理管控，减少污染物排放总量。打好碧水保卫战，严格落实河长制，加大巡查检查力度，及时封堵非法排污口。强化重点河流管控，有序推进水系生态环境综合整治；扎实做好地下水超采综合治理、引江水消纳、生态补水等工作。打好净土保卫战，严格耕地分类管控和建设用地土壤污染风险管控，加快农村生活污水治理等工程进度，确保空气质量持续改善、流域水质稳步提升、土壤环境安全稳定。加快制定碳达峰、碳中和实施方案，深化工业、农业、建筑、交通等重点领域节能，大力推广简约适度、绿色低碳生活方式，严控传统高耗能和产能过剩行业新上项目，鼓励重点用能企业开展节能改造。抓好污水处理费和垃圾处理费征缴工作，引导树立“谁污染谁缴费、谁排放谁缴费”的正确观念，切实增强全社会环保意识。

持续优化社会环境，做好安全稳定保障。强化底线思维、树牢风险意识，全力以赴抓安全、保稳定。毫不放松抓好疫情防控，严格落实“十个常态化”、30项防控措施，筑牢“外防输入、内防反弹”防线。继续做好违法用地整改工作，消除历史违法用地，遏制新增违法用地。守住不发生区域性系统性风险底线，深入开展金融、房地产、企业债务等领域风险隐患排查整治，提升突发事件应急处置能力。强化社会面安全管控。继续推动安全生产专项整治三年行动和重点领域安全隐患“清零行动”，突出抓好食品药品、校园安全隐患排查。健全社会治安防控体系，推进常态化扫黑除恶专项斗争，全力打好禁毒严打整治攻坚战。做好重要会议、重大活动安保维稳工作，聚焦全国“两会”、北京冬奥会和冬残奥会、党的二十大等重要会议活动，超前行动、周密部署，拱卫首都安全。

持续优化民生环境，切实增强群众获得感。坚持量力而行、尽力而为，高质量实施一批民生工程和民生实事。继续实施积极就业政策，保持就业稳定。进一步推进社会保障制度改革，切实提高各项社会保险覆盖率。抓好星级养老机构培育工作，持续开展养老院服务质量建设专项行动。完善社会救助工作机制，有效解决困难群众突发问题。加大教育支持力度，确保教育投入只增不减，年内重点推进16个中小学迁改扩建项目建设。扎实做好省教育评价迎检工作。规范民办教育，确保民办中小学学生人数占比控制在5%以下。加强医疗卫生体系建设，纵深推进医联体、康复医疗中心、基层公共医疗服务惠民等工程，抓好市二院迁建、廊坊四院老院区改造项目。持续实施文化惠民工程，探索网上公共文化服务新途径，依托“文化云”APP、微信公众号等数字平台，创新开展文化活动。

2022年，霸州市政府将严格落实依法行政主体责任，倾力打造法治政府，为全市经济社会高质量发展提供法治支撑。一是牢牢坚持依法决策，始终保持正确工作方向。全面正确履行职责，把公众参与、专家咨询、风险评估、合法性审查和集体讨论决定，作为决策的必经程序。建立健全重大决策跟踪反馈和评估制度，依据效果对决策进行适时调整和完善。二是规范行政执法行为，确保决策执行不出偏差。对行政执法环节、步骤进行具体规范。建立监督检查记录制度，加强行政执法案卷评查。严格落实行政执法主体资格合法性审查制度，抓好执法人员岗前培训。完善纪律约束机制，加强行政执法人员思想建设、作风建设，确保严格执法、公正执法、文明执法。三是健全行政监督体系，确保权力在制度框架下运行。自觉接受人大监督、政协的民主监督和司法机关依法实施的监督，更加注重接受社会舆论和群众监督。完善群众举报投诉制度，依法保障群众对行政行为实施监督的权利。认真调查、核实群众举报、新闻媒体反映的问题，依法做出处理，对社会影响较大的问题，及时将处理结果向社会公布。

同志们，机遇承载使命，挑战考验担当。让我们紧密团结在以习近平同志为核心的党中央周围，在省、廊坊市和中共霸州市委的坚强领导下，以高度负责的敬业精神、锐意进取的务实举措、干事创业的责任担当，攻坚克难、负重奋进，不断开创新时代全面建设经济强市、生态新城、美丽霸州新局面，以优异成绩迎接党的二十大胜利召开！

中国人民政治协商会议
霸州市第八届委员会常务委员会工作报告

——在政协霸州市第八届委员会第二次会议上

（2022 年 1 月 26 日）

换届以来，在中共霸州市委的坚强领导下，市政协常委会紧紧团结和依靠带领全体政协委员，认真学习贯彻习近平新时代中国特色社会主义思想，牢牢把握团结和民主两大主题，紧紧围绕全市工作大局，坚持发扬民主和增进团结相互贯通、建言资政和凝聚共识双向发力，不断提高政治协商、民主监督、参政议政水平，为助推霸州高质量发展展现了政协新作为。

一、突出理论武装，团结奋斗的思想政治基础进一步夯实

坚持以党的创新理论武装头脑、指导实践、推动工作，坚决拥护“两个确立”，自觉做到“两个维护”。

不断夯实理论基础，筑牢思想政治根基。始终把学习贯彻习近平新时代中国特色社会主义思想放在首要位置。认真学习贯彻习近平总书记“七一”重要讲话、中共十九届六中全会精神及省市委会议精神，深刻领会习近平总书记关于加强和改进人民政协工作的重要思想，统筹安排党组理论学习中心组带头学、主席会议集体学、常委会会议专题学、机关支部日常学等各种学习形式，不断丰富学习体系，做到学深、研新、干实，切实把思想行动统一到党中央决策部署上来，把工作重点聚焦到市委工作要求上来。

大力推进党的建设，提供坚实组织保障。始终以党的领导统揽工作全局，不断强化自身建设。模范遵守党章和政协章程，严格按照党的制度和规矩办事。充分发挥政协机关党组织的战斗堡垒作用，认真抓好宣传思想、意识形态等工作，推动党内政治生活严肃开展。开展积极健康的思想斗争，不断纯洁思想、壮大队伍，有效提升了服务委员和群众的水平，不断增强政协的影响力和战斗力。

扎实开展党史教育，坚守初心牢记使命。始终把“四史”学习与学习人民政协史、统一战线史融会贯通，切实做到明礼增信、崇德力行。认真开展学习研讨，不断丰富拓展学教形式，通过聆听宣讲，开展“政协大讲堂”专题辅导等形式，培训委员 1000 多人次，做到了学有所获、学有所悟、学有所成。扎实开展“我为群众办实事”活动，聚焦人民群众急难愁盼问题，开展调研、提出建议、助推落实，以实际行动推动党史学习教育走深走实。

二、突出围绕中心，助推高质量发展的作用充分彰显

坚持聚焦全市中心工作，积极为霸州高质量发展贡献政协智慧。

以全会协商为平台，全力助推高质量发展。发挥全会协商的龙头作用，不断优化政治协商格局。八届一次全会期间，引导全体委员着重围绕政府工作报告和其他几个报告，通过分组讨论、大会发言、专题议政等形式认真开展协商讨论。提交事关霸州高质量发展提案 68 条，充分体现了政协组织、政协委员心系霸州高质量发展的情怀。

以视察调研为载体，提高协商议政水平。发挥视察调研作为履行职能的基础环节作用，紧扣市委、市政府关注、人民群众关心的问题，围绕扎实推进乡村振兴、提升疫情防控能力等6项工作进行了实地视察调研和对口协商。围绕“民营经济二次创业”，在政协机关和全体委员中广泛开展“我为霸州高质量发展献一策”活动，积极开展考察调研和专题协商，切实为霸州发展添助力、增合力。

以提案办理为抓手，扩大参政议政视野。发挥提案作为参政议政的重要渠道作用，不断完善提案征集、审查、立案、转办、督办和反馈机制。遵从数量服从质量的原则，针对《壮大高端高新产业发展》《城区供暖问题》等10件重点提案进行了督办，推进了部门工作，为市委、市政府决策汇聚了人民智慧。

三、突出履职为民，人民政协为人民的实践不断丰富

坚持紧扣关系人民群众获得感、幸福感、安全感的实际问题献计出力，不断增进人民福祉。

倾情助力中心工作，完成交办任务。主席会议成员以身作则，按照市委的总体部署，积极投身疫情防控、项目建设、招商引资等全市中心工作；积极配合省市政协“六送下乡”和驻点帮扶活动，结合实际情况，采取有效措施，理顺群众情绪，化解社会矛盾，维护群众正当利益，高质量完成包联任务目标，努力把好事办好、把实事办实。

扎实做好文史工作，存史资政育人。坚持亲历、亲见、亲闻的原则，编辑出版《霸州文史资料》，以宣传推介优秀历史文化为重点，积极挖掘、抢救、保护地方文化史料。精心组织庆祝中国共产党成立100周年系列主题活动，积极推进文化事业，讴歌时代精神，不断巩固各党派团体和社会各界人士团结奋斗的共同思想政治基础。

积极投身疫情防控，体现责任担当。围绕夺取统筹疫情防控和经济社会发展双胜利，全市政协组织和政协委员积极投身疫情防控，捐款捐物，建言献策，共捐款30多万元，捐赠防疫物资2万余件，反映社情民意6篇，提出建议13条。就做好“六稳”工作、落实“六保”任务等开展协商议政，助力经济社会长期向好发展，在战“疫”大考中，展现政协情怀，交出政协答卷。

四、突出双向发力，同心发展的正能量有效汇集

坚持大团结、大联合方针，不断增进包容、凝聚力量，团结民主氛围日益浓厚。

充分发挥统一战线组织功能。进一步加强同各民主党派、工商联、无党派人士和各人民团体的联系与合作，通过党组成员走访、全委会座谈等形式，主动征求对政协工作的意见建议。积极邀请民主党派、工商联、无党派人士、人民团体参加政协调研、视察、专题协商等履职活动，充分发挥参政议政作用。积极推荐非中共政协委员参加党委、政府部门的监督评议工作，为他们履职建言创造良好条件。

广泛凝聚社会各界共识。在委员履职活动中积极宣传中央大政方针和重要决策，宣传市委、市政府为推动经济转型和高质量发展采取的有力措施、取得的积极成效，引导社会各界准确把握霸州发展的“时”与“势”，增强贯彻中央决策和省市委部署的政治自觉、思想自觉、行动自觉。建立主席会议成员谈心谈话制度，不定期与政协常委、委员开展谈心谈话，耐心细致做好求同存异、聚同化异工作。

积极开展对外联谊合作。协助廊坊市政协围绕“加强学前教育”“社区居家养老”“农村人居环境整治提升”等6项课题开展联动调研，形成建议18条。

五、突出队伍建设，政协委员和机关干部履职能力持续提升

坚持加强“四种能力”建设，大力改进工作作风，不断提高整体工作质量和水平。

强化委员责任担当。落实“懂政协、会协商、善议政、守纪律、讲规矩、重品行”的要求，教育引导委员把“两个维护”作为责任担当的首要任务，在政治立场上毫不动摇、政治原则上毫不动摇。加强委员履职管理，建立委员履职档案，不断加大委员履职情况统计评价力度。制定完善委员活动计划，积极为政协委员搭建为国履职、为民尽责平台，不断扩大委员参与调研、视察、检查、座谈等活动覆盖面。

加强机关干部队伍建设。牢牢把握政协机关的政治责任，坚持对机关干部从严教育、从严要求、从严管理、从严监督，营造风清气正的机关政治生态。激励机关干部科学干事、精准干事、廉洁干事。践行“文经我手无差错，事交我办请放心”等工作理念，加强岗位练兵，强化业务培训，积极开展机关特色文化活动，提高了机关干部业务能力和政协机关服务效能。

各位委员，这些成绩的取得，是市委坚强领导的结果，是市人大、市政府和社会各方面大力支持的结果，是政协各级组织和广大政协委员共同努力的结果。在此，我代表市政协常委会向大家致以崇高的敬意和衷心的感谢！

同时，我们也清醒地认识到，工作中还存在不少薄弱环节。主要是调研协商的质量效果有待进一步提高，凝聚共识的载体还需进一步丰富，委员责任担当还需进一步强化。我们将在今后的工作中切实加以改进。

2022年工作安排

2022年市政协工作的总体要求是：坚持以习近平新时代中国特色社会主义思想为指导，深入贯彻党的十九大和十九届历次全会精神，全面贯彻党的基本理论、基本路线、基本方略，牢牢把握稳中求进工作总基调，完整准确全面贯彻新发展理念，积极抢抓京津冀协同发展、雄安新区规划建设、大运河国家文化公园建设重大机遇，唯实惟先、善作善成，聚焦聚力高质量发展主题主线，突出做好产业发展和生态建设“两篇文章”，围绕建设环京津核心功能区重要节点城市、廊坊市副中心城市和京南水乡文化旅游名城，打造京津雄创新转化先行区、县域经济转型升级引领区、临空经济发展协作区、大运河文化魅力宜居城，积极引导政协各参加单位和各界别人士，提升建言资政的质量，提升参政议政的水平，提升民主监督的实效，为谱写新时代全面建设经济强市、生态新城、美丽霸州新篇章贡献政协力量。

一、把深化创新理论武装摆在首位，始终保持正确的政治方向

坚持以习近平新时代中国特色社会主义思想为指导，深入学习中共中央的重大决策部署和习近平总书记重要讲话精神，始终同党中央保持高度一致。深入学习贯彻习近平总书记关于加强和改进人民政协工作的重要思想，认真落实省、市委关于加强新时代政协工作的各项安排部署，增强做好新时代政协工作的使命感和责任感，不断开创政协工作新局面。

二、把服务市委中心工作作为重点，为推动霸州高质量发展积极建言献策

紧紧围绕全市中心工作，深入调查研究、积极协商建言。紧紧围绕全面推进乡村振兴、实施新型城镇化发展战略、构建现代生态体系等方面建言献策，推动经济社会持续健康发展。坚持“以人民为中心”的发展理念，围绕实现高质量就业、提升社会治理水平等方面的决策部署，加强民主监督，推动各项政策措施有效落实。

三、把广泛凝聚共识作为中心环节，增进团结汇聚正能量

深入宣传阐释党的路线方针政策和省市委的重大决策部署，增进理解认同，促进各族各界团结、和睦，不断铸牢中华民族共同体意识。支持各民主党派、工商联和无党派代表人士在政协履行职能中充分发挥作用。建立完善市政协专委会与市民主党派联合开展视察调研、共同承担协商议题的长效机制。充分发挥政协联系广泛、人才荟萃、智力密集的优势，深入开展"引企入霸、委员行动""乡村振兴、委员行动"，动员广大政协委员为霸州改革发展添动力、增合力。

四、把提升履职能力作为重要抓手，着力加强政协自身建设

深入贯彻落实中央办公厅《关于加强和改进新时代市县政协工作的意见》精神，制定我市意见，落细工作举措，健全配套制度，推动各项任务落地见效。加强学习培训，丰富履职活动，提升委员履职能力。加强委员服务管理，健全履职情况统计。提升政协服务大局、服务委员的能力，打造有所作为的干部队伍。

各位委员、各位同志，虎步奔腾开胜景，春风浩荡展宏图。让我们紧密团结在以习近平同志为核心的党中央周围，高举中国特色社会主义伟大旗帜，在中共霸州市委的正确领导下，坚定信心、乘势而上，团结和凝聚社会各界力量，为全力谱写新时代霸州高质量发展新篇章做出新的更大贡献。

霸州市人民检察院工作报告

——2022 年 1 月 27 日在霸州市第八届人民代表大会第二次会议上

霸州市人民检察院检察长　潘建忠

过来的主要工作

市八届人大一次会议以来，市检察院在市委和上级检察机关的坚强领导下，在市人大及其常委会的有力监督下，在市政府、市政协及社会各界的关心支持下，认真学习贯彻党的十九大和十九届历次全会精神，全面贯彻习近平法治思想，为新时代建设经济强市、生态新城、美丽霸州贡献了检察力量。

一、聚焦中心任务，强化使命担当，努力扛起服务大局的政治责任

提高政治站位，服务保障重大决策部署。紧扣“三件大事”，围绕市委“十四五”规划，充分履行检察职能。与天津静海区检察院等七地检察机关召开“服务‘六稳’‘六保’，助力京津冀协同发展”远程视频研讨会，共同研讨整治中重型货车交通肇事措施，会签了《进一步发挥检察职能作用，治理中重型货车交通肇事倡议书》。提起公诉帮助网络信息犯罪、电信网络诈骗等新型犯罪案件 29 件 36 人；办理的章某某诈骗、妨碍信用卡管理案件被河北省检察院评为典型案例。提起公诉食品药品安全案件 15 件 18 人，非法占用农用地案件 3 件 4 人，侵犯公民个人信息案件 3 件 3 人。提起公诉“问题楼盘”合同诈骗案件 10 件 13 人，有力维护了 1000 余名受害人的正当权益。提起公诉破坏环境资源案件 13 件 25 人，追回生态赔偿资金 400 余万元。提起公诉拒不支付劳动报酬案件 4 件 5 人，为 600 余名农民工追讨欠薪 890 余万元。加强与纪检监察机关的协作配合，协力扎牢制度的“笼子”，提起公诉职务犯罪案件 1 件 1 人，为国家挽回经济损失 286 万元，对净化霸州政治生态环境起到了促进作用。

促进企业合规经营，护航民营经济发展。依法办理重大责任事故案件 5 件 6 人；提起公诉假冒注册商标等侵犯知识产权案件 6 件 12 人。对民营企业经营管理者涉罪案件，坚持“少捕慎诉慎押”，依法解除羁押强制措施 3 人，不起诉 3 人。走进思凯家具、三强金属制品等包联企业“问需于企”，宣讲检察机关服务民营企业政策和措施，当好民营企业“护航员”“服务员”。

服务疫情防控大局，落实常态化防控责任。切实负起新冠肺炎疫情防控的政治责任，抽调 58 名干警组成以党员为主体的疫情防控志愿者服务队，深入包联小区，投身疫情防控，全力营造联防联控、人心安定的疫情防控格局。积极运用云提审、云阅卷等智慧检察成果，依法从快从严惩治妨碍疫情防控、扰乱市场秩序、影响社会稳定的刑事犯罪，成功办理了肖某某涉疫诈骗案件。

二、聚焦社会治理，履行检察职能，努力扛起维护稳定的法治责任

充分发挥检察职能，维护国家政治安全。密切关注国家安全、社会稳定、人民安宁等突出问题，始终保持对严重刑事犯罪的高压态势，努力维护国家政治安全和社会稳定。受理公安机关提请批准逮捕各类刑事案件 369 件 461 人；批准逮捕 259 件 307 人。受理审查起诉各类刑事案件 507 件 691 人，提起公诉件 419 件 560 人。为维护霸州社会稳定做出了积极贡献。

常态化开展扫黑除恶，助力社会长治久安。坚持政治态度不偏离，打击力度不降低，把握法治尺度不偏差，完善工作制度不疏漏，推进工作进度不放慢，一以贯之推进扫黑除恶。批准逮捕黑恶案件 4 件 6 人，提起公诉黑恶案件 7 件 37 人；成功办理了杨某等 28 人涉黑案件，主犯杨某被判处有期徒刑 18 年并处没收个人全部财产。极大地震慑了黑恶犯罪，取得了较好的政治效果、社会效果和法律效果。

积极参与社会治理，司法救助温暖民心。接待群众来信来访 292 件，办理重复信访案件 4 件，化解重复信访案件 4 件。办理司法救助案件 7 件，在市委政法委的大力支持下为困难群众解决司法救助金 19 万元，以检察之责助力脱贫攻坚。收到被救助当事人送来的 4 封感谢信和 3 面锦旗，对检察机关的司法救助工作给予了高度褒奖。2021 年 8 月 25 日《河北法制报》对我院的司法救助工作作了专题报道。

三、聚焦主责主业，践行“四大检察”职责，努力扛起维护公平正义的检察责任

做优刑事检察。监督立案 3 人，监督撤案 11 人；不批准逮捕 160 人，不起诉 107 人；追诉漏罪 13 件，追诉漏犯 16 人；提出纠正意见 31 件；提出抗诉 5 件。对 21 名附加剥夺政治权利罪犯进行检察；对 1400 余名社区矫正人员建立了完整规范的检察台账；移送司法工作人员犯罪案件线索 3 件，参与调查司法工作人员职务犯罪案件线索 2 件。深入推进认罪认罚从宽制度落实，适用认罪认罚从宽制度办理刑事案件 457 件，适用率为 85.7%。办理的韩某某社区矫正监督案件被河北省检察院评为刑事执行检察精品案例。7 月 30 日，河北省检察机关“降低羁押率的有效路径与社会危险性量化评估”专题研讨会在霸州召开，我院介绍了试点经验。

做强民事检察。开展民事诉讼监督专项检察，调取民事审判卷宗 42 册、民事执行卷宗 173 册，发现民事审判监督程序违法线索和民事执行违法线索 38 件。受理民事程序违法案件 21 件，受理民事执行监督案件 17 件，受理民事裁判结果监督案件 3 件。

做实行政检察。认真开展土地执法领域行政非诉执行监督专项活动，调取自然资源领域行政非诉执行案卷 476 册和行政审判卷宗 28 册，发现行政非诉执行违法案件线索 14 件。受理行政非诉执行监督案件 14 件，受理行政程序违法案件 4 件。与法院合作办理行政争议实质性化解案件 1 件。

做好公益诉讼检察。持续开展“护航蓝天碧水净土”“食品药品安全”“公益诉讼守护美好生活”专项监督活动。办理生态环境领域公益诉讼案件 20 件；办理食品药品安全领域公益诉讼案件 3 件；办理国有财产领域公益诉讼案件 8 件；办理行政公益诉讼案件 32 件，发出诉前检察建议 12 件；办理刑事附带民事公益诉讼案件 8 件。联合市退役军人事务局、市文物管理所开展革命文物红色资源保护公益诉讼专项行动；与市水务局河长办会签了《关于全面推行“河长+检察长”工作机制的实施方案》；与市自然资源和规划局会签了《关于土地执法查处领域行政非诉执行监督加强协作配合的意见》。中秋国庆期间，联合市场监督管理局对市域内的食品生产销售企业进行检查，保障了中秋国庆期间的食品安全。

四、聚焦未成年人司法保护，努力强化维护未成年人合法权益的检察自觉

围绕落实“一号检察建议”，突出未成年

人公益诉讼检察、督促监护令等亮点，全面加强未成年人司法保护工作。批准逮捕未成年人犯罪案件23件35人，不批准逮捕12件15人；提起公诉16件20人；制发《督促监护令》10份；附条件不起诉4件6人，帮助3名涉案未成年人重返校园。联合市公安局、市场监督管理局集中开展“旅馆业涉未成年人犯罪治理专项行动”，对存在问题较多的15家旅馆责令停业整顿并限期整改；联合市烟草专卖局、市场监督管理局对校园周边电子烟市场进行专项整顿，对6家问题商户提出警告并督促整改。组织兼职法治副校长走进市第八中学等8所中小学，开展“送法进校园”法治宣讲，为4100余名学生送上法治教育课。探索建立“检察监督+市场监管”校园食品卫生安全保护长效机制，与市场监督管理局联合开展中小学生食品卫生安全监督检查活动，筑起保护中小学生食品安全的有效防线。电子烟市场治理整顿专项行动成功入选河北省检察机关电子烟市场治理整顿行政公益诉讼典型案例。

五、聚焦党史学习教育和政法队伍教育整顿，切实加强新时代检察队伍建设

以党史学习教育强化政治引领。认真开展党史学习教育，突出政治引领，强化政治忠诚，深化理论武装。组织党员干警到李大钊纪念馆、廊坊市法治宣教中心接受红色传统教育和党风廉政警示教育，组织观看先进英模事迹宣传片、向党旗宣誓等系列活动，抓好党组理论学习中心组学习，落实“三会一课”组织生活，撰写心得体会，持续推动党内政治生活制度化、经常化、规范化，严格执行“三重一大”集体决策制度，做到党史学习教育全覆盖。进一步增强“四个意识”、坚定“四个自信”、做到“两个维护”。

以队伍教育整顿树好检察形象。认真开展政法队伍教育整顿和“筑平安勇担当、护发展做贡献”主题实践活动，结合教育整顿41项工作清单，深入开展“解放思想，能动作为，工匠精神，勇创佳绩”大讨论活动，逐项查漏补缺，整改问题309个，开展谈心谈话260次，填报廉政风险点53件次，通报典型案例32起，有19名干警主动向组织说明问题；向全体干警和家属发出了《致本院干警的一封督促信》《致干警家属的一封公开信》。持续开展政法队伍违纪违法问题整治行动，确保检察队伍忠诚干净担当。

以“办实事”活动彰显检察为民情怀。出台15项“我为群众办实事”措施，为群众办实事80件。组织检察干警为家庭困难在校学生捐款6600元。联合市政部门和公安机关对辖区内道路窨井盖缺失而发生的“窨井伤人”问题开展专项整治。联合市应急管理局、东段乡政府、胜芳镇政府和辛章办事处，深入辖区企业进行安全生产警示教育，提出检察建议，切实维护辖区企业和人民群众生命财产安全。聘请44名社会各界代表担任首届检察听证员；邀请人大代表、政协委员、律师等召开检察听证会34次，以公开促公正，自觉接受社会监督，改进检察工作。

各位代表，在过去的一年里，市检察院全体干警守正创新，奋勇争先，取得了多项荣誉，有13个集体和32名干警受到霸州市级以上表彰。我院被评为全国打击危险废物环境违法犯罪行为活动表现突出集体、全国检察宣传先进单位、河北省扫黑除恶专项斗争先进集体、河北省先进基层党组织；杨玉彪同志被评为全国扫黑除恶专项斗争先进工作者，魏向阳同志被评为全省检察机关扫黑除恶专项斗争先进个人。在廊坊市检察系统考核中我院取得了第一名的好成绩。这些成绩的取得，离不开市委的坚强领导、市人大的有力监督、市政府的大力支持、市政协的民主监督，寄托着社会各界的关心与厚爱。在此，我代表市检察院表示衷心的感谢！

回顾过来的工作，我们清醒地认识到工作中还存在着不少问题，比如：检察工作均衡化、规范化发展还有待进一步加强，亮点工作还不够突出，干警业务能力还有待进一步提升，作风纪律建设还需要进一步加强。对此，我们将认真研究解决。

2022年的工作安排

各位代表，2022年，市检察院将认真学习贯彻党的十九届六中全会精神，深刻理解“两个确立”的科学内涵，坚持以习近平新时代中国特色社会主义思想为指导，全面贯彻习近平法治思想，深入贯彻落实市委全会精神，把握新时代检察工作新要求，按照“规范提升，争创一流”的年度工作目标，扎实做好各项检察工作。

新时代新起点，检察理念要有新发展。坚持以习近平新时代中国特色社会主义思想和习近平法治思想为引领更新检察理念，践行以人民为中心的发展思想，让检察工作更深更实地体现高质量发展的政治需求。围绕市委全会部署，依法严厉打击“黄赌毒、盗抢骗、食药环”等各类严重刑事犯罪，常态化扫黑除恶，办好群众身边的“小案”，建设更高水平的平安霸州、法治霸州；重设胜芳检察室，服务“一区四园”，为招商引资提供良好法治环境；加强生态保护，推动绿色发展；强化矛盾纠纷排查化解，推动司法救助服务乡村振兴。

新时代新起点，检察监督要有新作为。持续转变监督理念，稳步推进优化刑事检察工作，着力提升认罪认罚从宽制度适用率，提高精准量刑建议质量，持续降低案-件比。稳步推进民事检察，加强行政检察，有序推进行政争议实质性化解。稳步推进公益诉讼检察，关注群众关心的身边事，强化主动作为意识，促进检察公益诉讼增量提效、拓展延伸。稳步推进检察听证工作，让公平正义可触可感可信。深入打造“未检品牌”，加大未成年人司法保护力度，推动未成年人检察工作高质量发展。

新时代新起点，检察队伍要有新面貌。“一体化”推进领导班子和检察干警队伍建设，提升检察履职能力，落实全面从严治党全面从严治检主体责任和监督责任，在破解发展难题中练好本领，推动内部监督制约体系更加完善，提高科学管理水平。健全落细检察人员业绩考评工作，持之以恒强基固本。畅通群众联系渠道，自觉接受监督。加大检察正能量传播力度，讲好检察故事，着力发现和整改问题，积极培树典型。努力打造一支忠诚、干净、担当的检察队伍。

各位代表，奋进正当时，追梦再出发！进入新时代，追随着中国改革开放永不停步的时代强音，市检察院将在市委和上级检察院的坚强领导下，认真贯彻本次会议精神，不忘初心、牢记使命，奋发有为，为新时代全面建设经济强市、生态新城、美丽霸州贡献新的检察力量，以更加优异的成绩迎接党的二十大胜利召开！

霸州市人民法院工作报告

——2022年1月27日在霸州市第八届人民代表大会第二次会议上

霸州市人民法院院长　刘炳辉

2021年是中国共产党成立100周年，也是开启历史新征程，朝着第二个百年奋斗目标进军的开局之年，面对世纪疫情和百年未有之大变局，霸州法院在市委坚强领导、上级法院悉心指导、市人大及其常委会的依法监督、市政府、市政协和社会各界支持关心下，坚持以习近平新时代中国特色社会主义思想为指导，深入学习贯彻党的十九大和十九届历次全会精神，紧扣党的建设工作主线，认真履行宪法和法律赋予的职责，把提升审判质效作为加强审判管理的着力点、突破点和显效点，全力全方位抓好审判质效提升各项工作。一年来，受理各类案件18623件，审（执）结16508件，按照新的计算标准，结案率达到103.96%。同比，收案数增加3729件，上升21.99%，结案数增加2557件，上升15.49%。法官人均结案数325.77件，审判质效位列全市第三。

2021年，霸州法院坚持把政治建设放在首位，认真开展党史学习教育，严明政治纪律和政治规矩，严格落实意识形态工作责任制。坚持把教育整顿作为重大政治任务，推动教育整顿走深走实，持续深化警示教育，深入开展英模教育。坚持把非诉讼纠纷解决机制挺在前面。健全完善执行联动、执行威慑等机制，优化人民法庭布局，推进特色法庭建设，切实提升基层司法能力。坚持深化司法体制改革和智慧法院并进，践行以人民为中心的发展思想，大力推进三项重大工程深入开展。“我为群众办实事”实践活动多措并举，推出36项便民措施。坚持抓党建带队建促审判，党建工作更加有力，政务运转更加协调，调研氛围更加浓厚，实现府院共建，学术讨论会和重大课题再获佳绩。一年来，有两名干警受到省高院表彰，10余个部门和个人受到廊坊市级表彰。

2021年主要工作

一、重拳出击惩治犯罪，平安建设收效斐然

依法打击各类犯罪，坚决维护国家政治安全和社会大局稳定，全年共受理各类刑事案件635件，审结556件，结案率为87.56%。判处罪犯727人。

扫黑除恶再创佳绩。继续保持对黑恶案件从严从快的高压态势，做到思想不松、力度不减、标准不降，一年内审结涉黑恶案件4件29人。成功审结上级法院指定的以杨青为首的黑社会性质组织犯罪一案，有效震慑了黑恶犯罪，取得良好的社会效果。严格落实上级“六清”工作要求，做到案件清结。加大对涉黑恶财产的处置力度，做到黑财清底、打财断血，判处罚金及责令退赔共计154万余元。以司法建议助推行业领域治理，向相关部门提出司法建议25条，配合行业清源，达到综合治理的效果。

群众安全依法捍卫。积极开展各类犯罪专项打击工作，依法从重从快处理社会稳定和民生领域的刑事犯罪。充分发挥平安建设主力军作用，审结抢劫、绑架等暴力犯罪案件79件

110 人。全年经济类犯罪罚没 1400 万余元。突出打击涉众型经济犯罪，审结集资诈骗、电信诈骗、拒不支付劳动报酬、非法吸收公众存款等犯罪案件 47 件 83 人，审理交通肇事及危险驾驶案 119 件，审结生产销售有毒有害食品案 19 件。加大对拐卖妇女儿童、暴力伤医、校园欺凌等案件审判力度，切实增强人民群众安全感。

人权保障多措并举。严格落实罪刑法定、疑罪从无原则，严把案件事实、证据、法律适用关，加强认罪认罚制度的贯彻实施，加强案件的繁简分流，扩大简易程序和速裁程序的适用范围，做到简案快审、繁案精审，大力提升案件质效。刑事速裁团队全年审理案件 331 件，认罪认罚及速裁程序适用方面的经验做法得到上级法院的认可。加强未成年人案件审判工作，成立少年法庭，对未成年人犯罪寓教于审。深入村街、校园开展预防未成年人犯罪、反诈、禁毒宣传活动。开通“法官妈妈信箱”，为学生答疑解惑，排解青春期少年心理问题。对未成年人犯罪案件全面落实“教育、感化、挽救”方针，帮助未成年人重新回归社会。

二、围绕中心服务大局，护航经济保障民生

认真落实中央、省市委重大决策部署，自觉将法院工作融入全市发展大局谋划推动，不断提升司法服务质量。全年审执结民商事案件 9158 件，行政案件 341 件。

优化营商稳步推进。围绕“办理破产”“执行合同”两项核心指标，稳步推进审判执行工作，全面优化营商法治环境。健全商事案件快速审理机制。及时完善霸州法院 20 条保障民营经济发展措施，科学划分繁简分流标准，实行要素式审判，有效缩短办案周期，将商事案件平均审理周期控制在 80 天以内。强化执行联合惩戒。与市场监管局、银行等相关部门建立执行失信惩戒威慑机制，失信被执行人受到一处失信、处处受限的联合惩戒。落实破产工作“府院联动机制”。健全完善破产审判配套体系，在企业破产、兼并、重组等方面，发挥政府部门与法院联动作用，指导重点企业破产重整，提高盘活资产、促进企业重生的效率。深入了解“僵尸企业”经营状况，提出依法治理建议。积极推进护航暖企，开展“进企业、送法律、送服务”活动，建立辖区企业长效联系机制，通过经常性沟通，随时了解企业现状和需求，找准服务企业经济发展的集合点和着力点，为企业量身制定法律服务措施，增强企业内部治理和防范法律风险能力。

风险化解未雨绸缪。聚焦化解重大风险，设立金融法庭，通过金融借贷类案件的专业化、精细化、集约化审理，实现金融借贷类案件的快立案、快保全、快送达、快审理。打击金融失信，促进地区金融秩序良性循环、健康发展。2021 年审理借款、债权等案件 1486 件。聚焦脱贫攻坚，妥善审理农村土地流转、债务纠纷、农产品销售等涉农案件 260 余件。聚焦绿色发展，积极参与污染防治攻坚战，对污染土壤水质大气、私砍盗伐林木等破坏生态环境的被告人，既依法追究刑事责任，又判处履行支付赔偿费用、补植复绿等义务。深入开展“利剑斩污”行动，审结污染环境犯罪案件 10 件。

诉源治理效果显著。按照上级法院部署，积极推进“廊坊经验”重塑工程，优化调整 5 个中心法庭，8 个法官工作站，聘请法院退休老法官、人民陪审员等各界人士担任特约调解员，充分发挥前沿阵地作用。一年来，8 个法官工作站妥善调处各类纠纷 2020 件。突出矛盾事前化预防、立体化解决。前移诉调对接阵地，下移司法解纷重心，40%的案件以调解方式解决。扬芬港法庭通过诉前调解加司法确认机制高效化解涉农民工工资、商品房买卖等案件被多家省级媒体报道。整合社会资源，与党委政府、社会机构、律师、调解组织等内外联动，将诉前矛盾努力化解在基层，继续推进“无诉讼村街”建设，强化诉源治理效果。依托相关职能部门和集体组织建立类案调处中心，完善了“道交一体化调处中心”，初步建立了“房屋买卖纠纷一体化调处中心”“裕华街道物业纠纷调处中心”等七个调处中心，处理各类矛盾纠纷 891 起，受到上级法院的高度肯定。

三、围绕初心践行使命，为民司法水平提升

紧紧围绕“努力让人民群众在每一个司法案件中感受到公平正义”的目标，秉承司法为民宗旨，着力解决人民群众急难愁盼问题，不断优化司法便民服务。

诉讼服务中心优化升级。坚持把最好的场所、最优的服务提供给人民群众。全面升级改造诉讼服务中心，完善“一站式”“一次办”诉讼服务平台，出台多项立案便民措施，实现线上、线下立案并行，跨域立案覆盖全境。配备虚拟导诉员、智能风险评估机、多功能诉讼服务自助平台，律师绿色通道等智能设备，提高为民服务水平。本着繁简分流、简案速裁、快审为主的思路，将 70%左右的案件转入诉前调解。2021 年诉前化解案件 2347 件。

为民司法保障民生。积极回应教育、就业、医疗、住房等民生诉求，审结劳动争议、房地产、医疗纠纷等案件 1195 件。加强“一老一小”权益保障，审结婚姻家庭、抚养赡养等案件 1811 件。结合“五个一”活动、“筑平安勇担当、护发展做贡献”等主题实践活动，践行“我为群众办实事”，多次开展涉民生专项执行活动，为劳动者追讨欠薪 300 余万元。大力开展司法救助，为生活困难当事人缓减免诉讼费 50 余万元，为困难群众、企业办理司法求助 23 件，体现人民司法的温暖和关怀。

执行利剑锋芒不减。2021 年受理执行案件 7100 件，执结 6399 件，执结率 90.13%。执行到位案款超过 8 亿元。着力破解查人找物难、财产处置难问题，强化执行信息建设，实现网络执行查控全覆盖。与银行、国土、公安、自然资源等部门完成“总对总”对接，建立“点对点”网络执行查控机制，有效打击“躲、逃、赖”等抗拒执行行为，将被执行人存款、不动产、车辆、证券等主要财产形式“一网打尽”。开展 5 次“集中执行百日攻坚”专项行动，共出动警力 386 人次、车辆 109 辆次，发布失信被执行人名单 1853 人，限制高消费 2898 人次，司法拘留 22 人次，拘传 203 人次，有 200 余名失信被执行人迫于压力履行了义务。

司法民主深入推进。推进司法领域全过程人民民主，加强与人大代表、政协委员协调联络，主动接受人大、政协监督。邀请人大代表、政协委员走进法庭旁听庭审，零距离监督法院工作，着力让司法公正看得见、司法效能感受得到。邀请人大代表、律师、案件当事人、群众代表等参与执行联动监督工作，召开座谈会，规范民事执行工作，努力推进执行工作“透明化”。不断完善人民陪审员制度，有效杜绝“陪而不审”“审而不议”问题，扩大司法效应。持续推进“阳光司法”，以公开促公正，以审判流程公开、庭审活动公开、裁判文书公开、执行信息公开等平台为载体，着力构建开放、动态、透明、便民的阳光司法机制。加强与律师协会的沟通，听取诉求、改进工作，切实保障律师诉讼权利。

四、队伍建设常抓不懈，司法能力精益求精

政建统领从严治党。切实贯彻落实《政法工作条例》，坚持党对法院工作的绝对领导。牢固树立“四个意识”、坚定“四个自信”、做到“两个维护”，以政治上的加强促进全面从严治党向纵深发展。严格落实党组主体责任、党组书记第一责任人责任，不断提高政治能力，增强政治本领。党组定期召开专题会议，分析研判党建工作、意识形态建设和政治生态建设问题。进一步严肃党内政治生活，加强支部规范化建设，规范“三会一课”和主题党日活动，确保党的路线方针政策、上级党委及本院党组决议、决定得到有效执行。

教育整顿稳扎稳打。扎实开展政法队伍教育整顿，紧紧围绕五个过硬要求，着力突出四项任务，聚力抓好三个环节。将学习教育贯穿始终，开展自查自纠，广泛开展谈心谈话。紧盯六大顽瘴痼疾整治，开展“三个规定”大宣讲和党政领导干部严格执行“三个规定”公开承诺行动。开展“大排查、大起底”，对自查问题全部整改到位。紧盯教育整顿“回头看”，强化跟踪问效，全力做好教育整顿后半篇文章。紧盯薄弱环节，建立20余项规章制度。大力弘扬英模精神，展现审判机关新气象新作为。

党史教育筑牢阵地。持续深化党史学习教育，系统学习“四史”。专题学习习近平总书记在庆祝中国共产党成立100周年大会上的讲话，深入学习贯彻党的十九届六中全会精神。党组书记以“启航新征程，不忘来时路”为题为全院干警进行专题授课，以“研读党的‘百年史诗’，答好新时代‘考卷’”为题宣讲党的十九届六中全会精神。邀请市委党校老师专题授课、开展红色实践、组织红歌会演、观看红色影片、举办党史竞赛，推动党史学习教育走深走实。

监督问责作风强化。坚持把监督挺在前面，突出监督重点，进一步强化监督职责。精准运用监督执纪“四种形态”，持续开展纠正“四风”和作风纪律专项整治，打好监督执纪问责“组合拳”。坚决破除形式主义、官僚主义，严格执行防止外部和内部人员干预司法“三个规定”等铁规禁令，严格执行有关事项报告制度和中央八项规定以及机关的规章制度。干警作风和法院形象有了明显转变和改善，当事人及人民群众对法院的满意度有了较大提升。

各位代表，过去一年，霸州法院面对压力砥砺前行，抓班子、带队伍、促审判，各项工作取得了新的进展。这些成绩背后，凝结着全体干警的智慧与辛劳，更离不开市委的坚强领导、市人大的监督和市政府、市政协、各界代表及人民群众的支持。在此，我代表霸州法院表示衷心感谢！

同时，我们清醒地认识到，我院工作还存在一些问题和困难：一是司法改革特别是员额制改革，给法院队伍管理和办案机制带来了新挑战，人少案多，办案压力沉重。二是司法服务保障高质量发展的针对性、实效性不强，有的干警大局意识、为民意识不足，司法理念、司法能力不能适应发展要求。政法队伍教育整顿暴露的一些影响司法公正、制约司法能力的深层次问题，还未根除。三是有的人民法庭基础建设滞后，难以满足广大群众的司法需求。针对这些问题，我们将认真制定措施，切实加以解决。

2022年工作计划

2022年，霸州法院将坚持以习近平新时代中国特色社会主义思想为指导，认真学习贯彻习近平法治思想，深入贯彻党的十九大和十九届六中全会精神及习近平总书记“七一”重要讲话精神，全面落实市委决策部署，以“争当全市基层法院排头兵”为总目标，坚持系统观念、法治思维、强基导向，坚持服务大局、司法为民、公正司法，坚持守正创新、稳中求进、破浪前行，以党的政治建设为统领，以提升审判执行工作质效为主线，以深化司法责任制综合配套改革为动力，以智慧法院建设为支撑，以锻造过硬法院队伍为保障，奋力推动新时代人民法院工作高质量发展，为我市新时代全面建设经济强市、生态新城、美丽霸州提供有力的司法保障。

一是政治引领，以更高的政治站位把握法院职责使命

紧抓政治建设，树牢政治忠诚，旗帜鲜明坚持党对法院工作的绝对领导，将学习贯彻党的十九届六中全会精神和省市委党代会精神作为当前和今后一个时期的重大政治任务，牢牢把握“两个确立”的决定性意义，以忠诚履职践行“两个维护”，确保党中央决策部署，省、市委和市中院各项要求在霸州法院得到不折不扣地贯彻执行。

二是紧扣中心，以更实的工作举措服务保障发展大局

把服务保障大局作为政治责任认真落实。坚持围绕中心、服务大局的基本导向，把审判执行工作与大局性部署、总体性要求紧密结合、统筹开展，持续法治化营商环境建设，主动参与基层社会治理，依法妥善审理涉房地产和金融等重点领域重大案件，防范化解各类风险。为创新驱动、京津冀协同发展、乡村振兴和绿色发展等重大战略提供高水平的司法服务，营造良好的法治环境。

三是厉行法治，以更强的使命担当捍卫社会公平正义

贯彻党和国家的刑事政策，依法惩治各类犯罪，扎实推进常态化扫黑除恶专项斗争，维护社会安全稳定。严惩危害人民群众生命财产安全的犯罪，积极参与基层社会治理，保障人民安居乐业，持续推进普法宣传，增强公民法律意识。

四是赓续初心，以更优的司法服务满足多元司法需求

认真贯彻实施民法典，用心用情做好民生司法保障，提升诉讼服务水平，完善执行长效机制，加强对弱势群体的司法保护，努力为人民群众提供质量更高、效率更快、成本更低的司法服务。

五是锐意进取，以更大的创新格局引领司法改革发展

把改革创新机制作为发展路径积极实践。深刻吸取过去在一些重点工作上“反应迟钝、效果不佳”的教训，在主动作为上统一“打主动仗、下先手棋”的思想认识，深入推进司法责任制改革，认真开展四级法院职能定位改革，积极推进分调裁审审判机制改革。

六是厚植根基，以更严的政治标准锻造忠诚过硬队伍

巩固深化政法队伍教育整顿成果，常态化开展廉洁警示教育、廉政风险排查防控，严格落实防止干预司法“三个规定”等铁规禁令，防止顽瘴痼疾问题反弹，让人民群众切实感受到法院队伍经过教育整顿洗礼后展现出的新面貌、新作为；加大人才培养力度，着力加强专业化能力建设，促进形成干事创业的良好氛围，锻造一支忠诚干净担当的法院队伍。

各位代表，踏上新征程，走好赶考路。霸州法院将在市委的坚强领导下，紧紧围绕“努力让人民群众在每一个司法案件中感受到公平正义”的目标，牢记初心使命，坚定理想信念，践行党的宗旨，坚持司法为民、公正司法，以更坚定不移的决心、更奋发有为的姿态、更积极进取的行动，努力开创新局面、干出新业绩，奋力在新时代全面建设经济强市、生态新城、美丽霸州新篇章中勇当排头兵，提供优质的司法服务和有力的司法保障！

关于霸州市2021年国民经济和社会发展计划执行情况与2022年国民经济和社会发展计划（草案）的报告

——2022年1月27日在霸州市第八届人民代表大会第二次会议上

霸州市发展和改革局局长　陶勇君

一、2021年计划执行情况

2021年，全市上下坚持以习近平新时代中国特色社会主义思想为指导，认真贯彻落实中央、省市各项决策部署，统筹好常态化疫情防控和经济社会发展，经济结构调整、协同发展、项目建设、园区建设、新型城镇化建设、生态环境治理、社会事业等各项工作稳步推进、取得了成效，综合实力稳步提升，实现了“十四五”良好开局。我市2021年国民经济和社会发展计划七大类24项指标中，部分指标能够完成全年计划，实现稳定增长。

尽管我们取得了一定成绩，我们也清醒地认识到存在的问题、短板和不足，在疫情冲击下，发展面临的外部环境不容乐观；经济下行压力依然较大，高质量发展仍有差距；产业结构不够合理，战略性新兴产业支撑作用不强；推进城乡统筹发展和乡村振兴任务艰巨，营商环境还有很多短板，民生领域仍有欠账。2022年，要坚持问题导向，目标导向和结果导向，高度重视和解决存在的问题，推动全市经济社会发展不断迈上新台阶。

二、2022年主要发展目标

2022年是党的二十大胜利召开之年，是扎实推进“十四五”规划落地的关键之年，也是我市抢抓新机遇、实现新发展的关键一年，做好全市经济社会发展各项工作意义重大。

（一）总体要求

坚持以习近平新时代中国特色社会主义思想为指导，深入贯彻党的十九大和十九届历次全会精神，全面贯彻党的基本理论、基本路线、基本方略，统筹推进“五位一体”总体布局，协调推进“四个全面”战略布局，牢牢把握稳中求进工作总基调，完整准确全面贯彻新发展理念，积极抢抓京津冀协同发展、雄安新区规划建设、大运河国家文化公园建设重大机遇，唯实惟先、善作善成，聚焦聚力高质量发展主题主线，突出做好产业发展和生态建设“两篇文章”，围绕建设环京津核心功能区重要节点城市、廊坊市副中心城市和京南水乡文化旅游名城，打造京津雄创新转化先行区、县域经济转型升级引领区、临空经济发展协作区、大运河文化魅力宜居城，推动经济社会实现更高质量、更有效率、更加公平、更可持续、更为安全地发展，不断增进民生福祉、倾力打造法治政府、保持社会和谐稳定，谱写新时代全面建设经济强市、生态新城、美丽霸州新篇章，以优异成绩迎接党的二十大胜利召开。

（二）主要目标

2022年计划指标体系，共设置七大类24项：

——综合实力类。地区生产总值，增长6%左右；固定资产投资，增长5%左右；社会消费品零售总额，增长6%左右；一般公共预算收入，增长5.5%左右。

——创新发展类。研发经费增长率，增长10%；技术合同成交额，达到10亿元；每万人拥有高价值发明专利数，达到0.67件。

——协调发展类。规模以上工业增加值，增长7.5%左右；规上高新技术产业增加值，增长10%左右；服务业增加值，增长8%左右；常住人口城镇化率，达到62.5%。

——绿色发展类。PM2.5平均浓度、城市空气质量优良天数比例、每万元生产总值能耗、每万元生产总值二氧化碳排放量等指标完成上级下达任务；每万元生产总值用水量，下降9.8%左右。

——开放发展类。进出口总值，增长5%左右；出口总值，实现正增长；实际利用外资，增长5%左右；开发区营业收入，增长8%左右。

——共享发展类。城镇和农村居民人均可支配收入，分别增长5%左右和7%左右；城镇新增就业人数，完成上级下达任务。

——安全保障类。粮食综合生产能力完成上级下达任务。

三、2022年工作重点和主要措施

实现2022年经济社会发展目标，重点抓好五个方面工作。

（一）全面贯彻新发展理念，推动经济高质量发展

一是着力抓好园区发展。牢牢抓住园区发展“一个目标、两个抓手”（“一个目标”即争创国家级经济开发区，“两个抓手”即二次创业和税收收入、主营业务收入三年“双倍增”计划），继续深入推进开发区改革，加快建立更加精简高效的管理体制、更加灵活实用的开发运营机制、更加激励竞争的干部人事管理制度、更加系统集成的政策支持体系。西部园区加快园区道路建设；高铁新城加快二矿片区改造提升，加快推进拆迁工作和道路建设；现代商务产业园严格土地管控，深度谋划开展给排水、道路等基础设施工程项目前期工作。

二是着力推动新旧动能转换。积极推动传统产业转型升级。引导企业以科技创新为抓手，实施技术改造、提升产品质量。修订《霸州市胜芳区域产业转型升级发展规划》，配合全市老旧工业区改造，谋划开展前钢产业园建设，打造传统产业转型示范平台。加快战略性新兴产业发展。坚持以产业发展规划为引领，引进战略性新兴产业项目，加快构建“4+3+1”现代产业体系，推动智慧家居、新型显示、新材料、高端装备制造、现代服务业等产业加速发展，打造特色鲜明、优势突出、富有竞争力的产业发展格局，积极构建现代产业体系。全力实施创新驱动战略。培育壮大科技创新主体，完善覆盖企业从初创、成长到壮大各个发展阶段的支持体系，不断提升区域创新能力和水平。

三是着力加快项目建设。坚持把项目建设作为经济工作的核心任务，通过推动项目建设，精准扩大有效投资，以项目建设稳增长、稳投资、稳内需。积极争取上级资金。做好中央投资、地方政府专项债券和“两新一重”项目储备和申报，最大限度争取投资支持。抓好重点项目建设。巩固拓展“产业项目倍增行动”成果，实施重点项目建设提质增效行动，强化领导包联、拉练观摩、通报情况、全过程监管等项目推进机制，组织重点项目集中开工活动，推动形成“储备一批、开工一批、建设一批、投产一批”的项目建设滚动发展格局。扎实开展精准招商。牢固树立“项目为王”理念，深耕中关村、长三角、珠三角，对标雄安新区五大高端高新产业（新一代信息技术、现代生命科学和生物技术、新材料、高端现代服务业、绿色生态农业）、服务承接六类疏解单位（高等院校、科研院所、医疗机构、企业总部、金融机构、事业单位），紧盯北京中关村产业方向和产业布局，全力以赴推进全员招商引资。积极服务企业。强化土地、融资、能源等要素保障，破除影响项目落地、企业发展的

隐性障碍，鼓励支持优质资本参与经营性公益事业和基础设施项目建设。

（二）全力实施创新驱动，不断提升区域创新能力和水平

培育壮大科技创新主体。建立健全“科技型中小企业—高新技术企业—科技领军企业”梯度培育机制，完善覆盖企业从初创、成长到壮大各个发展阶段的支持体系。积极帮助企业申报省市技术改造、专精特新等各项奖补资金。力争2022年省级“千项技改”项目库入库项目10个以上，新增廊坊市级“专精特新”企业5家以上。做大做强创新创业平台。积极引进京津优质创新资源，推动产学研用深度融合，支持域内企业与高校、科研院所共建一批新型研发机构、企业技术创新中心。深入开展“两化”融合。研究制定信息化与工业化融合发展指导意见，继续推进工业设计“入企进园”工作，力争新增廊坊市级工业设计中心1个。

（三）加大协同发展深度，不断释放霸州潜力

强化规划协同。切实做好毗邻雄安新区规划延伸，全面对接全域规划合理布局功能结构。加快推进优化全市国土空间总体规划编制工作，加快编制雄安新区管控区乡镇国土空间规划，推进雄安新区管控区的国土空间规划、重点功能规划和村庄规划等工作。组织编制好京雄高速铁路沿线村庄规划。强化科技创新协同。着力加强与京津院校、科研院所的合作，加快推进中关村等专业园区在我市设立特色产业创新中心、孵化器，推动更多技术输出落地霸州。强化产业承接和人才引进。吸引雄安新区配套产业、北京非首都功能疏解在霸州布局，不断完善“京津雄研发、霸州孵化转化”。进一步优化人才发展环境，引智京津、借智京津，主动融入协同发展。强化生态联建联治。深化大气污染联防联控联治，大力推进水系连通及农村水系综合整治。强化交通互联互通。加快谋划实施全域交通路网规划，坚决保障R1线等重大轨道交通建设条件，深度谋划与雄安新区市政道路连接连通工程，加快形成快捷高效的京津雄半小时通勤圈。

（四）强力推动污染防治攻坚，不断改善生态环境质量

深化大气污染防治。精准推出企业污染深度治理、扬尘污染管控、机动车污染防治和重污染天气协同防控等组合拳，坚持源头治理、系统治理、整体治理，推动空气质量持续改善，达标天数比例达到上级下达目标任务。推进水污染防治。深化重点河流综合整治，扎实做好引江水消纳、自备井关停、生态补水等工作，确保国省考核重点断面水质稳定达标。强化白洋淀流域入河排污口监管，确保出水稳定达标排放，严控面源污染，确保圆满完成白洋淀流域治理任务。加强土壤污染防治。强化耕地分类管控，严格建设用地土壤污染风险管控，确保土壤环境质量安全稳定。深入推进绿色低碳发展。加快制定碳达峰、碳中和实施方案。深化工业、农业、建筑、交通等重点领域节能，大力推广简约适度、绿色低碳的生活方式，积极谋划光伏发电、风电等新能源项目，严控传统高耗能和产能过剩行业新上项目，鼓励重点用能企业开展节能改造。

（五）矢志不移推进民生福祉建设，不断提升群众幸福感

一是突出抓好基础设施改造提升。加强交通设施建设。积极配合做好津兴铁路、R1线建设。继续推进东环路、朝阳路、泰安路等5条市政道路工程，做好亮化、绿化各项工作。抓好雨污分流工程建设。对完成改造的道路进行雨污分流切改，谋划实施市区排水泵站新建、改造工程。突出抓好城市更新。确定第三方服

务机构，组织开展城市体检工作。完善城市更新区块、地块划分。加强老城区城市设计，摸清试点区域底数，核算更新区域成本，制定更新实施方案。突出抓好老旧小区改造。力争完成老旧小区和住宅楼改造任务。持续规范房地产市场。加强预售许可和资金管理，解决好办证难、入住难等房地产开发遗留问题。

二是积极实施乡村振兴战略。加快农业现代化建设。大力发展科技农业、绿色农业、品牌农业、质量农业，全面提升农业产业化经营水平。打造生态宜居乡村。制定农村人居环境整治提升五年行动方案，开展村庄清洁行动，确保全市三分之二以上村街完成“农村五清三建一改”任务。按照省美丽乡村建设标准，积极创建美丽乡村示范村 15 个，打造示范典型。巩固脱贫攻坚成效。做好脱贫攻坚与“十四五”规划的有效衔接，严格落实“四个不脱”要求，巩固“两不愁三保障”成果，完善防返贫监测帮扶机制，促进农村困难群众持续增收，坚决防止入贫返贫。

三是推进各项社会事业发展。全力办好民生实事。高质量谋划民生工程，抓好农民工工资拖欠治理、稳价保供、温暖过冬、走访慰问等工作，让人民群众切实感受到党和政府的温暖。切实兜住民生底线。坚持把就业摆在更突出位置，支持高校毕业生、退役军人、农村转移劳动力、城镇困难人员等重点群体就业创业，确保全市就业形势总体稳定。深入实施全民参保计划，对不同群体实施点对点精准扩面，推动养老事业和康养产业协同发展。健全覆盖全民、统筹城乡、公平统一、可持续的多层次社会保障体系。加快补齐短板。加快补齐教育、医疗、卫生等基础设施短板，繁荣发展文化事业产业。此外，做好质量发展、地方病防治、退役军人事务、社区建设、精神文明建设、民族宗教、国防动员、人民防空、妇女儿童、广播电视、人口、气象、科技、档案等工作，促进各项社会事业全面协调发展。

各位代表，全面实践 2022 年的经济社会发展任务十分繁重，意义特别重大，我们将在市委的正确领导下，自觉接受市人大的监督和指导，虚心听取市政协的意见和建议，以更加务实的工作作风，更加有力的推进措施，坚定信心，锐意进取，奋力开创霸州高质量发展新局面，以优异成绩迎接党的二十大胜利召开！

关于霸州市2021年市本级预算及市总预算执行情况和2022年市本级预算及市总预算（草案）的报告

——2022年1月27日在霸州市第八届人民代表大会第二次会议上

霸州市财政局局长　孟宪国

一、2021年财政预算执行情况

（一）市本级预算及市总预算执行情况

1.一般公共预算收支完成情况

2021年，全市一般公共预算收入287428万元，占调整预算的100.2%；加上上级补助收入、一般债券收入、上年结转、调入资金等273398万元，全市收入总计560826万元。全市一般公共预算支出496032万元，占调整预算的95%；加上上解上级支出、一般债务还本支出、安排预算稳定调节基金等37348万元，全市支出总计533380万元。收支相抵，结转27446万元。

2021年，市本级一般公共预算收入224916万元，占调整预算的100.3%；加上上级补助收入、一般债券收入、上年结转、调入资金等279786万元，市本级收入总计504702万元。市本级一般公共预算支出439908万元，占调整预算的94%；加上上解上级支出、一般债务还本支出等37348万元，市本级支出总计477256万元。收支相抵，结转27446万元。

2.政府性基金预算收支完成情况

2021年，全市地方政府性基金收入64669万元，占调整预算的103.6%；加上上级补助收入、专项债券收入、上年结转等84362万元，全市收入总计149031万元。全市地方政府性基金支出137120万元，加上调出到一般公共预算支出7959万元，全市支出总计145079万元。收支相抵，结转3952万元。

2021年，市本级地方政府性基金收入54669万元，占调整预算的104.3%；加上上级补助收入、专项债券收入、上年结转等84362万元，市本级收入总计139031万元。市本级地方政府性基金支出122061万元，加上补助乡级支出、调出到一般公共预算支出等13018万元，市本级支出总计135079万元。收支相抵，结转3952万元。

3.社会保险基金预算收支完成情况

2021年，全市社会保险基金收入57247万元（含城乡居民养老保险、机关事业单位养老保险，下同），完成预算的92.1%；全市社会保险基金支出完成54792万元，占预算的94.1%，收支相抵，年末新增结余2455万元。

4.国有资本经营预算收支完成情况

2021年，全市国有资本经营预算收入全部为上级下达我市的企业退休人员社会化管理补助收入110万元，该项资金支出2万元，收支相抵，结转108万元。

（二）2021年地方政府债务情况

2021年，省政府批准我市政府债务限额359039万元。其中，一般债务限额227139万元、专项债务限额131900万元。截至2021年底，我市政府债务余额304473万元，其中：一般债务余额184573万元、专项债务余额119900万元。债务余额始终处于省政府核定的政府债务限额内，债务风险可控。

（三）落实市人大预算决议情况及2021年预算执行效果

2021年，我们深入学习党的十九大和十九届历次全会精神，全面贯彻落实中央、省、市各项决策部署，面对常态化的紧平衡态势，坚持稳中求进工作总基调，统筹疫情防控与经济社会发展，向改革要动力，向管理要效益。扎实做好全年“六稳”“六保”工作，较好地完成了各项预算任务，为全市经济社会平稳发展提供有力资金保障。

1.积极争取资金，努力缓解地方财政压力。一是积极争取财力性转移支付资金4亿元，同比增长19.1%。精准研判上级财力性转移支付补助政策，及时跟进汇报沟通，运用财力性转移支付补助资金，保障了基本民生政策落实、人员工资发放和机关事业单位正常运转。二是争取中央和省级专项资金8.5亿元。保障了巩固脱贫攻坚成果同乡村振兴有效衔接、现代农业发展、生态环境保护、城乡基础设施建设等重点工程、重大项目的资金需求。三是争取到位新增地方政府专项债券资金6.21亿元、一般债券资金2亿元。用于支持霸州市区雨污水管网及道路改扩建一期工程、霸州市殡仪馆新建工程、雄安新区至北京大兴国际机场快线项目（霸州段）等重点项目建设。

2.优化支出结构，大力保障民生福祉。2021年我市民生支出37.2亿元，占支出的75%。一是疫情防控投入0.5亿元，有力保障了抗疫物资和34类重点人群定期集中核酸检测。二是教育投入13.4亿元，足额保障教职人员工资、生均公用经费；完善扶困助学机制，为4079名贫困学生发放了生活补助和助学金；支持王庄子小学、胜芳镇红星小学等12所学校新改扩建工程；持续改善办学条件，购置教育教学仪器，教育硬件水平显著提升。三是社会保障投入10.6亿元。足额拨付各项养老保险基金，支持高校毕业生、农民工、退役军人等重点群体就业创业，落实优抚、低保、救助等政策，低收入群体基本生活得到有效保障。四是“三农”投入3.1亿元，足额保障了村组织运转；实施城乡垃圾环卫一体化，持续改善农村人居环境；落实各项惠农政策，支持耕地地力保护工作和购置农业机械；进一步推进脱贫攻坚成果同乡村振兴有效衔接；落实村级“一事一议”财政奖补政策；扶持了11个村街的村集体经济。

3.深化财政改革，不断提升治理效能。为应对经济下行带来的收支矛盾，我市进一步深化财政改革，努力提高财政资金使用效益。一是预算绩效改革成效显著。2021年，完成事前绩效评估项目244个，审减淘汰低效无效项目94个，涉及资金2.94亿元。聚焦重大民生实事，围绕市委重大决策部署，选取社保、农业等70个重点项目进行了事后重点绩效评价，提出整改建议200余条，已全部落实到位，治理效能显著提升。二是加大清理盘活存量，加强资金统筹力度。将清理部门实有资金账户存量作为工作重点，建立预算调整与存量挂钩机制，累计收回部门实有资金账户结余资金0.8亿元，累计消化清理部门存量资金4.7亿元。三是加大政府采购的监管力度。通过精编细编采购预算，及时发布政府采购信息，统筹实行大宗集中采购，全年共完成采购预算2.9亿元，实际支出2.75亿元，节约资金0.15亿元，综合节约率达5.17%。四是开展政府投资评审工作。全年共评审财政投资建设项目73项，送审金额11.6亿元，审定金额10.4亿元，审减金额1.2亿元，审减率10.24%。

在肯定成绩的同时，我们也清醒地看到当前全市财政工作中存在的困难和问题，主要表现在：一是疫情反复、房地产行业低迷，经济下行压力持续，财政收入增速趋缓，收入组织难度前所未有。二是政策性支出逐年增加，刚性支出需求有增无减，收支平衡难度空前加大。三是部门项目储备质量不高、向上争取资金的积极性和技巧性仍需加强，等等。对于这些问题，我们将高度重视，坚持问题导向，创新思路举措，努力加以解决。

二、2022 年市本级和全市财政预算安排草案

2022 年预算编制的指导思想是：坚持以习近平新时代中国特色社会主义思想为指导，全面贯彻党的十九大和十九届历次全会及中央经济工作会议精神，认真落实省、市决策部署，坚持稳中求进工作总基调，立足新发展阶段，贯彻新发展理念，构建新发展格局，以推动高质量发展为主题，以深化供给侧结构性改革为主线，以改革创新为根本动力，以满足人民日益增长的美好生活需要为根本目的，坚持系统观念，更好统筹发展和安全，全面落实“六稳”“六保”要求，科学精准落实积极的财政政策，加强财政资源统筹，优化财政支出结构，增强重大政策部署财力保障，深化预算管理制度改革，强化绩效管理和预算约束，严格落实过“紧日子”要求，有效防范化解财政风险，更好发挥财政职能作用，为全市经济社会发展提供有力支撑。

2022 年预算编制遵循以下原则：

——深化改革。全面贯彻中央和省委省政府深化改革要求，加快建立现代财政制度，进一步深化预算管理制度改革，逐步建立健全预算评审机制，完善科学标准、规范透明、约束有力的预算制度。加强预算收支管理，提高预算规范化、科学化、标准化水平。

——优化结构。牢固树立过“紧日子”思想，坚持有保有压，稳妥安排收入预算，从严控制一般性支出，集中财力干大事、保重点。强化财政资源统筹，合理确定保障重点和顺序，对最急需最紧迫的大事要优先安排，对必保的刚性支出足额安排，对到期政策、非急需项目予以清理，并将资金安排和使用与绩效挂钩，优化支出结构，提升配置效率。

——讲求绩效。进一步树牢绩效意识，持续优化全方位、全过程、全覆盖的预算绩效管理体系，推动绩效管理提质增效。将落实党中央、国务院和省委省政府重大决策部署作为预算绩效管理重点，加强财政政策评估评价，增强政策可行性和财政可持续性。积极开展事前绩效评估，科学设定绩效目标，强化绩效运行监控，加快推进整体绩效评价，加强重点绩效评价，加大评价结果应用力度，提高资金使用效益。

——依法理财。全面落实预算法及其实施条例等法律法规以及国家和我省各项政策要求，规范理财行为。按照“谁主管、谁分配、谁使用、谁负责”的原则，落实部门和单位预算管理主体责任。发挥监督协同效应，构建日常监督和专项监督协调配合的监督机制，对发现问题严格依纪依法依规做出处理，切实维护财经秩序。

（一）2022 年全市预算草案

1.一般公共预算

按照财政收入与经济增长相适应原则，充分考虑全市经济发展形势，综合分析各种政策性增减收因素，2022 年，全市一般公共预算收入预算安排 303200 万元，增长 5.5%；加上上级补助收入、一般债券收入、上年结转以及调入资金等 334151 万元，全市收入预算总计 637351 万元。全市一般公共预算支出预算安排 623473 万元，加上上解上级支出、一般债务还本支出等 13878 万元，全市支出预算总计 637351 万元。收支平衡。

2022 年，市本级一般公共预算收入预算安排 202500 万元，加上上级补助收入、一般债券收入、上年结转以及调入资金等 419747 万元，市本级收入预算总计 622247 万元。市本级一般公共预算支出预算安排 561889 万元，加上上解上级支出、一般债务还本支出等 60358万元，市本级支出预算总计622247万元。收支平衡。

2.政府性基金预算

2022年，全市地方政府性基金收入预算安排 324290 万元，加上上级补助收入、上年结转等4111万元，全市收入预算总计328401万元。全市地方政府性基金支出预算安排165001万元，加上调出到一般公共预算支出 163400 万元，全市支出预算总计 328401 万元。收支平衡。

2022年，市本级地方政府性基金收入预算安排 324290 万元，加上上级补助收入、上年结转等4111万元，市本级收入预算总计328401万元。市本级地方政府性基金支出预算安排145559万元，加上补助乡级支出以及调出到一般公共预算支出 182842 万元，市本级支出预算总计328401万元。收支平衡。

3.社会保险基金预算

2022年，全市社会保险基金收入预算安排60427 万元，包括：城乡居民养老保险基金收入26313万元，机关事业单位养老保险基金收入34114万元，全市社会保险基金支出预算安排62410万元，当年结余-1983万元，年末滚存结余62387万元。

4.国有资本经营预算

2022年，全市国有资本经营预算收入主要是上级下达我市的国有企业退休人员社会化管理补助收入55万元，加上上年结转108万元，收入总计163万元，安排相关支出163万元，收支平衡。

（二）2022年支出预算草案安排的重点

1.坚持“三保”优先地位，保障和改善基本民生。按照财政支出保障责任，将“保基本民生、保工资、保运转”作为财政资金支付的第一次序，优先足额编制，不留缺口。2022年本级资金安排“三保”支出预算资金 38.3 亿元。其中，人员经费及民生补贴类资金 32.9 亿元；部门日常公用经费2.1亿元；教育、医疗卫生、社会保障等基本民生项目类资金 3.3 亿元。

2.做好风险防范化解工作，确保经济稳健运行。抓实化解政府隐性债务风险工作，坚持持之以恒、一以贯之、不留后患。按照防范化解重大风险的目标任务，推动政府债务风险防范化解取得明显进展，积极稳妥化解政府存量债务，安排偿债资金 2.14 亿元。其中，地方政府债券还本付息资金 1.58 亿元、化解政府隐性债务资金 0.56 亿元。同时，专门安排资金0.3亿元，用于有效应对复杂多变的新冠肺炎疫情防控形势。

需要说明的是：根据《中华人民共和国预算法》第五十四条“预算年度开始后，各级预算草案在本级人民代表大会批准前，可以安排支出”的有关规定，在本草案经本次大会批准前，已安排了必须支付的本年度部门基本支出、项目支出、上一年结转的支出以及法律规定必须履行支付义务的支出，共计5.05亿元。

三、完成2022年预算任务的措施

2022年，我们将围绕上述预算安排，把握发展机遇，坚持依法聚财、科学理财，合理用财，攻坚克难，真抓实干，确保全年预算目标顺利完成。

（一）促发展培财源，推动经济高质量发展。一是把握京津冀协同发展、雄安新区建设时机，对标雄安新区产业发展重点，支持构建先进制造业和现代产业体系。二是做大做强国有企业，研究制定霸州市国有企业做大做强实施方案，扩大城投公司规模实力，争取在2022

年总资产规模突破120亿元，信用评级达到AA。三是认真落实促进中小企业发展、科技创新等税收优惠政策，扩大减税降费效应，确保政策红利。四是深入调查全市经济税源状况，重点关注政府投资项目、招商引资项目、重大社会投资项目，多环节做好税收动态监控，依法依规组织征收，坚持应收尽收，提高财政收入质量。

（二）压一般保“三保”，全力保障各项民生需求。一是强化预算刚性，对所有列入预算项目进行严格审核论证，非“三保”项目、非刚性必保项目、非重大政策性支出项目、非急迫性防风险项目、非进入预算即可实施项目，年初预算一律不予考虑。二是大力压减一般性支出，坚持过“紧日子”思想。合理确定保障重点和保障顺序，坚决兜牢兜实“三保”底线、压缩一般性开支，严控政府购买服务，确保完成一般性支出压减5%、“三公”经费压减5%以上的目标。集中财力保基本民生、保工资、保运转。重点解决好涉及教育、医疗卫生、社会保障、公共安全、疫情防控等事关群众切身利益的民生问题。

（三）强督导做储备，支持各项重点项目开展。一是加强《争取上级资金工作指南》解读，做好培训督导工作，帮助各部门充分掌握资金分配方法，找准争取上级资金着力点，充分做好财政可承受能力论证，全方位、多维度争取上级资金，支持我市各项重点工程、重点项目开展。二是按照债券资金投向，积极筛选符合条件的项目，建设一批，启动一批，谋划一批，储备优质债券项目；严格按照“宁缺毋滥、急需必保、实干必成、提质增效”的总体思路，稳步推进地方政府债券申报工作；积极推进已通过项目资金支付进度，确保及时形成实物工作量；严格按照债券既定偿还渠道筹集资金，按时足额偿还政府性债务本息，确保财政运行整体平稳可控。

（四）抓重点重调研，持续深化预算绩效改革。一是突出重点。注重民生资金集中的重点部门、资金量大的热点项目，切实提高预算决策与全市总体战略发展重点的契合度与支撑度，实现向绩效改革要财力，以绩效促管理。二是注重“实地调研”。探索“调研+评估”的绩效管理模式，做到问需于民、问计于民、问效于民，确保客观、全面、真实地了解项目的实施情况、效益情况，确保花好用好每一分钱，真正提高财政资金使用效益。三是健全全覆盖预算绩效管理体系。探索开展政府采购、政府购买服务、政府和社会资本合作、政府债务项目预算绩效管理，建立健全对应领域绩效管理办法，进一步深化全方位、全过程、全覆盖的预算绩效管理体系。

各位代表，受多重因素影响，2022年的收支形势依然不容乐观，如何把好预算盘子，做好全年“六稳”“六保”工作，将是今年工作的重中之重。我们将在市委的坚强领导和市人大、市政协的监督支持下，以更开阔的思路、更昂扬的精神、更得力的措施，开源节流、真抓实干，确保2022年财政收支预算任务的全面完成，以优异成绩迎接党的二十大胜利召开！

专 文

霸州市多举措确保扫黑除恶长效长治

（通讯员 徐巍 朱新峰）重点行业领域专项整治是 2020 年扫黑除恶专项斗争的“重头戏”，也是巩固三年斗争成果的“保卫战”。为确保三年扫黑除恶成果长治长效，霸州市把打击整治与制度建设同步推进，深入梳理专项斗争中暴露出来的普遍性、深层次问题，制定针对性、实用性的综合防范措施和办法，立足扫黑除恶常态化运行，把更多经验做法转化为制度规范。截至目前，霸州市共建立完善与扫黑除恶相关的长效机制 112 项。

在工程建设领域，霸州市制定了《关于开展建筑工地“堵塞漏洞”专项行动的监管措施》，出台了《关于进一步加强房屋建筑和市政基础设施工程项目招投标监督管理工作的意见》和《关于强化长效监管机制进一步规范房地产市场营销行为的指导意见》，确保建筑市场领域的有效监管。在资源环保领域，落实了《霸州市建立国土资源共同监管长效机制的实施意见》，开展网格化监管，使国土监管延伸到每个角落，坚决扎紧违法用地的“口子”。在市场流通领域，聚焦经营者、消费者反映强烈、问题突出的重点行业和领域，结合实际制定了《开展扫黑除恶市场交易领域专项斗争实施方案》和《扫黑除恶市场交易领域工作制度》，不断加强对违法犯罪易发多发的市场交易领域的监管。在金融放贷领域，制定了《非法集资监测预警工作制度》，加强对审批备案的八家小额贷款公司进行日常监管，第一时间准确掌握各公司日常经营情况，优选具有审计资质的会计师事务所，对小额贷款公司进行年度审计工作，并对发现的问题，及时沟通、问询、整改，对违规违法、涉黑涉恶线索及时向有关部门和公安机关进行反馈。

在严格办案程序的基础上，霸州市政法各部门将“一案三查”、提前介入、异地侦办等经验做法机制化、常态化，发挥打击合力。纪检监察与政法机关建立了日常联系沟通、案件线索双向移送、协同办案、查办结果及时反馈、纪律保障五项机制和涉黑涉恶“保护伞”认定工作机制，确保侦办涉黑涉恶案件和打击“关系网”“保护伞”两条战线同步推进。截至目前，公安机关共制定扫黑除恶机制办法 21 项；检察机关制定扫黑除恶工作长效机制 22 项；审判机关制定案件质量评查、加强司法建议、审判执行衔接等工作制度 13 项。

霸州市委常委、政法委书记张凤岭介绍，下一步，将重点建立目标责任、专业打击、系统治理、责任查究四个工作体系，全面挤压黑恶势力再次滋生的空间，让黑恶势力难以藏身立足。

（摘自 2021 年 1 月 13 日《廊坊日报》第 2 版）

霸州：推动审批服务提速提质提效提升营商环境

（记者 滕雪叶）近日，来自荣进房地产开发有限公司的申请人在霸州市工程建设项目审批专区窗口领取工程施工许可证后高兴地说：“现在霸州办事效率太高了！这么多材料不到一上午就审批完了。”公司之前在网上提交了电子材料，在新的审批体制下，工作人员对电子材料的内容进行预审后，只需要再核实一遍纸质材料的真实性即可作出审批决定，审批速度大大加快。

2019年，霸州市正式启动工程建设项目审批制度改革，以便利企业投资、加快项目落地为目标，实施覆盖工程建设项目审批全流程的体制机制改革，建立起全新的审批制度框架和在线审批平台，大幅提升了项目审批效率、缩短了报建时间，将原来需要200多个工作日完成的工程建设项目审批全流程，缩短为58个工作日以内完成；对审批环节事项较少的社会投资简易低风险工程建设项目，全流程审批时间压缩在20个工作日以内，营商环境和投资吸引力明显提升。

重点项目是发展实体经济的基石。此次改革中，霸州市对工程建设领域的40多个审批事项进行全面梳理，调整审批时序，按照办理的先后顺序划分为“立项用地规划许可、工程建设许可、施工许可、竣工验收”4个阶段，实行“一家牵头、并联审批、限时办结”，对同一阶段内的同类信息和材料进行削减去重，形成标准化服务指南和统一的申请表单，让企业省去了很多重复性工作，从而加快审批进度。

为了让企业办事“只进一扇门”，霸州市在政务服务中心大厅开设工程建设项目审批专区，实行“一份办事指南、一张申请表单、一套申报材料、整合多项审批”，可以一次接收多个事项的要件，推送给多个部门进行同步并联审批。每个审批阶段只需企业提交一套申报材料，由各审批部门共享，避免重复提交，大幅压缩整体审批用时。同时，为进一步方便企业办事，霸州市与浪潮公司合作建立了面向企业的工程建设项目在线审批平台和审批部门应用的审批管理系统，推进工程建设项目在线审批、“一网通办”。仅2020年上半年，霸州市就为近20个项目提供了在线审批服务，为企业节省了建设时间、降低了企业融资和运营成本，让企业切切实实享受到改革带来的红利。

营商环境好不好，市场主体说了算。霸州市积极推进改革，靠前服务项目、企业，推动审批服务提速、提效、提质，在引进项目、企业的数量、规模、产业上都获得提升，掀起了招商引资、项目落地开工新高潮。2020年，霸州市争列省重点项目9个，计划开工项目5个，总投资32亿元，已全部开工建设；争列廊坊市重点产业项目14个，计划开工项目4个，总投资20.1亿元，已全部开工建设。

（摘自2021年1月18日《廊坊日报》第5版）

霸州：万余名党员织密疫情防控“红色防线”

（记者 滕雪叶 赵佳）“请大家提前写好登记信息，戴好口罩，保持1米距离……”这几天，河北天禹律师事务所党支部书记、主任冯辉特别忙碌，作为志愿者，他在霸州市提香花园小区核酸检测点进行志愿服务，帮助核酸检测人员维护秩序、进行信息登记等。

疫情就是命令，防控就是责任。霸州市委组织部全面落实省、市关于疫情防控各项决策部署，以强保障、护生命为落脚点，组织该市基层党组织和广大党员干部带头冲锋，充分发挥基层党组织战斗堡垒作用和党员先锋模范作用，践行初心使命，落实责任担当，坚决打赢疫情防控歼灭战。

吹号角、扬党旗，筑牢疫情防控“红色堡垒”。霸州市委组织部坚持党建引领，通过霸州发布、霸州基层党建等微信公众号发布《致全市各基层党组织及广大党员的倡议书》，号召广大党员积极参与疫情防控。全市村街（社区）设立疫情防控卡点 560 余个，10420 名党员、6457 名热心群众主动参与到疫情防控中，设立党员先锋岗 381 个、党员先锋队 9 个，建立党员服务队 15 个，成立临时党组织 9 个。为进一步凸显疫情防控党组织核心作用，共划拨党费 8.03 万元统一为各卡点配置党旗、“共产党员先锋岗”标识等“五要素”，党员干部佩戴党员徽章，志愿者佩戴红袖标、小红帽、红马甲上岗值守，让党旗在疫情防控一线高高飘扬。

抓关键、重激励，凝聚疫情防控“红色力量”。牢牢抓住基层党支部书记这一“关键点”，充分发挥党组织书记核心领导作用，将 381 个村街（社区）党组织书记作为村街（社区）疫情防控第一责任人，明确疫情防控“指挥靠前、担当靠前、服务靠前、奉献靠前”四项工作责任，并制成展牌标识在各疫情防控卡点展示。各党组织书记带头靠前指挥，1800 余名村街（社区）“两委”干部、10420 名党员以身作则，实施严密防控部署，确保疫情防控科学、积极、有力、有序。同时，霸州市委组织部广泛发动 560 余名符合条件的返乡大学生投身疫情防控工作中，建立大学生志愿者信息库，并落实激励保障，对疫情防控期间表现突出的返乡大学生，是党员且毕业后继续回乡工作的，优先纳入村街（社区）后备干部储备；对非党员积极向党组织靠拢，且毕业后继续回乡工作的，将列为重点考察培养对象，优先发展党员，进一步优化基层党员干部结构，不断提升基层党组织工作水平。

定靶向、严部署，织密疫情防控“红色网格”。落实落细村街（社区）疫情防控，抽调 69 个市直机关干部职工 576 名，下沉市区内 84 个无物业管理小区 24 小时值守，实现疫情防控无死角、全覆盖。成立督导工作组，对各疫情防控卡点进行督导检查，切实做到疫情防控不漏一处。为快速、高效推进霸州市全员核酸检测工作，1 月 11 日以来，霸州市委组织部共抽调市直单位 3007 名（其中党员 2006 名）机关干部职工，协调 1058 名（其中党员 879 名）乡镇干部，组成全员核酸检测和后勤保障服务队，下沉各村街（社区）以及无物业小区核酸检测点，为 2 次圆满完成全员核酸检测任务贡献力量。

（摘自 2021 年 1 月 22 日《廊坊日报》第 2 版）

霸州市依托产业优势，打造现代都市农业

（马越 通讯员 齐茵）霸州市乡村振兴示范片区，位于霸州市区北部，北与永清、固安接壤，西至采油二厂，总面积 53.26 平方公里，区内包含南孟镇、康仙庄乡两乡镇共计 33 个村街。片区内环境优美，资源丰富，路网、林网、管网等农业设施建设居全省前列。片区围绕省委提出的“环境美、产业美、精神美、生态美”四美要求，坚持生态发展理念，大力改善人居环境，推进美丽乡村建设，着力打造一个宜居、舒适的生态环境。

片区农业比较发达，有专业农业合作社 61 家，畜禽养殖大户 10 户，涉及葡萄种植、园林木业种植、生猪养殖、蔬菜粮食种植等。粮食作物年产量超 250 万公斤；蔬菜种植面积达 3 万亩，无公害温室大棚 5000 亩，年产量 1 亿公斤以上，产业优势明显。建设过程中，重点聚焦蔬菜种植基地、万亩苗木基地、精品水果基地、优质粮食生产基地四大优势产业，将一产和三产结合，实现农旅一体化的大融合，打

造现代农业园区。重点推进万亩苗木和有机蔬菜项目，在继续做好塔上村、沈家营村、姜家营村、王村和北落店村现有苗木种植工作各项政策服务的基础上，进一步扩大种植范围，增加苗木面积 1600 余亩，整个项目目前已达 1.1 万亩，完成率 100%。引入廊坊欧歌考特农业开发有限公司，与东头村、西头村合作，占地面积 63.19 亩，现有棚室 18 个，主要种植有机西红柿、黄瓜、小白菜、屋塔菜、油菜等，完成率 100%。

霸州围绕省委提出的农村人居环境整治工作目标，坚持生态发展理念，不断加大“整脏治乱”工作力度，推进美丽乡村建设，着力打造一个宜居、宜业的良好环境。进一步加快无害化卫生户厕建设或改造步伐，消除农村露天粪坑，投资 269 万元，坚持推进农村户用厕所退街、进院、入室，引导农村新建住房配套建设无害化卫生厕所，完成户用水冲式厕所改造 4139 座；硬化村内道路，对村道进行提质改造，结合实施乡村道路畅通工程，以多种方式实现村内主干道硬化，满足基本出行要求，完成道路硬化 198 万平方米；铺设给水、排水管网 150 万米；安装路灯 4100 盏，满足村庄主干道和公共活动区域照明需求；以乔木、乡土树种为主，灌木为辅，栽植苗木 4850 株，开展村庄道路、庭院绿化，绿化面积 3.9 万平方米；新建南孟镇东西头广场、田各庄游客中心、西坨剧院、西粉营村民服务中心、姜家营村民服务中心等 7 处文娱、服务设施；强力推进以南孟镇田各庄村、东头村、西头村、西坨村、姜家营村、东坨村等村街为重点的精品村街建设，完成“水、电、路、气、讯”等基础设施建设和相关公共服务设施和配套设施建设，同时打造一批精品节点工程，使片区整体形象得到进一步提升。

依托片区区位优势，抓住霸州宜居、宜业、宜游的城市发展定位，构建以温泉体验、生态观光、乡村休闲、民俗体验为主要功能的乡村旅游体系。在片区内打造形成“一带（滨河生态景观带）、两轴（106 国道、273 省道发展轴）、三心（综合发展中心、游客服务中心、产业引爆中心）、四区（综合配套服务区、文旅休闲区、万亩苗木观光区、现代农业示范区）”的空间结构，整合区域旅游资源、温泉资源、苗木资源、科技农业、历史遗迹和当地村街风土人情的休闲活动，鼓励村民参与到旅游开发中来，最终达到富民增收。

以农业观光旅游为主打，凸显乡村特色，结合生态采摘园、乡村农业观光等元素，打造智慧田园－霸州生态公园－现代农业示范区－农耕文化园—林下经济示范点－精品花卉－特色葡萄种植示范区－森林氧吧－万亩苗木基地－创意苗圃－有机蔬菜种植－生态园等集“吃、住、行、游、娱、购”功能于一体田园生态游线路；充分发掘片区内丰富的历史文化资源，打造田各庄墓群－圈子村东遗址－崔各庄遗址－西坨剧院－双塔寺遗址－姜家营“八一二”惨案纪念馆－文化广场－康熙石碑－颍川陈公塔－千年古槐等遗址遗迹的历史文化线路。

此外，进一步夯实乡村治理现代化的经济社会基础。在空间布局上，重点将产业分布、土地利用、房屋建设、基础设施建设和农村基本公共服务纳入城乡规划统一管理。在环境保护上，统筹布局城乡生态环境保护设施，将农村环境保护目标任务列入环保体系，推进农村人居环境绿化美化工程建设。不断强化农村党组织在基层治理中的领导核心作用。借助换届契机，各村街全部配齐村党组织、村委会、村监会、村代会、村经济合作组织等村级组织，全面推行“五位一体”组织运行体系，统一配发《党支部工作手册》《村委会工作手册》《村代会工作手册》《村监会工作手册》《村级重大事项运行情况台账》等五本台账，全程记录监控村级重大事项运行。完善村规民约制定、修订流程，将村规民约工作落实情况作为基层组织建设的经常性工作，纳入村“两委”班子目标责任考核内容，加强督导检查，防止流于形式。

在片区建设方面，霸州市将进一步完善乡村振兴片区内康仙庄镇7个村街的基础设施，重点做好污水治理、村容村貌提升等工作，补齐短板，实现片区内村庄均衡发展。以胜芳镇为中心，谋划东部乡村振兴示范片区，从产业发展方面，辐射带动周边共同发展。在项目实施方面，计划实施城乡污水设施及配套管网工程全覆盖项目，2021 年动工建设，2023 年竣工，项目完成后将彻底解决农村污水处理和厕所粪污无害化处理问题。

（摘自 2021 年 2 月 25 日《廊坊日报》第 6 版）

河北霸州：电商产业促乡村振兴

（作者高大建 邓朝）在河北省霸州市平口村兴旺家居用品有限公司的生产车间内，工人们正在忙着制作一批订单。除了线下生产外，该公司还在天猫、京东、拼多多等电商平台开设网店，销售自家生产的家居用品，不仅畅销国内，部分产品还出口到国外。

33 岁的小伙孟凯是霸州小辛庄村的一名网络直播间带货主播，他正在给线上的粉丝们介绍一款绞馅机。孟凯介绍，一场直播下来，多的时候会产生 3000 多份订单。

在霸州，“网红”产品销售企业和“网红”带货主播越来越多，成为农村电子商务产业蓬勃发展的主力军。据阿里研究院发布的 2020 年淘宝村、淘宝镇名单，霸州有 10 个乡镇，39 个村入选。“淘宝镇”数量位居全省第一，“淘宝村”数量位居全省第三，廊坊市第一。2020 年霸州全市电子商务零售额实现 44 亿元，同比增长 25.7%。

近年来，霸州市将电子商务作为经济转型升级的重要抓手，借力“互联网+”，以重点支持优秀电商龙头企业发展为抓手，依托资源优势，完善功能支撑，着力推动产业集聚和产品创新，电子商务发展势头强劲。下一步，霸州市将以重点支持优秀龙头企业发展为抓手，着力实施示范引领、龙头引领、特色引领、品牌引领、质量提升、创新示范等六大工程，全力推进电子商务高质量发展。

（摘自 2021 年 3 月 25 日《人民日报》客户端）

河北霸州 用文明铸就城市之魂

（通讯员 徐巍 徐春涛）初春的河北霸州，处处生机盎然。城区干净整洁，公园景色宜人，市民悠然自得；社区服务周到细致，居民生活舒适便捷……每一个细微之处，都彰显着文明的力量。

改善基础设施，市容市貌变靓了！

兴华路某商铺经营者王海侠高兴地说：“原来门口的道路坑坑洼洼，一下雨全是积水，顾客都没法走进来。现在好了，创城给市民带来的实惠我是切身感受到了！”

创建文明城市以来，为方便市民出行，霸州不断加强公共基础设施完善与维护，维修便道 4995 平方米，路面 10511 平方米；维修照明线路 2299 米、光源 2352 盏，保障亮灯率 99%以上；更换和补植绿植 9110 棵、花草 1300 余平方米，绿道绿廊长度达到 37.05 公里；新建成 76 座高标准公厕。基础设施的改善，提升了市容市貌整体形象。

提升管理水平，城市秩序更好了！

“最近城里的交通环境好多了，停车规矩了，汽车看到行人过斑马线也主动礼让。”出租车司机张连国说。

霸州从交通拥堵、路况破损、车辆乱放问题入手，加强交通秩序的管控力度，严查严处各种违法、不文明交通行为。完成主城区6条主次干道新建改造工程，改造雨污水分流管网7.06公里，老旧供热、燃气管网15.6公里。科学设置便道停车位3201处，拆除清理私设地桩3226个、私划停车位373个。城市管理更加精细、文明、有序、安全。

完善小区管理，市民生活更幸福了！

霸州市探索管理新路径，成立非营利性物业公司，将63个无物业小区纳入社区管理，完善社区管理“五位一体”；600多名网格员对环境卫生实施网格化管理，粉刷墙体5000平方米，清理楼道小广告2000余处。

对所有生活小区增设公益广告1200余处、海报2000余张；补种、新增绿化面积273亩；设立文明养犬便便箱345个；更换分类垃圾桶550个，做到日产日清，运送至焚烧发电厂，无害化处理率100%。投资2000万元实施老旧小区改造工程，共计22栋住宅楼，惠及居民727户。小区环境一天天变好，群众看在眼里，乐在心里。

志愿服务不停歇，奉献爱心更普遍了！

12月5日一大早，书香苑广场小区人头攒动，居民朱炳合说：“志愿者每月定期来免费帮大伙儿剪头发、修家电、检查身体，真是让我们又省心又暖心！”

朱炳合说的是隆泰社区每月第一个周六固定开展的志愿服务活动。而这，只是霸州市志愿服务活动的一个缩影。

创城以来，霸州市组建了139支志愿服务队，实名注册2.04万名志愿者，持续打造“大家义起来”志愿服务品牌，印发了《霸州市建设新时代文明实践中心试点工作实施方案》，今年累计开展疫情防控、扶贫济困、文明交通、环境保护、社区宣传等新时代文明实践活动200余次，逾万人次参与。

一次次志愿服务，在广大市民中树立了“我义务、我奉献、我快乐”的活动理念，使志愿服务成为霸州一道亮丽的风景。

（摘自2021年3月2日《河北日报》第13版）

今年我市全力促进城市生活水源置换（霸州）

（记者王洋洋）日前，记者从市住建局获悉，今年我市全力推进城市生活水源江水置换工程，统筹推进受水区城市建成区公共供水设施建设，用足用好引江水，促进城市生活水源江水置换，不断提升人民群众的幸福感获得感。

据悉，围绕置换工作，廊坊市区、霸州城区通过地表水厂扩建和供水管网建设，提高南水北调引江水水厂供应能力，扩大城市公共供水覆盖范围，完成建成区内自备水源井水源置换。2021年扩建1座水厂、建设改造25.83公里公共供水管网，实现南水北调受水区建成区内江水置换全覆盖。

同时，市区确保10月底前完成地表水厂一期二阶段建设，具备通水条件，供水能力达到30万立方米/日，满足市区用水需求；供水管网25.83公里，其中市区7.57公里，霸州市城区18.26公里，扩大公共供水管网覆盖范围，统筹抓好公共供水管网与小区庭院管网并网衔接，2021年10月底前具备试水条件。

市住建局和霸州市政府是城市公共供水设施建设责任主体，将进一步加快项目立项、工程设计、招投标等前期手续办理，争取尽早开工。建立项目台账和“周报告、月通报”制度，统筹项目施工计划，有序衔接各施工工序，倒排工期、挂图作战，确保全部建设项目按时完工。

（摘自 2021 年 3 月 13 日《廊坊日报》第 3 版）

霸州市：实现城乡生活垃圾无害化处理全覆盖

（作者马越）目前，霸州市建立起 4831 名保洁员的环卫保洁队伍及 199 辆垃圾转运车的环卫作业队伍，形成了“统一保洁、统一收集、统一运输、集中处理”的运行体制。

2020 年，霸州市引进竞争机制，将全市城乡一体化作业运行分 4 个区域重新组织招标，淘汰评比落后乡镇对应的保洁公司，提升日常环卫作业质量。

为进一步完善城乡垃圾转运体系建设，2019 年，霸州市完成 10 座压缩式垃圾转运站建设任务，同时购置配套车辆 13 辆，日转运能力达 1050 吨。目前，10 座转运站运行良好，全市除康仙庄镇、煎茶铺镇外，其余各乡镇垃圾均通过垃圾站集中压缩后，统一运至霸州市生活垃圾焚烧发电厂处理，全市城乡生活垃圾无害化处理率达到 100%。

据悉，2019 年 9 月生活垃圾焚烧发电厂建成并投入使用，日处理生活垃圾约 1200 吨。截至目前，处理霸州市城乡生活垃圾约 35 万吨，实现全市城乡生活垃圾“资源化、减量化、无害化”处理。霸州市餐厨处理厂由霸州市春志油脂处理有限公司投资建设，该项目一期工程已完工并投入运行，完成投资 1100 万元，日处理餐厨垃圾 60 吨。在市东、西区引入民间投资，谋划建设建筑垃圾资源化再利用项目，目前已完成选址工作。

自城乡环卫一体化工作开展以来，企业垃圾乱倒现象成为工作中的一大难点。为彻底解决这一问题，2019 年在霸州市推进工业垃圾有偿服务工作，通过企业核查，向各乡镇分配工作任务目标，明确完成时限，日通报、周排名。目前，已完成签订有偿化服务工业企业 6402 家。工业企业产生的垃圾由第三方垃圾运输公司运至市垃圾焚烧发电厂处置，每天工业垃圾运输、处置合计约 113 吨。

霸州市在农村推进生活垃圾上门收集服务工作，为每户发放干湿垃圾桶，由保洁员定时上门收集，有效解决了农民乱倒垃圾问题。每天由环卫公司上门收集各户垃圾，在村街周边垃圾收集桶集中，通过垃圾转运站运至市垃圾焚烧发电厂处置，初步实现农村污水和垃圾分开投放。

霸州建立完善市、乡、村三级考核工作网络，进一步明确乡镇和村街工作职责任务，各乡镇面向社会公布举报电话。各乡镇遵循“合理区划、网格管理、定人定责、层层督查”的工作原则，建立二级网格化管理体系，即乡镇级网格（书记、乡（镇）长为网格负责人，包村领导为网格责任人）和村街级网格（村书记、村长为网格负责人，村委成员、党员及村民代表为网格责任人）。明确各级网格化管理员工作责任和目标，充分调动村街参与环卫管理工作的主动性，加强了环卫作业公司日常检查考核，保证了清洁质量。

（摘自 2021 年 3 月 29 日《廊坊日报》第 8 版）

霸州 统筹实施乡村振兴战略

（通讯员董旭旭 徐巍）近年来，霸州市统筹实施乡村振兴战略，深化农业供给侧结构性改革，提升农业发展质量，稳定粮食生产，保障重要农产品供给，抓好农村人居环境整治，推动农业农村稳步发展。

该市通过政策引导、争取资金扶持等方式，不断发展壮大龙头企业；引导龙头企业通过“公司+农户”“公司+基地+农户”“公司+合作社+农户”等形式，与农户结成利益共同体。截至去年底，该市共有廊坊市级以上农业产业化重点龙头企业15家。其中，国家级1家，省级5家，廊坊市级9家，龙头企业经营整体规模有了较大提升，带动农民致富能力不断增强。农业产业化经营率由2015年底的39%增长到44%。

（摘自2021年4月7日《河北经济日报》第5版）

霸州千个基层党支部 扎实推进党史学习教育

（记者腾雪叶 徐巍）霸州市法院在微博平台开辟了“百日读党史”专题，每天推送党史小故事和党史微视频，在微信群里号召干警们参加“小小红帆船党史测试答题”领取属于自己的特制“船票”；“霸州发布”每天推送党史小故事和党史知识，积极打造党史学习“掌中宝”……霸州市把开展党史学习教育作为一项重要政治任务，引导全市38个党委、94个总支、1121个党支部、28997名党员，学党史、悟思想、办实事、开新局，各项工作有力有序稳步推进。

形成“三全学习”的学习氛围，让党史知识“天天见”。按照中央和省、市委安排部署，霸州市委迅速成立党史学习教育领导小组，下设办公室，统筹该市学习教育和日常工作。3月3日，高标准召开霸州市党史学习教育动员大会，印发《关于在全市开展党史学习教育的通知》《关于在全市开展党史学习教育的实施意见》《霸州市党史专题宣讲工作方案的通知》《关于做好党史学习教育指定用书发行和使用工作的通知》等文件，动员霸州市各级党组织迅速行动，成立相应机构，明确专人负责，高质量高标准抓好党史学习教育。第一时间为霸州市34名处级领导干部和市委党史学习教育领导小组办公室配发了《论中国共产党历史》《毛泽东 邓小平 江泽民 胡锦涛关于中国共产党历史论述摘编》《习近平新时代中国特色社会主义思想学习问答》《中国共产党简史》（以下简称“四本书”），80余个市直单位、15个乡镇迅速行动，认真抓好“四本书”的征订工作，将其作为理论学习中心组学习、“三会一课”、主题党日的重要内容，组织党员认真学习，真正做到“全员学习、全程学习、全面学习”。

推进“三位一体”的学习方式，让党史学习“天天新”。霸州市重点抓好党史学习的“自学”“导学”“研讨”三个环节，为该市处级、乡科级以上领导干部配发统一的笔记本，下发自学学习内容及进度安排，为党史学习教育制度化、规范化、常态化提供遵循。通过“三位一体”的学习方式，规范党史学习过程，做到“自学有主题、导学有质量、研讨有深度”，确保学习效果。同时，召开市委理论学习中心组学习会，及时传达学习习近平总书记关于党史的重要论述、在党史学习教育动员大会上的重要讲话以及省、市委党史学习教育动员会议精神，研究霸州市贯彻落实意见。霸州市各级党委（党组）召开理论学习中心组学习会80余次。

探索“三管齐下”的学习模式，让党史理论“天天深”。霸州市积极探索“请进来、走出去、铺开去”的学习模式。“请进来”，即邀请专家学者详细讲解党史专业知识。4月1日，河北省政府副省长、省政协副主席徐建培一行，到霸州市开展党史和全国两会精神宣讲活动，为全市党员干部群众夯实党史理论知识提供“加油站”。“走出去”，即组织干部群众赴爱国主义教育基地开展体验式教育。霸州市检察院带领党员干警 30 人到李大钊纪念馆开展革命传统教育活动；霸州市法院组织参观胜芳镇张家大院，并到廊坊法治宣教中心参观了党史学习教育展区，重温入党誓词；胜芳镇团委开展“弘扬革命文化，传承红色基因”烈士精神纪念活动等。“铺开去”，即通过系列活动不断夯实党史理论根基。组织开展“学党史、知党情、跟党走——庆祝建党 100 周年党史知识竞赛”，在全市营造“比、学、赶、超”的浓厚学习氛围。

（摘自 2021 年 4 月 16 日《廊坊日报》第 5 版）

建设全新霸州 打造全国百强县

（记者腾雪叶）今年，是“十四五”开局之年，霸州市明确主要预期目标：地区生产总值增长 8%左右，一般公共预算收入增长 8%左右，固定资产投资增长 8%左右，规模以上工业增加值增长 7%左右，社会消费品零售总额增长 8.5%左右，居民人均可支配收入增长 8%左右，每万元生产总值能耗、二氧化碳排放量、PM2.5 平均浓度、优良天数达标比例确保完成上级下达目标任务。

面对新发展阶段，霸州市将完整、准确、全面贯彻新发展理念，致力在新发展格局中实现更大作为，紧紧围绕建设“五个廊坊”和全市经济社会发展为目标，以扎实开展“三重四创五优化”活动为统揽，全力推动“六个坚持”“六个聚焦”各项重点任务落地落实、见到实效，努力把区位优势转化为发展胜势，在对接服务京津雄中建设全新霸州，尽快进入全国百强县之列。

借势雄安发展，在规划对接上，加快推进国土空间规划编制，全面抓好《关于进一步推动京津冀协同发展服务支持雄安新区建设的实施意见》各项任务落实，高标准编制完善“十四五”规划。产业对接上，积极对接雄安产业规划布局，重点发展先进制造、智慧物流、温泉康养、现代农业等产业，形成与雄安新区优势互补、协作配套、联动发展的产业格局。交通对接上，强化津兴铁路、荣乌新线、京德高速等重大工程保障工作，积极构建联通京津雄的快捷高效立体交通网络。生态对接上，全面提升造林规模和绿化质量，加快建设与雄安零梯度差的生态过渡带。

把推进开发区“二次创业”和争创国家级开发区作为主攻方向，大力实施园区双倍增计划，全力提高开发区能级水平。加快推进“腾笼换凤”，对已批已供土地全面核实，对符合“两规”没有供地的，核实有无招商引资意向，长期圈占、不征地、不开工、不建设的，依法解除招商协议。在九通一平的基础上，全面提高路、电、水、气、讯、污水处理等设施水平，打造功能完备、环境优美、承载力强的品牌园区。

牢固树立“项目为王”理念，全力以赴上大项目、上好项目，不断积蓄高质量发展新动能。全面对接北京非首都功能疏解和长三角、珠三角产业转移，强化土地、政策、环境、服务等方面成本分析，大力开展招商推介活动，力争一大批国企、央企和大型民企、总部型企业签约落地。加快推进总投资 41 亿元的 8 个省重点项目建设进度，确保开工率和投资完成率。积极争列市重点项目，确保早开工、早投产、早达效。加大处级领导干部包重点项目力度，从谋划到招商、签约到落地、开工到投产，全程推动跑办、协调解决推进中的各种问题。

强力推动民营经济“二次创业”，深入实施创新驱动发展战略，积极构建发展新格局，推动高质量发展迈出新步伐。推动新一代信息技术与制造业融合发展，做优做强两大产业集群，推动胜芳区域产业向智慧家居、石墨烯新材料、文化旅游等产业转型，扎实推进村级工业小区改造试点工作。瞄准京津产业转移和雄安新区产业配套，加快培育维信诺、石墨烯等核心企业，完善产业全链条，加快形成新的经济增长点。大力培育一批高新技术企业和科技型中小企业，鼓励支持企业加大研发投入，推动产学研用深度融合，用好财政、税收等激励手段广泛吸引高层次人才。

滚动实施民心工程，着力构建扶贫脱贫防贫长效机制，不断增加城乡居民收入，促进房地产市场平稳健康发展。持续发展社会事业，千方百计稳定和扩大就业，加快补齐教育、医疗、卫生等基础设施短板，繁荣发展文化事业产业，推动养老事业和康养产业协同发展。加快推进市区雨污水管网及道路改扩建、东环路改扩建等工程，提升城市配套功能。加快推动城乡供水一体化、城乡污水处理一体化。接续实施农村人居环境整治，确保乡村面貌显著改观。

深化“平安霸州”建设，坚决守住不发生系统性区域性风险的底线。严格落实常态化疫情防控措施，确保及时、科学、有效应对各类突发公共卫生事件。完善社会矛盾纠纷联调化解体系，不断深化“群众说事、干部解题”工作。筑牢社会治安防控体系，持续巩固扫黑除恶专项斗争成果，有力震慑打击各类犯罪。落实安全生产责任制，提高防灾减灾抗灾救灾能力，切实保障人民群众生命财产安全。

（摘自 2021 年 5 月 20 日《廊坊日报》第 4 版）

霸州市加快推进与雄安新区联动促进经济社会高质量发展

（记者腾雪叶 徐巍）霸州，区位优越、交通独特，面积 801 平方公里，地处京津雄黄金三角中心地带，是全国目前唯一域内规划有 6 条轨道交通的县级市，这些优势奠定了霸州在京津冀城市群未来发展中的战略地位。因此，霸州市对照高质量发展目标任务，跳出霸州看霸州、站位全省乃至全国看霸州，围绕雄安做文章，在坚决服从服务、严管严控基础上，同时加快协同发展、联动发展、错位发展、融合发展，努力在“雄安所需、霸州所长”的结合点上积极作为。

初夏时节，草木勃发。5 月 25 日至 26 日，记者来到霸州市，只见企业生产车间内，各种机器设备运转不停；项目现场，工程车来往穿梭、挖掘机挥舞巨臂；牤牛河历史文化公园两岸风光秀丽……在这里，时时感受到担当进取、勇创一流的奋斗热情和抓铁有痕、踏石留印的工作干劲。

星光不问赶路人，时光不负有心人。截至 3 月底，霸州都市休闲食品产业集群完成营业收入 10.54 亿元，实现增速 28.5%；霸州特色定制家具产业集群实现营业收入 36.83 亿元，增速 33.05%；截至 4 月底，霸州市规模以上工业企业完成工业产值 230 亿元，占廊坊市规上工业产值的 30%，实现增加值增速 29.9%……霸州市以数据说话，转型升级步伐加快，项目建设成效明显，园区建设有序开展，全市高质量发展基础不断夯实。

“面对新形势、新任务、新要求，我们要坚决把区位优势转化为发展胜势，把去产能的阵痛转化为产业升级的良机，把发展软环境转化为现实硬支撑，把社会风险的攻坚战转化为化危为机的主动战。”霸州市委书记王斌表示，霸州市将结合“1+4”功能定位，积极抢抓京津冀协同发展大机遇，全力做强服务支持雄安新区规划建设大文章，奋力开启“十四五”发展和现代化新征程，谱写新时代全面建设经济强市、生态新城、美丽霸州新篇章。

改造提升传统产业，错位融合、创新驱动，不断提升自主创新能力，加快构建产业发展新格局

5月25日，记者走进位于霸州市东段乡霸州市三钢科技有限公司生产车间，地面洁净无尘，机器轰鸣，一条280米长的酸轧联机生产线上一派繁忙景象。“好的产品离不开好的设备，整条生产线自动化程度非常高，包括自动上卷、自动剪切、自动焊接、焊缝跟踪、动态变规格、自动卸卷及自动换辊等功能，可生产抗酸、抗碱、耐腐蚀、柔韧性好的新材料。”总经理翁富介绍。

做减法要痛下决心，做加法也得千方百计。为了推动企业转型升级，三钢科技一手抓人才引进、大力加强创新，一手抓渠道拓展、努力树立品牌。2019年5月28日，三钢科技一期竣工投产，设备包括一条950毫米全连续酸轧机组、三条高档镀锌机组，主要以生产销售冷硬带钢、镀锌带钢为主。该项目的建成，使企业由低端制造向高端制造转型，提升了产品质量和产品附加值，实现了传统产业向新兴产业转型，用技术进步提升产出效率；传统工艺向行业新技术转型，创新新特产品；“双高”经济向节能环保经济转型，水资源重复循环利用零排放。

产业结构不优，新动能成长不快，在迈向高质量发展阶段，霸州市面临着一系列难题。出路何在？加快传统产业转型升级，全面推进供给侧结构性改革，2017年，霸州市在全省率先完成了两家钢厂产能退出工作，退出炼铁产能416万吨、炼钢产能498万吨，800余家涉钢企业转型升级全面推进。2017年，霸州市传统产业产值占工业总产值比重下降20%以上，万元GDP能耗同比下降10.25%。通过进一步加快传统产业转型升级和产业结构调整，截至2020年，霸州市民营企业总量35000余家，法人工业企业6100余家，其中规上企业197家，2020年完成工业产值601亿元，增加值增速2.6%，上缴税金5.13亿元。

“这是我们新引进的设备，操作方便，机器上跑一圈，差不多10秒钟，一个坐垫就缝制好了，省时又省力。”5月25日，走进位于霸州市胜芳镇金属玻璃产业基地的霸州市星光家具有限公司休闲沙发车间内，只见一名工人正把皮革片、海绵、底衬整齐摆放在全自动跑片模板机上进行缝制。该公司副总经理何昆仑向记者介绍，经过面料制样、模具焊接、软体加工、组装打包，一把完整的椅子便加工成型了。

星光家具成立于2006年，主要生产各类高档钢木、板式、玻璃、大理石等家具。“截至4月底，销售额达7000多万元。”总经理肖祥训说，企业采用订单化生产，产品生产周期需要30～40天，出口国外主要以休闲椅为主，内销主要是椅子、餐桌、茶几、电视柜等。

加快转型升级，根本路径在于把创新作为第一动力，向创新要活力，以技术创新推动转型升级，不断提高产品科技含量和附加值，增强市场竞争比较优势。

经过30多年的发展，霸州市家具产业跨越了仿造、制造、创造的蜕变过程，向品牌、质量、高端、智造迈进，在国内外家具市场独树一帜。同时，还带动了霸州市金属压延、玻璃、板材产业的发展，初步形成了较为完整的产业链，原料供应实现自给，产品综合成本低于全国平均价格的25%。现有家具企业2000余

家，总产能达8000多万台（套）。占中国特色家具总产值约70%，是中国十大家具产业集群之一。

近年来，霸州市着重以京津冀产业布局调整和产业转型升级为契机，找准服务雄安新区产业配套和紧跟疏解北京非首都功能发展切入点。进一步推动传统产业转型升级，促进雄安新区研发成果落地。对符合发展方向的传统产业进行链条化、高端化、智能化、绿色化改造，推动传统产业转型升级跨越发展。

瞄准前沿新领域，抢抓机遇、科学审视，大力培育战略性新兴产业，快速壮大新的经济增长极。

“截至2021年4月维信诺拥有OLED核心专利9216项。”5月26日，记者来到霸州经济开发区霸州市云谷电子科技有限公司，在产品展厅内，公司总经理助理宋振介绍，作为高新技术企业，公司一直注重产品研发，用技术平台支撑多项科研成果落地生根，实现科技成果产业化。

云谷科技是维信诺科技股份有限公司的全资子公司，2016年落户霸州并开工建设AMOLED模组生产线项目，2018年建成投产，主要量产柔性、硬屏手机显示屏，产品用于高端智能手机显示屏，车载显示屏等，是华为、小米、中兴、努比亚等品牌的屏幕供应商。截至2021年底预计完成投资约28亿元，建成模组生产线9条，项目全部投资完成后可达销售收入40亿元，纳税达4亿元，可带动就业3000余人。

“公司目前在建产线2条，其中1条已纳入河北省重点项目，以生产高刷新频率柔性显示屏为主，预计投资2.19亿元，将于今年6月正式投入生产。”宋振说，公司预留了足够的产线拓展空间，可应对新设备的补充，确保产线持续的先进性布局。

同样选择落户霸州经济开发区的还有中公高科（霸州）养护科技产业有限公司，该公司主要建设公路智能检测装备研发、生产、维修所需的厂房、试验室，云平台专业机房，大数据监控管理中心，大数据云服务所需的办公场所及附属配套设施等，年产大型公路养护检测设备67台（套），为公路养护行业提供公路智能养护、决策、修复和管理服务。

“为保证项目建设顺利开工，霸州经济开发区相关部门为企业开通了绿色通道，帮助企业及时解决了项目手续办理、施工进度建设过程中遇到的瓶颈问题，为项目建设保驾护航。”公司副总经理扈书光说，目前，6个厂房、2个数据车间、1个试验车间、1个综合办公楼均已建成，处于验收阶段，验收通过后可正式投产。

从谋划到建设，从招商到落地，如何保证每一个项目都能高效、规范运行，发挥最大效益？“霸州经济开发区按照产业布局优势互补、协同配套的原则，积极构建‘4+3+1’的现代产业体系布局。截至2020年底，共有入区企业761家，工业企业346家，其中世界500强2家，知名跨国公司3家，上市公司5家。”霸州经济开发区党工委书记、管委会主任牛铁旺说，今年以来共运作省、市级重点项目12个，在谈项目46个，下一步将围绕重点产业、骨干企业的配套项目进行策划，拉长产业链、提高产业聚集度，进一步优化产业结构，增强经济的辐射力、竞争力。不断完善和充实项目储备，使项目建设接替有序，后劲不减。做到重大建设项目“研究一批、储备一批、建设一批、投产一批”，为霸州市经济高质量发展作出贡献。

随着云谷科技高刷新频率柔性显示屏生产线等战略性新兴产业项目的加快建设，霸州市选项目落地、破项目制约、促项目开工、抓项目建设等方面取得了一定的成效。该市结合产业定位，全面对接北京非首都功能疏解和长三角、珠三角产业转移，优先支持服务雄安新区规划建设重大项目，瞄准国内外500强、央企和行业100强，提早谋划一批战略性新兴产业、现代服务业和都市农业项目。深入实施战略性新兴产业三年行动计划，加大电子信息、高端智能制造、新材料等新兴特色产业集群培育力度。按照“优先安排用地指标、优先给予政策支持、优先解决建设困难”的原则，加大对新兴产业项目的支持力度，促进经济转型提质增效。

全力推进生态修复，绿色发展、文化再造，做优高品质的生态环境，加快建设与雄安新区零梯度差生态过渡带。浇水、修枝、打药、施肥……5月25日，在与雄安新区相邻的霸州市煎茶铺镇“古韵叠翠”农场，只见工人正在对树木进行养护。“古韵叠翠”农场是集园林绿化林木、生态旅游观光、果树蔬菜采摘、科技兴农产业为链条的绿色生态产业集群，追求绿色发展，打造可持续的新兴农业产业项目。

“我们以林下经济的林花模式打造千亩油菜花，以春季花海、秋季彩叶的各种树种营造大片区观赏效果，集中主要区域打造大规格树种原生态体验区，配以林禽模式、散养具有观赏效果的小型动物，形成人与自然的有机结合。”“古韵叠翠”农场总经理刘金凤说，目前，农场种植面积达6300余亩，种植品类160余种，数量达80余万株，对改善周边数十公里的环境污染、空气净化发挥很大的作用。

在京津冀协同发展深入推进和雄安新区加快建设的大背景下，霸州市把造林绿化工作作为“服务支持雄安新区规划建设大文章”的破题之策，按照“转型升级是基础，生态修复是关键，文化再造是归宿”的总体工作思路，以农业供给侧结构性改革为突破口，将造林绿化与环境保护、生态修复同步推进，与发展平原森林生态文化旅游、休闲观光农业同步规划，努力走企业盈利、群众增收、政府获益三方共赢的新路。

5月25日，走进霸州市牤牛河历史文化公园，柳树随风摇曳，绿色拂面，在这里吸一口新鲜的空气，赏一地璀璨的繁花，望一眼娇嫩的绿叶，令人心旷神怡。记者看到有不少市民沿着波光粼粼的河道散步、拍照……家住附近的市民齐艳说：“我经常和朋友们来这里唱唱歌、跳跳舞，感觉整个人心态都好了，逛公园已经成了习惯。”

几年前，牤牛河的河道大部分干涸无水，河道两旁倾倒垃圾现象严重，不仅排水功能减弱，还成了远近闻名的臭水沟。“牤牛河综合治理工程北起牤牛河与虹江河交汇口，南至牤牛河防洪闸，全长15.3公里，工程总投资9.52亿元。该工程以绿美化公园环境、以路开辟休闲空间、以塑展示城市文化、以亮衬托城市夜景、以净体现人本理念高标准建设，打造铺绿叠翠的人居环境，为市民提供休闲、娱乐场所。”霸州市住建局公园管理办公室主任李光辉说，2019年8月8日，牤牛河历史文化公园正式对外开放，极大丰富了周边群众游园、休憩的室外空间，荒芜废弃多年的牤牛河以崭新的面貌回归霸州城市生活。

近年来，霸州市在做好环津雄、环城镇、环村庄“三环”生态环境建设，打造沿道路、沿河渠等“二沿”生态廊道建设的同时，把“古韵叠翠”“田园牧歌”等绿化项目作为“一区”建设重点，在粮食产量低而不稳的农田以及地下水压采区，加大农业种植结构调整力度，建设现代林果花卉基地，增加森林资源，构建多节点生态旅游景观带。

风景秀丽的水系，郁郁葱葱的绿化片区……霸州市始终贯彻新发展理念，积极发挥对雄安新区的生态涵养和气候调节作用，打造了“古韵叠翠”“田园牧歌”等多节点生态旅游景观带，城市绿化覆盖率提高到42%，筑牢雄安新区生态安全屏障。

山再高，往上攀，总能登顶；路再长，走下去，定能到达。今年是“十四五”规划开局之年，也是霸州市推进高质量发展的关键一年。该市将铆足劲、抓落实、求突破，向着新旧动能转换、培育战略性新兴产业、推进生态修复的目标笃定前行，在高质量发展上奋力蹚出一条新路子，为加快建设“五个廊坊”贡献力量。

（摘自2021年7月5日《河北经济日报》第8版专版）

河北首家知识产权快速维权中心落户霸州

（通讯员徐巍、梁斌）近日，从国家知识产权局获悉，该局正式批准建设中国霸州（家具）知识产权快速维权中心（以下简称“霸州快维中心”），全国知识产权快速维权中心达到27家，霸州市成为河北省首家布局建设的知识产权快速维权中心。该中心将面向家具产业开展知识产权快速维权工作，有助于提升家具产品的设计水平，吸引更多家具企业和设计人才向霸州聚集，支持传统制造业转型升级，打造家具产业中国品牌。

河北省霸州市是我国金属玻璃家具产业主要的集聚区之一，拥有2000余家企业，年销售额190亿元以上，产值占国内同类产品总产值的76%，直接从业人口近4万人。建设霸州快维中心是推进家具行业发展、服务地方经济的一项重要举措。

据了解，霸州快维中心建成后，通过快速授权将使家具产品外观设计专利授权周期由原来的6～8个月缩短至1周左右。同时缩短专利侵权纠纷案件调处时间，降低企业维权成本。作为联系家具行业知识产权民事、行政、司法保护的纽带，通过实践获得可借鉴、可复制的经验，将逐步推广到霸州全领域全产业，从而提高整体水平。

（摘自2021年8月21日《河北日报》第3版）

霸州：民营经济触网升级添活力

（记者腾雪叶）“各位网友，大家好！欢迎来到星光说家具，我向大家介绍一下我们的新餐桌，时尚环保，功能性强……”近日，在霸州市星光家具有限公司产品展厅里，工作人员正在进行一场在线直播，推销他们的创新产品。

近年来，霸州市抢抓“互联网+”发展机遇，将电子商务作为转型升级的重要抓手，通过做规划、出政策、搭平台、树典型等举措，着力推动产业集聚和产品创新，电子商务发展势头强劲。目前，霸州市在淘宝、天猫、京东等电商平台共开设企业店铺1100多家，霸州市煜诺商贸有限公司、霸州市菲尚电子商务有限公司等10余家优秀电商企业网络销售额超1000万元。

政策引领，为传统经济赋予新动能。电商发展的前提是拥有大量活跃的市场主体，霸州市具有较强的实体经济基础，市场主体达4.8万家。在全力推进“退二进三”的基础上，霸州市积极探索利用互联网推动传统产业降本增效、转型升级，着力夯实电商发展的市场基础。电子商务作为新兴产业，离不开政府的引导和扶持，霸州市先后出台了《霸州市加快电子商务发展的行动计划（2018—2020年）》等一系列政策文件，为电子商务宽松发展奠定了良好基础。同时，实施示范引领、龙头引领、特色引领、品牌引领等六项工程，从侧重政府管理向多方协调治理转变，加强与行业协会、电商企业及平台服务商等机构的合作，加快补齐制度短板，从而形成“政府引导、部门实施、行业监管、全社会共同参与”的发展格局。

创新模式，把实体工厂做成“网红”。霸州市认真审视自身的区域特点，找准县域经济、资源禀赋优势和电商的结合点，实行差异化发展之路，在基础设施、主体培育、建强平台等方面做实做细，循序渐进构建电商发展模式，加快本区域电商产业整体水平的提升速度。鼓励有条件的本土企业建设跨境电子商务平台，为该市中小企业开展跨境电商提供“一站式”综合服务。培育建设一批跨境电子商务公共海外仓，为中小外贸企业开拓国际市场提供一站式仓储配送服务。鼓励村点乐等电子商务平台通过跨区域设立分支机构、合资合作等方式拓展市场，实现在线交易、会员管理、数据运营、供求指引、物流管理、第三方担保、资源对接等全产业链服务，提升品牌价值。

多方推介，让霸州智造飞上“云”端。霸州市坚持对接资源、开拓渠道，不断加强霸州制造品牌的线上宣传推广，做好线上线下全渠道布局，持续推动电商营销渠道升级，拓展电商企业发展空间。筛选具备条件的企业，大力发展网络品牌，提升品牌附加值和软实力。建起“名优产品网上展厅”，将获得河北省知名品牌、优质产品等荣誉称号的 26 家企业整合“移入”展馆，通过 3D 全景成像、虚拟现实 VR 全景展示等技术实现在线展览，在互联网上打造出“永不落幕的博览会”，使其成为推介霸州名优产品和名优企业的重要窗口。先后组织域内重点电子商务企业参加中国国际数字经济博览会、2020 年“河北电商季”等一系列国内高端电子商务平台活动，让电商企业走出去，开阔视野、加强交流，进一步激发企业发展的内生动力和发展潜力。

今年以来，霸州市先后举办第 23 届、24 届胜芳国际家具博览会暨第 10 届、11 届胜芳国际家具原辅材料展，同步开启首届直播带货节，以“线上云展+直播带货”新模式，将线上家具直播专场与线下门店体验相结合，把门店、工厂、产品线等场景融入直播，为家居业开启营销新时代。

（摘自 2021 年 9 月 17 日《廊坊日报》第 3 版）

霸州胜芳镇入选“中国民间文化艺术之乡”名单

（作者张迪 徐巍 邢亚南）日前，文化和旅游部公布了 2021－2023 年度“中国民间文化艺术之乡”名单，全国共 183 个乡镇（街道）和县（县级市、区）入选，霸州市胜芳镇榜上有名，入选艺术项目为胜芳花灯。

胜芳花灯起始于明朝中叶，繁盛于清代，鼎盛于清末民初，是在胜芳独特的生产、生活、民俗及地域环境中独立诞生、发展和传承下来的。胜芳地处东淀，十里荷碧，苇蒲丛生，物产丰饶。胜芳花灯无论题材、用材、意蕴，无不带有北方水乡风情，以骨架简练、造型生动逼真著称于世，尤以鸭子灯、金鱼灯最为普遍，是胜芳花灯中的精品。

以其浓郁的民俗魅力和鲜明的地方特色，胜芳灯会于 2008 年入选第二批国家级非物质文化遗产名录。胜芳元宵灯会至今已成功举办 34 届，每年吸引数十万游客前来观灯。所展花灯博采众长，既有竹篾、绸缎扎制的传统手工花灯，也有集声光电技术于一体的现代灯组，小不盈寸，大到二十几米。

近年来，胜芳灯会融合了许多现代元素，

展现时代风貌的大型主题灯也逐渐绽放光彩。灯会期间，绵延数里的灯海喜庆热闹，民俗演艺、非遗项目展示、庙会等各种民俗活动穿插其中，使“胜芳灯会”已成为享誉京津冀的知名文旅品牌，对推动当地民间文化创造性继承、创造性发展，促进文旅融合、文化产业繁荣起到了积极作用。

（摘自2021年11月13日《人民日报》客户端组图》）

霸州聚焦“四问四查”开展大讨论活动

（通讯员滕雪叶、徐巍）从10月中旬至12月底，霸州市组织开展“解放思想 转变作风 提升状态 加快发展”大讨论活动，聚焦“四问四查”，着力解决制约经济发展的思想认识、理念、体制机制、工作作风等方面的突出问题，把霸州市干部群众的积极性、创造性、执行力凝聚到“奋进崛起、冲刺百强”实践中来，大干四季度，决胜开局年，为建设“经济强市、生态新城、美丽霸州”奠定坚实的思想基础。

聚焦“是不是不想干”，查找思想认识问题。检视自身是否存在工作惰性、不思进取、原地踏步等问题，通过中心组学习会、调研走访等方式展开大讨论，打开思想的“总阀门”，让领导干部牢固树立宗旨意识、群众观念，真正激发干好工作的内生动力。

聚焦“是不是不敢干”，查找工作作风问题。检视自身责任意识、担当意识、奉献意识是否弱化，工作中是否存在“能推就推”“能拖就拖”，遇到困难问题“绕着走”等现象，通过自查自纠、征求意见等形式，认识到自身工作中存在的问题和不足，进而改善工作作风，端正工作态度，争做敢担当、有作为的干部。

聚焦“是不是不会干”，查找工作能力问题。检视自身是否存在本领恐慌、思路单一、方法老旧的工作惯性，通过集中学习和个人自学定期研究新政策，领会新精神，做到“精通本职、熟悉相关、了解全面”，不断提升解决问题、破解难题的能力。

聚焦“应该怎么去干”，查找工作方法问题。检视自身是否存在业务不精、目标不准、措施不足等问题，通过走访调研、下沉基层一线，查进度、看投资、抓协调、解难题，用创新的思路和方法破解难题、打开局面。

“开展大讨论活动，目的是从思想深处去掉一切认识上的不到位、思想上的不适应、行动上的不自觉，把握关键点，找准着力点，以思想大解放开辟高质量发展新境界。”霸州市委书记王斌说，希望通过此次活动，全力破解经济指标运行、增强发展后劲、优化营商环境、城乡融合发展以及提高民生福祉方面的制约和障碍。

（摘自2021年11月1日《河北日报》第12版）

河北霸州加快融入京津雄同城交通体系

（通讯员徐巍 ）10月31日，全长4.3公里的京环线（G112）霸州城区段结构性大修工程顺利完工，实现通车。该工程的完工，将提高霸州干线公路服务水平和通行能力。

近年来，霸州市紧紧围绕京津冀交通领域率先突破的要求，坚持全面对接，重点突破，大力推进综合交通基础设施建设，加快融入京津雄同城交通体系。目前，全市公路通车总里程1302.2公里，路网密度达162.5公里/百平方公里，是全国平均水平的3.2倍、全省平均水平的1.5倍。京雄城际、荣乌新线、京德高速一期建成通车，霸州北站投入使用，津兴铁路、R1线、廊泊线绕城进展顺利，进一步畅通了城市交通内外两个循环，构建了“六横八纵”的路网布局，独特的交通区位优势为霸州高质量发展提供了坚实保障。

“十四五”期间，霸州将积极谋划实施全域交通路网规划，坚决保障重大轨道交通建设条件，深度谋划与雄安新区市政道路连接连通工程。加快推进廊泊绕城等工程进度，配合推进荣乌高速新线东伸、大广高速霸州连接线与S322贯通，加快形成快捷高效的京津雄半小时通勤圈。

（摘自2021年11月10日《河北经济日报》第5版）

霸州：扎实推进党史宣讲“六进”活动

（记者王笛　通讯员　郭桥）党史学习教育开展以来，霸州市精心组织，周密安排，扎实开展党史学习教育进农村、进社区、进校园、进企业、进机关、进网络“六进”活动。

专家组团覆盖讲。该县成立了以县处级以上领导干部为重点的市委宣讲团、以市委党校教师为主体的专家宣讲团，分赴全市机关、农村、社区、学校、企业开展宣讲。

专题培训集中讲。该县举办“弘扬井冈山精神、践行初心使命”全市领导干部党性修养提升专题培训班；依托河北干部网络学院，举办党史学习教育专题网班，参训人员共1900余人。各级各部门也广泛开展专题培训，实现了科级以上干部全覆盖、全体党员全覆盖、基层党组织主题党日和“三会一课”学习党史知识全覆盖。

红色场馆现场讲。该市依托霸州博物馆、李少春纪念馆、胜芳博物馆，3条党史学习教育主题学习参观路线和周边红色教育基地，组织干部群众开展体验式教育。仅霸州博物馆党史学习教育展区就接待100多家机关单位、学校团体。

多种活动灵活讲。该市打破传统的“我讲你听”模式，坚持把灌输和交流相结合。在该市朝阳社区，老支部书记武文志就采用向现场人员提问题的方式进行宣讲，增强了宣讲的吸引力。胜芳镇南音乐会非遗传承人和当地民俗爱好者走进校园，创新“党史+非遗”模式，将胜芳传统文化同党史学习教育相结合。该市还举行“讲党史、强信念、开新局”微宣讲比赛，组织开展党史知识竞赛等系列活动，生动灵活宣讲党史知识。

（摘自2021年11月24日《河北经济日报》第5版）

霸州　以优良环境促招商引资

（记者王笛　通讯员徐巍）近日，霸州市举行今年第四次重点项目集中开工仪式。本次集中开工7个项目，总投资18.5亿元。

今年以来，该市坚持以招商引资、项目建设统领经济社会发展全局，持续加大对重点项目督导、帮扶力度，落实各项服务保障制度，全力以赴为项目建设和企业发展提供最优质、最高效的营商环境，着力引进一批科技含量高、带动能力强、支撑作用明显的产业项目。1—11月，该市共谋划运作5000万元以上项目333个，总投资3210.4亿元，累计完成投资294.3亿元，当年完成投资156.9亿元；争列省、市重点项目31个，总投资325.81亿元。

（摘自2021年12月8日《河北经济日报》第5版）

霸州建成120余个党群综合服务中心

（记者王笛　通讯员徐巍）近日，记者走进霸州市河西社区党群综合服务中心。在这里，涉及卫生健康、民生保障、宣传咨询三大类共21种基本公共服务事项一应俱全。办公窗口、居委会窗口、物业窗口等均配有专职工作人员。社区居民在家门口就可享受到高效便捷的服务。

在社区党群综合服务中心日间照料中心，记者见到了社区居民林向忱、邱兰英夫妇。2位老人已有85岁高龄，每天都会按时来到照料中心。这里有专门的志愿者为他们服务。医护人员每天会为老人测血压，检查身体，中午还有社区提供的午餐。虽然女儿不在身边，但2位老人在这里生活得很踏实。据了解，这个社区还配有健身房、康复中心、红色放映厅、心理咨询室等，在为群众解忧办事的同时，还可丰富群众精神文化生活。

“我们开通党员服务、民政、社保、医疗、法律咨询、红色代办等综合性‘一站式’服务，就是为了让党员群众在家门口就能找到组织、享受便利服务。”该市裕华街道办事处党工委书记张全武说。

霸州市将服务群众、改善民生作为工作的出发点和落脚点，按照统一模式、明确标准、分类建设、分批推进的思路，在全市120余个村街建成了党群综合服务中心，将党务政务服务、社会公共服务和商品（电商）服务全部纳入综合服务中心业务范围，全面开展为民服务全程代办，将服务送到人民群众家门口，有效提升人民群众的获得感和幸福感。

（摘自2021年12月22日《河北经济日报》第5版）

专　题

霸州市开展党史学习教育

在全党开展党史学习教育，是以习近平同志为核心的党中央在中国共产党成立100周年之际作出的重大战略部署。按照党中央和省市委关于党史学习教育的系列部署要求，霸州市委始终把党史学习教育作为一项重大政治任务，按照学史明理、学史增信、学史崇德、学史力行目标要求，坚持“五图作战”，做到规定动作不走样、自选动作有亮点，高质量推动党史学习教育上下贯通、梯次开展，广大党员、干部受到了一次全面深刻的政治教育、思想淬炼、精神洗礼，历史自觉、历史自信大大增强，汇聚起全面建设“经济强市、生态新城、美丽霸州”的强大合力，达到了学党史、悟思想、办实事、开新局的目的。

一、坚持政治站位，推动党史学习教育强势开局

省、廊坊党史学习教育动员部署会后，霸州市委及时传达学习习近平总书记在中央党史学习教育动员会上的重要讲话精神和党中央决策部署，认真落实省市委要求，全面推动全市党史学习教育高起点开局、高质量推进。

（一）反应快。3月3日，召开全市动员大会，第一时间成立党史学习教育领导小组，第一时间组建领导小组办公室和宣讲团，第一时间印发了《关于在全市开展党史学习教育的通知》《关于在全市开展党史学习教育的实施意见》《霸州市党史专题宣讲工作方案》等文件，动员霸州市各级党组织迅速行动，成立相应机构，明确专人负责，高质量高标准抓好党史学习教育。

（二）“头羊带”。市委常委班子带头，特别是处级领导班子换届人选到位后，立即明确责任分工和分包乡镇，带头专题学习、带头专题宣讲、带头办好实事、带头督导指导，确保学习教育不掉链、不断档，召开常委会、理论学习中心组学习会、推进部署会20余次，形成了层层联动、上下一体的学教格局。

（三）机构强。成立由市委书记任组长的市委党史学习教育领导小组，抽调27名骨干力量成立领导小组办公室，下设综合协调组、材料简报组、实践活动组、新闻报道组，制定工作细则，明确10项主要职责和32项具体职责，派出9个巡回指导组，完成15个乡镇（区、办）、57个相关单位检查指导全覆盖。

二、坚持深入学习，推动党史学习教育入脑入心

坚持把学习宣传贯彻习近平新时代中国特色社会主义思想作为开展党史学习教育的首要任务，灵活运用多种形式，引导各级各部门原原本本学、融会贯通学、联系实际学、及时跟进学，做到学思用贯通、知信行合一。

（一）抓实带头学。市委常委先学一步、深学一层，处级领导干部带头示范，以4本指定用书为教材，以习近平总书记关于党史学习教育的系列重要论述和习近平总书记“七一”重要讲话精神以及习近平总书记发表的重要文章等为主要内容，先后召开15次市委理论学习中心组学习会，带动各级党组织召开党史专题学习会900余场次。率先开办霸州市委理论学习中心组党史学习教育读书班、霸州市委理论学习中心组暨学习贯彻习近平总书记“七一”重要讲话精神专题读书班，通过集中学习、集中研讨、自学、专家辅导、观看影片、情景教育、重温入党誓词等多种形式开展党史学习教育，进一步引导示范全市各级党组织创新形式深入开展党史学习教育。

（二）抓实培训学。开展“奋斗百年路 启航新征程”党性修养提升系列教育培训活动，组织各级党史学习教育领导小组办公室负责人66人赴井冈山开展专题培训，对全市1800余名农村（社区）“两委”干部进行了全覆盖培训。举办全市党史学习教育专题网班2期，实现1889人注册学员线上培训全覆盖。

（三）抓实观研学。利用西柏坡纪念馆、狼牙山五勇士陈列馆、李大钊纪念馆、马本斋纪念馆等省内红色教育基地，各级党组织带领1.8万余名党员开展重温入党誓词、过主题党日等活动。依托霸州市华夏民间收藏馆、李少春纪念馆、胜芳博物馆等红色资源，打造了3条党史学习教育主题学习参观路线，组织党员干部群众观览研学。

（四）抓实宣讲学。由市委书记担任市委宣讲团团长，为全市党员领导干部讲党课、到胜芳镇进行宣讲，带动处级领导干部党课宣讲60余次、各级各部门党课宣讲300余次。通过邀请廊坊市委党史专家宣讲团宣讲、霸州市专家宣讲团宣讲、老干部和老党员面对面互动宣讲等方式，赴乡镇、部门、企业、学校开展党史宣讲650余场，受众5.8万人次。

（五）抓实全民学。通过市属新闻媒体党史学习教育专栏、“霸州发布”微信公众号、“掌上霸州”App等平台，持续加大党史学习教育相关内容宣传力度。截至2021年底，播发转发党史学习教育信息3000余条，上级媒体刊播报道42篇，“学习强国”学习平台上稿200余篇。

（六）抓实“童心”学。在中小学、幼儿园开展“童心向党·党的故事我来讲”“纪念碑前讲党史”“小小党史解说员”“小手拉大手”等活动，参加学生9.6万人，惠及8.2万个家庭。组织红色电影放映323场、红歌比赛85场，6万余名学生通过红色主题活动接受了爱国主义教育。

三、坚持讲活讲实，推进“四史”宣讲全覆盖

始终把加强党的创新理论武装放在党史学习教育首位，扎实推进习近平新时代中国特色社会主义思想“六进”全覆盖。

（一）专家组团覆盖讲。成立县处级以上领导干部为重点的市委宣讲团、成立市委党校教师为主体的专家宣讲团，就党史、习近平总书记“七一”重要讲话精神、中共十九届六中全会精神等内容分赴全市机关、农村、社区、学校、企业开展宣讲。

（二）专题培训集中讲。举办“弘扬井冈精神、践行初心使命”全市领导干部党性修养提升专题培训班，共计60人参训。依托“学习强国”学习平台、河北干部网络学院平台，分级分类对科级以上干部进行党史学习教育，举办党史学习教育专题网班，参训人员1900余人。各级各部门广泛开展专题培训，实现了科级以上干部全覆盖、全体党员全覆盖、基层党组织主题党日和“三会一课”学习党史知识全覆盖。

（三）红色场馆现场讲。依托霸州博物馆、李少春纪念馆、胜芳博物馆3条党史学习教育主题学习参观路线和市周边红色教育基地，组织干部群众开展体验式教育。截至2021年底，霸州博物馆党史学习教育展区接待100多家机关单位、学校团体前来参观学习。

（四）多种活动灵活讲。用好百部红色电影进基层活动，播放党史爱国题材影片 2800 余场次；用好“红色小剧场”“大喇叭”“随身学”讲活党的故事；举行全市“讲党史、强信念、开新局”微宣讲比赛；组织开展党史知识竞赛等系列活动；广泛动员老革命、老党员、先进典型和基层骨干开展面对面互动宣讲。截至2021年底，全市开展各级各类宣讲1000多场，直接受众达5万人次，通过新媒体传播、传统媒体渠道间接受众达50万人次。

四、坚持正面宣传，努力营造浓厚舆论氛围

聚焦党史学习教育任务目标，指导全市新闻宣传战线统筹内宣外宣、网上网下，全面扩大宣传声势。

（一）利用本级媒体加强宣传。先后在《霸州新闻》、“霸州发布”、《新霸州报》采用不同形式分别开设了“在习近平新时代中国特色社会主义思想指引下——学党史 悟思想 办实事 开新局”“我为群众办实事——民生直通车”“热烈庆祝建党100周年”“习近平论中国共产党历史”“党史：百炼成钢”“ 奋斗百年路 启航新征程”等专题专栏。截至 2021 年底，《霸州新闻》累计播发相关新闻300余条；《新霸州》报刊发稿件100余篇；新媒体平台共播发新闻报道450余条；在市级媒体播发、转发党史学习教育信息1300余条。电视台、电台、《霸州新闻》每天播出党史学习资料，全方位报道各级各单位开展党史学习教育的进展成效和创新举措。

（二）借力上级媒体深入宣传。制定印发了《霸州市关于开展党史学习教育的宣传工作方案》，积极宣传各地各部门开展“我为群众办实事”实践活动，扎实推进各项民生工程、文明城市创建的情况；广泛宣传广大党员干部学史明理、学史增信、学史崇德、学史力行，展示新时代共产党人良好风貌的先进典型。截至 2021 年底，在廊坊市级以上新闻媒体刊发稿件 50 余篇。

（三）加强新媒体宣传学习党史。“霸州发布”微信公众号、“掌上霸州”App、政府网站3个新媒体平台播发了大量的学习资料和本地相关动态。在“网信霸州”微信公众号开设“百年党史·天天学”专栏，刊发党史知识 200 余条。宣传学习党史、了解党史成为全市党员干部群众竞相热议的话题和持续关注焦点。

五、坚持突出特色，开展党史学习教育系列活动

扎实做好规定动作的同时，结合霸州实际，策划开展“七个一”活动，进一步营造学习党史的浓厚氛围。

（一）开展一次集中观影。7 月 28 日，市党政班子成员、人大、政协和各乡镇（区、办）、市直各单位主要负责同志，集中观看《古田军号》，缅怀革命先烈浴血奋战的峥嵘岁月，继续发扬革命传统。

（二）聆听一次抗战历史。7 月 29 日，市党政班子领导赴霸州博物馆开展党史教育情景教育，学习魏大光烈士、“8•12”惨案、东淀大苇塘抗日根据地等战争历史，感受革命先贤为国捐躯的爱国精神。

（三）重温一次入党誓词。7 月 29 日，市委书记带领市党政班子成员面对党旗，集中开展宣誓，感悟执政为民之道。

（四）举办一场文艺演出。6 月 29 日，举办了“奋斗百年路 启航新征程”庆祝中国共产党成立100周年主题演出，市四套班子领导及各界干部群众代表500余人观看，反响强烈，广受好评。

（五）出版一部作品集。编辑出版了《百年风华——庆祝中国共产党成立100周年征文作品集》。

（六）举办一个摄影展。组织举办了“百

年芳华·璀璨今朝”庆祝中国共产党成立100周年霸州书法美术摄影作品。

（七）拍摄一部专题宣传片。组织拍摄了“我把赤诚献给党”——庆祝中国共产党成立100周年大型MV，在长城网等媒体平台发布后，点击量近百万人次。

六、坚持求实务实，“我为群众办实事”扎实开展

坚持以群众满意为评判学习教育成效的重要标尺，把学史力行作为党史学习教育的落脚点，把“我为群众办实事”贯穿学习教育全过程。

（一）建章立制、督导落实。紧盯群众急难愁盼问题，印发了《“我为群众办实事”实践活动方案》《深入推进“我为群众办实事”实践活动具体措施》等文件，确定20项民生工程、10件民生实事，根据各单位上报的项目，确定14项重点民生项目，建立工作台账，实施月报制度；绘制任务图、责任图等“五图”；坚持每月1次专项调度，听取进度汇报，累计召开专项调度会等8次；各相关单位主要负责同志作为实践活动第一责任人，将“我为群众办实事”活动作为党史学习教育巡回指导组重点督导内容。

（二）大力宣传、挖掘典型。中央电视台、《人民日报》、《河北日报》等中省媒体刊登霸州市“我为群众办实事”实践活动稿件23篇；本地媒体在电视、网络、报纸等新闻媒介开辟“我为群众办实事”专栏，刊登稿件53篇，持续深入进行报道；深入挖掘在实践活动中涌现的典型经验和先进人物，市综合执法局郭战友荣获廊坊市“我为群众办实事”最美人物荣誉称号。

（三）贴近民生、实事办实。霸州市涉及的17项民生工程均已完成或已达年度目标，城市排水管网雨污分流改造68.9公里；新增城市公共停车位1560个；京德高速5.5公里连接线主线通车；政府补贴性职业技能培训6467人，社会性职业技能培训2648人；智慧安防社区建设完成541个小区；21个老旧小区改造工程已完工。10件民生实事完成年度工作任务，标准化建设乡镇卫生院13家，建有365个村卫生室，实现全覆盖；学前教育实现全覆盖；解决了“三点半”难题；已完成101个村庄污水无害化处理任务。14项重点民生项目达到预期目标，落实领导包联、企业设立登记、政务服务事项“一网通办”能力等年度目标。

七、坚持践行为民宗旨，党史学习教育取得实际成效

坚持以全市开展的“解放思想、转变作风、提升状态、加快发展”大讨论活动为载体，把党史学习教育成效转化为霸州高质量发展的强大动力，推动全市各项工作进位争先、跨越赶超。

（一）经济综合实力进一步提升。一般公共预算收入完成28.74亿元，同比增长5.3%；地方生产总值完成435.6亿元，同比增长4.1%；规模以上工业产值完成865.4亿元，同比增长34.2%，规模以上工业增加值同比增长4.6%；社会消费品零售总额完成197.4亿元，同比增长5.4%；城镇、农村居民人均可支配收入同比分别增长6.4%和9.4%。

（二）营商环境进一步优化。全面落实“助企纾困”政策，累计发放纾困基金24.25亿元，惠及企业89家。深入开展“走千企、访万家、解难题、促发展、暖企纾困”大走访活动，走访企业和个体工商户2.3万家，立行立办解决问题1141个，协调部门短期办结问题771个。全市申请政务服务事项实现80%“最多跑一次”、100%网上可办。全面推行企业开办“全程网办、一日办结”，审批时间压减至7个工作小时。落实生态环境监管正面清单制度，6

个重点项目、38家重点企业通过省正面清单动态管理系统审核。

（三）生态环境进一步提高。全年 PM2.5平均浓度41微克/立方米，同比下降14.58%，下降率排名廊坊第二；优良天数达259天，同比增加25天。完成大清河流域污水处理设施扩容、污水处理厂提标改造等工程。国、省控河流断面达到地表水四类水质标准，城区水源地全部达到或优于三类水质标准。建立土壤环境隐患排查制度，完成9家土壤污染企业隐患排查整治和101个村庄生活污水无害化治理工作。

（四）社会环境进一步改善。深入开展安全生产专项整治三年行动，累计检查企事业单位1.1万家次，发现隐患2.2万个，整改率100%。切实保障食药安全，全年查办食品类案件659起、药品类案件239起。强化社会治安管理、刑事案件和电信诈骗案件，立案数量同比分别下降7.8%和44.4%。完成286个小区智能感知前端建设。圆满完成中国共产党成立100周年等重大活动安保维稳任务。

（五）园区能级持续提升。人事和薪酬体制机制改革纵深推进，开发区“二次创业”由破题开路进入实质推进阶段。裕华西道景观提升、码扬路改造等一批基础设施建设加快实施，胜芳金属玻璃家具产业园老旧工业区改造工程有序推进。全年开发区营业收入完成1349.6亿元，同比增长13%。对县域发展支撑作用进一步增强。

（六）项目建设取得实效。争列省、廊坊市重点项目31个，总投资327.5亿元，当年投资完成率分别达到177%和159%，项目数量、开工率和投资完成率均居廊坊前列。举办重点项目集中开工活动4次，开工项目31个、总投资119.2亿元。骥程智慧建筑装饰基地、维龙软通智慧产业园等一批高质量产业项目加快建设。

（七）乡村振兴战略深入实施。巩固拓展脱贫攻坚成果，脱贫人口人均纯收入达18025元，同比增长13.4%。全市农民合作社达1177家，家庭农场135家，农业生产托管服务面积42万亩次，完成16.5万亩农村土地经营权流转。发放惠农补贴5210万元。突出抓好9个省级美丽乡村创建工作，完成42个项目和3800户美丽庭院建设，申报省级美丽乡村精品示范村2个。全市农村厕所粪污无害化处理和综合利用基本实现全覆盖，规模养殖场粪污处理设施配套率达100%。

（八）疫情防控取得重大成果。面对突如其来的疫情冲击，霸州市全面贯彻落实中央和省市决策部署，有力有序开展疫情防控工作，全市1800余名村街（社区）两委干部、11000余名村街（社区）党员把疫情防控一线作为党史学习教育成果转化的实践战场，成立临时党支部225个，建立党员突击队220个、党员先锋岗588个、党员责任区893个，广大党员干部在各自的岗位上做表率、勇奉献、敢担当，理想信念不断坚定，工作热情不断高涨，各项工作成效显著。经过全市上下艰苦奋战，疫情防控取得阶段性胜利。

八、坚持常态长效，持续深化巩固拓展党史学习教育成果

党史学习教育是全党的长期任务、党员的终身课题。贯彻落实习近平总书记关于巩固拓展党史学习教育成果的重要指示精神和党中央、省委、廊坊市委决策部署，必须总结运用好这次党史学习教育的成功经验，建立常态化长效化制度机制，持之以恒推进党史总结、学习、教育、宣传，以实际行动奋进新征程、建功新时代。

（一）持续加强创新理论武装。全市各级党组织要把学习贯彻习近平新时代中国特色社会主义思想作为首要政治任务，跟进学习习近平总书记最新重要讲话精神，通过理论学习中心组学习、专题读书班等形式，组织党员干部读原著、学原文、悟原理、知原义。要深入学习习近平总书记重要著作，领导干部要列出年度重点书目进行学习。要深入领会党的十八大以来党和国家事业取得的历史性成就、发生的历史性变革，深入领会新时代原创性思想、变革性实践、突破性进展、标志性成果，不断深化思想认识、感悟思想伟力。要深刻认识习近平新时代中国特色社会主义思想是当代中国马克思主义、21世纪马克思主义，是中华文化和中国精神的时代精华，实现了马克思主义中国化新的飞跃；深刻认识这一重要思想科学回答了中国之问、世界之问、人民之问、时代之问；深刻感悟这一重要思想对实现中华民族伟大复兴的统领作用，对走好中国式现代化道路的引领作用，对建设长期执政的马克思主义政党的指引作用。

（二）持续推动学习中共十九届六中全会精神走深走实。深入学习领会习近平总书记在中共十九届六中全会、中央政治局专题民主生活会、省部级主要领导干部学习贯彻十九届六中全会精神专题研讨班开班式、十九届中央纪委六次全会上的重要讲话精神，原原本本学习党的第三个历史决议，学深悟透党百年奋斗的光辉历程、党坚守初心使命的执着奋斗、党百年奋斗的历史意义和历史经验，以史为鉴和开创未来的重要要求。把学习宣传贯彻习近平新时代中国特色社会主义思想作为重中之重，加强党性教育和思想政治教育，进一步完善全市各级党委（党组）理论学习中心组制度机制，丰富党员领导干部、普通党员特别是青年党员学习形式，更好运用党的创新理论武装头脑，推动党中央决策部署和省市委工作安排落地见效。

（三）持续加强常态宣传宣讲。抓好以党史为重点的“四史”宣传教育，讲好新时代党的创新理论的学理哲理、道理情理。利用图文、海报、短视频、微动漫、H5等新媒体形式做活做好网络传播，持续推出导向正确、形式鲜活、暖心感人的网络传播作品，营造浓厚的网络舆论氛围。用好用活“学习强国”学习平台、新时代文明实践中心（所、站）、市融媒体中心等平台载体，把“四史”宣传教育更好融入群众性文化活动和精神文明创建。综合运用群众喜闻乐见的方式，结合习近平新时代中国特色社会主义思想“六进”和学校“三进”工作，常态化长效化开展党史学习教育。抓好《习近平新时代中国特色社会主义思想学生读本》的使用，推动党政领导干部进校园讲思政课常态化制度化。

（四）持续推动党史学习教育融入日常、抓在经常。全市各级党组织要完善制度机制，就推动党史经常学、长期学、跟进学进行研究部署。要抓住“关键少数”，推动领导班子、领导干部带头经常学党史、讲党史。要用好干部教育培训机制，充分发挥市委党校干部教育培训主渠道、主阵地作用，继续把党史作为党校干部学习的必修课、常修课，引导党员、干部特别是年轻干部经常用党史滋养初心，用党的创新理论坚定信心。要经常性开展红色教育，将党史学习教育作为各级党组织的常规工作，与民主生活会、组织生活会、“三会一课”、主题党日、重温入党誓词、过政治生日等紧密结合，更好用红色基因和光荣传统强化党员意识、锤炼党性修养，修好共产党人的“心学”。要注重抓好流动党员、非公有制经济组织和社会组织党员、离退休党员等党员群众的学习，把党史学习培训作为培养入党积极分子的必要环节。要坚持以强有力的组织领导推动全社会形成党史学习教育的浓厚氛围，充分发挥党史在教育人民、立德树人方面的重要作用。

（五）持续用好“我为群众办实事”实践活动形成的良好机制。切实走好新时代的群众路线，把党史学习教育中，全市各级党组织立足岗位、紧扣职责、联系实际，为群众办实事的好做法巩固下来。聚焦群众急难愁盼问题，在群众关心的就业、教育、医疗、养老、住房、食品药品安全、生态环境、社会治安、交通出行等方面下更大功夫，坚持滚动实施、梯次推进 20 项民生工程，明确时间表、绘好路线图，建好管理台账，实施定期通报、严格督办验收，用好电视问政、新媒体平台等惠民服务特色品牌，确保民生工程落地落实。深化“群众说事、干部解题”工作机制，健全乡科级以上党政领导班子成员基层联系点制度，定期深入联系点和基层单位调研，听取群众意见，帮助群众解决问题难题。推行党员“双报到”和党员志愿服务制度，组织党员结合实际参加志愿服务活动，鼓励和引导党员、干部到村街社区为群众服务，以更大的辛苦指数提升人民群众的幸福指数。

霸州市第七次全国人口普查公报[1]

——霸州市统计局

霸州市第七次全国人口普查领导小组办公室

2021 年 6 月 25 日

根据霸州市第七次全国人口普查结果，现将 2020 年 11 月 1 日零时霸州市人口的基本情况公布如下：

一、常住人口[2]总量

霸州市常住人口为 743226 人，全市常住人口与 2010 年第六次全国人口普查的 622975 人相比，增加 120251 人，增长 19.3%，年平均增长率为 1.78%。

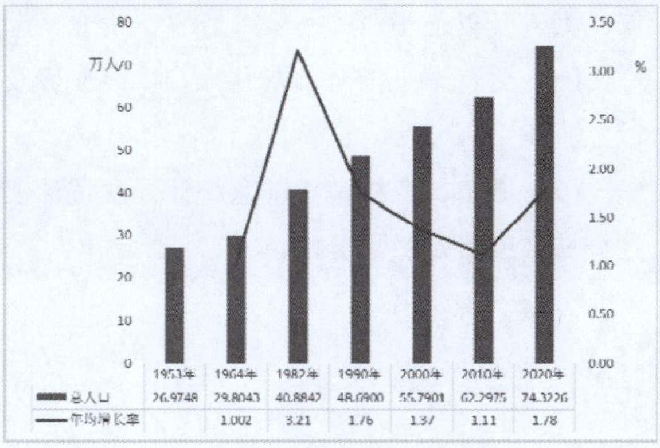

图 1 霸州市历次人口普查总人口及年均增长率示意图

二、户别人口

全市共有 236313 户，家庭户[3]227885 户，家庭户人口为 685186 人；集体户 8428 户，集体户人口为 58040 人。平均每个家庭户的人口为 3.01 人，比 2010 年第六次全国人口普查的 3.59 人减少 0.58 人。

三、人口性别构成

全市常住人口中，男性人口为 382850 人，占 51.51%；女性人口为 360376 人，占 48.49%。总人口性别比（以女性为 100，男性对女性的比例）为 106.24，比 2010 年第六次全国人口普查上升 0.54。

四、人口年龄构成

全市常住人口中，0～14 岁[4]人口为 154787 人，占 20.82%；15～59 岁人口为 469167 人，占 63.13%；60 岁及以上人口为 119272 人，占 16.05%，其中，65 岁及以上人口为 84081 人，占 11.31%。与 2010 年第六次全国人口普查相比，0～14 岁人口的比重提高 3.43 个百分点，15～59 岁人口的比重下降 8.02 个百分点，60 岁及以上人口的比重提高 4.59 个百分点，65 岁及以上人口的比重提高 4.31 个百分点。

全市人口年龄构成情况表

表 1

年龄	人口数（人）	比重（%）
总计	743226	100
0～14 岁	154787	20.82
15～59 岁	469167	63.13
60 岁及以上	119272	16.05
其中：65 岁及以上	84081	11.31

五、受教育程度人口

全市常住人口中，拥有大学（指大专及以上）文化程度的人口为 41701 人；拥有高中（含中专）文化程度的人口为 71706 人；拥有初中文化程度的人口为 333968 人，拥有小学文化程度的人口为 233429 人（以上各种受教育程度的人包括各类学校的毕业生、肄业生和在校生）。与 2010 年第六次全国人口普查相比，每 10 万人中拥有大学文化程度的由 3624 人增加为 5611 人；拥有高中文化程度的由 8325 人增加为 9648 人，拥有初中文化程度的由 46427 人减少为 44935 人，拥有小学文化程度的由 30331 人增加为 31408 人。

与 2010 年第六次全国人口普查相比，全市常住人口中，15 岁及以上人口的平均受教育年限[5]由 8.5 年提升到 8.94 年。

全市常住人口中，文盲人口（15 岁及以上不识字的人）为 5235 人，与 2010 年第六次全国人口普查相比，文盲人口减少 7645 人，文盲率[6]由 2.07%下降为 0.7%，下降 1.37 个百分点。

六、城乡[7]人口

全市常住人口中，居住在城镇的人口为 455923 人，占 61.34%；居住在乡村的人口为 287303 人，占 38.66%。与 2010 年全国第六次人口普查相比，城镇人口增加 164213 人，乡村人口减少 43962 人，城镇人口比重上升 14.52 个百分点。

注释：

【1】本公报数据均为初步汇总数据。

【2】常住人口包括：居住在本乡、镇（区、办）且户口在本乡、镇（区、办）或户口待定的人；居住在本乡、镇（区、办）且离开户口登记地所在的乡、镇（区、办）半年以上的人；户口在本乡、镇（区、办）且外出不满半年或在境外工作学习的人。

【3】家庭户是指以家庭成员关系为主、居住一处共同生活的人组成的户。

【4】0～15 岁人口为 163679 人，16～59 岁人口为 460275 人。

【5】平均受教育年限是将各种受教育程度折算成受教育年限计算平均数得出的，具体的折算标准是：小学 6 年，初中 9 年，高中 12 年，大专及以上 16 年。

【6】文盲率是指全市常住人口中 15 岁及以上不识字人口所占比例。

【7】城镇、乡村是按国家统计局《统计上划分城乡的规定》划分的。

大 事 记

1月

4 日，霸州市组织收听收看廊坊市应对新型冠状病毒肺炎疫情工作电视电话会议。市领导刘旭峰、柴立新出席。

5 日，霸州市应对新冠肺炎疫情工作会议召开。

5 日，廊坊市委改革办督察调研组到霸州市就 2020 年全面深化改革工作进行现场督察调研。召开全面深化改革督察调研汇报座谈会，听取霸州市 2020 年全面深化改革工作情况、“群众说事、干部解题”工作开展情况、霸州经济开发区产业转型及园区建设情况汇报，开展满意度测评，廊坊市委改革办副主任张晓东讲话。

6 日，霸州市组织收听收看全省农村工作电视电话会议。市领导房欣、苏振东、郭德清、牛双秋、李向伟等在霸州市分会场参加会议。

6 日，霸州市组织召开 2020 年度综合考核暨落实全面从严治党“两个责任”专项检查工作会议。市四套班子在家领导出席。

6 日，霸州市组织召开疫情防控工作会议。市领导苏振东、樊冬、柴立新出席。会上就落实上级疫情防控相关文件精神，做好霸州市疫情防控工作进行研究部署。

7 日，霸州市组织召开 2020 年度乡镇（区、办）党（工）委书记亮点成绩晾晒汇报会。

7 日，霸州市发出《霸州市关于做好中高风险地区来霸返霸人员和师生健康管理的公告》《霸州市关于疫情防控和春节期间婚丧嫁娶有关事项的公告》《霸州市关于防范进口冷链食品和进口非冷链货物疫情传播风险的公告》《霸州市关于调整 943 路公交车运营有关事项的公告》。

20 日，廊坊市副市长张秉舜到霸州市督导调研新型冠状病毒肺炎疫情防控工作，市领导苏振东陪同。

23 日，霸州市组织收听收看全国安全生产电视电话会。市领导房欣、吴全通、刘旭峰、靳志强等在霸州市分会场参加会议。

24 日，霸州市新型冠状病毒感染的肺炎疫情防控工作领导小组印发《霸州市冬春季新冠肺炎疫情防控工作强化方案》的通知，方案中要求准确把握疫情防控形势，毫不放松抓好“外防输入、内防反弹、严防输出”工作，坚持“五早”（早预防、早发现、早报告、早隔离、早救治）原则，坚持人、物同防，进一步压实“四方”责任，落实“三少、三加强”（减少人员流动、减少人员聚集、减少旅途风险，加强个人防护、加强乡村网格化管理和加强定点诊治）措施，全面强化新冠肺炎疫情常态化防控工作。

28 日，霸州市召开打击非法加油加气专项行动动员会，市委常委、常务副市长吴全通出席会议并讲话。吴全通强调：各相关部门要突出重点，全面开展摸排工作，严格执法，落实整改，有序开展打击非法加油加气专项行动。

29 日，市委书记房欣到廊坊市第四人民医院督导调研院感防控和隔离点防疫情况。

2月

1 日，霸州市组织召开 2021 年第二次常委会会议。传达学习习近平总书记在中央政治局常务委员会会议上听取脱贫攻坚总结评估汇报后的重要讲话、习近平总书记对做好禁毒工作的重要指示精神及《河北省毒品问题严重地区整治工作具体任务》精神；审议《霸州市委常委班子对照检查材料》。

1 日，霸州市组织召开 2021 年第一次市委理论学习中心组学习会。市委常委、政法委书记张凤岭领学习近平总书记在中央全面依法治国工作会议上的重要讲话精神；市委常委、副市长吴全通领学习近平总书记在中央政治局第二十六次集体学习时的重要讲话精神；市委常委、组织部部长邹斯晖领学习近平总书记在中央政治局民主生活会上的重要讲话精神，并就准确把握此次重要讲话精神的核心要义进行集中研讨；市委书记房欣作总结讲话。

1 日，霸州市组织召开市委议军会议。市委常委、市人大常委会主任、市政协主席、市政府相关副市长出席。

1 日，霸州市组织召开市拥军优属拥政爱民工作领导小组会议。市拥军优属拥政爱民工作领导小组组长、副组长出席。副市长靳志强传达李克强总理在 2020 年全国双拥模范城（县）命名暨双拥模范单位和个人表彰大会上的讲话精神；听取市退役军人事务局关于霸州市争创 2021 年省级双拥模范城工作开展情况的汇报。

3 日，霸州市组织召开全市财税工作暨重点项目建设工作会议。市财政局、税务局、自然规划局分别就做好全市财税工作提出意见建议；市发改局解读《霸州市 2021 年项目建设攻坚战工作方案》，并就重点项目建设提出意见建议。

3 日，霸州市组织召开全市一季度安全生产工作例会暨防范遏制重特大事故工作和三年专项行动安委会主任会议。市领导吴全通、王立华、李克聪、刘旭峰、靳志强、刘德生出席。市委常委、副市长吴全通主持会议；市应急局传达上级安全生产工作会议精神，并就一季度安全生产重点工作进行安排部署。

4 日，霸州市组织召开全市禁毒工作会议。政法委、公安局、教体局、胜芳镇、霸州镇分别汇报 2020 年禁毒工作开展情况、亮点和成效、存在问题及 2021 年工作谋划。

5 日，霸州市组织召开七届市委 2021 年第三次常委会会议。传达学习省委、廊坊市委《关于认真学习贯彻习近平总书记重要批示精神进一步深化宗教领域专项整治和系统治理的通知》精神，研究霸州市贯彻落实意见；审议《关于召开中共霸州市委七届十次全体会议的筹备方案》《中国共产党霸州市第七届委员会第十次全体会议决议（草案）》。

5 日，霸州市组织收听收看 2021 年全省和廊坊市征兵工作电视电话会议。市领导房欣、张炳山、李克聪、靳志强、刘德生出席。会后，霸州市组织召开全市征兵工作推进会议。

5 日，霸州市组织收听收看廊坊市全国文明城市创建总结推进电视电话会议。市领导郑永强、王亚利出席。

7 日，霸州市组织收听收看廊坊市党风廉政建设责任制领导小组电视电话会议。市领导房欣、苏振东、张凤岭、郑永强、王亚利、樊冬出席。会上，市委书记房欣汇报霸州市相关工作开展情况。

8 日，中国共产党霸州市第七届委员会第十次全体会议召开。

18 日，霸州市组织收听收看全省开展“三重四创五优化”活动暨 20 项民生工程动员部署电视电话会议。市党政班子领导、市人大常委会主任、市政协主席出席。

19 日，中国共产党霸州市第七届纪律检查委员会第四次全体会议暨党风廉政建设责任制领导小组会议召开。

22 日，霸州市组织收听收看河北省党史学习教育动员电视电话会议。市四套班子在家领导出席。

22日，霸州市组织召开七届市委2021年第四次常委会会议。传达学习全省扶贫办主任会议精神和中组部《关于高质量做好2021年领导干部报告个人有关事项工作的通知》精神，研究霸州市贯彻落实意见；研究讨论在“两会”期间成立临时党委事宜；审议《中共霸州市委关于全面加快构建亲清新型政商关系的实施意见》《中共霸州市人大常委会党组关于市七届人大五次会议筹备情况的报告》《关于市政协七届五次会议筹备情况的报告》等文件。

23日，召开霸州市七届人大常委会第二十九次会议。会议决定2021年3月1日召开霸州市第七届人民代表大会第五次会议。听取和审议了市人大常委会向市七届人大五次会议提交的相关文件草案，市人大常委会向市七届人大五次会议提交的工作报告（讨论稿）。书面审议市七届人大各专门委员会2020年工作报告。会议还表决通过有关人事任免事项。

24日，霸州市召开2021年重点工程推进会。

是月，霸州市15个项目被列入廊坊市重点项目计划，总投资78.48亿元。其中，保投产项目4个，续建项目2个，新开工项目2个，前期项目7个。

3月

2日上午至3日，政协霸州市第七届委员会第五次会议在市会议中心召开。市政协七届五次会议应出席委员241名，实际出席委员221名。市政协副主席刘德生向大会作市政协第七届委员会常务委员会工作报告。市政协主席牛双秋主持会议并讲话。

2日下午至3日，霸州市第七届人民代表大会第五次会议召开。会议应到代表243人，实到代表212人。市七届人大常委会副主任王立华作《霸州市人大常委会工作报告》，3日闭幕。

3日，霸州市组织召开党史学习教育动员大会。市四套班子在家领导出席。廊坊市政协副主席、霸州市委书记房欣作动员讲话。

3日，霸州市组织召开全市政法信访工作会议。

4日，霸州市组织收听收看廊坊市农村工作电视电话会议。市领导苏振东、李向伟出席。

4日，霸州市组织召开全市农村工作会议。市领导苏振东、李向伟出席。

5日，霸州市组织收听收看廊坊市开展“三重四创五优化”（“三重”，即重大国家战略、重大项目建设、重大民生工程。“四创”，即创新，创业，创全国文明城市、国家卫生城市、国家森林城市，创平安河北、法治河北；“五优化”，即优化政治生态、优化经济结构、优化自然生态、优化营商环境、优化基层治理）活动暨20项民生工程动员部署电视电话会议。市党政班子在家领导，市人大常委会主任、市政协主席出席。

9日，霸州市组织收听收看廊坊市政法队伍教育整顿动员部署电视电话会议。市领导房欣、张凤岭、刘仰生、于六乐、刘旭峰、王文淼出席。会后，霸州市组织召开政法队伍教育整顿动员部署会议。

9日，霸州市组织收听收看廊坊市宣传部部长电视电话会议。市委常委、宣传部部长王亚利出席。

10日，霸州市召开2020年度党（工）委书记抓基层党建述职评议会议。参会人员以投票方式对各乡镇（区、办）党（工）委书记抓基层党建工作情况进行评议。

上旬，司法部、民政部公布第八批“全国民主法治示范村（社区）”名单，阙里墅村榜上有名，入选“全国民主法治示范村（社区）”。

上旬，共青团河北省委办公室印发《关于

2020 年度全省共青团述职考核结果的通报》，共青团霸州市委、霸州市少工委分别被评为“河北省十佳团县（市、区）委”和“河北省十佳县（市、区）少工委”。

上旬，霸州市两家白洋淀流域涉水企业（霸州市华通纸业有限公司和河北省争荣生物科技股份有限公司）通过清洁生产审核验收。

2021 年春运工作结束。春运自 1 月 28 日开始至 3 月 8 日结束，其间，日投放客运班车 114 辆次，累计安全运送旅客 3 万余人次；投放公交车辆 2670 辆次，运送旅客 2.4 万余人次。

12 日，霸州市举办 2021 年春风行动大型劳务洽谈会。招聘会吸引牛氏运昌、达利食品、小仙炖食品、邦壮电子、新特药、霸州市第三医院等 120 家重点知名企业、医院前来招贤纳士，提供近 30 个工种的岗位 3500 个。现场发放宣传材料 8000 余份，入场 3258 人，最终达成就业意向 1976 人。

15 日，廊坊市政协副主席王学求，廊坊市政协党组成员、秘书长王振生带队到霸州市督查落实中央和省市委政协工作会议精神情况并召开座谈会，霸州市政协主席牛双秋等参加座谈。牛双秋汇报霸州市落实中央和省市委政协工作会议精神情况。

15 日至 16 日，廊坊市政协副主席、霸州市委书记房欣率领各相关部门组成的考察团，赴河南省郑州市中牟县考察，霸州市领导苏振东、吴全通、郑永强、樊冬、韩清华等参加考察。霸州市考察团先后到中牟汽车产业集聚区规划展示中心、郑州日产、比克电池、万邦国际农产品物流城、绿博家苑、文创园规划展示中心、只有河南·戏剧幻城和建业·华谊兄弟电影小镇等地考察。

18 日，房欣、苏振东、牛双秋、刘仰生、郑永强、王亚利、樊冬、张炳山等市四套班子领导到市生态公园开展义务植树活动。

18 日，霸州市组织召开七届市委 2021 年第六次常委会会议。传达学习全国、省和廊坊市政法队伍教育整顿动员部署会等会议精神，研究霸州市贯彻落实意见；传达学习省纪委《关于贯彻落实习近平总书记重要批示精神部署整治供销合作社系统腐败问题促进改革和治理工作的通知》《中共河北省委关于认真做好市县乡领导班子换届工作的通知》等文件精神，审议《中共霸州市委、霸州市人民政府关于深入开展“三重四创五优化”活动扎实推动“十四五”开好局起好步的实施意见》等文件。

18 日，霸州市组织召开市委主要领导严肃换届纪律集体谈心谈话会。

18 日，霸州市组织召开市委机构编制委员会 2021 年第一次会议。市委机构编制委员会主任、副主任、委员出席。审议《关于市委国家安全委员会办公室设立常务副主任、专职副主任的意见》《关于调整霸州市就业服务局机构编制事宜的意见》等文件；廊坊市政协副主席、霸州市委书记房欣作重要讲话。

18 日，霸州市组织召开市政法队伍教育整顿工作领导小组第一次会议。市政法队伍教育整顿工作领导小组组长、副组长出席。市委政法委就提交审议的《关于开展全市政法队伍教育整顿的实施方案》等 3 个文件作说明；与会人员就 3 个文件进行审议讨论；廊坊市政协副主席、霸州市委书记房欣作重要讲话。

18 日，霸州市组织召开创建省级双拥模范城工作推进会议。市领导苏振东、张炳山、靳志强出席。市委副书记苏振东主持会议；市退役军人事务局通报各涉项单位材料准备过程中存在的问题；副市长靳志强就如何做好省级双拥模范城创建工作进行安排部署。

19 日，霸州市召开“三重四创五优化”暨“三基”建设年活动和实施 2021 年民生工程动员部署会议。

20日，霸州市组织收听收看党史学习教育中央宣讲团报告电视电话会议。市四套班子在家领导出席。

22日，霸州市组织召开市委常委班子换届工作专题学习研讨会。市委常委、纪委书记、监委主任刘仰生领学《中共河北省纪委机关、中共河北省委组织部、河北省监察委员会关于严肃换届纪律加强换届风气监督的通知》和《中共廊坊市纪委机关、中共廊坊市委组织部、廊坊市监察委员会关于严肃换届纪律加强换届风气监督的通知》；市委常委、办公室主任樊冬领学中央“十严禁”换届纪律要求；开展换届工作专题研讨。

22日，市委常委、政法委书记张凤岭就政法队伍教育整顿落实情况到市公安局、检察院、法院、司法局进行督导检查。要求政法各部门细化工作部署，详细制定实施方案、工作清单及流程图等资料，逐项明确责任人及完成时限，确保完成教育整顿任务。

22日，市水务局组织开展“世界水日”“中国水周”宣传活动。通过悬挂横幅、发放宣传材料、现场讲解等形式，大力宣传相关水法律法规，增强市民节约保护水资源意识。发放宣传材料1600余份，为群众答疑解惑100余人次。

29日，市工商业联合会（总商会）召开第七届会员代表大会。市领导苏振东、牛双秋、郑永强、高建华、韩清华等出席会议。廊坊市工商联副主席金昕受邀出席会议。会议选举出七届市工商联（总商会）常委会委员，市工商联主席（总商会会长）、副主席、副会长、秘书长等。

29日，霸州市召开新冠病毒疫苗接种工作推进会议。廊坊市政协副主席、霸州市委书记房欣主持会议，柴立新解读《霸州市新冠病毒疫苗接种工作实施方案》，并就疫苗接种工作讲了具体意见。

30日，霸州市组织召开全市政法队伍教育整顿“一把手”讲专题党课暨廉政教育报告会。

30日至31日，省生态环境厅检查组到霸州市检查环境应急管理工作并督导“以案促建提升环境应急能力”专项活动开展情况。

4月

1日，霸州市组织收听收看2021年度省级总河湖长暨河湖治理工作电视电话会议。

1日，省政协党组成员、副主席徐建培到霸州市开展党史专题宣讲。廊坊市政协主席李波，廊坊市委常委、宣传部部长、统战部部长、市政协党组副书记王金忠，廊坊市政协副主席、霸州市委书记房欣，市政协主席牛双秋，市委常委、统战部部长、市政协党组副书记郑永强，市委常委、市委办公室主任樊冬等出席会议。召开党史和全国“两会”精神宣讲会议，李波主持会议，河北省、廊坊市和霸州市政协委员代表发言，徐建培就党史和全国“两会”精神进行宣讲。

6日，霸州市组织收听收看全省扫黑除恶专项斗争总结表彰电视电话会议。市领导房欣、刘仰生、王亚利、刘旭峰出席。

6日，霸州市组织收听收看全省政法队伍教育整顿领导小组第二次（扩大）会议暨工作推进电视电话会议。市领导房欣、张凤岭、刘仰生、刘旭峰出席。

8日至11日，第25届中国（胜芳）全球特色定制家具国际博览会暨第12届胜芳国际家具原辅材料展成功举办。此次展会展出规模53万平方米，展出八大品类、8万余种单品样式及各种家具生产设备、配件辅料等，涵盖全题材、全产业链，参展企业达2600余家，采购商参展人数达18万人，实际交易额超200亿元。

12日，霸州市组织收听收看廊坊市市县乡

三级人大换届选举工作推进电视电话会议。市领导郭德清、邹斯晖、于六乐、高建华、李克聪、刘德生出席。

13日，霸州市组织收听收看廊坊市二季度安全生产工作例会暨防范遏制重特大事故工作和安全生产三年专项行动安委会主任电视电话会议。市领导房欣、吴全通、刘旭峰出席。

13日，霸州市组织召开七届霸州市委第七轮巡察动员部署会议。市领导刘仰生、邹斯晖出席。市委常委、纪委书记、监委主任刘仰生主持会议，并就开展好本轮巡察工作讲意见；市委常委、组织部部长邹斯晖宣读《七届市委第七轮巡察组组长授权任职及任务分工的决定》。

14日，霸州市组织召开七届市委2021年第十次常委会会议。审议《关于召开中国共产党霸州市第八次代表大会有关事宜的意见》《关于开展“三基”建设年活动的实施方案》《2020年度先进集体和先进个人命名表彰的决定》《拟推荐省、廊坊市“七一”表彰先进集体和优秀个人名单》和市人大常委会党组《关于我市市、乡两级人大换届选举工作的安排意见》；听取全市近期安全生产工作开展情况的汇报。

14日，霸州市组织召开2021年度第三次市委理论学习中心组学习会。市人大常委会主任郭德清领学《中共廊坊市委关于开展“团结就是力量”专题学习教育活动的通知》；市政协主席牛双秋领学习近平总书记在福建考察时的重要讲话精神；市委常委、组织部部长邹斯晖领学《中共廊坊市委办公室关于学习贯彻〈“三定”规定制定和实施办法〉〈机构编制监督检查工作办法〉的通知》。

14日，霸州市组织召开市委全面深化改革委员会第十五次会议。市委全面深化改革委员会主任、副主任、委员出席。市委常委、组织部部长邹斯晖传达学习中央全面深化改革委员会第十八次会议、省委全面深化改革委员会第十五次会议和廊坊市委全面深化改革委员会第十三次会议精神；市委改革办提交《中共霸州市委全面深化改革委员会2021年工作要点》并作说明；廊坊市政协副主席、霸州市委书记房欣作重要讲话。

14日，霸州市组织召开全市政法队伍教育整顿领导小组（扩大）会议暨警示教育大会。市领导房欣、张凤岭、刘仰生、邹斯晖、刘旭峰出席。市委常委、政法委书记张凤岭对全市政法队伍教育整顿学习教育环节进行总结评估，并对查纠整改环节重点工作进行安排部署；市委政法委通报政法干警违纪违法典型案例；廊坊市政协副主席、霸州市委书记房欣作重要讲话。

14日，廊坊市政协副主席、霸州市委书记房欣到市公安局督导调研政法队伍教育整顿开展情况。市委常委、政法委书记张凤岭陪同调研，副市长、公安局局长刘旭峰汇报市公安局教育整顿工作开展情况。

16日，霸州市组织召开青年工作联席会议第三次全体会议。收听收看廊坊市中长期青年发展规划第三次全体会议，就联席办2020年工作情况和2021年重点工作部署进行说明，审议《霸州市落实〈河北省中长期青年发展规划（2018—2025年）〉2021年度重点工作（草案）》，市委副书记苏振东出席并讲话。

19日，廊坊市政府检查组到霸州市就平安关爱暨社区戒毒社区康复和禁种铲毒工作进行全面检查并召开座谈会。市领导张凤岭、刘旭峰陪同。座谈会上，市委常委、政法委书记张凤岭汇报霸州市平安关爱暨社区戒毒社区康复和禁种铲毒工作开展情况。

20日，廊坊市政协副主席、霸州市委书记房欣到胜芳镇调研党史学习教育工作并作专题宣讲。市政协副主席、胜芳镇党委书记刘德生陪同。

中旬，市自然资源和规划局完成春尺蠖飞防工作。飞防区域以国省干道、高速公路、高铁、渠堤等两侧林木和大面积片林为重点，使用直升机，飞行64架次，完成飞防作业12万亩。

22日，霸州市组织召开七届市委2021年第十一次常委会会议。传达学习省、廊坊市政法队伍教育整顿领导小组第二次（扩大）会议暨工作推进会议精神；听取市委政法委关于全市政法队伍教育整顿查纠整改环节工作开展情况的汇报；审议《关于召开中共霸州市委七届十一次全体会议的工作方案》《关于召开中国共产党霸州市第八次代表大会的决议（草案）》《霸州市教育项目框架合作协议》《关于进一步促进民营经济发展的若干意见（试行）》《2021年基础设施建设工程安全情况说明》等文件。

22日，中国共产党霸州市第七届委员会第十一次全体会议召开。廊坊市政协副主席、霸州市委书记房欣就《关于召开中国共产党霸州市第八次代表大会的决议（草案）（讨论稿）》作说明；会议分组讨论《关于召开中国共产党霸州市第八次代表大会的决议（草案）（讨论稿）》；审议通过《关于召开中国共产党霸州市第八次代表大会的决议（草案）》。

22日，霸州市生态环境局开展以“珍爱地球 人与自然和谐共生”为主题的世界地球日宣传活动。动员社会公众积极践行“节约资源、保护地球”的绿色行为。发放宣传资料2000余份、购物袋1500余个、小礼品1500余个。

28日，霸州（北京）招商引资重点客商座谈会在北京召开。市委常委、常务副市长吴全通介绍霸州市的投资环境，韩清华主持会议。与会人员观看了霸州市投资环境宣传片，各企业相关负责人分别就公司的成立背景、发展历程、发展方向、主导领域做详细介绍，并就合作事宜交流意见。

28日，霸州市组织召开全市乡镇领导班子换届推进会议暨加强换届风气监督工作会议。

29日，霸州市召开重点工程调度会。

29日，霸州市组织召开全市安全生产大排查大整治行动动员部署会议。

29日，霸州市组织召开食品药品安全委员会全体会议。市场监管局通报全市食品药品安全工作情况，并汇报2021年全市食品药品安全重点工作；副市长柴立新就全市食品药品安全工作进行安排部署。

29日，霸州市组织召开全市纪念五四运动102周年暨党史学习教育宣讲大会。市领导苏振东、王文淼出席。观看霸州市共青团系统2020年度工作展示；市政协副主席王文淼宣读表彰决定；举行赠书和颁奖仪式；市委副书记苏振东作讲话。

29日，霸州市组织召开全市安全生产大排查大整治行动动员部署会议。

5月

1日至3日，霸州市相关单位加强对全市旅行社、A级旅游景区、星级饭店的巡查检查，统筹做好疫情防控及安全生产各项工作。假日期间，接待游客10.18万人次，旅游企业疫情防控措施到位，各项工作平稳有序。

10日，省生态环境厅第四环境监察专员办公室工作人员到霸州市就城乡垃圾收集和处置、秸秆综合利用、露天禁烧等工作开展情况进行调研。市委常委、统战部部长郑永强陪同。

11日，霸州市组织召开霸州市平安建设领导小组2021年度第一次会议暨全市“铸平安、保稳定、促和谐，迎接建党100周年”百日行动动员会议。

11日，霸州市组织收听收看河北省政法队伍教育整顿领导小组办公室第二次电视电话会议。市委常委、政法委书记张凤岭出席。

12日，霸州市组织召开大运河文化保护传承利用暨国家文化公园建设保护工作第二次调度会。

13日，霸州市组织召开政法队伍教育整顿工作汇报会。

14日，霸州市组织收听收看2021年中国·廊坊国际经济贸易洽谈会承办工作四套班子联席电视电话会议。市领导房欣、韩清华出席。

14日，霸州市组织收听收看河北省新型城镇化工作暨城乡融合发展工作领导小组会议暨全省新型城镇化工作电视电话会议。市领导吴全通出席。

14日，河北省军区“四个秩序”和安全工作检查考评组到市武装部进行检查考评。廊坊市委常委、军分区司令员白文建，霸州市领导苏振东、张炳山陪同。重点对“四个秩序”规范化建设、年度重点工作和安全生产工作开展情况进行检查。

19日，霸州市召开领导干部会议，宣布廊坊市委关于霸州市委、市政府主要领导职务调整的决定。

19日，霸州市组织召开市委保密委员会和市密码工作领导小组暨市安可替代工程领导小组会议。市委常委、办公室主任樊冬出席。传达中央、省、廊坊市保密机要工作会议精神和中共中央保密委员会《关于2020年全国窃密泄密案件情况的通报》精神；审议通过《加强全市安可替代工程建设实施方案》。

18日，中国·廊坊国际经济贸易洽谈会开幕。霸州市参加廊坊“5·18”经贸洽谈会签约项目11个，其中外资项目3个，总投资14.31亿美元，协议外资14.31亿美元；内资项目6个，总投资48.5亿元，拟引进资金23.5亿元；央企项目2个，总投资35亿元，拟引进资金35亿元。

20日，霸州市举办2021年霸州市“都市食品产业”招聘会。提供工种200余个、岗位1100余个，涉及食品检验员、化验员、质检员、体系专员等多个岗位，入场人数达1500余人，最终达成就业意向的达680人。

27日，省农业发展银行基础设施客户处处长张林军一行到霸州市就加强双方合作进行对接和调研。

27日，廊坊市四院东院区正式投入使用。东院区环境温馨，布局规范，占地面积17000平方米，建筑面积42000平方米。设置病床630余张，建设高标准手术间10间。购置飞利浦3.0T核磁共振、64排CT、医科达直线加速器等大型医用设备，改善临床诊疗超负荷状态。建设停车位220余个，高标准食堂1座。东院区投入使用，方便了霸州市及周边县市人民的就医需求。

29日11时58分，荣乌高速新线霸州段、京德高速公路霸州段一期工程同期建成通车。京德高速是雄安新区四纵三横区域高速公路网中纵四线，是雄安新区通往北京大兴国际机场的主要高速公路，是京津冀地区重要的京冀干线。京德高速公路一期始于京冀界（K9+996），止于津石高速连接线（K97+252），全长87.256千米，与北京大兴国际机场航站楼联络线顺接。京德高速为双向六车道。京德高速在霸州设霸州东收费站。通车后，雄安新区与北京、天津之间将实现1小时通达。荣乌高速新线是双向八车道，起于廊坊市与天津市交界K804，止于廊坊市与保定市交界K839+246米，全长共计35.246千米。荣乌高速新线设霸州北收费站。随着两条高速的开通，将大大缓解首都环线高速、京台高速、荣乌高速货车通行流量大的情况，大大缩短了各地市与北京、天津、雄安新区、石家庄等地的通行时间，霸州市到雄安新区再添高速新通道，进一步织密了带动全市经济高质量发展的高速路网。

6月

1 日，霸州市组织召开全市规划编制工作汇报会。市领导吴全通、樊冬、邳树家、李克聪、杨丹、张树增、李晨光出席。听取《霸州市国土空间总体规划（2020—2035 年）》等规划设计方案，与会人员就方案内容进行研究讨论。

1 日，霸州市组织召开全市重点项目建设和固定资产投资工作调度会议。

4 日，鸿泰上诺投资管理集团有限公司考察组到霸州市进行考察。市委常委、副市长邳树家陪同。

4 日，廊坊市举行 2021 年第二季度重点项目集中开工活动。廊坊市委常委、组织部部长王亚军，霸州市领导樊冬、邳树家等在霸州市分会场参加开工仪式。本次集中开工的 8 个项目，总投资 13 亿元，当年计划投资 2.9 亿元。项目包括：投资 3.2 亿元的柏思诺年产 50 万件家具项目，投资 2.3 亿元的清新包装年产 1.16 亿平方米环保纸箱及 0.45 亿平方米新型环保彩箱项目，投资 1.7 亿元的博瑞科技工程机械研发及数据服务项目，投资 1.5 亿元的胜宝制管技术改造的传统产业升级项目。

5 日，由河北省退役军人事务厅副厅长张旭庆带队的省双拥模范城考评组，到霸州市考评验收创建双拥模范城（县）情况，廊坊市相关部门负责人陪同。霸州市领导吴全通、张炳山、樊冬、刘旭峰等及相关部门负责人参加汇报会。会上，与会人员观看霸州市双拥工作宣传片。会后，张旭庆一行赴华夏民间收藏馆、霸州市退役军人服务中心、霸州市光荣院等地开展实地检查验收。

6 日，霸州市第三医院新院区正式启用，现为“一院三区”布局，分为主院区、北院区和南院区 3 个院区，总建筑面积 4 万平方米，编制床位 301 张，实际开放床位 338 张。新院区按照北大国际医院等三甲医院装修设计，增设介入科、医学重症科（ICU）等科室，购置信息系统机房动力环境监控系统、化验室罗氏实验室自动化流水线设备、深信服桌面云等先进系统、设备。

7 日，红星美凯龙集团副总裁丁宁一行到霸州市就项目进行洽谈对接。市领导吴全通、邳树家陪同。实地参观霸州规划馆，随后召开座谈会，市委副书记吴全通主持会议，红星美凯龙集团介绍此次考察情况及项目投资计划，与会双方就合作事宜进行洽谈交流。

8 日，霸州市组织召开市委审计委员会第五次会议。市委审计委员会主任、副主任出席。传达省委、廊坊市委审计委员会第五次会议精神；审议《霸州市 2021 年度审计项目计划》。

8 日，霸州市组织召开市委人才工作领导小组 2021 年度第一次会议。传达廊坊市委人才工作领导小组 2021 年第一次会议精神；审议《中共霸州市委人才工作领导小组 2021 年工作要点》《中共霸州市委人才工作领导小组职责》《中共霸州市委人才工作领导小组工作规则》等文件。

8 日，霸州市组织召开市委网络安全和信息化委员会第三次会议。市委网络安全和信息化委员会主任、副主任、委员出席。传达学习河北省委网络安全和信息化委员会第四次会议精神和廊坊市委网络安全和信息化委员会第三次会议精神；审议《市委网络安全和信息化委员会 2020 年工作总结》和《市委网络安全和信息化委员会 2021 年工作要点》。

8 日，召开市委理论学习中心组党史学习教育读书班学习会。会议传达学习习近平总书记在广西考察期间重要讲话精神，并围绕新民主主义革命时期历史进行集中交流学习。市领导吴全通、刘仰生、鲁威、刘光远、杜海涛、樊冬、邳树家、李鹏、薛建杰等参加学习。

8日，中央政法队伍教育整顿第二督导组有关同志到霸州市进行调研。廊坊市委常委、政法委书记陈少军，霸州市领导刘光远、刘旭峰陪同。

10日，霸州市组织召开全市党史学习教育推进会。市领导吴全通、刘仰生、樊冬、李鹏、薛建杰出席。观看党史学习教育专题片；市教体局、裕华街道办、扬芬港镇分别就党史学习教育开展情况作交流发言。

10日，霸州市组织召开霸州市生态环境保护委员会暨水务重点工作会议。副市长张树增就生态环境保护工作发表意见；堂二里镇、王庄子镇、扬芬港镇、东杨庄乡分别进行发言。

18日，霸州市组织开展市、乡两级人民代表大会代表换届选举投票活动，选举新一届的市、乡两级人大代表。市四套班子有关领导在市第一选区投票站参加投票，选举霸州市第八届人民代表大会代表，行使公民的选举权利。本次人大代表换届选举期间，划分108个投票选举市级人大代表选区，提名推荐市级人大代表正式候选人416名；划分投票选举乡级人大代表选区386个，12个乡镇提名推荐乡级人大代表正式候选人1362名。

18日，霸州市组织召开七届市委2021年第十九次常委会会议。传达学习《中国共产党组织处理规定（试行）》和省委办公厅《关于贯彻落实〈中国共产党组织处理规定（试行）〉的若干措施》精神。

18日，霸州市组织召开2021年全市未成年人思想道德建设工作会议。市领导薛建杰、杨丹出席。教体局宣读《关于命名2021年霸州市“新时代好少年”的决定》；宣传部宣读《关于2021年持续开展文明校园创建活动的通知》，并对《河北省未成年人思想道德建设工作测评体系》进行解读；副市长杨丹宣读《2021年霸州市未成年人思想道德建设工作任务分工方案》；市委常委、宣传部部长薛建杰作讲话。

18日，霸州市举办的“百年芳华·璀璨今朝”书画摄影展开幕式。市领导吴全通、薛建杰、高建华、杨丹、王文淼出席。

19日，省委书记、省人大常委会主任王东峰在石家庄通过广电网络视频会议的形式，向全省广大党员干部群众代表讲专题党课。市领导吴全通、王亚利等在霸州市分会场收听收看专题党课。

21日，召开市委理论学习中心组党史学习教育读书班学习会。廊坊市第八督察组副组长张振强应邀参加学习。会议集中学习习近平总书记重要文章《学好“四史”，永葆初心、永担使命》《以史为镜、以史明志，知史爱党、知史爱国》《用好红色资源，传承好红色基因，把红色江山世世代代传下去》和习近平总书记在青海考察时的重要讲话精神。

21日，霸州市组织召开全市新冠病毒疫苗接种工作调度会议。

21日，市委宣传部组织召开部务会（扩大）会议。市委常委、宣传部部长薛建杰出席。薛建杰传达廊坊市党史学习教育巡回指导工作动员部署会议精神，并对霸州市党史学习教育迎检、建党百年文化活动、文明城市创建、网络舆情等工作进行安排部署。

22日，霸州市财政收入提前实现“双过半”。全市一般公共预算收入累计完成14.9亿元，完成年初预算的50.5%，提前8天实现时间任务双过半。

24日，霸州市开展国际禁毒日宣传活动。市领导于六乐、刘旭峰、李新军等出席活动。刘旭峰主持宣传活动，通报霸州市禁毒工作考核结果、2021年全市禁毒教育工作示范单位名单以及禁毒优秀作品及组织者名单。全国禁毒工作先进个人、中国禁毒爱心形象大使戴文军携禁毒作品《阿牛说毒》中的机器人应邀参加活动。

25日，霸州市组织收听收看廊坊市庆祝中国共产党成立100周年座谈会暨市委书记讲党课电视电话会议。市领导吴全通、刘仰生、王亚利、张炳山、鲁威、樊冬、邳树家、李鹏、薛建杰出席。

28日，霸州市组织召开全市庆祝中国共产党成立100周年座谈会暨市委书记讲党课会议。

28日，霸州市组织召开全市政法队伍教育整顿总结大会。

28日，霸州市组织召开全市重点项目建设和投资工作调度会议。各乡镇（区、办）、涉项部门逐一汇报辖区涉及的重点项目进度、产业项目倍增计划、投资项目在库、已申报及年内计划入统项目情况、存在问题和下一步推进举措。

29日，以“奋斗百年路　启航新征程”为主题的庆祝中国共产党成立100周年文艺演出在李少春大剧院盛大举行。市领导杜海涛、樊冬、薛建杰、杨丹等与近千名观众一起观看演出。

30日，京德高速霸州连接线（迎宾道东延）工程主体路面通车。工程全长5.511千米，建设占地红线70米，双向六车道，起点位于迎宾道与东环路交叉处，路线向东与京德高速互通式立体交叉，后经撒袋营村北，至县道采留线到达终点。此项工程缓解了市区至东部方向交通压力，提升了整体路网功能。

7月

1日8时，庆祝中国共产党成立100周年大会在北京天安门广场举行。在家四套班子领导集中收看大会盛况。

6日，霸州市组织召开2021年创建省级文明城市动员推进会议。

7日，市领导吴全通、鲁威、樊冬、李鹏、薛建杰对省级文明城市创建工作进行督导检查。实地查看市四小、北菜市场、步行街、迎宾山水社区等部分实地测评点位创建情况。

15日，廊坊市委常委、政法委书记邢晟一行到霸州市就政法队伍教育整顿、综治维稳、社会治理等工作开展情况进行调研指导。

16日，霸州市组织收听收看廊坊市加快法治政府建设暨全面推进依法行政工作电视电话会议。

16日，霸州市百城万店拥军行活动启动仪式在李少春大剧院广场前举行。市双拥工作领导小组副组长、市委常委、市武装部政委张炳山，市双拥工作领导小组副组长、副市长、市公安局局长刘旭峰等出席仪式。

17日，中国共产党霸州市第七届委员会第十二次全体会议召开。

18日，市政协召开七届二十次常委会（扩大）会议，市领导牛双秋、李新军、王文淼、杜卫东等出席会议，王亚利、王洪涛、张德生、贾婷等列席会议。

19日至21日，中国共产党霸州市第八次代表大会召开。大会应出席代表309名，实到会代表302名。书面提交市纪委工作报告和党费收缴、管理和使用情况报告；市委书记代表中国共产党霸州市第七届委员会作题为《聚焦主题主线做好两篇文章，以新发展理念开创霸州高质量发展新局面》的报告。21日，大会闭幕。

20日，霸州市组织收听收看全省学习贯彻习近平总书记“七一”重要讲话精神专题宣讲报告会，市领导吴全通、张炳山、鲁威、刘光远、杜海涛、樊冬、李鹏、薛建杰等在霸州市分会场参加会议。

23日，霸州市组织收听收看全省经济工作推进会暨重点项目投资建设现场电视电话会议。市领导吴全通、邳树家、杨丹出席。

23日至26日，中国人民政治协商会议霸

州市第八届委员会第一次会议在迎宾大厦会议中心召开。

24 日至 27 日，霸州市八届人民代表大会第一次会议在李少春大剧院和迎宾大厦会议中心召开，出席会议代表 264 名。

25 日，霸州市召开土地卫片执法整治、大气污染防治、成品油市场整治工作会议，副市长杨丹出席会议。

27 日至 28 日，由法治日报社、北京安全防范行业协会联合主办的 2021 政法智能化建设技术装备及成果展开幕，霸州市社会治理体系和治理能力创新治理平台荣获 2021 政法智能化建设智慧治理创新案例奖。

28 日，市委理论学习中心组学习贯彻习近平总书记“七一”重要讲话精神专题读书班邀请廊坊市委党校副校长、教授杨万民进行专题授课，市领导吴全通、刘仰生、王亚利、鲁威、杜海涛、樊冬、邳树家、薛建杰等参加学习。市委常委、宣传部部长薛建杰主持会议并讲话。

29 日，霸州市组织召开全市自媒体座谈会。市委常委、宣传部部长薛建杰出席。集中学习《互联网用户公众账号信息服务管理规定》等互联网相关法律法规；观看专题片《自媒体要自律不要自戕》；薛建杰要求自媒体工作人员要始终保持“初心、戒心、红心、公心、齐心”，积极创作群众喜闻乐见的精品力作，为助推“经济强市、生态新城、美丽霸州”增光添彩。

30 日，市领导杜海涛、李鹏、薛建杰分别到所包乡镇开展“八一”慰问活动。随后检查防汛工作落实情况，并就包联企业经营情况进行调研。

月底，霸州市一中参加高考 1479 人，本科上线 1321 人，本科上线率 89.3%，其中本一上线 517 人，首次突破 500 人大关；四中参加高考 666 人，其中本科上线 275 人，本科上线率 41.3%。

8 月

2 日，副市长杨丹督导检查全市重点场所疫情防控措施整改落实及常态化疫情防控情况。

3 日，霸州市组织召开全市重点项目建设和投资工作调度会议。市委常委、副市长邳树家主持会议；市发改局通报全市重点项目建设、固定资产投资完成情况；各乡镇（区、办）、相关部门依次就涉项工作进展情况、存在问题和下一步举措进行汇报。

3 日，霸州市组织召开全市“三基”建设年活动调度会。市领导樊冬、邳树家、李鹏出席。听取市直相关单位工作情况汇报；市委常委、办公室主任樊冬就基本能力工作进展情况讲意见；市委常委、副市长邳树家就基础工作进展情况讲意见；市委常委、组织部部长李鹏就基层组织工作进展情况讲意见。

4 日，霸州市组织召开全市应对新型冠状病毒肺炎疫情工作会议。

6 日，霸州市组织召开市拥军优属拥政爱民工作领导小组会议。市领导吴全通、刘仰生、王亚利、樊冬、李鹏出席。审议《2020 年霸州市双拥工作总结》和《2021 年霸州市双拥工作要点》。

6 日，霸州市组织召开市委退役军人事务工作领导小组会议。审议《中共霸州市委退役军人事务工作领导小组 2020 年工作总结》和《中共霸州市委退役军人事务工作领导小组 2021 年工作要点》。

8 日，霸州市开展新冠肺炎疫情防控应急演练活动，副市长、市应对新冠肺炎疫情工作领导小组副组长、市疫情防控工作总指挥部副总指挥杨丹出席活动并讲话。

10 日，霸州市组织召开八届市委 2021 年第二次常委会（扩大）会议。传达学习廊坊市经济工作推进会议精神；审议《市第八次党代会报告任务分解》《关于在全市开展“八个攻坚战”的实施意见》《在全市经济工作推进会议上的讲话》《霸州市 2021 年创建省级文明城市工作实施方案》；听取霸州市 2021 年创建省级文明城市和 2021 年上半年未成年人思想道德建设工作汇报。

11 日，霸州市组织召开全市经济工作推进会暨“八大攻坚战”动员会议。

11 日，霸州市组织召开高铁新城规划建设和现代商务产业园规划建设工作专班调度会议。市领导吴全通、邳树家出席。会上就相关工作进行深入调度研究，并对下一步工作进行安排部署。

12 日，霸州市组织收听收看全省推进乡村全面振兴工作会议暨农业结构调整工作现场电视电话会议。市领导吴全通、刘仰生、李克聪出席。

12 日，霸州市召开东部片区企业家座谈会。市委书记强调，各相关部门和企业要攻坚克难、勇于创新，进一步优化营商环境，加快转型升级步伐，全力推动霸州高质量发展。

13 日，廊坊市疫情防控专项督导组到霸州市就疫情防控有关情况进行督导检查。市领导吴全通、杨丹陪同。

16 日，中国霸州（家具）知识产权快速维权中心获批成立。国家知识产权局同意建设中国霸州（家具）知识产权快速维权中心，为河北省布局建设的第一家知识产权快速维权中心，将面向家具产业开展知识产权快速维权工作。

19 日，霸州市组织召开全市打击治理电信网络新型违法犯罪工作局际联席会议。市领导刘光远、刘旭峰出席。

25 日，霸州市组织召开全市信访工作会议。市领导吴全通、刘光远、刘旭峰、张德生出席。信访局通报近期全市信访情况；市委常委、政法委书记刘光远分析全市信访形势；市委副书记吴全通就做好下一步工作讲具体意见。

27 日，霸州市组织召开全市政法系统“筑平安勇担当、护发展做贡献”主题实践活动动员部署会议。市委常委、政法委书记刘光远出席。政法委传达廊坊市政法系统“筑平安勇担当、护发展做贡献”主题实践活动动员部署会议精神，宣读《全市政法系统“筑平安勇担当、护发展做贡献”主题实践活动的实施方案》；司法局、法院、检察院、公安局分别作表态发言；刘光远作讲话。

31 日，廊坊市委常委、常务副市长张海川到霸州市调研园区和项目建设情况。实地调研小仙炖霸州食品有限公司、益海嘉里（霸州）食品工业有限公司、奥悦明中央厨房食品项目、昊月中央厨房食品项目。

是月，河北省文化和旅游厅印发《关于命名 2021—2023 年度“河北省民间文化艺术之乡”的通知》，霸州市人民政府和胜芳镇人民政府荣获 2021—2023 年度“河北省民间文化艺术之乡”称号。

9月

7 日，廊坊市委常委、政法委书记邢晟到霸州市就政法系统“筑平安勇担当、护发展做贡献”主题实践活动开展、重点企业安全生产等情况督导调研。邢晟一行先后到霸州市裕华街道办事处河西社区、市公安局开发区分局、河北达利食品有限公司、霸州市云谷电子科技有限公司进行实地调研。

8 日至 9 日，霸州市组织开展“激情干事业 实现新突破”主题集中采访活动。市委常委、宣传部部长薛建杰与中省市 13 家媒体记者举行见面会。来自《人民日报》、新华社、《河北日报》、河北广播电视台、《廊坊日报》、廊坊广播电视台等 13 家媒体的记者、编辑组成的全媒体采访团在霸州市就产业、生态、重大民生工程等进行实地采访。

9 日，霸州市召开 2021 年度质量强市工作推进会议、秋冬季散煤管控“百日会战”动员会议、中秋国庆节日期间食品安全工作会议暨全市重点工作会议。会上，相关部门负责人对《廊坊市实施质量强市和标准化战略 2021 年工作要点》《霸州市 2021 年秋冬季散煤管控“百日会战”行动方案》《2021 年中秋国庆节日期间食品安全保障方案》等文件进行了解读，并通报了相关工作开展情况。

10 日，霸州市组织收听收看廊坊市教育工作电视电话会议。市领导吴全通、高建华、李克聪、杜卫东等在霸州市分会场参加会议。

15 日，霸州市召开校园安全培训工作会，副市长李克聪出席会议并讲话。培训会邀请廊坊市市场监管局相关专业人士进行授课辅导。

15 日，霸州市丰厨（霸州）食品有限公司新建年产5万吨中央厨房食品项目被列为2021年省重点前期项目。经河北省重点建设领导小组办公室研究同意，丰厨（霸州）食品有限公司新建年产 5 万吨中央厨房食品项目被列为 2021 年省重点前期项目，总投资 13.5 亿元，总建筑面积 29.1 万平方米，主要建设常温库、冷库、生产车间、辅助用房等。项目建成后，年产中央厨房食品 5 万吨。

16 日，霸州市举办 2021 年冰雪嘉年华暨冰雪运动推广普及活动启动仪式，副市长李克聪出席活动并宣布启动仪式开幕。

16 日至 19 日，第 26 届中国（胜芳）全球特色定制家具国际博览会暨第 13 届胜芳国际家具原辅材料展召开。此次会展，展出规模 53 万平方米，展出八大品类 8 万余种单品样式及各种家具生产设备、配件辅料等，涵盖全题材、全产业链。此次参展企业 2200 余家，人数达 12 万人，实际交易额超 115 亿元。

17 日，廊坊市中级人民法院党组书记、院长马大壮到霸州市调研指导。马大壮一行先后到霸州市经济开发区产业港、小仙炖（霸州）食品有限公司调研，了解霸州市重点企业发展情况。

18 日，霸州市召开全域供水管网升级改造项目开工动员会议，会上，副市长李克聪解读了《霸州市全域供水管网升级改造项目实施推进方案》。

24 日，霸州市组织召开 2021 年度第十一次市委理论学习中心组学习会。市委常委、组织部部长李鹏领学习近平总书记在中央党校（国家行政学院）中青年干部培训班开班式上的重要讲话精神；市委常委、宣传部部长薛建杰领学习近平总书记在《求是》杂志上发表的重要文章《党的伟大精神永远是党和国家的宝贵精神财富》；副市长李克聪领学习近平总书记在陕西榆林考察时的重要讲话精神；市法院院长刘炳辉领学习近平总书记在《求是》杂志上发表的重要文章《毫不动摇坚持和加强党的全面领导》。

24 日，霸州市组织召开全市常态化开展扫黑除恶暨四大行业领域整治推进会。市领导刘光远、刘旭峰出席。副市长、市公安局局长刘旭峰主持会议；公安局、自然规划局、交通局、住建局分别就推进本系统行业领域整治工作进行安排部署。

26 日，召开市政府八届二次党组会。会议传达学习习近平总书记在中央党校（国家行政学院）中青年干部培训班开班式上的重要讲话精神、习近平总书记的重要文章《毫不动摇坚持和加强党的全面领导》、中国共产党第十九届中央委员会第六次全体会议精神。

30 日，霸州市在烈士陵园举行公祭活动，市领导吴全通、刘仰生、王亚利、张炳山、刘光远、杜海涛、邳树家、李鹏、薛建杰等参加活动。

10月

9日，霸州市组织召开“优化金融生态建设诚信霸州”专项活动动员会议。市领导邳树家、李晨光、张德生出席。市委常委、副市长邳树家主持会议；副市长李晨光就专项活动具体工作进行安排部署；涉项乡镇、部门、金融机构代表作表态发言。

10日，霸州市考察团赴固安县就项目建设、高新企业培育、招商引资进行学习考察。市领导刘仰生、王亚利、樊冬、邳树家、李克聪、张树增、李晨光等参加考察，固安县委书记付顺义陪同。考察团先后到京津冀（固安）国际商贸城、规划馆、航天振邦精密机械、维信诺等地进行参观。

14日，霸州市考察团赴文安县就转型升级、项目建设、招商引资进行学习考察。市领导王亚利、樊冬、李克聪、张树增等参加考察，文安县委书记任华山等陪同。考察团先后到人卫智慧数字研发综合服务示范项目、文安县第一中学迁建项目、采留线扩建项目、河北天环冷链物流有限公司现代商贸智慧物流广场项目、泰华远大装配式建筑（廊坊）有限公司装配式建筑生产项目进行考察。

15日，最高人民法院咨询委第九调研组到霸州市调研指导。

17日，市政府召开2021年廉政工作会议，市领导鲁威、邳树家、刘旭峰、李克聪、张树增、李晨光等出席会议。廊坊市重点工作大督查第八督查组副组长张振强应邀出席会议。

17日，霸州市召开四季度安全生产工作例会暨防范遏制重特大事故工作会议，市领导邳树家、刘旭峰、张树增、李晨光等出席会议。廊坊市重点工作大督查第八督查组、廊坊市安委会驻霸州督导组相关负责人应邀出席会议。

19日，奥特莱斯投资管理有限公司考察团到霸州市进行投资考察。市领导吴全通、李晨光陪同。召开座谈会，就奥特莱斯小镇项目合作进行对接洽谈。

20日，市委副书记吴全通与北京中建政研信息咨询中心、中国铁建22局负责人就高铁新城综合开发项目总体实施方案进行研究协商。

21日，由省检察院二级高级检察官刘民学带队的省禁毒委督导检查组到霸州市实地督导检查禁毒工作开展情况。市领导刘光远、刘旭峰等陪同检查。督导组一行先后到霸州镇、市公安局禁毒大队等地进行实地督导检查。

22日，霸州市召开抓党建促乡村振兴暨迎接省巩固脱贫成果后评估会议。市领导吴全通、樊冬、李鹏、李克聪等出席会议，廊坊市重点工作大督查第八督查组副组长张振强应邀出席会议。会议以电视电话会议形式召开，各乡镇（区、办）设分会场。

29日，廊坊市举行2021年三季度重点项目集中开工活动。霸州市本次集中开工的7个项目，总投资52.16亿元，其中基础设施项目3个、传统产业改造提升项目2个，装备制造和家具项目各1个。

30日，市委副书记吴全通、副市长李克聪对霸州市巩固脱贫攻坚成果领导小组会议落实情况及迎接省后评估准备工作情况进行督导调研。

31日，国道112线霸州段大修工程主体完工实现通车。工程于6月20日动工，全长4.3千米。

11月

1日，召开市委理论学习中心组2021年第十二次学习会。传达学习习近平总书记在中央人才工作会议、纪念辛亥革命110周年大会、深入推动黄河流域生态保护和高质量发展座谈会上、中共中央政治局第三十三次集体学习时的重要讲话精神，国家主席习近平向 2021 “一带一路”·长城国际民间文化艺术节致贺信精神。市领导吴全通、刘仰生、王亚利、鲁威、刘光远、杜海涛、樊冬、邳树家、李鹏、薛建杰等参加学习。

5 日，霸州市组织召开全市秋冬季违法用地集中整改攻坚行动工作调度会议。

10 日，霸州市组织召开赴江西省南康区、浙江省安吉县考察活动汇报会议。市领导刘仰生、杜海涛、王立华、李晨光出席。

12 日，副市长李晨光到煎茶铺镇调研。李晨光一行出席了在煎茶铺镇平口村举行的“整村授信”启动仪式。随后李晨光一行对“廊坊润泽铭泰报废汽车回收拆解”项目的建设地点、建设规模、产业结构进行现场调研，还参观昊林家居、兴旺家居、华诚汽车制动器有限公司等重点企业。

17 日，霸州市召开经济运行暨招商引资项目工作动员会。

18 日，霸州市召开重点领域安全生产突出隐患清零行动动员会议，市委常委、常务副市长邳树家等出席会议。

19 日，召开市委理论学习中心组 2021 年第十三次学习会，传达学习习近平总书记关于《中共中央关于党的百年奋斗重大成就和历史经验的决议》的说明，习近平总书记在《求是》杂志上发表的两篇重要文章。市领导吴全通、刘仰生、王亚利、张炳山、刘光远、杜海涛、樊冬、李鹏、薛建杰等参加学习。

19 日，霸州市新型农业经营主体财税与金融服务中心揭牌成立。服务中心将为示范农民合作社、示范家庭农场提供专业服务，推动新型农业经营主体高质量发展。

22 日，霸州市召开京九铁路霸州站改造提升工作现场会，市委副书记吴全通，副市长张树增等出席现场会。

26 日上午 9 时，中国共产党河北省第十次代表大会在石家庄市河北会堂开幕。市委理论学习中心组成员、市领导吴全通、刘仰生、王亚利、鲁威、樊冬等通过观看电视直播的形式收看大会开幕盛况。霸州市各级各部门党员干部群众也集中收看大会开幕盛况。

30 日，霸州市召开全域供水管网升级改造项目调度会议。副市长李克聪出席会议并讲话。

30 日，霸州市召开创建国家卫生城市动员会议暨健康中国·霸州行动工作推进会。副市长李克聪出席会议并讲话。

12 月

1 日，霸州市组织召开八届市委 2021 年第十八次常委会（扩大）会议。传达学习《中共中央关于党的百年奋斗重大成就和历史经验的决议》精神和廊坊市北三县城乡环境综合整治提升暨北运河旅游通航工作观摩推进会议、廊坊市档案工作会议精神，研究霸州市贯彻落实意见；传达学习中国共产党河北省第九届委员会第十四次全体会议、中国共产党河北省第十次代表大会精神和《中共河北省委巡视工作领导小组、中共河北省委保密委员会印发〈关于开展保密工作纳入地方党委巡视试点工作实施方案〉的通知》精神；审议霸州市《关于进一步加强生态文明建设深入开展地下水超采综合治理的实施意见》《关于螺旋流恒压泵研发生产项目的资产收购协议》《关于日月光半导体芯片测试与封装项目的入区协议》《霸州市关于强化知识产权保护的若干措施》。

3 日，霸州市举行 2021 年第四次重点项目集中开工活动。廊坊市副市长房欣，霸州市领导樊冬、邳树家等出席开工仪式。房欣宣布霸州市总投资 18.5 亿元的 7 个重点项目集中开工。本次集中开工 7 个项目，总投资 18.5 亿元，当年计划投资 1 亿元。既有投资 5.22 亿元的河北住工装配式建筑服务雄安新区项目，投资5亿元的新禾农业智能温室大棚、投资1.5亿元的博飞通立测绘仪器等战略性新兴产业项目，也有投资 1.23 亿元的汇景智慧物流项目、投资 1.55 亿元的恒阳智能家具、投资 3 亿元的泰格家具、投资1亿元的东晨科技五金配件等传统产业升级项目。

9 日，市委常委、市人武部政委张炳山带队到康仙庄镇辛店二村对荣获二等功的现役军人张梦迪家属进行走访慰问。

10 日，霸州市举办 2021 年“胶合板业”行业招聘会。吸引全市 20 余家胶合板企业前来招贤纳士，提供工种 40 余个、岗位 200 个，涉及质检主任、电工、操作工、配料工、木工、设计、包装等岗位，入场达 220 人次，最终达成就业意向130人，现场发放宣传材料600余份。

13 日，霸州市举行《霸州市城市更新项目战略合作框架协议》签约仪式。市领导吴全通、刘仰生、王亚利、樊冬、邳树家出席。

15 日，霸州市组织召开八届市委 2021 年第二十次常委会（扩大）会议。专题听取霸州市 2021 年度全面从严治党相关工作情况的汇报，对下一阶段工作进行安排部署；传达学习中央经济工作会议、省经济工作会议等会议精神和《中共河北省委贯彻落实〈中共中央关于党的百年奋斗重大成就和历史经验的决议〉的意见》等文件精神，研究霸州市贯彻落实意见；听取市委办公室关于省委第九巡视组巡视“回头看”反馈意见整改工作情况的汇报和市巩固拓展脱贫攻坚成果领导小组关于 2021 年工作总结及 2022 年工作重点的汇报；听取市人大常委会党组、市政府党组、市政协党组、市检察院党组、市法院党组 2021 年度工作汇报。

17 日，霸州市召开学习贯彻中共十九届六中全会精神宣讲报告会，廊坊市重点工作大督查第八督查组副组长张振强应邀出席会议。市委常委、宣传部部长薛建杰主持报告会。

22 日，霸州市组织召开企业家座谈会。

24 日，霸州市组织收听收看全省抓投资上项目促发展工作电视电话会议。市领导王亚利、杜海涛、邳树家、李克聪等在霸州市分会场参加会议。

24 日，霸州市召开全市经济工作会议。廊坊市重点工作大督查第八督查组副组长张振强出席会议。

29 日，召开 2021 年第二次市政府全体会议。市领导邳树家、刘旭峰、李克聪、张树增、李晨光等出席会议。廊坊市重点工作大督查第八督查组副组长张振强应邀出席会议。会议集中传达学习廊坊市相关会议精神。邳树家、刘旭峰、李克聪、张树增、李晨光等就各自分管工作进行了安排部署。

29 日，召开市委理论学习中心组专题学习研讨班，市领导刘仰生、王亚利、鲁威、杜海涛、樊冬、邳树家、李鹏、薛建杰等参加学习。

31 日，霸州市召开党建工作暨领导干部政治性警示教育大会。市领导吴全通、刘仰生、王亚利、鲁威、杜海涛、樊冬、邳树家、李鹏、薛建杰等出席会议。市委常委、纪委书记、监委主任鲁威传达省市党建工作暨领导干部政治性警示教育大会主要精神。

霸州概况

自然地理

【地理位置】 霸州市位于河北省中东部，冀中平原北部地处北纬 38° 59～39° 13，东经 116° 15～116° 55 之间。全境东西长 57.26 千米，南北宽 26.44 千米，中部最窄处仅为 8.75 千米，总面积为 801 平方千米，市区位于市境西部。东邻天津市西青区、武清区，南与文安县、天津市静海区隔河相望，西邻雄县，北与固安县、永清县、安次区接壤。北距北京市区 80 千米，东距天津市区 65 千米，西距保定市区 90 余千米，市境最东端的乡镇政府驻地距天津市外环线 15 千米。

【地形地貌】 霸州市属华北地层大区、华北平原分区、冀中小区。地层有太古界、中上元古界、古生界、中生界、新生界等。霸州市位于永定河、拒马河山前冲洪积平原和古黄河冲洪积低平原的交接地带。境内无山脉、丘陵，地势平缓，自西北向东南倾斜，呈西高东低之势。

【气候】 霸州市属于大陆性季风气候，大陆度为 65.3，年平均降水量为 507.7 毫米，年平均气温 12.0℃。7 月最热，平均气温 26.5℃，1 月最冷，平均气温-4.7℃。气温年较差 31.2℃。干湿交替显著，四季比较分明。

2021 年，最高气压 1046.4 百帕，最低气压 992.4 百帕，平均气压 1015.4 百帕；最高气温 38.1℃，最低-24.0℃，平均气温 12.6℃；最小相对湿度 5%，平均相对湿度 65%；年总降水量 690.7 毫米；年极大风速 21.1 米/秒，年平均风速 1.5 米/秒。

【河流】 霸州市境内主要河流有大清河、中亭河、牤牛河、雄固霸新河。

自然资源

【水资源】 根据《霸州市水资源评价》和 1956—2015 年降水量及蒸发量资料计算结果得知，2021 年，霸州市地表水可利用量为 1935 万立方米，地下水资源量为 5856 万立方米。多年平均水资源总量为 6827 万立方米。

【土地资源】 2021 年，行政区域总面积 80145.4 公顷，其中，耕地 35174.73 公顷，园地 1124.97 公顷，林地 12884.68 公顷，草地 770.50 公顷，湿地 148.44 公顷，城镇村及工矿用地 21410.96 公顷，交通运输用地 3123.35 公顷，水域及水利设施用地 5127.20 公顷，其他土地 380.57 公顷。

【地热资源】 霸州市地热资源丰富，已经开发利用于供暖、洗浴、医疗、种养业等方面。地下热水含水层埋深 750～3500 米，水温 40℃～95℃，地温梯度 2.8℃/100 米至 11.0℃/100 米，属地幔隆起传导型地热田。

人口和行政区划

【概况】 2021 年，霸州市户籍人口 65.92 万人，其中，男 33.28 万人，女 32.64 万人。辖霸州镇（45 个村街、3 个社区）、胜芳镇（39 个村街）、信安镇（17 个村街）、堂二里镇（36 个村街）、南孟镇（26 个村街）、煎茶铺镇（32 个村街，1 个社区）、扬芬港镇（22 个村街）、康仙庄镇（40 个村街）、王庄子镇（7 个村街）9 个镇，岔河集乡（20 个村街）、东杨庄乡（20 个村街）、东段乡（20 个村街）3 个乡，辛章办公区（15 个村街）、裕华街道办事处（15 个社区）和河北霸州经济开发区（24 个村街，1 个社区）。

经济社会发展

【概况】2021 年，全市地区生产总值完成 435.6 亿元，按不变价格计算，同比增长 4.1%。其中，第一产业增加值 10.8 亿元，增长 3.6%；第二产业增加值 233 亿元，增长 1.6%；第三产业增加值 191.8 亿元，增长 7.0%。从横向对比看，在廊坊市 11 个县（市、区）中，霸州市地区生产总值增速居第 8 位。全市民营经济实现增加值 321.9 亿元，同比增长 4.2%，民营经济增加值占地区生产总值的比重为 73.9%，比上年提高 0.3 个百分点。

【财政】 全年财政收入完成 43.8 亿元，同比下降 0.2%，比上年同期提升 4.1 个百分点。其中，一般公共预算收入 28.7 亿元，同比增长 5.3%，比上年同期提升 9.2 个百分点。一般公共预算支出 49.6 亿元，同比下降 29.4%。

【工业】 工业增加值增速回落。全市规模以上工业增加值同比增长 4.6%，比上年同期提升 2 个百分点，但比前 11 个月增速回落。分行业看，全市规模以上工业 23 个行业大类中，14 个行业产值同比增长，9 个行业产值同比下降。其中，黑色金属冶炼和压延加工业产值 661.2 亿元，同比增长 42.5%；家具制造业产值 38.2 亿元，同比增长 4.1%；食品制造业产值 29.4 亿元，同比增长 16.1%。从横向对比看，1—12 月，在廊坊市 11 个县（市、区）中，霸州市规模以上工业增加值增速居第 10 位。

【投资】 固定资产投资下降。全市固定资产投资完成 171.7 亿元，同比下降 28.4%，比上年同期回落 33.8 个百分点。其中，建设项目投资 113.4 亿元，同比下降 41.6%；房地产开发投资 58.3 亿元，同比增长 27.7%。从横向对比看，1—12 月，在廊坊市 11 个县（市、区）中，霸州市固定资产投资增速居第 11 位。

【贸易】 全社会消费品零售总额完成 197.4 亿元，同比增长 5.4%，比 1—9 月回落 3.6 个百分点，比上年同期提升 6.6 个百分点。同期，河北省增速为 6.3%，廊坊市增速为 5.5%。全市限额以上社会消费品零售总额完成 26.3 亿元，同比增长 7.8%，比上年同期提升 26.2 个百分点。从横向对比看，1—12 月，在廊坊 11 个县（市、区）中，霸州市社会消费品零售总额增速居第 4 位。

【服务业】 服务业收入下降。规上服务业企业 44 家，完成营业收入 18.9 亿元，同比下降 19.5%。其中，交通运输、仓储和邮政业下降 5.8%；租赁和商务服务业下降 44.4%；水利、环境和公共设施管理业下降 17.1%。从横向对比看，1—12 月，在廊坊 11 个县（市、区）中，霸州市规上服务业营业收入增速居第 8 位。

【金融】金融形势稳定。全市金融机构各项存款余额 832.2 亿元，比年初增加 60.2 亿元；金融机构各项贷款余额 572.7 亿元，比年初增加 38.6 亿元。

组织机构

【概况】 2021年，霸州市委有工作机关12个：纪律检查委员会监察委员会机关、办公室、组织部、宣传部、统一战线工作部、政法委员会、网络安全和信息化委员会办公室、机构编制委员会办公室、市直机关工作委员会、巡察工作领导小组办公室、市信访局、老干部局。其中，纪律检查委员会与监察委员会合署办公，实行一套工作机构、两个机关名称；市委办公室挂档案局牌子和保密机要局（市国家保密局、市国家密码管理局）牌子；组织部挂市公务员局牌子；宣传部挂市精神文明建设委员会办公室、市政府新闻办公室、市新闻出版局（市版权局）牌子；统一战线工作部挂市委台湾工作办公室（市政府台湾事务办公室）、市民族宗教事务局、市政府侨务办公室牌子；网络安全和信息化委员会办公室挂市互联网信息办公室牌子。教育工作委员会与市教育和体育局合署办公，不计入机构限额。

霸州市人民政府有工作部门25个：办公室、发展和改革局、教育和体育局、科学技术和工业信息化局、公安局、民政局、司法局、财政局、人力资源和社会保障局、自然资源和规划局、住房和城乡建设局、城市管理综合行政执法局、交通运输局、水务局、农业农村局、商务局、文化广电和旅游局、卫生健康局、退役军人事务局、应急管理局、审计局、市场监督管理局、统计局、行政审批局、医疗保障局。其中，市政府办公室挂市政府外事办公室、地方金融监督管理局（金融工作办公室）牌子；发展和改革局挂粮食和物资储备局牌子；科学技术和工业信息化局挂外国专家局牌子；农业农村局挂乡村振兴局牌子；自然资源和规划局挂林业局牌子；住房和城乡建设局挂人民防空办公室牌子；卫生健康局挂爱国卫生运动委员会办公室牌子；应急管理局挂地震局牌子；市场监督管理局挂知识产权局牌子；行政审批局挂政务服务管理办公室牌子；文化广电和旅游局挂霸州市文物局牌子。

历史文化

【概况】 霸州历史悠久，新石器中、晚期就有人类居住。历经沧桑，隶属多变。1990年1月，经国务院批准撤销霸县，设立霸州市，为省属县级市，由廊坊市代管。

霸州名宿代不乏人，明朝有兵部尚书王遴，清代有河南布政使、安徽巡抚吴邦庆，广东布政使崔侗，同知一品衔、诰封建威将军吴之敬，云南布政使崔之瑛，民国时期有山东省政府主席韩复榘，现代有学者、教育家高步瀛，中顾委秘书长荣高棠，中共陕西省委书记张勃兴等。

霸州自古文脉昌隆，元代即建有“益津书院”，明清两代就出了6位宫廷画师，梨园泰斗李少春先生昔日与梅兰芳并称“南李北梅”，曾率队出访多个国家，有文化大使之称，梨园弟子遍天下。文化艺术界名人有崔廷绶、张巨源、田鸿年、刘隽生、许鸿宾、米春茂等。

霸州多古迹。千年古寺，百年古祠，誉满京津的益津八景，宋辽古战道，被誉为“中外军事史上的奇迹”；胜芳、高桥、燕家务的古乐源出上古，堪称艺术活化石；胜芳古镇的历史积淀不亚于苏杭，融汇中西、古为今用的建筑文化，加上众多的百年老字号、特有的民间花会艺术和饮食文化、生活习俗，形成了既有鲜明时代特征，又有浓郁地方特色的北方古镇风韵。

霸州文化底蕴深厚。打造了戏曲之乡、翰墨之乡、辞赋之乡、温泉之乡和胜芳古镇“四乡一镇”文化品牌，拥有国家级非遗项目 4 项、省级 15 项。投融资 40 多亿元先后建成了李少春大剧院、华夏民间收藏馆等 30 余处精品文化设施，霸州中国自行车博物馆成为河北省县级首个“国字头”博物馆。引进了国家画院创展基地、国家京剧展演基地等国家级文化交流平台。建成了 15 个乡镇（区、办）综合文化站，文化信息资源共享工程网点和农家书屋实现村街全覆盖。胜芳张家大院被列入省 16 个红色旅游景区之一，华夏民间收藏馆、胜芳古镇、龙泉寺、李少春纪念馆等景点景区被纳入京津冀名胜风景休闲年票。2013 年通过首批国家公共文化服务体系示范项目验收，荣获省民间文化艺术之乡称号；2017 年，市图书馆通过国家一级资质验收，建成了全省第一家县级 24 小时智慧图书馆。连续多年荣获“全国群众体育工作先进县（市）”“全国文化先进县（市）”称号。2018 年，全国首个“中国书法教育村示范区”落户霸州，通过省级文明城市年度复检。2019 年，霸州市益津书院通过专家组评审，被评为国家 AA 级旅游景区；霸州市宫廷红木家具雕刻技艺传承人张铁安作品《云龙玉玺宝盒》在 2019 年金凤凰创新产品设计大奖赛中获得金奖；举办首届霸州市文化旅游产业发展大会。2020 年，霸州市 2 个非遗代表性项目入选河北省第七批省级非物质文化遗产代表性项目名录，7 个非遗项目被列入第七批廊坊市级非物质文化遗产项目名录。2021 年，霸州市人民政府（京剧）、胜芳镇人民政府（灯会）被命名为 2021—2023 年度“河北省民间文化艺术之乡”。同时，胜芳镇人民政府（花灯）被命名为 2021—2023 年度“中国民间文化艺术之乡”。牤牛河历史文化公园被评为国家 AAA 级旅游景区，荣获省“秀美河湖”称号。

交通枢纽

【概况】 按照国家《京津冀协同发展规划纲要》“一核、双城、三轴、四区、多节点”的功能划分，霸州既位于“三轴”的京津发展轴，又处在“四区”的中部核心功能区。周边百千米范围内有三大国际机场、三大天然良港，域内规划有津保高铁、京九铁路、京雄城际、津兴城际、雄安至大兴机场快线等 5 条轨道交通，是全国目前唯一规划有 3 条高铁、1 条轻轨的县级市；大广、京台、津保、京德、荣乌新线等 5 条高速，106 国道、112 国道两条国道，互联互通，交通便利。7 分钟抵达雄安，13 分钟直达大兴国际机场，30 分钟可达北京西站和天津。得天独厚的区位交通优势使霸州成为京津雄世界级城市群区域联动的节点城市。北京南站到霸州火车站的北京公交 943 路，从早晨 4：50 到晚 8：20 往返于京霸之间，高峰发车间隔仅几分钟；霸州市区有出租车 1700 余辆，开通 10 条公共交通运营线路，城乡班车方便快捷。全年城乡客运班车完成客运量 105 万人次，旅客周转量 3673 万人千米；市内公交完成客运量 97.3 万人次，旅客周转量 1963 万人千米；霸州城乡公路发达，全市公路通车总里程 1302.2 千米，形成“六横八纵”的路网布局。公路密度达每百平方千米 159 千米，是全国平均水平的 3.2 倍、全省平均水平的 1.5 倍。京雄城际建成通车、霸州北站投入使用。随着荣乌新线高速和京德高速建成通车，分别设立“霸州北”和“霸州东”两个收费站，霸州市形成了“东南西北”4 个高速口的环城高速网。

生态环保

【概况】 霸州重视生态环保工作。采取最严厉的措施推进控污减排，突出抓了压钢、减煤、治企、控车、降尘等各项措施，市区加快实现集中供暖建设，确保大气环境质量明显改善。推进水污染防治。对中亭河、牤牛河、大清河、清北干渠等重点水域、沟渠进行综合治理。全面节水防污，加快推进城镇污水处理厂工程建设，努力从根本上全域性修复水体生态。全市污水处理能力18万吨/日，全省县级城市排名第一位，水环境显著改善。积极谋划国家级园林城市创建工作，科学规划建设城市园林绿地。大广引线绿化进一步提升，完成牤牛河历史文化公园太平桥到虹江河段、4000亩的生态公园改造提升工程。大规模植树造林，加快"东淀"生态水体修复，建设高等级沿路、沿河生态林，形成绿色生态网络体系。围绕廊南森林湿地生态走廊建设，完成胜芳湿地公园、市区生态公园和牤牛河生态景观带等一批特色工程，"五园、三带、两个中心"的生态景观格局进一步形成。

2021年，全年$PM_{2.5}$平均浓度41微克/立方米，同比下降14.58%，下降率排名廊坊第2；优良天数达259天，同比增加25天。完成大清河流域污水处理设施扩容、污水处理厂提标改造等工程。国、省控河流断面达到地表水四类水质标准，城区水源地全部达到或优于三类水质标准。

党政机关、直属事业单位、党派团体和部分中省直属单位及其领导名单

中国共产党霸州市委员会

书　　记　王　斌
副 书 记　田　军　吴全通
市委常委　张炳山　鲁　威　刘光远
　　　　　杜海涛　樊　冬　邳树家
　　　　　李　鹏　薛建杰

中共霸州市委办公室

主　　任　樊　冬
常务副主任　高景田
副 主 任　黄亚波　杨东伟

中共霸州市委组织部

部　长　李　鹏
副部长　杨立影　李晨亮　张　巍

中共霸州市委宣传部

部　　长　薛建杰
常务副部长　辛　悦
副 部 长　王　伟　苗建国

霸州市精神文明建设委员会办公室

主　任　王　伟
副主任　蔡　巍

中共霸州市委统战部

部　　长　杜海涛
常务副部长　王树军
副 部 长　杜艳丽
　　　　　朱广波

中共霸州市委党史政策研究中心

主　任　（空缺）
副主任　郑　靖

霸州市信访局

局　长　张继强
副局长　杨进军　黄健康

中共霸州市委市直机关工作委员会

书　记　张志华

副书记　王保华　赵东军

中共霸州市委老干部局

局　长　刘永利

副局长　张东升　高新清

中共霸州市委党校

校　　长　李　鹏

常务副校长　刘锦川

副　校　长　刘占华

中共霸州市委机构编制委员会办公室

主　　任　杨国学

副　主　任　贾密红

登记局局长　崔泽林（兼）

霸州市人民代表大会常务委员会

人大常委会主任　刘仰生

副　　主　　任　郑永强　王立华

于六乐　高建华（女）

霸州市人民政府

市　长　田　军

副市长　邳树家（女）　刘旭峰

李克聪　杨　丹（女）

张树增　李晨光

霸州市政府办公室

主　任　张亚军

副主任　樊国栋　张　会　孟　伟

齐　鹏

中国人民政治协商会议霸州市委员会

主　席　王亚利

副主席　王文淼　王洪涛　张德生

贾　婷

中国共产党霸州市纪律检查委员会
霸州市监察委员会

纪委书记　鲁　威

副书记　许增利　郭贺龙

常　　委　杜春明　王福众　陈允志

刘志峰

监委主任　鲁　威

副主任　许增利　郭贺龙

委　　员　杜春明　陈允志　王志东

张建成

群众团体

霸州市总工会

主　　席　王立华

常务副主席、党组书记　王亚秋

副　主　席　张海洋

中国共产主义青年团霸州市委员会

书　记　王宗学

副书记　刘　宜

霸州市妇女联合会

主　席　闵　楠

副主席　刘美玲　刘淑颖

霸州市科学技术协会

主　席　（空缺）

副主席　冯艳娟　王　欣

霸州市文学艺术界联合会

主　　席　张树勋
常务副主席　牛占敏
副 主 席　姚占芳　刘兆辉

霸州市残疾人联合会

理 事 长　（空缺）
副理事长　王绘森

法治·军事

中共霸州市委政法委员会

书　　记　刘光远
常务副书记　韩　平
副 书 记　杨国生

霸州市公安局

局　长　刘旭峰
副局长　樊满奇　田增斌　潘庆华

霸州市人民检察院

检 察 长　潘建忠
副检察长　潘增果　魏向阳　韩建雷

霸州市人民法院

院　长　刘炳辉
副院长　苏焕楼　高泽言　张国威

霸州市司法局

局　长　李开林
副局长　丁连国　刘　辉　张绍禄
　　　　朱广辉

综合管理

霸州市发展和改革局

局　长　陶勇君
副局长　牛志勇　吴维民　姚景川
　　　　宋首成　李金芸　马长会
　　　　李国华

霸州市自然资源和规划局

局　长　张　健
副局长　于　鹏　任洪春　王　永
　　　　马朝明　杨文君　郑姗姗
　　　　王秋军

霸州市统计局

局　长　王德海
副局长　冯俊英　赵擎华

霸州市审计局

局　长　焦增河
副局长　韩建勋　王献忠　刘　彬

霸州市市场监督管理局

局　长　杜广军
副局长　王海楼　王　芳　曹会增
　　　　李　建　张建伟　李洪波
　　　　李维刚　孙铁军　王炳硕

霸州市应急管理局

局　长　秦来民
副局长　武双河　刘贺强　高乃谦

霸州市退役军人事务局

局　长　牟振华
副局长　杨保东　陈志河

霸州市行政审批局

局　长　陶振永

副局长　李　韬　高永利　宋　辉

廊坊市生态环境局霸州市分局

局　长　任建永

副局长　李　彬

霸州市城市管理综合行政执法局

局　长　宁立军

副局长　郑立杰　訾东锐

国家统计局霸州调查队

队　长　武晓彪

基础设施建设

霸州市住房和城乡建设局

局　长　徐炳昭

副局长　王敬武　刘晓东　刘金乙
　　　　王伯涛　焦增江　何　欣
　　　　刘二虎

霸州市交通运输局

局　　长　王建新

副 局 长　许长豹　马国栋　王　彬
　　　　　高振海

国网冀北电力有限公司霸州市供电分公司

经　　理　范东升

副 经 理　吴　迪　周颖彬　王建华
　　　　　赵怀革　岳　野

霸州市胜利顺达燃气有限公司

董 事 长　张东民

总 经 理　刘　宾

副总经理　宋怀印　王玉宝　汤华伟
　　　　　孟　磊　宋月臣　刘冬梅

农业

霸州市农业农村局

局　长　郝永军

副局长　姜　悦　张树花　纪　鹏
　　　　张　伯　张悦军　牛国通
　　　　王贺芳

霸州市水务局

局　　长　王文刚

副 局 长　周玉增　王瑞璋

工业·信息产业

霸州市科学技术和工业信息化局

局　长　苗铁伦

副局长　高铁柱　许金鹏　谢　强
　　　　张　征　姜跃猛

中国邮政集团有限公司河北省霸州市分公司

总 经 理　卢文良

副总经理　杜海斌　金国永

中国邮政集团有限公司廊坊市直属胜芳支局

总 经 理　（空缺）

副总经理　吴小五　李宝良　贾国立

中国移动通信集团河北有限公司霸州分公司

总 经 理　王　硕

副总经理　周　斌　孟　涛

商贸·流通

霸州市商务局

局　长　王申乐
副局长　王　磊　张晓清

霸州市供销合作社联合社

理事会主任　刘铁良
副　主　任　靳永良　王德学
监事会主任　孙　涛
副　主　任　王贺强

霸州市烟草专卖局（营销部）

局　　长　红旭宝
副 局 长　王东辉

中国石化销售股份有限公司河北廊坊霸州石油分公司

经　理　杨常胜
副经理　刘月新

财政·税务

霸州市财政局

局　长　孟宪国
副局长　李卫东　张新颖

国家税务总局霸州市税务局

局　长　王　峥
副局长　郝文生　樊士涛　宋佳军
　　　　成满社　刘洁武

金融

中国人民银行霸州市支行

行　长　王　英
副行长　启运强

中国银行保险监督管理委员会廊坊监管分局霸州监管组

组　长　于长青

中国工商银行股份有限公司霸州支行

行　长　王国才
副行长　王长青　荣建军

中国建设银行股份有限公司霸州支行

行　长　高念龙
副行长　刘康佳　卢　佳

中国银行股份有限公司霸州支行

行　长　孙　浩
副行长　石　强　王　欣

中国农业银行霸州市支行

行　长　郑鹏飞
副行长　张春彦　冉　娴　李　坤

中国农业发展银行霸州市支行

行　长　缴志勇
副行长　庞　冠　孔德华

中国邮政储蓄银行股份有限公司霸州市支行

行　长　刘　勇
副行长　张会晶　王晨玮

中国农业银行股份有限公司霸州市胜芳支行

行　长　马景辉

副行长　王　强　梁　静

中国工商银行股份有限公司廊坊胜芳支行

行　长　刘会昌

副行长　刘志利　董志远　刘永庄

河北霸州农村商业银行股份有限公司

董事长　马建群

行　长　任志芳

监事长　张志国

副行长　马新荣　李雅卓　李宏民

中国人民财产保险股份有限公司霸州支公司

经　理　王　冀

副经理　李朝辉

中国人寿保险股份有限公司霸州支公司

经　理　李跃民

副经理　周雨果（挂职）　刘　倩　宗　亚　坤

中国人寿保险股份有限公司胜芳镇营销服务部

经　理　史凤男

财达证券股份有限公司廊坊霸州迎宾道证券营业部

总经理　张　伟

科技·气象

霸州市气象局

局　长　修玉洪

副局长　杨海良　赵晓飞

文化·卫生

霸州市文化广电和旅游局

局　长　柏　靖

副局长　于静波　张学会　王玉仙　孔令对

霸州市融媒体中心

主　任　吴志国

副主任　马宁宁

霸州市档案馆

馆　长　王继欣

副馆长　王趁华

河北广电信息网络集团股份有限公司霸州分公司

经　理　刘建新

副经理　王海涛

霸州市卫生健康局

局　长　窦学军

副局长　刘运辉　于海涛　杜亚军　白吉明

教育·体育

霸州市教育和体育局

局　长　李　强

副局长　何宴章　高印德

社会生活

霸州市人力资源和社会保障局

局　长　王春伟

副局长 孙春发 赵长春 邢春玲

霸州市医疗保障局

局　长 吴　跃

副局长 王勇刚 李　文

廊坊市住房公积金管理中心霸州市管理部

主　任 李安华

副主任 郑领军 万宏伟

霸州市民政局

局　长 高　峰

副局长 高会广 肖良博 方永旺

乡镇区办

霸州镇

党委书记 杨保华

副书记 徐亚斌 邢亚楠 陈　亮

人大主席 邢　超

副主席 石美莲 金　伟

镇　长 徐亚斌

副镇长 孙　欣 胡宗妹 王　斌

胜芳镇

党委书记 张德生

副书记 杜　震 王绍印 李　伟 宋佳欣（挂职） 李　斌（挂职）

人大主席 许广威

副主席 邢亚南 马元刚

镇　长 杜　震

副镇长 尚俊岭 付　玲 王洪涛

南孟镇

书　记 刘　淼

副书记 高志斌 解艳强 李　鹏

人大主席 王海全

副主席 闫　涛 张敬荀

镇　长 高志斌

副镇长 刘国颖 郑大莉 姜文杰

煎茶铺镇

党委书记 张增辉

副书记 修瑞雪 刘子彦 梁　飞

人大主席 王锦辉

副主席 梁国良 李新来

镇　长 修瑞雪

副镇长 许　涛 齐　琦 崔泽清

信安镇

党委书记 马陆鹏

副书记 狄晨业 王月蓉 于　跃

人大主席 杨　征

副主席 王运恒 刘雪微

镇　长 狄晨业

副镇长 孟　彬 田迎新 张法新

堂二里镇

党委书记 王冠彪

副书记 杜建才 樊　华 徐志凯

人大主席 邢昌明

副主席 郝建源 杨　雪

镇　长 杜建才

副镇长 张　健 赵铁强 贺占莹

扬芬港镇

党委书记 梁二上

副书记 胡兴华 张颖伟 王　奎

人大主席 马　连

副主席 陈萌萌 薛　宇

镇　长 胡兴华

副 镇 长　臧法昆　苗艺鹏

王庄子镇

党委书记　李　明
副 书 记　赵　炎　仝绪刚
　　　　　张　望
人大主席　荣　磊
副 主 席　李世凯　靳立岩
镇　　长　赵　炎
副 镇 长　樊　凯　荣海祥
　　　　　孙根民

康仙庄镇

党委书记　王继成
副 书 记　徐浩亮　杨雪松　闫朋伟
人大主席　徐立斌
副 主 席　李　征　李　欣
镇　　长　徐浩亮
副 镇 长　曹　岩　史永康　王跃喜

岔河集乡

党委书记　靳　铮
副 书 记　张智勇　杨广兴　李树青
人大主席　郝志岩
副 主 席　杨　赛　赵　媛
乡　　长　张智勇
副 乡 长　王　钊　杜　浩　张建设

东杨庄乡

党委书记　李　洋
副 书 记　牛东兴　张　策　王　武
人大主席　杜洪涛
副 主 席　刘　莎　王彦彪
乡　　长　牛东兴
副 乡 长　陈伟成　杜　鹏　李红伟

东段乡

党委书记　赵卫星
副 书 记　宋　伟　程振雷　张艳钊
人大主席　张树柏
副 主 席　崔泽冲　马士达
乡　　长　宋　伟
副 乡 长　杜　硕　郝建伟　樊高峰
三级主任科员　闫　强

霸州经济开发区

党工委书记　牛铁旺
副 书 记　韩　楷
管委会主任　牛铁旺
副 主 任　王　鹏　王广庆
　　　　　王吉庆　于金峰
社会发展局局长　曹培民

霸州市裕华街道办事处

党 工 委书记　张全武
副 书 记　谭宝钢
主　　任　谭宝钢
人大工委主任　张伯台

中国共产党霸州市委员会

重要会议

1月5日，组织召开应对新型冠状病毒肺炎疫情工作会议。市领导房欣、苏振东、樊冬、刘旭峰、柴立新出席。市委书记房欣主持会议，市委副书记苏振东传达廊坊市《2021年元旦春节期间新冠肺炎疫情防控工作方案》精神，副市长柴立新就当前新冠肺炎疫情防控工作讲意见。

1月6日，组织召开2020年度综合考核暨落实全面从严治党“两个责任”专项检查工作会议。市四套班子在家领导出席。市委书记房欣代表市党政领导班子作工作总结和落实全面从严治党主体责任情况汇报，并进行个人述学述职述廉述法和述责报告；参会人员对领导班子和领导干部进行民主测评、落实全面从严治党主体责任和党风廉政建设责任制情况民主测评，对2020年度选人用人工作和新提拔干部进行民主评议。

1月7日，组织召开2020年度乡镇（区、办）党（工）委书记亮点成绩晾晒汇报会。市党政班子领导出席。各乡镇（区、办）分别汇报2020年度亮点成绩，汇报后各包联市领导进行点评；市委书记房欣作重要讲话。

1月7日，组织召开市委书记与乡镇（区、办）党（工）委书记谈心谈话会。市领导房欣、樊冬、李克聪、刘德生出席。市委常委、办公室主任樊冬主持会议；各乡镇（区、办）汇报村（社区）“两委”换届准备情况；市委书记房欣作重要讲话。

2月1日，组织召开市委议军会议。市委常委、市人大常委会主任、市政协主席、市政府相关副市长出席。市武装部传达廊坊市委议军会议精神；市委常委、武装部政委张炳山讲评2020年党管武装工作；研究讨论《关于加强民兵应急力量与地方应急专业力量统筹建设运用的意见》《关于乡镇（区、办）武装部工作经费事宜的建议》；市委书记房欣作重要讲话。

2月3日，组织召开全市财税工作暨重点项目建设工作会议。市领导吴全通、王立华、李克聪、刘德生出席。市委常委、副市长吴全通主持会议；市财政局、税务局、自然规划局结合职责分工，分别就做好全市财税工作提出意见建议；市发改局解读《霸州市2021年项目建设攻坚战工作方案》，并就重点项目建设提出意见建议。

2月4日，组织召开全市禁毒工作会议。市领导张凤岭、刘旭峰出席。市委常委、政法委书记张凤岭主持会议；政法委、公安局、教体局、胜芳镇、霸州镇分别汇报2020年禁毒工作开展情况、亮点和成效、存在问题及2021年工作谋划。

2月8日，中国共产党霸州市第七届委员会第十次全体会议召开。会议传达中央经济工作会、省委九届十二次全会和廊坊市委六届十二次全会精神，市委书记房欣作题为《确保“十四五”开好局起好步以优异成绩庆祝建党100周年》的讲话；分组讨论房欣在第一次全体会议上的讲话和《中国共产党霸州市第七届委员会第十次全体会议决议（草案）（讨论稿）》；审议通过《中国共产党霸州市第七届委员会第十次全体会议决议（草案）》。

2月19日，组织召开霸州市纪委七届四次全会暨党风廉政建设责任制领导小组会议。市四套班子相关领导出席。市委书记房欣作重要讲话；市委常委、纪委书记、监委主任刘仰生代表市纪委常委会作工作报告；讨论房欣讲话、全会工作报告、决议（草案）；审议、表决和通过市纪委七届四次全会工作报告、决议。

2月20日，组织召开廊坊市经济责任审计进点会。市党政班子领导、市人大常委会主任、市政协主席出席。廊坊市审计组、廊坊市纪委监委分别宣读审计通知书和审计纪律要求；市委常委、副市长吴全通就做好审计配合工作作表态发言；廊坊市审计组组长施文河作讲话；市委书记房欣、市长王斌分别作任职期间经济责任履行情况的述职报告及表态性发言。

2月23日，组织召开市委书记专题会议暨市委巡察工作领导小组会议。市领导房欣、苏振东、刘仰生、邹斯晖出席。市委各巡察组分别汇报巡察工作开展情况；市委巡察办汇报本轮巡察工作综合情况；市委书记房欣就巡察发现问题作点评讲话，并对问题线索处置提出要求。

2月24日，组织召开2021年重点工程推进会。市领导房欣、吴全通、郑永强、樊冬、李克聪、韩清华、李向伟、刘德生出席。市长主持会议；重点工程工作专班牵头单位分别汇报重点工程进展情况、存在问题和下一步工作安排；各工作专班组长讲意见；市委书记房欣作重要讲话。

3月3日，组织召开党史学习教育动员大会。市四套班子在家领导出席。廊坊市政协副主席、霸州市委书记房欣作动员讲话。

3月3日，组织召开全市政法信访工作会议。市领导苏振东、张凤岭、李克聪出席。市委副书记苏振东主持会议，并传达廊坊市政协副主席、霸州市委书记房欣对政法信访工作的批示精神；市委常委、政法委书记张凤岭总结全市2020年政法信访工作，并就2021年政法信访和全国“两会”安保工作进行安排部署。

3月4日，组织召开全市农村工作会议。市领导苏振东、李向伟出席。市委副书记苏振东主持会议。

3月10日，组织召开全市基层党建工作述职评议会议。市领导房欣、郭德清、刘仰生、吴全通、王亚利、邹斯晖、樊冬、张炳山、李克聪、刘德生出席。各乡镇（区、办）党（工）委书记逐一进行述职；廊坊市政协副主席、霸州市委书记房欣采取“一述一评”方式进行逐一点评；“两代表一委员”和基层党员干部群众代表进行点评发言；廊坊市委组织部参会人员作点评讲话；参会人员对述职对象进行现场投票评议；房欣作总结讲话。

3月11日，组织召开民营经济发展座谈会。市领导吴全通、王立华、韩清华、刘德生出席。市委常委、副市长吴全通主持会议，相关部门负责人解读《霸州市招商引资优惠政策（试行）》《关于鼓励企业转型升级加快项目建设的优惠政策（试行）》《关于支持物流产业高质量发展的优惠政策》《关于进一步促进民营经济发展的若干意见》《霸州市总部经济招商引资优惠政策（试行）》5项征求意见稿，副市长韩清华就目前经济发展面临的形势讲意见。

3月18日，组织召开市委主要领导严肃换届纪律集体谈心谈话会。市委常委、市人大常委会主任、市政协主席出席。廊坊市政协副主席、霸州市委书记房欣主持会议并作重要讲话。

3月19日，组织召开全市开展“三重四创五优化”暨“三基”建设年活动和实施2021年民生工程动员部署会议。市党政班子领导、市人大常委会主任、市政协主席出席。市委副书记苏振东就“深入开展‘三重四创五优化’活动，扎实推动‘十四五’开好局起好步”进行安排部署；市委常委、副市长吴全通就实施 2021 年民生工程进行安排部署；市委常委、组织部部长邹斯晖就开展“三基”建设年活动进行安排部署；市发改局、科技工信局和胜芳镇分别进行发言；廊坊市政协副主席、霸州市委书记房欣作重要讲话。

3 月 30 日，组织召开全市政法队伍教育整顿“一把手”讲专题党课暨廉政教育报告会。市领导房欣、张凤岭、刘仰生、刘旭峰出席。市委常委、政法委书记张凤岭主持会议；廊坊市政协副主席、霸州市委书记房欣以“全面锻造忠诚纯洁可靠的霸州政法铁军”为主题讲党课；市委常委、纪委书记、监委主任刘仰生作廉政教育报告；进行党纪党规培训；观看警示教育专题片。

4 月 22 日，中国共产党霸州市第七届委员会第十一次全体会议召开。廊坊市政协副主席、霸州市委书记房欣就《关于召开中国共产党霸州市第八次代表大会的决议（草案）（讨论稿）》作说明；会议分组讨论《关于召开中国共产党霸州市第八次代表大会的决议（草案）（讨论稿）》；审议通过《关于召开中国共产党霸州市第八次代表大会的决议（草案）》。

4 月 28 日，组织召开全市乡镇领导班子换届推进会议暨加强换届风气监督工作会议。市党政班子领导、市人大常委会主任、市政协主席出席。市委常委、组织部部长邹斯晖对全市乡镇领导班子换届工作进行安排部署；市委常委、纪委书记、监委主任刘仰生就全面加强换届风气监督工作讲意见；观看警示教育专题片《镜鉴》《警钟》；廊坊市政协副主席、霸州市委书记房欣作重要讲话。

4 月 29 日，组织召开全市重点工程调度会议。市领导苏振东、刘仰生、吴全通、樊冬、李克聪、韩清华、李向伟出席。开发区、扬芬港镇、城投公司、住建局、交通局分别就涉项重点工程进展情况、存在问题、下步工作举措进行汇报；涉项单位就存在问题提出对策建议，分管市领导讲意见。

4 月 29 日，组织召开全市安全生产大排查大整治行动动员部署会议。市领导吴全通出席。市委常委、副市长吴全通就开展安全生产大排查大整治行动进行安排部署。

5 月 11 日，组织召开霸州市平安建设领导小组 2021 年度第一次会议暨全市“铸平安、保稳定、促和谐，迎接建党 100 周年”百日行动动员会议。市领导房欣、苏振东、张凤岭、刘仰生、郑永强、樊冬、李克聪、刘旭峰、李新军出席。市委副书记苏振东主持会议；市委常委、政法委书记张凤岭就平安建设百日行动和信访问题进行安排部署；廊坊市政协副主席、霸州市委书记房欣作重要讲话。

5 月 12 日，组织召开大运河文化保护传承利用暨国家文化公园建设保护工作第二次调度会。市领导吴全通、李克聪、李向伟、刘德生出席。市委常委、副市长吴全通主持会议；市发改局宣读《关于成立霸州市大运河文化保护传承利用暨大运河国家文化公园建设保护工作领导小组的通知》；中建上海设计院就大运河规划体系编制工作进行发言；与会人员就中建上海设计院发言提出意见建议。

5 月 13 日，组织召开政法队伍教育整顿工作汇报会。市领导房欣、张凤岭、刘仰生、王亚利出席。市委常委、政法委书记张凤岭主持会议，并汇报政法队伍教育整顿工作查纠整改环节工作情况；政法各部门分别就教育整顿查纠整改环节工作开展情况进行汇报；与会代表就政法队伍教育整顿工作进行座谈交流；廊坊市政协副主席、霸州市委书记房欣作重要讲话。

5 月 19 日，组织召开全市领导干部大会。市四套班子在家领导出席。宣布河北省委、廊坊市委关于霸州市党政正职换届人事安排意见的决定。

6月1日，组织召开全市重点项目建设和固定资产投资工作调度会议。市领导邳树家出席。市委常委、副市长邳树家主持会议；市发改局通报全市重点项目建设、固定资产投资任务目标完成情况；涉项乡镇、部门就辖区内存在卡点问题的重点项目进展情况、下一步推进举措进行汇报。

6月10日，组织召开全市党史学习教育推进会。市领导吴全通、刘仰生、樊冬、李鹏、薛建杰出席。观看党史教育专题片；市教体局、裕华街道办、扬芬港镇分别就党史学习教育开展情况作交流发言。

6月21日，组织召开全市新冠肺炎病毒疫苗接种工作调度会议。副市长杨丹主持会议；市卫健局通报全市新冠肺炎病毒疫苗接种工作进展情况。

6月22日，组织召开全市信访工作调度会议。市领导吴全通、刘旭峰、张德生出席。会上通报霸州市近期信访工作情况，与会市领导分别就做好下一步信访工作讲具体意见。

6月28日，组织召开全市庆祝中国共产党成立100周年座谈会暨市委书记讲党课会议。市领导刘仰生、王亚利、李鹏出席。市委副书记、代市长田军主持会议；市委常委、组织部部长李鹏宣读《中共霸州市委关于表彰全市优秀共产党员、优秀党务工作者和先进基层党组织的决定》；为“两优一先”受表彰代表颁奖；受表彰代表发言；市委书记为全市党员干部讲党课。

6月28日，组织召开全市政法队伍教育整顿总结大会。市领导鲁威、刘光远、李鹏、刘旭峰出席。副市长、公安局局长刘旭峰宣读先进典型的表彰通报；市委常委、政法委书记刘光远通报全市教育整顿工作情况。

7月6日，组织召开霸州市2021年创建省级文明城市动员推进会议。市领导吴全通、鲁威、刘光远、杜海涛、樊冬、邳树家、薛建杰、李克聪、杨丹、张树增、李晨光、张德生出席。市委副书记吴全通对《霸州市2021年创建省级文明城市工作实施方案》进行说明；市住建局、教体局和裕华街道办分别作表态发言。

7月6日，组织召开全市第三季度安全生产例会暨防汛备汛工作会议。市领导邳树家、刘旭峰、李克聪、杨丹、李晨光、张德生出席。市委常委、副市长邳树家通报2021年以来安全生产和防汛备汛情况，并就下一步工作进行安排部署；市应急管理局、气象局、水务局、住建局分别就做好涉项工作进行发言。

7月8日，组织召开市委理论学习中心组党史学习教育读书班学习会。市委副书记领学习近平总书记在庆祝中国共产党成立100周年大会上的重要讲话精神；市委副书记吴全通领学习近平总书记在参观“不忘初心、牢记使命”中国共产党历史展览时的重要讲话精神；副市长杨丹领学省委书记王东峰在河北省庆祝中国共产党成立100周年大会上的讲话精神；与会人员围绕习近平总书记在庆祝中国共产党成立100周年大会上的重要讲话进行集中交流研讨。

7月17日，中国共产党霸州市第七届委员会第十二次全体会议召开。市委书记就市委工作报告（草案）进行说明，市委常委、组织部部长李鹏就市委委员、候补委员、市纪委委员候选人预备人选和霸州市出席廊坊市第七次党代表大会代表候选人预备人选进行说明；分组讨论市委工作报告（草案），市纪委工作报告（草案），党费收缴、管理和使用情况的报告，酝酿预备人选；审议通过《中国共产党霸州市第七届委员会第十二次全体会议决议（草案）》。

7月19日至21日，中国共产党霸州市第

八次代表大会召开。大会应出席代表309名，实到会代表302名。不是本次党代表大会代表的七届市委委员、候补委员、市纪委委员，不是本次党代表大会代表的市直单位和下一级党组织主要负责人，曾经担任过正处级领导职务的老领导，非中共党员的副处级以上领导干部列席。书面提交市纪委工作报告和党费收缴、管理和使用情况报告；市委书记代表中国共产党霸州市第七届委员会作题为《聚焦主题主线做好两篇文章，以新发展理念开创霸州高质量发展新局面》的报告。21日，中国共产党霸州市第八次代表大会闭幕。会议通过关于中国共产党霸州市第七届委员会工作报告的决议、关于中国共产党霸州市第七届纪律检查委员会工作报告的决议。

7月21日，中国共产党霸州市第八届委员会第一次全体会议召开。会议选举产生中国共产党霸州市第八届委员会常务委员会委员和书记、副书记；审议通过中国共产党霸州市第八届纪律检查委员会第一次全体会议选举结果的报告。

7月28日至29日，举办市委理论学习中心组学习贯彻习近平总书记“七一”重要讲话精神专题读书班。市党政班子领导、市人大常委会主任、市政协主席出席。市长传达学习习近平总书记在庆祝中国共产党成立100周年大会上的重要讲话精神；市委副书记吴全通传达学习省委书记王东峰书记在河北省庆祝中国共产党成立 100 周年大会上的重要讲话精神，在省级领导干部党史学习教育专题读书班开班式上的讲话和结束时的总结讲话精神；市委书记作开班动员讲话，并就学习贯彻习近平总书记“七一”重要讲话精神作专题宣讲；廊坊市委党校副校长杨万民作专题辅导；集中观看《古田军号》；在霸州博物馆开展党史教育情景教育；与会市领导及法检“两长”依次作交流发言。

8月4日，组织召开全市应对新型冠状病毒肺炎疫情工作会议。市领导吴全通、张炳山、鲁威、杜海涛、樊冬、李鹏、杨丹、张树增、李晨光、张德生出席。市委副书记吴全通传达省、廊坊市新冠肺炎疫情防控工作视频会议精神，并宣读《中共霸州市委办公室、霸州市人民政府办公室关于优化调整霸州市应对新型冠状病毒感染的肺炎疫情工作领导小组暨成立全市疫情防控工作总指挥部的通知》；胜芳镇、霸州镇、卫生健康局、市场监管局、公安局分别作表态发言；副市长杨丹就下一步新冠肺炎疫情防控工作进行安排部署。

8月6日，组织召开市拥军优属拥政爱民工作领导小组会议。市领导吴全通、刘仰生、王亚利、樊冬、李鹏出席。审议《2020年霸州市双拥工作总结》和《2021年霸州市双拥工作要点》。

8月6日，组织召开市委退役军人事务工作领导小组会议。市领导吴全通出席。审议《中共霸州市委退役军人事务工作领导小组 2020年工作总结》和《中共霸州市委退役军人事务工作领导小组2021年工作要点》。

8月6日，组织召开霸州市委对市公安局和人民法院开展巡察工作部署动员会。市领导鲁威、李鹏、刘旭峰出席。市委常委、纪委书记、监委主任鲁威主持会议；市委常委、组织部部长李鹏宣读《霸州市委对市公安局、人民法院巡察组长授权任职及任务分工的决定》。

8月6日，组织召开全市信访工作会议。市领导吴全通、刘光远、张德生出席。信访局通报全市信访情况；市委常委、政法委书记刘光远传达省、廊坊市信访会议精神，分析全市信访形势，并对下一步工作进行安排部署；市委副书记吴全通讲意见。

8月11日，组织召开全市经济工作推进会

暨“八大攻坚战”动员会议。市党政班子领导、市人大常委会主任、市政协主席出席。市委常委、副市长邳树家通报全市半年经济运行情况；市委副书记吴全通解读《关于在全市开展“八个攻坚战”的实施意见》；经济开发区、胜芳镇、发改局、自然规划局分别作表态发言。

9月24日，组织召开市委全面依法治市委员会第三次会议。市委全面依法治市委员会主任、副主任、委员出席。市长传达学习中央全面依法治国委员会第四次会议、省委全面依法治省委员会第六次会议和廊坊市委全面依法治市委员会第四次会议精神；审议《中共霸州市委全面依法治市委员会 2021 年工作要点》等8个文件。

9月24日，组织召开市委财经委员会第四次会议。市委财经委员会主任、副主任、委员出席。传达廊坊市委财经委员会第四次会议精神；发改局、人行霸州支行、市场监管局分别汇报促进平台经济规范健康发展工作开展情况；发改局汇报推动实现碳达峰、碳中和有关情况；审议《近期推动落实碳达峰碳中和工作方案》；农业农村局汇报绿色低碳农业发展情况。

10月8日，组织召开党政班子联席会议。市党政班子成员依次就分管工作和牵头负责的重点工作进行汇报，并对下一步工作进行安排部署。

10月9日，组织召开“优化金融生态建设诚信霸州”专项活动动员会议。市领导邳树家、李晨光、张德生出席。市委常委、副市长邳树家主持会议；副市长李晨光就专项活动具体工作进行安排部署；涉项乡镇、部门、金融机构代表作表态发言。

10月11日，组织召开大运河文化保护传承利用暨国家文化公园建设保护规划成果汇报会。市领导樊冬、邳树家、李克聪出席。规划编制单位汇报《霸州市大运河保护传承利用暨大运河国家文化公园建设保护实施规划》编制成果；与会人员提出意见建议。

10月20日，组织召开“解放思想 转变作风 提升状态 加快发展”大讨论活动动员大会。市四套班子在家领导出席。市委副书记吴全通宣读《关于在全市深入开展“解放思想 转变作风 提升状态 加快发展”大讨论活动的实施方案》。

10月22日，组织召开全市抓党建促乡村振兴暨迎接省巩固脱贫成果后评估会议。市领导吴全通、樊冬、李鹏、李克聪出席。市委副书记吴全通主持会议；农业农村局、信安镇、康仙庄镇、胜芳镇田家堡村作表态发言；副市长李克聪就迎接省巩固脱贫成果后评估工作讲意见；市委常委、组织部部长李鹏就霸州市抓党建促乡村振兴工作讲意见。

10月23日，组织召开市委全面深化改革委员会第十八次会议。市委全面深化改革委员会主任、副主任、委员出席。市委常委、办公室主任樊冬传达学习中央和省市委全面深化改革委员会会议精神；审议《河北霸州经济开发区深化人事和薪酬体制机制改革总体方案》。

11月2日，组织召开市委书记专题会议暨市委巡察工作领导小组会议。市领导吴全通、鲁威、李鹏出席。市委各巡察组汇报巡察情况；市委巡察办汇报本轮巡察工作综合情况；市委书记就巡察发现问题作点评讲话，对问题线索处置提出要求，并对市委巡察下一步工作进行安排部署。

11月5日，组织召开全市秋冬季违法用地集中整改攻坚行动工作调度会议。市领导刘旭峰、张树增、张德生出席。市长主持会议，自然资源和规划局党组书记许朝辉传达秋冬季违法用地拆除整改攻坚行动廊坊市下达任务和整改要求，并就下一步工作推进要求作说明；副市长张树增就秋冬季集中拆违行动成立专项督导组攻坚克难方面工作讲意见；副市长、公安局局长刘旭峰就公安系统全力配合做好秋冬季违法用地拆除整改攻坚行动讲意见。

11 月 17 日，组织召开全市经济运行暨招商引资项目工作动员会。市四套班子相关领导出席。副市长李晨光通报全民招商行动以来四套班子领导、各乡镇（区、办）、市直各部门招商引资工作开展情况；市委常委、副市长邳树家宣读《全市经济运行工作考核细则》和《全市项目工作考核细则》；市委副书记吴全通宣读《关于成立项目评审委员会的通知》。

11 月 18 日，组织召开全市重点领域安全生产突出隐患清零行动动员会议。市领导邳树家出席。市委常委、副市长邳树家主持会议；市应急管理局解读《全市重点领域安全生产突出隐患清零行动实施方案》。

12 月 1 日，霸州市组织召开省、市绩效考核指标调度会。市领导吴全通、樊冬、邳树家、李鹏出席。市委常委、办公室主任樊冬主持会议；市委常委、组织部部长李鹏通报省、市反馈的《2021 年前三季度霸州市绩效目标评估结果》；相关单位汇报指标运行情况；市委常委、副市长邳树家讲意见；市委副书记吴全通作讲话。

12 月 17 日，组织召开学习贯彻中共十九届六中全会精神专题宣讲报告会。市四套班子在家领导出席。市委常委、宣传部部长薛建杰主持会议；市委书记围绕学习贯彻中共十九届六中全会精神作专题宣讲报告。

12 月 22 日，组织召开企业家座谈会。市领导刘仰生、王亚利、邳树家、李晨光出席。企业负责人就企业发展面临的困难和意见建议进行发言，相关部门逐一解答；刘仰生、王亚利分别作讲话。

12 月 24 日，组织召开全市经济工作会议。市四套班子在家领导出席。对 2022 年经济工作做具体部署；市委书记传达省、廊坊市经济工作会议主要精神，并作重要讲话。

重大决策

为贯彻落实中共廊坊市委、廊坊市人民政府《关于完善促进消费体制机制进一步激发居民消费潜力的实施意见》（廊发〔2019〕14 号）精神，加快完善霸州市促进消费的体制机制，进一步提升消费品质、优化消费结构、扩大内需潜力，发挥消费对经济发展的基础性作用，大力培育经济新增长点，促进经济平稳健康发展，2021 年 1 月 29 日，中共霸州市委，霸州市人民政府印发《关于完善促进消费体制机制进一步激发居民消费潜力的实施意见》。

为贯彻落实廊坊市委、市政府印发的《廊坊市积极应对人口老龄化实施方案》（廊发〔2020〕17 号），围绕方案确定的总体要求、重点任务等，2021 年 3 月 17 日，中共霸州市委，霸州市人民政府印发《霸州市积极应对人口老龄化实施方案》。

为深入贯彻习近平新时代中国特色社会主义思想和中共十九大及十九届二中、三中、四中、五中全会精神，全面落实习近平总书记重要指示批示和党中央、国务院及省委、省政府和廊坊市委、市政府决策部署，加快建设经济强市、生态新城、美丽霸州，确保“十四五”开好局起好步，现就在全市开展“三重四创五优化”（抓重大国家战略、重大项目建设、重大民生工程；创新，创业，创全国文明城市、国家卫生城市、国家森林城市，创平安霸州、法治霸州；优化政治生态、优化经济结构、优化自然生态、优化营商环境、优化基层治理）活动，2021 年 3 月 18 日，中共霸州市委，霸州市人民政府印发《关于深入开展“三重四创五优化”活动扎实推动“十四五”开好局起好步的实施意见》。

中共十八大以来，以习近平同志为核心的党中央加强对国家安全工作的集中统一领导，把坚持总体国家安全观纳入新时代中国特色社会主义基本方略，从全局和战略高度对国家安全作出一系列重大决策部署，有效应对了一系列重大风险挑战，保持了中国国家安全、大局稳定。防范化解国家安全风险，是贯彻落实党中央重大决策部署和省委、廊坊市委工作要求的实际行动，是当好河北首都政治“护城河”排头兵的重要任务，是加快建设经济强市、生态新城、美丽霸州的必然要求。为深入贯彻落实总体国家安全观，全面做好防范化解国家安全风险工作，2021 年 3 月 22 日，中共霸州市委印发《关于深入贯彻落实总体国家安全观着力防范化解国家安全风险的实施意见》。

为深入贯彻习近平新时代中国特色社会主义思想和中共十九大及十九届二中、三中、四中、五中全会精神，全面贯彻落实习近平总书记重要指示批示和党中央、国务院及省委、省政府和廊坊市委、市政府关于促进民营经济发展的各项政策措施，着力破解制约民营经济发展的突出问题，持续激发民营经济发展活力和创造力，不断营造民营经济大发展大繁荣的浓厚氛围，全力推动经济社会实现创新发展、绿色发展、高质量发展，2021 年 5 月 12 日，中共霸州市委、霸州市人民政府印发《关于进一步促进民营经济发展的若干意见（试行）》。

为深入贯彻省委、省政府《关于加强基层治理体系和治理能力现代化建设的实施意见》（冀发〔2021〕22 号），廊坊市委、市政府《关于加强基层治理体系和治理能力现代化建设的实施意见》（廊发〔2021〕20 号），统筹推进乡镇（区、办）和城乡社区治理，大力推进全市基层治理体系和治理能力现代化建设，奠定加快建设经济强市、打造生态新城、建设美丽霸州的基础，2021 年 10 月 9 日，中共霸州市委、霸州市人民政府印发《关于加强基层治理体系和治理能力现代化建设的实施意见》。

思想政治工作是党的优良传统和突出政治优势，是一切工作的生命线，必须始终胸怀“两个大局”、增强“四个意识”、坚定“四个自信”、做到“两个维护”，切实把加强和改进思想政治工作作为一项重大政治任务和经常性、基础性工作抓紧抓好，以实际行动当好河北首都政治“护城河”排头兵。根据省委、省政府《关于新时代加强和改进思想政治工作的实施意见》（冀发〔2021〕20 号）、廊坊市委、市政府《关于新时代加强和改进思想政治工作的若干措施》（廊发〔2021〕19 号）精神，结合霸州市实际，2021 年 10 月 13 日，中共霸州市委印发《关于新时代加强和改进思想政治工作的若干措施》。

为进一步巩固拓展脱贫攻坚成果，持续推动脱贫人口生活改善和乡村全面振兴，根据廊坊市委、市政府《关于实现巩固拓展脱贫攻坚成果同乡村振兴有效衔接的实施意见》（廊发〔2021〕13 号）精神，2021 年 11 月 5 日，中共霸州市委、霸州市人民政府印发《关于实现巩固拓展脱贫攻坚成果同乡村振兴有效衔接的实施意见》。

为深入贯彻落实习近平法治思想，全面加强全市依法行政工作，为“全面建成新时代经济强市、生态新城、美丽霸州”提供优质高效法治保障，2021 年 12 月 21 日，中共霸州市委、霸州市人民政府印发《关于全市加快法治政府建设暨全面推进依法行政工作的实施意见》。

为深入贯彻习近平总书记关于构建新型政商关系，毫不动摇地鼓励、支持和引导非公有制经济发展重要论述精神，全面落实《廊坊市关于全面加快构建亲清新型政商关系的办法》（廊字〔2020〕19 号）要求，加快构建亲而有度、清而有为的亲清新型政商关系，促进非公有制经济健康发展和非公有制经济人士健康成长，2021 年 2 月 23 日，中共霸州市委印发《关于全面加快构建亲清新型政商关系的实施意见》。

海外统战工作是党的统一战线工作的重要组成部分，主要包括做好海外侨胞和出国留学人员的工作、民族宗教对外交往等方面统战工作。在新时代，海外统战工作肩负着新的使命和任务。为贯彻落实省委《关于加强新时代海外统战工作的实施意见》（冀发〔2020〕17 号）、廊坊市委《关于加强新时代海外统战工作的实施意见》精神（廊字〔2020〕17 号），2021 年 3 月 20 日，中共霸州市委印发《关于加强新时代海外统战工作的实施方案》。

中共霸州市委办公室工作

【概况】 2021 年，坚持以习近平新时代中国特色社会主义思想为指导，深入学习贯彻中共十九大和十九届二中、三中、四中、五中、六中全会精神，认真落实党中央和省市委决策部署，充分发挥职能作用，全面发挥党委“坚强前哨”“巩固后院”作用，不断提升“三服务”质量和水平，推动年度工作任务完成，为全市经济社会高质量发展作出了积极贡献。

【政策研究】 坚持把调查研究作为搞好决策服务的基础，着力增强调查研究的针对性和目的性，为市委领导掌握全局、把握大势、正确决策提供了重要参考。坚持以提高领导满意度、基层认同感和对实践工作的指导性为原则，紧扣理论导向和政策走向，准确把握领导意图，优质高效做好文稿起草工作，充分发挥以文辅政作用。2021 年，组织起草重要会议讲话 67 篇、汇报材料 33 篇。2021 年度霸州市委研究室被廊坊市委研究室评为“全市党委研究室系统先进集体”，2 人被廊坊市委研究室评为“全市党委研究室系统先进个人”。

【信息工作】 积极发挥信息主渠道作用，深入挖掘反馈市委推动发展的新思路、新举措和县域经济社会发展过程中的亮点工作、特色经验。组织编发内刊《昨日要情》225 期、《霸州市“三重四创五优化”活动工作动态》38 期、《信息业务通讯》3 期。上报霸州信息 900 余条，被廊坊市委信息中心采用 80 余条。《霸州市裕华街道办事处创新“12 字工作法”打开基层社会治理新局面》等稿件得到廊坊市委领导肯定性批示。霸州市委办公室被中共廊坊市委办公室评为“2021 年度党委信息工作优胜单位”。

【文秘工作】 坚持精心办事、精简办文、精炼办会，坚决做到“案不积卷、文不过夜、事不隔天、会不超时”。严格规范公文处理。健全完善公文审核工作机制，规范公文审核程序，全年审核印发市委文件 95 份。文件办理及时高效，做到立即办、零停留、零差错，全年办理各类明密传电报 2100 余份，传阅上级文件 300 余份，处理分发上级刊物近万份。严格落实中央八项规定及其实施细则精神，精简会议文件，改进文风会风，全年组织承办全市性会议 13 次，组织市委常委会会议 46 次、市委专项性会议 14 次，均做到组织严密、服务周到、严谨细致。

【保密机要】 加强密码通信保障能力建设，规范电子政务内网管理，确保密码通信绝对安全畅通，全年收发各类电报 2900 余份，全部做到及时准确，无一差错。筑牢保密安全防线，积极开展保密专项检查和微信整顿专项行动，部署实现对全市22家单位互联网及电子政务外网的保密监管，举办全市保密业务培训班，组织“4·15”全民国家安全教育日等宣教活动，全市保密工作水平有效提升。高效完成安可替代工程全部替代任务。在2021年度廊坊市保密机要工作综合考评中被评定为“优秀”等次。

【值班工作】 不断加强和改进值班工作，确保带班常委、主任在岗带班，值班人员24小时双人在岗值班，严格按照上级有关要求，不断提高紧急突发事件报告的质量和水平。2021年，霸州市委办公室被廊坊市委值班室评为“优秀”等次。

【机关事务】 认真落实办公室公务用车管理办法，节假日公务车辆坚决入库封存，未出现公车私用现象。带头严格执行“三公”经费管理制度，进一步规范财务支出程序，经费安排有度、开支合理。细致做好各类接待工作，严格落实中央八项规定及其实施细则精神，严格控制接待范围和规格，完成上级督导、检查、考核、验收等各类接待工作，均做到细致、周到、热情、节俭，受到上级和霸州市领导的一致好评。2021年，市委机关事务管理局被廊坊市委机关事务管理局评为“先进集体”。

【督查工作】 围绕市委的重大决策和重大工作部署以及人民群众反映强烈的热点难点问题，适时开展督查，跟踪问效，有力地推动了市委重大决策和中心工作的贯彻落实。2021年，办理批办督查事项41件，省和廊坊市大督查组交办事项38件，根据交办事项内容及时转发给各涉项单位，并在办理过程中跟进督导。围绕全市疫情防控、市区雨污分流改造、南水北调江水置换工程、“三重四创五优化”活动开展、农村改厕等多项重要决策部署进行督导检查，通过明察暗访掌握真实情况，形成《督查通报》20期，督促相关单位对督查中发现的问题立即进行整改，有效保障全市重点工作顺利推进。2021年，霸州市委办公室被廊坊市委督查室评为“优秀”等次。

【改革工作】 协助市委全面深化改革委员会进行全市改革的统筹协调、整体推进、督促落实。结合霸州实际，制定出台《中共霸州市委全面深化改革委员会2021年工作要点》，确定重点改革责任九项和各领域改革责任146项，均明确了牵头领导、牵头单位、完成时限和成果形式。按照责任分工建立工作台账，针对全面推进乡村振兴加快农业农村现代化等重点改革任务开展督察23次，上报整改报告2份，有力推动改革任务落地见效。全年组织召开市委全面深化改革委员会会议4次，及时传达中央、省、市委深改委会议和文件精神，审议《关于河北霸州经济开发区深化人事和薪酬体制机制改革总体方案》等改革文件，听取电子商务发展情况等汇报，研究解决有关问题，全面推动改革工作深入开展。上报长篇信息12篇，2篇被上级采用刊发。2021年，被廊坊市委改革办评为“优秀”等次。

【主体责任落实】 认真履行工作职责，积极协助市委抓好主体责任落实。每半年组织召开一次市委常委会会议专题研究全面从严治党工作，深入分析存在问题，研究提出工作举措，助推全面从严治党向纵深发展。围绕巡视巡察整改工作，充分发挥沟通协调和督促落实职能，推动省委第九巡视组巡视“回头看”反馈意见整改落实。根据巡视整改要求，梳理出四大类11个方面26项具体问题，组织起草《省委第九巡视组巡视“回头看”反馈意见整改工作方案》，坚持分类处置、综合施策，严格按时限要求报告整改情况。

（邢哲闻）

组织工作

【概况】 中共霸州市委组织部（以下简称组织部），坚持以习近平新时代中国特色社会主义思想和中共十九届五中、六中全会精神为指导，认真贯彻落实新时代党的建设总要求和新时代党的组织路线，扎实开展党史学习教育，以党的政治建设为统领，紧紧围绕中心、服务大局，坚持干部工作重导向、基层党建重创新、招才引智重质量、组工建设重效能，锐意进取、攻坚克难，为霸州全面开启高质量发展提供坚强组织保证。

【领导班子建设和干部队伍建设】 严格落实"好干部标准"和省委"五个重用、五个不用、五个调整"要求，以县乡换届为契机，打造忠诚干净担当高素质专业化干部队伍。

抓好县乡换届工作，锻造高素质专业化干部队伍。一方面，部署推进乡镇换届工作，做到准备工作周密细致，换届考察从严从实，人事安排高标高效。调整后，乡镇领导班子 35 岁以下年轻干部 52 名（党政正职 3 名），30 岁以下 15 名，平均年龄 38 岁，较上届下降 1 岁；（全日制大学以上学历干部 56 名，占比 36.6%，较上届提升 20.81%；配备女干部 20 名，选调生 22 名；乡镇领导班子中具有 2 年以上乡镇工作经历干部 134 名，占比 87.58%；各乡镇配备的 2 名专职党委副书记中，均有 1 名 35 岁左右、全日制大学以上学历干部。另一方面，严格落实代表提名推荐、联审联查、人选考察等换届选举程序，高标准、高质量完成县级党代会、人代会换届选举任务，确保上级党委换届人事安排意图落地落实。

抓好开发区人事和薪酬体制机制改革，不断激发开发区发展内生动力。按照开发区内设机构人员"全体起立、重找座位、择优聘用、统筹安排"的要求，持续深化以全员聘任制和绩效工资制为核心的人事和薪酬体制机制改革，将开发区 11 个内设机构正职、28 个内设机构副职全部公开竞聘，同时，突破仅在开发区内部聘用的体制局限，选取 5 个正职、11 个副职岗位面向全市公开招聘，增设 4 个不占内设机构领导职数、只占控制数的副职岗位面向全社会公开招聘。通过严格规范报名、审核、笔试、面试、体检、考察等规定程序，报请市委常委会研究确定 11 名内设机构正职、28 名内设机构副职聘任人选，其他进入考察环节未聘任的科级干部纳入后备干部库，重点培养管理。

抓好公务员队伍管理，助推优秀干部健康快速成长。严格公务员准入，公务员登记对象和标准条件，根据工作需求和资格条件做好公务员调任工作；全面加强公务员平时考核工作，把平时考核作为加强公务员队伍日常管理的有力抓手，建立健全平时考核工作制度，激励全市公务员新时代新担当新作为；有序开展公务员职级晋升工作，严格按照晋升程序、资格条件、审批权限等，在职级职数内进行公务员职级晋升；加强跟踪培养管理，促进选调生健康成长，做好选调生到村任职工作，积极落实选调生相关待遇，充分发动选调生参加专业人才调整交流，进一步整合选调生人力资源，强化全市高质量发展的干部人才支撑。

抓好干部考核监督，督促领导干部履职尽责。抓深抓细干部考核工作，参照省市 2021 年度考核指标，结合霸州市工作实际，重新设置乡镇（区、办）和市直单位考核指标体系。其中乡镇（区、办）由综合评价、重大专项、发展保障、党的建设、领导班子建设、专项工作、加减分项 7 个部分 29 项指标组成；市直单位由职能工作、专项工作、领导班子建设、党的建设、加减分项 5 个部分 15 项指标组成。对受到党政纪处分的领导干部，严格按照相关规定评定考核等次；为确保省市考核指标进位争先，建立定期工作调度，先后 5 次集中调度考核指标，推动各项指标力争上游。

严格干部日常监督。对市直党政部门、乡镇、事业单位等不同类型的 8 名任中领导干部、26 名乡镇党政正职和 17 名离任的部门“一把手”进行经济审计；对 53 名新提拔的副科级领导干部进行出入境备案登记，集中收缴保管出入境证件；对全市科级及以下公职人员“一人多证”情况进行全面排查，持续强化干部监督管理。

抓好干部教育培训，着力提升党员干部素质能力。注重提升党员干部党性修养和政治素养，全年举办党史学习教育宣讲 55 次，开展专题培训 2 期，外出现场教学 2 期；举办中共十九届五中全会专题培训 14 期，累计培训 10800 余人次，做到培训范围全覆盖。注重提升党员干部履职能力，分别举办新提拔副科级干部和优秀中青年干部任职能力培训、乡村振兴和基层社会治理培训以及网络安全和信息化网班等培训班，累计培训 2000 余人次。注重抓好网络教育培训，霸州市河北干部网络学院注册人员年度平均学时达到 128 学时。注重提升培训制度建设，建立健全领导干部上讲台制度，全年领导干部上讲台 17 人次，占主体培训班次总课时的 32%；制定干部教育培训考核办法，将干部教育工作作为领导班子考核的重要内容；建立干部教育培训管理系统，实时掌握各级领导干部培训情况，为实施精准调训提供数据支撑；大力推进新时代基层干部主题培训，开设“四类大讲堂”，设置 21 个培训主题，将 6 类基层干部和专技人员等 13000 余人纳入培训范围，做到应训尽训。注重典型经验宣传推广，全年在省级以上媒体平台刊发经验做法 3 篇。

【人才工作】 坚持以产业聚人才、以人才兴产业的理念认同，持续推动人才链、产业链、创新链深度融合。凝心聚力，扛起党管人才政治责任。加强组织领导。市委书记靠前站位、亲自部署，多次召开常委会会议、深改委、人才小组会研究部署人才工作，常委、组织部部长对人才重点工作推进情况多次召开专题调度会、推进会，切实形成了党委直接领导、组织部门牵头抓总、职能部门密切配合、社会力量广泛参与的人才工作格局。坚持政策引领。围绕全市总体发展战略、阶段目标、产业布局等重点，出台高层次人才全职引进、燕赵英才服务卡 C 卡、乡土拔尖人才评选等制度，优化近悦远来的人才环境。压实工作责任。将人才工作落实情况纳入乡科级领导班子和领导干部考核评价体系，进一步压实工作责任，提升党管人才合力。内培外引，拓宽优秀人才成长路径。域内人才抓培养。发挥 51 名市管专家智力优势，评选首批 20 名乡土拔尖人才，先后推荐王新勇等 9 人参评廊坊市农村青年拔尖人才、青年拔尖人才、市管优秀专家等，着力激发各类人才创新创业活力；引导农业农村、教体、卫健等部门多次组织系统内专题培训，累计培训专业技术人才 3500 余人次。域外人才抓引进。秉持“高端、紧缺、适用”原则，政策支持昊方新能源、三钢科技等高新企业，采取顾问指导、兼职引进、周末工程师等形式，柔性引进高层次人才 20 余名。同时，实施“硕博人才引进计划”，公开招聘 2 名硕士和博士研究生顺利入职并落实相关待遇。搭台筑巢，打造引才聚才优质平台。深化产学研合作。深化企业与京津高校、科研院所合作，组织华航、河工大、北师大等知名高校与河北四友、和易生活、禹德农业科技等企业进行合作洽谈，并已在关键技术、专业技术人才等方面达成合作；河北大学附属医院医疗资源集团霸州院区在市三院成功揭牌，实现在医疗服务、人才培养、学科建设等方面的深度合作。加快平台载体建设。鼓励支持企业积极申报国家和省市级各类创新创业平台载体，2021年新认定科技型中小企业475家，认定高新技术企业27家，认定小仙炖、云谷电子2家省级技术创新中心，认定加美中、小仙炖等12家企业研发中心。丰富引才聚才模式。引导企事业单位通过社会招聘、校企招聘、网络招聘等形式引进人才，举办“大型劳务洽谈会”“大学生专场招聘会”和“行业专属招聘会”，吸引390多家企业提供9880个就业岗位，达成就业意向6400余人。实施重点人才工程。推进实施并完成1个“人才强冀”（京津冀协同背景下雄安霸州区域“云上人才”服务平台共建共享项目）和3个“人才兴廊”工程，以项目聚人才、育人才。关心关爱，优化人才创新创业环境。加强政治引领。落实市领导包联专家制度，多渠道听取意见建议，切实提升专家自豪感，吸纳19名专家人才进入市县两级人大代表和政协委员队伍。强化人才宣传。利用融媒体、电视台、霸州发布等载体，宣传各领域杰出的专家人才和人才开发平台，营造尊重知识、尊重创造、尊重人才的浓厚氛围。畅通服务渠道。全面落实《燕赵英才服务卡联席会议制度》和《燕赵英才服务卡联络员制度》，12个窗口单位设立燕赵英才卡服务岗或绿色通道，为全市64名持卡人提供优质便捷服务。

【基层组织和党员队伍建设】 始终把抓基层、打基础作为落实全面从严治党要求的固本之举，深化“抓党建、抗疫情、惠民生、保安全、促发展”和“三基建设年”活动，持续加强基层组织建设，创新开展基层党建“十六项”专项行动，统筹推进农村、社区、“两新”组织、机关、学校、公立医院六大领域党建规范化建设，着力提升党组织政治功能和组织力。

强化队伍建设，高质量完成村（社区）“两委”换届。严把人选入口关，建立候选人资格快速审查机制，联合15个职能部门，对4000余名候选人进行资格联审，共取消55名不符合条件的候选人参选资格；严把换届程序关，科学制定选举工作流程和政策指导意见；严把风险监控关，组织纪委监委、公安局建立领导班子成员包乡镇指导换届制度。换届后，383个村（社区）均实现“一人兼”，村党组织书记均高中以上学历，50岁以下占54.5%，致富带头人占83%。换届后，扎实做好换届“后半篇文章”，363个村街均完成“五位一体”村级配套组织建设，20个社区均组建“六位一体”治理架构，为乡村振兴提供了强有力人才支撑。全面开展新任村班子“开门一件事”活动，全市新任“两委”干部认领办理暖心实事1800余件，其中24件典型案例被廊坊市采用。组织培训班6期，累计培训新任村（社区）“两委”干部4000余人次。

强化党建引领，推进乡村振兴各项任务落地落实。强化政策引领，制定抓党建促乡村振兴40条措施，拉列乡村两级书记和市直部门责任清单，出台专项考核办法，压实工作责任；强化工作保障，向12个乡村振兴重点村选派驻村工作队，强化业务培训、严格考勤管理、落实经费保障，发挥选派力量最大效能。举办乡村振兴培训班5期，为推进乡村振兴赋能加速；强化推进载体，专题召开农村电商人才研讨会2次，聘请专业讲师现场授课，深入开展观摩拉练活动，组织乡村干部及电商代表，到发展电商典型村街、企业实地考察学习，积极搭建电商人才交流平台。

强化统筹协调，力促“三基”建设年各项指标进位争先。强化组织领导，成立市级领导小组，下设4个推进组，统筹协调推进重点任务开展；实施精细管理，将“三基”建设年6个方面18项重点工作任务，细化为29条具体事项，落实台账管理；加强工作督导，坚持定期调度，先后3次集中调度涉项部门，压实主体责任，建立重点工作指标落实情况台账，督促各项指标进位争先。各项工作任务均已完成。加强经验宣传，围绕“三基”建设年工作亮点，加强与上级媒体联系，积极推荐报道。其中中央、省领导先后2次肯定“三基”建设年活动工作成绩，省基层组织建设工作情况通报刊发1篇，廊坊市基层组织建设工作情况通报刊发2篇。

强化典型示范，有效激发基层党组织战斗堡垒作用。高标准打造首都政治“护城河”党建示范村，列支市级党费20余万元支持打造党建示范村60个，其中35个被廊坊授牌；继续开展村级党建阵地“改造提升”行动，打造农村党建阵地“红色地标”，2021年改造提升“两室”30余个。申报东杨庄乡黄庄子村作为红色美丽村庄试点村重点打造，拍摄杨各庄村、田各庄村、田家堡村、红光街4个乡村振兴典型专题片在全市宣传报道。探索实施农村、社区党组织“堡垒指数”考评管理机制，明确支部建设标准化、组织生活正常化、管理服务精细化、工作制度体系化、阵地建设规范化、堡垒作用发挥好的“五化一好”工作标准，实现基层党建“软任务”变“硬指标”，逐步形成以考促改、以评促进的良性发展格局。开展“抗疫一线党旗红”活动，动员全市560余个党组织、11000余名党员、6000余名群众参与疫情防控工作。

强化投入保障，切实提高村级党组织“有钱办事”能力。继续实施农村集体经济“提质增量”工程，大力推广“六种增收模式”，减少收入来源单一村，全市确定20余个试点村街，探索发展1～2条新的增收模式，将11个2021年中共、省扶持村打造为标杆样板，2021年度，全市363个村街有年集体经济收入50万元以上的村街154个，没有5万元以下的村街。探索党建引领农村电商发展新模式，打造“淘宝镇”10个（全省第一）、“淘宝村”46个（全省第三、廊坊第一）。积极落实经费保障，2021年度霸州市村级组织运转经费预算13977万元，村均38.5万元。深入开展创星争先活动，落实差别化待遇，出资102万元奖励上年度评定出的六星级、五星级村党组织。

强化规范管理，始终保持党员队伍的先进性和纯洁性。抓实发展党员工作，严格落实发展对象政治审查、近亲属入党提级审查制度，规范“两新”组织党员入党组织考察程序等，严把党员“入口关”。截至年底，发展党员927名，完成年初计划。抓好党员教育培训，严格落实“三会一课”、主题党日和组织生活会等制度。深入开展党史学习、“团结就是力量”专题学习，抓住党员领导干部这一关键少数，通过建立组织生活提醒制度，定期对处级干部所在支部的《党支部工作手册》进行督查，严格落实双重组织生活制度。深入开展排查整顿农村发展党员违规违纪问题“回头看”，严格落实随机抽查、专项检查、集中筛查、重点审查等工作程序，联合纪委等9个职能部门对753名农村新发展党员联审联查，将新发现的34个问题线索纳入台账管理，对8个重点问题全面调查核实，始终保持党员队伍纯洁性。

【开展庆祝中国共产党成立100周年系列活动】 明确庆祝活动总体要求，严格遵守党的政治纪律和宣传纪律。深入开展“党员志愿服务月”活动，14242 人次参与志愿服务；开展理论学习中心组学党史活动 267 次。开展党史专题学习，举办读书班 1209 次，组织党史理论知识测试 1 次，举办“七一”专题党课 1000 余场，召开专题组织生活会 1122 次，开展主题党日活动 1122 次。将“两优一先”评选作为发挥示范引领的重要抓手，获评“全国优秀党务工作者”1 名（信安镇仁义街党组织书记兼村委会主任刘树马）；获评省优秀共产党员 1 名、省优秀基层党组织书记 1 名、省先进基层党组织 3 个；获评廊坊市“两优一先”61 个，霸州市本级评比表彰“两优一先”150 个。严格做好“光荣在党 50 年”纪念章颁发，向 2775 名同志颁发纪念章。

【党建工作】 建立健全党建联席会议、街道社区兼职委员等制度；全面推行网格化管理，探索“织网定格+精细管理”社区网格化管理新路子，形成一级管一级的闭环管理模式；加强物业党建联建，建立和完善一站式便民服务大厅，打造社区“15 分钟服务圈”；全市 20 个社区党群服务中心全部达 500 平方米以上；全面推进社区工作者职业体系建设，做好社区“两委”直接纳入 160 名社区工作者及面向社会公开招聘 40 名社区工作者等工作，持续强化社区党建力量。

推进“两新”组织“两个覆盖”。截至年底，全市非公有制企业 274 家，党组织覆盖 265 家，覆盖率 96%；社会组织 239 家，党组织覆盖 239 家，覆盖率 100%；不具备组建条件的，通过选派党建工作指导员，实现全覆盖。2021 年新成立“两新”党组织 27 个，建立 6 个非公有制经济党建指导站。依托河北干部网络学院学习平台，采取专题网班的模式进行党史学习和党务工作培训，培训 1065 人，实现“两新”组织党组织书记、党建工作指导员、党员培训全覆盖。全年在中央、省、市媒体发表典型信息 33 篇。市委组织部、市委非公工委等四部门联合印发《关于做好非公有制企业党建工作写入公司章程的通知》，党建工作写入公司章程覆盖率达到 100%。

统筹抓好其他领域党建工作。机关党建方面，成立督导组，督促各级党组织规范落实“三会一课”、组织生活会等组织生活制度。国企党建方面，推动《关于贯彻落实〈中国共产党国有企业基层组织工作条例（试行）〉的若干措施》落地见效。中小学校党建方面，开展“党支部建设提升年”活动，中小学校全部单独成立党组织。公立医院党建方面，落实党组织领导下的院长负责制，开展党员“亮牌示岗”活动，利用“中国医师节”等载体，引导医务人员构建和谐医患关系。

（赵海）

宣传工作

【概况】 2021 年，市委宣传部以深入学习宣传贯彻习近平新时代中国特色社会主义思想为工作主线，坚定不移学习贯彻落实习近平总书记关于宣传思想工作的重要论述，牢牢抓好党史学习教育、文明城市创建、新时代文明实践中心建设、庆祝中国共产党成立 100 年主题活动、意识形态、新闻外宣等重点工作，广泛凝聚思想共识，为推动霸州经济社会发展提供坚强的思想保证和精神动力。

【理论工作】 一是强化党史学习教育。抓学习，率先开办霸州市委理论学习中心组党史学习教育读书班、霸州市委理论学习中心组暨学习贯彻习近平总书记“七一”重要讲话精神专题读书班。通过集中学习、集中研讨、观看影片等多种形式开展党史学习教育。抓活动，开展“奋斗百年路 启航新征程”党性修养提升系列教育培训活动，组织 66 人赴井冈山开展专题培训，对全市 1800 余名农村（社区）“两委”干部进行全覆盖培训。举办全市党史学习教育专题网班 2 期，实现 1889 名注册学员线上培训全覆盖。依托霸州市华夏民间收藏馆等红色资源，打造 3 条党史学习教育主题学习参观路线。利用西柏坡纪念馆等省内红色教育基地，组织全市 1.8 万余名党员开展重温入党誓词、主题党日等活动。抓落实，印发《“我为群众办实事”实践活动方案》等文件，确定 20 项民生工程、10 件民生实事、14 项重点民生项目。建立工作台账，召开专项调度会 10 次，切实将党史学习教育成效落到为民办实事中去。二是深化理论学习。抓“龙头”带动，把习近平总书记重要讲话精神和中共十九届六中全会精神作为各级中心组学习的首要任务，全年市委理论学习中心组共组织学习会 14 次，开展交流研讨 6 次，邀请专家授课 1 次，全市各级党委（党组）召开理论学习中心组学习会 900 余次。抓全面覆盖，深化“学习强国”学习平台推广使用，全市下载注册“学习强国”学习平台 16 万余人，向平台报送优质图文、视频稿件 500 余篇；组建市委宣讲团、专家宣讲团、“走基层”宣讲团，持续推进习近平新时代中国特色社会主义思想“六进”和学校“三进”全覆盖；在全市深入开展“解放思想、转变作风、提升状态、加快发展”大讨论活动，进一步提振干部干事创业精气神。抓基层视角，针对基层群众对理论知识掌握较难的实际，注重把党的大政方针、决策部署具体细化为一系列小话题，以小视角反映大主题，以小细节见证大变化，全年开展各种形式宣讲 1000 余场，受众 5 万余人。三是强化意识形态工作。把导向，2021 年市委常委会先后 10 次研究涉及意识形态工作内容，并结合《霸州市 2021 年创建省级文明城市工作实施方案》进行专题研究、分析研判。管阵地，全市各级党委（党组）坚持把意识形态工作作为宣传思想工作的主责，按照意识形态工作责任制“三清单四机制”，把责任制抓在手上、放在心上、扛在肩上。防风险，坚持深入开展“扫黄打非”和“净化舆论环境”专项行动，“杂音”、“噪声”生存空间大大压缩，霸州市整体形势平稳有序。四是开展“七个一”活动。坚持规定动作与自选动作相结合，“七一”前后组织开展各项活动：（1）开展一次集中学习。7 月 28 日，市党政班子成员、人大、政协和各乡镇（区、办）、市直各单位主要负责同志，集中观看《古田军号》，缅怀革命先烈浴血奋战的峥嵘岁月，继续发扬革命传统。(2)聆听一次霸州抗战历史。7 月 29 日，市党政班子领导赴霸州博物馆开展党史学习教育情景教育，学习英雄事迹，感受革命先贤为国捐躯的爱国精神。（3）重温一次入党誓词。7 月 29 日，在市委书记王斌的带领下，市党政班子成员面对党旗，集中宣誓，感悟执政为民之道。(4)举办一场主题文艺演出。6 月 29 日，举办“奋斗百年路 启航新征程”庆祝中国共产党成立 100 周年主题演出，市四套班子领导及各界干部群众代表 500 余人观看，反响强烈，广受好评。（5）出版一部作品集。编辑出版《百年风华——庆祝中国共产党成立 100 周年征文作品集》。（6）举办一次摄影展。组织举办“百年芳华·璀璨今朝”庆祝中国共产党成立 100 周年霸州书法美术摄影作品展。(7)拍摄一部专题宣传片。组织拍摄“我把赤诚献给党”——庆祝中国共产党成立 100 周年大型 MV，在长城网等媒体发布后，点击量近百万人次。

【新闻宣传】 一是做优对上宣传。围绕市委、市政府中心工作，特别是推进京津冀协同发展、深入实施创新驱动发展战略、深入推进乡村振兴战略等经验成效，策划推出系列主题宣传，全年在中央级新闻媒体刊发各类稿件 97 篇。9 月 8 日，邀请《人民日报》、新华社、《经济日报》、《河北日报》等 17 家中央、省、市级新闻媒体，围绕经济、生态、民生等亮点工作，成功组织“激情干事业实现新突破”中央、省、市级媒体采访行活动，刊发各类稿件 20 余篇。全年组织廊坊市级以上媒体集中采访 8 次，在廊坊市级以上新闻媒体刊发各类稿件 530 篇。二是做强对内宣传。推动落实中央关于支持主流新闻媒体发展的系列政策和省委、市委相关工作举措，从平台推广、栏目架构等方面实施改革创新，促进市融媒体中心稳步提升。《新霸州报》累计播发公益宣传图文 169 幅，电台每天累计播发时长约 4 小时，“霸州发布”微信公众号、“掌上霸州 App”、霸州市政府网站 3 个新媒体平台累计播发公益宣传图文 702 幅、短视频 212 条。三是做大网络宣传。全市自媒体、公众号、视频号等新媒体，每天对“霸州发布”“网信霸州”等官方公众号发布内容转载 1～2 条，扩大官方媒体影响力。“霸州发布”“网信霸州”“掌上霸州”的抖音号和视频号等新媒体二维码宣传海报在市区各大公共场所、农村等进行张贴，方便老百姓关注使用。通过新媒体平台，开办“党史”“党史百科”等专题专栏，编发信息 200 余条。组织创作 H5、微视频等原创新媒体产品 40 余个。四是做好舆情引导。稳妥做好涉及霸州市的舆情热点、重点问题和突发事件等网络信息调控。向市委、市政府报送《舆情快报》30 期、《今日舆情》102 期，正确引导舆论走向，回应社会关切。对省委、廊坊市委网信办下发的 143 件舆情预警全部回复。开展“清朗·燕赵净网 2021”网络生态治理专项行动。召开自媒体座谈会，强化培训管理。全市 43 个自媒体账号在市委网信办进行备案登记。

【文化工作】 一是文化活动多。通过举办线上和线下文化活动，丰富广大群众精神文化生活。市图书馆通过微信公众号开展全民阅读系列活动 8 次，发布主题书单。市文化馆在微信公众号上发布京津冀书画艺术交流线上展览、线上春晚联欢，在快手、抖音平台上举办“寻味非遗年过家乡的节”和“非遗过年都来播”等线上活动。华夏民间收藏馆推出“民清钱币展”“霸州市退役军人风采录图片展”“霸州市中国自行车博物馆精品展”等 8 项线上展览活动。全年开展进企业、进农村、进机关、进校园、进社区、进网站、进军营“七进”文化惠民演出 213 场。益津书院举办 8 次书画展览、3 期霸州书画大讲堂、3 次书画笔会、28 期书法公益讲座和 1 次送春联活动。市图书馆举办“清明慰烈属 书香寄哀思”活动，为烈属们送去图书和借阅卡。组织 6 个非遗项目走进本市 12 所小学，受到孩子们的热烈欢迎。二是文化设施强。制定全年农村文化活动帮扶计划，帮助村街基层文化服务中心完善设备、弥补短板，迅速提升公共服务能力。2021 年，为 15 个乡镇（区、办）的部分村街配发 47 套阅报栏、20 套武术器材、30 套乐器、一批标识系统（制度牌和标识牌）和 100 个拉杆音箱。为霸州镇老堤村、煎茶铺镇高村、岔河集乡东柏村、裕华街道办事处朝阳社区宋庄村、扬芬港镇三街各配发 1 套戏曲服装；为霸州镇老堤村、霸州镇武将台村、东段乡小桃园村、扬芬港镇赵家柳村各修建 1 个文体广场并配发 1 套体育器材；为岔河集乡西柏村、东段乡西柳村、南孟镇西粉营村、信安镇团结街、扬芬港镇四街各配发 1 套舞台灯光音响器材，已验收合格并交付使用。三是文化场馆优。截至年底，霸州市图书馆、文化馆（站）、李少春纪念馆、华夏民间收藏馆等场馆累计服务群众 246662 人次。市文化馆顺利通过第五次全国文化馆评估定级。《霸州图书馆总分馆建设新篇章——馆校合作 点亮教育》创新方案在河北省图书馆学会组织的“第八届省图书馆服务创意方案”竞赛中，荣获三等奖。霸州博物馆、李少春纪念馆、胜芳博物馆是霸州市省级爱国主义教育基地，2021 年被列入河北省爱国主义教育基地党史学习教育主题参观路线，“五一”期间接待参观者 583357 人次，先后有 100 多家市内外学校、团体、机关单位等总计 1 万余人在馆内开展党史学习教育。正在建设红色村史馆——黄庄子村史馆，总投资 300 多万元，占地 600 多平方米，年底完成。10 余位共和国将军为展馆题词题字，曾经战斗在河北及霸州这片热土的元帅将军，如聂荣臻、刘伯承元帅后人捐赠物品。数十名来自北京、武汉、陕西、河北等地的各级书协美协书画家义务创作、赠送作品。

（陈志国）

精神文明建设

【概况】 2021 年，全市精神文明建设工作以习近平总书记系列重要讲话精神为指导，以培育和践行社会主义核心价值观为根本，深入开展文明创建、道德教育、志愿服务等主题实践活动，全市精神文明建设向更高、更深层次迈进。

【文明城市创建】 一是全面安排部署。印发《霸州市 2021 年创建省级文明城市工作实施方案》等文件，深入实施“九大专项提升工程”；召开全市创城动员大会，市委书记出席并讲话。二是健全工作机制。完善指挥机制，建立创城指挥部，市委书记任政委、市长任指挥长，下设 10 个作战部。市委市政府主要领导通过“晨巡”机制督导创建工作。从各重点责任单位抽调精干人员 20 余人，实行脱岗集中办公；完善督导机制，市创城办成立 6 个督导组，采取日常督导结合专项检查的方式对各实地测评点位及审核材料进行督导检查，指导提升；完善通报机制，建立日督导、日检查、日通报、日解决制度，对创城日常督导发现的问题及群众反映的热点难点问题下发督办卡，限时办结，及时反馈整改情况；完善联络机制，建立问题通报微信工作群，市创城办督导组对发现的问题“随手拍”，上传微信工作群，时时通报，相关责任单位立即整改，确保各项工作高效进行。三是持续调度推进。市委书记、市长多次分别对实地测评点位进行督导检查，并提出意见和具体要求；形成创城实地测评点位问题清单、项目化运作管理销账式整改推进；市创城办向各市领导发放提示函，对分管部门承担的创建任务亲自督导推进；定期召开推进会议，协调解决创建过程中的热点难点问题，截至年底，霸州市已召开调度会、推进会、培训会等 40 余次。四是营造浓厚氛围。在各类媒体加大宣传报道力度，利用灯杆道旗、交通护栏等增设公益广告；在全市车站、公园广场、高速出入口、各重要节点设置大型景观公益广告 14 处，主要路口户外电子大屏幕、市区建筑物外立面广告的公益广告比例达到 50%以上，同时各乡镇增设景观公益广告；全市 70 余支志愿服务队开展“市直单位包联小区”等主题志愿服务活动，累计开展志愿服务 600 余次，参与超过 7000 人次，共同打造“大家义起来”志愿服务品牌。五是创建成效显著。市综合执法局不断加强经营秩序管理，治理户外广告，化解停车难问题，建成公共停车场 16 处、停车位 2889 个；市住建局加强城市环境卫生清洁，强化生活小区物业管理；市公安交警大队不断加大不文明交通行为管理、教育、宣传力度。文明城市创建工作水平得到显著提升，基础设施建设得到改善，城市形象得到提升，百姓幸福指数得到提升。2021 年省级文明城市创建工作年度测评（复检）中，霸州市在县级市序列省级文明城市中排名第四，为历届最好成绩。

【群众性文明创建活动】 一是文明社区创建。着眼于促进邻里互助、社区和谐，深入推进文明社区创建，打造迎宾社区、朝阳社区、隆泰社区、河西社区等一批文明社区品牌。二是文明单位创建。组织开展 2021 年度霸州市级文明单位创建申报工作，把各单位在文明城市创建中的工作情况作为评选依据，严格创建标准，提升创建水平。三是文明村镇创建。着眼于文明城市创建、乡村振兴和文明乡风建设，围绕十星级文明户、善行功德榜、红白理事会等“十个一”创建，深化农村精神文明建设，推进移风易俗。推出信安镇仁义街、杨各庄村，煎茶铺镇平口村，扬芬港镇张家堡村、阙里墅村，南孟镇田各庄村等一批环境整洁、乡风文明的全国、省、市级文明村街。四是“我们的节日”活动。依托春节、清明、端午、七夕、中秋、重阳等传统节日，以传统文化为基础，在做好疫情防控的基础上，各乡镇、各单位开展“邻里守望”“春节文化展演”“清明祭英烈”“七夕诵读会”“中秋送温暖”“重阳感恩敬老”等多种形式的主题活动，把传统文化送到人们心里，机关单位、社会团体等志愿组织广泛开展敬老、爱幼、助残、帮困等志愿服务，市融媒体中心深入进行宣传报道，营造浓郁氛围。

【公民道德宣传实践】 一是加强宣传教育。各单位、社区积极开展道德讲堂建设活动，以“身边人讲身边事，身边事教身边人”的形式，邀请道德模范、河北好人、抗疫先进典型进社区、进学校、进乡村开展宣讲交流活动，全年举办各类道德讲堂 50 余（场）次，参与 5000 余人。二是开展典型选树。深入发掘、推荐、评选“身边好人”“道德模范”“霸州好市民”等各类道德典型，以典型示范引领社会文明风尚。霸州市曹瑛珍当选 6 月“时代新人·河北好人”，荣获“第八届廊坊市道德模范”称号，井艳新、肖泽梅荣获提名奖。开展“第七届霸州市道德模范”评选活动，各级各单位推荐 26 名候选人，拟评选认定 10 名并进行表扬宣传，推进公民道德建设，引导广大市民学习模范、争做模范。

【未成年人思想道德建设】 一是安排部署工作。6 月 18 日，召开全市未成年人思想道德建设工作会议，会议印发《2021 年霸州市未成年人思想道德建设工作任务分工方案》，对未成年人思想道德建设、文明校园创建及文明校园帮扶共建工作进行了安排部署。二是开展实践活动。以“扣好人生第一粒扣子”为主题，强化教育引领、实践养成，组织全市未成年人广泛开展“新时代好少年”学习宣传活动，市二小李青朗、胜芳北环路小学安海宁荣获廊坊市“新时代好少年”称号，全市推荐县级“新时代好少年”参评人选 130 余人。经过评审组评审，决定授予王若涵等 10 名同学霸州市“新时代好少年”称号。围绕清明节、“六一”、“七一”、“十一”等重要时间节点，开展“清明祭英烈”“童心向党”“向国旗敬礼”等主题活动，引导未成年人积极参加实践活动，参与达 8 万人次。三是推进乡村“复兴少年宫”建设。在全市 14 个乡镇乡村学校少年宫全覆盖的基础上，每个乡镇选取 1～2 个试点学校，建设乡村“复兴少年宫”这一促进农村未成年人身心健康全面发展的重要阵地。

【新时代文明实践中心建设】 一是健全组织架构，印发《2021年霸州市建设新时代文明实践中心重点工作安排》等文件，建立县级中心1个，市委书记任主任，办公室设在市委宣传部，市委常委、宣传部部长任办公室主任；建立乡镇（街道）实践所13个，实现了全覆盖，乡镇党委书记任所长；建立村街级实践站41个，村街党支部书记任站长。成立县级文明实践志愿服务总队，下辖市直分队、乡镇支队、社会团体等，在燕赵志愿云系统实名登记注册志愿者达2.08万人，志愿服务队伍150支，对五大分平台志愿者进行了分类登记造册。探索网格化管理，各村街（社区）以每200户为单位设置文明实践网格。骨干志愿者每人结对培训10名以上的志愿者，使志愿者队伍呈指数级壮大。二是完善工作机制，建立“群众点单、中心制单、所站派单、志愿者接单”供需对接工作机制，及时搜集反馈群众需求，畅通服务双向对接与认领，提供点对点的服务。由县级中心梳理汇总线上线下群众的“需求菜单”，协调各部门、社会组织、志愿团队设计“服务菜单”，做好资源对接。建立“中心—所—站—网格”四级微信网络，对应“县—乡—村—户”，本级需求本级消化解决，对超过本级能力范围的需求，反馈至上一级协调解决。三是完善保障措施，进一步完善文明实践志愿服务注册登记、培训管理、褒奖激励、物质保障、技术支持等规章制度。四是活动成效显著，2021年，参与活动7000余人次，受众7万余人次。依托网站、微信公众号等广泛传播文明实践活动精彩内容，累计吸引约10万人次收看。利用中央财政补助资金编排传播习近平新时代中国特色社会主义思想的群众欢迎的文艺作品3个，并在各乡镇及村街（社区）进行巡演。

（徐春涛）

统一战线工作

【概况】 2021年，市委统战部全面贯彻中共十九大和十九届历次全会、省十次党代会、廊坊市七次党代会及霸州市八次党代会精神，以《中国共产党统一战线工作条例》为遵循，紧紧围绕市委中心工作和全市发展大局，立足新阶段、贯彻新发展理念，构建统战工作新格局，为全面建设“五个廊坊”、争创“三个排头兵”实现霸州高质量发展凝聚强大合力，画出最大同心圆。

【民族宗教工作】 2021年，市委统战部以务实的举措促进民族团结。1.促进少数民族村街经济社会发展。依托乡村振兴战略，加快推进少数民族村街基础设施建设。2020—2021年争取省级特色村寨发展资金39万元，对后两间村主要街道辅路硬化美化。2.开展民族团结进步创建工作。在信安镇光明街建立“石榴花开”民族工作站，建设“石榴花开”民族团结广场，打造“铸牢中华民族共同体意识”文化墙，深入开展民族团结进步创建活动。3.讲好民族团结故事。以马本斋英雄事迹为依托，在信安镇光明街建成民族英雄马本斋事迹陈列中心，占地1600平方米，展品800多件。每逢重大节日，组织中小学生到此参观学习，该陈列中心已成为市、镇两级机关企事业、社会团体、广大青少年接受爱国主义、革命传统教育和民族团结进步教育的重要基地。4.加强少数民族流动人口管理与服务。坚持服务与管理并重，帮助少数民族流动人口解决子女上学、医疗卫生、经营场所、房屋租赁和法律援助等问题。5.持续深化“双创四进”活动。对31个宗教活动场所“四进”进行了规范化建设。梵华精舍还在传承优秀传统文化、古籍修复保护方面进行了有益尝试。6. 做好宗教活动场所安全管理工作。严格执行宗教活动场所“双暂停”措施和疫情常态化防控要求，全面排查了辖区宗教活动场所房屋安全、消防安全、食品安全。深化宗教领域专项整治、系统治理和民族宗教领域风险排查工作。

【工商联工作】 2021 年 3 月，市工商联完成换届工作。新当选人数 79 人，占比 71%，执行力和影响力显著增强。1. 换届后，市工商联以市委统一战线领导小组办公室红头下发《关于建立政企联系协商制度的通知》《进一步加强非公经济统战工作，促进“两个健康”工作》文件，党政部门与企业的联系合作、定期协调机制进一步完善。2. 宣传、用好促进民营经济发展的政策。市工商联积极深入辖区企业，将市委市政府出台的《霸州市鼓励物流产业高质量发展的优惠政策》《霸州市鼓励企业转型升级加快项目建设优惠政策》等 7 个促进民营经济发展的政策宣传好、推荐好，为促进民营经济高质量发展贡献力量。3. 打通政企沟通“最后一公里”。2021 年，市工商联依据《霸州市民营经济“二次创业”实施方案》，通过深入企业调研，了解企业需求，筛选相关会议议题，定期组织召开民营企业家座谈会 4 次，充分发挥政企桥梁纽带作用。

【党外代表人士工作】 调动党外党派人士的积极性。一是把深入学习贯彻习近平新时代中国特色社会主义思想作为首要政治任务，不断增进政治认同、思想认同、理论认同和情感认同。按照《霸州市 2021 年政党协商计划》要求，分别召开上半年经济形势情况通报会、党风廉政建设和反腐工作情况通报会，团结引领党派成员及无党派人士为霸州市经济社会发展建言献策，提出意见建议 19 条。二是举办党外知识分子培训班 2 期，召开“习近平新时代社会主义思想暨党史教育”座谈会，提升党外代表人士参政议政的能力。

【新的社会阶层人士工作】 2021 年，以新的社会阶层人士（天禹律师事务所律师）组成法治宣讲团，先后走进中电环保发电有限公司、煎茶铺镇石油物探社区、市第九中学进行普法宣讲 3 场，进一步增强广大群众的法律意识和自我保护能力。完善实践基地与联络站建设，在原有新联会创新实践基地基础上，新增霸州市零零壹创业孵化园为创新实践基地，新增 15 个乡镇联络站及 4 个市区联络站，定期开展活动，使之成为市委统战部与新的社会阶层人士沟通联络、凝聚思想共识的平台。进一步加强新联会建设，2021 年底，新的社会阶层联合会注册完成，有会员 60 人。

【台港澳工作】 2021 年，霸州市委统战部出台《2021 年对台工作要点》。积极团结引领霸州市港澳台同胞，并为其做好服务工作。

（钱彪）

史志工作

【概况】 2021 年，霸州市委党史政策研究中心（以下简称中心）坚持以资政育人为根本任务，提高政治站位，切实增强抓好史志工作的责任意识和使命担当，在党史学习教育中充分发挥主阵地作用，扎实推进史志研究、资料征编、史志宣传和党史队伍建设工作。

【机构更名】 2021 年 3 月，根据中共廊坊市委编办《关于调整霸州市部分科级事业单位机构编制的批复》文件精神，中共霸州市委史志办公室更名为中共霸州市委党史政策研究中心，为市委直属事业单位，机构规格相当于正科级，事业单位类别为公益一类。内设综合股、党史股和方志股。中心事业编制10人。其中，主任（正科级）1人，副主任（副科级）2人，股级领导职数3人。

【党史正本编纂】 按照上级主管部门关于加快推进党史正本编纂出版进程的精神要求，2021年加快推进党史二卷本的编修工作，为提高正本质量公开出版的标准，查阅大量的档案资料，经过编修人员的共同努力，至年底已完成大纲和部分章节的编写修改工作。党史三卷本相关专题撰写工作同步进行，2021年完成专题3个，累计完成专题13个，为今后党史三卷本的撰写奠定基础。

【继续做好《霸州市革命老区发展史》的编写】 全书5编9章，26万字，完成征求意见稿。该书按照“建立中国共产党、成立中华人民共和国、推进改革开放和中国特色社会主义事业”历史脉络，系统书写革命老区百年历史，深入挖掘革命老区红色文化资源，书写革命老区从站起来、富起来到强起来的光辉革命史、不懈奋斗史、辉煌成就史。

【党史征编研工作】 全面准确地为《中共廊坊年鉴（2021）》提供霸州方面资料，5000字；在完成好常规党史资料征编工作的同时，加大抢救“活资料”工作力度，通过走访当事人、采访知情人等形式，及时记录霸州市发生过的重大历史事件；《党史大事记》已编辑到2019年，对2020年和2021年市委重要工作、重要活动和重大事件进行了及时记载和整理，并对之前的党史大事记进行了补充完善。

【抓好庆祝中国共产党成立100周年系列活动】 完成廊坊市委组织部下发的“党员教育百年光辉历程与经验启示研究”部分调研课题研究工作。撰写子课题《建党一百年来历次党内集中学习教育回顾及其意义作用》，回顾总结历次党内集中学习教育的基本情况、主要特点、做法成效和意义作用，共计9000字。协助网信办拍摄党史短视频（含内容审定）《不能忘却的记忆系列——霸州市革命英雄纪念碑、魏大光烈士、张家大院》，为其提供史料支持，完成视频内容的审核工作。参与霸州市博物馆建党100周年图片展（含内容审定）制作工作。为霸州市委宣传部提供党组织的早期发展情况及党员情况资料。参与筹建以红色文化为主题、以爱国主义教育为核心内容的霸州市东杨庄乡黄庄子村村史馆，负责提供部分展馆资料，村史馆已于“十一”前夕对外开放。协助相关部门编印庆祝中国共产党成立100周年红色图书《百年风华》，为其提供相关重要人物、重大事件的历史资料。

【发挥党史学习教育主阵地作用】 把开展党史学习教育作为一项重大政治任务，主动担当作为，有效整合各种党史研究资源，增强工作合力。一是以《党史博采》为载体，继续做好党史宣传教育工作。把《党史博采》发放到机关、乡镇、社区供党员群众传阅学习，进一步向广大党员群众普及党的历史知识和基本经验。二是综合利用开办党史讲座、组织老干部座谈、赠送党史书籍等多种形式促进党史学习教育进企业、进农村、进学校、进机关、进社区，发挥党史资源在党史学习教育中的重要作用。全年为机关、社区发放、赠送本级以及上级部门的党史类书籍1000余册，为基层党员及群众代表讲授专题党课5次，进一步普及了党史知识。三是持续加强党史教育基地建设，促进革命人物研究和遗址、遗迹保护利用工作，进一步筹划张家大院的修缮、布展和宣传工作，打造好红色党史教育基地。四是充分利用党史重大事件和重要人物纪念活动，开展党的历史知识、光荣传统和优良作风教育。五是为各部门开展党史学习教育提供各类史书，协助完成学史、用史资料查询工作，为单位和个人查阅资料 20 余次。六是完成政协霸州市委员会八届一次会议提案《关于用好红色资源传承好红色基因的建议》汇报工作。

【编纂、出版《霸州年鉴（2021）》】 年初，霸州市委党史政策研究中心根据河北省地方志编纂委员会办公室转发的《中国地方志指导小组<关于地方综合年鉴编纂出版若干问题的补充规定>的通知》精神，结合霸州市实际，及时对《霸州年鉴》的编纂方案做出调整、完善。3 月，政府办下发年鉴编纂方案的通知，正式启动年鉴的编纂工作。截至 8 月底承编单位基本完成电子稿件上报，所有稿件均完成修改并征求各单位意见。同时，继续做好稿件修改，多方征集年鉴图片，经过层层筛选，选定图片置于卷首。排版完成后打印样书，送出版社、市主管领导审定并完成出版。

【省、市年鉴供稿】 按时完成《河北年鉴（2022）》《廊坊年鉴（2022）》霸州市的供稿任务，及时上报。

【村志指导】 协助《高桥村史》主编和编修人员查阅资料，补充该村在清康熙、清同治时期行政隶属沿革的空白和该村不同时期所属乡镇（公社）党委书记的任职情况，另外和该书主编就书名做了深入探讨，对篇章设置、行文规范、编写体例给予详细指导。《阙里墅村志》编纂工作已经启动两年，其间对入志内容的细节以及编写规范多次指导。

【史志信息上报】 加强信息工作，及时上报工作动态，上报工作信息 25 篇，内容涉及日常工作动态、地情资料挖掘、思想政治建设等，被方志河北、河北党史网和廊坊党史、方志微信公众号采用 10 余篇。

（刘俊杰）

信访工作

【概况】 2021 年，霸州市信访局全面贯彻落实省、廊坊市和霸州市委、市政府关于信访工作的各项决策部署，不断强化问题导向，坚持事要解决，攻坚化解难题，赴省上访数量稳中有降，到国家信访局上访总人次下降 3.48%，赴省访总人次下降 5.93%，未出现赴省集体访。霸州市信访局撰写的《疫情防控不放松，信访服务不断档，霸州市扎实做好疫情防控期间信访服务保障工作》《走好网上群众路线，畅通民意诉求渠道》《霸州市“三会”联动助力化解重复信访疑难案件》3 篇典型材料在河北省信访局内刊《河北信访》发表，《霸州市“三会”联动助力化解重复信访疑难案件》一文在河北省《信访工作动态》发表，相关工作经验在省级层面复制推广。

【工作部署】 坚持落实党政主要领导定期听取信访情况汇报、分管市级领导高频调度推进工作机制，重要会议必讲信访，重要时期必部署信访，重点案件必专题调度。全年组织召开信访工作部署会、推进会、调度会超过 50 次。市委常委会主动听取全市信访情况汇报，就做好领导包联信访事项化解、集中治理重复信访化解信访积案专项工作、省委巡视组交办信访案件化解等多项任务进行总体部署，明确重点任务，打牢工作基础。市委、市政府主要负责人坚持带头接访，亲自盯办疑难复杂问题。认真落实信访工作联席会议机制，根据领导调整及时变更召集人，落实公开接访、包案化解、跟踪督办，做好分包乡镇、分管部门信访问题的协调处理和信访工作的有序推动，开展专案调度，听汇报、找方法、促解决，形成党政领导、上下各级齐抓共管良好局面。

【涉房信访化解】 全面调查摸排未正常运转房地产项目（含小产权项目），“挂账”解决“问题楼盘”和“小产权房”信访问题，成立工作专班，落实有力措施，盘活项目、化解问题，切实做好购房业主、欠薪民工等信访群体沟通疏导。市委书记连续召开“问题楼盘”和“小产权房”信访案件调度会，推动化解涉房领域信访案件，逐案研究解决方案，确定各部门职责分工，推进问题加快解决。开展涉房信访问题“攻坚月”活动，协调县处级包案领导开展重点调度，对多个涉房重点问题多次召开专题会议，听取化解进展汇报，商研问题解决路径。严格执行“一案一议、一案一策”，依法依规多渠道化解。

【信访积案办理】 开展集中治理重复信访化解信访积案专项工作，成立专项督导组跟踪督查，对化解质量和进度落后的乡镇（区、办）、市直部门，进行重点挂牌督办，防止问题反弹，确保工作实效。10月底，逐案落实责任单位、市级包联领导“双向交办”，案件化解进度“每周一汇总，每周一通报”，加快问题解决，确保“案结事了”。落实省、市、县三级领导包联化解信访事项相关部署要求，在上级要求期限内全部化解完成。坚持“有理有据”“附件齐全”推进网上信访工作，依法依规及时处置各渠道信访事项，不断提升群众满意率。

（王海玲）

市直机关党建工作

【概况】 2021年，市直机关工委深入贯彻落实中共十九大精神，认真贯彻落实市委工作部署，不断强化“四个意识”、坚定“四个自信”、做到“两个维护”， 按照“紧绕中心，服务大局，突出特色，树立品牌”的工作定位，聚焦主责主业，解放思想，开拓创新，全面推进市直机关党的思想、组织、作风、制度和反腐倡廉建设，为推动全市经济的持续、快速、健康发展提供坚强有力的思想和组织保证。

【宣传教育】 一是积极培育社会主义核心价值观。开展“七一”讲党课活动。在市直单位中组织“七一”讲党课活动，授课方式灵活多样，收到很好的效果。开展习近平新时代中国特色社会主义思想进机关活动。市直工委印发活动通知，各基层党组织请党校老师讲课，紧密结合党员的思想实际，结合本行业、本部门的工作实际，组织本系统党员开展习近平新时代中国特色社会主义思想学习宣传教育活动。培训党员干部学习习近平新时代中国特色社会主义思想覆盖面达到100%。开展“文明礼仪进机关”活动。利用各种形式在市直各基层党组织开展文明礼仪培训、文明用语普及活动，推动文明用语进机关。开展“入党仪式暨社会主义核心价值观”宣讲活动。在发展党员的市直单位中开展入党仪式暨社会主义核心价值观宣讲活动。10月底至11月初，市直工委对市直20多个重点党组织进行专项督导，提出指导意见，收到良好的效果。开展“模范机关”创建活动。通过创建“模范机关”，实现“六优化六提升”的总体目标。市直工委对市直单位进行实地测评，根据测评打分表逐一打分，然后汇总，最后评选出模范机关。二是推广“学习强国”学习平台，丰富学习内容。在市直单位党员中推广使用“学习强国”学习平台，丰富学习内容，通过积累学习积分充分调动党员干部的学习积极性。已有60多个市直单位建立学习组织，并与市直工委建立上下级管理关系，8905名党员每天参加学习。市直工委对此项工作进行专项督导，并且每周进行一次通报。三是开展文明城市创建活动。结合市直机关党建工作实际，开展系列活动。营造创城氛围，充分利用庭院围栏、电子显示屏、室内外大屏、宣传栏等宣传载体，宣传创建文明城市。开展“提质提效、文明服务”活动，引导党员干部转变作风、提高效能、优化服务、公正执法。同时优化窗口服务，规范服务用语及热线电话的服务，进一步端正服务态度、规范服务方式、强化服务职能、严明服务纪律，全面提高服务水平。工委定制流动红旗，每月在优秀窗口流动一次。完成市创城办所交办的创城任务，上报一系列高质量的材料及照片。4月18日，工委全体党员干部在阳光嘉苑小区开展创城知识宣传活动。走访200余名居民，发放宣传资料200余份，填写调查问卷200余份。

【组织建设】 一是优化基层党组织设置。根据机构改革工作总体安排部署，按照《中国共产党党和国家机关基层组织工作条例》的规定，对由于机构改革造成人员变动的基层党组织，及时进行调整，使一批年富力强、德才兼备的党员走上党的领导岗位，进一步优化了基层党组织成员的年龄及知识结构，增强了党组织的生机和活力，全年共调整了14个基层党组织。二是严把入口，提高新发展党员质量。按照“控制总量、优化结构、提高质量、发挥作用”的总要求，做好发展党员工作。坚持“两推一定一建档”制度和确定积极分子公示制度，从程序上健全对积极分子的培养，从基础上保证新发展党员的质量。6月和9月，分批次采取分散自学与集中学习相结合的方式，对173名发展对象进行了培训考试。把对入党积极分子培养、考察、发展三个环节紧密结合起来，经严格把关，2021年新发展党员整体理论水平和政治素质得到提升，全年发展党员168名。三是做好“三优”选拔推荐工作。开展模范机关创建活动，经过层层推荐、逐级把关、组织审查、投票评选等程序评选出24个霸州市级“模范机关”，并下发表彰决定予以表彰。“七一”前夕，推荐省级先进基层党组织2个，廊坊市级优秀基层党组织3个，优秀党员2名，优秀党务工作者3名，霸州市级优秀基层党组织12个，优秀党员12名，优秀党务工作者11名。四是开展慰问活动。“七一”前后，市直工委组织慰问市供销社、工信局、工会等单位中华人民共和国成立前入党的老党员7名和因公牺牲的公安人员家属1人。五是做好党费收缴工作。组织市直单位开展党费测算，为党费的及时足额收缴奠定了基础，2021年市直单位上缴党费300多万元。六是做好接转组织关系和完善信息库工作。2021年党员结转组织关系全部实现网上即时结转，对新发展党员和预备党员转正信息做到随时维护，截至年底，市直单位309个党组织（其中18个党委、22个总支、269个支部）去世党员注销、申请入党人录入、党员和党组织信息核查已经全部审核完毕。七是做好“光荣在党50年”纪念章颁发工作。发放纪念章345个。八是做好党代会党代表推选工作。推选出霸州市直单位出席廊坊市第七次党代会和出席霸州市第八次党代会代表。推选出席霸州市党代会代表87人，推选出席廊坊党代会代表20人。九是提高机关党建整体效应，推进机关党建与各领域党建互联互动。在疫情防控工作中，市直各基层党组织包联无物业小区、车站等，通过设立党员先锋示范岗，推进党建工作与社区建设相互融合。开展党建共建活动。建立结对共建台账，为各单位划分结对共建支部，下半年组织共建党支部开展一次以“我为群众办实事”为主题的党日活动，推动党员常态化参与志愿服务。推广党员到村街（社区）报到。开展冰雪运动进机关，组织市直单位干部职工积极参加培训。

【武装工作】 一是抓好民兵整组工作。严格政治审查，由单位、派出所、武装部三方政审，进一步保证基干民兵组织的纯洁性。开展体格检查，确保民兵身体素质，提升遂行任务能力。规范民兵管理，实行规范化、科学化、系统化管理；为每一名基干民兵颁发基干民兵证，增强其作为基干民兵的责任感与使命感。二是加强民兵连部规范化建设。为进一步加强民兵连的规范化建设与管理，在市联通公司设立通信保障连连部，做到有牌子、有旗帜，制度职责上墙，活动内容记录规范翔实。

【开展督导检查】 一是开展“回头看”活动。组织市直各单位按照年初党建工作计划，认真开展自查自纠，重点检查党的“三会一课”制度落实情况、党支部工作手册填写、习近平新时代中国特色社会主义思想进机关工作开展情况、模范机关创建开展情况及违纪党员警示教育情况，进行查漏补缺，补齐短板。二是开展专项督导检查。市直工委成立2个检查组，集中两周的时间，采取听取汇报、查阅资料、实地查看、走访座谈的方式，以《党支部工作手册》的规范填写为重要抓手，对市直单位200多个基层支部开展拉网式督导检查，重点检查党的“三会一课”制度、党员活动日、组织生活会、民主生活会等各项组织制度的落实情况。从督导检查情况看，市直各单位对党建工作均比较重视，各基层党组织班子健全，分工明确，能较好地落实各项组织制度，不断推进党内生活的常态化、规范化、制度化，较好地开展以“三会一课”和为民服务活动为主要内容的“党员活动日”，进一步提高党内组织生活质量。

（龚立成）

机构编制

【概况】 中共霸州市委机构编制委员会办公室（以下简称市委编办），为市委机构编制委员会的办事机构，作为市委工作机关，机构规格正科级，承担市委机构编制委员会日常工作，归口市委组织部管理。

【机构编制核查】 为准确掌握机构编制情况，中央对全国范围内各类机关、事业单位的机构设置、编制核定、实有人数、领导职数配备等机构编制基本情况进行全口径核查。2021年，市委编办按照省、廊坊市统一安排部署，牵头抓总，协调组织、财政、人力资源和社会保障等部门，统一思想、勠力同心，坚持高标准、严要求，扎实做好机构编制核查工作。一是成立专班，挂图指挥。成立由组织部部长任组长，组织、编办、财政、人力资源和社会保障主要负责同志任副组长的工作专班，研究制定实施方案，并多次召开专题会议，明确核查目标要求、主要任务、方法步骤、职责分工及时间节点。二是突出重点，把握关键环节。在核查中，全力确保单位自查求“全”、群众监督求“真”、数据比对求“细”、实地核实求“准”、数据更新求“快”等5个关键环节，坚决做到数据更新及时，确保线下线上调整到位。

【申报中国霸州（家具）知识产权快速维权中心获批】 为有效推动知识产权保护工作，市委编办深入结合霸州市家具产业特色，全力推动河北首家知识产权快速维权中心设立。一是严格落实《中国共产党机构编制工作条例》和《中共河北省委机构编制管理规定》等政策要求，不踩机构总量红线，用活用好现有资源；二是综合分析霸州市机构编制现状，在创新推动机构编制跨层级、跨部门调整方面下功夫，确保在全市机构编制总量“只减不增”的前提下，统筹全市机构编制资源，协调有关部门，争取上级主管部门支持，优选简易程序，迅速完成动议、论证、审议决定程序。8 月，经市委编委会研究同意，并报请市委常委会批准，上报国家知识产权局批复同意建立中国霸州（家具）知识产权快速维权中心，机构规格相当于副科级。

【深化基层管理体制改革】 根据中央和省、市决策部署，及时对有关部门职能配置制进行动态调整。一是按照河北省政府推进政府职能转变和“放管服”改革协调小组要求，进一步放大“一枚印章管审批”改革效应，将 15 项行政审批职能划转到市行政审批局。二是深入贯彻落实乡镇（街道）改革总体要求，按照市政府《关于做好工程建设项目（原胜芳建设局）职责移交承接工作的通知》精神，将胜芳镇人民政府“建筑工程施工许可”职所由胜芳镇人民政府划转至市行政审批局。通过职能划转，进一步将行政审批职能集中在行政审批局，突破政府传统行政管理模式的限制，提高行政审批效率，转变政府职能，更好地为百姓服务，提升政府的形象。三是为巩固拓展脱贫攻坚成果同乡村振兴有效衔接，按照省、市有关扶贫工作调整的相关要求，将扶贫工作职责由霸州市民政局调整到霸州市农业农村局，不再保留霸州市扶贫办公室牌子，霸州市农业农村局加挂霸州市乡村振兴局牌子，主要负责拓展脱贫攻坚成果。同时，根据上级文件精神，结合霸州市实际，在市文广新局、市委办公室分别加挂文物局、档案局牌子，进一步调整职责、设置机构，理顺权责关系，深入推进霸州市治理体系和治理能力符合新时代经济社会发展要求。

（王健鹏）

党校工作

【概况】 2021 年，按照《中国共产党党校（行政学院）工作条例》和中央、省、廊坊和霸州市《2018-2022 年干部教育培训规划》的总体要求，霸州市委党校重点围绕确立的 6 个教学专题，通过集中宣讲、巡回宣讲、专题培训和域外培训等形式对全市党员干部进行培训轮训，累计授课 121 次，培训党员干部 10790 人次。同时，撰写理论研讨文章等 8 篇，其中理论文章 4 篇，资政文章 4 篇；市委党校微信平台刊载各类稿件 90 篇。

【教学培训】 一是完成各主体班次。围绕学习贯彻中共十九届五中全会精神，3 月 13 日至 14 日、3 月 20 日至 21 日霸州市委党校举办 2 期全市科级干部学习贯彻十九届五中全会精神研讨班，参加人员 700 余人；3 月 31 日至 4 月 16 日举办 12 期全市股级干部学习贯彻十九届五中全会精神专题轮训班，参加人员 1200 余人。下半年，于 2021 年 11 月 26 日至 12 月 25 日举办全市新提拔副科级干部任职培训暨优秀中青年干部专题培训班，其中 11 月 26 日至 28 日为线下集中授课，11 月 29 日至 12 月 24 日，依托河北干部网络学院开展线上学习，参加人员 90 余人。二是宣讲工作深入开展。围绕学习贯彻十九届五中全会精神积极开展宣讲，组织骨干教师到煎茶铺镇、胜芳镇、开发区、霸州镇、市城管局、市交通局、市法院、南孟镇等单位及重点村街宣讲 15 场，累计培训 1600 余人次，扎实推进习近平新时代中国特色社会主义思想“进农村、进企业、进机关、进校园、进社区”。围绕庆祝中国共产党成立100 周年积极开展党史学习教育宣讲，组织骨干教师到 15 个乡镇及市直重点单位宣讲 69 场，累计培训 6000 余人次，使广大干部进一步加强了对党的历史的系统把握，树立正确党史观，更好地继承传统、立足当前、开创未来。围绕十九届六中全会精神，组织教师到各机关、乡镇、学校宣讲 20 余场，累计培训 1200 余人次。

【教学研究】 按照“教学出题目、科研做文章、成果进课堂”的教学科研一体化原则，大力开展科研工作，为教学提供支撑。上半年制定《中共霸州市委党校科研奖励办法》，下发《中共霸州市委党校关于加强科研工作的通知》，创新课题申报模式，根据教师队伍的结构和研究专长，将课题申报工作分层分类推进，鼓励中青年教师积极申报省委党校课题，争取有所突破。2021 年，霸州市委党校教师在《廊坊日报》发表理论文章 4 篇，在省级《才智》期刊发表理论文章 1 篇；积极参与廊坊市委组织部下达的研究课题《建党百年来历次党内集中学习教育研究》，闫慧杰主笔完成课题研究，成果已提交上级组织部门；秦盛承接省委党校 2020 年度河北省党校（行政学院）系统科研协作项目《关于推进省域党校系统教学科研创新的研究》，于 2021 年 11 月顺利结项；组织教师积极参与市委、市政府资政理论研究，提交的《提高新型职业农民文化素质　助力乡村振兴》《全面从严治党思想的思维特点与时代价值》《农村基层党员信念教育研究》《党内集中学习教育活动研究》资政研究成果被霸州市委领导批示批转。

【阵地建设】 按照省、市党委关于建设一流党校的若干措施的要求，克服困难，积极融资，完成新址迁建党校工程的选址、立项、初步设计、融资、政府审批等前期工作，新党校选址在开发区西环路与黄河道交叉点西南侧，占地 2.8 万平方米，建筑面积约 3 万平方米，符合省、市委建设一流党校标准。

（仲家齐）

老干部工作

【概况】 2021 年度，霸州市委老干部局（以下简称市委老干部局）学习贯彻中共十九大和十九届四中、五中、六中全会精神，以习近平新时代中国特色社会主义思想为指导，围绕中心工作，把老干部工作做深、做细、做实，同时积极探索新形势下老干部工作的新方法、新举措。围绕中心，服务大局，为建设“经济强市、生态新城、美丽霸州”增光添彩。

【党建工作】 一是按照省委老干部局、廊坊市委老干部局要求，积极开展“一创双争”工作和省、廊坊市、霸州市三级联系示范点工作，市委老干部局离退休干部党支部被列为省级基层党组织联系示范点并接受省局检查调研。重点推进各单位离退休党支部建设，使老干部就近参加学习、就近参加活动，推进以离退休干部为主体的党组织建设。各老干部支部按照“三会一课”制度，定期组织开展“党员活动日”活动。中共十九届六中全会召开时，组织广大老干部收听收看，并发放全会公报和学习要点。二是完成“老党员驿站”创建工作并投入使用。霸州市老党员驿站于 2021 年 6 月建成并开始运行。自筹资金 4.8 万元利用原有的老干部局离退休干部党支部办公室、党员活动室等场地设施，全面进行升级改造，购置投影仪、笔记本电脑、移动光驱、各类书籍、影视资料、文体用品等软硬件设备，场地面积 1200 多平方米。6 月 15 日，市委老干部离退休党支部全体党员首次在驿站开展党史学习教育；6 月 28 日党支部书记袁晓庄为 5 名老党员颁发“光荣在党 50 年”纪念章。这两次活动都在“霸州市老干部工作”微信公众号进行宣传报道。驿站已开展活动 6 次。三是积极组织引导老干部开展党史学习教育：6 月 10 日，信安镇、老干部局离退休干部党支部分别召开党史学习教育动员大会，对支部全体老党员学习党史进行安排部署并下发学习资料。6 月 15 日，在信安镇老干部活动站，9 名老党员重温入党誓词，开展了“百年辉煌、高歌颂党”红歌演唱活动。组织广大离退休干部畅谈百年来中国革命、建设、改革的奋斗历程，抒发爱国爱党深厚情怀，展望美好明天。收集录音录像资料 120 余条。组织一系列的建党百年庆祝活动。四是积极组织引导广大离退休干部充分发挥自身优势为霸州经济、文化等领域建设发挥余热。信安镇离退休干部党支部书记王锡河的工作方法和奉献精神受到河北省委老干部局的肯定和表彰。

【全面落实“两个待遇”】　一是积极协助企业离休干部完成养老金认证、高龄补贴认证，实现各项生活待遇与机关事业单位离休干部零差距。冀组字〔2021〕11 号文件下发后，积极与社保所联系，6 月 30 日以前将相关待遇落实执行到位。每位离休干部增发 1 个月生活补贴。二是认真落实离退休干部订阅报刊、阅读文件、听取报告和参观学习制度，坚持和完善老干部参加重要会议和重大活动制度。在传达中央、省、市有关重要会议精神时，按规定及时向老干部传达，召开全市重要会议和重大节日的庆祝会、联欢会，邀请老干部参加。三是坚持走访慰问，开展健康检查。在走访工作上，提倡“四走访”（日常走访、节日走访、探病走访、吊唁走访）。5 月开始，与医疗保障部门联合组织全体离退休干部在霸州市四家医院进行免费身体检查。四是加强老干部局医院建设，为老干部提供坚强的医疗保障。筹措资金 28.6 万元，对老干部局医院进行装修改造升级。修缮整体房屋，更换门窗设备，购置全新的办公设备和医疗设备，进一步优化离退休干部的就医环境并提升诊疗水平。疫情期间，向全市离退休干部发出《致全市离退休干部疫情防控倡议书》，通过微信群、打电话等方式和老同志们联系，了解他们的健康状况，指导正确用药，科学应对疫情。

【关工委工作】　1.关工委以习近平总书记“七一”讲话和关于青少年教育方面的系列讲话精神为指导，积极发挥广大“五老”人员作用，深入街道社区、乡镇村街和中小学校园开展了多形式、多领域的教育活动。2.在学雷锋月，关工委的老干部组织市第十八中学学生走进杨各庄老年公寓，为老人们送去慰问品和精神食粮；市第五小学组织志愿者服务小队，清理校园及周边环境。清明节前夕，开展沙城烈士墓的祭扫活动，关工委的“五老”代表和市第十五中学、市第四小学及沙城联小的师生 600 余人参加。国庆节前夕，举办庆祝中国共产党成立 100 周年“传承红色基因·争做时代新人”读书征文活动。征集中小学生作品 237 篇，评选出优秀作品 30 篇集印成册并发放证书。关工委把“书法教育基地”建设作为工作重点，全市挂牌书法教育基地 26 个。组织编写《霸州名人录》卷二，印制 4500 册，发到各学校。3.关工委组织“五老”人员深入到 5 名贫困学生家庭进行走访慰问，为每人送去 3000 元的救助金。4.发挥部门职能，为青少年健康成长保驾护航。专项开展以“反欺凌 防霸凌”为主要内容的法律法规系列宣传教育活动，成立关工委、政法委、教体局、公检法等7个部门参加的专项法制教育领导小组，印发宣传文件130份。

【老年大学工作】 一是围绕建党百年开展系列活动。5月26日，在霸州市益津书院举办“庆祝建党100周年书画作品展”。此次展出书画作品160余幅，并辑印成《诗书画作品集》。6月26日上午，在老干部活动中心举办“庆祝建党百年原创诗词朗诵演唱会”。同日下午，举办“庆祝建党百年音乐会”，老年大学音乐班50余名师生参加演出。6月27日，举办主题为“庆百年华诞、书时代辉煌”的书画笔会，老干部们围绕建党百年主题，创作出一幅幅精美的书画作品。二是电脑班不断更新教学内容，收获颇丰。电脑班学习重点由单一的电脑转到电脑和手机相结合，编印手机教学的辅导资料，分发给学员，然后逐一辅导，耐心教学。为克服疫情的影响，通过“腾讯会议”软件，扫码入群，利用网络教学，克服场地、区域、人员聚集的问题，办班4期，授课50次，制作课件50多篇，有来自全国各地100人次参加学习。

【老年体协工作】 一是精准施策，做好疫情防控。新冠肺炎疫情发生以后，市老体协号召老年人积极加入志愿者防控队伍，先后有100多名老同志报名参加，在各小区出入口、疫区返回人员登记点提供服务。二是分散队伍，居家健身。市老体协利用微信群，要求各基层健身站（队）负责人及时向队员传达通知，做到分散有序健身、降低疾病传播风险。三是围绕中心，开展活动。在2021年的廊坊市第八届运动会上，老年体协代表霸州市参加健身气功、健身秧歌、健身球操、健身腰鼓、柔力球5个项目的比赛，取得了2个第一名、1个第三名、2个第四名的好成绩。5月19日，在华夏民间收藏馆广场举办2021年全国老年人太极拳健身推广展示大联动活动。7月1日，在华夏民间收藏馆广场举办庆祝“建党100周年”健身展示。9月29日，举行“迎国庆”太极拳比赛。10月14日，霸州市庆祝“老年节”联欢会在华夏民间收藏馆广场举行，各活动站的14支队伍与600多名老年人共同联欢。

（冯劲薇）

霸州市人民代表大会

综 述

霸州市人民代表大会常务委员会（以下简称市人大常委会）是霸州市人民代表大会的常设机关，对本级人民代表大会负责并报告工作。霸州市人民代表大会常务委员会由本级人民代表大会在代表中选举产生主任1人，副主任和委员若干人组成。2021年，市人大常委会在中共霸州市委的正确领导下，深入学习贯彻中共十九大和十九届二中、三中、四中、五中全会精神，全面落实习近平法治思想、习近平总书记关于坚持和完善人民代表大会制度的重要思想，坚持党的领导、人民当家作主、依法治国有机统一，依法行使宪法和法律赋予的各项职权，积极奋发作为，科学有效履职，各项工作取得了新进展，为开创新时代全面建设经济强市、生态新城、美丽霸州新局面贡献人大力量。

霸州市人民代表大会

【霸州第七届人民代表大会第五次会议】 2021年3月1日至3日，霸州市第七届人民代表大会第五次会议在李少春大剧院和迎宾大厦会议中心召开，出席会议代表210名。大会主席团由于六乐、马春起、王立华、王亚利、王洪涛、王冠彪、牛双秋、刘亚学、刘仰生、刘淼、刘德生、苏振东、杜广军、李克聪、李晨光、杨保华、吴全通、吴越、邹斯晖、张凤岭、张亚军、张全武、张树增、张炳山、张德生、陈旭、郑永强、房欣、郝洪岩、高峰、高建华（女）、郭德清、韩楷、靳铮、樊冬组成，秘书长由于六乐兼任。房欣、苏振东、郭德清、邹斯晖、王立华、于六乐、高建华（女）、李克聪为主席团常务主席。

会议听取和审议市政府市长所作的《霸州市人民政府工作报告》、市七届人大常委会副主任王立华所作的《霸州市人民代表大会常务委员会工作报告》、市法院院长邹景普所作的《霸州市人民法院工作报告》和市检察院检察长王德峰所作的《霸州市人民检察院工作报告》；审查和批准霸州市国民经济和社会发展第十四个五年规划和二〇三五年远景目标纲要、霸州市2020年国民经济和社会发展计划执行情况的报告与2021年国民经济和社会发展计划草案、霸州市2020年市本级预算及市总预算执行情况的报告与2021年市本级预算及市总预算草案；书面审议市政府提交的关于霸州市2020年民生实事项目完成情况和2021年民生实事候选项目形成情况的报告和市第七届人民代表大会法制委员会、财政经济委员会、城乡建设和环境资源委员会、教育科学文化卫生委员会、社会建设委员会等5个专门委员会的工作报告；大会表决通过霸州市人民代表大会常务委员会、人民政府、人民法院、人民检察院以及计划、财政等6项工作报告的决议草案。

大会投票票决霸州市2021年民生实事项目，决定霸州市2021年民生实事项目为：主次干道道路承载力提升工程、老旧小区改造工程、全域污水治理工程、全域供水管网升级改造工程、学前教育普惠工程、东市区道路交通及排水管网改造提升工程、就业促进工程、医疗卫生服务能力提升工程、全民健身工程、文化惠民工程。

【霸州第八届人民代表大会第一次会次】 7月24日至27日，霸州市第八届人民代表大会第一次会议在李少春大剧院和迎宾大厦会议中心召开，出席会议代表264名。大会主席团由于六乐、马陆鹏、马建群、王立华、王亚利、王冠彪、王继成、牛铁旺、田军、刘淼、刘光远、刘仰生、杜海涛、李明、李洋、李彬、李鹏、杨立影、杨保华、邳树家（女）、吴全通、张亚军、张全武、张炳山、张增辉、张德生、陈旭、郑永强、赵卫星、郝洪岩、高建华（女）、郭德清、梁二上、鲁威、靳铮、樊冬、薛建杰组成，秘书长由于六乐兼任。吴全通、郭德清、刘仰生、李鹏、郑永强、王立华、于六乐、郝洪岩、高建华（女）为主席团常务主席。

会议先后听取和审议市政府代市长所作的《霸州市人民政府工作报告》、市八届人大常委会副主任王立华所作的《霸州市人民代表大会常务委员会工作报告》、市法院代院长刘炳辉所作的《霸州市人民法院工作报告》和市检察院代检察长潘建忠所作的《霸州市人民检察院工作报告》；书面审议霸州市第七届人民代表大会法制委员会、财政经济委员会、城乡建设和环境资源委员会、教育科学文化卫生委员会以及社会建设委员会5个专门委员会的工作报告；表决通过大会选举办法、关于设立霸州市第八届人民代表大会法制委员会等5个专门委员会的决定以及专门委员会组成人员人选的表决办法等草案；大会表决通过霸州市人民代表大会常务委员会、人民政府、人民法院、人民检察院等4项工作报告的决议草案。

选举大会上，264名代表参加投票，选举刘仰生为霸州市第八届人民代表大会常务委员会主任；选举郑永强、王立华、于六乐、高建华（女）等4人为霸州市第八届人民代表大会常务委员会副主任；选举马洪、马元生、王英、王宏乐、王晓秋、勾永和、刘茂枝、刘洪滨、杨立影、吴玉强、闵楠（女）、宋立明、张红（女）、张彬、张卫东、张东民、陈旭、陈国彪、陈铁柱、罗言长、金振中、赵雪征、赵斌斌、郝洪岩、胡兵、俞权晟、曹伯堂、蔡德颖（女）、张桂琴（女）等29人为霸州市第八届人民代表大会常务委员会委员；选举田军为霸州市人民政府市长；选举邳树家（女）、刘旭峰、李克聪、杨丹（女）、张树增、李晨光等6人为霸州市人民政府副市长；选举鲁威为霸州市监察委员会主任；选举刘炳辉为霸州市人民法院院长；选举潘建忠为霸州市人民检察院检察长；选举杨燕伟、房欣、薛宏、孙全军、刘更新、冯俊国、王澜际、薛增明、王宾、邓会从（女）、刘冬梅（女）、闫宝光、关勇、杨建明、张旗、张双震、张铁安、房伟涛、唐福友、黄庆友、崔玲（女）、蔡德颖（女）、王斌、田军、刘仰生、刘炳辉、李鹏、鲁威、潘建忠、王伯梅（女）、王继华、冯辉、刘洪滨、李晓艳（女）、李婷婷（女）、张美燕（女）、贾俊清（女）、韩更新（女）、马元生、王爱军（女）、宁丹（女）、邢二台、苗庆华、柏婧（女）、崔大乐、邢文台、张兵彦、蔡洸远、薛志生等49人为霸州市出席廊坊市第八届人民代表大会代表。

常务委员会会议

【霸州市七届人大常委会第二十九次会议】 2月23日上午，霸州市七届人大常委会第二十九次会议在迎宾大厦十楼1003会议室召开。市人大常委会主任郭德清，副主任王立华、于六乐、高建华（女）、李克聪，委员王洪涛、刘茂枝、贾婷（女）、刘亚学、吴玉强、邢二台、刘继红（女）、闵楠（女）、王晓秋、李宝军、张彬、胡兵、张桂琴（女）、陈国彪、金振中、蔡德颖（女）等21人出席会议。委员陈旭、宋立明、王宏乐、刘洪滨、罗言长、马元生、马洪、邢广寅、张东民、赵斌斌、曹伯堂、俞权晟因事缺席会议。市法院院长邹景普、市检察院检察长王德峰、市监察委员会副主任刘朝辉列席本次会议。

会议由主任郭德清主持，会议的主要议程是：1.听取和审议《霸州市人大常委会关于召开霸州市第七届人民代表大会第五次会议的决定（草案）》；2.听取和审议市人大常委会向霸州市七届人大五次会议提交的相关文件草案；3.听取和审议市人大常委会向霸州市七届人大五次会议所作的工作报告（讨论稿）；4.审议霸州市七届人民代表大会各专门委员会2020年工作报告（书面）；5.人事任职事项。

审议通过《关于召开霸州市第七届人民代表大会第五次会议的决定》，表决通过了市七届人大五次会议的会议日程、主席团和秘书长名单、主席团常务主席名单、议案审查委员会名单、执行主席分组名单、副秘书长名单、关于接受议案的截止时间的决定、民生实事项目票决办法、列席人员名单等文件草案。

会议审议通过市人大常委会拟向市七届人大五次会议所作的工作报告。

会议书面审议通过霸州市七届人民代表大会法制委员会等5个专门委员会2020年工作报告。

会议根据市法院院长邹景普的提请，表决通过任逢喜的任职事项。

【**霸州市七届人大常委会第三十次会议**】4月16日上午，霸州市七届人大常委会第三十次会议在迎宾大厦十楼1003会议室召开。市人大常委会主任郭德清，副主任于六乐、高建华（女）、李克聪，委员陈旭、王洪涛、刘茂枝、贾婷（女）、刘亚学、吴玉强、刘继红（女）、闵楠（女）、罗言长、刘洪滨、马元生、马洪、李宝军、赵斌斌、张彬、曹伯堂、张东民、张桂琴（女）、陈国彪、金振中、胡兵等25人出席会议。市人大常委会副主任王立华，委员宋立明、王宏乐、邢二台、王晓秋、邢广寅、俞权晟、蔡德颖（女）因事缺席会议。市委常委、市政府常务副市长吴全通，市检察院检察长王德峰，市法院院长邹景普，市监察委员会副主任刘朝晖，市政府办公室副主任李彬、廊坊生态环境局霸州分局副局长李彬、市财政局副局长许书桩列席本次会议。

会议由主任郭德清主持。会议的主要议程是：1.听取和审议《霸州市人大常委会2021年工作要点（草案）》；2.听取和审议《霸州市人民政府关于提请审议〈2021年基础设施建设工程安排情况说明（讨论稿）〉议题的报告》和《霸州市招商引资优惠政策汇编（讨论稿）》；3.听取和审议《霸州教育项目框架合作协议（讨论稿）》和《霸州市人民政府与衡水泰华教育集团办学合作协议书（讨论稿）》；4.听取和审议《霸州市人民政府关于2020年度环境状况和环境保护目标完成情况的报告》；5.听取《霸州市人大常委会选代任和法工委关于实施规范性文件备案审查工作情况的报告》；6.研究霸州市市、乡两级人大换届选举有关事项。

会议审议通过《霸州市人大常委会2021年工作要点（草案）》。

会议审议通过《霸州市人民政府关于提请审议〈2021年基础设施建设工程安排情况说明（讨论稿）〉议题的报告》《霸州市招商引资优惠政策汇编（讨论稿）》《霸州教育项目框架合作协议（讨论稿）》《霸州市人民政府与衡水泰华教育集团办学合作协议书（讨论稿）》。

会议听取和审议廊坊市生态环境局霸州

分局副局长李彬受市政府委托所作的《霸州市人民政府关于2020年度环境状况和环境保护目标完成情况的报告》。会议认为，报告全面总结2020年全市环境保护工作所取得的成绩，同时客观指出工作中存在的问题不足，提出的2021年工作目标明确，工作任务和措施符合实际、切实可行，为进一步改善环境状况和加强生态环境保护工作，会议提出以下意见建议：一要强化组织领导，压实生态环境保护责任；二要坚持问题导向，统筹推进生态环境质量持续向好；三要加强执法监管，不断提升环境治理水平。

会议听取市人大常委会选举代表人事任免和法制工作委员会主任赵斌斌所作的《霸州市人大常委会选代任和法工委关于实施规范性文件备案审查工作情况的报告》。

会议听取市人大常委会秘书长陈旭所作的关于霸州市市、乡两级人大换届选举工作的阶段划分和时间安排工作情况的汇报。

会议先后听取并审议通过市七届人大常委会《关于霸州市市、乡两级人民代表大会换届选举时间的决定（草案）》《关于霸州市第八届人民代表大会代表名额分配方案的决定（草案）》《关于确定乡镇新一届人民代表大会代表名额的决定（草案）》《关于设立霸州市选举委员会的决定（草案）》《关于设立各乡镇选举委员会的决定（草案》《关于中国人民解放军出席市第八届人民代表大会代表名额的决定（草案）》。

【霸州市七届人大常委会第三十一次会议】

5月26日上午，霸州市七届人大常委会第三十一次会议在迎宾大厦会议中心一楼二号会议室召开。市人大常委会主任郭德清，副主任王立华、于六乐、高建华（女），委员陈旭、刘茂枝、王洪涛、贾婷（女）、赵斌斌、张彬、吴玉强、刘亚学、宋立明、邢二台、刘继红（女）、闵楠（女）、罗言长、马元生、马洪、王晓秋、李宝军、张东民、曹伯堂、陈国彪、胡兵、张桂琴（女）、金振中、俞权晟等28人出席会议。副主任李克聪，委员王宏乐、刘洪滨、邢广寅、蔡德颖（女）因事缺席会议。市人大常委会党组书记刘仰生，市人大常委会党组成员郑永强、郝洪岩，市监察委员会副主任许增利，市财政局局长孟宪国列席会议。

会议由主任郭德清主持。会议的主要议程是：1.人事任免事项；2.宪法宣誓仪式；3.听取和审议《霸州市人民政府关于2021年地方政府债券收支预算调整方案（草案）的报告》。

会议根据《霸州市人大常委会人事任免办法》的相关规定，决定接受王斌辞去霸州市人民政府市长职务；李克聪辞去霸州市七届人大常委会副主任和市七届人大城建环资委员会主任委员职务；邹景普辞去霸州市人民法院院长职务；王德峰辞去霸州市人民检察院检察长职务的请求。

会议根据霸州市人大常委会主任会议的提请，经过表决，决定任命田军为霸州市人民政府副市长，决定其代理市长职务；任命刘炳辉为霸州市人民法院副院长，决定其代理院长；任命潘建忠为霸州市人民检察院副检察长，决定其代理检察长。

会议根据市政府代市长田军的提请，经过表决，决定任命邳树家（女）、李克聪、杨丹（女）、张树增、李晨光5人为霸州市人民政府副市长；决定免去吴全通、韩清华、柴立新、靳志强、李向伟（女）5人的霸州市人民政府副市长职务。

会议组织新任命人员进行宪法宣誓仪式。

会议听取和审议市财政局局长孟宪国受市政府委托所作的《霸州市人民政府关于2021年地方政府债券收支预算调整方案（草案）的

报告》。经过表决，会议决定批准这个报告。

【霸州市七届人大常委会第三十二次会议】 6月21日上午，霸州市七届人大常委会第三十二次会议在迎宾大厦十楼1003会议室召开。市人大常委会主任郭德清，副主任王立华、于六乐、高建华（女），委员陈旭、赵斌斌、张彬、宋立明、刘洪滨、邢二台、刘继红（女）、闵楠（女）、罗言长、马元生、李宝军、张东民、曹伯堂、陈国彪、胡兵、张桂琴（女）、金振中、俞权晟等22人出席会议。委员王洪涛、贾婷（女）、刘茂枝、吴玉强、刘亚学、王宏乐、王晓秋、马洪、邢广寅、蔡德颖（女）因事缺席会议。市人大常委会党组书记刘仰生，市人大常委会党组成员郑永强，市法院代院长刘炳辉，市检察院代检察长潘建忠，市监察委员会副主任许增利列席了会议。

会议由主任郭德清主持。会议的主要议程是：1.对市乡两级选举委员会部分组成人员辞职事项进行备案；2.听取和审议《霸州市人大常委会代表资格审查委员会关于霸州市第八届人民代表大会代表资格的审查报告》和《霸州市人大常委会代表资格审查委员会关于提请确认第八届人民代表大会代表资格的报告》；3.接受刘仰生、王洪涛、贾婷辞职事项；4.人事任免事项；5.决定霸州市监察委员会代理主任事项；6.宪法宣誓仪式。

会议对房欣、郭德清、刘仰生等10人辞去霸州市选举委员会组成人员职务；刘德生、王绍印、张亚军等64人辞去各乡镇选举委员会组成人员职务事项进行备案。

会议听取和审议《霸州市人大常委会代表资格审查委员会关于霸州市第八届人民代表大会代表资格的审查报告》和《霸州市人大常委会代表资格审查委员会关于提请确认第八届人民代表大会代表资格的报告》，经过表决，确认全市各选区依法选举产生的274名霸州市第八届人民代表大会代表符合法律规定，代表资格全部有效。

会议经过表决，决定接受刘仰生辞去霸州市监察委员会主任职务，王洪涛、贾婷辞去霸州市第七届人民代表大会常务委员会委员职务的请求。

会议根据霸州市人大常委会主任会议的提请，表决通过鲁威、贾婷等5人的人事任免事项。

会议组织新任命人员进行宪法宣誓仪式。

【霸州市七届人大常委会第三十三次会议】 7月17日上午，霸州市七届人大常委会第三十三次会议在迎宾大厦十楼1003会议室召开。市人大常委会主任郭德清，副主任王立华、于六乐、高建华（女），委员陈旭、刘茂枝、赵斌斌、张彬、刘亚学、宋立明、刘继红（女）、闵楠（女）、罗言长、马元生、马洪、李宝军、张东民、曹伯堂、陈国彪、胡兵、张桂琴（女）、金振中、俞权晟、蔡德颖（女）等24人出席会议。委员吴玉强、王宏乐、邢二台、刘洪滨、王晓秋、邢广寅因事缺席会议。财政局二级主任科员宫汝花列席会议。

会议由主任郭德清主持。会议的主要议程是：1.听取和审议市政府《关于2021年霸州市地方政府债券收支预算调整方案（草案）的报告》；2.听取和审议《霸州市人大常委会关于召开霸州市第八届人民代表大会第一次会议的决定（草案）》；3.听取和审议霸州市人大常委会向市第八届人民代表大会第一次会议提交的相关文件草案；4.听取和审议霸州市人大常委会工作报告（审议稿）；5.书面审议霸州市第七届人民代表大会各专门委员会工作报告。

会议听取和审议市政府《关于2021年霸

州市地方政府债券收支预算调整方案（草案）的报告》，经过表决，会议决定批准这个报告。

会议审议通过《霸州市人大常委会关于召开霸州市第八届人民代表大会第一次会议的决定（草案）》，表决通过大会议程、日程、主席团和秘书长名单、执行主席分组名单、常务主席名单、议案审查委员会名单、副秘书长名单、关于接受议案的截止时间的决定、选举办法、设立霸州市第八届人民代表大会5个专门委员会的决定、表决办法、关于接受提名候选人的截止时间、秘书处各工作组分工、列席人员名单等文件草案。

会议审议通过霸州市七届人大常委会工作报告。

会议书面审议通过霸州市第七届人民代表大会法制委员会等5个专门委员会工作报告。

【霸州市八届人大常委会第一次会议】 9月1日上午，霸州市八届人大常委会第一次会议在迎宾大厦十楼1003会议室召开。市人大常委会主任刘仰生，副主任郑永强、王立华、于六乐、高建华（女），委员陈旭、杨立影、刘茂枝、赵斌斌、张彬、吴玉强、宋立明、马元生、张东民、王晓秋、罗言长、金振中、马洪、陈国彪、俞权晟、胡兵、王英、张桂琴（女）、张红（女）、张卫东、赵雪征、陈铁柱等27人出席会议。人大常委会党组成员、委员郝洪岩，委员王宏乐、刘洪滨、勾永和、闵楠（女）、曹伯堂、蔡德颖（女）因事缺席会议。市政府副市长李克聪，市法院院长刘炳辉、市检察院检察长潘建忠，市监察委员会副主任许增利，市财政局局长孟宪国、市发改局局长陶勇君、市自然资源和规划局副局长王永、市政府办公室副主任李鹏列席本次会议。

会议由主任刘仰生主持，会议的主要议程是：1.传达廊坊市第七次党代会和廊坊市第八届人民代表大会第一次会议精神；2.听取和审议《霸州市人民政府关于四项联动监督和“6+1”联动监督“回头看”工作开展情况的报告》，书面审议各相关部门关于四项联动监督和“6+1”联动监督“回头看”工作开展情况专项报告；3.听取和审议《霸州市人民政府关于2021年上半年国民经济和社会发展计划执行情况的报告》；4.听取和审议《霸州市人民政府关于2021年上半年预算执行情况的报告》；5.听取和审议《霸州市人民政府关于霸州市2021年财政收支预算调整方案（草案）的报告》；6.听取和审议《霸州市人民政府关于霸州市国土空间总体规划编制情况的报告》。

会议传达廊坊市第七次党代会和廊坊市第八届人民代表大会第一次会议精神。会议要求，常委会全体组成人员会后要进一步深入学习领会这两个重要会议精神，在今后的履职和各自的工作岗位上认真加以贯彻落实，努力为霸州高质量发展贡献人大力量。

会议听取霸州市政府办公室副主任李鹏受市政府委托所作的《霸州市人民政府关于四项联动监督和“6+1”联动监督“回头看”工作开展情况的报告》，书面审议各相关部门关于四项联动监督和“6+1”联动监督“回头看”工作开展情况专项报告。会议要求市人大常委会各工作专班和专项代表小组要结合市政府总报告和各专项分报告，按照联动监督工作方案安排，认真抓好督导、检查、视察等工作，为常委会做好后续联动监督工作打下坚实基础。

会议听取市发改局局长陶勇君受市政府委托所作的《关于2021年上半年国民经济和社会发展计划执行情况的报告》和市财政局局长孟宪国受市政府委托所作的《关于2021年上半年预算执行情况的报告》。会议指出，面对新冠疫情持续影响和复杂多变的宏观环境，全市上下主动适应、积极应对，取得了一定成绩，但仍存在一些问题，主要是全市产业结构不够合理，新旧动能接续转换不足，传统产业转型升级步伐不够快；开发区建设需进一步加强；经济下行压力较大，财政收入增长基础不稳固，收支矛盾更加突出。会议建议市政府及相关部门在今后的工作中做好以下几个方面工作：一是狠抓财源培植，激发经济发展新动能；二是积极推进协同发展，主动融合京津雄安产业；三是加快组织收入，切实提高财政保障能力。

会议听取和审议市财政局局长孟宪国受市政府委托所作的《关于霸州市 2021 年财政收支预算调整方案（草案）的报告》。经过表决，会议决定批准这个报告。

会议听取市自然资源和规划局副局长王永受市政府委托所作的《关于霸州市国土空间总体规划编制情况的报告》。会议指出，建立国土空间规划体系并监督实施，实现“多规合一”是党中央、国务院作出的重大决策部署。会议要求，市政府及相关部门要站在讲政治的高度，切实增强责任感和使命感，努力做好以下三方面的工作：一要聚焦高质量发展主题主线，围绕霸州市今后的发展定位，进一步优化国土空间布局，科学有效高质量地编制好霸州市国土空间总体规划。二要编制好详细规划和相关专项规划，积极构建城乡发展新格局。三要强化规划权威，发挥国土空间规划体系在国土空间开发保护中的战略引领和刚性管控作用，为霸州经济、社会、文化、生态高质量发展提供有力保障。

最后，会议决定霸州市八届人大常委会第二次会议的召开时间。

【霸州市八届人大常委会第二次会议】 9 月 27 日上午，霸州市第八届人民代表大会常务委员会第二次会议在会议中心一楼 2 号会议室召开。市人大常委会主任刘仰生，副主任郑永强、王立华、于六乐、高建华（女），委员郝洪岩、陈旭、杨立影、刘茂枝、赵斌斌、张彬、吴玉强、马元生、张东民、王晓秋、罗言长、金振中、马洪、陈国彪、俞权晟、胡兵、王英、张桂琴（女）、张红（女）、张卫东、赵雪征、陈铁柱、刘洪滨、勾永和、闵楠（女）、曹伯堂、蔡德颖（女）等 32 人出席会议；委员王宏乐、宋立明因事缺席会议。市政府市长田军、市监察委员会主任鲁威、市政府副市长刘旭峰、市检察院检察长潘建忠列席会议。

会议由主任刘仰生主持，会议的主要议程是：1. 审议《霸州市人民代表大会常务委员会议事规则（审议稿）》；2. 审议《霸州市人民代表大会常务委员会组成人员守则（审议稿）》；3. 审议《霸州市人民代表大会常务委员会人事任免办法（审议稿）》；4. 决定设立霸州市第八届人民代表大会常务委员会代表资格审查委员会有关事项；5. 人事任免事项；6. 宪法宣誓仪式。

会议听取市人大常委会城建环保工委主任张彬所作的《关于〈霸州市人大常委会议事规则（审议稿）〉的说明》。经过审议，会议表决通过了《霸州市人民代表大会常务委员会议事规则（审议稿）》。会议要求，市人大常委会全体组成人员要进一步学细学实议事规则的各项内容，在今后的履职工作中认真加以落实，确保市人大常委会各项工作依法有序扎实开展。

会议听取市人大常委会选举代表人事任免和法制工作委员会主任赵斌斌所作的《关于〈霸州市人大常委会组成人员守则（审议稿）〉的说明》《关于〈霸州市人大常委会人事任免办法（审议稿）〉的说明》，经过审议，会议表决通过《霸州市人民代表大会常务委员会组成人员守则（审议稿）》《霸州市人民代表大会常务委员会人事任免办法（审议稿）》。会议要求，市人大常委会全体组成人员在参加常委会各项活动时，要严格遵循守则依法履职尽责，维护好市人大常委会的良好秩序和形象。

会议听取市人大常委会秘书长陈旭所作的《关于〈霸州市第八届人民代表大会常务委员会代表资格审查委员会主任委员、副主任委员、委员名单（草案）〉的说明》，经过审议，会议表决通过《霸州市第八届人民代表大会常务委员会关于设立代表资格审查委员会的决定（草案）》《霸州市第八届人民代表大会常务委员会代表资格审查委员会主任委员、副主任委员、委员名单（草案）》。会议要求，代表资格审查委员会全体组成人员要积极学习相关业务知识，认真履行好法定职责，切实把好代表的政治关、素质关、入口关。

会议根据市长田军和市监察委员会主任鲁威的提请，表决通过市政府和市监察委员会的有关人事任免事项，主任刘仰生为被任命人员颁发任命书。

会议组织被任命人员进行宪法宣誓仪式。

最后，会议决定了霸州市八届人大常委会第三次会议的召开时间。

【霸州市八届人大常委会第三次会议】 11月25日上午，霸州市八届人大常委会第三次会议在迎宾大厦会议中心一楼2号会议室召开。市人大常委会主任刘仰生，副主任郑永强、王立华、于六乐、高建华（女），委员陈旭、杨立影、刘茂枝、赵斌斌、张彬、吴玉强、宋立明、张东民、王晓秋、刘洪滨、勾永和、闵楠（女）、蔡德颖（女）、罗言长、金振中、马洪、陈国彪、胡兵、王英、张桂琴（女）、张红（女）、赵雪征等27人出席会议。人大常委会党组成员、委员郝洪岩，委员王宏乐、马元生、曹伯堂、张卫东、俞权晟、陈铁柱因事、因病缺席会议。市政府副市长刘旭峰，市法院院长刘炳辉、市检察院检察长潘建忠，市监察委员会副主任许增利，市财政局局长孟宪国、市审计局局长焦增河、市应急管理局局长秦来民、市市场监督管理局副主任科员郭贺胜列席本次会议。

会议由主任刘仰生主持，会议的主要议程是：1.传达学习中共十九届六中全会精神；2.听取和审议《霸州市人民政府关于霸州市2020年市本级决算和全市总决算（草案）的报告》；3.听取和审议《霸州市人民政府关于霸州市2020年度市本级预算执行和其他财政收支情况的审计工作报告》；4.听取和审议《霸州市人民政府关于2020年国有资产管理情况的报告》；5.听取和审议《霸州市人民政府关于2021年霸州市地方政府债券收支预算调整方案（草案）的报告》；6.听取和审议《霸州市人民政府关于2021年食品药品安全监管工作情况的报告》，并进行满意度测评；7.听取和审议《霸州市人民政府关于霸州市2021年安全生产重点工作开展情况的报告》，并进行满意度测评；8.听取《霸州市人民法院关于民事执行工作情况的报告》；9.听取和审议《霸州市人民代表大会法制委员会关于对市人民法院民事执行工作开展联动监督情况的报告》；10.人事任命事项；11.霸州市人民检察院检察长和被任命人员向宪法宣誓仪式。

会议传达学习中共十九届六中全会精神。会议要求，市人大常委会全体组成人员要把深入学习贯彻习近平总书记重要讲话精神和全会精神作为当前和今后一个时期的重大政治任务，按照党中央和省市委的要求，深刻认识总结党的百年奋斗重大成就和历史经验，用全会精神统一思想、凝聚共识、坚定信心、增强斗志，结合人大工作实际，强化使命担当、发挥职能作用，推动人大工作高质量发展。

会议听取和审议市财政局局长孟宪国受市政府委托所作的《关于霸州市2020年市本级决算和全市总决算（草案）的报告》和市审计局局长焦增河受市政府委托所作的《关于霸州市2020年度市本级财政预算执行和其他财政收支情况的审计工作报告》。经过表决，会议通过这两个报告，决定批准霸州市2020年市本级决算。会议充分肯定全市财政和审计工作，同时指出，虽然霸州市财政运行整体平稳，但仍存在财政收支矛盾突出；财政管理水平需进一步提升；审计工作需进一步加强等问题。会议要求，市政府及相关部门在今后的工作中做好以下几方面工作：一是加快推进财税体制改革，提升财政管理水平；二是持续优化收支管理，实现惠企利民；三是加大审计力度，严防债务风险。

会议听取和审议市财政局局长孟宪国受市政府委托所作的《关于2020年国有资产管理情况的报告》。会议认为，2020年，市政府及国有资产管理部门高度重视国有资产管理工作，依法履行国有资产管理职责，完善管理制度，加大管理力度，创新管理方法，使霸州市国有资产管理成效不断提升。会议指出，虽然霸州市国有资产管理工作取得了一定成绩，但也存在着资产管理意识有待进一步加强、资产底数不够清、管理制度执行还不够严格等问题。会议要求，市政府及相关部门在今后的工作中努力做好以下几方面工作：一是提高认识，落实主体责任，提升国有资产管理水平；二是摸清家底，盘活存量资产；三是强化监管，实现国有资产保值增值。

会议听取和审议市财政局局长孟宪国受市政府委托所作的《关于2021年霸州市地方政府债券收支预算调整方案（草案）的报告》。经过表决，会议决定批准这个报告。

会议听取和审议市市场监督管理局副主任科员郭贺胜受市政府委托所作的《关于2021年食品药品安全监管工作情况的报告》，并对市市场监督管理局2021年食品药品安全监管工作进行满意度测评，测评结果为：满意。会议认为，近年来，市政府及有关部门深入贯彻习近平总书记关于食品药品安全工作的重要指示精神，严格落实中央“四个最严”要求，始终将食品药品安全工作作为重大政治任务和重要民生工程，做了大量积极有效的工作，守住食品药品安全底线，为确保人民群众“舌尖上的安全”奠定了坚实基础。会议指出，虽然霸州市食品药品安全工作取得明显成效，但仍存在一些问题：一是源头防治不彻底；二是共治氛围不浓厚；三是监管力量不够强。会议要求，市政府及有关部门要在今后的工作中着重做好以下几点工作：一是提高站位，推动食品药品安全工作落地落实；二是严字当头，推动食品药品安全工作可防可控；三是凝聚合力，推动食品药品安全工作共治共享。

会议听取和审议市应急管理局局长秦来民受市政府委托所作的《关于霸州市2021年安全生产重点工作开展情况的报告》，并对市应急管理局2021年安全生产重点工作开展情况进行满意度测评，测评结果为：满意。会议认为，2021年，市政府及相关部门对全市安全生产工作高度重视，通过完善责任体系、开展安全检查、推进重点整治、强化宣传教育等手段，严格落实责任，强化监管措施，坚守安全底线，全市安全生产形势保持总体平稳，为霸州市经济社会发展提供了坚强的安全保障。会议指出，在充分肯定成绩的同时，也应看到霸州市安全生产工作仍存在一些薄弱环节：一是安全生产隐患排查仍需进一步加强；二是部分企业安全生产主体责任落实不够到位；三是部分基层单位安全重视程度仍需进一步加强。会议要求，市政府及相关部门在今后的工作中着重做好以下几方面工作：一是提高政治站位，树牢安全发展理念；二是加强宣传教育，切实增强安全意识；三是坚持强化责任意识，努力构建齐抓共管的安全生产工作格局；四是强化长效监管，筑牢安全生产防线。

会议听取市法院院长刘炳辉所作的《霸州市人民法院关于民事执行工作情况的报告》。

会议审议通过《霸州市人民代表大会法制委员会关于对市人民法院民事执行工作开展联动监督情况的报告》。

会议根据霸州市监察委员会副主任许增利受主任鲁威委托进行的提请，表决通过张建成的人事任职事项。

会议组织霸州市人民检察院检察长潘建忠和会议新任命人员进行宪法宣誓。

最后，会议决定霸州市八届人大常委会第四次会议的召开时间。

【霸州八届人大常委会第四次会议】 12 月 24 日上午，霸州市八届人大常委会第四次会议在迎宾大厦十楼 1003 会议室召开。市人大常委会主任刘仰生，副主任郑永强、王立华、于六乐、高建华（女），委员郝洪岩、陈旭、刘茂枝、赵斌斌、张彬、吴玉强、宋立明、张东民、王宏乐、闵楠（女）、蔡德颖（女）、罗言长、金振中、陈国彪、胡兵、王英、张桂琴（女）、张卫东、俞权晟、陈铁柱、张红等 26 人出席会议。委员杨立影、王晓秋、马元生、刘洪滨、曹伯堂、马洪、勾永和、赵雪征因事、因病缺席会议。市监察委员会副主任许增利、市法院副院长苏焕楼、市检察院政治部主任潘保生、市财政局局长孟宪国、市审计局局长焦增河、市退役军人事务局局长牟振华、市政府办公室夏卫涛列席本次会议。

会议由主任刘仰生主持，会议的主要议程是：1. 传达学习中共河北省委人大工作会议、全省人大系统贯彻落实省委人大工作会议精神安排部署会和中共廊坊市委人大工作会议精神；2. 听取和审议《霸州市人民政府关于霸州市 2021 年财政收支预算调整方案（草案）的报告》；3. 听取和审议《霸州市人民政府关于〈2020 年度市本级预算执行及其他财政收支情况的审计工作报告〉中有关问题整改情况的报告》，并进行满意度测评；4. 听取和审议《霸州市人民政府关于退役军人服务保障体系建设情况的报告》，并进行满意度测评；5. 听取和审议《霸州市人民政府关于 2021 年度人大代表建议办理情况的报告》。

会议传达学习中共河北省委人大工作会议、全省人大系统贯彻落实省委人大工作会议精神安排部署会和中共廊坊市委人大工作会议精神。会议强调，省委和廊坊市委人大工作会议充分体现了高度的政治站位和强烈的使命担当，明确了新时代人大工作努力方向和重点任务。会议要求，市人大常委会全体组成人员，会后要进一步深入学习领会这三个重要会议精神，切实增强做好新时代人大工作的使命感责任感，以实际工作成效担当起新时代赋予的历史使命。

会议听取和审议市财政局局长孟宪国受市政府委托所作的《关于霸州市 2021 年财政收支预算调整方案（草案）的报告》。经过表决，会议决定批准这个报告。

会议听取和审议市审计局局长焦增河受市政府委托所作的《关于〈2020 年度市本级预算执行及其他财政收支情况的审计工作报告〉中有关问题整改情况的报告》，并对审计查出有关问题整改情况进行了满意度测评，测评结果为：满意。会议认为，市政府将审计整改工作作为重大政治任务抓紧抓实，通过进一步完善政策措施和管理制度，推动问题逐项整改。审计部门不断健全审计整改督促检查机制，积极推动审计查出问题的整改落实。被审计部门认真采纳审计建议，严格落实主体责任，积极进行整改，取得了较好成效。会议对市政府和审计部门今后的工作提出如下建议：一是坚持常抓不懈，不断加大审计监督力度；二是完善监管制度，着力提高预算管理的科学性和有效性；三是加强跟踪监督，提升审计监督实效。

会议听取和审议市退役军人事务局局长牟振华受市政府委托所作的《关于退役军人服务保障体系建设情况的报告》，并对退役军人服务保障体系建设情况进行了满意度测评，测评结果为满意。会议指出，在充分肯定成绩的同时，也应看到霸州市退役军人事务工作存在的一些薄弱环节：一是服务保障机制还不够健全，工作效率仍需进一步提高；二是内部职能仍需进一步明确；三是部分基层单位对退役军人事务工作的重视程度仍需进一步加强。会议要求，市政府及相关部门在今后的工作中，应着重做好以下几方面工作：一是深化改革成效，健全完善服务保障机制；二是加大宣传力度，营造全社会关心关爱退役军人的浓厚氛围；三是制定出台政策，切实解决退役军人的实际问题。

会议听取和审议市政府办公室夏卫涛受市政府委托所作的《关于 2021 年度人大代表建议办理情况的报告》，会议认为，市政府及其职能部门在今年的人大代表建议办理工作中，领导重视到位、程序严格把关、联系对接及时，代表建议承办工作措施得力，有效促进了代表建议的落实，解决了一批事关经济社会发展和群众切身利益的问题。会议指出，霸州市代表建议承办工作虽然取得了一定成绩，但还存在代表建议办理工作不平衡、联合办理有待加强、代表建议办结率有待提高等问题。会议建议市政府及其职能部门今后做好以下几项工作：一是进一步提高思想认识，扎扎实实地做好承办工作；二是进一步落实办理责任，协调处理办理过程中遇到的矛盾问题，形成工作合力；三是进一步增强办理实效，不断提升建议所涉问题的解决率。

最后，会议决定霸州市八届人大常委会第五次会议的召开时间。

监督工作

【联动监督】 按照省人大常委会工作安排，组织省、市、县、乡四级人大代表就优化营商环境、农业结构调整、地下水超采综合治理、公共医疗卫生服务重点领域开展四项联动监督以及“6+1”联动监督“回头看”，有效推动全市经济社会高质量发展。

【经济工作监督】 始终围绕贯彻新发展理念、构建新发展格局、实现高质量发展这一中心，把人大监督工作放到全市改革发展大局中扎实推进。深化经济工作监督，听取审议市政府 2021 年上半年预算执行情况的报告、2020 年财政决算情况的报告、2020 年度审计工作报告、2020 年度审计查出问题整改情况的报告，审查和批准 2020 年市本级决算。听取审议市政府 2021 年上半年国民经济和社会发展计划执行情况的报告、国有资产管理情况的报告、改善营商环境情况的报告。

【生态环境监督】 全面贯彻落实城市建设有关要求和生态环境保护有关法律法规，听取审议市政府 2020 年度环境状况和环境保护目标完成情况的报告、霸州市国土空间规划（草案）编制情况的报告、农业结构调整情况的报告、地下水超采综合治理情况的报告，开展固体废物污染环境防治“一法一条例”执法检查，推动品质霸州建设迈上新台阶。

【民生事业监督】 坚持以人民为中心的发展思想，听取审议市政府关于公共医疗卫生服务情况的报告、食品安全监管情况的报告、退役军人服务保障体系建设情况的报告。开展《河北省全民健身条例》执法检查，不断提升全民健身工作水平。加强对 2021 民生实事项目跟踪监督，组织开展专题视察，开展满意度测评，高质量助推各项民生实事落地，不断提升群众的获得感、幸福感。

【法治监督】 听取审议市人大常委会选举代表人事任免和法制工作委员会关于 2020 年度规范性文件备案审查工作情况的报告。严格落实宪法宣誓制度和领导干部学法制度，深入推进法治霸州建设。

执法检查

【概况】 2021 年 4 月，开展《河北省全民健身条例》贯彻实施情况执法检查；7 月，开展固体废物污染环境防治“一法一条例”执法检查。

专题视察调研

【概况】 2021 年，组织开展了全市旅游业发展情况专题调研和开发区能级提升情况视察；10 月至 11 月，对全市贯彻实施《中华人民共和国义务教育法》情况进行调研；11 月，配合上级人大，对法院执行工作情况开展专题调研，开展 2021 年民生实事项目专项视察。

人事任免和换届选举

【概况】 行使任免权。坚持党管干部与人大依法任免有机统一，进一步完善任免工作程序，任免“一府一委两院”国家工作人员 39 人次，通过法定程序确保了市委人事安排圆满实现。认真做好人大换届选举有关工作。落实中央和省、市委部署要求，根据宪法、地方组织法和选举法等有关规定，做好县乡两级人大换届选举工作，组织召开霸州市第八届人民代表大会第一次会议，选举产生新一届国家机关组成人员和廊坊市人大代表，科学指导乡镇人大换届工作顺利实施。依法做好新一届的人大代表资格审查工作。听取审议通过霸州市第七届人民代表大会常务委员会代表资格审查委员会关于新当选的霸州市人大代表资格审查情况的报告，依法确认代表资格。

代表工作

【概况】 创新代表工作机制。拓展代表参与常委会工作渠道，坚持代表列席常委会会议制度，丰富闭会期间代表活动。加强对代表联系走访，完善向代表通报情况和征求意见机制。健全代表培训机制，针对不同领域代表不同需求开展专题培训。提升代表履职平台。指导 36 个代表联络站常态化开展活动，推动“家站”触角向基层社区、村街“两委”、居民楼栋延伸，全力打造人大工作交流平台、活动阵地平台、知情知政平台、联系选民平台。抓好议案建议办理。听取审议市政府关于市七届人大五次会议代表建议办理情况的报告。改进常委会督办重点建议的机制，对代表议案建议办理情况进行调查和督办，促进相关问题解决落实。

代表建议

一、关于加强农村生态环境保护，改善人居环境的建议

近年来，市委和政府坚持生态优先的发展战略，努力推进农村环境综合整治，着力治理农村环境“脏、乱、差”现象，农村环境得到一定程度的改善。但总体来看，农村环境问题更复杂化和多样化，存在的问题依然十分严峻，各种污染正在影响着广大农村人口的生活，而且逐渐威胁到人们的健康，如再不加强治理与保护，将会导致严重后果，从而影响霸州市生态文明城市的建设。目前农村生活环境存在的主要问题有：

（一）农村群众环保意识不强。目前，仍有相当一部分农民环保意识还比较淡薄。农村随意扔垃圾现象仍有存在，即使建有垃圾池，不少村民还是习惯性地将垃圾扔在房屋周边的大坑里，养殖畜禽产生的粪，通常也是露天堆积，造成环境的污染。

（二）农村环境污染问题仍不容忽视。多数农村大量的生活污水任意排放，生活垃圾、建筑垃圾几乎全部露天堆放。即使建立了简易垃圾填埋场，也因生活垃圾中含有大量的有机物，在有机物降解过程中，产生的积液渗入地下，极易造成地下水的污染；在垃圾堆放过程中，也易产生大量恶臭气体，滋生大量的蚊蝇，还传播疾病，严重影响垃圾堆放点周围居民生活。

对策建议：

（一）继续加大环境保护宣传力度。除了通过宣传栏或电视、报纸等传统媒体进行宣传外，应将环保宣传与文化下乡等活动结合起来，多筹划一些环保类的宣传节目，使环保意识深入民心。

（二）切实加强乡镇环保设施的建设力度。（1）建议加大投入力度，扩大污水处理管网铺设力度，尽量使污水处理管网铺设逐步扩大到乡镇周边行政村，提升乡镇污水处理设施处理能力；应加强已建成污水处理厂的运营维护资金保障力度，确保污水处理设施能真正发挥应有的作用。（2）建议尽快解决乡村垃圾处理存在问题，在有条件的镇村，引进生活垃圾有机处理技术，有效处理垃圾转运难度较大的镇村的存留垃圾，防止垃圾堆存造成的积液对地下水体的污染。（3）建议住建部门关注新农村建设工作中的改厕建设，确保化粪池标准化建设，防止水体污染。

（三）切实加强和完善控制乡村企业环境污染的法治建设。应采取有效措施，提高环保准入门槛，禁止工业和城市污染向农村转移。严格执行国家产业政策和环保标准，对危害、威胁城乡水源地的乡村企业，严格限期实行关、停、并、转、迁。

（四）建立环境保护工作的公众参与机制，让公众参与农村环境监督和环境管理。建议通过霸州市官方和权威机构的微信公众号等媒体，广泛征集社会对农村环境治理的意见建议，并对采用的意见建议予以公开，邀请提出建议者及社会团体参与环保措施实施的督办与跟踪工作，确保农村环保工作落到实处。

二、关于促进家具产业品牌建设和发展的建议

胜芳家具行业经过 30 多年的发展历程已经建成产供销完整的产业链体系，接下来更需要在品牌建设上发展。发展品牌建设离不开产品设计和生产设备智能改造升级以及专利保护，因此，建议市政府从以下三方面给予支持和帮助：

（一）加大人才的引进力度，加强和大专院校、设计公司合作。

（二）鼓励企业对落后设备改造升级。

（三）政府牵头组织企业参观学习，扶持平台公司，为品牌企业服务。

三、关于推动农村电商发展的建议

农村电子商务是现代农业的一种新产业、新模式，是转变农业发展方式的重要手段，是精准扶贫、乡村振兴的重要载体。近年来，霸州市有几个村街狠抓服务体系完善、发展环境优化、商业模式转型、产业跨界融合等工作，虽然农村电子商务取得了明显的成效，但是还存在一些问题：

（一）工作推动不够。个别地方对农村电商发展的重视不够，组织宣传发动力度弱，发展农村电商的积极性不高；未能发动贫困村群众、城乡待业青年、返乡创业人员及时开展电商创业培训。

（二）网销产品不多。目前除家用绞肉机、拖布和滚筒粘毛器等企业线上销售的产品走势较好之外，其余线上销售的产品销量很差，知名度不高、品牌效应不强。

（三）物流效率偏低。目前快递物流仍然存在价格偏高、服务能力偏低的问题。尤其是部分偏远乡镇的物流服务水平相对滞后，农村快递收寄一般只能在乡镇驻地，存在网点积压现象。

（四）专业人才缺乏。在农村，青壮年大量外出，在家从事电商创业的人员基数小、专业知识少、网销理念落后，起不到带头作用；电商孵化经营缺乏技能人才。

对策建议：

（一）加大扶持力度。进一步细化电商扶持政策，对电商园区、电商主体、电商物流、电商品牌等加大支持力度，增强扶持政策的引领性、针对性和实效性。支持龙头企业、休闲食品电商做大做强，推动小微电商集聚发展，提升全市电商发展动力。

（二）优化行业环境。在市区，引导电商公共服务中心、互联网孵化基地、电商物流园区等充分发挥培训、孵化和物流集散等功能，全面提升服务水平；在农村，加强镇级电商孵化中心建设，完善电商孵化中心的人才培训、企业孵化、网货组织、电商物流、产销对接等功能，大力培训孵化村社电商带头人；优化农村电商服务站点布局，完善村级服务站点的代购代销、快递收寄、金融服务等服务功能，将电商服务站点做活做好。

（三）壮大人才队伍。采取多点、集中、带教等方式开展“面对面授课+实操培训”，对电商带头人、电商从业人员、贫困村的党员干部等对象进行分层次、分类别培训。持续开展电子商务进阶课程培训，开设电商策划、美工、摄影、营销等深入进阶课程，培训一批电商实用人才。打通物流“最后一公里”，降低物流成本，给电商提供优质环境，吸纳更多电商人才。

（四）强化产品组织。通过新闻媒体、户外广告、评优选特、电商展销会等多种形式宣传本地品牌，提高产品质量和知名度，打造优质农产品的整体形象。

（范战鹏）

霸州市人民政府

重要会议

【七届六十三次常务会议】2021年1月12日，召开市政府七届六十三次常务会议，审议市政府办公室《关于〈霸州鼎兴园区建设发展有限公司关于提前兑现去产能政府支持政策资金的请示〉的说明》、市水务局《关于回购南水北调霸州净水厂的请示（讨论稿）》

【七届六十四次常务会议】1月25日，召开市政府七届六十四次常务会议，审议市政府办公室《2021年政府工作报告（讨论稿）》、市发改局《关于霸州市国民经济和社会发展第十四个五年规划和二〇三五年远景目标纲要（草案）（讨论稿）》和《关于霸州市国民经济和社会发展第十四个五年规划和二〇三五年远景目标纲要（草案）的说明（讨论稿）》、审议市发改局《关于霸州市2020年国民经济和社会发展计划执行情况与2021年国民经济和社会发展计划（草案）的报告（讨论稿）》、市发改局《关于霸州市2020年民生实事项目完成情况和2021年民生实事候选项目形成情况的报告（讨论稿）》、市财政局《关于霸州市2020年市本级预算及市总预算执行情况和2021年市本级预算及市总预算（草案）的报告（讨论稿）》、市生态环境局《霸州市2020年中央大气污染防治资金使用方案（讨论稿）》，市扶贫办传达贯彻习近平总书记在中央政治局常务委员会会议上听取脱贫攻坚总结评估汇报后的重要讲话精神。

【七届六十五次常务会议】2月24日，召开市政府七届六十五次常务会议，学习《排污许可管理条例》，审议市政府办公室《政府系统2020年度表彰情况及考核结果（讨论稿）》、市自然规划局《关于下放自然资源领域行政处罚事项的实施方案（讨论稿）》、胜芳镇《关于成立鸿昇、学苑社区的请示（讨论稿）》，市扶贫办传达1月8日全省扶贫办主任会议精神。

【七届六十六次常务会议】3月18日，召开市政府七届六十六次常务会议，审议市财政局《关于处置南水北调霸州市配套工程霸州净水厂的请示（讨论稿）》。

【七届六十七次常务会议】3月30日，召开市政府七届六十七次常务会议，学习《白洋淀生态环境治理和保护条例》，审议市政府办公室《2021年基础设施建设工程安排情况说明（讨论稿）》，市应急局传达贯彻习近平总书记重要讲话精神，汇报近期安全生产工作开展情况，审议胜芳镇《关于拨付胜芳大悲禅寺绿化亮化工程款的请示（讨论稿）》、市自然规划局《霸州市2021年造林绿化奖补办法（讨论稿）》、市住建局《关于加快实施霸州市再生水（中水）供热及其他利用项目的请示（讨论稿）》、市住建局《关于提请批准“河北省廊坊市霸州市全市污水处理设施及配套管网工程全覆盖项目（北部区域）”〈政府和社会资本合作协议〉的请示（讨论稿）》和《关于提请批准“河北省廊坊市霸州市全市污水处理设施及配套管网工程全覆盖项目（北部区域）”〈PPP项目合同〉的请示（讨论稿）》、市公安局《关于智慧安防小区和智慧路防建设的请示》、市科技工信局《关于对2020年度民营企业及法人代表有关荣誉称号的认定和命名的说明（讨论稿）》，市扶贫办传达习近平总书记在全国脱贫攻坚总结表彰大会上的讲话精神，听取市供销社关于落实防范化解风险和改革发展的专题汇报。

【七届六十八次常务会议】 4月15日，召开市政府七届六十八次常务会议，审议开发区《霸州教育项目框架合作协议（讨论稿）》（拟提交市人大常委会、市委常委会审议）、《普洛斯霸州智慧供应链结算中心项目投资协议（讨论稿）》、《霸州财信园区开发建设有限公司特许经营协议（讨论稿）》、开发区《关于收回霸州市力宇电子科技有限公司土地使用权的请示（讨论稿）》和《关于收回河北天瑞流体科技有限公司土地使用权的请示（讨论稿）》、市政府办公室《关于开展招商引资和项目建设三年行动的实施方案（讨论稿）》，《关于进一步培育壮大规上工业、服务业和限上贸易业的实施意见（试行）（讨论稿）》、《霸州市招商引资优惠政策汇编（讨论稿）》，市科技工信局《关于进一步促进民营经济发展的若干意见（试行）（讨论稿）》、市财政局《关于霸州市金融债务纾困基金支持棚改增加业务范围的请示（讨论稿）》，市财政局《霸州市人民政府与衡水泰华教育集团办学合作协议书（讨论稿）》，市化解钢铁过剩产能工作领导小组办公室《前进钢厂钢铁产能退出合作协议（讨论稿）》，市住建局《关于提请批准“河北省廊坊市霸州市全市污水处理设施及配套管网工程全覆盖项目（南部区域）”〈政府和社会资本合作协议〉的请示（讨论稿）》和《关于提请批准“河北省廊坊市霸州市全市污水处理设施及配套管网工程全覆盖项目（南部区域）”〈PPP项目合同〉的请示（讨论稿）》，市卫健局《关于市二院迁建项目中涉及丽华集团米兰雅居项目城市基础设施配套费的情况汇报》，市生态环境局《霸州市关于全国人大常委会〈中华人民共和国土壤污染防治法〉执法检查问题整改落实方案（讨论稿）》；市扶贫办传达省扶贫开发办主任李志刚在全省扶贫办主任视频会议上的讲话精神。

【七届六十九次常务会议】 6月11日，召开市政府七届六十九次常务会议，审议霸州市人民政府办公室《关于调整市长、副市长分工的通知（讨论稿）》、市财信城投公司《关于收购霸州市力宇电子科技有限公司土地使用权的请示（讨论稿）》、开发区《关于申请落实丰厨（霸州）食品有限公司中央厨房项目招商引资优惠政策的请示（讨论稿）》、开发区《关于鼓励工业企业文化发展的优惠政策（讨论稿）》、市安委办《2021年全市安全生产工作要点（讨论稿）》、市生态环境局《关于申请启动扬芬港镇樊李杨村坑塘污染后续治理项目的请示（讨论稿）》、市科技工信局《霸州市省级以下工业园区划区设置和实施“四个一批”工作方案（讨论稿）》，听取市扶贫办关于2020年国家脱贫攻坚成效考核反馈问题整改情况的报告。

【七届七十次常务会议】 7月15日，召开市政府七届七十次常务会议，审议市文明办《霸州市2021年创建省级文明城市工作实施方案（讨论稿）》，并听取文明城市创建工作汇报和霸州市2021年未成年人思想道德建设上半年工作的汇报，审议市农业农村局《廊坊市创建国家农产品质量安全市工作霸州市实施方案（讨论稿）》、市农业农村局《霸州市2021年农村户厕改造实施方案（讨论稿）》和《霸州市进一步完善农村厕所粪污处理长效管护机制的工作方案（讨论稿）》，市水务局传达学习《中共河北省委、河北省人民政府关于认真贯彻落实习近平总书记在推进南水北调后续工程高质量发展座谈会上重要讲话精神，全力推进全社会节水工作的实施意见》，审议市住建局《关于做好雄安新区至北京大兴国际机场快线（R1线）霸州段建设征收补偿工作的实施方案（讨论稿）》、市住建局《霸州市全市污水处理设施及配套管网工程全覆盖项目建设土地征收流转及地上物补偿工作的实施方案（讨论稿）》、市住建局《关于增加2020年霸州市雨污水管网及道路改扩建一期工程拆迁费及铁路供电及网络线路迁改费的请示（讨论稿）》、市市场监管局《霸州市2021年食品安全重点工作安排（讨论稿）》，听取市科技工信局关于霸州市科技创新能力监测评价情况的汇报，审议市委党校《关于党校迁址新建项目的请示(讨论稿)》。

【八届一次常务会议】 8月20日，召开市政府八届一次常务会议，学习《中华人民共和国土地管理法实施条例》，审议开发区《关于荃盛食品河北生产基地项目入区协议书（讨论稿）》和《关于霸州·中关村协同发展（医美）产业园项目入区协议书（讨论稿）》、开发区《霸州经济开发区试点新增新型产业用地（M0）管理办法（试行）（讨论稿）》、市财政局《霸州市非税收入征管工作考核奖惩办法（讨论稿）》、市财政局《霸州市项目支出管理办法（讨论稿）》；市安委办传达学习《关于认真贯彻落实习近平总书记重要指示精神进一步做好全市安全生产工作的通知》文件精神，并汇报近期安全生产工作开展情况；审议市自然规划局《霸州市关于全面推行林长制的实施意见（讨论稿）》、市住建局《霸州市地方铁路专用线使用协议（讨论稿）》、市住建局《霸州市固体废弃物处理处置中心工程“两评一案”（讨论稿）》、市住建局《霸州市建筑垃圾管理办法(讨论稿)》、市住建局《霸州市关于加强餐厨废弃物收运处置管理的实施方案（讨论稿）》、市住建局《霸州市城乡生活垃圾分类管理办法（讨论稿）》、市住建局《关于实施霸州市东部新城区域集中供热特许经营资格项目招投标工作的请示（讨论稿）》、市人社局《关于被征地农民参加基本养老保险的意见（试行）（讨论稿）》、市农业农村局《关于霸州市财政衔接推进乡村振兴补助资金的使用方案（讨论稿）》、市司法局《关于开展法治政府建设示范创建活动高质量推进全市法治政府建设的实施意见（讨论稿）》。

【八届二次常务会议】 9月26日，召开市政府八届二次常务会议，学习《河北省重大行政决策实施情况跟踪反馈与后评估办法》，审议市政府办公室《霸州市人民政府工作规则（讨论稿）》、市发改局《关于对“十三五”期间部分省市重点项目企业予以鼓励与支持的请示（讨论稿）》、市司法局《关于李爱平、姜伯涛等4人恢复工作补缴保险的请示（讨论稿）》、市农业农村局《霸州市2021年农村公共厕所建设实施方案（讨论稿）》、市自然规划局《关于建立自然资源共同监管长效机制的实施意见（讨论稿）》、市住建局《关于申请全市污水处理设施及配套管网工程全覆盖项目市区雨污分流项目免除特殊穿越及并行工程相关费用的请示（讨论稿）》、市人社局《霸州市严格规范管控市直机关事业单位使用编外人员暂行办法（讨论稿）》。

【八届三次常务会议】 10月17日，召开市政府八届三次常务会议，市农业农村局传达廊坊市巩固脱贫成果后评估政策业务培训班会议精神，并研究霸州市贯彻落实意见，审议市农业农村局《关于实现巩固拓展脱贫攻坚成果同乡村振兴有效衔接的实施意见（讨论稿）》，听取市农业农村局关于乡村振兴战略任务开展情况工作汇报，市农业农村局传达廊坊市抓党建促乡村振兴工作会议精神，并研究霸州市贯彻落实意见。

【八届四次常务会议】 10月23日，召开市政府八届四次常务会议，审议开发区《河北霸州经济开发区深化人事和薪酬体制机制改革总体方案（讨论稿）》、开发区《关于3D显示器及动漫设计制作项目的资产收购协议（讨论稿）》、市应急局《全市重点领域安全生产突出隐患清零行动实施方案（讨论稿）》，听取市公安局关于禁毒工作阶段总结汇报，审议市教体局《关于追加返聘优秀退休教师任教所需资金2021年预算及纳入2022年预算的请示（讨论稿）》、市住建局《关于政府回购商品房项目中配建保障性住房的请示（讨论稿）》、市住建局《关于解决华夏幸福公司在霸州市商品房项目中配建保障性住房超面积标准相关问题的请示（讨论稿）》、市住建局《霸州市城市更新实施方案（讨论稿）》。

【八届五次常务会议】 11月19日，召开市政府八届五次常务会议，学习《中华人民共和国食品安全法》，审议开发区《关于螺旋流恒压泵研发生产项目的资产收购协议（讨论稿）》、开发区《关于日月光半导体芯片测试与封装项目的入区协议（讨论稿）》、市财政局《霸州市城镇（乡）污水处理费征收使用管理办法（讨论稿）》、市水务局《关于进一步加强生态文明建设深入开展地下水超采综合治理的实施意见（讨论稿）》、市市场监管局《霸州市关于强化知识产权保护的若干措施（讨论稿）》，传达学习中国共产党第十九届中央委员会第六次全体会议精神和《中共霸州市委关于省委第九巡视组巡视“回头看”反馈意见整改工作方案》文件精神。

【八届六次常务会议】 12月29日，召开市政府八届六次常务会议，学习《中华人民共和国市场主体登记管理条例》，市司法局解读《中共霸州市委、霸州市人民政府关于全市加快法治政府建设暨全面推进依法行政工作的实施意见》，听取霸州市巩固拓展脱贫攻坚成果领导小组关于2021年工作总结及2022年工作重点的汇报，市乡村振兴局传达廊坊市省内区域性结对帮扶工作专题调度会精神，并研究霸州市贯彻落实意见，听取市生态环境局关于2021年度生态环境保护重点工作完成情况及2022年重点工作安排的报告、市市场监管局关于2021年食品药品安全工作的汇报。

市政府办公室工作

【概况】 2021年，市政府办公室围绕市委、市政府总体部署，切实履行“参谋、协调、服务”的办公室职责，细致办文、周密办会、高效办事，确保市政府各项工作高效有序运转，先后获得“廊坊市政务信息工作优胜单位”“廊坊市政务公开工作优秀单位”“创建文明城市工作先进单位”“霸州市文明单位”等荣誉称号，为推动全市经济社会高质量发展做出贡献。

【调研工作】 研究室紧扣政府工作思路，抓住领导关切、社会关注和群众关心的经济社会发展重大问题，深入一线开展调查研究，认真组织相关材料，及时反馈信息，为市政府提供决策依据。紧抓全市中心工作，以高度负责的精神，切实抓好市政府领导讲话、会议材料、汇报材料等重要文稿起草、把关工作，为领导决策提供参考。着重对霸州市经济社会发展中面临的问题开展深入调研，注重把调研成果融入重大政策起草中，为全市经济社会发展提供有力保障。全年完成各类文字材料 500 余篇，组织各类调研 300 余次，形成报告 120 余篇。其中，《坚持一条主线，推进两大工程，力促县域经济高端高效高质量发展》被省政府研究室采用。

【信息工作】 加大信息搜集力度。加强与乡镇、部门联系，勤于沟通交流，及时了解全市各方面的最新情况，认真筛选刊发、上报。找准上报信息的切入点，从领导的要求和工作需要出发，观察思考问题，努力提高信息工作与决策思维的贴近度。注重提高信息质量，挖掘信息内涵，注重扩大广度、选准角度、挖掘深度。全年编发《霸政快讯》72 期，《政务交流》8 期。上报省、廊坊市信息 350 篇，被省级采用 3 篇，被廊坊市领导批示 6 次。政务信息工作在全省名列前茅，在廊坊市位列第二。

【督查工作】 重大决策督查工作。对市政府重要文件、会议、决定和重大工作部署进行细化分解，做到重点任务突出，工作目标量化，责任目标明确，时限要求具体。完成农村人居环境整治、“两违”拆除和“散乱污”企业整治、河道违建整治、植树造林、廊泊绕城工程建设等各项督查任务。收到国务院“互联网+督查”平台交办群众留言线索 7 件、省委省政府第二生态环境保护督查组交办问题 202 件、市第八督导组交办问题 13 件，已全部在时限内按照要求进行回复，按期回复率 100%。全面做好市长热线受理。承办廊坊市市长专线办公室交办件 5210 件，接办市民群众投诉、举报、求助等问题 2620 件次。收到市民群众感谢电话 1380 次。承办《人民网领导留言板》省长市长信箱留言案件 28 件，办理本级政府门户网站网上转办件 88 件，解决群众来访反映问题 100 余件。

【提案办理】 坚持把督办人大代表议案、建议和政协委员提案，充分发挥市长热线职能，作为政府办公室开展民生工作的重要抓手，严格检查督办，推动工作落实。承办政府系统人大代表建议、政协提案 166 件，涉及承办单位 44 个，按时办复率 100%，答复规范化率 100%。

【政务公开】 霸州市政务公开办公室被廊坊市人民政府办公室评为优秀单位，政务公开考核综合评分位列廊坊市各县（市、区）第一名，已连续 8 年被廊坊市人民政府办公室评为优秀单位。市政府主要领导对政务公开办公室工作给予充分肯定，作出重要批示“政务公开办工作长期能保持前茅，难能可贵，可为标杆和典范”，并全市通报表扬。主动公开各类政府信息 6993 条。开展政务新媒体专项整治工作，霸州市原有政务新媒体 45 个，关停 20 个，继续开办 25 个。霸州市开通“霸州市人民政府办公室”微信公众号和新浪微博。通过政府门户网站发布各类信息 2635 条，新增专题专栏 2 个；发布霸州市政策性解读文件 11 个；编发《霸州市人民政府公报》4 期；受理和答复公众网上信访、网上咨询、群众诉求和人民建议征集 419 条。

（张光远）

中国人民政治协商会议霸州市委员会

综 述

【概况】 中国人民政治协商会议霸州市委员会（以下简称市政协）在中共霸州市委的正确领导、霸州市人民政府的大力支持和上级政协的热情指导下，坚持以习近平新时代中国特色社会主义思想为指导，深入贯彻中共十九大和十九届历次全会精神，全面贯彻党的基本理论、基本路线、基本方略，牢牢把握稳中求进工作总基调，完整准确全面贯彻新发展理念，积极抢抓京津冀协同发展、雄安新区规划建设、大运河国家文化公园建设重大机遇，唯实惟先、善作善成，聚焦聚力高质量发展主题主线，突出做好产业发展和生态建设“两篇文章”，围绕建设环京津核心功能区重要节点城市、廊坊市副中心城市和京南水乡文化旅游名城，打造京津雄创新转化先行区、县域经济转型升级引领区、临空经济发展协作区、大运河文化魅力宜居城，积极引导政协各参加单位和各界别人士，提升建言资政的质量，提升参政议政的水平，提升民主监督的实效，为谱写新时代全面建设经济强市、生态新城、美丽霸州新篇章贡献了政协力量。

【政治协商】 2021 年，市政协认真谋划和开展协商活动，使常委会会议、专题协商会议等各层次的政治协商更加规范、有效。市政协以全会协商为龙头，以常委会会议、主席会专题议政为重点，以对口协商、界别协商、提案办理协商为日常，围绕市委“双十加一”攻坚行动、“1+4”功能定位、十项重点工程专班、“十四五”规划编制、平安霸州建设、金融综合改革、农村环境综合整治、争创国家级文明城市等 20 项重大课题，积极主动开展协商议政，助推党委政府科学决策。

【民主监督】 坚持把握“议大事、商要事、解难事”的工作主线，把民主监督贯穿、融汇于协商民主的各个环节，不断扩大监督领域，抓好监督实效，把推进党委政府决策部署落实和促进民生改善作为着力点，反映真实情况，提出意见建议。围绕重大交通项目建设、供给侧结构性改革、重点产业转型升级、“十大民生实事”等重点工作开展民主监督，助推经济社会高质量发展。

【参政议政】 通过设立委员之家，建政协微信群等交流平台，拓宽委员知情知政、参政议政渠道，委员参政议政能力水平显著提高。围绕京津冀协同发展、服务支持雄安新区建设、民营经济发展、环境污染整治和生态修复、乡村振兴等方面，深入基层广泛开展调查研究活动，撰写《紧跟雄安建设动向，拓展我市发展空间》《关于我市供给侧结构性改革的调查与思考》等调研文章，提出的很多意见、建议已被相关部门采纳，为高质量发展贡献出政协智慧。

【民主协商】 政协常委会积极协助党委政府把

握社会动态，化解各种矛盾，拓宽利益表达渠道，营造公平正义、诚信友爱、团结互助的良好社会环境，促进社会和谐稳定。把加强各党派、团体和社会各界人士的共事合作摆上重要位置，不断促进爱国统一战线的巩固和发展。努力营造平等议事、和谐共商、严谨活泼的协商民主氛围，切实提升做好团结、联谊工作的能力。着力发挥工商联、民主党派、社会各界人士的作用，邀请他们列席政协常委会会议、参加政协专题协商会、视察调研等活动，为有效政治参与提供畅通渠道。增进社会和谐，营造团结民主的浓厚氛围。精心组织庆祝“人民政协成立70周年”“改革开放40周年”“中国共产党成立100周年”等系列活动。发挥政协委员人才荟萃的优势，结合党史学习教育，编辑出版《岁痕集》《萃华集》等相关“三亲”史料，讴歌中国共产党领导中国革命、建设和改革的丰功伟绩，生动展现中国共产党与各民主党派肝胆相照、荣辱与共的光辉历程，不断巩固各党派团体和社会各界人士团结奋斗的共同思想政治基础。以政协例会为平台，调研视察为载体，界别活动为纽带，加强与各民主党派、工商联和无党派人士的团结合作，调动一切积极因素，形成促进发展的强大合力。

【关注民生】2021年，市政协常委会关注民生，反映民意，紧跟社会热点问题。一是促进城市人居环境改善。围绕创建文明城市，号召全体委员携手并肩，主动担当作为，投身到创建工作中，贡献自己的力量。围绕牤牛河公园提升改造，持续开展监督。围绕112国道改造提升工作，定期开展监督走访，为两侧违章建筑拆除发挥积极作用，成为全市“违必拆、六先拆”示范工程。还围绕十大专班建设、城乡清洁工程等组织视察调研，为改善城市人居环境发挥积极作用。二是献计民生福利事业发展。围绕教育事业发展协商建言，推动一中教育改革、增加农村师资力量，促进霸州市教育高质量发展。围绕医疗卫生事业发展，就推进医疗联合体建设、提高乡镇卫生院服务水平等集思广益。关注老龄化问题，提出完善城乡养老服务体系，推进养老事业社会化、产业化等对策建议。围绕农村文化建设现状开展调研，为加强基层文化阵地、丰富农村文化生活积极建言。经过努力，百姓关切得到回应，群众诉求得以解决，产生良好的社会效果。三是为民办实事做好事。领导带头深入基层，了解社会经济发展情况，参与扶贫包联工作，深入联系点察民情、送温暖，组织委员开展“六送”下乡活动和挂钩帮扶。组织委员参与帮扶村街、共享资源、争取项目等活动。四是投身疫情防控体现担当。围绕夺取疫情防控和经济发展双胜利，市政协常委会紧跟市委部署，动员全体委员积极参与一线抗疫，捐款捐物、建言献策。疫情期间，组织委员捐款300多万元，捐赠防疫物资20余万件，反映社情民意13篇，提出建议100多条。疫情稳控后，围绕加快复工复产、做好“六稳”工作、落实“六保”任务积极开展工作。

全体会议

【政协霸州市第七届委员会第五次会议】 3月1日至3日，中国人民政治协商会议霸州市第七届委员会第五次会议在迎宾大厦会议中心召开。会议听取和审议《政协霸州市第七届委员会常务委员会工作报告》《政协霸州市第七届委员会常务委员会提案工作报告》；列席市七届人大五次会议，听取和讨论《政府工作报告》《霸州市人民代表大会常务委员会工作报告》《霸州市人民法院工作报告》《霸州市人民检察院工作报告》等报告；听取政协霸州市第七届委员会第五次会议提案审查委员会《关于七届五次会议期间提案审查情况的报告》；通过大会决议。

【政协霸州市第八届委员会第一次会议】 7月23日至26日，中国人民政治协商会议霸州市第八届委员会第一次会议在迎宾大厦会议中心召开。会议听取和审议《政协霸州市第七届委员会常务委员会工作报告》《政协霸州市第七届委员会常务委员会提案工作报告》；列席市八届人大一次会议，听取和讨论《霸州市人民政府工作报告》《霸州市人民法院工作报告》《霸州市人民检察院工作报告》《政府工作报告》等报告；选举产生政协霸州市第八届委员会主席、副主席、秘书长和常务委员；听取政协霸州市第八届委员会提案审查委员会《关于八届一次会议期间提案审查情况的报告》；通过大会决议。

常委会会议

【政协霸州市第七届委员会常务委员会第十八次（扩大）会议】 2月23日上午，政协霸州市第七届委员会常务委员会第十八次（扩大）会议在会议中心五号会议室召开。市政协主席牛双秋，副主席程亮，党组副书记李新军，副主席王文淼、杜海涛、刘德生，党组成员杜卫东，秘书长刘永立及政协常委参加会议，政协各活动组组长列席会议，会议由牛双秋主持。会议议定县级政协完成换届时间按照省委要求提前到2021年7月，会议审议《对部分政协委员调整的意见（草案）》《部分活动组组长进行调整的意见》《七届五次会议的筹备情况》《七届五次会议大会秘书处组成人员的名单草案》《常委会工作报告（讨论稿）》《提案工作情况的报告（讨论稿）》。

【政协霸州市第七届委员会常务委员会第十九次（扩大）会议】 3月3日上午，政协霸州市第七届委员会常务委员会第十九次（扩大）会议在会议中心五号会议室召开。会议由牛双秋主持。会议听取各组召集人讨论市委书记讲话、市政协两个报告、市政府工作报告及其他报告的情况汇报；审议通过提案审查委员会关于本次会议期间提案审查情况的报告（草案）；审议通过大会决议（草案）。

【政协霸州市第七届委员会常务委员会第二十次（扩大）会议】 7月18日上午，政协霸州市第七届委员会常务委员会第二十次（扩大）会议在会议中心五号会议室召开。会议由牛双秋主持。会议协商确定政协第八届委员会委员人选、政协八届一次会议秘书处组成人员名单；协商提出政协第八届委员会常委候选人建议名单，提案审查委员会主任、副主任和委员建议名单，政协八届一次会议预备会主席团和秘书长建议名单，讨论组划分、成员及召集人建议名单、列席人员名单，协商提出政协八届一次会议议程和日程（草案）；审议通过《七届政协常委会工作报告（草案）》和《七届政协常委会提案工作报告（草案）》。

【政协霸州市第八届委员会常务委员会第一次（扩大）会议】 9月3日上午，政协霸州市第八届委员会常务委员会第一次（扩大）会议在会议中心五号会议室召开，政协主席王亚利，党组副书记杜卫东，副主席王文淼、王洪涛、张德生、贾婷，秘书长刘越和所有政协常委参加会议，20个活动组组长列席会议，会议由王亚利主持。会议传达学习习近平总书记“七一”重要讲话精神，习近平总书记在河北承德塞罕坝考察时的讲话精神，习近平总书记在中央民族工作会议上的讲话精神，习近平总书记在中央财经委员会第十次会议上的重要讲话精神，以及廊坊两会精神；通报政协霸州市第八届委员会领导工作分工、政协主席包联活动组情况；协商审议并通过市政协 2021 年下半年工作要点和政协霸州市第八届委员会委员履职工作规则。

政协委员提案选载

政协霸州市委员会八届一次会议提案
第 1 号

提 案 人：郝 莹　王树军

通信地址：霸州市叁永企业管理咨询有限公司迎宾道 3253 号

案　　由：关于壮大高端高新产业的建议

理　　由：以习近平新时代中国特色社会主义思想为指导，贯彻落实习近平总书记对河北工作的重要指示精神，牢固树立新发展理念，继续坚持“发展高科技、实现产业化”方向，以深化机制改革和优化创新创业生态为抓手，以发展高新技术产业和增强企业创新能力为重点，围绕产业链部署创新链，围绕创新链布局产业链，全面提升霸州市发展能级和水平，提升自主创新能力、激发企业创新发展活力、打造创新型产业，为新时代全面建设经济强省、美丽河北提供有力支持。

建　　议：

1. 加强关键核心技术攻关。面向国家战略和产业发展需求，支持霸州市在新一代信息技术、生物医药、高端装备制造、新能源、新材料、节能环保等战略性新兴产业领域，开展联合研究和创新攻关，着力形成一批“撒手锏技术”，重点攻克一批“卡脖子技术”，超前布局一批“制高点技术”。

2. 加速科技成果转移转化。加快雄安国际化技术转移体系建设，推动一批国际重大成果转化应用。将霸州市打造成为承接京津科技成果转移转化的核心载体，深化“京津研发、河北转化”模式，推动一批重大创新成果落地转化并实现产品化、产业化。推动集聚发展一批专业化技术转移服务机构，建立一批产业技术创新战略联盟，完善技术转移要素配置，提升科技成果转移转化的支撑服务能力和承载能力。探索职务科技成果所有权改革，赋予科研人员职务科技成果所有权或长期使用权。

3. 引进培养一流创新人才。向全国招才引智，聚焦人工智能、新一代信息通信、前沿材料等未来产业，引进一批国际高端创新人才和团队。自主制定引进急需紧缺的高层次专业人才或特殊人才政策，提供住房保障、户籍办理、创业投资、医疗保险、子女入学、出入境等方面“一站式”服务。

4. 提升科技型中小企业竞争力。鼓励科研院所、高等学校科研人员和企业科技人员创办科技型中小企业。支持科技型中小企业做强核心业务，加快专业化、精细化发展，打造具有竞争力和影响力的产品和品牌。加强对科技型中小企业的支持，推动成长为高新技术企业。

5. 大力发展高新技术企业。支持围绕主导产业打造高新技术企业集群，继续壮大高新技术企业规模。强化高新技术企业精准培育力度，实现高新技术企业培育服务体系的网格化、精细化、全程化。加大对高新技术企业的研发创新、人才引进、市场融资、要素保障的支持，提升企业核心竞争力。完善高新技术企业奖补政策，加强高新技术企业税收优惠政策落实。

6. 加快培育高成长性企业。培育一批成长速度快、创新能力强、专业领域新、发展潜力大的企业，发掘一批掌握行业技术、市场、品牌等话语权的“独角兽企业”或潜在“独角兽企业”。实施科技领军企业培育行动，遴选一批体量规模大、创新水平高、行业带动强的领军企业，给予重点研发计划项目、创新团队、创新平台等方面的组合支持，打造具有国际竞争力的产业龙头。

7. 提高科技创新创业质量。支持引进硬科技创业者、科学家创业者、海外高层次人才、企业家和投资人等高端创业人才。支持发展专业化众创空间和科技企业孵化器，完善“众创空间—孵化器—加速器”科技企业孵化育成链条。支持申创科技资源支撑型、高端人才引领型等国家创新创业特色载体。支持举办具有全国影响力的创新创业品牌活动，激发创新创业活力。

8. 深化管理体制机制改革。进一步优化霸州市党工委、管委会管理体制，实施“大部门、扁平化”管理。

9. 优化营商环境。按照“权力责任一致、职责能力匹配、能放皆放”的原则，建立授权事项清单制度。

10. 完善创新生态。加强金融服务，鼓励商业银行设立科技支行。支持银行、担保公司开展知识产权质押、线上批量授信、知识产权交易履约担保等新型业务模式。支持符合条件的企业在境内外多层次资本市场挂牌上市融资。构建大企业创新生态圈，充分发挥大企业平台化作用，支持大中小企业围绕供应链整合、创新能力共享、数据应用等产业发展关键环节，推广资源开放、能力共享等协同机制，形成大中小企业融通发展的创新生态。

11. 坚持党对高新企业工作的统一领导。充分发挥领导小组作用，统筹协调相关部门，做好高新企业规划引导、布局优化和给予充分的财政、土地等政策保障，加强规划建设、产业发展和创新资源配置的统筹、政策支持等相关工作。

12. 坚持集聚资源，创新发展。以创新驱动发展为根本路径，加快创新资源要素向高新区集聚，深化京津冀协同创新，优化创新创业生态，补齐创新短板，增强创新能力，激活创新主体，引领高质量发展。

13. 坚持高新定位，打造高地。牢牢把握“高”和“新”发展定位，抢占未来科技和产业发展制高点，构建开放创新、高端产业集聚、宜创宜业宜居的增长极。

14. 坚持量质并举，提升能级。坚持在做大经济总量中优化结构、提升质量，加快传统产业转型升级，实现优势产业成链集群发展，培育经济发展新动能，提高发展质量和效益。

15. 坚持突出优势，做亮特色。立足各区域发展基础和特色，发挥比较优势，明确功能定位和发展方向，探索差异化发展路径，推进高新区特色化、优势化发展。

16. 坚持深化改革，优化环境。深化“放管服”改革，加强管理体制机制创新，率先打造市场化、法治化、国际化营商环境，增强区域发展吸引力和竞争力。

审查意见：请市政府研究办理。

政协霸州市委员会八届一次会议提案
第4号

提 案 人：杨会良

通信地址：霸州市京华五金制造有限公司

案　　由：关于乡村旅游同现代农业产业发展相结合的建议

理　　由：随着改革开放，旅游业已经成为国民经济和社会发展的重要组成部分。根据有关数据统计，近些年来乡村旅游已经占据了国内旅游市场的半壁江山。霸州市地处京津冀三角地带，拥有源远流长的燕赵历史及北宋杨六郎抗辽等美丽传说，乡村旅游的发展理应开发出自己的发展模式，吸引更多游客到霸州旅游，促进本地经济和社会发展。

一、霸州市发展乡村旅游产业的优势

1. 依托京津两大直辖市的区位优势。乡村旅游很大程度上对接的是城市人口对乡村生活的旅游需求，两个人口几千万的大城市乡村旅游需求是一个很大的消费市场，霸州市距离两大城市都在一小时车程范围内，为发展乡村旅游提供了先天优势。

2. 域内乡村旅游产业发展的多种优良基础优势。目前全市各乡镇依托自己地缘和人文优势，形成了各种势头良好的乡村旅游模式。如：信安的龙泉古寺、霸州胜芳古镇、中华戏曲大观园等具有历史渊源的民俗文化模式；霸州市益丰生态农业发展有限公司、霸州祥发种植合作社、霸州快乐林家合作社等生态农业模式；霸州日月潭、塞纳温泉庄园等休闲度假模式等。

3. 霸州市开展的美丽乡村建设发展优势。霸州市根据市情，编制了覆盖全域的美丽乡村建设总体规划，围绕近郊生态田园、京津都市后花园的目标定位，推进全市美丽乡村建设，基本建成了覆盖全域乡村的垃圾处理长效机制，推进农村基础设施建设的全面提升。

二、发展乡村旅游的思路：乡村旅游产业同现代生态农业产业模式相结合。

一直以来，中国的乡村旅游禁锢在种植养殖、生态采摘、农家乐、节庆风俗、乡村旅馆、土菜土屋、乡村民宿等模式之中，缺乏创新，同质化严重、经济效益低下。随着互联网经济的进一步扩大，“现代生态农业”模式不仅迎合了时尚主流经济发展的需求，还为乡村旅游经营模式提供了新的发展思路，也为休闲农业和乡村旅游发展探索出一条新出路。“现代生态农业”模式的主要特征就是以农业合作社为主要载体，以企业经营为主，让农民参与生产、经营和受益，集生态农业、循环农业、创意农业、订单农业、体验农业于一体，以移动互联网、物联网等信息技术为支撑，以现代农业和民宿共享为主要业态，最终实现共建共享共赢的新产业模式。

1. 订单农业模式

以VIP会员的方式，建立农庄生产基地与消费者之间长期、稳定的直销关系，产供销一体化，由消费者决定种什么、种多少、怎么种，最大限度地减少无效供给，扩大有效供给。从根本上解决农庄生产基地产不愁销，消费者购不愁食品安全等问题。

2. 文化创意模式

立足特色资源，树立文创理念，引导包括本土在内的各类艺术家、草根艺人、非物质文化遗产艺术、创客利用品牌设计、故事挖掘、艺术再造、农业科普、地方曲艺等文创艺术方式，打造集人文要素、生态要素、科技要素、艺术要素、创意要素于一体的特色“共享农庄”，增强乡村旅游的文化性、艺术性、趣味性、参与性、互动性，形成文化创意和旅游的有机融合。

3. 休闲养生模式

休闲养生模式主要是农民或集体经济组织以出租、合作等方式盘活利用空闲农房和宅基地，规划发展养生养老、民宿客栈、特色膳食、禅修辟谷、骑车运动等项目，吸引消费者前往农庄投资和消费。

4. 扶贫帮困模式

扶贫帮困模式就是引导消费者及投资主体与贫困村或贫困户直接对接，消费者认养贫困户的农作物或者承租贫困户的农地、农房，依托当地资源优势，共同打造“慈善村”“爱心家园”“扶贫基地”等，“消费即扶贫，购买即帮困”，使“共享庄园”升华为全社会共同参与的社会福利慈善基地。

三、发展乡村旅游的经营模式：多种模式并行，视不同情况采用不同的发展模式。

1. 企业为开发经营主体

乡村旅游由一个旅游企业或者外来投资者开发经营，这种模式可以撬动资金，形成鲜明的旅游文化特色，拉动周围产业升级；

2. 村集体为开发经营主体

旅游地社区村集体投资进行旅游开发经营活动，村民参与旅游开发经营决策和利益分配，并直接从事旅游服务和管理工作是这种开发模式的特点，根据村集体的经济实力和具体的开发组织情况，又可分为村集体经济体开发模式、村集体组织全民参与开发模式两种模式。

3. 村民自主经营模式

乡村社区居民自主开发经营家庭旅游接待服务并享受旅游带来的利益。根据是否有社区旅游机构进行组织管理，分为政府推动村民自主开发模式、社区旅游机构组织农户自主参与开发模式两种模式。

4. 政府主导村民参与运营模式

一般位于政府部门开发的大型旅游景区内的乡村旅游地社区，倾向于采用政府主导村民参与开发模式。因为这样的社区政府已经建设了较为完善的旅游基础设施，乡村社区居民通过自主经营旅游服务或在社区集体旅游企业工作，参与到旅游经营活动之中。

随着京津冀一体化体系的发展和雄安新区的逐步发展，乡村旅游将会成为拉动域内经济和推动社会发展的重要抓手，乡村旅游和现代生态农业相结合，也必将走出一条特色发展之路。

建　　议：

政府相关部门深入开展调查研究，将霸州市乡村旅游产业同现代生态农业产业发展相结合，为霸州的经济发展注入新的活力。

审查意见：请市政府研究办理。

政协霸州市委员会八届一次会议提案
第5号

提 案 人：王　腾

通信地址：霸州市胜芳镇万通金属

案　　由：关于促进民营企业高质量发展的建议

理　　由：当前由于受到外部冲击、经济下行压力增大，民营企业经营普遍困难，项目投资回报率不确定性增加，符合银行放贷的有效融资需求不足，出现银行放贷与小微企业融资“两难”局面。一些民营企业技术创新依赖技术引进、简单模仿、延展迭代，关键核心技术和原始创新能力不强，科技成果产业化效率较低，市场潜力有待开发。中小微企业普遍面临管理人员稀缺、各类人才短缺问题，一些企业管理人员市场意识、开放观念、创新精神、世界眼光明显不足，经营管理和制度建设尚不能完全适应现代市场经济要求。支持民企发展政策落实不到位问题依然存在，部分基层单位商事登记制度改革措施落实不到位、申请手续繁杂，“多次跑腿”现象依旧存在。此外，支持民营企业发展的中介服务体系不完善，服务民营经济的融资担保、信用评价、培训体系、信息服务平台不健全，市场中介组织发育不充分。部分民营企业规模小，缺乏完善的法人治理结构，家族企业较多，企业决策、管理和监督制度与机制不健全，财务管理不规范，信息透明度和可信度较低，抗风险能力弱。

建　　议：

1. 聚力纾困解困，解决民企“痛点”。突出问题导向，着力破解影响民营经济发展的瓶颈问题。一是扎实推进降成本行动，进一步清理、精简审批事项和涉企收费，规范中间环节，推进涉企行政事业零收费改革。二是着力解决民营企业融资难融资贵问题，发挥小额贷款、风险投资等融资渠道作用，拓宽民营企业多元融资途径，满足“短、小、频、急”融资需求。三是促进货币政策、财政政策和产业政策统筹协调，完善新兴产业风险分摊、担保和补偿机制，精准帮扶产业龙头、就业大户、战略新兴行业等民营企业。四是关注和帮助民营企业解决创业接班难题，不断完善职业经理人市场机制。

2. 聚力创新创优，激发创造活力。以创新驱动民营经济高质量发展，以创新创业激发民营企业创造活力。一是加快推进要素市场化改革，加快推进科技创新链、产业链、资金链、政策链、人才链深度融合，建立完善科企对接、产学研合作平台和公共服务平台，促进科技成果向民营企业转化。二是支持龙头企业组建产业技术创新联盟，引导各类企业开展技术、产品、管理创新，提高民营企业自主创新活力和能力。三是持续开展高新技术企业认定工作，使更多科技型、创新型民营企业享受税收优惠政策。四是拓宽民营经济发展领域，通过降门槛、降成本、拓领域、促公平，激发民间投资活力。鼓励民营企业参与“一带一路”建设。

3. 聚力培育培强，塑造行业品牌。促进民营企业高质量发展，需要内强素质、外树品牌，打造民营企业核心竞争力。一是建议实施民营企业素质提升工程，加强政策、法律和现代企业管理知识培训，规范企业财务管理和公司治理，提升民营企业合规意识、经营水平和诚信度。二是建立企业信息共享机制，健全公开监督机制，对各类不诚信行为加大打击力度。三是优化产业空间布局，提升资源集聚和企业集约水平，提高各类产业园区的产出效率。四是大力实施品牌战略，弘扬企业家精神和工匠精神，鼓励民营企业家聚焦实业、做精主业，打造一批行业品牌鲜明、创新能力强、市场占有率高的“专精特新”和“小巨人”企业。

4. 聚力改革变革，优化营商环境。良好的政策环境、制度环境和营商环境，是确保民营经济健康持续发展的基础和前提。一是全面深化“放管服”改革，全面推进“最多跑一次”改革，全面实施市场准入负面清单，清理和废止阻碍民营企业参与公平竞争的各项规定，营造公平竞争环境。二是建议对标世界银行“营商环境指标”标准，定期评估营商环境质量状况，了解民营企业对营商环境的感受度，倒逼各地环境改善。三是着力完善政策执行方式，推动各项政策落地、落细、落实，定期督察支持民营企业发展的政策落实情况。四是着力构建“亲”“清”的新型政商关系，健全政府和民营企业常态化沟通机制，让民营企业充分体会到权利平等、机会平等、规则平等。五是加强对财产权、知识产权、自主经营权等合法权益保护，让民营企业吃下“定心丸”。

5. 聚力共生共荣，强化责任担当。企业社会责任问题与经济社会发展相伴而生，保持经济平稳健康发展，实现就业稳定、民生改善、食品安全、文化繁荣、资源节约和生态良好，离不开企业对社会责任的切实履行。一是建议加强企业社会责任评价标准和体系研究，积极引导民营企业在生产经营各个环节，主动履行社会责任。二是建议把支持民营经济发展作为各级各部门增强“四个意识”、坚定“四个自信”的具体行动中来。

审查意见：请市政府研究办理。

中国共产党霸州市纪律检查委员会
霸州市监察委员会

【概况】2021年，霸州市纪委监委在廊坊市纪委监委和霸州市委的坚强领导下，认真贯彻落实中共十九届六中全会和中央、省、市纪委全会精神，增强“四个意识”、坚定“四个自信”、做到“两个维护”，坚持稳中求进总基调，围绕中心，服务大局，有效发挥监督保障执行、促进完善发展作用，推进纪检监察工作高质量发展取得新进展新成效，为霸州市“十四五”发展开好局提供坚强保障。2021年，市纪委监委机关被评为廊坊市级文明单位。

【深化政治监督】围绕“十四五”开好局，聚焦“三新一高”战略要求，增强“四个意识”、坚定“四个自信”、做到“两个维护”，不断增强政治监督具体化精准化水平，确保中省市决策部署落地见效。抓好疫情防控常态化监督，开展监督检查525次，督促整改问题145个；抓好京津冀协同发展监督，重点围绕支持服务雄安新区规划建设，对R1线、京德高速等12个重点项目开展全程监督，督促整改问题21个，保障重点工程稳步推进；抓好县乡村换届风气监督，成立13个监督组，制定方案，进行全程监督。严把选人用人关，严把意见回复关，回复廉政意见118批次、6009人次，提出否定和暂缓性意见23人次；聚焦优化营商环境，开展护航经济发展“五个一”活动，有力促进民营经济更好更快发展。

【推进“三不”】全市纪检监察机关立案69件，处分74人，其中乡科级干部7人，移送检察机关1人。开展停车收费领域、粮食购销领域、供销社领域腐败问题专项治理，处分4人；配合开展政法队伍教育整顿，处分4人；查处廊坊市纪委监委指定管辖的“5·21”专案，被审查调查对象受到开除党籍、政务开除处分，涉嫌职务犯罪问题移送检察机关提起公诉；协助市委召开全市党建暨领导干部政治性警示教育大会，通报典型案件5件，强化警示震慑效果；深入开展廉洁文化建设，整合全市“红廉”文化资源，打造“廉之旅”体验式教育路线，组织开发区新应聘内设机构正职等党员干部和公职人员开展体验式教育。这些做法被《河北纪检监察》刊载，在《河北经济日报》、“冀云”、“学习强国”学习平台等媒体刊发。

【纠治“四风”】常态化开展落实中央八项规定精神和纠正“四风”监督检查，严防反弹回潮。重点抓好“五一”、端午、中秋、国庆、元旦、春节等重要时间节点纠治“四风”工作，督促各单位党委（党组）在中秋、元旦前召开党风廉政建设专题会，对节日期间纠治“四风”工作早研究、早部署、早警示，确保“十三个严禁”等相关纪律要求落实到位。全年开展监督检查50余次，发现苗头性、倾向性问题14个，督促相关单位全部立行立改到位，查处违反中央八项规定精神及“四风”案件11件，批评教育和处理13人。

【整治群腐问题】针对群众诉求，有力减存量遏增量，制发《信访举报办理工作办法》，实行检举控告办理情况登记单管理机制，健全信访件办理闭环管理模式。实行“蓝黄橙红”重复举报四级预警机制，有效降低重复举报。成功化解中央纪委转交的“我为群众办实事·纪委请您来出题”专栏涉及霸州市群众诉求类问题2件。对廊坊市纪委监委移交的21件群众“办事难”“办事贵”问题线索运用第一种形态处置22人。以“我为群众办实事”活动为契机，开展小学“三点半”、房地产领域“办证难”“入住难”、黑臭水体治理等专项监督，提升群众的获得感、幸福感、安全感。

【推进体制改革】 制定《霸州市2021年深化纪检监察体制改革工作要点》，明确7项任务，20项举措，改革工作扎实有序推进。注重制度机制建设，出台《信访举报办理工作办法》《问题线索管理和处置办法》《监督工作派单制工作办法》《片区会商议事制度》《重大疑难复杂案件会商机制》《书记（主任）办公会议制度》等6项制度，取得“用制度管人、用流程管事，统筹推动工作”的良好效果。2021年，派驻机构受理问题线索37件，全部办结，同比增长185%；乡镇纪委受理问题线索103件，办结97件，同比增长39%。

【提升巡察质量】 开展农村集体“三资”管理专项巡察，发现问题58个，全部完成整改，问题线索7件，全部办结。对市法院、市公安局开展常规巡察，发现问题25个，问题线索4件。完成七届市委巡察全覆盖任务。开展粮食购销系统专项巡察，发现问题38个，问题线索1件。在抓好日常巡察工作的同时，完善“办组”会商机制，探索巡察整改闭环管理体系。积极协助市委做好省委巡视组“回头看”，在抓好反馈涉及纪委问题整改、线索处置等工作的同时，压实同级党委（党组）整改主体责任，推动全市巡视整改工作顺利开展。

【自身建设】 完成市乡两级纪委换届，并以此为契机，深入开展业务培训，举办各类培训21期，受训1392人次，实现全员覆盖。深入开展党史学习教育，领导班子成员带头学习“四史”，带头讲党课，同时采取观看红色电影、组织主题征文、到西柏坡开展红色教育等多种形式，强化学习教育效果。创新开展“学制度、明规矩、转作风、提素质”活动，进一步强化规矩意识，转变工作作风。坚持刀刃向内，加强自身监督，严格规范纪检监察干部行为，严防“灯下黑”。

（杜静哲）

群众团体

霸州市总工会

【概况】 2021年，霸州市总工会围绕把握新发展阶段、贯彻新发展理念、构建新发展格局，以庆祝中国共产党成立100周年为主线，以服务高质量发展为主题，坚持深入学习宣传贯彻习近平新时代中国特色社会主义思想，扎实开展党史学习教育，始终把牢工会工作的正确政治方向；突出抓好职工思想政治引领，深化职工“大学习”活动，大力弘扬劳模精神、劳动精神、工匠精神，广泛开展职工“四史”宣传教育，打造昂扬向上的职工文化，营造庆祝中国共产党成立100周年的良好氛围；充分发挥主力军作用，深化劳动和技能竞赛，鼓励支持职工创新创效，深化产业工人队伍建设改革，持续助力常态化疫情防控和复工复产复业，积极参与构建和谐劳动关系，维护劳动领域政治安全和职工队伍稳定，助力霸州经济社会的和谐发展；持续优化服务办实事，加强职工服务阵地建设，实施困难职工常态化帮扶，关心关爱抗疫一线人员，集中开展一系列送温暖活动，做好职工创业就业服务，持续提升职工群众生活品质；大力推动工会改革创新走深走实，进一步扩大工会组织的覆盖面，着力破解基层工会作用发挥不够难题，大力加强网上工会建设，切实提升改革的综合效能；扎实推进工会系统全面从严治党向纵深发展，切实履行全面从严治党主体责任，持续推进“机关建设提质年”“干部素质提升年”活动，持续涵养风清气正的政治生态。扎实做好思想引领、建功立业、维权服务、自身建设等工作。

【坚持职工思想政治引领】 一是完成霸州市劳动公园建设项目。按照省总工会、廊坊市总工会建设劳动公园的精神，霸州市总工会第一时间向霸州市委、市政府作专题汇报。经政府与工会联席会研究决定，在霸州市正在建设的位于建设道以南，面积1.9万平方米的公园内增添以劳动为主题的元素，冠名“劳动公园”。总投资625.69万元，其中市财政投资561.76万元，市总工会投资63.93万元。经过劳动元素设计、施工招投标、施工建设、工程监理等一系列工作，由市总工会投资的劳模“怡心亭”、职工“三牛石”、工匠“工艺品”以及题有“劳动公园”的石碑和12处宣传工会、工运风采的知识窗（橱）等劳动主题元素于2021年11月底基本建成，并由市审计局对该项目进行审计工作。2021年12月21日，经省总工会验收，认定霸州市劳动公园选址合理、劳动元素完善，设计建设严谨、文件程序完备，符合省总工会要求。同时，省总工会对劳模元素的完善、职工文化创意的增添提出建议，并足额拨付补助资金20万元，用于劳动公园的后续建设和正常运转。二是加强理论学习，形成职工思想政治工作合力。市总工会党组紧紧围绕“学党史、悟思想、办实事、开新局”的总体要求，认真落实机关人员学思践悟、引领职工学以致用、积极投身霸州经济社会发展大局的总体安排，将个人学习、集中学习、专题宣讲、四书学习、“三会一课”、中国共产党成立100周年、学习中共十九届六中全会精神、实地体验教育、“我为群众办实事”实践活动等系列活动相结合：1.开展了5次党史教育集中学习；2.全体党员赴狼牙山进行“学党史、守初心、担使命”主题党日教育活动；3.举办以“奋斗百年路 启航新征程”为主题的“唱红歌、诵经典，庆祝中国共产党成立100周年”文体活动；4.召开党史学习教育专题民主生活会；5.开展“我为群众办实事”实践活动20余次。确立理论学习教育的细化、深化、具体化，引导广大职工扛起听党话、跟党走的政治责任。三是开展职工思想引领活动，凝聚职工思想政治工作向心力。不断深化“中国梦、劳动美”主题教育，大力弘扬劳模精神、劳动精神、工匠精神和职工精神，切实统一思想、凝聚共识，发挥工会宣传主阵地作用，做好正确的舆论导向和监督，进一步增强做好工会工作的责任感、使命感。1.组织600多名职工群众参加省总工会举办的“诵党史经典、绽劳模风采”网上诵读活动，8名职工获奖、市总工会和教体局获廊坊市总工会优秀组织奖；组织200多名职工参加廊坊市总举办的“颂百年风华·展职工风采”职工书画作品展，14名职工获奖，市总工会获廊坊市总工会优秀组织奖；2.为省总工会职工文化“五个一”精品创作大赛报送作品11个，其中霸州市公安局工会获省三等奖；3.加强“职工书屋”建设。新建霸州中电环保发电有限公司工会、霸州市金太阳学前教育联合基层工会、霸州市康仙庄镇撒袋营村联合基层、霸州市第十五中学职工书屋4家，购买图书6000余册，使职工好读书者读好书变为现实，发挥工会宣传教育主阵地作用，做好正确的学习导向；4.为基层工会开展的职工文化活动补充适当经费，丰富职工群众精神生活。

【开展劳动竞赛和企业招聘活动】 一是与霸州市人社局等部门联合举办 “春风行动”大型劳务洽谈会、“都市食品产业”行业招聘会、“钢木玻璃家具产业”行业招聘会、“胶合板业”行业招聘会、“高端装备制造”招聘会。在招聘会现场设置总工会咨询台，为求职者解疑答惑，并向企业负责人深入了解企业情况、用工需求、工资待遇、人员招用情况，尽量做到为企业吸引所需的各类技能人才，为广大劳动者创造更多的就业机会。二是继续在全市范围内开展2021年“安康杯”竞赛活动，组织全市企业和职工积极参与安全生产、职业健康方面的知识答题活动，参加竞赛活动的企业有120多家，参赛职工1万余人；持续推进“五小”活动和食品类、家居类等不同规模的劳动竞赛。

【弘扬劳动精神、劳模精神和工匠精神】 组织开展各种活动，激发广大职工的劳动激情、创新热情，提升职工的创造能力。“五一”期间，对霸州市13名市级劳动模范、先进工作者和9个先进集体进行表彰，并将劳模的先进事迹在《河北工人报》“冀工之家”“霸州市总工会”微信公众号上进行了宣传报道，在全社会营造劳动光荣的社会风尚。市总工会组织242名市级及以上劳模免费进行身体健康检查，对68位市级劳模按时发放津贴10.6万元，全市职工争当劳模的氛围进一步浓厚。

【服务职工品牌建设】 2021年，职工服务中心法律援助服务站聘请律师事务所的律师轮流坐班，受理职工在劳资纠纷、劳动仲裁等方面的案件，并联合律师事务所开展6次“遵法守法·携手筑梦”农民工公益法律服务活动，深入村街、企业，为职工群众发放法律宣传手册，提供法律咨询解答和法律援助。“职工医疗互助”筹集资金114.56万元，除上缴15%外有可支配资金97.376万元；截至年底，救助患病职工本人及家属246人，救助支出93.95万元。做好“送清凉”慰问，强化“劳动保护”工作入职工心、入企业行政负责人脑。深入6家基层工会为奋斗在一线的职工送去雨伞、矿泉水、凉茶、花露水等防暑降温用品。同时为了保障职工的疫情防控和安全生产，为十几家企业和职工进行了劳动保护宣讲，为现场的职工群众解答劳动合同签订、劳动权益保障、劳动争议处理等职工劳动保护等相关法律问题30多个，发放各类书籍、明白纸4000多册（张）。深化普惠化服务工作。在继续完善周六免费看电影活动的同时，联合北京同仁堂霸州店为3家企业举办夏季健康知识专题讲座和开展免费义诊活动，拓展普惠商家30多个。

【基层组织建设】 一是开展基层蹲点工作。按照省总工会、廊坊市总工会要求，霸州市总工会于 8—12 月开展机关干部赴基层蹲点活动，工会机关全体工会人员以所包乡镇（区、办）为蹲点单位，每月下基层或采取其他方式与基层工会沟通不少于 4 次，真正聚焦基层一线广大职工群众急难愁盼之事，将“我为群众办实事”做实、做细。1. 摸清底数，掌握全面信息。深入了解所在乡镇的村街、企业的基本情况和乡镇总工会辖区内基层工会组织情况，了解基层工会工作中的具体问题和经验做法。2. 突出工作重点，提高工会工作整体水平。对百人以上企业、25 人以上企业、八大员、新就业形态等没有建会的企业指导建会入会工作，督促指导乡镇工会完成各项业务工作。3. 撰写蹲点工作总结及调研文章。对蹲点过程中涌现出的好经验好做法及时给予宣传推广，《省总工会赴霸州镇蹲点工作组联手当地工会创新“三色旗”抓建会——骑着自行车“绘制”建会地图》一文在河北工人报上发表；由社工就所在乡镇开展的工会“小三级”建设工作情况或特色、亮点工作撰写的专题调研报告、总结的蹲点活动经验，将择优印制成册，形成成果并加以推广。二是抓组建、促规范，推进基层工会规范化建设。1. 加强新就业形态劳动者集中入会。对辖区内货车司机、网约车司机、快递员、外卖配送员等新就业形态企业进一步摸清底数，加强建会入会宣传并指导企业开展工会组建和会员入会工作，按企业工会规范化标配办公用品、家具和各类牌匾。2. 强力推进老、陈、僵、空壳等非正常运转的工会及时换届、法人更换工作和新思想新理念的注入，同时对关停并转的企业工会及时核销。3. 加强基层工会规范化建设。持续加强全市各乡镇（区、办）总工会、村级工会联合会、“小三级”工会组织建设。市总工会筹集专项资金 150 万元，补基层工会规范化建设硬件缺口，对各级工会规范化建设创建单位视情况拨付资金，同时做好培树规范化创建工作典型工作，以点带面形成规模效应，工作有条不紊。2021 年，全市新建工会组织 81 家，更新 38 家，发展会员 8600 多人，工会组织和工会工作有效覆盖持续扩大、活力明显增强。

【建设“互联网+工会”】 继续加大职工服务网、微信公众号、“冀工之家”等基层工会服务平台的建设力度，建设好直接与基层工会联系的职工网上服务阵地，展示工会干部新形象和智慧型工会新形象，实现服务职工方式的转型升级。2021 年，“霸州市职工服务网”网上实名录入会员 13500 人，发稿 4003 篇，职工问题办结率等重点指标均在河北省前 20 名以内。

【女职工工作】 联合市妇联开展“木兰有约”法律宣讲活动，邀请检察官、法官和律师为职工普及民法典、婚姻法等方面的法律知识，引导职工向上向善，依法保护自身合法权益。

【做好工会经费管理】 坚持“三管齐下”的工会经费收缴和“三重一大”的支出制度执行，

确保工会经费的收支遵纪合规和财产的保值增值。出台《霸州市总工会 2021 年度乡镇工会经费核算办法》文件，严格乡级工会经费管理和资产管理，使经费管理更加合理规范。与税务局召开两次联席会，商定 2021 年及今后一定时期征缴工会经费工作事宜，扩大工会经费的征收覆盖面，提高了工会经费的收缴力度。印发《工会经费收缴工作政策问答》宣传折页 2.5 万张，发放给基层工会和企业，让基层更加了解工会经费的收缴使用政策，更好地做好财务管理。核准符合退费政策的小微企业 9 家，严格落实好上级的扶持政策。

【抓好意识形态工作】 市总工会在荣获 2020 年度霸州市文明单位称号的基础上，继续积极组织志愿者引导市民文明交通、走访入户宣传创城等志愿服务活动 20 余次；深入企业开展“珍爱生命、远离毒品”禁毒宣传教育活动，发放禁毒宣传手册 400 余册，增强广大职工群众的毒品防范意识；开展网络安全宣传周——个人信息保护日主题宣传活动，向市民宣传讲解网络安全知识，普及网络安全常识，为群众发放网络安全知识手册 1000 余册；开展“12·4”宪法宣传周主题宣传活动，联合律师事务所深入企业为职工群众解读《中华人民共和国宪法》有关政策法规等。进一步加强职工群众的法治意识，提高自觉遵守宪法，增强依法维护自身合法权益的自觉性。利用“霸州市总工会”微信公众号宣讲各类知识、新闻、理论，发布工会工作、开展活动、服务职工和职工们关心的内容，全年已发布信息 300 余篇，受众 2.5 万多人；在《河北工人报》上发布信息 8 篇，《霸州市总工会以文化建设为抓手，切实引领职工听党话跟党走》一文在省总工会内部信息平台冀工动态上发表。

（蔡　伟）

共青团霸州市委员会

【概况】 共青团霸州市委员会（以下简称团市委）所属基层团委 32 个、总支 3 个、支部 146 个，乡镇（区、办）团委 15 个，全市共有团员 13830 名。2021 年，团市委引领全市青年团员积极参与社会服务、乡村振兴、疫情防控和创建文明城市活动，开展党史学习教育、岗位技能培训等活动，搭建就业平台，拓宽青年就业渠道。2021 年 6 月，霸州市青年志愿者协会“寸草心爱老敬老”志愿服务项目被河北省雷锋志愿服务先进典型宣传推选活动组委会评为“河北省志愿服务创新项目”。

【开展党史学习教育】 团市委第一时间召开动员大会，安排部署学习教育活动，成立党史学习教育领导小组，下发《关于在全市团员青年中开展党史学习教育活动的通知》，并制定机关党史学习计划表，书记和班子成员讲党课，要求每名党员保障学习时间、做好学习笔记，同时要求各基层团组织积极开展党史学习教育。通过丰富多彩的活动，激励广大青少年学党史、强信念、跟党走，高质量推进党史学习教育入脑入心。共青团系统开展书记讲党课 13 次，座谈 20 余次，集中学习习近平总书记“七一”重要讲话 1650 人次。

【召开纪念五四运动 102 周年暨党史学习教育宣讲大会】 会上，与会领导向优秀青年颁发奖牌和证书，向“青马工程”学员代表荐书赠书。市委副书记苏振东向团市委荣获 2020 年度“河北省十佳团县（市、区）委”、2020 年度廊坊市共青团系统实绩突出单位称号，霸州市少工委荣获 2020 年度“河北省十佳县（市、区）少工委”称号表示祝贺，经市委主要领导肯定性批示，在全市通报表扬。会上邀请市委党校老师秦胜为团员青年讲授党史，来自基层的120余名团员青年代表聆听授课。

【举办“学党史、强信念、跟党走”主题演讲比赛】来自全市各行业的28名选手参加比赛。全市各界青年通过重点围绕学习“十四五”规划和2035年远景目标，结合习近平总书记对当代青年提出的要求，联系个人工作和学习实际，结合全市发展大局，描绘社会发展、城乡面貌、人民生活等方面所发生的巨大变化，讲述新时代青年解放思想、勇于探索、大胆实践、奋力拼搏的感人故事，畅谈对“十四五”规划和2035年远景目标的思考。2021年5月18日“学习强国”学台平台刊发题为《河北霸州：举办“十四五·新起点 新征程 新青年”主题演讲比赛》的文章。

【团组织建设】 全市15个乡镇（街道）配备“90后”副科级团委书记15名；推动非公有制企业团组织建设，已完成66家，比上年度增加47家，已完成省市任务。严格落实“三会两制一课”制度，全年开展线上、线下主题团课207场，覆盖14548人，全面提升团员的思想活跃度；全面落实《廊坊共青团发展团员实施办法》，科学制定不同学段、不同年级学生团员发展计划，全年发展团员778名，全部录入智慧团建系统。推进学社衔接和升学衔接，推动中学发起转出，完成率达99.5%以上。

全面完成团组织换届，助力乡村振兴。霸州共青团在村（社区）“两委”换届期间同步做好村（社区）团组织换届工作。制订《全市村（社区）团组织换届工作实施方案》，明确团组织换届工作的意义、时间、办法、方式和步骤，符合建立团组织条件的村140个，现已全部完成换届。已换村（社区）团组织两委委员数量为103个。

健全县域团的组织体系，强化团的引领力。强化团的委员会建设。吸纳社会领域团组织负责人培养，2021年吸纳霸州爱之家公益联盟团支部书记为县级团委委员。成立霸州市团代表联络站，筹划域内代表59人进站。“青年之家”云平台建设新录入青年之家8个，已完成年度任务。活动录入35个，参与人员20人以上的活动为28个。

【创建文明城市】 团市委招募60名青年志愿者，参与到全市的创城工作中。7月9日，团市委召开助力创城动员会议，按照“文明交通”“卫生清洁”“行为劝导”等志愿服务内容，对招募的60名志愿者进行详细的岗前培训。7月10日至15日，60名志愿者开展助力创城志愿服务活动。志愿者们向临街商铺经营者们进行文明城市建设宣传，对街道卫生死角进行清扫，在主要干道劝导不文明交通行为，将乱停放电动车放入停车位内。宣传志愿者助力创城工作，发布公众号“创城 我们来了！”

【参与乡村振兴】 为深入推进《河北省中长期青年发展规划（2018-2025年）》在霸州市有效落实，推动“三创四建五优化”活动扎实开展，促进农村人居环境改造提升，建设城乡融合高质量发展体系，团市委在全市范围内开展“乡村振兴 青春建功”活动。组建全市各乡镇青年志愿者突击队，持续开展为期半年的环境整治提升行动，为中国共产党成立100周年献礼，增添青春力量。全市15个乡镇（区、办）15支志愿突击队，240名青年，深入21个村街进行清扫，全面推进农村生活垃圾治理，对村街卫生进行清扫、清洁等工作。

【参与社会服务】 6月20日，霸州爱之家志愿者协会、霸州舜丰银行志愿服务队、霸州公益小天使的志愿者们在霸州牤牛河公园联合慰问霸州环卫工人。志愿者们自筹资金 3986 元为 110 名环卫工人准备遮阳帽、毛巾等物品，为高温下辛勤工作的环卫工人送去一份清凉。高考期间，共青团霸州市委开展“助力高考 与你同行”主题志愿服务活动，助力高考工作顺利完成。2021 年 6 月 7 日《中国共青团》杂志刊发《共青团霸州市委开展“助力高考 与你同行”志愿服务活动》报道。

【开展“寸草心”活动】 团市委将每月的第一个星期六为全市的“寸草心”爱老敬老志愿服务集中行动日。志愿者们在敬老院为老人们提供起居照顾、环境清洁，理发、修剪指甲等服务。医疗保健志愿者组织医疗领域青年志愿者开展老年人健康知识讲座、保健咨询、免费体检、用药指导等志愿服务。公安、电信的青年志愿者进行防诈骗知识宣传。“寸草心爱老敬老”志愿活动参与人数 2864 人，开展活动 39 场，服务总时长 17434 小时。霸州市青年志愿者协会“寸草心爱老敬老”志愿服务项目被评为河北省志愿服务创新项目；2021 年 10 月 22 日，“学习强国”学习平台刊发《廊坊霸州：开展“寸草心爱老敬老”志愿服务活动》；2021 年 4 月，霸州市“寸草心爱老敬老”志愿服务项目被评为廊坊市学雷锋志愿服务创新项目。

【开展岗位技能培训】 重点围绕科技创新、乡村振兴、大学生创业等行业领域，开展系列线上培训课程。全年开展线上培训 24 场，每场课程各乡镇组织不少于 850 人次；团市委组织开办“振兴青年人才建设 助力文明城市建设”农村青年电商培训班。全市返乡创业青年、大学生村官、农村青年致富带头人、互联网创业青年等 30 余人参加。组织引导河北省贫困家庭年轻劳动力通过当保安等途径实现就业，团省委联合上市央企保利物业开展“小青虎”安防岗位线上招聘活动。霸州 12 名有就业意向的青年报名此次活动。

【开展青年就业招聘平台】 依托“冀青春 易展翅”廊坊市青年就业招聘平台系统，联合人力资源和社会保障局对全市有招聘需求的企业所招聘岗位进行统一登记，分项录入及时发布招聘信息，让有就业需求的毕业大学生和社会青年及时了解供求信息。全年系统已发布招聘岗位 225 个，参与企业 13 家，投简历 23 份，招聘岗位数居廊坊市第一。

【开展“全民反诈”主题队课】 在全市中小学开展反诈宣传，讲述身边的诈骗事例，让学生防微杜渐，远离网络电信诈骗。警示学生应严格遵守国家法律、法规，不组织不参与电信诈骗犯罪，不向涉及电信诈骗的人员通风报信。开展“防骗我带头”主题团日活动，并组织在校团员志愿者在学校、在家中进行反诈宣传。2021 年 10 月 10 日，“学习强国”学习平台刊发《廊坊霸州：接种“反诈疫苗”增强反诈免疫力》。

【服务青年作用】 团市委召开暑期大学生政务实习对接会，此次活动提供实习岗位 20 个，参与学生 43 人；倡导正确婚恋观，组织开展“三生石婚恋交友”线上活动，报名青年 19 人。以国际禁毒日为契机，强化青少年禁毒防毒教育，组织青少年参观禁毒宣传画、宣传片，并进行禁毒主题小创作等活动，向周边人群进行辐射性禁毒宣传。2021 年，团市委荣获“霸州禁毒工作优秀单位”称号。

【关爱青少年健康成长】 市少工委充分利用新

媒体，采取“线上学习+线下活动”的方式，广泛开展庆祝中国共产党成立100周年主题宣传教育实践活动。组织少先队队员开展“争做新时代好队员”主题队日队课，持续深入开展组织教育、自主教育、实践教育。抓住“六一”“七一”等重要时间节点，组织动员少年儿童开展一系列形式新颖、互动性强的线上线下活动。2021年8月18日，《河北经济日报》刊发《霸州加强未成年人思想道德建设》典型报道。加强辅导员队伍建设，促进辅导员专业化、职业化发展。举办两期霸州市少先队辅导员培训，全市辅导员全部覆盖，培训时长达到24学时。在廊坊市少先队辅导员技能大赛中，霸州市大队总辅导员刘沛瑶获得即兴演讲一等奖，霸州市少工委荣获技能大赛团体铜奖。2021年，霸州市少工委在中国少年儿童发展中心举办的“英雄赞歌、红卡晨读”活动中获优秀组织奖。强化“青暖童心”关爱农村留守儿童品牌建设。6月1日，共青团霸州市委组织爱心人士在市四小、市六小将“六一”微心愿礼包送到困境青少年手中，并送上节日的祝福，勉励他们好好读书，志存高远，早日实现心中的“大梦想”。

（侯东旭）

霸州市妇女联合会

【概况】 霸州市妇女联合会（以下简称市妇联）结合全市中心工作，引领妇女各项事业的发展，凝心聚力服务大局，整合资源着力维护妇女儿童合法权益，多措并举为妇女儿童办实事好事，进一步团结引领广大妇女奋力开创霸州市创新发展、绿色发展、高质量发展新局面。

【妇联基层组织建设】 一是选树先进典型，用榜样力量激励妇女。积极培树典型，在纪念“三八”国际妇女节110周年期间，表彰“三八红旗集体”“巾帼建功先进集体”“巾帼文明示范岗”等50个，表彰“三八红旗手”“巾帼建功先进个人”“最美奋斗者”“最美家庭”等个人及家庭200余个。疫情防控期间，普及科学防护知识，及时发布疫情相关信息，讲好抗疫一线广大妇女同志拼搏奋斗的感人事迹，讲好基层各行各业女性和巾帼志愿者岗位建功、奉献奋战的动人故事，展示霸州市优秀女性形象。二是完成全市首个省级示范妇女之家建设。按照省、市妇联要求，为加大基层妇联组织建设，在裕华街道办事处河西社区建成全市首个省级示范妇女之家。三是加强基层组织建设，深化妇联组织建设改革。继续在全市市直单位推进妇委会改建妇联工作。截至年底，已有21个市直单位完成改建。同时加大各领域妇联组织建设和“妇女微家”建设。在党政机关、企事业单位、“四新”组织、功能园区、各种女性社会组织、兴趣组织等领域中建立妇联组织10个，“妇女微家”37个。四是配齐配强妇联干部，提升妇联队伍建设水平。结合霸州市实际，配齐挂职副主席、兼职副主席，市妇联执委33人。五是完成妇联换届。村街妇联换届：全市363个村街全部完成妇联换届，“两委”有女性成员的村街（社区）占比达到100%。乡镇妇联换届：全市13个乡镇（街道）全部召开妇女代表大会，选举产生新一届乡镇妇联执委、乡镇（街道）妇联主席、专职副主席、兼职副主席。六是开展基层领头雁培训，提升妇联干部队伍水平。举办2021年霸州市女性素质提升培训班，通过线上线下相结合，让更多妇女干部、群众进一步坚定信念、紧跟核心、坚定不移地跟党走。

【打造“燕赵家政·河北福嫂”家政品牌】 一是高度重视，精心部署。市妇联召开了霸州市各乡镇区办妇联主席工作会，要求15个乡镇（区、办）妇联对辖区待业妇女开展调查摸底，思想动员，宣传家政服务业，为大宣讲活动及技能培训工作打好基础。二是扩大宣传面，提高知晓率。各基层妇联通过悬挂布标、发放宣传页等形式，扩大“燕赵家政·河北福嫂”巾帼家政品牌的宣传力度，提高广大妇女的知晓率。利用“巾帼霸州”微信公众号、微信群等多种形式向妇女宣传“燕赵家政·河北福嫂”巾帼家政品牌，传递家政招工信息，宣传养老护理、育儿知识，扩大宣传范围和影响力。三是组建团队，开展宣讲。市妇联组织成立巾帼志愿者讲师团队，以“妇女之家”、妇女讲习所为根据地，以家政技能培训、重要时间节点宣传为抓手，讲解家政服务业的新政策、宣讲“河北福嫂”“最美家政人”的故事，力争引导更多有意愿的妇女在家政服务领域实现就业，形成巾帼家政服务规模化、专业化、品牌化发展的新局面。四是开展培训，提高技能。为全面推动实施巾帼家政服务培训，市妇联与霸州市博谷职业培训学校合作，组织引领有意愿的500名农村妇女参加育婴员的免费培训，培训过程安排严密，系统性强，培训考试合格后，统一颁发资格证书。五是技能大赛、取长补短。与博谷职业培训学校共同举办家政技能大赛，提高相关技能，为培树典型、引导妇女从事家政服务打下良好基础。

【创建“美丽庭院”】 市妇联全面落实省妇联《2021年河北省美丽庭院示范创建实施方案》、廊坊市《关于全面推进乡村振兴加快农业农村现代化的实施意见》及《廊坊市美丽乡村建设行动实施意见（2021-2025年）》的部署要求，坚持群众工作群众做，持续推动宣传教育全覆盖，市妇联在“巾帼霸州”公众号开设了“跟着抖音赏庭院”等系列主题宣传活动。各村街利用展示牌、小标识、宣传栏、宣传品等有形载体，利用广播、面对面宣讲等方式把发动工作做到街头巷尾。并充分运用美丽庭院微信群、QQ 群、抖音短视频等网络平台，与妇女群众开展互动，提供指导。严格对照人美、院美、室美、厨厕美、村庄美的“五美”标准开展美丽庭院整治提升，截至年底，评出廊坊市级“百优美丽庭院”10户，霸州市级“特色美丽庭院”70户，精品庭院3300户，美丽庭院示范户3800户。

【家庭儿童工作】 一是扎实做好两规终期评估工作。市妇联分别召开霸州市妇女儿童工作和两个规划终期监测评估会议，严格把关各成员单位上报的监测统计数据，并对数据进行对比分析，形成《霸州市妇女（儿童）发展规划终期评估报告》。二是开展传承红色家风主题活动。在庆祝中国共产党成立 100 周年之际，通过开展寻找“感党恩、铭党史、传家风”最美家庭活动、家庭亲子朗读比赛、“红色精神永传承”红歌会，在广大家庭中广泛开展理想信念教育和社会主义核心价值观宣传教育，大力唱响共产党好、社会主义好、改革开放好、伟大祖国好的时代主旋律。三是开展“快乐过六一 童心永向党”庆“六一”系列活动。市妇联积极发动各级妇联组织走访慰问、文艺会演、亲子诵读等丰富多彩的庆祝活动，其中，信安镇仁义街儿童之家和霸州市第二幼儿园儿童之家分别开展“庆祝建党一百年 红色基因代代传”和“红色童心向党 阅读浸润成长”主题活动，并全部入选河北省儿童之家优秀案例集。四是开展为妇女儿童办实事实践活动。开展“把爱带回家 温暖送万家”儿童关爱服务活动和“六一”儿童节慰问贫困儿童活动，走访慰问 2 户困境儿童家庭代表和 14 名贫困儿童，为他们送去价值 6000 元的学习、生活用品。

【维护妇女儿童权益】 一是开展“三八”妇女维权周宣传活动。通过悬挂条幅、设立法律咨询台、发放宣传资料、现场讲解等形式向参加活动的妇女发放《妇女维权知识手册》和《中华人民共和国民法典》工作手册等法律法规宣传资料以及纸杯、纸巾等宣传品 1000 余份，提供法律咨询 20 余人次，受到在场群众的一致好评。二是开展“木兰有约”法治宣讲活动，提高广大妇女群众维护自己合法权益的意识和能力。三是开展禁毒主题宣传，开展《中华人民共和国禁毒法》等法律法规知识宣传，进一步提高妇女群众和家庭自觉抵制毒品的能力和主动参与禁毒的意识，切实维护妇女儿童权益，为建设法治霸州做出了应有的贡献。四是积极开展“三日”普法宣传。教育和引导广大妇女群众知法、懂法、用法，免受家暴侵害，进一步提高群众的艾滋病防治意识，普及宪法知识，弘扬宪法精神，维护宪法权威，增强妇女群众自觉守法、遇事找法、解决问题靠法的法治观念。五是做好来电来访工作。注重用好“12338”妇女维权公益服务热线，确保热线 24 小时畅通、全年无休，为来访妇女群众提供高效优质服务。

【群众性宣传教育】 一是认真做好党史学习教育工作。市妇联迅速行动，立即召开动员大会，传达学习中央、省市和市委党史学习教育动员大会精神，对下一步工作进行安排部署，研究制订《党史学习教育实施方案》，成立领导小组，指定学习资料，制订党组理论学习中心组集中学习计划和党史学习计划。为加强学习成果，开展“学党史 感党恩 缅怀革命先烈”主题教育活动、“团结就是力量”专题学习教育活动、微信公众号“最美奋斗者”巾帼典型事迹展播活动和“学党史 颂伟业 巾帼展风采”征文活动，引导全市的广大妇女面对新形势新情况，必须站稳政治立场、增强政治定力，始终以正确的舆论引导人，以优秀的作品鼓舞人。二是开展“颂党恩”群众性宣传教育活动。开展“巾帼大宣讲”党史专题宣讲活动。市妇联主席闵楠在第七届执委会第三次会议上进行专题党史宣讲，并以此次会议为契机，各乡镇妇联掀起党史宣讲高潮。三是开展“我为妇女群众办实事”实践活动。开展“发扬巾帼力量 共建美丽家园”和“交通劝导”巾帼志愿服务活动。活动中，为党校小区清理杂乱垃圾，铲除小广告，发放创城宣传手册，张贴创城宣传画。四是开展“学党史 感党恩 缅怀革命先烈”主题教育活动。市妇联组织全体党员干部赴狼牙山开展红色教育实践活动，追溯红色回忆，致敬革命先烈，接受革命传统教育和爱国主义教育。五是开展庆祝中国共产党成立 100 周年“学党史 颂伟业 巾帼展风采”征文活动。活动以庆祝中国共产党成立 100 周年，讴歌党的初心使命，歌颂在中华民族走向民族独立和伟大复兴的历程中中国女性做出的艰苦卓绝努力为主题，征集作品 51 篇。

（刘　琳）

霸州市科学技术协会

【概况】 霸州市科学技术协会（以下简称霸州市科协）按照科协系统深化改革工作的统一部署要求，坚持突出重点，打造亮点，创新工作举措，严抓工作落实，在服务科技工作者、服务创新驱动发展、科普宣传、阵地建设、示范典型培育、品牌工作创建等方面，扎实有力地推进霸州市科协深化改革工作，完成了年度目标任务。

【宣传培训】 根据省、市科协相关要求，9月，霸州市科协认真谋划开展主题为“百年再出发，迈向高水平科技自立自强”的“全国科普日”系列活动。联合霸州市裕华街道办事处、霸州市第三医院、霸州市第二小学、广播电台等相关部门，紧紧围绕科普日活动主题，加强活动项目谋划，突出工作重点、制订工作计划、细化活动方案、完善保障措施，开展社会需要、群众喜欢、影响力大、服务面广的系列科普活动。霸州市科协在本次全国科普宣传中深入广大市民群众中去，紧紧围绕科普日活动“百年再出发，迈向高水平科技自立自强”这一活动主题，积极为广大群众答疑解惑。此次活动，组织科普志愿者 60 余人次，发放科普宣传资料 3000 余册，受众人数 4000 余人，以科普进村（街）、科普进社区、科普进校园等为主要活动阵地。

【组织建设】 科技工作者之家建设进展顺利。霸州市科协坚持以人为本，树立以科技工作者为本的理念，把为科技工作服务好作为科协工作的出发点和立足点。依托霸州市津恺食品有限公司活动场地，建设霸州市“科技工作者之家”。利用“科技工作者之家”平台，组织广大科技工作者在“全国科普日”期间，开展丰富多彩的学术交流、科技培训、科技下乡，科技进校园、进社区、科技讲座等活动，发挥科技工作者的主动性和创造性，积极投入当地经济社会建设的主战场，为当地经济社会发展服务，也为科技工作者营造良好的氛围和发展的空间。

【培树典型】 按照《霸州市科协系统深化改革实施方案》和《霸州市科学技术协会关于提升基层科协组织力“3+1”工作的实施方案》要求，霸州市建立企业科协 9 家。各企业科协面对新形势、新任务，按照工作要求，确定自己的工作方略，通过“筑巢引凤”方式招聘成熟可用人才，用优惠条件招引大专院校人才，用高薪高职吸引高级人才，多渠道、多层次、多方位集聚高层人才 160 多名，其中高级职称的 12 名，配备到公司相应的岗位，在企业自主创新中发挥重要作用。

【青少年科普】霸州市科协在第二小学举办“科普进校园”活动。结合 2021 年全国科普日活动，霸州市科协联合霸州市医学会、霸州市第二小学省级科普教育基地开展以“百年再出发，迈向高水平科技自立自强”为主题的科普活动。

（杨昕宇）

霸州市文学艺术界联合会

【概况】2021 年，在市委宣传部的直接领导下，霸州市文学艺术界联合会（以下简称市文联）秉承“牢记初心、服务社团、扩大影响、提升素质”的宗旨理念，努力开拓、创新超越，紧密围绕市委市政府的中心工作，团结社会文化团体，办好群众社团文化活动，取得良好的社会效果。

【活动开展】 市文联组织书法、美术、摄影协会联合举办庆祝建党百年书画摄影展，展出作品 200 余幅，市作家协会组织会员庆祝中国共产党成立 100 周年征文活动，并编辑出版《百年风华》。

【取得荣誉】美术协会王建东作品《龙骧虎步》入选中国美术家协会厦门全国（小幅）工笔画双年展；摄影协会杜岩龙作品《霸州老兵》荣

获由廊坊文联、摄协举办的纪实类“百年风华·光影记忆”献礼中国共产党成立100周年“五个廊坊”建设暨“廊坊市第四届摄影艺术展”二等奖；闫斌作品《新冠病毒来袭》荣获华北油田摄影协会庆祝中国共产党成立100周年影展二等奖；闫斌作品《防疫卫士》荣获华北油田第三十二届职工摄影展二等奖；张贺通作品《城市律动》荣获廊坊摄协、建设局“美丽廊坊·花园城市”影展三等奖。霸州市作协荣获廊坊市文联优秀组织奖和团体奖。音乐协会朱晓双、王丽宁作品《如果我会飞》荣获由河北省文学艺术界联合会、河北省文化和旅游厅、河北教育厅等单位主办的第十届河北省音乐金钟奖入围奖；朱晓双、陈涤非作品《我和国旗照张相》荣获由河北省音乐家协会举办的庆祝中国共产党成立100周年主题歌曲征集活动优秀奖。诗词协会刘德胜作品《西柏坡旧居石碾台》荣获由天津市诗词学会举办的“延安精神永放光芒”纪念中国共产党建党百年诗词大赛三等奖；作品《七律——走进农民讲习所》荣获由武汉诗词学会举办的“建党百年·放歌武汉”诗词大赛二等奖；作品《七绝——快递春天》荣获由四川省诗词协会举办的“天邑杯”全国诗词大赛二等奖。霸州市诗林三朵诗社荣获由廊坊市诗词学会授予的廊坊市诗教先进单位称号，张丽敏荣获河北省诗词协会2021年度先进工作者称号。

（牛占敏）

霸州市残疾人联合会

【概况】 2021年，霸州市残疾人联合会（以下简称市残联）切实加强残疾人组织建设、康复、扶贫救助、就业培训、维护残疾人权益和社会保障等工作，完成全年各项任务。

【组联维权】 2021年，办理第二代残疾人证916件，针对卧床行动不便的残疾人上门办证56件；在全市范围内对8469名持证残疾人开展基本状况调查工作，走访调查摸清残疾人基本状况和需求，为开展残疾人工作打下基础；对全市43户有无障碍改造需求的残疾人家庭实施残疾人家庭无障碍改造；为5名残疾人发放残疾人机动轮椅车燃油补贴1300元。

【教育就业】 1.残疾人困难生活补贴和重度残疾人护理补贴的审核工作方面，2021年新增困难生活补贴209人，重度护理补贴352人；2.扶持残疾人就业创业工作方面，2021年向上级残联申报个体创业补贴20人，每人补贴标准5000元；3.残疾人实用技能培训方面，9月举办残疾人种植养殖技术培训班，培训251名残疾人；4.积极落实好残疾人就业保障金年审工作，全年审核企业488家。

【康复工作】 做好残疾人困难生活补贴和重度残疾人护理补贴的审核工作，全年新增困难生活补贴393人，重度护理补贴307人；扶持残疾人就业创业工作方面，向上级残联申报个体创业补贴20人，每人补贴标准5000元；积极推动残疾人就业，开展2021年分散按比例就业年审工作，按比例安置残疾人36人；残疾人实用及劳动技能培训方面，为120名残疾人举办残疾人农村实用技能、劳动实用技能及残疾人按摩入门讲座培训。

【文宣工作】 积极开展残疾人工作宣传工作，5月，开展全国第31次助残日活动，活动主题为“巩固残疾人脱贫成果，提高残疾人生活质量”，组织工作人员、助残志愿者，在人流密集处设置宣传点，发放《中华人民共和国残疾人保障法》《残疾预防和残疾人康复条例》《残疾人教育条例》《残疾人优惠政策解读》等宣传资料2000余份，发放印有宣传口号的水杯、毛绒玩偶、脸盆等纪念品600余份，同时慰问霸州市福利厂残疾职工，为残疾人职工发放消毒酒精、口罩等防疫用品；12月3日，组织社会各界力量在明珠超市门口开展国际残疾人日宣传活动，发放宣传资料2000余份，毛巾、纸巾等纪念品800余份。

【精准康复服务】 2021年，为220名长期服药的精神类残疾人提供每人每年800元的服药补贴，为26名智力、听力、肢体残疾儿童康复训练提供每人1.2万元补贴，为3名自费安装人工耳蜗的残疾儿童每人补助10万元；完成残疾人家庭医生签约460人；煎茶铺卫生院康复社区示范点通过省级验收，北燕家务社区健身示范点创建成功；为全市308名残疾人开展辅具适配工作。

【残疾人托养帮扶】 2021年，为8名重度残疾人开展居家托养服务，使残疾人的生活质量有明显的改善；全国助残日期间对62户建档立卡户残疾人家庭78名残疾人开展走访探视专项活动，发放电扇、夏凉被等消暑用品；为62户建档立卡户残疾人家庭购买人身意外险；为48户有线电视服务到期的建档立卡户残疾人办理残疾人有线电视补贴。

（王　凯）

法治·军事

政法委及综治

【概况】 中共霸州市委政法委员会（以下简称市委政法委）是中共霸州市委员会领导和管理政法工作的职能部门。2021年，市委政法委在霸州市委的领导下，以创建平安霸州为引领，以打击违法犯罪为着力点，以开展政法队伍教育整顿和“筑平安勇担当、护发展做贡献”主题实践活动为载体，以群众满意为宗旨，系统推进维护稳定、综合治理、扫黑除恶、禁种铲毒、执法监督、队伍建设等重要政法工作，紧紧围绕维护国家政治安全、确保社会大局稳定、促进社会公平正义、保障人民安居乐业等重要任务，各项工作取得新进步，政法事业开启新篇章。2021年，扫黑除恶工作在廊坊市综合排名第一，群众安全感满意度明显提高，在廊坊市排名第一，为推动霸州高质量发展提供有力保障。

【维护稳定】 坚持以社会大局稳定为底线，预防在先、处置在早，全力做好防风险、保安全、护稳定各项工作，为全市政治、经济和社会发展保驾护航。全力捍卫政治安全。严密排查涉政治稳定重大风险，坚决打击敌对势力渗透颠覆破坏活动。

坚决维护社会稳定。进一步加大维稳力度，落实维稳政策，完善维稳机制，强力实施各项安保维稳措施。落实“五包一”稳控措施，圆满完成重点时期安保任务，实现“五个严防”和“六个确保”的任务目标。抽调护路干警、干部、协管员及志愿者，对辖区内的铁路桥梁、涵洞24小时不间断巡逻，确保铁路运行安全。

全力维护公共安全。进一步强化重点物流场所和危爆物品管控。对全市5个物流园区、189家货运站和寄递企业进行了拉网式检查，建立出入台账；持续深入开展缉枪治爆专项行动，破获涉枪涉爆刑事案件2起，刑事拘留2人，行政处罚易制爆从业单位126家，查处涉烟花爆竹案件309起，收缴烟花爆竹644箱。公共领域安全得到进一步巩固，未发生一起重大公共安全事件。

【平安建设】 完善矛盾纠纷化解和治安防控体系建设，强化社会治理基层基础，深化“群众说事，干部解题”机制，让人民群众的获得感、幸福感、安全感更加充实。健全矛盾纠纷联调化解体系。全面完善网格化管理，充分发挥全市397个调委会、622个网格、637名网格员的作用，在全市开展基层干部“走起来、串起来、说起来、干起来”活动，让2000余名专兼职调解员和网格员真正地融入基层，第一时间把矛盾纠纷化解在基层。对乡村两级网格员加强培训，积极推动“9+X”系统信息矛盾纠纷采集、录入工作有序开展，录入案事件60046件。全年，排查矛盾纠纷1186件，化解1174件，化解率98.9%。裕华街道调委会被司法部评为“大排查、早调解、护稳定、迎国庆”专项活动表现突出集体。

深化“群众说事，干部解题”机制建设。加强“说事解题”平台建设，全面夯实基层基础，畅通反映化解渠道，实现线上线下全覆盖。整合公安、民政、住建等38个市直部门统筹纳入线上“说事解题”工作体系，实现平台统一受理、智能分拨、解题留痕、回溯管理。组织开展“说事解题”“五进”活动，进一步提升群众的知晓率、参与率。截至年底，线上关注率达10.23万人，线上线下收集热点、难点问题2218件，办结2196件，办结率99%。线下15个乡镇（区、办）全部设立说事解题站，实现“四有四规范”，基层基础规范化建设得到进一步夯实。

强化社会治安防控体系。进一步细化落实治安责任，加强社会治安隐患排查，深入开展专项打击整治行动，推进治安防控智能化建设。全市破获各类刑事案件700起，抓获各类犯罪嫌疑人729名，行政处罚违法人员1468人次，抓获各类逃犯127名。不断加大治安隐患排查力度，对易“藏污纳垢”的娱乐场所等进行全面清查排查，最大限度地消除死角死面和安全隐患。检查场所5138家次，行政处罚30家，检查内部单位348家，责令整改23家。把打击整治电信网络诈骗犯罪作为核心重点，广泛宣传、合力打击，破获电信诈骗案件247起，抓获电诈犯罪嫌疑人203名，同比分别上升557%和463%，打掉诈骗团伙10个，紧急止付金额310余万元，冻结金额3500余万元。推进治安防控智能化建设，完成286个小区智能感知前端建设，其中275个接入霸州智慧安防小区管控系统，131个已接入廊坊市智慧安防小区管控系统。

【扫黑除恶专项斗争】 持续稳定发力，严厉打击黑恶势力，建立长治长效机制，坚决维护群众合法权益。2021年度积极构建扫黑除恶常态化组织领导体系和常态化运行机制。全年抓获涉恶犯罪人员130名，破获涉恶案件92起，打掉涉恶团伙1个，查封、扣押、冻结涉案资产折合人民币1088万余元。充分发挥112项长效监管机制作用，开展重点行业和农村地区专项整治，巩固十大重点行业领域整治成果；持续开展涉黑涉恶线索和隐患摸排，接到“12337”平台转办举报线索5件，全部完成核查；基层换届中把有前科劣迹人员挡在基层之外，取消任职资格55人；开展闲散人员教育转化工作，组织辖区派出所对侵犯过群众利益、危害过群众安全的社会闲散人员进行排查梳理、建立台账，逐一进行教育转化。黑恶势力得到有效清除。

【禁种铲毒】 堵源截流，标本兼治，完善禁毒措施，打击毒品犯罪，持续净化社会环境。始终将禁毒工作作为一项重要的政治任务，纳入平安霸州建设重要内容。成立“1+3”[全市禁毒工作领导小组；创建无毒县（市、区）工作领导小组、平安关爱暨社区戒毒社区康复工作领导小组、禁种铲毒工作领导小组]领导机构模式，统筹推进全市禁毒各项工作，细化工作任务，明确责任分工。专项投资500万元，用于完善总面积1200平方米的禁毒大队、戒毒康复中心建设。创新“智慧禁毒”管理模式，定制“霸州市智慧禁毒云平台”操作系统，实现人员信息动态更新和全面掌控，管控率已达到100%，实现社戒社康人员“零脱失”，吸毒人员肇事肇祸案件“零发生”。充分利用互联网和新媒体平台加大禁毒宣传力度，建立帮教小组，吸毒人员实现“零脱失”。常态化推进各类禁毒严打整治等专项行动，破获毒品刑事案件11起，缴获冰毒120.15克；铲除非法种植罂粟854株，处理相关责任人7人。毒品问题关注地区得以摘帽。

【执法监督】 坚持党的事业至上，人民利益至上，依法按程序监督、检查政法部门执法活动，促进政法干警严格规范公正廉洁文明执法，保障党的路线方针政策在政法部门得到贯彻落实。积极做好涉法涉诉案件登记受理引导工作，2021年政法系统接访涉法涉诉案件362件，接访1402人次。稳步有效推进执法监督案件督办，以执法监督检查为主导，指导、推动政法部门建立健全执法监督制度，完善执法监督工作体系，取得显著成效。督办廊坊市委政法委转办的信访案件7起，接待受理5起涉法涉诉信访案件，已全部办结，并做好答复和稳控工作，确保把矛盾化解在基层，不上交。进一步做好司法公开，不定期到政法各部门实地查看工作开展情况，市法院公开发生法律效力的裁判文书14701份，公布生效裁决文书3939份，公开案件流程16143件，庭审直播761件；市检察院公开发布法律文书342份，发布重要案件信息1件；市公安局制作行政处罚裁决文书850份，公开行政处罚裁决文书799份。市司法局建立6项公开内容31条公开目录重点工作。积极开展司法救助，及时掌握司法救助信息，对符合接受救助条件的当事人依法予以救助，救助案件13件，救助资金38.7万元，切实将司法救助制度真正适用于弱势群体，从而化解了一些涉法涉诉信访案件，促进社会和谐稳定。

（杨文民）

公　安

【概况】 2021年，霸州市公安局以庆祝中国共产党成立100周年安保维稳为主线，深入推进“学党史、锻铁军、强基础、护民安”“飓风2号”和“燕赵—砺剑铸盾2021”等各项严打整治行动，开展防风险、保安全、护稳定、战疫情、促发展各项工作，维护霸州市社会治安大局持续稳定。2021年，接有效警情4.84万起，同比下降19.81%。立刑事案件1602起，同比下降8.56%；破获各类刑事案件640起，抓获犯罪嫌疑人796名；行政处罚违法人员1584名，处罚违法单位336家次。5起现发命案全部侦破，命案发案同比下降54.5%，八大类严重暴力犯罪发案同比下降19.1%。破获公安部“2021-123”号毒品目标案件，破获省督案件2起，省厅、市局先后发来贺电予以表扬，河北省副省长等多位领导对霸州市公安局破获的盗窃大货车柴油案件做出批示肯定。霸州市公安局被评为河北省扫黑除恶专项斗争先进集体，被廊坊市局授予全市公安机关重点工作考评优秀等次，刑警大队被公安部荣记集体一等功，交警大队被评为全省“五化”交警队创建工作达标大队；李文亮被评为全省最美政法干警，并荣获二级英模称号，李志强被评为全省优秀人民警察；霸州市群众安全感在廊坊市各区市县排名第一，群众对公安队伍的满意度排名第一；反恐大队、交警大队等13个集体和39名个人受到廊坊市级以上表彰奖励。

【维护社会稳定】 完成庆祝中国共产党成立100周年和暑期警卫安保等各项安保任务。围绕“六个确保”工作目标，坚决剔除影响安全和稳定的一切因素，以霸州之稳拱卫核心之稳。一是依法查处非法宗教活动及境外宗教渗透活动，始终保持严打高压态势，配合宗教局取缔非法宗教场所23处，有效净化霸州市宗教环境。二是强化反恐防暴斗争。持续深化严打暴恐专项行动，坚决守住不发生暴恐事件底线。全面加强应急处突演练，先后在东西两片开展演练15次，提升队伍素质。全面启动应急值守机制，局领导24小时坐镇指挥中心，集中反恐大队和巡特警大队各100人的应急处突力量，能够在2分钟内集合出发，确保高效妥善处置各类突发案事件。三是加强社会面管控。启动高等级巡逻防控，做到警力前置、动中备勤，依托警务站加大对行政中心、重点区域、重点部位的巡控力度，最大限度挤压违法犯罪空间。出动警力2万余人次、巡逻车辆1万余辆，盘查人员3万余人，检查车辆2万余辆，帮扶群众111人次。四是严密“三道防线”安检查控。严格落实各项安检措施，坚决当好首都政治“护城河”。出动警力9476人次，核查人员20余万人次，核查车辆10万余辆，查获涉毒人员36名，抓获逃犯4名，查获重点物品5件、烟花爆竹41箱。

【打击各类违法犯罪】 以打促防、以打促稳，切实维护社会治安秩序持续稳定。深入开展扫黑除恶专项斗争，全力抓捕“漏网之鱼”，成功劝降公安部重点督捕涉黑逃犯张某东（男，37岁，河北省定州市人），4名目标逃犯先后全部到案，市局专门发来贺电祝贺慰问。聚力打击防范电信诈骗犯罪，构建“全民反诈、全警反诈”新格局，全市立电信诈骗案件250起，同比下降39.9%，破获电信诈骗案件265起，同比上升530%，抓获犯罪嫌疑人222人，同比上升441%。打掉诈骗团伙10个、窝点13处，抓获运营商内鬼17名，紧急止付金额310余万元，冻结金额3500余万元。围绕群众反映强烈的“黄赌”等突出问题综合整治，发起凌厉攻势，侦办涉“黄赌”刑事案件36起，刑事拘留102人，办理行政案件121起，行政拘留234人，有效净化了社会治安环境。聚焦影响群众安全感满意度的“盗抢骗”等传统侵财犯罪，持续开展攻坚行动，破获盗抢骗等传统侵财案件223起，同比上升7.21%，抓获犯罪嫌疑人184人，同比上升3.95%，有力打击震慑违法犯罪。充实专业打击力量，提升打击毒品犯罪质效，破获涉毒刑事案件11起，移送起诉犯罪嫌疑人13人，缴获毒品冰毒120.15克，查处吸毒人员38人，清除社会面高风险等级吸毒人员6人。联合山东省德州警方，成功打掉1个跨省贩毒团伙，摧毁了1个隐藏在霸州市的跨省贩运毒品团伙网络。“食药环经”领域全面发力，破获污染环境类刑事案件6起，抓获犯罪嫌疑人21人，办理行政案件112起，行政拘留114人。查处食品药品类案件67起，刑事处理66人，破获1起涉案价值100余万元的假冒注册商标案，查获散装白酒、灌装设备、高档白酒包装盒及假冒高档白酒600余箱。侦办经济领域刑事案件9起，刑事拘留18人。破获煎茶铺镇小街骏景小区一房多卖骗取购房款的诈骗案件，涉案1000余万元。为深化“砺剑铸盾2021”专项行动战果，局党委决定自11月15日起，在全市开展为期4个月的“飓风2号”社会治安整治专项行动，进一步净化社会治安环境、服务经济发展和维护冬奥会、冬残奥会期间社会大局安全稳定。截至12月31日，刑事拘留电信诈骗嫌疑人10名，惩戒1名；刑事拘留涉“黄赌毒”犯罪嫌疑人1名，行政拘留16名，查封有偿陪侍场所4家；查处黑加油站（点、车）6个；收缴民用枪支3支、仿真枪8支。

【安全隐患排查】 强力整治各类安全风险隐患。根据“全覆盖、无遗漏、零容忍、除隐患”的要求，深入开展各类风险隐患大排查、大整治行动，切实消除各类不安全、不稳定因素。一是强化危爆物品管控。持续深入开展缉枪治爆专项行动，破获涉枪涉爆刑事案件2起，刑事拘留2人，行政处罚易制爆单位132家，罚款2.395万元，收缴非制式猎枪1支、猎枪子弹17发、黑火药0.069公斤、易制爆危险化学品2.142公斤。查处涉烟花爆竹行政案件309起，行政处罚317人次，收缴烟花爆竹644箱。二是强化治安隐患排查。对易“藏污纳垢”的娱乐场所进行全面清查排查，最大限度消除死角死面，清除安全隐患。检查场所5798家次，行政处罚36家，检查内部单位404家，责令整改23家。三是强化交通隐患整治。办理刑事案件113起，刑事拘留61人，办理行政案件209起，行政拘留63人。查处各类交通违法27.93万起，排查道路交通安全隐患点63处。四是强化新兴业态行业监管。积极配合交通、邮政等部门督促物流企业加强安全监管，严格落实实名收寄、收寄验视、过机安检3项制度。同时，加强“低慢小”飞行器管控，摸排的123架飞行器全部纳入系统管理。

【平安建设】 全面打造平安和谐营商环境。聚焦雄安新区建设和全市中心工作，积极主动发挥职能作用，持续推进“放管服”改革，进一步提升服务质效。在护航重点工程项目建设中，对京雄城际、京德高速、荣乌高速新线、地铁R1线等重点项目中出现的抢栽抢种、阻扰施工、破坏生产等行为进行严厉打击，先后教育训诫12人，化解涉稳苗头性事件4起，调解纠纷82起。在深化“放管服”改革中，聚焦放权精准化协同化、监管规范化法治化、服务优质化高效化，突出创新引领、破解发展难题。制定推出便民利民服务举措60项。破获侵犯知识产权类案件1起，抓获犯罪嫌疑人3名，刑事拘留3人，上网追逃1人。在“我为群众办实事”实践活动中，走访企业192家，走访群众762人，征求意见建议29条，解决问题269个，为群众办实事275件，收到锦旗28面。侦办刑事案件3起，刑事拘留3人，办理治安案件15起，行政拘留18人，训诫7人，劝解、处置各类到行政中心上访群体性事件59批次，共计1000余人。

【智慧公安建设】 强势推动基础建设再上台阶。在市委、市政府的大力支持下，持续推进智慧公安建设，着力提高前端各类治安要素管控的覆盖面和智能化信息处理水平，不断提高公安机关社会感知能力和掌握能力。一是强势推进智慧安防小区建设。截至12月31日，已完成286个小区智能感知前端建设，其中275个小区已接入霸州智慧安防小区管控系统，219个小区已接入廊坊市局监控应用平台，131个已接入廊坊市局智慧安防小区管控系统。二是深入推进派出所警务机制改革。“一室两队”改革完成率达到100%，全市派出所正式民警达到173人，占全市县级机关总警力的43%，5人以下户籍派出所警力问题已全部解决。三是强化内部单位安全防范。全市中小学、幼儿园封闭化管理、一键报警、视频监控系统与公安机关联网率和专职保安员配备率均达100%；239家旅馆信息系统管理覆盖率、旅馆地址信息核查合格率、人像信息数据采集率均达100%；全市10家公章刻制企业全部通过治安管理信息系统进行备案。四是扎实推进基础信息采集。录入标准地址271081条，采集录入实有人口信息734680条，完成率98.8%；采集录入实有房屋信息264950条，完成率98.3%；采集录入实有单位信息2494条。

【教育整顿】 围绕“铸牢政治忠诚、清除害群之马、整治顽瘴痼疾、弘扬英模精神”4项任务，扎实推进教育整顿各项措施落实落地。在学习教育环节，选树54名先进典型和19个先进单位作为“英模榜”，让广大公安民警学有榜样、赶有目标。组织35周岁以下民警开展“跟班先进找差距”活动，主动查找差距不足，促进自身能力素质的提升。在查纠整改环节，对48起涉法涉诉案件，30条涉黑涉恶线索，以及2018年以来的17万余起警情，5000起刑事立案全部进行评查排查，发现问题1170个，涉及民警71人，运用监督执纪第一种形态处理69人，运用第二种形态处理2人，运用第四种形态处理1人。同时，为切实做好检验教育整顿成果转化，局党委超前谋划，自3月12日起，在全市深入开展“学党史、锻铁军、强基础、护民安”综合整治百日攻坚行动，破获各类刑事案件245起，同比上升26.94%。抓获各类犯罪嫌疑人269人，同比上升149.07%。查处行政案件342起，行政处罚448人次，收到良好的社会效果。

（刘 萍）

法院

【概况】 霸州市人民法院（以下简称市法院）下设5个中心法庭，即霸州法庭、康仙庄法庭、信安法庭、胜芳法庭和扬芬港法庭，8个法官工作站，即南孟、岔河集、煎茶铺、东杨庄、王庄子、堂二里、东段、辛章开发区。2021年，市法院围绕“努力让人民群众在每一个司法案件中感受到公平正义”工作目标，坚持司法为民、公正司法工作主线，认真履行宪法和法律赋予的职责。全年受理各类案件18623件，审（执）结16508件，结案率88.64%。与上年相比，收案数增加3729件，上升21.99%，结案数增加2557件，上升15.49%。法官人均结案数325.77件，审判质效位列全市第三。

【刑事审判】 重拳出击惩治犯罪，平安建设收效斐然。依法打击各类犯罪，坚决维护国家政治安全和社会大局稳定，全年受理各类刑事案件635件，审结556件，结案率为87.56%。判处罪犯727人。

扫黑除恶再创佳绩。继续保持对黑恶案件从严从快的高压态势，做到思想不松、力度不减、标准不降，一年内审结涉黑恶案件4件29人。审结上级法院指定的黑社会性质组织犯罪1案，有效震慑黑恶犯罪，取得良好的社会效果。严格落实上级“六清”工作要求，做到案件清结。加大对涉黑恶财产的处置力度，做到黑财清底、打财断血，判处罚金及责令退赔154万余元。以司法建议助推行业领域治理，向相关部门提出司法建议25条，配合行业清源，达到综合治理的效果。

依法捍卫群众安全。积极开展各类犯罪专项打击工作，依法从重从快处理社会稳定和民生领域的刑事犯罪。充分发挥平安建设主力军作用，审结抢劫、绑架等暴力犯罪案件79件110人。全年经济类犯罪罚没1400万余元。突出打击涉众型经济犯罪，审结集资诈骗、电信诈骗、拒不支付劳动报酬、非法吸收公众存款等犯罪案件47件83人，审理交通肇事及危险驾驶案119件，审结生产销售有毒有害食品案19件。加大对拐卖妇女儿童、暴力伤医、校园欺凌等案件审判力度，切实增强人民群众安全感。

人权保障多措并举。严格落实罪刑法定、疑罪从无原则，严把案件事实、证据、法律适用关，加强认罪认罚制度的贯彻实施，加强案件的繁简分流，扩大简易程序和速裁程序的适用范围，做到简案快审、繁案精审，大力提升案件质效。刑事速裁团队全年审理案件331件，认罪认罚及速裁程序适用方面的经验做法得到上级法院的认可。加强未成年人案件审判工作，成立少年法庭，对未成年人犯罪寓教于审。深入村街、校园开展预防未成年人犯罪、反诈、禁毒宣传活动。开通“法官妈妈信箱”，为学生答疑解惑，排解青春期少年心理问题。对未成年人犯罪案件全面落实“教育、感化、挽救”方针，帮助未成年人重新回归社会。

【民商事审判】 认真落实中央、省市委重大决策部署，自觉将法院工作融入全市发展大局谋划推动，不断提升司法服务质量。全年审执结民商事案件9158件，行政案件341件。

优化营商。围绕“办理破产”“执行合同”两项核心指标，稳步推进审判执行工作，全面优化营商法治环境。健全商事案件快速审理机制。及时完善霸州法院 20 条保障民营经济发展措施，科学划分繁简分流标准，实行要素式审判，有效缩短办案周期，将商事案件平均审理周期控制在 80 天以内。强化执行联合惩戒。与市场监管局、银行等相关部门建立执行失信惩戒威慑机制，失信被执行人受到一处失信、处处受限的联合惩戒。落实破产工作“府院联动机制”。健全完善破产审判配套体系，在企业破产、兼并、重组等方面，发挥政府部门与法院联动作用，指导重点企业破产重整，提高盘活资产、促进企业重生的效率。深入了解“僵尸企业”经营状况，提出依法治理建议。积极推进护航暖企，开展“进企业、送法律、送服务”活动，建立辖区企业长效联系机制，通过经常性沟通，随时了解企业现状和需求，找准服务企业经济发展的集合点和着力点，为企业量身制定法律服务措施，增强企业内部治理和防范法律风险能力。

风险化解。聚焦化解重大风险，设立金融法庭，通过对金融借贷类案件的专业化、精细化、集约化审理，实现金融借贷类案件的快立案、快保全、快送达、快审理。打击金融失信，促进地区金融秩序良性循环、健康发展。2021 年审理借款、债权等案件 1486 件。聚焦脱贫攻坚，妥善审理农村土地流转、债务纠纷、农产品销售等涉农案件 260 余件。聚焦绿色发展，积极参与污染防治攻坚战，对污染土壤水质大气、私砍盗伐林木等破坏生态环境的被告人，既依法追究刑事责任，又判处履行支付赔偿费用、补植复绿等义务。深入开展“利剑斩污”行动，审结污染环境犯罪案件 10 件。

诉源治理。按照上级法院部署，积极推进“廊坊经验”重塑工程，优化调整 5 个中心法庭、8 个法官工作站，聘请法院退休老法官、人民陪审员等各界人士担任特约调解员，充分发挥前沿阵地作用。全年 8 个法官工作站调处各类纠纷 2020 件。突出矛盾事前化预防、立体化解决。前移诉调对接阵地，下移司法解纷重心，40%的案件以调解方式解决。扬芬港法庭通过“诉前调解＋司法确认”机制高效化解涉农民工工资、商品房买卖等案件，并被多家省级媒体报道。整合社会资源，与党委政府、社会机构、律师、调解组织等内外联动，将诉前矛盾努力化解在基层，继续推进“无诉讼村街”建设，强化诉源治理效果。依托相关职能部门和集体组织建立类案调处中心，完善“道交一体化调处中心”，初步建立“房屋买卖纠纷一体化调处中心”“裕华街道物业纠纷调处中心”等 7 个调处中心，处理各类矛盾纠纷 891 起，受到上级法院的高度肯定。

【司法为民】 围绕“努力让人民群众在每一个司法案件中感受到公平正义”的目标，秉承司法为民宗旨，着力解决人民群众急难愁盼问题，不断优化司法便民服务。

诉讼服务中心优化升级。坚持把最好的场所、最优的服务提供给人民群众。全面升级改造诉讼服务中心，完善“一站式”“一次办”诉讼服务平台，出台多项立案便民措施，实现线上、线下立案并行，跨域立案覆盖全境。配备虚拟导诉员、智能风险评估机、多功能诉讼服务自助平台，律师绿色通道等智能设备，提高为民服务水平。本着繁简分流、简案速裁、快审为主的思路，将 70%左右的案件转入诉前调解。2021 年，诉前化解案件 2347 件。

为民司法保障民生。积极回应教育、就业、医疗、住房等民生诉求，审结劳动争议、房地产、医疗纠纷等案件 1195 件。加强“一老一小”权益保障，审结婚姻家庭、抚养赡养等案件 1811 件。结合“五个一”活动、“筑平安勇担当、护发展做贡献”等主题实践活动，践行

“我为群众办实事”，多次开展涉民生专项执行活动，为劳动者追讨欠薪 300 余万元。大力开展司法救助，为生活困难当事人缓减免诉讼费 50 余万元，为困难群众、企业办理司法救助 23 件，体现人民司法的温暖和关怀。

案件执行。2021 年受理执行案件 7100 件，执结 6399 件，执结率 90.13%。执行到位案款超过 8 亿元。着力破解查人找物难、财产处置难问题，强化执行信息建设，实现网络执行查控全覆盖。与银行、国土、公安、自然资源等部门完成“总对总”对接，建立“点对点”网络执行查控机制，有效打击“躲、逃、赖”等抗拒执行行为，将被执行人存款、不动产、车辆、证券等主要财产形式“一网打尽”。开展 5 次“集中执行百日攻坚”专项行动，出动警力 386 人次、车辆 109 辆次，发布失信被执行人名单 1853 人，限制高消费 2898 人次，司法拘留 22 人次，拘传 203 人次，有 200 余名失信被执行人迫于压力履行了义务。

司法民主深入推进。推进司法领域全过程人民民主，加强与人大代表、政协委员协调联络，主动接受人大、政协监督。邀请人大代表、政协委员走进法庭旁听庭审，零距离监督法院工作，着力让司法公正看得见、司法效能感受得到。邀请人大代表、律师、案件当事人、群众代表等参与执行联动监督工作，召开座谈会，规范民事执行工作，努力推进执行工作“透明化”。不断完善人民陪审员制度，有效杜绝“陪而不审”“审而不议”问题，扩大司法效应。持续推进“阳光司法”，以公开促公正，以审判流程公开、庭审活动公开、裁判文书公开、执行信息公开等平台为载体，着力构建开放、动态、透明、便民的阳光司法机制。加强与律师协会的沟通，听取诉求、改进工作，切实保障律师诉讼权利。

（周　鹏）

检　察

【概况】 2021 年，霸州市人民检察院以争创全省模范检察院为目标，以深化司法体制改革为途径，以教育整顿为契机，坚持争先创优，坚持全面从严治检，扎实推进“四大检察”（刑事检察、民事检察、行政检察和公益诉讼检察）、“十大检察业务”（普通刑事犯罪检察业务、重大刑事犯罪检察业务、职务犯罪检察业务、经济金融犯罪检察业务、刑事执行和司法人员职务犯罪检察业务、民事检察业务、行政检察业务、公益诉讼检察业务、未成年人检察业务、控告申诉检察业务）努力为新时代全面建设经济强市、生态新城、美丽霸州贡献检察力量。

【中心任务】 与天津静海区检察院召开“服务‘六稳’‘六保’，助力京津冀协同发展”远程视频研讨会，研讨整治中重型货车交通肇事措施，会签了《进一步发挥检察职能作用，治理中重型货车交通肇事倡议书》。走进霸州市思凯家具、三强金属制品等包联企业“问需于企”，当好民营企业“护航员”“服务员”；依法办理重大责任事故案件 5 件 6 人，提起公诉假冒注册商标等侵犯知识产权案件 6 件 12 人；坚持“少捕慎诉慎押”，依法解除羁押强制措施 3 人，不起诉 3 人。提起公诉帮助网络信息犯罪、电信网络诈骗等新型犯罪案件 29 件 36 人；提起公诉食品药品安全案件 15 件 18 人，非法占用农用地案件 3 件 4 人，侵犯公民个人信息案件 3 件 3 人。提起公诉“问题楼盘”合同诈骗案件 10 件 13 人，有力维护 1000 余名受害人的正当权益。提起公诉破坏环境资源案件 13 件 25 人，追回生态赔偿资金 400 余万元。提起公诉拒不支付劳动报酬案件 4 件 5 人，为

600 余名农民工追讨欠薪 890 余万元。提起公诉职务犯罪案件 1 件 1 人，为国家挽回经济损失 286 万元。办理的章某某诈骗、妨害信用卡管理案件被河北省检察院评为典型案例。

【社会治理】 受理公安机关提请批准逮捕各类刑事案件 369 件 461 人；批准逮捕 259 件 307 人。受理审查起诉各类刑事案件 507 件 691 人，提起公诉件 419 件 560 人。批准逮捕黑恶案件 4 件 6 人，提起公诉黑恶案件 7 件 37 人；成功办理杨某等 28 人涉黑案件，主犯杨某被判处有期徒刑 18 年并处没收个人全部财产。接待群众来信来访 292 件，办理重复信访案件 4 件，化解重复信访案件 4 件。办理司法救助案件 7 件，为困难群众解决司法救助金 19 万元。2021 年 8 月 25 日，《河北法制报》对霸州市人民检察院的司法救助工作作了专题报道。

【"四大检察"】 监督立案 3 人，监督撤案 11 人；不批准逮捕 160 人，不起诉 107 人；追诉漏罪 13 件，追诉漏犯 16 人；提出纠正意见 31 件；提出抗诉 5 件。对 21 名附加剥夺政治权利罪犯进行检察；为 1400 余名社区矫正人员建立了完整规范的检察台账；移送司法工作人员犯罪案件线索 3 件，参与调查司法工作人员职务犯罪案件线索 2 件。办理的韩某某社区矫正监督案件被河北省检察院评为刑事执行检察精品案例。适用认罪认罚从宽制度办理刑事案件 457 件，适用率为 85.7%。7 月 30 日，河北省检察机关"降低羁押率的有效路径与社会危险性量化评估"专题研讨会在霸州召开，霸州市人民检察院介绍了试点经验。调取民事审判卷宗 42 册、民事执行卷宗 173 册，发现民事审判监督程序违法线索和民事执行违法线索 38 件。受理民事程序违法案件 21 件，受理民事执行监督案件 17 件，受理民事裁判结果监督案件 3 件。调取自然资源领域行政非诉执行案卷 476 册和行政审判卷宗 28 册，发现行政非诉执行违法案件线索 14 件。受理行政非诉执行监督案件 14 件，受理行政程序违法案件 4 件。与法院合作办理行政争议实质性化解案件 1 件。办理生态环境领域公益诉讼案件 20 件；办理食品药品安全领域公益诉讼案件 3 件；办理国有财产领域公益诉讼案件 8 件；办理行政公益诉讼案件 32 件，发出诉前检察建议 12 件；办理刑事附带民事公益诉讼案件 8 件。开展革命文物红色资源保护公益诉讼专项行动；会签了《关于全面推行"河长+检察长"工作机制的实施方案》《关于土地执法查处领域行政非诉执行监督加强协作配合的意见》。

【未成年人保护】 批准逮捕未成年人犯罪案件 23 件 35 人，不批准逮捕 12 件 15 人；提起公诉 16 件 20 人；制发《督促监护令》10 份；附条件不起诉 4 件 6 人，帮助 3 名涉案未成年人重返校园。集中开展"旅馆业涉未成年人犯罪治理专项行动"，对存在问题较多的 15 家旅馆责令停业整顿并限期整改；对校园周边电子烟市场进行专项整顿，对 6 家问题商户提出警告并督促整改。组织兼职法治副校长走进市第八中学等 8 所中小学，开展"送法进校园"法治宣讲，为 4100 余名学生送上法治教育课。建立"检察监督+市场监管"校园食品卫生安全保护长效机制，联合开展中小学生食品卫生安全监督检查活动。电子烟市场治理整顿专项行动成功入选河北省检察机关电子烟市场治理整顿行政公益诉讼典型案例。

【检察为民】 出台 15 项"我为群众办实事"措施，为群众办实事 80 件。组织检察干警为家庭困难在校学生捐款 6600 元。联合市政部门和公安机关对辖区内道路窨井盖缺失而发生的“窨井伤人”问题开展专项整治。联合市应急管理局、东段乡政府、胜芳镇政府和辛章办事处，深入辖区企业进行安全生产警示教育，提出检察建议，切实维护辖区企业和人民群众生命财产安全。聘请 44 名社会各界代表担任首届检察听证员；邀请人大代表、政协委员、律师等召开检察听证会 34 次，自觉接受社会监督，改进检察工作。

（王庆臣）

司法行政

【概况】 霸州市司法局为市政府工作部门。机构改革后，中共霸州市委全面依法治市委员会办公室（以下简称市委依法治市办）设在市司法局，承担中共霸州市委依法治市委员会具体工作。2021 年，信安镇仁义街、扬芬港阙里墅村通过“全国民主法治示范村”复核，同时涌现出“全国司法所模范个人”1 名，河北省司法行政系统“争做人民满意公务员”十佳个人 1 名以及一批优秀人民调解员。河北新闻网、河北日报客户端和《河北日报》分别报道《霸州市司法局用心用情用力提升群众幸福指数》《霸州市司法局优化法治环境助力企业健康发展》《霸州市加快建设智慧普法服务平台》及霸州市与天津市武清区、静海区签署社会矛盾纠纷联调化解的经验做法。

【当好参谋助手】 根据省级法治政府示范创建的评价标准，制定《霸州市法治政府建设指标任务分解表》，并对考核指标进行细化分解，形成了职责明确、协调联动的工作格局。2021 年列席市政府常务会议 4 次，审查市政府重大行政决策 6 件，出具合法性审查意见书 4 份。开展行政规范性文件清理，其中保留的 17 件，废止的 2 件，失效的 1 件。

【全面依法治市】 大力加强法治政府建设。召开市委全面依法治市委员会第三次会议，审议通过《法治霸州建设规划》《霸州市法治社会建设实施方案》《中共霸州市委全面依法治市委员会关于进一步推动落实党政主要负责人履行推进法治建设第一责任人职责的实施意见》《关于开展法治政府示范创建活动高质量推进全市法治政府建设的实施意见》和《中共霸州市委全面依法治市委员会 2021 年工作要点》，为积极推进法治霸州建设提供基本遵循；以学习宣传习近平法治思想为首要任务，全面加强法治文化建设。通过媒体报道、学习读本、拍摄短视频等形式，运用各类融媒体手段和平台，推动习近平法治思想深入人心；以开展法治政府建设示范创建活动为载体，不断推进法治政府建设上水平。

严格规范文明公正执法。完成 1449 名执法人员证件换发工作，年度新增执法人员 339 人，注销 238 人。利用网络媒体对全市行政执法人员开展行政执法人员网络培训工作。完成执法单位罚没许可证年检工作。“三项制度”建设稳步推进。调整行政执法事项清单和罚没事项清单；印发《关于进一步规范乡镇和街道综合行政执法行为的通知》《关于进一步落实行政执法责任制工作的通知》。

大力加强行政复议裁决应诉。开展行政执法案卷评查工作和个案监督工作。全面落实行政复议权利告知制度，受理行政复议案件 4 件，审结 3 件，正在审理的 1 件。代理市政府行政应诉案件 2 件。

大力加强法治宣传宣讲力度。严格落实“谁执法谁普法”普法责任制，开展各类普法活动 50 余场，组织司法干警、律师、法律宣传志愿者等 100 余人深入社区、企业、村街开展“送法下乡”活动 30 余场。充分利用新媒体进行普法宣传，积极推广“霸州普法”微信公众号，开通“霸州法治”官方抖音号，定期发布普法短视频、律师说法以及普法动态；制作普法公益广告、快板书等法治文化作品，为广大群众开设“普法课堂”。全面推进法治文化阵地建设，打造南孟镇西坨村、扬芬港镇阙里墅村等村级法治文化阵地，通过法治宣传栏、法治一条街、法治图书角等形式开展普法宣传。

【维护社会稳定】 依靠科技支撑，实现数据化社区矫正管理。重组基础阵地，“一中心、两中队”模式投入使用。完成市社区矫正指挥中心和城区、胜芳两个管理中队的改造，实现数据一体化、指挥可视化的管理目标，构建立体化指挥体系和远程督查体系，确保社矫人员管理不出现纰漏。全市在矫人员 476 人，在册安置帮教人员 1500 人，未出现脱管漏管事件，重新犯罪率维持在 1‰以下。

创新管理方式，不断提高监管水平。与检察院联合出台《霸州市社区矫正对象外出监督管理实施意见》和《关于加强未成年人社区矫正工作配合协作的意见》，积极摸索跨地区外出的帮扶和监管新路径，努力实现协助调查、协同监督、信息共享的新局面；与第三方公司合作，引入社会工作者参与非执法性工作，努力做好社区服刑人员学习教育、公益劳动、心理矫治、教育感化等基础工作；与禁毒工作相结合，加强对入矫人员进行心理辅导和禁毒宣传。胜芳管理中队倡导成立“885”公益团队，吸引社矫对象自发参与疫情消杀、爱心救助、交通疏导、见义勇为、义务灭火等多种公益活动，取得良好的社会效果。

开展“暖冬行动”，排查化解矛盾纠纷。以春节“两会”、中共十九届六中全会、庆祝中国共产党成立 100 周年和省十次党代会安保为节点，大力开展民间矛盾纠纷排查化解攻坚行动，组织全市调解员开展涉疫纠纷排查化解。与天津市武清区、静海区签订社会矛盾纠纷联调化解协议，构建起联调、联排、联防的工作机制；与市人民法院民庭建立沟通联络机制，梳理重点关注对象，引导基层调解组织及时介入，开展预防“民转刑”大排查、大摸底，最大限度防止“民转刑”案件发生。以“网格化、专业化、品牌化”为目标，不断夯实人民调解组织基础，及时开展新任人民调解员业务培训，全市建立村居（社区）人民调解委员会 384 个，乡镇调委会 14 个，有专兼职人民调解员 2000 余人。举办人民调解员调解技能培训班 10 场，培训 480 人次。排查调处各类矛盾纠纷并形成卷宗 782 件，发放以案定补 9.99 万元。医疗纠纷调解委员会成功调解医疗纠纷 3 件。

【提升服务水平】 夯实公共法律服务体系实体和热线平台，提供优质法律服务。依托司法所、律师事务所、法律服务所、381 个法律服务站，整合律师、公证员、司法鉴定工作者、法律工作者等公共法律服务资源，实现市乡村三级公共法律服务中心和公共法律服务站全覆盖。积极开展形式多样的法律服务，组织律师到市区、乡镇繁华路段开展集中法律服务 158 次，解答法律咨询 1000 人次；建立长效暖企惠企机制，组建律师志愿服务队，吸纳精干力量，采取“进厂走访”“政策宣传”“法律宣传”和调查问卷等多种形式，每周深入 6～8 家企业进行对点帮扶，对 204 家规上企业开展免费法治体检。市法援中心贯彻应援尽援、应援优援宗旨，开通“双拥”窗口，年内受理各类援助 120 件，参与认罪认罚 252 件，解答法网热线 480 人次，化解上访苗头案件 14 件。市公证处继续发挥监督职能，年内办理保全公证 26 件，参与政府采购招标 167 件，参与保障房摇号分房、现场督查10次；积极开展“我为群众办实事”活动，开展上门服务30人次，节假日延时服务9人次；同时开通微信咨询服务，将办证材料、流程全公开，切实减少当事人往返次数。

探索“互联网+公共法律服务”，提供便捷法律服务。市司法局坚持线上和线下同步发力，全力推动便捷高效、普惠均等的现代化公共法律服务体系。首批购置4台“智慧普法与公共法律服务”触摸一体机，选取人员流动多、群众需求广的市信访局接待大厅、市公共法律服务中心、堂二里镇“群众说事、干部解题”接待中心、裕华街道河西社区党群服务中心进行配置。该机器能够提供法治宣传教育、社区矫正、公证服务、人民调解、法律援助、律师服务等咨询导引和自助服务，与“12348”中国法网直通，进行在线案例库查询学习相关案例，覆盖基层司法行政各项法律服务。群众可通过智能咨询板块，对法律问题进行自助咨询服务，可查询相关法律法规和公共法律服务机构办事地点、办事人员、办事指南、工作流程，方便群众根据各自需求，更加便捷地获取法律服务资源。

（孟庆峰）

人民武装

【概况】　中国人民解放军霸州市人民武装部（以下简称人武部）作为本地区的军事领导机构，接受廊坊军分区和中共霸州市委员会、霸州市人民政府的双重领导。2021年，人武部抓好民兵应急力量建设，组织民兵开展集中训练，提升民兵建设的规范化和科学化水平。其中，以“提升基层应急能力，筑牢防灾减灾救灾的人民防线”为主题的应急救援演练活动在中央电视台军事频道播出。积极开展双拥共建活动，为创建省级双拥模范城打下坚实基础。

【开展党史学习教育】　认真贯彻省军区、军分区党史学习教育部署要求，坚持善借势、巧结合，深入推进学习教育。第一时间为现役官兵、文职和职工订购发放《论中国共产党历史》《中国共产党简史》《习近平新时代中国特色社会主义思想学习问答》《毛泽东邓小平江泽民胡锦涛关于中国共产党历史论述摘编》等学习书籍。充分利用橱窗板报、电子显示屏、营区灯箱等多种载体搞好宣传发动。带头参加各级组织的专家授课辅导，组织机关人员到武警中队参观见学，丰富学习教育内容和手段，把理论学习、专题教育、实践活动等融入大项活动中，制定党史学习教育考勤登记、检查督导、理论考核、缺课补课等规定，确保党史学习教育时间、人员、内容、效果的落实。结合庆祝中国共产党成立100周年，组织庆“七一”专题党日活动方案，开展进行一次走访慰问、上一堂专题党课、党员汇报一次思想、重温一次入党誓词的“四个一”活动，培养党员先锋模范意识，引导党员自觉强化比学赶帮超的进取意识。采取原原本本系统学、上下贯通深入学和逐字逐段反复学的方式，扎实开展中共十九届六中全会精神学习，11月23日，“中国民兵”微信公众号宣传报道市人武部开展中共十九届六中全会精神学习的经验做法。

【民兵应急力量建设】　坚持“精准编组、精细管理、精准动员”的原则，积极协调整合地方部门资源，进一步优化应急力量编组布局，探索“模块化”“常态化”编建方法路子，提高快速反应能力。4月，召开民兵建设工作会议，研究部署2021年民兵建设工作，采取“问题导向、顶层设计、尽早干预、专项督导”的方式，切实解决上年整组工作中存在的民兵人员集结难、组织训练难、专业素养弱、软件资料乱等问题，不断提升民兵建设工作的规范化、科学化水平。结合全国防灾减灾日，联合蓝天救援队开展以“提升基层应急能力，筑牢防灾减灾救灾的人民防线”为主题的应急救援演练，通过思想交流、装备展示、科目演练等活动，大幅提升民兵分队应急救援能力，中央电视台军事频道对活动进行报道。

【完成民兵基地化训练任务】 利用12天时间，组织民兵开展集中封闭式训练。按照“任务牵引、科学组训；教管结合、铸魂励志”的思路，科学合理制定训练方案计划，扎实抓好训练中的思想政治工作，建立健全各级各类党组织，严格落实党的各项组织生活制度。开展民兵党史学习和思想政治教育，建立民兵政治教员、理论宣讲、文艺演出3支骨干队伍，发挥民兵3支队伍在民兵训练中的特殊作用。组织民兵开展文艺演出，观看《红海行动》《战狼》等战斗题材电影，激发参训热情，浓厚练兵备战的氛围，强化广大民兵的政治责任意识和顽强的战斗精神。

【征兵工作】 结合辖区特点，采取传统宣传手段和新型媒体宣传相结合的方式，全方位开展征兵宣传。制作发放征兵宣传单，在全市明显位置张贴征兵宣传海报；利用微信公共平台“霸州123”、“霸州发布”、霸州市人民政府网等进行征兵宣传；协调霸州电视台与民间收藏馆合作，早、中、晚播放征兵公益宣传片；机关干部职工采取包联乡镇的方式，进村入户，面对面地与大学毕业生交谈交流，开展精准宣传，增强宣传的针对性、时效性和广泛性。依托廊坊四院体检中心，运用征兵体检信息系统，实施一站式封闭式体检。与公安局等相关部门人员组成政治审查组进行初审，深入各乡镇进行走访调查和政治联审，严格把关，较好地完成政审工作。印制廉洁征兵监督卡发放给应征青年及家长。征兵宣传期间，霸州市在电视台、宣传手册、微信工作群中公开廉洁征兵举报电话，市区和乡镇政府门口设立举报信箱，随时接待和处理举报事宜。组织征兵工作人员学习廉洁征兵政策规定。部领导利用下乡调研期间，组织乡镇和村街干部学习廉洁征兵政策法规，并组织签订廉洁征兵责任书，层层传导压力。按照“五方联审、集体研究”要求，邀请市级廉洁征兵监督员参加定兵大会，确保征兵工作公开、公正、透明。

【提升正规化水平】 以“四个秩序”规范为依托，扎实做好安全管理工作。加强对涉密文件、移动硬盘等涉密载体的规范管理，防止失泄密问题的发生。定期对人、车、电、库、文件等内容进行安全隐患排查，梳理问题清单，制定整改措施并落实。深入推进“四个秩序”全面落实。本着“利于备战、权责清晰、顺畅高效”的原则，进行 “四个秩序”规范化建设，重新划分了工作区、生活区，规范健全了机关器材库、办公秩序和各类软件资料。

【开展双拥共建】 积极发扬拥军优属、拥政爱民的优良传统，关心部队官兵的冷暖，解决其后顾之忧。协调市委、市政府开展春节、“八一”走访慰问活动，向驻霸部队赠送慰问品、慰问金；走访慰问抗美援朝老战士、烈军属、困难企业军转干部等优抚对象、退役军人，发放慰问金。进一步融洽和谐军政军民关系。结合霸州市脱贫攻坚工作，人武部领导定期走访看望所包乡镇内的贫困户。以创建双拥模范城为契机，梳理总结人武部近5年双拥共建成果，为赢得省级双拥模范城打下坚实基础。7月13日，联合霸州市双拥办、退役军人事务局参加河北省百城万店拥军行活动，动员鼓励社会各行各业开展拥军优属活动，成立霸州市爱国拥军联合会。

【党风廉政建设】 坚持将廉政宣传教育和警示教育纳入日常政治教育，作为党委中心组重要学习内容，及时传达学习上级下发的各类违规违纪问题通报，组织观看《铁纪强军》《忏悔与警示》等警示教育片，筑牢拒腐防变的思想根基。大力抓好廉洁征兵，在全市聘请 56 名廉洁征兵监督员，为每名应征青年及家长发放廉洁征兵监督卡，公布举报电话，全力打造廉洁征兵“阳光工程”。突出重点领域问题治理，扎实组织违规住房、办公用房和留存名贵特产类物品专项清理，加大对工程建设、物资采购的监督力度，有效防范了各类违规违纪问题。结合军委国动部巡视巡察发现的共性和个性问题以及省军区检查中指出的问题，制定整改方案和详细整改措施，明确责任人和整改时限，进一步促进了党风廉政建设。

（曹振胜）

综合管理

发展和改革

【概况】 霸州市发展和改革局（加挂霸州市粮食和物资储备局牌子）（简称市发改局）为市政府组成部门，机构规格正科级。霸州市财经委员会办公室（以下简称市财经办）设在市发展改革局，接受委员会的直接领导，承担委员会的具体工作，组织开展全市财经重大问题的政策研究，协调督促有关方面落实委员会决定事项、工作部署和要求等。

【项目情况】 2021 年工作目标：投资 5000 万元以上在谈项目确保达到 80 个，争取达到 100 个；投资 5000 万元以上签约项目确保达到 60 个，争取达到 80 个；新开工亿元以上项目确保达到 30 个，争取达到 35 个；省市重点项目确保达到 30 个，争取达到 35 个。全市投资 5000 万元以上在谈项目 132 个，投资 5000 万元以上签约项目 84 个，新开工亿元以上项目 39 个，省市重点项目 31 个，完成全年目标任务。

【推动全市主导产业发展】 为加快推动传统产业转型升级，起草了《霸州市鼓励企业转型升级加快项目建设优惠政策（试行）》，已下发全市执行。按照“4+3+1”主导产业定位，积极培育战略性新兴产业。加大项目支持力度，推动云谷 AMOLED 模组生产线扩建项目加快建设，项目完成批复各项建设内容，形成年产 AMOLED 模组 400 万片的生产能力，正在推动项目完成验收；对霸州市高技术产业发展情况进行摸底，调取相关统计数据，同时召集相关部门召开座谈会，掌握了一手材料；推荐河北昊方新能源科技有限公司申报省级企业技术中心，推荐河北兆建金属制品有限公司申报廊坊市级企业技术中心；继续培养霸州市云谷电子科技有限公司、安泰（霸州）特种粉业有限公司两家省级企业技术中心和霸州市零零壹创业孵化园廊坊市级“双创”示范基地建设，为霸州市企业树立典型示范作用。

【固定资产投资】 2021 年，霸州市固定资产完成投资 171.7 亿元。

（谭继涛）

空间规划

【概况】 2021 年，市自然资源和规划局贯彻落实新发展理念，扎实开展规划编制工作，不断优化“三区三线”，进一步完善专题内容和大纲内容，完成基数转换底数底图确定工作，形成国土空间规划初步成果和基础信息平台主体框架。

【霸州市国土空间总体规划】 2021 年，国土空间总体规划工作按照要求持续推进。4 月，省自然资源厅召开重点县（市）国土空间总体规划集中联合审查会，对全市的国土空间总体规划进行审查。按照省厅要求，上报规划成果。12 月，省自然资源厅组织第四轮市县国土空间总体规划技术审查会，按照审查结果，继续深化完善规划方案。积极开展 3 条控制线划定和国土空间规划的现状基数转换工作。年底，生态保护红线划定已完成，城镇开发边界、永久基本农田和现状基数转换工作阶段性成果已经上报廊坊市自然资源和规划局，并按照廊坊市自然资源和规划局要求，进一步修改完善国土空间规划开发边界划定和现状基数转换成果。

【乡镇和村庄国土空间规划】 2021年，市自然资源和规划局对乡镇国土空间规划进行多次传导和审查。5月14日，组织召开乡镇国土空间总体规划推进会，各乡镇主管领导和规划设计单位人员参加，传导国土空间规划相关数据。11月23日至12月2日，组织召开乡镇国土空间规划汇报会，各乡镇、各职能部门及设计单位细致研究规划方案，并提出具体的修改意见，待设计单位进一步完善。同时，积极督导各乡镇对有条件的村庄，进行“多规合一”实用性村庄规划编制。

【平台及“一张图”系统建设】 完善基础数据的格式转换、坐标转换成果，开展基础数据入库工作。开展统筹建设国土空间基础信息平台及“一张图”实施监督信息系统招投标和系统建设工作，现国土空间规划“一张图”实施监督信息系统基本功能已建设完成，国土空间基础信息平台主体框架形成。

（梁福合）

国土资源管理

【概况】 2021年，市自然资源和规划局始终坚持把保护资源和保障发展作为国土资源工作的核心任务，以强烈的责任意识和有力的举措，抓实抓牢新增用地指标争取、土地报征、土地出让等工作，确保全市重大项目、重点工程按时落地。严格落实土地共同监管机制，联合打击违法占地行为，维护良好土地资源管理秩序。

【新增建设用地指标争取】 全年争取新增建设用地指标814.05亩(农田土地面积沿用“亩”，下同)，其中农用地799.52亩(耕地626.3亩)、未利用地14.53亩，已组卷12个批次上报廊坊市自然资源和规划局、省自然资源厅。此外，为破解经济发展用地难题，积极争取增减挂钩指标。经廊坊市自然资源和规划局沟通协调，霸州市与张家口市万全区签订增减挂钩节余指标流转协议书，流转指标112亩，进一步拓展项目用地空间。

【建设用地组卷报批】 开展土地转用、征收工作，全年有178.5672公顷土地取得用地批复(其中：批次用地11个，面积56.8443公顷；单独选址项目2个，面积121.7229公顷，即新建北京至雄安新区城际铁路霸州段工程建设项目和廊泊公路堂二里至胜芳绕城段改建项目)，满足霸州市达利园二期、金螳螂等重点项目的用地需求。中关村、开发区公园、信安污水处理厂、凤莲家具、王泊村委会等批次用地已完成组卷上报工作，用地面积16.7050公顷。另外，对新建天津至北京大兴国际机场铁路建设项目和华北石化至北京新机场航煤管道4号阀室项目，已完成组卷上报工作，用地面积24.6676公顷。

【土地供应】 针对批而未供土地逐宗分析未供原因，对症下药，落实处置措施，结合长期租赁、先租后让、弹性出让等多种供地方式进行土地供应，按时完成上级下达的处置任务。全年供应国有建设用地使用权65宗，面积为2401.332亩。其中，出让工业用地29宗，面积为1215.3855亩；出让商业用地6宗，面积为66.21亩；出让住宅用地10宗，面积为250.2945亩；出让其他用地3宗，面积为40.6785亩；划拨用地17宗，面积为828.7635亩。

【土地执法监察】 抓好 2021 年度卫片整改工作。省自然资源厅下发全市 2021 年度卫片违法图斑 34 个，面积 137.93 亩，耕地面积 17.74 亩，基本农田面积 8.9 亩。已整改图斑 20 个，面积 98.75 亩，耕地面积 17.74 亩，基本农田面积 5.76 亩。剩余违法图斑 10 个，面积 39.18 亩，不占耕地，基本农田面积 3.14 亩。新增违法占耕地比例降低到 15%以下。按照廊坊市自然资源和规划局《关于开展违规占用耕地“非农化”问题再排查再整治工作的通知》要求，认真开展“回头看”工作。通过部季度卫片系统显示发现霸州市疑似新增违法占用耕地问题图斑 92 个，面积 290.88 亩，耕地面积 193.93 亩，基本农田面积 84.5 亩。截至年底已整改 90 个，剩余未整改到位 2 宗，为公共基础设施和民生工程，正在督促乡镇协调相关部门补办用地手续。通过“铁腕”拆除整改，有效遏制耕地“非农化”行为，严防死守耕地红线，保障粮食安全。

【不动产登记】 不动产登记始终秉持“规范登记，服务于民”的工作宗旨，全年累计发放证书 25474 本、证明 11060 本；司法查封 6677 件、解封 403 件；不动产抵押权注销 631 件；查询15400件，其中出具首套、二套房证明5662 张。由于历史原因，还遗留许多问题。为了解决疑难杂症，市自然资源和规划局多次召开局长办公会，对重点问题进行重点分析，妥善解决霸州市综合十二处罄苑北区新建项目、原外贸局家属院、广播局家属楼、御景阁一期等一批项目验收难、登记难、发证难的问题，得到广大群众的一致好评。

【土地变更调查】2020 年度国土变更调查是在三调基础上开展的首次年度变更调查。与往年相比 2020 年变更增加耕地“非农化”“非粮化”监测工作。同时，第一次利用以地理国情监测及其他专项监测成果，提取三调统一时点数据后疑似发生的拆除图斑、耕地变化、园地林地草地变化、单独图层变化、湿地变化图斑。致使霸州市图斑总量与 2018 年变更图斑总量对比，图斑总量提高了 3～4 倍，外业现场举证拍照工作量也随之增加。在相关人员大力配合下，作业单位加班加点，按时间节点保质保量地完成所有图斑的内外业调查工作。2021 年 3 月初将变更数据上报省厅审核，变更调查数据成果已通过国家和省厅的审核验收。

（梁福合）

统　计

【概况】 2021 年，霸州市统计局承担全国人口普查工作，开展试点培训及清查、普查工作，并精心组织实施全面建成小康社会统计监测工作。

【第七次全国人口普查】 按照国务院的统一安排， 2021 年霸州市开展第七次全国人口普查工作。这次普查的普查标准时点是 2020 年 11 月 1 日零时，普查时期为 2019 年 10 月 1 日至 2022 年 12 月 31 日。普查对象：普查标准时点在霸州市行政区域内的自然人以及户籍登记地在霸州市、现在市外居住的自然人，不包括在霸州市行政区域内短期停留的境外人员。

2021 年霸州市第七次全国人口普查小组办公室编写人口公报：辖区内有 15 个乡、镇（区、办），389 个社区、村（居）委会。此次人口普查划分普查小区 2766 个，选聘普查员、指导员 3666 人。摸底登记 285636 户；短表登记 285824 户，登记人口 910863 人；长表登记 21886 户，登记人口 77198 人，行、职业编码 37015 条；比对复查 135570 条。通过第七次全国人口普查，摸清霸州市自第六次全国人口普查后的人口变化情况，为及时掌握全市人口结构、人口发展趋势提供有力的数据支持，为市委、市政府制定各项政策提供数据支撑。

据第七次全国人口普查平台汇总结果显示，霸州市登记总人数 910863 人，现有人口 742486 人，户籍人口 691674 人，常住人口 720017 人，其中男性 368151 人、女性 351866 人；出生人口 6968 人，出生率 9.68‰；死亡人口 3664 人，死亡率 5.09‰。

【统计监督】 履行统计监督职能，多措并举，确保统计数据质量。一是实行统计数据质量分级责任制。自上而下，层层负责，逐级落实责任，各级、各部门和基层单位对统计工作重视程度明显提高。二是强化统计数据质量评估制度。局里建有数据质量评估小组，每月对每个专业统计上报的各项指标进行严格评审把关，采取横向、纵向对比及相关分析的方法，确保统计数据准确如实反映霸州市经济实力和发展趋势。三是坚持统计查询制度，认真抓好质量控制。加强对基层原始数据的审核，对异常值、起伏大的逐一查询核实并限时回复，对质量不符合要求的，坚决要求重新核实上报，从而确保源头数据的真实可靠。

【统计服务】 一是抓好信息反馈和统计分析。进一步加大对信息反馈工作的督导力度，实行月分析、季报告、半年一小结、年终总体分析制度，各股室（队、中心）每次上报报表后都对分管专业指标运行状况进行分析，找出全市经济运行中的热点及存在问题，形成统计分析报告，及时报送市委、市政府，印发有关部门。2021 年，编印《霸州市国民经济统计月报》12 期，撰写月度经济分析、统计工作信息、调查统计资料、统计调研 68 篇，其中 4 篇被市委、市政府及上级部门采用。二是抓好统计咨询服务工作。进一步加强机关效能建设，提高办事效率，提高办事质量。将统计数据咨询程序公开上墙，做到公开化、规范化，方便咨询人员。接待咨询人员 104 人次。三是及时发布统计数据。认真贯彻执行《政府信息公开条例》，规范统计数据公布的内容、时间和程序，充分利用网络、报刊、简报等渠道发布和提供统计资料，发挥统计资源的社会效益，使统计成果真正惠及全社会。

【统计执法】 霸州市统计局积极采取措施，不断加强统计法律宣传，加大统计执法力度，确保统计数据如实反映霸州实际。一是结合“五五普法”和“法律八进”活动，进一步加大统计法制宣传力度，增强全社会的依法统计意识。在城乡集市等场合向社会宣传统计法律法规，发放《中华人民共和国统计法》《河北省统计条例》等宣传材料 2000 余份。利用年报会开展统计普法培训，培训基层统计人员 2300 余人。二是坚持统计查询制度，认真抓好质量控制。加强对基层原始数据的审核，对异常值、起伏大的逐一查询核实并限时回复，对质量不符合要求的，坚决要求重新核实上报，从而确保源头数据的真实可靠。三是加大统计执法检查力度，理顺统计工作秩序。利用“通知检查”、巡查执法等形式定期、不定期地对基层单位进行检查，发现问题，依法处理。2021 年，开展统计执法检查工作，抽查 28 个单位，立案查处 4 起；促进依法统计，震慑统计违法行为。

（刘永营）

国家统计局霸州调查队

【概况】 国家统计局霸州调查队是主管抽样调查和城乡居民可支配收入核算的职能部门。开展产粮大县调查和畜禽监测调查，对住户调查样本和小微企业进行常规调查，完成各项统计调查工作。

【住户调查】 为搞好电子记账工作，采取集中培训和入户指导相结合的方法。除每个季度召开的住户专业季报会和年报会外，平时都由主管专业调查工作的人员对调查户的记账方法和容易出现的问题进行详细地讲解，把优秀调查户的记账经验和方法在微信群组进行分享，使每个辅助调查员都清楚了解本村调查户的记账质量和水平，以便更好进行入户指导，达到预期效果。

【产粮大县调查】 2021 年，完成产粮大县调查工作。首先，将调查样本基本情况调查、播种意向调查、播种面积调查、产量调查、卫生遥感测量调查五大方面的 12 项具体工作制定了完整的工作计划。在操作流程上，加强业务培训，强调业务和操作流程，明确调查要求；在工作作风上，坚持一线调查法，全体队员在调查期间，全身心投入工作第一线，入村入地，实割实测，并安排包点人员亲自到调查点巡查，督促辅调员把操作流程落到实处；在数据质量上，严格数据评估，确保数据质量。并与农业部门、气象部门等有关部门及时沟通联系，共同分析和评估调查数据，客观分析产量增减变化的原因，确保调查数据符合实际。

【畜禽监测调查】 2021 年，专业人员和辅助调查员坚持定期入户访问，各队员每月入村入户至少 1 次，辅助调查员每月访户不少于 2 次，并认真填写入户访问情况表。对存在问题当场进行解决，切实提高辅调员的责任感和业务水平。

【劳动力调查】 劳动力调查是一项重要的民生调查，通过劳动力调查得到的失业率调查是宏观经济四大指标之一，对于监测宏观经济运行、就业形势变化、民生改善等方面发挥重要作用。专业人员和辅助调查员以每个月为一周期 ，每个月中旬开始调查走访，深入了解霸州市当今社会劳动力就业现象。

【统计信息服务】 2021 年，充分发挥信息宣传的桥梁和纽带作用，着力打造服务地方发展的调查平台，为党政决策提供准确数据，为政府各部门提供调查服务，逐渐开展了 7 项专项调查活动 。一是耕地模拟化经营和农村社会化服务调查，了解围绕农业生产作业链条的市场化服务情况；二是农村居民接种新冠肺炎意愿及接种满意度专题调研；三是乡村产业振兴调研，通过走访调查和问卷调查相结合的方式了解乡村产业现状；四是夏粮收购情况调研，通过对农户、国有粮库情况和私营粮食经销商的调查，了解霸州冬小麦出售和收购情况；五是秋收秋种情况，经走访考察了霸州市秋粮收购和秋种进展情况；六是灾后秋种和生活情况调查，经过实地调查了解了秋冬播种和受灾农户生活状况；七是关于校外非学科类培训参与情况的调研，了解家长和学生对校外培训的想法和需求，收集他们的观点和建议。另外，以直报平台为载体，定期反馈畜牧业、农产品等相关数据分析，有利于农户更好地确定采购、销售策略，以居民家庭收支情况为载体，按季度反馈收支情况，帮助记账户分析家庭消费主体，合理地改变消费习惯，以 QQ、微信为载体，及时向劳动力调查辅调员提供当前人力资源市场招聘信息，为调查户中的失业人员提供就业信息服务。全年撰写统计信息和工作信息 20 余篇，多篇被省队、国家统计局和省委、省政府采用。

（武晓彪）

审 计

【概况】 2021年，霸州市审计局（以下简称审计局）围绕党中央、国务院重大决策部署和省、市各级的重点工作，立足新发展阶段审计面临的新任务新要求，以提高审计质量和效能为重点，全面依法履职尽责。全年完成审计项目52个，其中，经济责任审计34个，专项资金审计3个，政策跟踪审计3个，预算执行、财政决算和财务收支9个，工程决算审计3个。同时，还抽调审计业务骨干参与上级审计项目和巡视巡察任务20余项，多达55人次，完成上级审计机关和各级领导交办的任务。

【加强党对审计工作的领导】为全面加强党对审计工作的领导，深入贯彻落实中央、省委、廊坊市委审计委员会会议精神，审计局切实履行中共霸州市委审计委员会办公室职责，精心组织召开中共霸州市委审计委员会第五次、第六次会议，审议通过霸州市2021年度审计项目计划、霸州市2020年度预算执行及其他财政收支情况审计工作报告，健全完善《中共霸州市委审计委员会办公室联络员制度》和《中共霸州市委审计委员会重大事项督察督办制度》，加强与纪检监察、组织人事、巡视巡察等部门的沟通，促进整体合力的形成，进一步发挥审计委员会总体布局、统筹谋划、整体推进、督促落实的重要作用。

【经济责任审计】 2021年，审计局按照集中力量办大事的原则，打破科室界限，统筹安排审计业务人员，强化审计整体合力，进一步提高工作质效。年初，按照廊坊市委审计委员会统一安排，廊坊市审计局派出审计组到霸州市开展中共霸州市委书记、市长经济责任审计。审计局以高度的政治责任感，不断强化使命担当，保障廊坊经济责任审计组各项工作顺利开展，并积极沟通协调审计发现问题整改工作。这次审计，指出霸州市在项目建设、乡村振兴、园区建设、深化改革、生态文明建设等方面存在的问题和不足，是一次对霸州经济社会发展的全面体检，为霸州今后在贯彻执行党和国家以及上级重大经济方针政策、决策部署方面和本地区经济社会发展规划、政策措施、重大经济事项推进落实方面指明了方向，同时摸清霸州财政财务管理总体情况，进一步加强预算管理、提高决策水平、规范资金运行，确保霸州市经济社会高质量发展。另外，结合“以审代训”练兵成果，审计局集中组织开展霸州市13个乡镇（区、办）党政领导干部26人的经济责任和自然资源资产审计项目，通过“白加黑”“5+2”的工作模式，克服时间紧任务重的困难，完成领导干部自然资源资产离任审计的工作任务，提高被审计单位对坑塘、河流、饮水、污水治理等方面工作的重视程度，促进了自然资源资产管理使用的科学化、合理化、规范化。加强监督管理、正确评价和使用干部，规范干部行为，强化廉政建设，有力支持霸州市换届工作的顺利推进。

【财政预算执行审计】 2021年，审计局组织开展霸州市2020年度预算执行及其他财政收支情况审计，重点关注预算绩效改革、保障重点支出和改善民生、惠企利民直达资金、财政资金监管等，并结合全市实际情况，围绕中央直达资金、基层“三保”、疫情防控资金、优化营商环境、就业补助资金和失业保险基金等方面，扎实开展国家重大政策措施落实跟踪审计，积极推动政策措施健全完善，进一步深化供给侧结构性改革和高质量发展，维护最广大人民的根本利益。同时，持续推进审计制度改革，始终坚持科技强审，“向信息化要资源”，“向大数据要效率”，通过对全市一级预算单位财务数据采集分析，实现关于审计发现问题的统一提炼、综合归纳、科学定性，发挥“一审多果”“一果多用”的积极作用，为霸州市财政经济安全和财政资金规范高效运行保驾护航。

【投资审计和重点项目稽查跟踪】 审计局在认真梳理全市建设工程的基础上，将涉及支持雄安建设、提升城市建管水平、强化水污染治理等领域的重大投资建设项目作为审计重点，一方面组织完成建设西道及锦山路改造工程、胜芳石沟干渠工程、霸州市中心绿化提升改造工程3个项目的决算审计，在审计过程中重点关注项目资金的真实合规性、履行基本建设程序和合同约定情况、工程结算审核和财务核算以及征收补偿情况等。另一方面配备专门的跟踪人员，以定期抽查和重要事项备案的方式，对在建的全市污水管网建设、供水管网建设、京德引线、东环路、市区雨污水管网及道路一期、殡仪馆等重点项目工程进行稽查跟踪，及时发现问题和掌握工程进展情况。通过积极探索投资审计转型，不断强化审计力度，进一步促进项目管理的规范、建设的顺利进行和项目建设资金的安全有效使用。

【重点工程项目审计】 审计局紧紧围绕全市中心工作，认真贯彻落实市领导重要指示批示精神，组织抓好全市污水处理设施及配套管网工程全覆盖和全域供水管网升级改造项目审计。针对这两个项目投资大、范围广、隐蔽工程多的情况，审计局始终坚持审慎原则，科学制定工作方案，精准把握从立项、审批到施工的各个环节，成立专门项目组作为跟踪主体，对项目建设情况进行过程跟踪，重点关注施工质量、材料质量、工程量等，不断加大项目跟踪力度，促进项目按进度保质保量施工建设。

【完成其他任务】 审计局凝心聚力、攻坚克难，在按时保质完成年度审计计划的同时，选派业务骨干参与北京至雄安新区高速铁路项目审计、中共石家庄市委书记邢国辉自然资源资产离任（任中）审计和2021年全省应对新冠肺炎疫情防控资金、捐赠款物和使用情况专项审计调查等，工作成绩得到上级审计机关的充分肯定。

（贾振宇）

市场监督管理

【概况】 2021年，霸州市市场监督管理局（以下简称市市场监督管理局）以推进“放管服”（即简政放权、放管结合、优化服务），改革和完善食品药品、特种设备安全监管为着力点，坚持问题导向，全面加强市场监管，防范化解市场风险，优化营商、竞争和消费三大环境，为全市经济发展做出贡献。

【疫情防控和复产复工】 一是迅速响应，全面落实。市市场监督管理局作为防控一线的“排头兵”，迅速成立一把手为组长的领导小组，制订工作方案、应急预案，明确工作职责。召回100余名精干力量与22个基层所全体人员，深入农贸市场、商场超市、餐饮单位、药店等人民生活必需品经营单位进行监督执法检查，根除污染源头、消除传染隐患、保障市场供应、打击哄抬物价，为人民群众的生命安全和身体健康保驾护航。累计检查冷链经营单位11405户次、农贸市场1508家次、餐饮企业56727家次、药店45525家次。二是常态化防控不放松。市市场监督管理局将疫情防控列为常态化工作来抓，建立健全防控机制，规范经营行为。督促药品领域持续推进感冒药、退热药、抗生素等实名登记制度。将餐饮行业防控与文明城市创建相结合，大力推行公勺公筷，培育文明餐桌新风尚。督促全市 52 个冷链相关经营单位完成溯源系统录入，每周对其巡查不少于 2 次，对所有冷链食品、外包装、从业人员及场所环境进行核酸采样检测 1 次。三是助力民营企业复产复工。对使用特种设备企业全面排查、验收。检查辖区内特种设备使用单位 30 家，设备 3906 台，确保企业复工复产特种设备使用安全。制定校外午托复工复产方案，按照“合格一家开业一家”的原则严格开展复业前核查验收工作，解决复课后大部分中小学生中午用餐问题。主动联系防护用品生产企业，开辟绿色通道，支援防护用品市场。

【优化营商环境】 一是推进电子营业执照应用。依托“河北省企业在线登记系统”、个体户“云窗办照”手机软件，鼓励、指导申请人在线核名、注册、领取营业执照，提高市场主体网上注册率，实现从“面对面”到“键对键”的登记制度革新。二是强化事中事后监管。一方面落实企业年报制度，7 月初，将 3092 户未依照规定期限公示 2021 年度报告的企业、农专、外资等市场主体列入经营异常名录；另一方面推进“双随机、一公开”监管，实施跨部门联合抽查 4 次，抽查企业 46 户；市场监管局内部抽查 6 次，抽查企业 519 户，结果已向社会公示。三是“双随机、一公开”监管推进有力。实施跨部门联合抽查 4 次，抽查企业 46 户；市场监管局内部抽查 6 次，抽查企业 519 户，结果已向社会公示。

【构建市场公平竞争环境】 一是加大打击传销和扫黑除恶力度，进行《中华人民共和国反有组织犯罪法》《中华人民共和国反垄断法》等法律法规宣传工作，落实公平竞争审查工作，做好商业秘密保护示范单位的后续保障等工作，做好打击整治养老诈骗相关工作，查办商标侵权案件 8 件。二是加大知识产权保护。加强重点商品交易市场、知识产权代理机构的监督检查、教育宣传，提高经营单位法律意识，自觉合法经营。三是加强价格监督检查。紧盯民生领域，开展电动车、摩托车安全头盔、学生用品等市场及房地产中介机构专项整治行动，依法打击串通涨价、价格欺诈等违法行为。四是强化监管执法。以侵犯知识产权、制售假冒伪劣商品、虚假宣传、网络新型不正当竞争行为重点，对防疫用品、食品、药品等领域的标志、标识、专利等进行集中整治，打击不正当竞争行为。累计出动执法人员 800 余人次，检查摸排集贸市场 600 余次，走访企业、商户 1000 余户。

【持续保障民生】 一是畅通投诉举报渠道。推进消费维权体系建设，提升消费维权效能，处理消费投诉举报 3511 件，为消费者挽回经济损失 198.06 万元。二是规范计量市场秩序。以服务民生为重点，加强计量器具的检验检测，监督抽查计量器（秤）262 台，加油站 65 家、取用水企业 30 家，抽查食品生产销售企业定量包装食品 56 批次，同时开展诚信计量示范单位创建工作，培育示范单位 47 家，保证和维护广大人民群众经济利益。以“5·20”世界计量日活动为契机，广泛宣传，提升人民群众计量诚信理念和计量法律知识。同时，不断提升自身本领，在廊坊市举行的电子秤技术大比武活动中取得第一名。三是强化食品安全监管。食品生产企业、农产品快检及质量安全追溯体系建设进一步完善。获证食品销售单位风险分级管理目标实现 100%。完成食品及相关产品 21 类食品抽检 2600 批次，合格率为 99%。以校园周边、农村市场为重点开展大排查、大整治查办违法案件 659 起。四是加强药械监管。持续开展药品流通领域风险隐患排查、中药饮片经营专项整治打击非法渠道进销药品、虚开票据等违法行为。强化特殊药品（含麻）、疫苗质量安全专项执法检查，查办违法案件 239 起。五是加强特种设备监管。继续深入推进特种设备安全专项整治三年行动，下达指令书 151 份，消除一般风险 261 处；围绕推进“双控”机制建设，对辖区内 11 家危险化学品相关特种设备使用情况开展全面检查，摸清了底数和情况。开展打击非法加油加气专项行动，杜绝在用特种设备、操作人员“带病”作业。六是加强工业产品质量监管。对生产领域各类产品质量监督抽查 246 批次。截至年底，已监督抽检各类产品生产领域 251 批次，合格率为 96.4%。加大对成品油市场监督检查，抽检成品油 623 个批次，其中 1 个批次不合格，已结案。强化散煤管控网格化监管，健全网格化监管体系，对散煤销售实施全域、全时段监控。检查村街 3415 个次，检查市场 1460 个次。

【风险隐患管控】 一是食品安全实施全过程监管。按照“源头可溯、全程可控、风险可防、责任可究、公众可查”的原则，推广食品追溯体系应用。全市食品生产企业，大型餐饮服务单位、超市学校（幼儿园）食堂及食盐经营单位已全部完成追溯系统注册登记；以问题为导向，加大食品抽检力度，保质保量地完成了抽检任务，全面完成国家要求；深入推进“明厨亮灶”工程，学校（幼儿园）、机关企事业食堂实现全覆盖；深入开展打击“两超一非”、“山寨食品”、农村假冒伪劣食品等专项整治行动。二是突出抓好药品安全监管。加强感冒药、发热药、止咳药、疫苗、防护用品等重点药品、医疗器械监管，监督抽验 140 批次，依法处置了不合格药品、化妆品；推进追溯系统体系建设，加快实现药品领域实现全程追溯。督促全市单体药店完成药品追溯系统录入和数据上传；深化隐患排查，开展中药饮片治理、非法渠道购销药品专项整治行动，在廊坊市案件考核排名第一。

【质量强市建设】 一是发挥强市办牵头抓总的作用，制定行动计划，健全工作机制，强化考核及结果应用，各项措施落地有声。二是组织企业参与修订行业标准 4 项、地方标准 1 项、团体标准 2 项。帮扶霸州市地海云天环保科技有限公司申报河北省企业标准领跑者、河北争荣生物科技股份有限公司申报第二批国家级消费品标准化示范企业。三是监督抽查计量器（秤）262 台，加油站 65 家、取用水企业 30 家，抽查食品生产销售企业定量包装食品 56 批次，同时开展诚信计量示范单位创建工作，培育示范单位 47 家。四是以电线电缆、电动车等市场为重点开展认证市场专项整治行动。查处天津市恒顺达科技有限公司扬芬港分公司未经强制性产品认证生产电动自行车且出厂销售案件。五是培育知识产权贯标认证企业 5 家。中国霸州（家具）快速维权中心获国家知识产权局正式批准，建立工作有序进行。

【文明城市创建】 补齐北菜市场标识不明显、标语、广告牌陈旧短板，全面整改小商家占道经营以及机动车乱停乱放问题进行；加强对校园周边 200 米以内环境治理，查处超市、学生用品店出售过期食品、“三无”产品、无证照经营行为，净化周边环境；以市区餐饮单位为重点，开展倡导节约用餐光盘行动，发放标语桌牌 1000 块，张贴海报 2 万张，引导广大消费者适量点餐、合理消费。

（王紫璇）

安全生产监督管理

【概况】 2021年，霸州市应急管理局（以下简称市应急局）通过深入开展安全生产专项整治三年行动、全面开展全市重点领域安全生产突出隐患清零行动等工作，不断加强组织领导，强化责任落实，坚决扛起安全生产责任，强力开展安全生产系列攻坚行动，全市安全生产形势持续稳定。

【健全安全生产责任体系】 霸州市始终把抓好安全生产工作作为树牢“四个意识”、坚定“四个自信”、做到“两个维护”的现实检验，严格落实上级各项决策部署。一是坚持“党政同责、一岗双责”。2021年，市委、市政府多次召开常委会、常务会研究部署安全生产工作，第一时间学习贯彻全国、全省安全生产会议精神；市政府定期组织召开季度工作例会，听取安全生产重点工作开展情况汇报，研究解决重大问题，安排部署年度和阶段性重点工作；市委、市政府主要领导，坚持定期亲自带队进行安全检查，全市上下时刻绷紧安全生产这根弦，确保全市不发生重大生产安全事故。二是严格落实“三个必须”要求。制定出台《霸州市领导干部安全生产包联责任制》，明确市四套班子成员安全生产包联责任，按照市委、市政府班子向书记、市长看齐，部门、乡镇班子向市委、市政府班子看齐的要求，各级各有关部门结合各自实际，明确各级领导干部安全生产分包区域、分包企业，进一步健全安全生产责任体系，实现安全生产责任“横向到边、纵向到底”。三是严格落实安全生产工作考核问责机制。每年制定霸州市安全生产年度考核办法，把安全生产纳入全市综合考核评价指标体系，加大对较大及以上事故和重大安全隐患整改情况的考核权重。市政府每年与各乡镇（区、办）、各部门签订安全生产目标管理责任书，层层落实安全生产责任。

【开展安全生产专项整治三年行动】 市安委办组织各行业主管部门梳理分解150项工作任务，2021年工作任务已全部完成。全市各级各相关部门检查党委政府部门及党政机关60家次、企业366家次，排查一般隐患问题1222项、已整改1222项、整改率100%。全市成立督导检查组1123个（次）、开展检查11091家次、检查单位场所11091家次，发现并督促整改一般隐患问题24429项，已整改24429项，整改率100%，重大问题隐患2项，已整改2项，整改率100%。

【开展安全生产大排查大整治行动】 按照企业自查、属地检查、行业部门抽查、安委办核查的工作方式，重点对化工、冶金等工贸、交通运输、房屋建筑和市政基础设施工程施工、消防、特种设备、燃气、渔业船舶、农机、旅游等重点行业领域开展排查整治，确保不漏一企、不漏一岗。截至年底，全市检查企业1071家，检查率100%，排查隐患1589项，整改隐患1589项，整改率100%，完成既定工作目标。

【建立联合检查工作机制】 市安委办针对霸州市安全生产中的高危领域、薄弱环节，定期组织市应急管理局、住建局、市场监督管理局、消防救援大队、教体局、供电局等部门，针对涉疫场所、商场、学校、消防车通道、养老和康复机构、用气单位、大型综合体等重要行业领域以及“两会”、高考、国庆等重要时间节点，开展各类联合执法检查，将发现的行业内共性问题通过媒体进行公开曝光，以点带面提升全市整体安全生产水平。

【开展安全生产突出隐患清零行动】 “清零行动”是霸州市独创的安全生产整治行动，经常务会、常委会多次分析讨论研究制定，结合全市小微企业多、涉及领域广、整治难度大的实际情况，将责任充分压实到乡镇（区、办）、村街、个人，彻底解决安全生产责任落实“最后一公里”问题。本次行动覆盖面广、力度大、要求细，以市里考核、乡镇督导、村街牵头、企业落实的工作方法，坚决打击安全生产与消防违法行为，实现燃气、用电、消防、非法化工、有限空间、涉爆粉尘、特种作业人员等各类安全突出隐患全面清零。“清零行动”分为动员部署、培训指导、排查整治、考核问责四个阶段。开展培训 45 场，参加培训 4654 人。

【抓好重点领域专项整治】 一是涉气企业大排查大整治行动。在全市范围内对涉气企业进行检查整治，截至年底，检查企业 113 家，其中 4 家企业未安装泄漏报警装置和自动切断装置，已采取停气措施；35 家企业已下达整改及处罚通知书，已全部整改完毕。二是工贸行业安全生产大排查大整治。派出 15 个检查组，对 168 家规上企业全覆盖执法检查，排查整治 486 处隐患。已督促各企业全部整改到位，检查率、整改率均为 100%。三是危险化学品和烟花爆竹行业大排查大整治。检查危化企业 87 家次，发现隐患问题 218 条，已整改 218 条，整改率 100%。四是冶金行业安全整治。检查企业 6 家次，发现问题隐患 10 项，整改 10 项，整改率 100%。

【推进“双控”质量提升】 一是按照安全生产“双控”机制建设质量提升行动工作方案安排，全市规模以上、高危行业及中小微生产经营单位642家已经完成“双控”机制建设。为进一步巩固“双控”机制建设取得实效，持续加强企业“双控”机制建设跟踪督导，市安委办统筹协调，由行业主管部门牵头负责所辖行业领域，霸州市安全生产专项整治三年行动工作专班强化督导协调，在全市打造一批安全生产风险管控和隐患排查治理标杆企业，引领全市各类生产经营单位进一步提高风险管控和隐患治理能力水平，全面推动企业安全生产主体责任落实。2021年，市安委办组织各乡镇（区、办）、各有关部门完成对53家企业的“双控”质量提升工作，以点带面，充分带动全市“双控”机制建设整体水平向纵深推进。二是推进“双控”机制建设与行政执法紧密衔接，对工作开展不力的生产经营单位采取加大执法频次、顶格处罚等方式督促其依法完善“双控”机制建设。组织开展专项执法、观摩执法和执法现场会等方式扩大执法效果，实现“执法一家，触动一片”的效果，以高压态势倒逼企业抓好安全生产，提高管理水平。三是通过省厅互联网+信息录入，积极推广“双控”机制信息化平台建设。通过科技手段，督促企业全面辨识风险、完善管控措施，消除安全隐患。

【开展安全生产培训】 市应急管理局成立技术服务中队，先后对东段、辛章、胜芳和扬芬港等乡镇开展全面技术服务，针对企业基数大、行业领域广泛、企业安全管理水平参差不齐等问题，通过以点带面对重点村街、典型企业开展隐患排查，检查企业 150 家，涉及 32 个村街，并全部进行教育培训、复查并督促指导企业整改。梳理检查中发现的突出问题进行归类，形成隐患排查专题课件，及时组织被服务乡镇的 1800 余家企业进行集中培训。同时，积极推进“三项岗位”人员持证上岗工作。全面开展生产类企业“三项岗位”人员培训专项整治行动，要求各乡镇（区、办）建立台账，积极开展专项检查。全市各乡镇（区、办）排查企业2000余家，并对未持证企业组织报名培训，组织培训班12期，培训企业安全管理人员1500余人，特种作业人员300余人。

【加强安全生产宣传引导】 一是以“安全生产月”、安全志愿服务等活动为契机，组织全市各乡镇（区、办）、各部门，印发《应急安全知识》等各类宣传册4万余份，发放12350宣传展牌500块，通过各类活动进行广泛宣传，进一步普及安全防护知识，提升广大市民的安全意识和参与度。二是扎实推进安全宣传“五进”活动，定期到学校、社区、企业、农村、家庭开展安全宣传教育活动，并打造一批“五进”示范单位，建立固定宣传载体，充分发挥示范单位带动作用，不断把安全宣传工作引向深入，逐步实现以文化促管理、以管理促安全、以安全促发展的目标。三是通过“霸州应急”公众号发布复工复产安全提示、春节期间安全提示、恶劣天气预警信息、疫情期间防控安全指南等各类安全知识611条。在霸州电视台设置“应急管理”专栏，定期发布安全生产、警示教育、防灾减灾宣传片，同时在“霸州发布”“霸州123”等微信媒体进行宣传，真正形成全媒体、矩阵式、立体化宣传格局，切实提升公众安全意识和应急处置能力。

（王 琳）

应急管理

【概况】 2021年，霸州市扎实完善防汛抗旱应急预案、完成市应急避难场所信息管理服务平台的构建、自然灾害风险普查工作、农房保险、全市灾害信息员队伍建设等工作，确保全市应急管理工作平稳有序。

【防汛工作】 一是落实“市包乡、乡包村、村包户”的网格化责任体系，组织市、乡、村三级行政责任人逐级签订防汛责任书385份。二是制定完善2021年《全市防汛抗旱工作要点》《霸州市防汛抗旱应急预案》等多项市级预案。三是汛期全市排查行洪河道、城市低洼易涝区等重点部位183处，查出各类安全隐患18处，全部整改处理到位或制定应急措施。四是调整充实全市防汛抢险队伍，由消防救援大队、武警中队、驻霸部队及武装部抢险应急连组建成市级防洪专业抢险队，总人数200人；各乡镇组建抢险预备队伍15支，总人数15000人；社会救援队伍3支，总人数380人；打桩班队伍10支，总人数350人。五是完成中亭河行洪任务。开挖王各庄干渠长度7700米，转移梁庄、南张庄群众518户2029人，不间断对王各庄干渠、中亭河等重点位置进行巡察。

【防火工作】 一是组织市、镇、村三级签订2021年森林防灭火目标责任书。二是深入开展森林火灾隐患排查整改行动。三是强化应急队伍，为全面建设大应急救援体系，霸州市15个乡镇（区、办）均建立应急救援指挥组，全市所有村街均建立应急救援队，共计1852人。四是落实应急准备，严格执行24小时值班和领导带班制度、火灾归口报告制度，提高火情信息处置的时效性、准确性，确保信息准确、畅通、及时。五是组成工作专班，联合开展森林草原“防风险、除隐患、保安全”专项督导，组织协调各责任单位加强重点区域的巡查巡护，特别是临雄安新区沿线的大面积片林、高铁、高速、国道省道两侧等重点区域。

【防震、救灾、物资保障工作】 一是避难场所系统全国应急避难场所综合信息管理服务平台测试工作，已完成霸州市应急避难场所信息管理服务平台的构建，完成基础信息统计。二是强震台升级改造。已完成霸州市政府强震台观测点的仪器升级改造。三是积极开展农房保险工作，为全市15个乡镇（区、办）的127239户农户投保政策性农房保险，有效提升民众的防灾减灾意识，全市整体抗灾抗险能力得到进一步提高。四是做好全市灾害信息员队伍建设工作，对全市15个乡镇（区、办）及所辖村街（社区）的灾害信息员人员信息重新进行调查摸底统计，全市各级灾害信息员425名，并在全国应急信息员数据库系统内进行信息更新。五是开展自然灾害综合风险普查工作。按照国务院、省政府、廊坊市政府第一次全国自然灾害综合风险普查领导小组工作要求，积极开展霸州市自然灾害风险普查工作。到年底，自然灾害综合风险普查清查阶段工作任务及调查阶段任务已完成，正准备迎接廊坊市普查办质检核查。

（王　琳）

退役军人事务管理

【概况】 霸州市退役军人事务局（以下简称市退役军人事务局）严格按照中央和河北省、廊坊市、霸州市对做好退役军人工作的指示要求，一手抓疫情防控，一手抓退役军人事务工作，履职尽责、攻坚克难，完成各项工作任务。

【创建省级“双拥模范城”】 第13届河北省双拥模范城（县）创建评比中，霸州市成功实现省级双拥模范城“五连冠”既定目标，扎实开展双拥共建和军地联动工作。一是积极助力部队备战打仗。市政府投资30余万元为武警中队智慧磐石工程改造升级实现软件硬件更新互联，投资10余万元为武警中队修建改造训练场。深化拥军支前协调机制，成立霸州市拥军支前工作队，定期组织民兵应急分队开展应急演练。10月28日，霸州市医疗救护连完成河北省军区检查考核，提升支前保障能力。二是严格贯彻落实优抚安置政策。2021年，全市接收符合政府安排工作条件的退役士兵已全部安置到位。教育部门为5名军人子女办理教育优待。三是扎实做好拥军优属工作。开展“情系边海防官兵”拥军优属活动，走访慰问在边防执行任务军人的家属；“七一”走访慰问烈士遗属，发放慰问金；“八一”、春节期间走访慰问驻霸州部队和退役军人，发放慰问金，为重点优抚对象发放慰问金。12月9日，由市领导带队为荣立二等功现役军人张梦迪家属送去喜报和慰问金。四是开展“百城万店拥军行”活动。社会各行各业积极开展拥军优属活动，83个单位提供服务586人次，优惠优待8.9万元。2021年市拥军企业达到69个会员单位，“八一”期间爱国拥军联合会慰问困难退役军人。打造新时代商厦为“拥军示范商厦”，军人职业受到尊崇的氛围更加浓厚。

【退役军人安置】 2021年6月30日，接收多名转业士官档案后，安排专人审核档案，并对档案评分进行了排名，经本人确认无误后，在10月12日对排名情况通过政府官网发布和张榜公布的形式向社会进行了公示；在充分掌握个人需求、岗位需求的情况下，拟定了乡镇（区、办）工作岗位13个、市直各部门岗位12个、中省直单位岗位1个，设置26个安置岗位，10月27日公布安置方案并进行公示确认。11月6日召开选岗大会，由组织部、纪委、编办、财政局、市退役军人事务局全程监督，电视台全程录像，选岗完成后通过政府官网发布和张榜公布的形式向社会进行公示，并于12月1日统一开具安置报到介绍信，所有转业士官各类保险全部按照事业单位人员保险进行续接。安置过程严格按照公平、公正、公开的原则，全程接受纪检监察、媒体和社会监督，提高了安置工作透明度和政府公信力，受到安置对象和安置单位的一致认可和好评。

【退役军人就业创业】 一是建立3本台账。利用退役士兵报到契机，建立就业需求、培训需求、岗位需求3本台账，对于有培训需求的退役士兵，填写退役士兵技能培训需求表。二是召开退役军人招聘会。3月12日市退役军人事务局与人力资源和社会保障局共同举办退役军人招聘会，120家企业提供就业岗位1000余个。7月16日，市退役军人事务局与胜芳镇政府、人力资源和社会保障局在胜芳镇共同举办退役军人招聘会，44家优质企业，提供就业岗位500余个。10月15日，市退役军人事务局与人力资源和社会保障局共同举办秋季招聘会，60余家企业，提供就业岗位500余个。通过发布招聘信息、推荐就业等形式积极为退役士兵提供就业信息。三是积极开展培训。对2020年自主就业退役士兵和符合政府安置工作的退役军人进行为期3天的适应性培训，对退役士兵组织开展了为期3个半月的技能培训。四是做好高职扩招宣传和身份认定工作。根据河北省教育厅等七部门《关于印发河北省高职扩招专项工作实施方案的通知》要求，积极做好高职扩招宣传和身份认定工作。

【退役军人优抚】 为了确保抚恤金发放准确无误，4月组织对享受农村籍生活补助的80周岁以上退役军人全面核查，5月组织对所有重点优抚对象、60周岁农村籍退役士兵进行年度确认。始终把优抚金发放作为优抚工作的重中之重，各类优抚对象定补、门诊、护理费、生活补助、取暖费均足额发放。根据上级文件要求，7月为残疾军人换发新式残疾军人证。9月，组织重点优抚对象进行体检。10月，组织重点优抚对象到廊坊市广安医院进行短期疗养。为带病回乡退役军人进行评定审核工作，为伤残退役军人转接伤残档案关系，并积极落实相关优抚待遇。"八一"及春节为干部士官及遗属们送去慰问品及慰问金。

【开展党史学习教育】 2021年3月11日，召开党史学习教育动员大会，成立局党史学习教育领导小组及办公室，制订下发《关于开展党史学习教育的实施方案》，认真对照实施方案，严格按照时间节点推进落实。局党组先后4次召开班子会研究部署党史学习教育，确保党史学习教育取得成效。一是严格按照方案，不断加强学习教育。全年召开4次支部党员大会、12次支部委员会、12次党小组会、2次组织生活会，4次理论学习中心组专题研讨会，开展12次党日活动，上4次党课，通过"三会一课"、主题党日、集中学习研讨、自学等形式，把党史学习教育和庆祝中国共产党成立100周年系列活动结合起来，和中心工作结合起来，既把"规定动作"做到位，也使"自选动作"有特色，把学习成效转化为推动具体工作高质量发展的实际行动。二是结合学习教育，不断丰富实践活动内容。清明节在烈士陵园开展缅怀革命先烈祭扫活动；6月19日，赴狼牙山开展"迎接建党一百周年，走进狼牙山，传承红色基因"主题党日活动；9月30日，在烈士陵园开展烈士纪念日公祭活动；组织开展"弘扬红色精神献礼建党百年"英烈故事宣讲活动；积极参加廊坊市献礼中国共产党成立100周年"老兵永远跟党走"书画展；制作退役军人《忠心向党》MV，在全国双拥主题文艺作品征集评选中荣获原创作品二等奖。三是深入开展"我为群众办实事"活动，开展"幸福天天来敲门"、退役军人志愿宣讲英烈事迹、动员社会力量提供优先优惠服务、对困难退役军人党员救助、"送政策进军营”、关爱重点优抚对象走访慰问等活动，为70周岁以上的重点优抚对象送生日鲜花，为离世退役军人送花篮等系列活动。结合重大时间节点开展欢送新兵入伍、欢迎退伍老兵光荣返乡、军地联合送喜报、宣传退役军人保障法、为退役军人悬挂光荣牌、“纪念抗战胜利，励志振兴中华”主题演讲比赛等活动。对包联小区进行环境整治、文明劝导、法治宣传、交通路口疏导交通等常态化志愿服务活动。2021年6月被中共霸州市委评为“先进基层党组织”，在廊坊市第八督查组对霸州市的党史学习教育检查工作中，对市退役军人局党史学习教育工作给予高度肯定，并上报先进典型做法。

【退役军人服务中心工作】 2021年，退役军人服务中心按照《关于进一步加强全国示范型退役军人服务中心（站）创建工作的通知》的要求，通过会议调度、业务培训、专题指导等方式全力推进退役军人服务保障体系建设。7月20日，组织工作人员到全国红色精品退役军人服务站昝岗退役军人服务站进行实地学习，重点对堂二里退役军人服务站、开发区退役军人服务站、霸州镇退役军人服务站、康仙庄镇退役军人服务站、裕华街道办事处退役军人服务站、河西社区退役军人服务站进行实地指导。加强政治文化环境建设，通过“以点带面”的方式全面推进全市退役军人服务中心（站）的规范化、标准化、制度化建设水平，召开4次业务培训会，累计培训100人次，通过业务培训不断提高工作人员综合素质和业务能力水平。一是做好信息采集工作。2021年采集优抚对象信息，信息完善率99.85%；发放优待证，为春季和秋季入伍新兵家庭全部悬挂光荣牌。二是为提出申请退伍证、档案丢失的退役军人进行身份认定工作。三是按照上级要求，重新对全市退役军人包联名单进行了收集整理和报送。四是做好社会保险补缴和医药报销“蓝卡”办理工作。为符合条件的退役士兵申请财政资金、补缴养老保险。五是发挥霸州市关爱退役军人基金会作用，帮扶救助困难退役军人并发放救助金。

【思想政治和权益维护】 一是加强退役军人事迹宣传。积极报送退役军人素材、信息，被河北省退役军人管理服务中心、“今日头条”公众号、“河北省退役军人事务厅”公众号、“廊坊市退役军人事务局”公众号采用并发表累计40篇，在《新霸州》、“霸州发布”微信公众号上开通党史学习教育“缅怀霸州英烈”专栏，发布15名烈士的英雄事迹。开展“最美退役军人”评选、“百优退役军人”评选、“老兵永远跟党走书画展”、“口述历史·老兵故事”、“三最美、两最优”评选、“点赞老班长”等活动，为参战老兵王英、挂甲庄社区女支书邱曼曼进行“向党宣誓、为党祝福”最美退役军人录制微视频活动。在局机关大厅“荣誉墙”展示“霸州英烈”15人、“岗位建功”5人、“霸州老兵”18人。二是印制《中华人民共和国军人保障法》宣传手册。将2000余册发放到乡镇、村街退役军人服务站，并采用悬挂宣传标语、在拥军商厦设置退役军人保障法宣传站点发放宣传材料等形式开展活动，引导社会群众共同关心、关爱、尊重退役军人，营造全社会共同拥军的氛围。三是开展接老兵送新兵活动。9月和12月退役士兵陆续返乡之际，通过悬挂欢迎横幅，为他们佩戴“光荣退伍 欢迎回家”的绶带、胸带红花营造热烈氛围；在新兵入伍之际与武装部举办欢送仪式，并为入伍新兵制发寄语·承诺荣誉卡。春节期间为全市退役军人发送新年祝福短信1.8万余条。四是开展走访慰问活动。退役军人服务中心分成3个走访工作组，对重点优抚对象进行入户走访，为70周岁以上重点优抚对象送生日鲜花，为离世退役军人家属送花篮。“八一”期间，霸州市退役军人服务中心、霸州市志愿者联盟党支部、霸州市野火志愿者协会共同组织走访慰问老兵家庭。

【霸州市光荣院工作】 坚持做到以人为本，以制管院。一是健全各项规章制度。在广泛征求供养对象意见基础上，制定了院长责任制、岗位目标责任制、院务公开制、食品管理制、卫生、消防等一系列制度，重点加强食品安全、消防安全管理，确保光荣院的生产生活安全。建立健全管理人员工作责任制，严格值班制度、出勤制度、奖惩制度、分工负责制度、包干制度等，做到人人有责任、事事有人管。不断加强对老人房间安全检查和对老人外出的管理。定期对入住老人的衣服、床上用品、日用品进行更换，保持老人始终有一个良好的生活状态。保证日常文娱活动不断，定期组织开展文体活动，使老人心情好，并有正常的情感交流。二是加强疫情防控。光荣院职工全部按要求进行三针新冠疫苗接种，每周进行核酸检测，院内实行封闭式管理，非必要不接触外来人员。院内职工和老人每天2次体温测量，全院每天3次消杀工作。三是认真开展“三项评比活动”。在全院范围内认真组织开展“五好院民评比”“文明院民评比”“卫生房间评比”活动，通过开展活动，培养和激发广大院民的争先意识，增强院民的集体荣誉感。四是加强服务人员素质教育。坚持把提高服务人员的思想素质和服务能力放在首位。平时组织学习业务知识，解决实际困难。针对院内老人热点、难点问题，展开讨论，商量对策，在学习探讨中提高服务能力。

（关　亮）

行政审批管理

【概况】 2021年，霸州市行政审批局（以下简称市审批局）持续深化“放管服”改革，着力优化营商环境，完成村（社区）综合服务站提升工程，落实“证照分离”改革，完善“放管服”改革相关制度，优化工程项目审批流程，修订审批事项服务指南，拓展“一网通办”范围，探索“证照联办”模式，强化公共资源交易和招投标监管，创新服务手段，提升服务能效。全年办结各类审批服务事项13189件，按时办结率100%，群众满意率99.9%。

【村（社区）综合服务站提升工程】 制定《霸州市村（社区）综合服务站提升工作方案》，严格按照“六有”和“十统一”的标准全面开展提升工作，下派187名业务骨干深入基层村街进行培训20次，培训人员400余人；开展现场指导5轮、督导检查2轮，确保全市村（社区）综合服务站按时保质保量完成提升工作。再生育许可证、卫生许可证、林木采伐许可证、种子经营许可证等群众高频办事项目可就近到所在乡镇的综合服务中心办理；困难人群生活补助申领、法律援助、医疗救助、农业技术推广培训等37项服务事项可到村（社区）综合服务站进行办理或代办，省市县乡村“五级联动”的政务服务体系作用更加凸显，基本实现群众办事“小事不出村、大事不出乡”的政务服务工作环境。

【商事制度改革】 一是巩固企业开办改革成果。依托河北省企业开办“一窗通”网上服务平台和“云窗办照”App，实现企业开办和个体工商户注册“零见面”“足不出户”全流程网上办理，进一步降低企业的办事成本。企业开办环节审批时限压缩为 7 个工作小时内办结，其中企业设立登记、公章刻制、参保用工登记、住房公积金企业缴存登记等环节合并办理在 3 个工作小时内办结，发票申领在 4 个工作小时内办结。2021 年 11 月起，经进一步精简整合材料、压缩办理时限，实现企业变更登记、注销登记当场办结，营业执照立等可取。不断推进企业登记注销制度改革，允许领取营业执照后未开业及未发生债权债务或已将债权债务清偿完结的各类市场主体适用企业简易注销登记程序，将企业简易注销登记公告时间由原 45 个自然日压缩为 20 个自然日，允许被终止简易注销的企业符合条件后再次申请简易注销，减少企业的后顾之忧。在企业注册窗口旁设置咨询服务台和自助电脑终端，由业务熟练的工作人员对群众提出的问题、疑难事项等进行引导答疑，辅助群众填写完善表格，大大提高申请人所提交材料的受理率和群众满意度。2021 年，霸州市新登记注册各类市场主体 14062 户，其中企业 4470 户、个体 9592 户，全部在一个工作日内办结，网上办理率 92%。现有市场主体存量 71254 户，同比增长 15.12%。共注销企业 1620 户，其中简易注销 978 户，占注销总数的 60.37%。二是落实“证照分离”改革。主动与 20 家改革涉项部门沟通，结合霸州实际，研究制定《关于持续深化“证照分离”改革进一步激发市场主体发展活力的实施方案》，梳理霸州市 68 项（中央层面 64 项、省级层面 4 项）涉企经营许可事项全面实施清单管理，并按照“直接取消审批、审批改为备案、实行告知承诺、优化审批服务”四种方式分类推进审批改革。实行“证照分离”改革后，对于直接取消审批、审批改备案事项，企业不再办理许可证，实现持营业执照即可经营。对于实行告知承诺的事项，只要当事人承诺符合审批条件即可获得许可。自 2021 年 7 月实施此项改革以后，全市市场主体登记业务量为 7758 户，其中企业登记业务量为 2254 户，个体 5504 户，占全年市场主体登记量的 55.1%。三是探索“证照联办”模式。在市行政审批局市场服务综合窗口试行“证照联办”，破解“准入不准营”问题。选取物流公司、饭店、药店、商场超市等 9 个行业作为试点领域，通过综合服务窗口一次性收取办事人所需的全部材料，后台审批人员采取同步受理、资料共享的方式进行联合审批，让企业群众一次同时拿到营业执照和行政许可证。2021 年，办理营业执照+药品经营许可、营业执照+食品经营许可业务各 1 笔，实现 “证照联办”零的突破，为进一步深入探索打下了良好基础。

【工程建设项目审批制度改革】 编制《霸州市进一步推进全市工程建设项目审批增速提效的实施意见》，进一步压缩审批时限，将政府投资类和社会投资核准类、备案类项目从立项到施工许可审批时限，分别压缩至 39 个、33 个、31 个工作日内。压实涉项部门职责，强化对改革工作的督促指导和业务培训，推动工程建设项目极简申报、迅速审批、极速落地。向 13 个涉项单位部门印发《工程建设项目审批“体外循环”和“隐性审批”问题专项整治工作方案》，通过自查整改及开展“回头看”工作，对排查出的 6 大类 16 种问题逐项整改落实，确保了“清单之外无审批、流程之外无环节、指南之外无材料”，切实提高企业群众对工程建设项目审批制度改革的满意度和获得感。制订《企业投资项目“标准地+承诺制”改革的实施方案（试行）》，在霸州经济开发区的企业投资备案类项目中，推行“标准地+承诺制”改革，在符合城乡规划和土地利用总体规划的区域内开展区域评估，确定投资强度、亩均税收、环境、建设、能耗、排放等量化控制性指标作为出让条件，项目业主获得用地、做出承诺后，可以自主依法开展设计、评审和施工。建设过程、竣工验收和投产后接受相关监管部门的监督检查，审批部门依据法律法规和项目业主做出的书面承诺，直接做出审批决定，大大提高了项目落地效率。

【互联网+政务服务】 一是深化“一网通办”。通过在河北省政务服务事项平台上进行事项认领，完成实施清单编制和审核发布工作，全市1426项政务服务事项全部开通网上可办，实现网上可办率达到100%的任务目标。通过政务服务事项办理结果电子化或办理结果邮寄化的方式让企业群众办事从上年的“最多跑一次”变成2021年的“一次不用跑”，进一步提升企业群众办事便利度。组织各乡镇（区、办）和各村街分别认领并完成161项乡级和32项村级政务服务事项的实施清单编制发布工作，乡、村两级政务服务事项网上可办率均达到100%。二是推进业务办理渠道转移。依托廊坊市政务服务云平台，实现“公共场所卫生许可证”“食品生产许可证”“医疗机构执业许可证”等8个业务事项全流程网办，系统自动生成电子证照，方便群众办事。三是推进高频事项上线“冀时办”。2021年依据工程施工阶段提供公共服务企业名单，推动8家水、气、暖企业缴费上线“冀时办”工作。昆仑燃气、博雅热力、自来水公司、铭顺燃气等企业服务已上线河北政务服务网。华盛燃气、绿泉地热能、华旭热力、顺达燃气等企业服务已基本具备上线条件。四是加快推进“百事通”应用落地。组织市直有关部门在河北政务服务事项平台中对所涉及的“一件事一次办”事项进行标准化配置，对“百事通”系统事项目录管理模块进行套餐认领及实施清单的发布完善，并通过“百事通”统一申办受理系统以网厅申报方式和线下接件方式进行系统测试。48个“百事通”套餐已全部认领并发布，套餐事项从申报到办结的全环节、全流程、全情形的联调测试已完成。完成“百事通”专窗设置与工作人员配备，并对“百事通”套餐中涉及赋权下放的事项在系统中将审批层级调整至乡级，为实现高频办事场景全程同办、就近能办、一网通办奠定基础。五是推进电子证照应用。推动全市在政务服务云平台中的电子证照规范化数量从2020年的26项提升到71项，汇聚符合应用要求的证照数据62389条，证照汇聚数量在廊坊各县市中位列第三。完成14个乡镇（区、办）和32个市直部门382枚电子签章（含电子签名224枚、电子印章158枚）制作、信息备案和发放工作，为政务服务全程网络化实施、电子证照规范生成提供了技术保障。利用政务大厅电子屏幕对“河北省社会主体电子印章免费领取”工作政策进行了广泛宣传，引导办事群众申请、使用电子印章。

【互联网+监管】 组织30多个市直涉项部门按照“谁审批、谁负责、谁主管、谁监管”的原则，在“全国监管事项目录清单管理系统”内梳理监管事项目录清单和检查实施清单，已完成639项监管事项目录清单的认领工作、508项检查实施清单的完善工作，检查实施清单编制完成率为100%。在河北省“互联网+监管”系统进行监管数据收集工作，对发生过监管行为的事项按照上级要求在系统中进行录入。全年录入监管行为400余条。市行政审批局与行业主管部门密切配合，利用现代化手段，按照“及时、准确、完整”的要求，将审批结果、现场踏勘、专家评审等信息推送至行业主管部门，行业主管部门认领并纳入事中事后监管。同时，行业主管部门及时将监管信息、处罚结果等情况反馈至市行政审批局，实现审批与监管信息双向告知、共享共用、无缝衔接。2021年，市行政审批局向 23 个市直部门主动推送审批信息 68506 条。

【公共资源交易】 一是推行远程异地评标的常态化，降低市场主体制度性交易成本。2021 年霸州市公共资源交易中心分别与廊坊市、永清县、固安县、文安县、大城县、三河市、香河县等公共资源交易中心完成 180 余场次全流程电子化不见面开标+远程异地评标项目。通过推动交易平台从依托有形场所向以电子化平台为主转变，切实降低市场主体制度性交易成本，提升市场主体获得感。二是开展违法违规专项整顿，促进公共资源交易市场健康发展。通过在河北省全国公共资源交易服务平台公开公布问题线索征集信箱、邮箱和投诉举报电话，对进场交易的代理机构、招标人、投标人通过发放调查问卷、电话访问等方式进行市场主体调研，广泛征集问题线索，开展违法违规专项整顿，回收调查问卷 38 份，开展电话访问 45 次，未收到涉项内容违法违规问题反馈。在专项整顿过程中建立长效机制，有效防止公共资源交易服务机构“微腐败”问题发生，促进公共资源交易市场健康有序发展。三是健全工作机制，提升招投标活动质量。会同市住建局、交通局、水务局等监督单位，制定印发《关于贯彻落实提升招投标活动质量若干措施的实施方案》(霸政务办〔2021〕8 号)，进一步规范工程建设项目招标投标活动，提高配置资源效益和效率。制定《霸州市行政审批局公共资源交易投诉处理制度》，规定接受投诉或举报、转办、移交和反馈制度的流程，进一步推进提升招标投标活动质量若干措施工作的切实落地，确保贯彻落实取得实效。四是全年公共资源交易成果显著。完成交易项目 451 项，总成交额 305843.98 万元，节约资金 5447.73 万元，相比 2020 年节约资金 3375.8 万元，增益资金 1134.68 万元。

【新政务服务大厅建设】 克服新冠肺炎疫情影响，不断加快硬件建设速度，新建霸州市政务服务大厅项目至 2021 年底完成投资累计计价 1.01 亿元，基本完成总工程量的 80%。其中主体结构工程完成并通过验收；空调通风系统完成、消防排烟系统完成、消防喷淋系统完成、电梯安装完成、电气系统完成 60%、外网给排水完成、外墙保温完成，正在进行室内装修工程。

【创新服务手段】 开设“办不成事”咨询窗口，在大厅安排专职人员解决办事人遇到的“疑难杂症”。按照企业群众的不同需求，有针对性地帮助企业群众开展帮办代办服务，助其顺利办结所办业务。2021 年，帮扶办事群众 367 次，切实地提高办事速度与群众满意度，使政务服务变得更加高效，人性化。持续推进政务服务好差评建设，将评价结果及投诉落实情况纳入考核范围，强化“差评”整治，建立问题解决、整改反馈、长效落实工作机制，2021 年接受群众评价 56.35 万人次，总体满意率 99.7%，以群众评价促进服务水平提升。加强政务服务效能监管，通过定期巡察、视频监察等方式加强对大厅工作人员的督导检查，2021 年处理化解大厅现场纠纷 5 次，较好地维持政务服务大厅的正常工作秩序；累计处理群众在效能监督平台、阳光信访、市长专线、霸州民声、监督投诉电话和邮箱等渠道的投诉信息 50 件，针对查实的问题督促相关部门及时整改，有效解决群众的诉求。由局领导班子成员带队深入 7 个村街对 90 多家包联企业进行走访，并将发现的融资难、库存积压、办理相关手续复杂等 3 个共性难题和整理的 11 条建议及时上报政府大走访活动办公室；向企业推送有价值的合法商业信息 30 多条，通过为企业和金融机构搭建沟通桥梁，为企业开辟业务办理绿色通道和提供帮办代办服务等方式，助力企业实现健康发展。

（张 磊）

物价管理

【概况】 2021年，霸州市发展和改革局全面贯彻省、市政府工作部署，完善价格监测预警机制，推进重点领域价格改革，强化清费减负降低成本，为全市经济平稳健康发展营造良好价格环境。

【加强市场价格监测预警】 强化疫情防控期间价格监测预警。为全面做好生活必需品市场保障供应和节假日市场价格监测预警工作，霸州市发展和改革局于1月、10月两次启动日监测预警机制，价格监测人员对霸州明珠、京客隆、诚信超市、胜芳明珠、胜芳大华5个价格监测点价格情况及时跟踪汇总，确保监测数据的真实、准确，同时上报市政府和市发改委，为政府决策提供依据。强化日常价格监测预警工作。对6个价格监测点39种生活必需品市场价格情况开展日常监测，并对价格走势进行分析，于每周三汇总上报廊坊市发改委，并在政府网站发布居民生活必需品价格信息。做好“5·18”经洽会期间强化酒店客房价格稳控工作。协调市文广旅、市场监管两部门对霸州市规模较大的酒店客房价格进行摸底，掌握酒店客房房型、客房数量、销售价格、服务条件等内容；同时对梅地亚、名泉、海润、塞纳等6家酒店经洽会期间客房销售价格开展日监测，每天将统计数据上报廊坊市发改委。

【清费减负】 编制经营服务性收费目录清单。根据省、市文件精神，霸州市发展和改革局认真梳理政府定价的经营服务性收费政策，编制《霸州市政府定价的经营服务性收费目录清单》《霸州市政府定价的涉企经营服务性收费目录清单》，两清单均已在霸州市信息公开平台予以公布。

降费工作方面。一是通过政策信息公开平台重点宣传降费政策。在霸州市政府信息公开平台发布《减税降费惠企纾困政策清单》（2021年）和《河北省财政厅 国家税务总局河北省税务局关于做好延续实施部分税费优惠政策落实工作的紧急通知》（冀财税〔2021〕5号）等政策文件，重点宣传降费相关政策。二是为全面做好落实国家和省减税降费政策情况，对照廊坊市发改委《2019年以来主要降费政策清单》，多次督导各执收单位收费落实情况，要求各单位严格对照2019年以后国家和河北省出台的涉企行政事业性收费停征、取消、减免政策开展自查。三是与市场监督管理局联合对市自来水公司、供电公司等供水供电供气供暖行业收费行为进行巡查督导，确保政策红利落到实处。四是加强收费事中事后监管，对全市范围内实施行政事业性收费的单位和实行政策定价管理的经营服务性收费单位全面开展2020年度收费单位收费情况报告和收费统计工作。

清理规范行业相关收费。为扎实推进城镇供水供电供气供暖行业收费清理工作任务，全面取消不合理收费。一是通过政府信息公开平台发布《关于取消、禁止和规范城镇供水供电供气供暖行业相关收费事项的公告》，广泛宣传国家和省制定的清理规范城镇供水供电供气供暖行业收费政策措施，形成政策高压态势和舆论氛围，充分发挥社会监督和舆论监督优势，全面做好城镇相关行业收费清理规范工作。二是向相关部门和企业转发河北省发展和改革委员会《关于抓紧做好城镇相关行业收费清理规范工作的通知》，进一步强化政策，开展行业自查，同时会同市场监督管理局对供水供电供气供暖等相关企业政策落实情况进行巡查，切实将国家和省出台的政策贯彻落实到实处。三是起草制定《霸州市清理规范全市城镇供水供电供气供暖行业收费促进行业高质量发展的实施方案》，全面推进清理规范城镇供水供电供气供暖行业收费工作。四是对中油昆仑、胜利顺达等4家燃气企业执行市场价的收费项目、收费标准情况进行调查，并要求其在营业场所明码标价，公开收费信息。

落实环保行业降低电费政策。向市供电公司转发省发改委《明确部分环保行业用电支持政策执行时间》文件，督导供电公司落实环保行业用电支持政策，完成污水处理厂基本电费退费工作。

加强公共事业和公共服务收费调查。一是会同教体局调查霸州市域内343所幼儿园和义务教育阶段132所校外培训机构的基本情况、运营情况，以及全市营利性义务阶段校外培训机构成本调查工作。二是会同住建部门调查霸州市生活垃圾及餐厨垃圾收费成本、生活垃圾处理收费情况。三是会同民政部门开展养老机构收费情况调查，详细了解养老机构基本情况、床位供应量、收费水平、服务内容等。四是会同交通运输部门对客运出租汽车运价、市内公交票价等开展城市公共交通价格管理情况调查。

【制定和完善能源类产品价格政策】 推进天然气配气价格改革。一是按照省和廊坊市天然气价格工作部署，对顺达、昆仑等4家天然气公司开展天然气配气价格成本监审。二是根据霸州市天然气价格上下游联动机制，11月对霸州市非居民用管道天然气价格进行联动调整。

持续推进城镇供水价格改革。一是先后两次向全市20余个相关部门和乡镇（区办）征求意见，制定霸州市《工业用水实行差别水价和工商企业、服务业等用水实行超额累进加价的实施意见》。二是开展农村安全饮水工程供水价格调研，全面了解农村安全饮水工程的基本情况、供水价格及成本构成情况等。三是对新胜水厂、华夏水厂及财信城投公司管网投建情况开展供水成本监审工作，系统掌握分类售水量、水价执行情况等，为下一步制定全市城乡供水价格工作奠定基础。

推进农业水价综合改革。根据廊坊市农业水价综合改革工作领导小组办公室相关要求，制订《霸州市“十四五”农业水价综合改革总体推进方案》《霸州市2021年农业水价综合改革工作计划》，协调市财政、水利、农业农村等部门扎实推进农业水价综合改革工作。

供热价格调整。按照市人民政府办公室关于《霸州市住房和城乡建设局关于上调城镇集中供热取暖费的请示》的批复，霸州市发展和改革局于9月对全市4家集中供热企业进行成本监审，结合煤炭价格涨幅情况及居民承受能力等综合因素，合理制定非居民集中供热价格。

【强化价格认定鉴证】 严格按照价格鉴定有关法律法规和操作程序开展价格认证工作，规范价格认证各项流程。全年，完成涉案价格认证案件175件，案值360余万元。

（谭继涛）

生态环境保护

【概况】 2021 年，廊坊市生态环境局霸州市分局（以下简称生态环境分局）认真落实省市生态环境工作会议精神，履行各项工作职责，实施目标考核机制，强化执法监管水平，重点推进大气、水和土壤污染防治工作，着力解决突出的环境问题，全市生态环境工作取得明显成效，大气、水和土壤污染防治工作均完成上级下达年度任务目标。

【污染物减排】 霸州市把治污减排作为改善环境质量的重要抓手，全力开展治污减排攻坚，将总量指标和削减任务分解落实到排污企业。2021 年全市实施重点减排项目 9 项，分别为水主要污染物减排项目 1 项，大气主要污染物减排项目 8 项。其中，减排化学需氧量 591.3 吨、氨氮 40.515 吨、氮氧化物 914.639 吨、挥发性有机物 68.499 吨，4 项污染物均完成年度减排目标。

【建设项目管理】 2021 年，霸州市严格执行国家和河北省制定的建设项目分级审批管理规定，市生态环境分局与有关部门加强联合把关，凡是不符合环保法律法规、国家产业政策或选址布局不合理又难以实现稳定达标排放的项目，坚决不予批准；对高新技术产业、重点龙头企业给予强力支持，开辟绿色通道，提前介入，主动服务，积极协调各方面关系；对属于审批权限内的建设项目，按照从快审批的原则，简化审批手续，提高审批效率。全年审批建设项目环评文件 171 个，其中报告书 7 个、报告表 164 个。

【生态环境执法】 2021 年，霸州市生态环境执法工作坚持方向不变、力度不减，聚焦精准、科学、依法治污。市生态环境分局联合有关部门，加强“散乱污”企业管控，实现“散乱污”企业零新增。依法查处各类环境违法行为，累计查封未落实重污染天气预警响应企业 26 家；对存在油气回收装置不正常运行问题的 5 家加油站进行了立案处罚；检查餐饮饭店 800 余家次，对 4 家存在环境违法行为的进行了立案处罚，对 3 家未安装油烟净化设施的进行了关停处理。对霸州市二污普纳入登记管理的 13940 家企业进行检查帮扶，发现问题 565 个，签订整改承诺 15 个，立案处罚 2 个。全年立案查处环境违法行为 251 件，罚款 1058 万元。

【大气污染防治】 2021 年，霸州市启动重污染天气应急响应 9 次，出动执法人员 2400 余人次，执法车辆 1400 余车次，累计检查企业 6000 余家次，依法查封未落实重污染天气预警应急响应企业 26 家。2021 年，全市完成重点行业企业 VOCs 深度治理 6 家，淘汰直径 3.6 米煤气发生炉 1 座，淘汰罩式退火炉 6 台，完成 2 家企业镀锌线脱硝改造。2021 年，霸州市环境空气质量各项指标均达到上级考核要求。

【水污染防治】 2021 年，霸州市推进完成石沟干渠清淤及河道生态治理、大清河流域污水处理设施扩容、6 家污水处理厂提标改造、雨污分流改造等水污染防治重点工程，完成 7 个白洋淀流域入河排污口提标改造工作。霸州市重点河流断面中，国省考大清河台头断面水质主要指标化学需氧量 20.42 毫克/升、氨氮 0.12 毫克/升、总磷 0.05 毫克/升，达到地表水Ⅳ类水质标准；市控石沟干渠石沟扬水站断面主要指标化学需氧量 27.42 毫克/升、氨氮 1.26 毫克/升、总磷 0.2 毫克/升，老大清河王圪垯断面主要指标化学需氧量 26.79 毫克/升、氨氮 0.8 毫克/升、总磷 0.17 毫克/升，两个市控断面均达到地表水Ⅴ类水质标准。霸州市列入考核的县级饮用水水源地霸州市城区现有水源地水质达到地下水Ⅲ类标准。全市水环境相关指标均达到上级考核要求。

【土壤污染防治】 2021年，霸州市按照省、市统一安排，督导9家土壤污染重点监管企业开展了土壤污染隐患排查和自行监测，并将监测报告向社会公开。强化危险废物监管工作，由市生态环境分局组织相关部门，常态化开展危险废物排查整治工作。完成了101个村街的生活污水无害化治理，开展农村黑臭水体排查整治，2020年排查出的10处农村黑臭水体全部完成整改并通过验收。截至2021年底，全市共有坑塘1076个，其中有水坑塘690个，无水坑塘386个，未发现新增黑臭水体，实现农村黑臭水体动态清零。全市受污染耕地安全利用率和污染地块安全利用率均为100%。

【市区空气质量】 2021年，霸州市空气质量$PM_{2.5}$平均浓度为41微克/立方米，较2020年同比下降14.58%，下降率在廊坊市排名第二；PM_{10}浓度为90微克/立方米，较2020年同比下降9.09%；优良天数为258天，较2020年增加24天；重污染以上天数7天，较2020减少7天。

（任瑞丰）

城市管理

【概况】 2021年，霸州市城市管理综合行政执法局（以下简称城管局）严格按照市委、市政府统筹安排部署，结合党史学习教育，借势全市“解放思想、转变作风、提升状态、加快发展”大讨论活动，发扬优良作风，牢记使命担当，紧紧围绕全市中心工作，以文明城市创建为契机，连续组织开展市容环境综合整治攻坚月行动，下大力开展违法建设专项整治、城市市容环境综合整治、大气污染防治、停车设施建设、数字城管上档升级、招商引资等重点工作，较好地完成了各项既定目标任务，城市环境显著改善，在夯实基础的同时大力提升城市管理水平。2021年，市城管局被廊坊市精神文明建设委员会认定为廊坊市2021年度文明城市创建工作先进单位。

【城市管理】 以推动项目落实为要务，城市服务功能进一步完善。一是强力推进停车设施建设。根据河北省、廊坊市民心工程项目建设计划，通过申请政府资金、积极引进第三方公司和沿街企业出资建设等多种举措，对市区11处停车场进行新建和改扩建，均已建成并投入使用，为市民群众提供停车泊位1560个，缓解市民群众停车难、停车乱的难题。二是努力打造综合管理服务平台建设。于2020年开始谋划，对现有数字城管平台进行升级改造，搭建霸州市城市综合管理服务平台，利用三年时间，实现部、省、市、县四级联网。已初步拟定规划建设方案，并上报廊坊市城管局和霸州市政府审核备案。三是积极开展招商引资工作。根据市委、市政府相关要求，动员全局人员招商，立足城管实际，不断拓宽招商引资渠道。通过与中铭工程设计咨询有限公司进行对接洽谈，霸州市益津城区智慧停车场建设项目已经形成可行性研究报告；数字城管改造升级项目正在积极进行洽谈。霸州市整体形象综合改造提升工程（大运河节点面貌提升工程）设计方案初稿已经完成。

以抓实重点工作为核心，城市管理水平进一步提升。一是实施精细管理，常态监管进入新常态。店前秩序治理更加有力。制发《关于强化商铺门店履行“门前三包”责任制的通告》2000余份，相继开展“市容环境整治提升攻坚月”活动，清理规范市区主次干道道路两侧、城市主要出入口、重点区域周边各类占道经营7322处次，清理道路两侧擅自占道宣传56处，拆除清理落地广告1075处。采取划线定位、限时经营的方法，严防市场摊点外溢。开展“门窗净化”行动，清理市区主要道路两侧、重点区域周边门窗贴字、乱贴乱画、乱拉乱挂 3672 处次。重点区域管控更加强化。清理取缔大型游园广场、霸州西站、明珠超市、中原商厦等重点区域、大型商场周边流动摊点、游乐设施等各类侵占公共空间行为。以整治校园周边环境秩序为重点，规范清理校园周边、背街小巷道路两侧各类违规违章行为，净化校园周边环境。新修道路整治更加精细。紧跟全市重点工程进度，坚持提前介入，提早谋划，开展泰安路环境容貌专项整治，集中清理道路两侧违规户外广告、墙体广告、楼顶广告 38 处，清理落地广告 48 处，拆除门店风挡 11 处，清理门窗广告、乱贴乱画 285 处；开展聚英北道便道停车秩序专项整治，规范道路两侧便道停车秩序。二是深化专项整治，监管难点实现新突破。便道停车管理纵深推进。在市区主次干道两侧累计施划翻新机动车位 1500 余个、非机动车位 330 余处，在商场、超市、医院、银行等周边施划无障碍停车位 12 个，累计划线 12305 延米；增加设置停车警示牌 60 个。处罚市区主次干道两侧便道违停机动车 24000 余辆，拆除清理私占公共车位的地桩、地锁等障碍物 1100 余个，清理道路两侧僵尸车 11 辆，码放乱停乱放非机动车 9660 辆次，停车秩序得到有效改观。开展集中行动，拆除道路两侧门店私设便道斜坡 144 处。户外广告整治有序推进。拆除市区主次干道、铁路沿线两侧、高速公路沿线、重要点位周边、小街巷各类违规广告牌匾 614 处，共计 4312 平方米，拆除道路两侧门店违规设置 LED 显示屏 81 块。督导公益广告设置。督导市区范围内（含开发区）25 处项目施工围挡升级改造 3 万余平方米，增设公益广告 1.5 万余平方米；督导市区益津路、兴华路、迎宾道、建设道、温泉北道等 8 处大型 LED 显示屏、22 处大型楼体广告增设更新公益广告内容。督导市区主次干道两侧 800 余家门店 LED 小显示屏增设公益宣传标语。清除城市“牛皮癣”。以志愿服务活动为载体，集中清理市区主次干道及小街巷路面、墙体、灯杆、市政设施上乱张贴小广告 13490 处次、粉刷乱涂写小广告 4300 平方米。三是违法建设拆除统筹推进。联合裕华街道办事处，拆除市三小南侧违法建设 512 处，面积约 6 万平方米。2021 年配合各乡镇（区、办）整改拆除违法建设 2000 处，面积约 12 万余平方米，整改拆除完成率达到 97%。协同公安局、自规局等部门，配合属地乡镇，累计清理违法占地图斑 112 处，清理面积 14.7 万平方米。成立专门执法队伍，将市区内 29 个工地纳入常态化监管范围，建立日常检查台账，对夜间施工造成噪声扰民的 8 个施工单位依法进行停工。四是大气污染防治稳步推进。与相关部门开展联合执法，规范烧烤门店 230 余处次，依法取缔露天烧烤 16 处，清理主次干道两侧、监测点周边 “油炸锅”等违规餐饮加工摊点 130 处。教育劝导规范渣土运输车 117 辆次，处罚违规渣土运输车 56 辆、违规渣土运输公司 4 个。清理祭祀用品售卖摊点 230 余处次。

以夯实基层基础为目标，机关服务效能进一步优化。一是规范执法行为，服务水平明显提升。按上级要求，城管局全面开展基层政务公开、“双随机、一公开”等专项工作。深入推进“放管服”改革，全面清理和优化执法事项。逐项健全公开机制和监督制度，依法动态调整权责清单并及时向社会公开；根据上级要求，抓好执法文书制作、自由裁量基准落实，对执法案卷进行反复审查，不断归纳梳理；全面落实“行政执法公示制度、执法全过程记录制度、重大执法决定法制审核制度”等三项制度，促进公证文明执法；强化现场执法管理，定期组织全市城管领域执法人员展开普训，开展执法现场模拟活动。进一步规范执法人员行政执法行为，提高服务水平，优化服务质量。二是强化科技支撑，数字城管作用彰显。利用“城管通”、微信群等，将数字城管从以往的“坐班”式办公，带入移动办公时代，操作更便捷、迅速。部分案件结案时间由原来的1～2天缩短为39分钟，极大地提高了案件的处置效率。创新管理举措，进一步细化网格分工，实现网格巡查“无缝化、无空当、全覆盖”，实行错时管理，着重加强对重点路段、重点区域以及重要时间节点的督导检查，减少工作盲点。大力推广全民城管，改变以往由政府部门“单向内循环”监管的模式，允许并引导市民参与城市管理，为数字城管向乡镇、城乡接合部延伸提供了平台。为数字城管进乡镇打下坚实基础。2021年上报有效案件13983件，已办结案件11068件，结案率为95.1%。三是倾听群众诉求，环境治理更有“温度”。开展问计于民征求意见活动，班子成员带头 分别深入企业、门店，以及全市主要道路、重要区域、重点部位、住宅小区等，发放《城市市容环境秩序精细化管理调查问卷》广泛征集意见和建议，着力解决市民群众关心关注的热点难点问题。规范清理市区主次干道两侧、重点区域、主要道路交叉口、大型商场超市周边各类店外售货、乱摆摊点460处次，处罚市区主次干道两侧便道违停机动车1100余辆，拆除清理私占公共车位的地桩、地锁等障碍物40个。

【党史学习教育】 一是领导带头以上率下。党组书记带头学习，先学一步、深学一层，在做好自身学习的同时，坚持亲力亲为，亲自研究谋划、亲自组织推动、亲自督办重点任务落实，班子成员认真落实“一岗双责”，分工负责抓好分管部门党史学习教育工作，拧紧压实责任、逐级传导压力。二是以学促思筑牢根基。坚持“线上+线下”结合，以组织专题集中学习、开展知识竞赛、观看红色影片、充分运用“学习强国”App、“共产党员”微信公众号等形式开展网上学习，在“霸州城管”微信公众号开设党史学习教育专栏等多种学习形式，确保党史学习教育全覆盖、无死角。三是学习实践同步推进。以党史学习教育和解放思想大讨论活动为契机，进一步解放思想、更新观念，认真践行“为民服务”的宗旨，以改善城区环境容貌为目标，将市容环境整治作为为民办实事的一个切入点，坚持把党史学习教育同解决实际问题相结合，边学边做、边学边干，务实际、下实功、求实效，积极为群众办实事、解难事，切实将党史学习教育融入日常、落在实处。聚焦市民关注，集中力量，开展对占道经营、停车无序、户外广告、违法建设等系列专项整治，多措并举整治城市乱象。

（陈伟娜）

支援油田铁路建设

【概况】 2021年，协调京雄城际铁路征拆补偿后续扫尾及概算清理工作；协调天津至北京大兴国际机场联络线征地拆迁、工程建设保障工作；协调雄安至新机场R1快线项目征地拆迁、工程建设保障工作。继续协调苏桥储气库群工程建设；支援协调霸州境内油气开发建设。

【京雄城际铁路建设】 2021年，组织协调各铁路参建单位及霸州市各相关部门和涉项乡、镇（区、办），先后完成路外环境整治扫尾、征地拆迁概算清理等相关工作，同时按照上级要求，积极配合接受审计署专项审计，组织各涉项乡镇对京雄城际铁路征拆补偿资料进行梳理存档，截至2021年底，各项工作均已完成。

【天津至北京大兴国际机场联络线建设】 2021年组织协调各涉项乡镇，积极配合施工单位先后完成部分剩余地上附着物清表、房屋建筑类拆迁补偿、30米环境敏感区拆迁补偿、荣乌高速公路霸州服务区拆迁补偿、确定乡村道路改移方案等相关工作，同时积极配合项目单位和自然资源规划部门，加快推进土地组卷上报审批和堂二里镇部队搬迁前期工作。截至2021年底，津兴铁路霸州段项目用地全部交付使用，征地拆迁补偿工作基本完成。

【雄安至北京大兴国际机场R1快线】 京雄R1快线为城际快轨，与北京市地铁网络联通，建设及运营方式类同于城市轻轨，由河北省投资建设。线路自既有北京R1线新机场站引出，经固安县、永清县、霸州市、雄安新区后到达保定市，设计时速200千米，在廊坊市境内设永清站和霸州经济开发区站。根据廊坊市工作安排，为加快推进R1线项目建设，霸州市成立建设指挥部，组织协调各参建单位和霸州市各相关部门及涉项乡镇，于2021年10月29日发布拟征地公告，并于11月4日正式启动霸州段全线地上附着物清登确认工作。此外，根据工程建设需要，组织协调涉项乡镇和施工单位，于2021年6月交付跨越荣乌高速公路北线（南孟镇沈家营村）和跨越京九铁路（南孟镇南孟村）位置的控制性节点工程用地21亩。

建设资金方面，按照上级工作安排配合市财政局申请4亿元专项建设资金债券，完成出资任务。

【地方铁路专用线管理维护】 2021年，按照市政府关于做好地方铁路专用线的有关要求，继续做好专用线的管理工作。

【苏桥储气库群建设】 苏桥储气库群工程是国家重点工程，由苏4储气库、苏1储气库及苏20储气库组成，建成后将进一步提高陕京输气管线二、三线沿线用户用气可靠性，有效解决京津冀鲁晋地区冬季天然气调峰的需求。该工程涉及信安镇、王庄子镇、煎茶铺镇、东杨庄乡、康仙庄镇5个乡镇。2021年，协调华北油田储气库管理处完成苏1K-3X#、苏1K-4X#、苏4K-12X井、苏4K-11X井等4口井钻井施工任务。

【霸州境内油气开发建设】 2021年，协调华北油田采油二厂完成苏60-1井的临时占地手续等前期准备工作，计划2022上半年开钻；协调完成5口老井维修工作，分别是霸40井、霸105井、霸104井、霸115井、霸103井；正在协调苏16井至苏42-10井管道隐患治理工作。

【蒙西煤制天然气管道项目】 蒙西煤制天然气管道项目分东西干线和南北支线，全长74千米，为霸州市预留1座分输站、4座阀室。主干线涉及岔河集乡、霸州镇、东杨庄乡、王庄子镇、胜芳镇，支线涉及东杨庄乡、康仙庄镇。

为保障蒙西煤制天然气管道项目顺利施工，股室安排专人进行现场清点，核实工程量，协调相关乡镇进行具体赔偿事宜，及时足额拨付赔偿资金，确保此工程顺利进行。年底，此工程在霸州市境内主体管线扫线、焊接、挖沟等工作已完成70千米，剩余4千米及后期理赔等各项工作正在有条不紊地处理中。

【唐山LNG外输管线项目】 唐山LNG外输管线复线项目（永清—邯郸）途径霸州市康仙庄镇、东杨庄乡、王庄子镇、胜芳镇4个乡镇，管线全长约43千米，新建阀室2座。该项目已取得有关乡镇、自然资源和规划局、廊坊市生态环境局霸州分局、交通局、水务局、文广新局、住建局、发改局、武装部、传输局等相关部门审批手续。截至年底，该项目路由选址及可研编制已完成，该项目核准工作已报上级相关部门审批。

【霸州站互联互通工作】 霸州站联通工程项目起自陕京系统霸州分输站，止于蒙西煤制天然气外输管道廊坊支线1#阀室，设计压力10兆帕，管径914毫米。设置霸州西站，沿线穿越112国道1处，管道全长800米。该项目涉及霸州市康仙庄镇。

（郭德海）

基础设施建设

城乡建设

【概况】 霸州市住房和城乡建设局坚持高质量发展工作导向，以“住建精神”引领，统筹推进疫情防控和城乡建设，在城市建设、城市管理、房地产和建筑市场监管、城乡一体化建设、铁路建设等领域，凝心聚力，砥砺前行，推动霸州城乡建设高质量发展。

【工程建设】 2021 年，利用专项债券投资 6.09 亿元，实施全长 7.7 千米的东环路改扩建及雨污水改造工程，该工程是霸州城建史上投资最大的市政道路工程；利用国债投资 2.96 亿元，实施朝阳路、泰安路、镇府路、温泉南道 4 条道路的雨污管网改造及道路改扩建，改造道路全长 9.2 千米；同时，利用 PPP 模式启动污水全覆盖项目，实施市区华鑫道、诗锦苑北道等 13 条市政道路的管网及道路改造。上述工程的实施，完成了省厅下达的雨污分流改造任务（68.9 千米），市区排水管网长度达到 159.91 千米，城区防涝能力、污水处理效能、城市道路交通承载能力均得到大幅提升。

【民心工程】 老旧小区改造工程：2021 年完成 21 个小区 25 栋住宅楼的老旧小区改造工程，改造建筑面积 7.09 万平方米，配套基础设施改造面积 0.95 万平方米，惠及居民 720 户。城中村改造：2021 年启动 2 个城中村改造项目，分别为东关社区改造项目和大魏营西片区改造项目。其中，东关社区改造项目涉及拆迁户数 148 户，拆迁面积 4.92 万平方米；大魏营西片区改造项目，涉及拆迁户数 148 户，拆迁面积 2.49 万平方米。

【东部新城建设】 公园建设：牤牛河历史文化公园成功申报国家 AAA 景区，日均接待市民、游客 5000 人以上，游船画舫发船 293 班次，接待游客 3763 人次。拆迁方面：累计签订土地征收协议 188 户，签订土地流转协议 269 户，签订红线内地上物补偿协议 194 户，签订绿线内地上物补偿协议 317 户。市政道路：聚英东路道路及管网工程基本完工。滨河东路道路及管网工程（迎宾道以北 300 米）主路、人行道施工完成。热源建设：启动东部新城区域热源建设，制定的《霸州市东部新城区域热源建设特许经营项目实施方案》《霸州市东部新城区域热源建设项目评审报告》已经市人民政府审批通过，正在组织霸州市东部新城集中供热特许经营招标工作。

【城乡一体化建设】 1. 农村垃圾治理方面：进一步推进城乡环卫一体化工作升级，以各乡镇为单位，设立三级监督管理制度，推进农村生活垃圾分类，以沿河 1000 米范围内的 145 个村庄为试点，实施生活垃圾干、湿分离。在全市 363 个村街（社区）配备保洁员 3900 名，垃圾桶 3.7 万个，设置农村垃圾收集点 1034 处，收集站 510 处，乡镇转运站 27 座，垃圾收集车 1242 辆，垃圾运输车 224 辆，转运体系务实高效。2021 年，全市农村地区（不含康仙庄镇、煎茶铺镇）产生垃圾 21.64 万吨，全部统一运送至市垃圾焚烧发电厂处置。2. 污水处理方面：（1）启动污水处理全覆盖项目，采用PPP模式投资34.95亿元，启动全市污水处理设施及配套管网全覆盖项目。成立市区、西部、东部、胜芳、厂站5个项目指挥部，每个指挥部由1名副局长负责，共同推进工程实施。已完成初步设计、法人变更、多项工程相关服务的公开招标、环评审批环节，完成《霸州市益津城区、胜芳城区再生水专项规划（2021-2030）》《霸州市益津城区、胜芳城区雨水工程专项规划（2021-2030）》的编制工作；市区、胜芳、辛章3个指挥部已启动部分道路施工。（2）进行污水处理厂提标改造。投资40612.78万元实施污水处理厂提标（扩容）改造工程。将霸州市7座污水处理厂出水水质全部由一级A标准提标至《大清河流域水污染物排放标准》重点控制区排放限值标准，并将霸州市污水处理厂、胜芳经济技术开发区污水处理厂分别扩容1万吨。除信安污水处理厂（扩容改造）外，其余各厂已全部竣工投入运行，7座污水处理厂出水水质全部达到排放标准。（3）推进固废中心项目建设：霸州市固体废弃物处理处置中心项目“两评一案”报告编制完成，通过了专家评审和市政府常务会审议，已报省财政厅申请纳入PPP项目库。项目占地已完成地上物清点，正在申请土地使用属性调整。（4）农房抗震改造方面。6月完成霸州市1300户农房抗震改造任务，于9月底完成验收。

【城市管理】 环卫方面：主次干道机械清扫率达到86%；建立生活垃圾分类示范社区3个，设置垃圾分类亭10个，安装分类垃圾箱130组；市垃圾焚烧发电厂全年处理垃圾43万吨，发电1.729亿千瓦时，节约标准煤5.6万吨；环卫执法工作累计查处各类环卫违法违规行为100余起。园林方面。完成全市96万平方米游园绿地苗木浇灌14轮次、病虫害防治23轮次、各类整形修剪33轮次；补植各类乔木280棵、小灌木13.2万棵、各类草花1.65万平方米；申报省级园林式小区1个、三星级公园1个。市政方面。全年维修沥青路面1760.7平方米，便道1082.6平方米。汛期，为保证市区安全度汛，先后完成收水口清淤1398个，冲洗排水管道近9万米，并成立抢险队，完成了防汛任务。亮化方面。全年排查安全隐患460处；维修华灯光源636处、景观灯光源585盏，更换维修受损路灯线路31处，更换线路总长度1520米，处理路灯中控GPRS控制器故障32次。集中供热方面。10月提前完成供热平台建设并投入使用，完成热源改造4处，改造换热站41个，覆盖小区68个，安装室温采集器428个；克服燃煤价格大幅上涨、开发建设单位欠费等困难，于10月20日提前完成集中供热准备，并对丽水康城、孔雀城宜园、阿尔卡迪亚温泉城等新建项目供热。11月30日正式供暖，供暖季投诉率创历史新低。物业监管方面：在全市68家物业服务企业推进收费公示，整改收费信息公示不规范企业20家；积极建设社区消防，在15家物业企业的20个项目建立了微型消防站，组织消防演习40余场，指导物业协会完成消防员培训310人。组织未来城小区申报《河北省十佳项目》、博雅澜庭申报《河北省标准化示范项目》，并将其创优经验在全行业推广。

【安全生产】 建筑施工方面：对全市75个在建工程项目，累计排查一般安全隐患786项，下发限期整改40份，停工整改10份，完成安全隐患整改786项，整改完成率100%。全市在建项目塔式起重机安全监测系统应用完成率100%。天然气行业监管方面：督导全市27家燃气企业开展全市入户普查1次，开展全市安全隐患抽查活动2次，开展燃气行业检查3次，排查隐患570项，已全部完成整改。推动安全装置加装，已完成安装83282户，完成比例61%；对老旧小区、城乡接合部等重点区域的老用户更换金属铠装管12760户，更换带熄火保护装置灶具5500余台。

【建筑市场管理】 招投标监管：办理公开招标16项，邀请招标2项，总造价3.76亿元。办理直接发包合同登记50项，总造价33.54亿元。建筑业（企业、项目）管理。办理监理企业登记23项、图纸审查备案35项、国有投资最高限价备案2项。对所辖的70家建筑业企业及14个在建项目，进行“双随机”检查和“建筑市场秩序”专项检查，下达限期整改14项，停工整改3项。建筑质量监督。办理工程质量监督手续20项（计119个单体），建筑面积80.55万平方米；结转工程单体475个，建筑面积409.41万平方米；在建工程总计98项（单体530个）；竣工工程64个，建筑面积45.51万平方米；竣工验收合格率100%。组织日常执法检查121次，双随机检查2次，下发整改通知书工程6份，行政处罚4项，约谈项目参建单位6次。建筑节能。与新开工的建设单位签订《霸州市建筑节能和绿色建筑工程监管告知书》12份。2021年新开工建筑节能工程24项，建筑面积96.06万平方米。办理建筑节能验收备案4项，建筑面积1.09万平方米。新建建筑节能强制性标准执行率达到100%。建筑工程消防审验。完成建设工程消防设计审查13项，建筑面积30.39万平方米；完成备案抽查38项，建筑面积57.89万平方米，其中抽中4项，均已检查合格；完成消防验收19项，建筑面积44.68万平方米。建筑市场违法处罚。针对建筑市场违法、违规行为立案处罚41起，罚款819万元。

【大气治理】 建筑工地管理：全面落实《河北省扬尘污染防治办法》《河北省建筑施工扬尘防治强化措施18条》及建筑工地“八个标准”，建立建筑扬尘在建项目管理台账和检查台账，全年累计出动800余人次，日查工地500余家，夜间巡查300余家。约谈三方主体60余家。平台监控：2021年10月实现智慧住建平台与省市级生态环境平台对接，对建筑施工现场PM_{10}扬尘实时监测；建立“扬尘监测联动小组”，做到第一时间发现第一时间整改。道路扬尘治理：配备多功能抑尘车4台，每天上午8：00-12：00，下午2：00-6：00对市区主、次干道进行喷雾降尘，每天喷雾降尘20余车次。

【人防工程建设】 启动《霸州市人民防空工程建设规划》修订工作；监督在建项目51项，总面积36.55万平方米；办理人防工程质监备案手续7项，建筑面积4.99万平方米；竣工验收2项，建筑面积1.46万平方米，竣工验收合格率100%。

（张　坤）

交　通

【概况】 霸州市交通运输局主管全市交通运输工作，是市人民政府的组成部门。持续不断优化全市路网布局，实施精品示范路片区建设，打造“畅洁绿美安”的出行环境，2021年全市公路通车总里程1302.2千米，形成“六横八纵”的路网布局；强化交通运输行业监管，不断优化交通运输市场环境，始终坚持为民服务理念，营造良好的交通运输形象。

【公路基础设施建设】 2021年全市公路通车总里程1302.2千米，形成“六横八纵”的路网布局。推进荣乌新线高速和京德高速建设，分别设立“霸州北”和“霸州东”两个收费站，于5月29日通车运营，形成环状高速路网；修建京德高速霸州连接线，全长5.51千米，于6月底部分通车，为中国共产党成立100周年献礼，12月底全线贯通；打造西部精品示范路片区，含农村道路20条，总里程73.4千米，涵盖霸州市5个交通枢纽站、多处文化活动场所，涉及5个乡镇，被廊坊市交通运输局评为廊坊市精品示范路。

【公路养护管理】 以打造“畅洁绿美安”的公路环境为目标，扎实做好公路养护管理。全年累计清运国省干线路界内垃圾6564立方米，清扫路面1190.837千米，整修路肩边坡平台1001千米，绿化管护2791千米，绿化补植745株；粉刷防撞石42块、示警桩62根、行道树24511株，修复水毁路基33立方米，路况调查199.27千米。严格落实桥梁巡视制度，及时处置桥梁危害，累计维修5963.78延米、粉刷4182.41延米。加强汛期巡查与处置，处理国省干线水毁4处，对霸扬线道路维修处置8次；多次对国省干线及县道进行融雪保畅作业，累计抛洒融雪剂51吨，保障道路畅通。

【路域环境治理】 2021年，公路巡查里程7万余千米，清理制止各类路政违章事件504起；依托岔河集联合治超站，全年检测车辆504898辆次，查处超限车辆378辆次，卸载、转运各类超限货物16161.9吨。多次联合流动治超，查处超限车辆264辆次，卸载分流货物1万余吨；不断强化源头治超，加强9家公示企业的源头治超监督管理，杜绝超限超载车辆出厂；坚决落实“一超四罚”，约谈道路运输企业9家，约谈违规超载超限驾驶员10人次，做出吊销车辆营运证的行政处罚1次，处理各地抄告函98件，坚决杜绝超限超载行为。

【道路运输市场管理】 全面规范客运、货运、物流、维修、驾驶员培训五大市场的管理，全年完成客运量105万人次，旅客周转量3673万人千米，同期比分别增长24%、39%；完成货运量738万吨，货物周转量44280万吨千米，同期比分别上升160%、159%；培训合格驾驶员2831名，同期比增长0.8%；维修企业承修车辆75602辆次，同期比增长7.2%。积极推进京津冀交通一卡通互联互通，实现京津冀交通一卡通互联互通；积极申请县域城乡客运一体化试点工作，霸州市被省厅确定为2022-2023年城乡客运一体化试点县；强化出租市场管理，组织开展集中行动3次，处理各类违法运营车辆113部；完成淘汰国三及以下排放标准营运柴油货车1204辆；完成霸州市48艘海洋渔业捕捞船舶的年度检验，并核发签证。

【法治交通建设】 依法依规行政执法，持续提升政务服务水平。严格执法资格审查，确定162名换证人员进行省级执法证件换发。组织全体执法人员参加2021年度行政执法人员网络培训及考试，全部通过；组织开展交通运输执法领域突出问题专项整治行动，成立执法领域突出问题专项整治行动工作领导小组，开展4次全系统执法工作督导检查，确保查出问题立行立改，并形成长效机制。对照省政务服务事项管理平台事项进行认领，做到“应领尽领”，不断规范政务服务，提升服务水平。

【安全生产监管】 守牢安全生产底线，强化监管不留死角。开展安全生产专项整治三年行动，对道路运输、城市客运、公路运营、工程建设、消防安全等行业领域进行全覆盖全方位检查，开展专项整治，全年排查整改各类问题隐患165处，全部整改到位，安全生产形势持续稳定。组织相关部门和涉项乡镇（区、办），联合铁路站段开展铁路沿线专项整治，整改彩钢板房等硬漂类问题隐患 39 处，砍伐危树 37515 棵，全市铁路沿线环境安全明显改善。

（许赵宁）

供电

【概况】 国网冀北电力有限公司霸州市供电分公司（以下简称国网霸州市供电公司）是国网冀北电力有限公司的分公司，国网廊坊供电公司的直管单位，担负着霸州地区的电网规划、建设、运营和供电服务任务。截至年底，霸州境内有 500 千伏变电站 1 座，总容量 300 万千伏安；220 千伏变电站 5 座，总容量 222 万千伏安；110 千伏变电站 15 座，总容量 191.25 万千伏安；35 千伏变电站 12 座，总容量 31.8 万千伏安；10 千伏开闭站 6 座。2021 年售电量完成 62.89 亿千瓦时，同比增长 12.45%，突破 60 亿元大关并保持强劲增长态势；电网最大负荷 116.1 万千瓦，再创历史新高。县市级供电企业综合评价指标在冀北公司 43 个县再次排名第一，实现“四连冠”。

【安全生产】 完善修订新一轮安全责任清单，全员签订《安全生产责任状》《消防安全责任书》，形成横向到边、纵向到底的安全责任体系。强化生产现场安全管控，累计督查作业现场 179 个。严防外破风险，加强重点部位施工全过程监督，制止大型特种机械线路通道内违章作业 109 起，施工外破事故同比下降 20%。组织开展网络安全攻防演习 4 次，未发生重大信息安全事件。滚动修编应急预案，完成全国“两会”、庆祝中国共产党成立 100 周年等重大保电任务。

【电网建设】 超前部署电网度夏、度冬重点工作，高效完成张家堡 35 千伏变电站主变更换、老堤 35 千伏变电站主变增容、崔庄开闭站投运等工程，配合完成沙城 110 千伏变电站主变增容工程，有效解决区域负荷压力。完成 6 座 35 千伏变电站预防性试验和 49 条 10 千伏线路消缺任务，设备健康水平全面提升。加快推进重点工程前期工作，配合完成华鑫 110 千伏输变电工程各项前期协调、手续办理等工作。着力服务乡村振兴战略，新增公用配变 35 台、低压线路 2.57 千米，农村用电环境持续改善。

【服务品质】 优化营商环境提质提效行动，在 2 个地方行政服务中心设立营业网点，进一步提升电力客户的幸福感和获得感。充分发挥“互联网+服务”业务能效，建成 4 个移动营业厅，切实做到客户办电“一次都不跑”。通过线上霸州 123 平台、线下 17 个营业厅、4 个移动营业厅等多渠道、多维度向客户宣传代理购电政策和服务举措，实现事前宣传、事中走访、事后回访全覆盖。秉承“不停电就是最好的服务”理念，全年带电作业 667 次。

【企业文化建设】 深入学习贯彻习近平总书记在党史学习教育动员大会上的重要讲话精神，通过“线上+线下”专题辅导讲座、知识竞赛等多种形式开展学习研讨，激励党员干部学党史、悟初心。深入开展“红色基因、电力传承”实践活动，组织各支部参观西柏坡、狼牙山等红色教育基地。深化党风廉政建设，组织开展“诵廉洁诗词 书廉洁名言”主题活动，营造出风清气正、干事创业的良好氛围。积极组织文明城市创建和志愿服务活动，对内激发干事创业热情，对外展树公司良好形象。联合霸州市总工会举办职工冰壶比赛，营造喜迎冬奥会的热烈氛围。公司荣获廊坊市文明单位称号。

（信晓宇）

燃气供应

【概况】 霸州市胜利顺达燃气有限公司拥有霸州市政府授予的霸州市西部区域233个村街管道燃气及霸州全辖CNG压缩天然气特许经营权。截至2021年底，拥有居民用户18万余户，工商业用户5000余户；建成日输气能力260万方的输气门站1座，日输气能力120万立方米、日输气能力150万立方米及日最大输气能力100万立方米的城市输气门站各1座，区域调压站3座；日加气能力30万立方米的CNG母站1座、CNG加气子站2座；累计建成高压管线46.4千米、中压管线1171千米、低压管线4862千米，年供气能力突破2亿立方米。2021年获得河北省应急管理与安全生产“先进单位”荣誉称号。

【安全生产】 公司坚持“安全第一、预防为主、综合治理”的安全方针，强化“安全大于天，万事排最先”的安全理念，通过安全标准化和双控体系建设，以安全零事故为目标，以制度建设为基础，以疫情防控为常态，以隐患整治为重点，以监督考核为抓手，以培训学习为提升，强化责任落实，建立主动式安全管理模式，积极开展消防演练、抢修抢险演练、岗位技能比武、入户安检比赛、安全月等活动。全面将安全工作关口前移，防事故于未然，保证霸州全市的燃气安全。

【项目研发】 利用研发项目加计扣除政策，成立研发项目组，研发阀门井一体成型技术、无人值守门站调压站技术、城镇燃气智慧信息化平台、城镇燃气低压系统安装优化项目及压缩机性能提升改造5个项目，通过项目研发，推动服务、创新等综合水平的全面提升。

【科学管理】 以“整合管理资源、提升工作效能”为目标，按照“属地管理、分级负责、无缝对接、职责到人”的原则，以各营业所为职责主体，在全公司建立“全面覆盖，界线明确，不留空白，不交叉重叠”制度，实现责任区域全方位、全覆盖、高度自治的管理模式，方便霸州市广大燃气用户。

【优化服务】 与银行对接，开展各个营业网点免费上门收费业务，在银行增设购气窗口，大大减少用户排队购气现象，更好地为燃气用户服务。在公司内部实行首问负责制。通过首问负责制，让员工站在燃气用户的立场，想用户所想，急用户所急，及时为客户答疑解惑并给予用户满意解答，获得广大用户的认可。

（陈　静）

农　业

农村工作

【概况】 为全面贯彻落实省、廊坊市对农村人居环境整治工作的安排部署，加快推进农村人居环境整治工作，霸州市多种举措并行，聚力提升农村人居环境整治。

【农村人居环境整治】 农村厕所革命。按照应改尽改的工作目标，2021年完成7719座农村户厕改造，印发《霸州市2021年农村户厕改造实施方案》，建立县乡村三级台账。按照“一村一公厕”的原则，完成315座农村公厕新建和改造任务，印发《霸州市2021年农村公共厕所建设的实施方案》。同时，为贯彻落实省、廊坊市关于农村厕所粪污无害化处理利用的工作要求，霸州市利用中央改厕整村推进专项资金，购置23处地埋式玻璃钢化粪池粪污储罐、33辆吸污车，通过统一运输、收贮，实现农村粪污无害化、资源化利用。

村庄清洁行动。按照廊坊市村庄清洁行动全域示范县创建工作安排，霸州市完成示范村创建109个，清理农村生活垃圾和积存杂物50594立方米，清理村内外塘沟138处，清理畜禽养殖粪污等农业生产废弃物5694立方米，清理残垣断壁和废旧杂屋142处，清理家庭院落809处，建设小游园、小菜园、小果园44个，修订或完善村规民约的村为63个。

美丽乡村建设。霸州市积极按照省、廊坊市工作安排部署，建设省级示范创建村9个，即煎茶铺镇平口村、王坟村，开发区大柏村，南孟镇姜家营村，康仙庄镇新兴村、徐各庄村，信安镇团结街、仁义街，扬芬港镇小庙村，其中，小庙村和仁义街被评为省级美丽乡村精品村。

（赵建旺）

种植业

【概况】 2021年，霸州市农业农村局围绕粮食增产、农业增效、农民增收的目标，明确工作思路，采取有效措施，强化工作落实，保证种植业各项工作稳步推进，全面完成年初制定的各项工作任务。

【农业生产】 2021年，霸州市农作物总播种面积55.36万亩，其中粮食播种面积45.89万亩，总产量18.73万吨。小麦种植面积8.15万亩，单产387公斤/亩；玉米种植面积32.88万亩，单产425.09公斤/亩；豆类种植面积1.64万亩， 单产156.61公斤/亩；薯类种植面积为2.2万亩，单产为2576.05公斤/亩；其他谷物种植面积为1.02万亩。油料种植面积3.41万亩（其中花生种植面积3.08万亩，单产221.86公斤/亩；芝麻种植面积0.11万亩，单产为68.38公斤/亩；油菜种植面积0.2万亩，单产为159.3公斤/亩；其他油料种植面积0.02万亩）。棉花种植面积0.26万亩，单产68.07公斤/亩。全市瓜菜总种植面积5.8万亩。

【农业园区建设】 以“生产要素集聚、科技装备先进、管理体制科学、经营机制完善、带动效应明显”为总要求，以“产出高效、产品安全、资源节约、环境友好”为发展方向，发挥霸州市毗邻京津，具有形成1小时速生蔬菜供应圈、2小时鲜活农产品保障圈的独特优势，大力发展现代农业园区建设。做好现代农业园区建设情况监测，及时上报监测数据。霸州市鑫地美农业科技产业园已被评定为廊坊市市级现代农业园区和省级现代农业园区。霸州市广鑫种植专业合作社在堂二里镇十四街投资300多万元，新建中冷棚800个，进行麒麟西瓜种植。

【大气污染治理】 采取张贴标语、悬挂横幅、出动宣传车辆等多种方式，进行广泛宣传发动，提高农民群众秸秆综合利用意识。在“三夏”“三秋”等重点时节，通过田间培训、现场指导、发放技术资料等途径积极推广翻耕免耕播种、还田技术、临时堆贮沤肥技术等，面对面传授农作物秸秆综合利用技术，引导农户、种植合作社在小麦、玉米收割后能正确处理秸秆，提高霸州市秸秆的利用率水平。全年发放宣传资料千余份。

2021年，推广各类秸秆综合利用机具130台套，为做好秸秆综合利用工作提供有效的机械保证。全市生产玉米秸秆13.53万吨、小麦秸秆3.10万吨、其他作物秸秆2.21万吨，随着霸州市农机化水平的不断提高，主要农作物耕种收环节机械化率大幅度提升，全年综合利用秸秆18.27万吨，综合利用率约97.02%。

【项目资金争取与建设】 2021年，总投资25亿元的丰厨（霸州）食品有限公司中央厨房项目完成征地等前期工作，完成投资6432万元。总投资5.5亿元的廊坊市奥悦明食品科技有限公司“年产5万吨中央厨房食品项目”被列入河北省农业产业化建设重点项目，全年完成投资超过1亿元。

围绕霸州市特色，着力打造霸州市休闲食品加工产业集群，获评“河北省农村产业融合农产品加工产业集群十大典型案例”，争取农产品加工产业集群示范创建项目补助资金200万元，已发放到位。

【农村经营制度改革】 霸州市已确认成员身份的村街383个，开展股权量化的村街382个，制定合作社章程，选举“三会”[股东（代表）会、理事（董事）会、监事会]的村街382个，382个村街完成登记赋码工作。已打印股权证9.6万份。

霸州市对原有的“三资”管理平台进行升级，市农业农村局与市邮储银行、市农行、农商行合作开发霸州市农村经济信息网络监管平台，包括“村集体三资网络监管平台”“银行与社区金融服务监管平台”“e阳光”手机App，11月对乡镇“三资”管理人员进行业务培训。

【农产品质量安全监管】 2021年，市农业农村局开展农兽药市场、病死动物无害化处理、动物诊疗机构、农资打假、动物卫生监督执法、渔政执法、饲料生产销售违规行为等集中专项整治60余次；全年累计出动执法车辆300余台（次），出动执法人员1250余人次，向相对人发放告知书、承诺书800多份，发放各种宣传材料4000多份。查处销售农药标签不符合规定农药案1起，没收涉案农药10袋，罚款5000元。受理不按照农药安全间隔期使用农药的农产品质量安全案件1起，罚款3000元；查处违法动物卫生监督案件4起，罚款39014元；违法销售饲料案件1起，涉案金额5056元；动物诊疗案件3起，罚没款6380元。查处私屠滥宰违法案件1起，罚款3510元。

大力推广生物农药、高效低毒农药，推行全程、绿色防控技术，指导农民科学用药，减少化学农药使用量。大力宣传推广喷杆喷雾机、植保无人机等高效植保机械，扶持专业化防治组织、新型农业生产经营主体，大规模开展专业化统防统治，提高防治效率、效果和效益，解决一家一户“打药难”“乱打药”等问题。通过一系列工作措施，2021 年霸州市农药使用量 194.41 吨，较 2020 年减少 1.37%，真正实现农药减量增效。农药、化肥使用量实现负增长，提升了农产品品质。

（李海斌）

水　务

【概况】 霸州市水务局（以下简称市水务局）是主管全市水务工作的市政府组成部门，业务上受廊坊市水务局领导。2021 年，市水务局突出抓好江水消纳、河长制落实、地下水超采、农村饮水工程、水旱灾害防御等重点水务工程，各项工作有效落实。

【防汛抗洪体系建设】 东淀蓄滞洪区属海河流域，位于大清河水系中下游，总面积 379 平方千米，其中霸州市 223.6 平方千米，涉及到本市 9 个乡镇 47 个行政村的 8 万余人，耕地面积 22.8 万亩。东淀蓄滞洪区主要承纳大清河系南北两支宣泄的洪水和清南清北的沥水，是大清河水系滞洪、缓洪的主要洼淀，也是海河流域运用最频繁的蓄滞洪区之一，其运用概率为 3～5 年一遇，直接接受国家防总的统一调度指挥。

东淀北大堤规划为国家一级堤防标准，担负着保天津、雄安新区、霸州及清北广大地区，保京九、津霸铁路、津保高铁及大广高速、津保高速、京德高速、京台高速，保华北油气田北部开采基地和向北京供油供气系统防洪安全的重担，霸州市防洪必须保证标准内洪水堤防安全，超标准洪水严防死守。

汛前，水务局组织开展汛前水利工程全面检查工作，对全市境内的 4 条主要河道、13 座国管扬水站，12 座国管水闸及主要干支渠进行汛前检查，对查出的隐患登记造册，落实责任，限期解决。对病险泵站、闸涵进行维修调试，并进行预防性试验和设备运行。修订完善各项防汛预案，并加强视频会商、防汛通信、水情监测等防汛信息保障设备的运行管理。汛中，水务局积极配合全市做好水情预报预警、应急水量调度、抢险技术支撑等本职工作，为全市度汛安全提供有力保障。

【南水北调工程建设】 天津干线是南水北调中线一期工程的重要组成部分，是扩内需、促增长、保民生的战略工程。天津干线在霸州境内全长 32.95 千米，涉及扬芬港镇、堂二里镇、信安镇、煎茶铺镇、康仙庄镇、南孟镇、岔河集乡、开发区 8 个乡镇区办 37 个自然村。

南水北调霸州市配套工程包括建设净水厂 2 座及其配水管网工程。基本概况如下：1. 霸州净水厂及配水管网工程。霸州净水厂位于霸州市市区西北部，朝阳路和聚英西道交会处，临近市区道路北环路，紧邻市区配水管网。按照《霸州市城市总体规划（2005－2020）》，到 2020 年规划总供水人口 29 万人，规划水厂规模 15 万吨/日，近期按 8 万吨/日实施，水厂占地 4.3 万平方米，配水管网按远景总规模 15 万吨/日一次性规划。工程近期建设 8 万吨/日南水北调配套水厂 1 座，配水管网近期按 8 万吨/日实施，管网线路长度 110 千米，工程近期总投资 33064 万元。2. 胜芳净水厂及配水管网工程。胜芳净水厂位于胜芳镇西北尚家堡村南，芳泽道与胜兴路交会处，水厂占地面积 6.1 万平方米，规划规模 15 万吨/日，规划总供水人口 25 万人，配水管网按远期总规模 15 万吨/

日一次性规划。工程近期建设 8 万吨/日南水北调配套水厂 1 座，配水管网近期按 8 万吨/日实施，管网线路长度 103 千米，近期总投资 32087 万元。霸州净水厂 2017 年 5 月完成水源切换，胜芳净水厂 2019 年 6 月底完成水源切换。

为加快霸州市引江水水源置换项目建设进度，早日实现江水全覆盖，霸州市于 2020 年启动霸州市全域供水管网升级改造项目，更新改造切换水源的供水管道，完成水源切换工作。工程建设内容包括铺设改造供水主管网 801.908 千米及其附属设施建设。项目由霸州财信水务有限公司负责建设、运营、维护和水的销售等。项目建设范围分为霸州水厂供水区域，包括 7 个乡镇、209 个村街；胜芳水厂供水区域，包括 8 个乡镇、174 个村街。工程于 2020 年 9 月开工建设，截至 2021 年底，供水管网铺设完成 269.77 千米。该项目建设进一步完善霸州市给水系统，增强供水能力，改善供水水源水质，有力推进霸州市城乡供水一体化建设进程。

【全面落实河长制】 霸州市全面落实河长制工作，涉及河渠 19 条。其中：市级河渠 10 条，乡镇级河渠 9 条。全市设置各级河长 269 人，其中：市级河长 10 名，乡镇级河长 72 名，村级河长 187 名。2021 年，霸州市强化河长制落实，深入推动河长制“有名有责”“有能有效”，河长制工作取得长足发展，霸州市牤牛河获得省级和廊坊市级“秀美河湖”双称号。“河长+警长”工作机制得到深入落实。充分发挥公益诉讼检察职能，积极落实公益诉讼服务河渠生态环境管护治理工作，进一步推进河长制工作的法治化建设。建立健全“河长+警长”工作机制，充分发挥公安机关的职能作用，协助市乡两级河长更好履行职责，严厉打击各类侵犯河渠违法犯罪，切实维护河渠健康生命。全面构建“智能视频监控+第三方巡查+日常巡查”的河渠环境监控体系，对河渠实施全方位、全天候动态化实时监控，为科学研判、问题整改、考核评估提供技术支撑和依据。城乡环卫一体化工作机制为河渠环境整治工作起到了积极促进作用。聘任 15 人担任“民间河长”，在市河长办与群众之间搭建一条沟通的桥梁，对河长制工作起到了极大的助力作用和补充作用。霸州市与周边多个市县区建立 “跨界河流联席联巡联防联控”合作机制，合力促进跨界河流管理保护工作。不断提升河渠水生态环境，恢复河渠排涝、蓄水功能，霸州市先后编制完成《霸州市水资源-水环境-水生态-水景观-水管理五位-体综合规划》《霸州市水系连通及水美乡村建设实施方案》。

【城市供水】 2021 年，全年供水达到 807.69 万吨；新铺设及改造管网 14728 米；安装水表 2461 块；入户稽查 26462 户；发现解决问题 659 户；检查门市店铺 967 户；完成小区施工 6 个。

【水政水资源管理】 市水务局利用第 33 届“中国水周”和“世界水日”开展宣传活动，出动人员 23 人，发放宣传材料 1600 余份，为群众答疑解惑 100 人次，宣传节约用水、河长制工作、安全饮水和保护水环境。2021 年根据南水北调水源切换情况，完成 78 眼取水井关停工作。

市水务局持续加大河道采砂取土专项整治活动，安排执法人员对霸州市辖区内的河道、渠道开展执法巡查，对重点河道、渠道及易发案部位安排夜间巡查及蹲守检查。2021 年累计出动执法人员 462 人次，出动执法车 164 车次，执法巡查河道 7103 千米。

（李 宁）

林 业

【概况】 2021年，市自然资源和规划局坚持以创建省级森林城市为契机，大力实施林业重点工程，创新造林绿化机制，强力推进重点区域森林绿化、美化工作，森林覆盖率大幅提高，严格落实森林防火各项举措，做好森林火灾应急处置，确保全市生态环境显著改善。

【创森工作】 完成《霸州市省级森林城市建设总体规划（2021-2030年）》的初稿编制工作并征求相关部门的意见后，经廊坊市自然资源和规划局审核，待河北省林业和草原局审核通过后，即可颁布实施。完成创森宣传片的拍摄工作。森林村庄创建方面，完成信安镇杨各庄村的“省级森林村庄”创建工作；完成信安镇“市级森林乡镇”和岔河集乡南夹河村等7个“市级森林村庄”的创建工作。霸州市印发造林绿化方案，对重点区域绿化、重要节点绿化和森林资源管护等项工作进行具体安排部署，分解落实造林绿化任务。印发《霸州市2021年造林绿化奖补办法》（〔2021〕12号），以政府奖补政策作为撬动支点，吸引更多社会力量积极投身造林绿化工作，建立、健全社会力量参与造林绿化的体制机制。

【造林绿化】 全市造林绿化工作按照国务院《关于坚决制止耕地“非农化”行为的通知》要求，重点推进城镇绿化工程、渠路绿化工程、边界绿化工程、乡村绿化工程以及营林抚育工程。积极推行创新绿化用地机制、创新新型造林主体培育机制、创新林木管护机制，确保全市造林绿化工作扎实推进。2021年，廊坊市下达全市造林任务2500亩，实际已完成造林2576亩。

【林政工作】 加快推进林长制建设。霸州市印发《霸州市林长实施意见》，并成立林长办公室，确定市级总林长2名、副总林长1名、市级林长14名，各乡镇、村街分别成立林长办公室，乡镇级林长29名，副林长294名、村级林长380名、村街巡护员380名。实现三级林长制全覆盖。强化林长制工作职责。经市政府常务会议研究同意，制定并出台林长制会议制度、林长制信息公开制度、林长制督查制度、林长制考核制度。各乡镇也相应制订林长制工作管理和考核办法，确保林长制工作开展有章可循。充分发挥检察机关法律监督职能，在全市推行“林长+检察长”协作机制，并明确16个单位部门协作职责。将各乡镇林长制考核得分纳入市目标管理考核范畴，充分调动各乡镇党政主要负责人抓林长制工作的积极性和主动性。

【有害生物监测】 从3月开始，启动春尺蠖、美国白蛾、悬铃木方翅网蝽监测工作，设立松褐天牛诱捕器4处，设立美国白蛾灯诱监测点4处，标准地48块、对廊霸路、大广高速、廊沧高速、保津高铁、保津高速、京德高速、荣乌新线、112国道、中亭堤、新河路进行巡查，每周至少1次，根据监测结果，适时指导乡镇和林户进行防控。4月和9月，开展松材线虫病普查工作。4月，调查53个小班，面积1564.4亩，其中有37个小班发现存在死亡株360株；9月调查45个小班，面积1399.4亩，发现死亡株214株。通过取样排查，枯死松树都是占地用苗、栽植和管理不当造成的，未发现松材线虫病传入。

【有害生物防治】 全年投入防控资金195万元（其中飞防120万元，地面防治60万元，监测调查15万元）。4月和9月，针对春尺蠖、一代白蛾、三代白蛾、悬铃木方翅网蝽进行飞防，飞防面积 23 万亩。对于不适宜飞防林地和发生疫情较重林地开展地面集中喷药防治，防治面积 3.8 万亩。支持各乡镇（区、办）防治药品 4 吨。8 月，采用生物法防治第二代美国白蛾及蛀干害虫，释放周氏啮小蜂、白蜡窄吉丁肿腿蜂、麦氏蒲螨天敌 1.2 亿头。完成北京支援霸州市阻隔法防控春尺蠖 500 亩。

【有害生物检疫】 加强森林植物调运管理，全年办理核发检疫证书 83 张（省外 65 张，省内 18 张），检疫苗木 75.6 万株、花卉 39.7 万株，做到每车必现场检疫。加强森林植物产地检疫，根据生产种苗单位的报检，实施产地检疫苗圃基地 5 处 2350 亩，出圃苗木 18 万株。经实地抽样检疫，未发现检疫对象。加强森林植物复检工作，全年调入木材、苗木 100 车次，复检松木 9 车次，421 立方米；复检法桐 1 车次，100 株；复检油松 1 车次，40 株，复检红枫 1 车次，185 株。在复检过程中未发现林业检疫性有害生物。

【种苗花卉管理】 完成 2021 年度现代林果花卉产业基地建设项目工作，申请省级资金 80 万元。对全市苗木、花卉种植户建立台账，进行统一管理。完成 2021 年全市苗圃的调查汇总工作，全市苗圃育苗面积 7560 亩，出圃各类苗木 21.6 万株。组织技术人员和林户参加廊坊自然资源和规划局组织的线上培训学习，了解苗木花卉生产动态，了解周边县市的苗木生产情况，为苗农提供供求信息。

【森林防火】 制定《霸州市自然资源和规划局森林草原火灾应急预案》，并与各乡镇（区、办）签订《2021 年保护发展森林资源目标责任书》和《森林防火目标责任书》，严格落实岗位责任、地块责任和人员责任，真正做到分工明确、责任清楚、防范到位。坚持“宣传、预防为主”的森林防火指导方针，在各小区、公园、广场发放《森林防火知识》宣传单 1000 余份，在各乡镇、村街悬挂森林防火宣传标语 120 余条，利用户外 LED 广告大屏幕在人流密集地段滚动播放森林防火公益宣传图片，使森林防火工作更加深入人心。按照上级要求在全市范围内开展“六清”（清坟头、清林边、清地边、清路边、清坑边、清隔离带）专项行动。投入 20 余万元为 3 个乡镇购置 7 个微型消防站，为森林草原防火工作提供硬件支撑。

【野生动物保护】 通过悬挂标语、发放宣传单，宣传保护野生动物相关知识，提高广大群众的野生动物保护意识。加强春、秋两季候鸟迁飞期间巡守，拆除捕鸟网 3 处。加大对农贸市场、花鸟市场等场所定期检查力度，严厉打击违法违规经营销售野生动物行为。通过检查发现国家二级保护野生动物 19 只头，三级保护野生动物 4 只头，取证后现场放生。此外，全年救助国家一级保护野生动物 3 只头，国家二级保护野生动物 40 只头，三级保护野生动物 25 只头。

（梁福合）

畜牧水产业

【概况】 2021 年，霸州市依托“环首都经济圈，雄安新区白洋淀流域”，充分利用区位优势和资源禀赋，以转变畜牧业发展方式，调优养殖结构，拓展绿色畜牧业发展空间为重点，构建霸州市畜牧发展新格局。同时做好渔业安全生产组织、协调和管理等各项工作，坚决防范和遏制渔业安全事故，加强安全监管。做好海洋渔船安全生产专项整治工作，切实加强霸州市渔业生产安全管理，坚决遏制渔业安全事故发生。

【畜牧养殖业】 2021年，主要畜禽存出栏基本稳定，标准化规模养殖成效显著。全市牛存栏0.2426万头（其中奶牛存栏0.0702万头），出栏0.1758万头；羊存栏5.0897万只，出栏6.2949万只；猪存栏6.7409万头，出栏11.8116万头；家禽存栏93.9410万羽，出栏213.2852万羽（其中蛋鸡存栏42.2690万羽，肉鸡存栏51.3400万羽）；肉产量1.3387万吨；禽蛋产量0.5632万吨；奶产量0.2620万吨。

【畜禽标准化示范场创建】 围绕畜禽标准化示范场创建工作，稳固生猪基础生产能力、奶业振兴，加大现有规模养殖场的标准化改造力度。霸州市2021年农标普瑞纳（廊坊）饲料有限公司霸州养殖分公司（生猪）被评为省级畜禽养殖标准化养殖场。随着示范场的创建，霸州市示范场示范带动能力有了明显增强，为加快全市现代化畜牧业发展奠定基础。

【水产业发展】 为进一步规范霸州市水产品养殖生产秩序确保水产品质量安全，市农业农村局对养殖户和垂钓园的生产记录、用药记录进行重点指导。霸州市有海洋捕捞渔船48艘。其中船长24米以上2艘，船长大于等于12米小于24米27艘，船长小于12米19艘，水产品年产量3224吨。

【饲料生产】 霸州市有省饲料办颁发的饲料生产许可证的生产企业2家。其中单一饲料生产厂家1家，浓缩饲料、配合饲料、精料补充料生产厂家1家。全年饲料总产量86842.26吨，总产值28860.31万元。通过常态化持续提高饲料生产企业管理水平和自律意识，要求企业建立健全各项管理制度，实现从原料采购到产品销售的全程质量安全控制。

（孙慧芝　石　巍）

农业开发和产业化

【概况】 2021年，霸州市高标准农田建设项目规划面积0.5万亩，总投资750万元，建设地点在扬芬港镇和东段乡的7个村街，建设期限为2021年7月至2022年12月。产业化方面，霸州市认真贯彻落实上级安排部署，以农业供给侧结构性改革为主线，推动一、二、三产深度融合，大力发展农业产业化经营，全市农业产业化经营取得显著成效。

【项目建设】 霸州市高标准农田建设项目于2021年7月中旬上级批复，9月底完成招标投标工作，10月上旬完成各项工程施工合同签订，10月中旬全面开工建设，截至年底，各项工程建设进展顺利，可完成总工程量的95%以上，完成上级下达的建设进度要求。

【龙头企业发展】 认真贯彻《河北省人民政府关于做大做强农业产业化龙头企业的意见》，发展壮大霸州市龙头企业规模，并促进企业提档升级。截至年底，全市新增市级龙头企业3家，市级以上龙头企业达到17家，其中国家级龙头企业1家、省级龙头企业6家。

【农产品加工业水平提升】 围绕霸州市特色，着力打造霸州市休闲食品加工产业集群，获评“河北省农村产业融合农产品加工产业集群十大典型案例”，争取农产品加工产业集群示范创建项目补助资金200万元，已发放到位。

【产业融合】 以农业产业化龙头企业为核心、合作社为纽带、家庭农场和专业大户为基础、社会化服务组织为支撑，通过股份合作、订单生产等利益联结形式，形成关联紧密、分工明确、链条完整、利益共享的集技术推广、深度加工、贮运销售多种功能于一体的企业联合体。霸州市培育农业产业化联合体5家，其中市级以上3家，省级联合体2家，有力促进全市农民增收，农业增效。同时大力发展百村示范带动工程，霸州市东杨庄乡郭庄伙村荣获“一村一品”暨百村示范带动工程省级示范村称号。

【重点项目建设】 总投资25亿元的丰厨（霸州）食品有限公司中央厨房项目完成征地等前期工作，完成投资6432万元。总投资5.5亿元的廊坊市奥悦明食品科技有限公司“年产5万吨中央厨房食品项目”，被列入河北省农业产业化建设重点项目，全年完成投资超过1亿元。

（杜海旺　赵增勇）

工业·信息产业

工业信息化产业

【概况】 2021年，霸州市完成规上工业增加值增速4.6%，廊坊市排名第十。新增规上工业企业46家（其中新建入统2家），年度核销规上工业企业9家，净增37家。

【推进二次创业】 霸州市下发《霸州市民营经济“二次创业”领导小组工作机制》《霸州市四套班子领导包联服务工业企业活动方案》，实现全市204家规上工业企业包联全覆盖，切实解决企业在生产经营中的困难和问题。采取分片、分行业方式先后召开6次民营企业座谈会，有力地推进民营经济“二次创业”各项工作开展落实。

【争取资金支持】 全力推进企业转型升级和技术改造，加大项目申报力度，最大限度调动民营企业发展的积极性。2021年上报省级“千项技改”项目35个，通过省级审核27个；上报廊坊市级专精特新企业8个，7个通过市级认定；上报省级专精特新示范企业2个，1个通过省级评审。推荐申报2021年河北省工业设计中心项目2个，全部通过评审；推荐申报2021年廊坊市工业设计中心项目2个，1个通过评审认定；推荐申报6个廊坊市工业设计购买服务项目，推荐申报3个省级工业设计成果转化项目，全部通过评审认定。鼓励企业建立研发机构。新认定研发机构11家，其中A级研发机构2家、B级研发机构2家、C级研发机构7家。全市累计认定研发机构98家，其中规上企业65家，占全市规上企业的32%。

【发展特色产业】 全力推进集群内在建和新建项目竣工投产速度，不断加大转型升级工作力度，不断强化企业品牌建设，发展壮大工业设计能力。组织奥悦明食品、达利食品、加州原野、益海嘉里4家企业成功申报河北省食品产业强县项目，获得资金支持500万元。组织小仙炖、达利食品参加河北省食品工业企业诚信管理体系建设工作培训。组织津恺食品、争荣生物、达利食品报送河北省轻工行业大中型重点企业2020年度调查表。组织泰美服装报名参加第二十二届中国（深圳）国际品牌服装服饰交易会。组织津恺食品申请食品工业“三品”专项行动典型成果，已审核通过。对全市消费品工业企业进行摸底，全市57家企业填报《消费品工业企业信息统计表》。2021年，霸州特色定制家具产业集群完成产值175.95亿元，增速19.29%；霸州都市休闲食品产业集群完成产值50.75亿元，增速27.52%。

【强化污染治理】 一是加快实施白洋淀流域重点行业清洁化改造。对涉及的2家制革企业、1家造纸企业全部进行清洁化生产改造。二是排查“地条钢”，防止死灰复燃。组织各乡镇对辖区内“地条钢”生产销售企业进行全面排查，未发现“地条钢”生产、销售企业。三是开展工业料堆治理。切实做好工业企业料堆扬尘治理工作，形成常态化动态监管。不断加大工业料堆巡察监管力度，会同环保部门深入工业料堆重点企业现场巡察并及时建立健全工作台账，对巡察中发现的问题及时督促整改。其中

3家企业的4处工业料堆已全部达到治理标准。

【提升节能利用】 已推荐雄雅建筑材料的“智能化装配式建筑生产研发基地项目”、光洋人造板的“年产 18 万立方米中密度纤维板技改项目”、海阳顺达节能玻璃的“年产 200 万平方米建筑节能玻璃、汽车玻璃等高端玻璃项目”申报 2021 年河北省被动式超低能耗建筑产业发展项目。培育河北华气天然气有限公司、霸州市京华金属制品有限公司被认定为2021年廊坊市工业领域节水型企业。

（马　涛）

重点行业介绍

【金属压延】

霸州市宏升实业有限公司企业

宏升实业有限公司（以下简称公司）成立于 2000 年，注册资金 2.6 亿元，是一家以生产各种规格热轧带钢、冷轧带钢、镀锌带钢、高频焊管的综合性企业。2005年通过质量管理体系认证。连续多年被银行评定为AAA级单位，被授予“文明单位”“十大巨人企业”等荣誉称号。公司生产工艺先进，资源配置合理，生产设备领先国内。主要产品广销全国各地及其他国家和地区。

公司以中高档家具用钢为核心产品，年产能 200 万吨，在 2010 年全球钢铁企业产量排名中位列第 308 名。经过 20 余年的经营，公司已发展成为集冶金科技、矿业开发、钢材加工、国际贸易、房地产开发于一体的民营钢铁联合企业，成为河北省重点钢铁企业之一，在冶金业享有较高的声誉。现为中国冶金行业协会会员单位、中国钢铁协会会员单位、河北省钢管协会会员单位。

（胜芳镇）

霸州市三强金属制品有限公司企业

霸州市三强金属制品有限公司（以下简称公司）位于河北省霸州市胜芳镇，占地面积142300平方米，现有职工600余人，其中技术骨干100余人，是一家集冷轧带钢、镀锌带钢等产品开发、生产、销售于一体的钢铁联合企业。

公司现拥有最先进的AGC 850六辊可逆轧钢设备1套， 750连轧机组2套，600连轧机组 2 套，850 连轧机组 1 套，500 连轧机组 1 套，650 连轧机组 1 套，裁剪机组 4 套，750 精整机组2套，750光整机组1套，光亮罩式退火炉24组，隧道式退火炉4套，700酸洗线1条，600酸洗线1条，1050酸洗线1条、800酸洗线1条、酸再生设备1套，镀锌生产线6条、分条剪机组6套等。

（胜芳镇）

霸州市三强制管有限公司

霸州市三强制管有限公司（以下简称公司）坐落在北方工业重镇胜芳镇廊大路西侧（津保高速胜芳出口南1千米），交通便利。公司占地4万平方米，拥有先进水平的焊管机组、固态高频、冷切锯18台，裁剪分条机器1台，自动化加工，自我掌握裁剪精度，年产量50万吨。

公司主要生产镀锌管、方矩管、家具用管、各种异型管、运动器材管、高精度内外刮管、自行车管、汽车管等产品。同时，公司拥有优秀的技术研发团队，自主研发高强度合金钢管、精品压花管等高含金量产品，受到使用厂家的高度评价。公司产品以零缺点为目标，为国内外客户提供优质产品。

公司以“生产优质产品”为宗旨，配有完善的ERP系统，优秀的管理团队，实现管理制度化、作业流程化、工艺标准化。生产线电脑自动全程监督，安全生产双重管控，交期迅速，配套完善、服务有保障。

（胜芳镇）

霸州市京华金属制品有限公司

霸州市京华金属制品有限公司（以下简称公司），位于霸州市东段乡王家堡，2001 年 1 月注册，总投资15亿元，占地面积26万平方米，员工1200余人，1993年，成立京华焊管。2000-2001 年，镀锌一线、二线、三线建成，2002年8月，公司动工建设10万吨彩板生产线，2002 年 12 月建成投产，年生产能力为 7 万吨。作为公司的发展基础，京华公司建成拥有450毫米、480毫米、500毫米、550毫米、650 毫米、850 毫米连轧机组，镀锌带钢生产线10条。1450毫米、1150毫米、1100毫米冷轧机组，镀铝锌生产线3条，彩涂钢板生产线5 条。可生产镀锌带钢、热镀铝锌板、彩涂钢板、冷轧钢板、黑退冷轧板，年总产量230万吨。产品销售范围：产品广泛应用于大型仓储库房、工业厂房、展馆场馆、机场高铁站、发电厂、畜牧养殖场、医药医疗、食品粮油等建筑建设。2021年实现税收4389.39万元。

恒新高端品牌彩涂板项目，研发高性能彩涂板、绿色建材彩涂板，投入资金 1008.2 万元。现已取得初步成效。产品通过了质量管理体系ISO 9001认证、欧盟CE认证。

（东段乡）

河北兆建金属制品有限公司

河北兆建金属制品有限公司，位于河北省霸州市东段乡牛百万村，2011年5月注册，总投资29亿元，2015年4月投资建设河北兆建，占地面积67万平方米，员工1000人。资产总额26亿元，2016年7月轧机投产、2017年5月镀锌线投产，同年7月彩涂线投产。引进国际先进环保设备——1420 酸洗冷轧联合机组（PL-TCM）1套，全电脑自动化操作，节能环保，年产高精度冷轧薄板总量220万吨。厚板镀锌生产线、连续式热镀铝锌高端机组4条，可生产热镀铝锌板、热镀锌板、高强结构钢板，年产总量120万吨。彩涂高端自动化生产线4条，全自动控制生产过程，保证涂层钢板美观及优良的防腐蚀性能，彩涂板年产总量 80 万吨。可生产高精度冷轧板、热镀铝锌板、热镀锌板、高强结构钢板、热镀锌铝镁板、高性能彩涂板。产品广泛应用于大型仓储库房、工业厂房、展馆场馆、机场高铁站、发电厂、畜牧养殖场、医药医疗、食品粮油等建筑建设。2021年，实现税收5905.79万元。

恒新高端品牌彩涂板项目，研发高性能彩涂板、绿色建材彩涂板，投入资金 1008.2 万元。现已取得初步成效。产品通过了质量管理体系 ISO9001 认证、环境管理体系 ISO14001 认证、职业健康安全体系 ISO45001 认证、欧盟CE认证、河北省高新技术企业认证。

（东段乡）

河北胜宝制管有限公司

河北胜宝制管有限公司（以下简称公司）位于霸州市东段乡董家堡村北，占地面积 31 万平方米，总投资43245万元，资产总额15.67亿元。公司具备各类高频焊管机组 41 台套，冷轧机组 15 台套，热镀锌生产线 4 条，先进的环保型退火炉 2 座，酸洗生产线 14 条。公司主要生产焊管、镀锌带钢，是从事钢管生产经营的大型民营企业。公司扩大生产规模，丰富产品种类，计划新增高端精密制管机组至百台，可根据客户需求定制各种规格、厚度的黑退和镀锌精密方管、圆管、异形管及冷轧带钢、黑退带钢、镀锌带钢等优质产品。

公司 2021 年营业收入 31.83 亿元，纳税 2117 万元，吸纳就业 1500 余人，连年被评为纳税大户、廊坊市诚信纳税“A”级企业、银行“AAA”金融信誉企业，公司产品“志生”牌钢管被评为河北省著名商标，畅销全国各地，并致力开拓国际市场。

（东段乡）

霸州市三钢科技有限公司

霸州市三钢科技有限公司（以下简称公司）始建于 2018 年 5 月，位于河北省霸州市东段乡经济开发区，位居京津冀核心区域。地理位置优越，交通便利，占地 20 万平方米，注册资金 3000 万元，总投资 17 亿元，2020 年总产值 26.8 亿元，纳税额 352 万元，现有职工 190 余人，具有年产优质带钢产品 250 万吨的生产能力，是集生产销售冷硬带钢、镀锌带钢于一体的专业生产基地。公司分两期建设：一期项目于 2019 年 5 月 28 日正式投产运行。一期设备包括 1 台 950 毫米全连续酸轧机组、3 台高档镀锌机组；二期设备包括 1 台 1450 毫米全连续酸轧机组、4 台镀锌和 2 台彩涂机组。设备整体装备水平国内先进，具备自动化、智能化、高质化、连续化的特点，生产周期短、效率高、质量好、能耗低。

主要产品涉及 Q195、Q235、Q345B、SPHC 和 SPHD 等钢种，主要产品有型钢、桥架、龙骨、门框、门板、桶料、管料、家电板、汽车板等，规格覆盖厚度在 0.2～4.0 毫米，宽度在 680～940 毫米，具有较强的深冲、成形和耐腐蚀性能，销售区域遍布华北、华东、华南、华中等 20 多个省、自治区、直辖市，产品广泛应用于日用五金、办公家具、家电、汽车、卷管、电缆、建筑行业等领域。

（东段乡）

霸州市海洪金属制品有限公司

霸州市海洪金属制品有限公司（以下简称公司）坐落在京津冀核心区的东段园区。地理位置优越，交通便利。公司占地面积20.3万平方米，有职工460人。公司总投资10.5亿元。有生产设备连续酸洗线生产线10条，具有国际先进连轧机组6台，天车90架，镀锌生产线5条，黑退生产线2条。公司年设计生产能力95万吨。拥有天津、福建、山东、无锡等国内外250多家客户，年需求量在130万吨以上。

（东段乡）

霸州市新亚金属制品有限公司

霸州市新亚金属制品有限公司（以下简称公司）始建于 1993 年，注册资金 6 亿元，占地 36.5 万平方米，职工 800 余人，总资产 265165 万元。法人代表薛顺义，公司位于霸州市信安镇，地处京、津、保三角中心地带，地理位置十分优越，交通极为便利。

公司拥有焊管机 29 台、酸洗线 6 条、轧机 8 套，主要产品为带钢和钢管，年产冷轧带钢 60 万吨，焊管 60 万吨，2021 年纳税 1533.46 万元。企业通过了 ISO 9001：2000 质量体系认证，凭借过硬的产品质量、优秀的售后服务建立面向全国的销售网络，并将产品打入国际市场，销往韩国、澳大利亚、美国、日本、越南及欧洲、中东、非洲地区的多个国家。产品广泛用于建筑龙骨、电子产品、汽车、摩托车等领域。公司先后被有关部门评为“河北省质量信得过企业”“重合同守信用企业”“纳税大户”“AAA 级企业”“诚信纳税 A 级企业”“河北省百强企业”。

（信安镇）

霸州市凯达金属制品有限公司

霸州市凯达金属制品有限公司（以下简称公司）是 2005 年成立的现代化民营企业，主要生产冷轧带钢：冷硬带钢、黑退带钢、光亮带钢、镀锌带钢及方管、圆管、异形管、镀锌钢管等。该公司占地面积 20 万平方米，投资额超过 7 亿元，规划建筑面积 6.4 万平方米。一期工程投资额 1.2 亿元，建筑面积 2.6 万平方米，建有 4 条国内顶尖水平的带钢连续热镀锌生产线和 2 条四连轧冷轧生产线及由 2 台四辊可逆轧机组成的带钢冷轧生产线。2010 年投资 1 亿元，建成 4 条加工宽度达 800 毫米的带钢连续热镀锌生产线，1 条三连轧生产线及 3 台大型可逆轧机，还有 5 条镀锌钢管生产线。

公司拥有从原材料到成品出厂一条龙生产设备，酸洗、冷轧、连续热镀锌生产线，引进了较高水平的带钢冷连轧及连续热镀锌生产线。该线采用德国西门子顶级 PLC 系统及 AGC 厚度自动控制系统，各项电控设备连成可靠控制网络，可以对各项生产工艺参数进行实时监控并进行精确调整和控制。同时，与控制系统相适应，其余各个系统也均采用最新设备、技术和材料。尤其是锌锅系统，采用先进的加热技术和涂层材料，在实现对锌锅温度进行精确控制的同时，大幅度降低生产成本。

该公司产品严格按照国家行业相关标准生产，产品板面平整，锌花均匀，平滑光亮，锌层附着力好，抗弯能力强，具备良好的耐腐蚀性能。镀锌板带、镀锌钢带均已通过国家权威部门检验，完全符合行业标准，该公司的精密高频焊管、超薄热带钢、镀锌带钢、光亮带钢和黑退带钢等产品产销及市场占有率名列前茅，产品畅销国内 20 多个省市自治区，并批量出口至美国、意大利、澳大利亚、俄罗斯、土耳其、秘鲁、希腊、泰国、韩国、菲律宾等 20 多个国家和地区，逐渐形成稳固的销售网络。公司先后被评为“明星企业”“重合同守信用企业”“产品质量合格企业”“AAA 级信用企业”“河北省质量信得过企业”“十大巨人企业”等。

（信安镇）

河北万事达公司

河北万事达公司（以下简称公司）是一家集研发、生产、销售于一体的大型专业镀锌带钢生产企业，拥有专业技术团队、先进的生产设备、精细化的管理理念，是河北胜芳经济开发区内品种较全、规模较大的冷轧带钢、镀锌带钢的专业生产厂家 。

公司不断总结技术经验，开拓研发，自主设计，于 2015 年 8 月 8 日开始破土兴建万事达分公司，于 2016 年 9 月 1 日正式建成投产，新公司配备 2 条 AGC 自动厚度控制系统的冷轧连轧机，并采用卧式双卷取机自动打包，大大提高生产效率，年产能达 70 万吨；4 条自动温控镀锌生产线，采用锌液感应加热智能化管理系统，高精度拉矫平整系统，生产的产品板型好、光洁度高、耐腐蚀性强，可满足客户不同生产工艺的需求。主要产品为热镀锌带钢，产品规格：可轧制宽度 300～810 毫米、厚度 0.4～3.0 毫米不同规格的镀锌带钢。

（堂二里镇）

【机械加工】

霸州市明月汽车配件厂

霸州市明月汽车配件厂是一家集汽车冲压件加工、电泳涂装为一体的实体性企业，占地4万多平方米，坐落于北方最大的金属玻璃家具生产基地。企业通过了IATF-16949质量管理体系认证。经过多年的努力和发展，现拥有国内先进的大型自动阴极电泳涂装生产线4条、大型自动喷涂生产线1条、500吨油压机3台、冲床25台、机械手3台、焊装生产线1条，生产产品主要供给北汽集团、天津阿尔特有限公司等。近年来向国家上缴税金1500余万元，安置社会失业人员120余人次。先后被中共霸州市委、市政府评为“百颗星”企业；被北京汽车有限公司授予“优秀供应商”称号；连续7年被辛章办公区评为纳税先进单位。

（辛章办公区）

霸州市永兴车辆配件有限责任公司

霸州市永兴车辆配件有限责任公司，注册资本719万元，厂址在霸州市辛章办公区王家岗村，企业经营范围为生产机动车车身及配件冲压件。公司占地面积3.5万平方米，建筑面积2.7万平方米，其中厂房面积2.6万平方米，办公室面积700平方米，其他附属设施200平方米；企业总资产9200万元。拥有职工百余人，模具制造、下料、冲压、焊接、装配等工艺设备120余台（套），现主要生产农机驾驶室，供货给天津勇猛机械有限公司，生产稳定。

（辛章办公区）

霸州市华诚汽车制动器有限公司

霸州市华诚汽车制动器有限公司（以下简称公司）建于1998年，注册于2004年，位于河北省廊坊市霸州市煎茶铺镇，注册资金3000万元，占地4.7万平方米，建筑面积2.4万平方米，资产总额1.5亿元。公司有职工170人，公司有EPB电子驻车制动器、IPB综合式盘式制动器、鼓式制动器及其他冲压件等系列150多种产品，公司业已形成以乘用车液压鼓式制动器总成和液压盘式制动器总成为主业，以高端商用车气压鼓式制动器、盘式制动器为辅业的发展模式。2021年销售额1.58亿元，纳税280万元。技术中心总投资达1000多万元，新建研发检验中心1000平方米，硬件设备齐全，工作环境优越。公司投入1000余万元，配置技术检测、试验等仪器和工艺仪器设备30多台（套），可承担各种相关工程技术、产品的研制和试验任务。公司有产品、技术和工艺方面的在研项目18个，其中合作在研项目2个；开发新产品新技术20个系列100多个品种，申请专利8项，其中发明专利1项，实用新型专利7项。

（煎茶铺镇）

【塑料加工】

霸州市德通塑料制品有限公司

霸州市德通塑料制品有限公司（以下简称公司）位于霸州市煎茶铺镇赵各庄经济开发区，注册资金1000万元，占地面积16600平方米，是一家私营企业，有工人60人，资产总额1500万元。拥有6000克、3000克、2000克、1650克、1000克以下注塑机，振动摩擦焊、旋转摩擦焊。冲压车间有600吨、400吨、250吨、160吨、100吨、80吨冲压机、315吨拉伸机，橡胶车间有200吨、45吨、25吨以下平板温控油压机，以生产汽车散热器水室、汽车空调、暖风机、护风圈和加工塑料、冲压配件为主。现主要为东风柳州汽车有限公司、北京北汽摩有限公司、富奥翰昂汽车热系统（长春）有限公司、青岛维西诺散热器有限公司、保定长城汽车股份有限公司、保定长安汽车制造有限公司、广东法拉达汽车散热器有限公司、天津市汽车水箱厂、天津市冠通汽车零部件有限公司等公司配置汽车散热器、塑料水室、暖风机、护风圈、橡胶及五金冲压等多种制品。2021年产值3100万元，税收90万元。

（煎茶铺镇）

霸州市百万模塑有限公司

霸州市百万模塑有限公司（以下简称公司）注册资金600万元，位于霸州市东段乡牛百万村。

占地面积27000平方米，建筑面积6000平方米，总投资500多万元。是一家集注塑、模具、安防监控设备，研发、制造于一体的多元化、外向型公司。现有高精度模具加工设备15套，全自动注塑成型机30多台，安防监控设备生产线2套，现有员工200人。主要产品有汽车塑料零部件、塑料卷盘、塑料家具、安防监控护罩。其中太阳能塑件连续3年获得廊坊市企业发明创新奖项。2020年安防监控护罩申请6项技术专利。产品主要销往天津、北京、深圳、杭州等地，塑料家具出口20多个国家。合作厂家有天津松下电子产品有限公司、天津华安盛翔汽车零部件有限公司、廊坊德通汽车装备有限公司、浙江大华科技有限公司、深圳前海华夏智信数据科技有限公司、北京智芯原动科技有限公司等20多个。

（东段乡）

【特色定制家具】

廊坊金彪玻璃有限公司

廊坊金彪玻璃有限公司（以下简称公司）位于河北省霸州市胜芳镇廊大路东侧工业区内，占地面积20万平方米，建筑面积17万平方米，是由金晶（集团）有限公司与霸州市华彪家具有限公司、晶美玻璃厂共同出资5.96亿元组建的合资企业，资产总额55710.89万元。公司拥有2条日熔化量600吨级的高质浮法玻璃生产线，年产优质浮法玻璃680万重量箱，主要生产3～19毫米高质浮法玻璃，年销售收入突破5亿元，是廊坊市的重点企业。公司拥有“中国名牌”和“中国驰名商标”称号。产品市场遍及京、津、冀等地区。

公司与客户定位为互依互存的生态关系，视服务为产品的延伸。坚持为客户营造价值享受和增值空间，以双赢为驱动力，推行“零距离、零延迟、零盲区”的服务标准，在共同的价值链上共享利益。公司充分利用自身的资源优势不断扩大生产经营规模。积极引进和利用外资研制开发新产品，先后从美国、英国、法国、德国、日本等国家，引进具有国际先进水平的技术装备，不断优化工艺技术和生产设施，向节能、安全、环保等多功能、综合型产品发展。公司十分重视企业现代化、信息化管理，不断改革、强化内部管理机制，努力实现精细化管理，不断提升企业现实竞争力和核心竞争力，加速与国际市场接轨，参与经济全球一体化的市场竞争，以实现公司卓越经营快速发展的宏伟目标。采用和贯彻GB/T19001-ISO 9001：2000标准，建立和完善质量管理体系，规范企业质量管理工作，全面提升质量保证能力，向国内、外市场和顾客提供一流的产品和服务。2021 年，营业收入 6.03 亿元，纳税 3037.65 万元，吸纳就业 370 人。

（胜芳镇）

霸州市派格蒙木业有限公司

霸州市派格蒙木业有限公司（以下简称公司）位于堂二里镇四街，成立于 2016 年 12 月，是一家集设计、研发、生产、销售和服务于一体的专业板材、家居企业。注册资金 2245 万元，法人为齐建新，股东袁伟。员工 130 人左右，所属行业为家具制造业。其经营范围为加工销售贴面板、板式家具、家具辅料、纸制品、实木家具、制管、货物或技术进出口，已经注册商标。主要生产三聚氰胺贴面板、板式家具、实木餐桌椅。

公司特色定制家具构件研发生产基地项目正在有序推进中，该项目占地 6.7 万平方米，总建筑面积 5.6 万平方米，主要建设生产车间、多层研发质检楼及附属用房等，购置设备 210 台（套），年产特色定制家具构件 500 万套。同时深入实施智能制造和绿色制造，提升品质，大力发展绿色建材，与欧派、索菲亚、全友家居等定制家具企业为长期合作伙伴，不断壮大霸州市定制家具产业集群。

（堂二里镇）

河北乐江家具股份有限公司

河北乐江家具股份有限公司（以下简称公司）位于堂二里镇胡家岗村廊大路西侧。拥有年产 150 万套高端电竞桌椅项目，该项目分两期，一期占地面积 28346.14 平方米，总建筑面积 35000 平方米。购置精密木工锯、排钻、镂铣机、雕刻机、异形封边机、自动封边机、裁剪机、缝纫机、切管机、激光切割机、弯管机、台钻、冲床、二氧焊机、二氧焊机机器人、手砂轮、空压机等设备 431 台（套）。二期占地面积 38320 平方米，总建筑面积 48000 平方米。购置精密木工锯、排钻、镂铣机、雕刻机、异形封边机、自动封边机、缝纫机、切管机、激光切割机、弯管机、台钻、冲床、二氧焊机、手砂轮、空压机等设备 187 台（套）。

（堂二里镇）

霸州市全兴胶合板厂

霸州市全兴胶合板厂　坐落于河北省霸州市王庄子镇王圪垯村，占地 13000 平方米，距北京 120 千米，天津 60 千米，交通发达。该厂是生产刨花板、多层板、建筑模板等产品的专业厂家，拥有雄厚的生产和开发能力。产品行销日本、东南亚及国内市场，在东北市场有很好的品牌效应。经过多年的技术积累和研发，有丰富的生产经验，可以满足客户的各种要求。厂家的经营理念是：用信誉和质量赢得客户的满意，互惠互利共同发展。2021 年，工业总产值 4894.867 万元，纳税 52.7 万元。

（王庄子镇）

霸州市立昌家具有限公司

霸州市立昌家具有限公司（以下简称公司）成立于 1999 年，地处霸州市东杨庄乡邱庄子村，注册资本 600 万元，占地 4 万平方米，现有专业技术员工 130 人，是一家集椅类设计、研发、制造与销售于一体的现代化家具企业。产品涵盖 100 多种款式，其中专利产品 50 多种，出口美洲、澳大利亚、欧洲、东南亚、中东等多个国家和地区，规模和质量上在同行业中处于领先地位。公司先后获得国家级企业信用等级AAA级评价和“中国绿色环保产品”的殊荣。

公司坚持国际化发展，引进精益生产及管理变革项目，投资购置中央供料系统、磁力模板、机器人、机械臂等设备，不断提高车间现代化、自动化程度。按照国家对环保、安全生产等方面的要求，安装催化燃烧环保设备，保证生产时正常开启使用，全面提升VOCs治理效率。同时通过《安全生产标准化》、双控等体系的认证，以6S目视化管理打造花园式、生态型工厂。

（东杨庄乡）

霸州市天凯五金家具有限公司

霸州市天凯五金家具有限公司（以下简称公司）始建于2008年，公司位于霸州市东杨庄乡王坊村，注册资金800万元，总占地面积11880平方米，现有职工50人、技术员5人、员工35人、车间主任5人、文员5人。主要生产家具钢床和家具配件。2021年产值约2850万元。

公司主要生产设备有激光切管机、激光切板机、全数控自动下料机、自动机器人焊接设备、焊机、数控折弯机、数控剪板机、各种大小吨位冲床等。

公司家具钢床类产品与北京市金隅天坛家具有限公司合作，组建研发团队10人，共同研发大小产品上百种，在国内各大电商平台销售，创造了天猫销量第一的成绩，获得金隅天坛家具有限公司最佳合作企业的荣誉。家具配件产品与北京瑞驰家具公司合作已达15年，合作产品在国内各大城市均有实体店，并出口美洲、澳大利亚、欧洲、东南亚等国家和地区。

（东杨庄乡）

廊坊柏思诺家具有限公司

廊坊柏思诺家具有限公司（以下简称公司）成立于2015年6月，注册地为霸州市东段乡马家堡村南，为占地面积6万平方米的规上企业，并且是霸州市家具行业重点出口企业，连续3年自营出口总额排名廊坊市家具行业前5名。公司主营业务为研发、生产和出口销售客餐厅民用家具（餐桌、餐椅、茶几），拥有板式家具和金属家具两条生产线，现有员工350人。主要出口市场为美国，占比68%，其次是欧洲市场，占比17.4%，其他国际市场占比14.6%。2020年1月至10月自营出口额1.21亿元人民币，综合纳税189万元。公司销售业务由于受到美国加征关税和国内外疫情影响，经过各级政府和部门的支持和帮助，以及自身的努力，全年出口总额与上年持平或略有增长。

（东段乡）

霸州市铁桥家具有限公司

霸州市铁桥家具有限公司（以下简称公司）位于京、津、保 黄金三角地带的霸州市胜芳镇东段开发区，处于廊坊国际家具生产基地的中心位置。公司集家具设计、生产、销售一体，全面致力于品质优良的高中档办公家具、休闲家具、国际星级酒店家具的设计和制造，产品包括：办公椅、折叠椅、转椅、餐椅、酒店椅、户外家具等，是家具行业颇具规模和优势的生产企业。公司最新引进德国、意大利的先进生产设备，其制造流程采用全自动标准化生产方式。同时不断完善内部管理及质量控制体系，为产品生产提供更好的质量保证。

（东段乡）

霸州市京晶展示道具有限责任公司

霸州市京晶展示道具有限责任公司（以下简称公司）位于东段乡王家堡村，于 2013 年 12 月注册，总投资 10180 万元，2014 年 5 月投资建设霸州京晶，占地面积 3.6 万平方米，员工 300 人。资产总额 2810 万元。公司引进多种数控加工中心、电子开料锯设备、催化燃烧设备、中央木工集尘设备等，年产 38 万套家具和展具。公司主要设计、生产、销售展示道具、展柜、橱柜、木门、钢木家具、实木家具、办公家具、屏风家具等。2021 年公司产值 5443 万元，税收 113 万元。公司现有实用新型专利 17 个，取得 C 级研发中心资质。公司取得中国环境标志产品认证证书（十环）、ISO 9001 质量管理体系认证证书、ISO 14001 环境管理体系认证证书、中国环保产品认证证书——木制办公家具（CQC）、售后服务认证，获东段乡 2021 年度家具行业示范企业、东段乡尊师重教先进单位等荣誉。公司与中国农业银行、中信银行、中国建设银行、北京广发银行、北京市烟草公司、北京环球影城有业务往来，是北京市政府行政事业办公家具采购定点供应商。与河北省工业设计协会合作，是河北省工业设计协会第二届理事会理事单位。

（东段乡）

【食品加工】

河北霸州六必居食品有限公司

河北霸州六必居食品有限公司（以下简称公司）成立于 2005 年 5 月，由北京六必居食品有限公司与霸州市第二食品有限责任公司共同出资设立的合资企业。

公司主要是以酱类、料酒、酱腌菜三大类产品的生产加工、出口为主的调味品生产加工企业，企业拥有进出口权，是“六必居”“天源酱园”“桂馨斋”“金狮”“龙和宽”5 个中华老字号品牌的甜面酱、料酒、小包装酱腌菜等产品的主要生产基地。

公司始终以努力提高生产经营的规范化、科学化为己任，坚持质量第一、安全第一、顾客至上、诚信服务、遵守法规、持续发展的方针，恪守老六必居人留下的“黍稻必齐、陶瓷必良、釉蘖必实、火候必得、湛炽必洁、水泉必香”的优良工艺传统，不断开发新产品，开拓市场。

随着京津冀一体化战略推进，霸州六必居公司承载“六必居”大部分主要产品的生产加工任务。15 年来，霸州六必居在河北省食药监部门和廊坊市、霸州市食药监部门各级领导的大力支持和帮助下，通过加强生产全过程监管，不断提升生产设施设备的自动化水平，改善企业生产环境，严格落实标准化管理，企业经营管理水平得到提升。

公司取得酱腌菜、酱、料酒产品的许可认证。企业自设立至今，始终高度重视食品安全，秉承“产品质量就是企业生命”的宗旨，兴建化验室，配备检测设备和化验人员，严格按产品标准进行产品出厂检测，确保食品安全。

（南孟镇）

河北达利食品有限公司

河北达利食品有限公司（以下简称公司）系福建达利集团旗下分公司，项目一期总投资 20 亿元，占地 20 万平方米，2012 年 5 月开工建设，2014 年 1 月全部建成投产。公司建设现代化标准厂房，引进国内外先进设备 20 多条生产线，主要生产销售食品和饮料。公司生产的“达利园”派、“达利”饼干，双双荣获“中国名牌产品”称号；“达利”图形商标为中国驰名商标，达利集团被国家统计局授予“中国食品行业饼干行业十强企业”；连续被中国食品工业协会授予“中国食品工业优秀龙头企业”。项目二期新建河北达利食品有限公司年产5万吨休闲食品饮料项目，总投资2.48亿元，占地5.5万平方米。购置无菌型灌装线、易拉罐含气饮料设备、灌装卸笼系统等生产和辅助设备10台，年产休闲食品饮料5万吨。一、二期项目全部建成投产后，实现年销售收入15亿元，年纳税1.5亿元，可吸纳就业人口1600人。

（开发区）

廊坊华康农业发展有限公司

廊坊华康农业发展有限公司是位于河北霸州经济开发区津霸产业园内的康师傅集团在国内唯一配套调味料系列产品生产公司，其成立于2004年5月，注册资金327万美元，从业人员120人，以本地员工为主，占地面积5.3万平方米，设计产能17500吨调味品，均以农产品为原料，主要的大类有姜、蒜、辣椒、八角、胡椒、桂皮、花椒、孜然、茴香等固态香辛料，经营方向以服务康师傅为主，产值固定在4.5亿元以上；2021年产值在5.7亿元以上；为地方年创造税收1900万元左右。

（扬芬港镇）

【电子信息业】

霸州市云谷电子科技有限公司

霸州市云谷电子科技有限公司是维信诺科技股份有限公司（以下简称公司）的全资子公司，成立于2001年，前身是1996年成立的清华大学OLED（有机发光显示器）项目组，专注OLED事业20余年，已发展成为集研发、生产、销售于一体的全球OLED产业领军企业，产品广泛应用于智能手机、车载显示、智能穿戴式设备等领域，成为全球领先的新型显示整体解决方案创新型供应商。

公司于2016年落户霸州，占地10万平方米，2017年3月动工建设，同年12月投入生产，初期建设完成6条模组生产线，产品主要为硬屏及柔性窄边框产品。2019年底投资新建第六代有源矩阵有机发光显示器件模组生产线1条，于2020年8月投产；2020年底继续扩大产能，投资5亿元组建完成8#、9#两条产线，主要对应高刷新频率及高规格柔性全面屏产品。2021年底，公司建成模组生产线9条，产品主要用于高端智能手机显示屏、车载显示屏等，是华为、荣耀、小米、中兴、努比亚等品牌的屏幕供应商。与同行业同期相比，公司产品良率及良率爬坡速度均处于领先水平，针对大客户主要产品，硬屏手机稳定量产良率达到97.5%，柔屏手机稳定量产良率达到94.5%，为国内一流水平。

（开发区）

【其他行业】

霸州市长城医用设备有限责任公司

河北省霸州市长城医用设备有限责任公司（以下简称公司）创建于1986年，至今已有30多年的历史。现有干部职工380人，其中高级工程师占有10%。公司注册资金11800万元。主要生产医用床、诊疗床、护士站系列柜、担架车、医用车、不锈钢医用柜、器械柜、医用工作台、中药柜、床头柜、候诊椅、输液椅、升降餐车、输液架、护士椅等医用系列产品。该公司位于北京市正南的河北省霸州市南孟镇，距北京三环路玉泉营环岛 78 千米，交通便利，北京市公共汽车 943 路、京九铁路、京保铁路、京霸高速都经过本市，112 国道、106 国道横穿市区，开车 1 小时可到达首都机场和天津机场。

公司占地 24 万平方米，总建筑面积 10 万平方米。有 3 个厂区 3 幢办公楼，总建筑面积 10700 平方米。2021 年又新建办公楼 5800 平方米，新建钢结构框架车间 46000 平方米，已全部竣工并投入使用。公司坚持“环保优先、质量第一”的原则，积极进行设备更新换代。现有各类设备 496 台（套），其中投巨资引进世界最先进的数控钣金加工设备和瑞典 ABB 公司的全自动焊接机器人，均处国内领先地位，与世界同步。现有全自动静电喷涂流水线和与之相配套的打砂除尘设备，绿色环保，无毒无味，无酸碱成分，不生锈。公司设备先进，管理规范，质量可靠，服务周到，在国内外具有较高的知名度和信誉度。

公司不断改革创新，管理越来越规范，工作流程越来越合理，产品质量接近世界领先水平。公司相继通过 ISO9001：2015 国际质量管理体系认证、ISO13485：2016 行业质量管理体系认证，ISO14001：2015 环境管理体系认证、OHSAS 18001：2007 职业健康安全管理体系认证、欧共体 CE 认证、出口美国 FDA 通行证书，已通过廊坊安监局颁发的标准化证书。

公司被国家工商总局授予“全国守合同重信用企业”称号，连续多年获评“河北省名牌产品”“河北省著名商标”。产品畅销全国并出口到美国、英国、古巴等几十个国家，深受国内外用户好评。在全国政府采购和医院采购中，公司产品连续多次中标，充分体现公司可靠的产品质量和优质的售前、售中和售后服务。

（南孟镇）

霸州市金盛医疗器械有限公司

霸州市金盛医疗器械有限公司（以下简称公司）于 2013 年 9 月 18 日注册成立，注册资金 300 万元，位于河北省霸州市邱庄子工业区，专业生产与销售口腔科医用耗材 10 余年。主要产品有医用隔离面罩、医用隔离眼罩、一次性医用防护面罩、一次性口腔器械盒、口腔镜、牙探针、牙科涂药棒等一次性耗材，有生产、质检、销售、服务及研发人员 24 人。

公司取得“BOVATE”“博洁”“康利恒”“DENTACE”4 个注册商标，在国内、国际市场有一定知名度。2015 年建成灭菌车间，拥有独立的灭菌技术，能为客户提供更安全有效的无菌产品。同期建成 300 平方米的十万级洁净生产车间、万级洁净微生物检验室和物理检验室，购置恒温培养箱、气相色谱仪、生化培养箱、超净工作台、压力蒸汽灭菌器、万分之一电子天平、分光光度计、尘埃粒子计数器、风量仪、显微镜、水浴锅、浮游菌采样器、干燥箱等专业检测设备，由专业检验员负责，更好地保证产品的洁净要求。同时为满足十万级和万级无菌洁净车间的用水要求，公司还特别购置纯化水制水系统，使无菌车间的用水安全得到保证。

公司在 2016 年建立医疗器械质量管理体系，2017 年取得第Ⅱ类医疗器械产品注册证和生产许可证及相关产品备案证，2018 年获得河北省科技型中小企业称号，“博洁”商标获评“全国消费者放心满意品牌”，同期公司获得企业信用等级 AAA 级评价、河北省科技型中小企业称号。2019 年获得高新技术企业称号，2020 年 2 月被国务院应对新型冠状病毒肺炎疫情联防联控机制的医疗物资保障组列为国家临时收储重点物资生产企业，2020 年 2 月被河北省应对新型冠状病毒感染的肺炎疫情工作领导小组列为第一批省级临时收储生产企业，2020年12月被工业和信息化部授予“工业和信息化系统抗击新冠肺炎疫情先进集体”称号，同期一次性医用防护面罩通过SGS芬兰公司型式检验和技术文件审核并取得CE证书。

2021年申报12项实用新型专利，其中一种抗皱提升的医用面罩、一种带扩音器的医用面罩、一种防疫医用面罩等5项专利已经获批，同时还有近10项专利在研发中。

公司在努力发展壮自身的同时积极地为家乡的建设和疫情防控贡献力量。2021年11月西北发生疫情，为甘肃省红十字会捐赠价值16000元（2000个）的面罩。

（东杨庄乡）

河北住工建材有限公司

河北住工建材有限公司（以下简称公司）位于霸州市武将台工业区，注册资金5000万元，是一家新型建材公司，主要生产装配式混凝土建筑构件及模具加工。公司先后与北京市市政工程研究院、中建五局、八局签订长期战略合作意向。主要产品有外墙瓷板反打工艺、三明治外墙板、结构内墙板、PCF板、GRC装饰板、叠合楼板、叠合阳台板、空调板、楼梯板、扶手板、楼梯休息平台、飘窗、女儿墙、预制梁、预制柱、道路板等装配构件及市政地下管廊、桥墩等市政设施。2021年，公司总产值4792万元，纳税160万元。

（霸州镇）

河北新天工具制造有限公司

河北新天工具制造有限公司（以下简称公司）位于霸州市东杨庄乡邱庄子工业小区，于2007年4月注册成立，注册资金300万元，是一家集研发、生产于一体的油漆滚筒架及油漆套装制造民营企业。经营占地面积16000平方米，办公楼使用面积2200平方米，职工宿舍楼使用面积2400平方米。有制坯、冲压、注塑、组装4个车间；有4800平方米的原材料库、五金配件库、半成品库、成品库等仓储空间；有职工90余人，其中，高级技术职称的7人，中级以上技术职称的15人；主要生产设备包括：100～1000克注塑机20余台，冲床、砸丝机、弯丝机等20余台，车床、磨床、铣床、电火花、线切割等机加工及模具设备10台，配电总容量600千伏安。

公司为霸州市规上企业，符合申报管控其他塑料制品制造业B级绩效标准，符合廊坊市企业安全生产标准化C级标准。主要产品为油漆工具，其中滚筒架系列产品规格型号达350多种，产品通过天津市金锚进出口公司批量出口欧美等国家和地区，年销售额5000多万元。

（东杨庄乡）

河北华气天然气有限公司

河北华气天然气有限公司（以下简称河北华气）位于河北省霸州市康仙庄镇，112国道北侧，具有独特的地理优势。成立于2010年，注册资本1.26亿元，总占地面积为28万平方米，已完成投建一期项目占地14.8万平方米。装置液化能力为100万标准立方米/天，包括1座2万立方米的LNG储罐、6个灌装臂的灌装站，以及配套的公用工程。于2011年11月底施工建设，2013年3月25日一次投产成功。河北华气以霸州LNG工厂作为生产加工基地，统筹资源配置，合理规划霸州LNG工厂运营及终端销售业务，以市场为中心，加快推进业务规划一体化、区域一体化、批零一体化管理体制有效落地。

2021年，河北华气与康仙庄镇政府在防疫举措、捐款、物资补给等方面积极联动，严密防守，阶段性采取封闭式管理措施，坚持常态化防疫不松懈。科学防疫的同时，公司所属霸州LNG工厂维持以自产自销模式连续生产运行，市场低谷期停车检修，实现防疫、稳产保供两不误。2021年河北华气霸州LNG工厂作为北京冬奥会天然气备用气源，持续保持高负荷生产及储罐高液位，强化处理装置、设备、阀门、仪表的保温和维护保养，加强巡检，从设备、人员两方面入手，多措并举全力保供冬奥会用气。同时，河北华气深入开展“转观念、勇担当、高质量、创一流”主题教育活动，成立“河北华气职工创新工作室”，以技术创新推动公司提质增效工作落地见效。

（康仙庄镇）

中国邮政集团有限公司河北省霸州市分公司

【概况】 2021年，中国邮政集团有限公司河北省霸州市分公司（以下简称霸州市分公司）服务区域为信安镇以西的5个镇2个乡，分别为霸州镇、南孟镇、煎茶铺镇、信安镇、康仙庄镇、岔河集乡、东杨庄乡；霸州市邮政分公司下辖育华东路、益津市场、兴华路、信安、华油二厂5个综合支局，南孟、煎茶铺、岔河集、大各庄4个邮政支局，东杨庄、石油二所、康仙庄3个邮政所。2021年，霸州市分公司围绕“调结构、保中邮、活客户、提能力”工作方针，坚持以价值存款为核心，提高非储蓄收入占比，价值存款、中邮保险、基金、收单四轮驱动；同时，积极助推农村电商的发展，带动各板块业务的提升；做强做大邮政寄递主业，推动中国邮政实现高质量发展。

【助推农村电商发展】 农村电商是邮政助力乡村振兴的“策源地”和生态链的“链长”，是各板块业务的“黏合剂”、发展的“加速器”。一是强化专业融合，加强代理金融与渠道平台专业联动，采用“双向引流”联动发展模式，吸引存量客户资产提增的同时拓展新增客户，形成以网点为中心的非金融增值服务圈，充分发挥邮储竞争优势，实现高效发展。二是以创新驱动提高邮政普遍服务供给质量，丰富邮政普遍服务内涵，提升邮政普遍服务便利化。2021年，在2个网点叠加烟草销售便民业务。

【寄递业务降本增效】 霸州分公司全面贯彻中共十九届六中全会精神，认真落实邮政快递业重要指示精神，坚定信心保持定力，巩固发展邮政普遍服务，做强做大邮政寄递主业，推动中国邮政实现高质量发展。2021年寄递业务坚持高质量发展的核心，坚定寄递业务打翻身仗的信心，深入推进寄递降本增效工作，着力采取发挥专班管控机制作用、提质增效、关键环节的降本增效三大举措达成目标。

【提升服务质量】 按照廊坊市分公司要求组织开展普服网点达标整治活动，并按照达标整治1.0版本，对9个网点进行升级改造，完成普服网点达标。压降代办网点5个，代办网点占比降至25%。网点服务功能得到拓展。全市12个网点实现新一代营业渠道系统升级上线，全面搭载“邮快合作”业务，应用“易邮自提”系统，更新营业设备，强化网点服务功能。重点指标全面达标。营业时长达标率、四项法定业务开办率和建制村直接通邮率均达到100%。

【网点转型】 系统化推进网点标杆建设、业务叠加、运营管理、产能提升工作。组建转型工作小组，明确职责，挂图作战，销号执行，全年 22 项转型动作全部落实到位。对 8 个网点根据网点周边环境制订“一点一策”转型方案，以提升普遍服务质量为基础，整合邮政营业网点的人力、场地、网络、业务、品牌等资源，叠加业务种类，增强服务效能，提升用邮体验，实现网点形象、产能、服务、效益同步提升。

（阮卫华）

中国邮政集团有限公司廊坊市直属胜芳支局

【概况】 2021 年，廊坊市直属胜芳支局（以下简称胜芳支局）下设邮储银行胜芳镇营业所、胜芳开发区营业所、堂二里营业所、崔庄子营业所、辛章营业所 5 个金融网点。胜芳支局全力推进邮政基础业务强基固本、金融业务转型升级、寄递业务提质增效，全年完成收入 3347 万元。

【服务体系建设】 胜芳支局不断加强邮政通信服务与管理，确保邮政通信的安全畅通；通过提供优质、快速、高效的通信手段，努力为党政军服务，为经济建设服务，为人民群众服务。胜芳支局认真贯彻上级相关政策，保证让胜芳镇及其周边群众方便用邮。对本镇用户服务到门、投递到户，对周边村街不留空白保证村村通邮。

【业务发展】 代理金融业务。在代理金融转型的指引与推动下，紧跟业务发展节奏、不断努力，在节奏控制、主题转化、活动组织、厅堂服务、特色客群开发、经营行为管控方面投入精力，实现代理金融业务稳步快速发展，完成收入 1693 万元。

快递包裹业务。建立以一把手为组长，副总为副组长的专职营销开发团队，以市场部营销员、包裹部全体投递人员为成员，重点开发洁具、家居用品及家具配件等 3 公斤以内的轻小件市场，提高毛利率水平。量质并重促发展。根据市公司总体工作安排，结合自身情况，狠抓轻小件市场，对负毛利润客户进行停止收寄，确保达到市公司规定标准。专门走访定员帮扶。在“双十一”前期，指定包裹部主任对 2021 年“双十一”“双十二”期间发寄量大的客户进行专门走访并指定专人帮扶客户，在产品资费政策、产品寄递、运输发寄等各环节进行一对一地跟进，通过一对一的帮扶稳定客户。积极开展集包工作。根据市分公司总体安排，在邮件量大、人员紧张的情况下，包裹部积极开展集包工作，降低运营结算成本，也顺从市场需求，对市场客户开发起到非常大的作用，新开发客户 10 个，其中日发寄量千件以上客户 2 个。

渠道平台中心。借助农村电商平台大力开发新业务。1. 根本是做好邮掌柜的维护工作，以按照“123”（10 个精品、20 个优秀、30 个标准）工程为基础提高 A 类站点数量，增加黏性，以邮掌柜为基础、金融业务为切入点发展邮政的各项业务。2. 批销业务是电商的重中之重，依托邮掌柜系统，以商品批销为切入点，打造连接供应商和邮乐购店的服务平台。通过客户答谢会、电商节等旺季营销活动加强和各邮掌柜的关系及黏性。3. 推进简易险代办业务，借力村邮乐购站点及村邮乐购站点会员发展简易险。在掌柜微信群、邮乐购站点三级微信群宣传简易险信息，发展简易险业务；以点带面，联系村委会，找村支书和村长等负责人介绍燃气险的好处，在农村推广开展燃气险业务。

发行投递业务。畅销报刊第一季度开展进社区订阅模式，对住宅小区每个单元楼进行逐户走访。《学苑新报》二季度走进学校，形象期刊以《特别关注》《特别文摘》为主打产品对胜芳镇房地产开发公司、金属小家具生产厂家、餐饮服务行业，进行走访，开发新客户，“双十一”期间，做到每日进口快递包裹邮件零滚存，考核指标达到市分公司要求。

集邮文化传媒业务。做好新邮预订客户的维护工作，增加客户的预订量，加大力度发展新客户。发展与旅行社的合作关系，增大封片卡的使用量。

【服务“三农”】 胜芳支局在做好企业经营工作的同时，主动地参与服务“三农”。胜芳支局已经在辖区45个村街建立“三农”服务站，12个村街建立“村邮站”，完成东段、王庄子等两个乡镇的空白网点建设，2021年底在6个乡镇建立村“邮乐购”站点109处。胜芳支局加强规范运作管理，逐步发展和完善邮政连锁配送经营模式。要求统一规范、完善管理，严把进货渠道关和售后服务质量关，建立健全营销客户信息库和基础资料档案，完善售后服务体系。

（刘春震　周晓凯）

中国移动通信集团河北有限公司霸州分公司

【概况】 中国移动通信集团河北有限公司霸州分公司（以下简称霸州移动分公司）是中国移动通信集团河北有限公司的下属公司。截至2021年12月，霸州移动网络全区建有2G基站398个，4G基站1341个，5G基站288个，700M基站184个，室分237个。2021年持续开展家庭宽带接入工程及家庭宽带扩容工程，宽带覆盖热点增加至518个，有线宽带城区覆盖率94.47%，农村覆盖率94.92%。

【业务开展】 2021年，霸州移动公司达到客户471667户，其中5G客户达到126225户。营业网点增加到200家。其中自有渠道3家、代理渠道193家、服务站4家。家庭宽带方面，2021年加快小区、农村宽带建设，覆盖小区用户116250户，农村用户216333户，宽带业务发展76655户，电视业务发展56288户。政企客户方面，2021年集团规模1549家，集团成员64972户，专线累计达到1097条，政企宽带累计达到1853条。

【制度建设】 为严格遵守中央八项规定，坚决反对“四风”，霸州移动公司先后梳理公司各项规章制度，细化流程分工，完善《霸州分公司业务招待管理办法》《霸州分公司车辆管理办法》《霸州分公司安全生产管理办法》《霸州分公司绩效考核管理办法》《霸州分公司劳动纪律相关规定》等重要规章制度，加强支部建设，强化主体责任意识，将任务层层分解、责任到人，规范公司管理，提升公司整体形象和经营业绩。

【精神文明建设】 霸州分公司深入开展“两学一做”学习教育，发挥党支部的战斗堡垒作用和党员先锋模范作用，开展志愿服务活动，创建省级文明单位，助力霸州市创建文明城市。霸州分公司工会深入推进“暖心工程”、扎实推进“543”员工关爱各项工作、帮扶救助困难员工、落实“幸福1+1”方案，定期开展“道德讲堂”活动，树立“善行公德榜”，为霸州分公司全体员工营造健康积极的“和”文化氛围。

（张　欣）

商贸·流通

商　务

【概况】 霸州市商务局（以下简称商务局）是市人民政府的工作部门。2021 年，商务局认真落实市委、市政府各项工作部署，统筹做好新冠肺炎疫情防控和商务经济发展，做好“六稳”工作，落实“六保”任务，商务经济运行回稳向好。全市外贸进出口额完成 60.6 亿元，其中出口额完成 55.7 亿元；全市实际利用外资完成 3462 万美元；全市限上社会消费品零售额完成 26.3 亿元；霸州市新增入统限上商贸企业 12 家，净增 5 家。

【对外贸易服务】 一是制订《霸州市商务局关于 2021 年外贸转型升级基地工作方案》，推进霸州市基地平台建设。制订《关于组织开展 2021 年重点外贸企业精准帮扶的工作方案》和《关于霸州市重点外商投资项目的包联帮扶方案》，成立商务局包联帮扶工作专班，确定帮扶企业名单，开展帮扶工作。二是组织霸州市柏思诺家具有限公司申报 2021 年中小企业国际市场开拓资金；组织霸州市新亚金属制品有限公司申报 2021 年外经贸发展专项资金；向霸州市云谷电子科技有限公司拨付中央外经贸发展专项资金（进口贴息项目）423 万元。三是组织基地内柏思诺家具、宏丰家具、贝司克斯乐器、信环水务、华康农业、泰美服装等重点外贸企业参加各类线上线下展会，帮助企业拓展市场，提升品牌知名度。召开“外贸基地企业与中欧班列对接会”，组织霸州市艾姆家居、标典家具等全市 20 多家重点外贸企业与亿博控股集团、冀欧供应链有限公司、石家庄国际陆港对接洽谈，帮助企业开拓进出口渠道，缓解海运费用上涨问题。

【推动外贸新业态发展】 一是引进外贸综合服务企业，搭建服务平台，为霸州市外贸企业服务。经与佳洲供应链管理（廊坊）有限公司多次对接后，10 月下旬，河北省佳洲供应链管理有限公司正式落户霸州。11 月 10 日，佳洲公司在商务局办理对外贸易经营者备案登记，开展为霸州市进出口企业服务业务。二是对接引进上海均和云谷产业园项目。2021 年 11 月 12 日，邀请上海均和集团中部区域总裁王军带队到霸州市就产业园区建设与运营、大宗贸易、金融服务与投资等项目进行考察交流，并到开发区实地考察，就合作方向和模式进行深入探讨，达成初步投资意向。

【推动消费增长】 一是引导汽车行业高端消费，实现消费引流。2021 年度商务局紧盯高档汽车消费市场，通过入企帮扶、促销指导、行业服务等方式助力高端汽车销售。全年霸州市高端汽车销售市场发展迅速，宝马等高端汽车销售异军突起，带动全市汽车销售市场稳中向好。奔驰、奥迪 4S 店建设完成，高端汽车品牌进一步丰富，既满足了本地高端汽车消费需求，又吸引周边县市来霸州消费，实现消费引流。二是打造多元消费，围绕汽车消费、家电消费、餐饮消费、农村消费等重点领域，组织企业开展促消费活动，激发消费市场活力。全年利用节假日等时间组织商超、汽车销售企业开展促销活动 32 次，协助组织车展 1 次，联合廊坊华龙公司组织“百万补贴，共抗疫情”促销活动。三是鼓励商超和汽车销售企业积极开展线上销售，霸州市重点商超均已通过美团、饿了么、微信等第三方平台开展线上销售，汽车销售企业利用“懂车帝”平台、微信公众号宣传促销活动，开展线上品牌推广和销售。

【参展参会】 一是举办第25届、第26届中国（胜芳）全球特色定制家具国际博览会。两届展会展出面积106万平米，参展企业达4800余家，交易额超315亿元。二是做好“5·18”经洽会组织线上线下参展工作，组织霸州市涉及的3个重点产业链（食品、汽车、新型显示）的18家企业报名参加线上展览，其中5家企业同时参加线下展览。优选出3家重点电商企业参加2021“丝路电商”政企对话会暨河北特色产品展。

【培育限上贸易业企业】 一是编制培育壮大限上企业工作方案，细化奖励措施，鼓励企业入统，提高企业入统积极性。二是联合统计、税务、各乡镇（区、办）进一步完善、丰富备选企业数据库，做好重点企业跟踪服务，加大对优质企业培育发展力度，确保优质企业早日达标入统。三是建立合作会商机制，提高新增入统效率，组织相关部门互相配合，通过推荐—跟踪—遴选—动员—组织—入统的快速模式，提高入统的效率和精度。2021年，霸州市新增入统企业12家，完成廊坊市下达净增任务。

【电子商务产业】 霸州市大力发展电子商务产业。一是进一步强化电商龙头企业培育工作，重点支持新岳建材、百维家居等电商龙头企业提升网络营销能力，实现交易增值，扩大品牌效应。二是全年依托霸州市001拼拼播电子商务基地开展电商培训举办线下培训班4次，在亚马逊、抖音同城、快手、视频号、头条、映客六大平台，线上直播培训6场，组织召开“2021电子商务业务系列培训班”3次。全年，霸州市网络零售额50.6亿元，同比增长15%。全市有10个“淘宝镇”，46个“淘宝村”。“淘宝镇”数量位居全省第一，“淘宝村”数量位居全省第三、廊坊市第一。

（庞俊龙　杨开艳）

粮　油

【概况】 2021年，霸州市不断加强地方粮食储备能力建设，严格按照国家确定的储备规模充实地方粮食储备。完善轮换管理和库存监管机制，建立地方粮食储备协调机制，优化储备布局和品种结构，落实新增县级储备计划，充分发挥调控市场、稳定粮价的协调效应。严格落实“一规定两守则”，督导企业建立《异常粮情处置方案》《粮食质量管理制度》《政策性粮食储存安全监测工作计划》，监督企业做好日常粮情监测，确保县级粮食数量和质量安全。按照国家、河北省粮食和物资储备局《粮食仓储技术规范》规定，年均粮食保管按照粮食保管“一符四无”（账物相符、无霉变、无害虫、无鼠雀、无事故）管理办法，抓好春秋两季普查，确保库存粮油“一符四无”合格率达95%以上。

【应急供应保障】 2021年，按照市委、市政府要求，进一步建立完善粮食应急保障网络，疫情期间充分发挥15家粮食应急供应网点、2家应急加工企业等骨干粮食企业作用。加强粮食市场价格监测，强化预测预警和预期引导，增强保供稳价工作的前瞻性和针对性，对发现的苗头性、倾向性、潜在性问题，第一时间预警，及时处理。以县级储备为依托，确保在突发情况下能够拿得出、供得上，及时将粮油投放到全市粮食应急供应网点，确保在应急状况下的市场稳定，为百姓生活提供必要的保障。

【制定县级储备粮制度】 落实《关于改革完善全省粮食储备体制机制加强粮食储备安全管理的若干措施》（冀办密传〔2020〕10 号）及《粮食流通管理条例》等政策法规文件精神，出台《霸州市县级储备粮轮换管理暂行办法》；进一步完善储备粮管理制度，霸州市人民政府、办公室印发《关于进一步健全县级储备制度的实施意见》的通知。落实承储企业储备运营业务与商业经营分开，将文件及时转发至各承储企业；组织相关业务科室人员和企业学习新修订的《粮食流通管理条例》，严格按照条例有关规定，规范粮食行业管理。

【基础设施建设】 霸州市“优质粮工程”建设包括粮食产后服务中心和粮油质量检测站两个项目。霸州市粮食产后服务中心项目总投资 517.82 万元，主要是对国有企业现有场地、仓房进行维修，新建罩棚、地坪等，购置清理、输送、除尘、通风等机器设备。项目已全部建设完成，并完成验收。粮油质检站项目总投资 200 万元，由廊坊发改委集中采购，设备已全部到位，并全部安装调试完毕。项目建成后，霸州市粮食产后服务体系进一步完善。

粮库智能化升级改造项目是实施国家“粮安工程”的重要内容，是确保落实国家粮食安全战略的重要举措，按照省、廊坊市粮库智能化升级改造实施方案，将霸州市益津粮油购销第一、第二有限公司 2 家企业列入整体改造项目，主要建设内容为网络基础建设、机房基础设施建设和智能安防建设，投资 56.5 万元，通过智能化升级改造，提高储粮、输粮能力，全面提升霸州市粮食流通能力现代化水平，为最终实现“信息共建共享，数据互联互通”，确保粮食系统安全奠定坚实的基础。该项目已全部建设完成。

【开展粮油供需平衡调查】 按照国家、省、市粮食局的要求，组织开展社会粮油、食用植物油及油料统计供需平衡调查，通过入户走访，对域内 31 户农户、城镇居民进行粮油供需平衡调查和农户存粮调查。通过印发宣传资料，向调查户讲解统计调查的必要性以及数据真实填写的重要性，帮助调查户建立统计调查台账，经过抽样调查、数据采集、审核汇总、数据推算进行汇总上报，系统了解掌握霸州市社会粮食供需平衡的基础性数据，为政府搞好粮食宏观调控提供决策依据。

【粮食流通统计】 贯彻执行粮食流通统计制度，基本掌握全社会粮食流通情况。按照国务院和国家粮食主管部门对做好全社会粮食流通统计工作的要求，对粮食经济现象进行统计调查、统计分析，提供统计资料，实行统计监督。加强粮食流通统计制度执行情况的监督检查。对所有粮食经营者以及饲料、工业用粮企业建立粮食购销经营台账、报送粮食流通统计数据的情况进行检查，对虚报、瞒报、伪造、篡改、拒报和迟报统计资料的行为进行监督查处。

【夏秋粮收购】 霸州市对夏秋粮收购和销售、国家、省有关制度执行情况进行全面的安排部署，使售粮农民明白国家的惠农政策，积极售粮；使粮食经营者清楚国家的法律法规，依法经营。建立覆盖各类粮食经营站点的粮食购销存统计报告制度，加强粮食批发、零售市场监管，引导和规范粮食经营行为，从制度上保证粮食市场的正常流通秩序，完善政府对粮食的宏观调控，做好对全社会粮食经营者的服务和管理工作，维护粮食市场的正常流通秩序，促进粮食市场的健康发展。

【粮油市场保供工作】 新冠疫情发生后，围绕做好“六稳”工作、落实“六保”任务，严格落实省、市粮油市场保供稳价各项工作要求，加大粮油市场预警监测力度和频率，全面准确掌握粮情动态。实行成品粮食价格日报制度、落实粮油加工企业库存日报制度和粮油加工企业复工复产周报制度，全面核实全市成品粮油库存情况，加强组织调度，切实发挥粮食应急保障体系作用。及时做好与市应急保供企业沟通联系，积极为面粉加工企业联系粮源，帮助企业与农发行对接，联系贷款资金等事宜，做好“最后一公里”服务，确保市场粮油供应不断档。

【安全生产】 一是做好全年安全生产部署工作。年初，霸州市发展和改革局出台 2021 年度安全生产工作要点，对全年发改系统安全生产工作进行安排部署。二是做好安全生产基础性工作。制订、印发《关于安全生产风险分级管控和排查治理双重预防机制建设推进工作的实施方案》，成立工作领导小组，明确责任分工。三是开展各类安全生产专项检查工作。先后开展电力设施安全检查整治、霸州市发改系统防汛专项检查、粮食行业安全生产专项整治、中秋和国庆期间安全检查等。疫情期间对国有粮食购销企业开展安全生产检查工作，同时了解防控物资及复工复产情况并顺利完成公司粮食出库工作。

【开展对中储粮及地方储备粮承储企业考核】 2021 年 4 月，完成对中央储备粮霸州直属库有限公司关于 2020 年度中央储备管理和中央粮食政策执行情况的考核，形成专门报告已上报廊坊市发改委。5 月完成对地方储备粮承储企业的考核。

【粮食安全责任制考核取得优秀成绩】 通过压实责任、细化考评内容、认真落实粮食安全责任，全面加强粮食生产、储备和流通能力，全市粮食安全保障能力和水平不断提升。2020 年度在廊坊市粮食安全责任制考核中，霸州市再进优秀行列。

（谭继涛）

供　销

【概况】 霸州市供销合作社联合社（以下简称市供销社）是为农服务的合作经济组织，是全市供销合作社基层组织的管理机关。2021 年，市供销社在深化供销社改革的同时，开展综合服务平台建设、霸州市农村产权平台建设和保障全市食盐供应等一系列工作，为人民群众提供全面高效的服务。

【食盐供应】 市供销社保证霸州市流通食盐安全和食盐应急储备，严格执行食盐进出库质量检验制度，做到不合格食盐一律不入库，质量不达标食盐严禁流向市场，确保人民日常生活需要。2021 年疫情期间，市供销社制定《疫情防控期间食盐保障供给应急预案》，充分发挥食盐储备库的储备作用，紧急调运储备食盐，实行 24 小时应急配送，将食盐及时配送到全市社区、村街检查点，做到不脱销、不断档，充分保障市场供应。全年购进盐类产品 1586 吨、销售盐类产品 1821 吨。

【农村产权平台建设】 为增强霸州市农村产权交易中心实力，进一步开展农村产权流转交易业务，市政府制定出台《霸州市农村产权流转交易管理办法》，成立农村产权流转交易监督管理委员会，认真推进农村产权交易实行“六统一”（交易平台、信息发布、交易规则、收费标准、交易鉴证、档案管理）管理。通过与各乡镇村街协调，加快服务站点建设，2021 年完成 15 个乡镇区办产权服务站建设工作，覆盖率 100%；完成 362 个产权村街服务点工作，覆盖率 94.5%。

【深化综合改革工作】 为加快供销社综合改革，积极开展土地托管服务，市供销社按照省社、廊坊市社《关于开展土地托管服务的指导意见》文件要求，筛选出发展潜力大、规模大、带动能力强的农民专业合作社、农业公司、家庭农场等企业，主动对接，在农资、农技、土地流转等多方面给予协调帮助，将种植流转土地纳入到供销社土地托管服务范围，实现为农服务的根本目的。同时利用河北省供销合作总社开展的浅埋滴灌节水农业项目，带动土地托管工作业务开展。以东杨庄乡为试点，组织东杨庄乡 11 个村街开展土地托管 1.2 万多亩，配送滴灌带 6000 多卷、化肥 471.64 吨、籽种 138.8 吨，种植冬小麦面积 4270 亩，由河北省供销合作总社农服公司统一管理，实现土地全托管。2021 年完成新增土地托管、半托管 1.4 万亩，为农民创收 800 余万元，解放农村劳动力的同时，实现农民增收的预期效果。

【建立综合服务平台】 依托河北供销商贸公司与霸州市政府签订战略合作协议，初步建立“云供销”升级信息化服务平台，更好为全市提供便捷、优质的服务。供销社积极配合河北供销商贸公司在霸州市完成 47 个 B 类综合服务站建设，2 个“供销社超市”A 类站项目建设已完成主体建设工作。

【风险防控】 加强安全生产工作。市供销社按照要求明确各主任分包基层单位安全生产，各主任不定期对分包单位进行监督检查。市供销社与企业签订安全生产责任状，将安全生产责任落实到人，通过对下属基层社和市直企业的安全生产、暑期防汛工作及办公场所用电、消防安全等开展全面检查和不定期抽查，确保供销社系统全年安全生产无事故。

（纪　成）

烟　草

【概况】 霸州市烟草专卖局（营销部）（以下简称市烟草局）受霸州市委、市政府和廊坊烟草专卖局（公司）双重领导，负责对全市卷烟市场的管理和卷烟供应的工作。2021 年销售卷烟 26459.63 箱，同比增长 6.48%。实现销售收入 84845.88 万元，同比增长 20.06%。单箱销售额 32606.16 元，同比增长 14.65%，完成目标任务，卷烟营销工作实现新发展。

【卷烟营销机制】 2021 年，市烟草局进一步完善“自下而上”的订单供货业务流程，科学开展需求预测。根据卷烟投放计划，努力做到科学投放、均衡销售，使卷烟销售尽量与市场销售相一致，保持市场供应稳定。为合理进行卷烟的货源分配，满足不同零售的需求，市烟草局完善卷烟零售终端信息，加强客户细分，挖掘终端资源，拓展终端功能。已建成诚信互助小组 181 个，其中城网 24 个、农网 157 个，零售客户覆盖率 100%。零售客户基本做到“卷烟陈列整齐、价签一一对应、基本政策了解清楚”，已完成所有诚信互助小组相关档案的替换。建成现代终端 375 户，占比 15.6%，全部实现新价签替换工作。开展“百店千家千人工程”，通过精准选户，已经建成 18 个重点宣传省产品牌的“窗口终端”，选定 150 家省产卷烟占比大、结构高、增速快的“堡垒终端”目标户。

【专卖监督管理】 2021 年，在对卷烟市场的日常检查和多次联查活动中，出动专卖稽查人员 2400 余人次，公安民警 40 余人次，工商稽查人员 20 余人次，动用专卖稽查车 900 余台次，警车 20 台次，工商稽查车 10 台次，先行登记保存涉嫌违法违规卷烟 116.96 件，其中真品卷烟 77.42 件，假冒卷烟 23.54 件，走私卷烟 16 件，总案值 82.63 万余元， 罚款 3.37 万余元，立案 55 余起，其中 5 万元以上案件 5 起，5 万元以上无证运输案件 3 起，5 万元以上走私烟案件 1 起，刑拘 6 人，逮捕 4 人，判刑 3 人，取保候审 2 人。新办烟草专卖零售许可证 373 户，其中网上新办 159 户，包括网上提出申请但不符合合理布局规定 5 户，网上办证率 43%。延续 353 户，其中网上延续 5 户。停业 69 户，到期恢复营业 11 户。责令停业整顿 3 户，到期恢复营业 3 户。歇业 134 户，到期不延续审批注销 39 户。

【建立健全卷烟投诉机制】 烟草开通统一投诉电话，打印后及时发到客户手中，并认真讲解，使客户熟知投诉电话。市烟草局认真学习掌握新的投诉流程，调查客户的投诉内容、耐心解答客户的疑问，力争给客户一个满意的答复。营销服务科设立了客户投诉联系员，负责接收投诉信息，调查、处理投诉事件。每月对客户投诉情况及处理结果汇总整理后存档，按照国家烟草专卖法的规定，进一步规范卷烟零售户的合理布局，防止和避免无序与混乱竞争，保证零售户的经济效益和经营热情。

【物流建设】 改善辖区物流配送线路，提高物流配送便捷性、合理性，提高卷烟配送效率；制定全员支援物流配送方案，领导班子带头执行，全体干部职工轮流支援物流配送工作。减轻物流配送压力。

【精益创新】 把握“创新”导向，强化文化引领。充分认识科技创新及“互联网+”对于企业转型提升的乘法效应，加强数据分析在经济运行、品牌培育、财务分析、对标管理、综合监管等重点领域的运用，大力推广移动办公工具，进一步提高经营管理的精准度。持续开展精益 QC 活动，深入推广应用市烟草局 QC 小组活动成果——提高烟草网络学院理论知识实际应用频率，完善烟草网络学院应用范围，督促干部职工按时保质完成线上学习，同时结合工作情况开展面授课程，挑选技能知识强、工作经验丰富的员工担任授课讲师，保证学习教育不流于形式。充分认识科技创新及“互联网+”对于企业转型提升的乘法效应，加强数据分析在经济运行、品牌培育、财务分析、对标管理、综合监管等重点领域的运用，大力推广移动办公工具，进一步提高经营管理的精准度。

（李世斌）

石　油

【概况】 中国石化销售股份有限公司河北廊坊霸州石油分公司（以下简称分公司）。有工作人员 78 名，下设加油站点 13 个。主营业务为成品油零售，其中，2021 年轻油零售量 4.7 万吨。

【营销管理】 分公司作为成品油零售行业，以市场为主导，制定客户分群营销策略原则，效益优先，适应市场，满足客户需求。一是加强油品数质量管理，严把成品油收、储、售环节，做到“每一滴油都是承诺”。二是强化品牌形象建设，通过加油站服务六步法、增加“擦、续、收”环节，提高客户满意度，增加社会影响力。三是落实客户开发责任，确定每名客户的开发责任人，对潜在客户、游离客户、固定客户和流失客户进行分类，分析消费观念、消费习惯、消费水平和消费需求，做到一户一策。四是关联营销，全员营销。灵活运用各种策略，上下参与，全员开发。以加油卡为媒介，开发客户会员，锁定客户消费，做好客户维护。定期上门拜访或售后回访，提高客户的满意度和忠诚度。针对回访问题及时改进，定期评定并及时调整营销策略。

【安全管理】 中石化集团公司自开展“安全生产隐患排查整治”活动，以“查隐患、抓整改、重落实、保安全”为目标全面开展持续不间断的隐患排查整治，确保大事不出，小事清零。分公司组织开展隐患自查，安全生产，消除事故隐患情况，把安全生产贯彻到每一步。下发《职工违规违纪行为处分规定》《河北石油公司加油卡运营管理办法》《加油站站长管理办法》等一系列规章制度，完善企业基础管理。加强资金管理，强化资金三级监管体系，保障资金安全。

（刘元元）

财政·税务

财 政

【概况】 2021年，霸州市财政局（以下简称市财政局）围绕“保基本民生、保工资、保运转”这一基本原则，从危机中探寻机遇，压力中提炼动力，坚定全年财政收支平衡目标，深入推进预算管理改革，加强财政预算管理，着力提高预算执行效率和资金使用效益，为全市经济平稳发展提供有力资金保障。2021年，霸州市财政局荣获廊坊市级文明单位、市县预算绩效管理“优秀”等次、政府债务管理“优秀”等次、政府债务管理综合考评先进单位、县级政府采购工作优秀单位、决算工作成绩突出单位、霸州市A等次领导班子等荣誉。

【完成组织收入】 市财政局把组织收入作为第一要务，注重抓工作合力、抓收入成效。一是协调税务部门强化税收风险管理，防止税款流失；协调自然资源部门，沟通土地出让情况，促进土地出让进度，增加土地出让收入。2021年霸州市一般公共预算收入完成28.74亿元，占调整预算的100.2%。二是履行财政服务经济发展职能，紧盯新常态下中央和省财政资金投资方向，加强政策宣传，印发工作指南，建立督导机制，落实奖惩政策，加大项目前期费支持力度，主动协助全市各部门征集、筛选、上报项目。2021年，霸州市累计争取上级资金12.46亿元，新增债券资金8.21亿元，有力支持各项社会事业发展。

【保障重点支出】 2021年，全市一般公共预算支出完成49.6亿元，其中教育投入13.4亿元，落实各类生均公用经费、中职免学费、农村小学生营养改善计划等政策，为符合政策的4079名贫困适龄学生发放生活补助和助学金，持续改善办学条件，促进教育事业发展。社会保障和就业投入10.6亿元，落实城乡居民养老待遇、城乡困难群众救助政策、复员军人生活和抚恤补助政策，开展职业培训，支持就业创业；卫生健康投入3.6亿元，全力保障基本公共卫生服务及新冠肺炎疫情防控工作的资金支出；惠农投入0.9亿元，发放惠农补贴资金，推进脱贫攻坚成果同乡村振兴有效衔接，实施村级“一事一议”财政奖补政策，扶持11个村街的村集体经济试点加快发展。

【基金纾困扩面提标】 2021年，市财政局在破解民营企业融资难融资贵问题、优化地方金融生态环境方面持续发挥积极成效。全年发放纾困基金24.25亿元，惠及企业89家，并对涉及重大民生的棚改项目给予纾困资金支持，进一步推动解决涉及民生稳定和金融风险的棚改难题。

【推进投融资改革】 市财政局紧扣“整合城市资源，强化资产管理，开阔创新、拓宽融资渠道，服务经济大局，实现滚动发展”的总体思路，推进重点项目、资产整合、企业建设。财信城投公司已拥有8家全资子公司，稳步推进霸州市全域供水升级改造项目、京德绿化工程、霸州财信阳光教育文化培训基地、津霸污水处理厂提标改扩建项目等重点工程的开展。

【财政改革】 一是预算绩效管理扩面提标。打造预算绩效“闭环”管理，形成“预算决策有评估、预算编制有目标、预算执行有监控、预算完成有评价、评价结果有应用”的预算绩效管理新机制。全年开展事前评估预算项目244个，审减不合理资金申请2.94亿元。在河北省财政厅2020年度市县预算绩效管理工作考核中荣获“优秀”等次，总成绩位居全省县级第一名。二是加强政府采购监管，完善财政投资评审。完成采购预算2.9亿元，节约资金0.15亿元，节约率5.17%；全年评审财政投资建设项目73项，送审金额11.6亿元，审定金额10.4亿元，审减率10.24%。三是强化风险防控。严格按照《霸州市政府隐性债务化解方案》化解完成政府隐性债务0.67亿元，超额完成年度化解目标。

（周腾骜）

税 务

【概况】 2021年，霸州市税务局（以下简称市税务局）围绕税收现代化建设目标和全市发展定位，各项重点工作顺利推进。先后获得河北省先进基层党组织、河北省五四红旗团委、廊坊市先进集体、霸州市五四红旗团委等荣誉称号，所属税务分局获得全省税务系统先进基层党组织、霸州市先进基层党组织称号，5人获得省级个人荣誉，7人获得市级个人荣誉。

【税费收入】 一是压实收入责任。严守依法征收底线，全面分析潜在税收增长点，努力消除税源管理盲点，分析抓牢影响税收收入的有利因素，确保高质量完成组织收入工作。二是深化税收分析。在深入调查了解全市经济税源状况的基础上，对全年税收形势进行及时预测，动态跟踪调整，掌握组织收入工作主动权。三是大力挖潜增收。加强重点税源数据的核查、比对、反馈和整改工作，分产业、分行业、分企业形成有针对性的管控措施，全力挖潜增收。截至12月底，组织各项税收收入337431万元，同比增收10709万元，同比增长3.28%；其中一般公共预算收入190651万元，同比增收28755万元，同比增长17.76%。组织各项社会保险费134773万元，其他非税收入66002万元。

【减税降费】 一是做好政策宣传辅导。制定工作方案，明确部门职责，拓展宣传渠道，就政策内容、办税流程、报表填报等程序性内容对享受减税政策的纳税人进行宣传辅导，确保纳税人准确理解、充分享受、正确申报。二做好统计核算和效应分析。抓好减税降费政策措施落实情况的统计核算和效应分析工作，按要求对有关数据进行审核汇总，及时准确上报统计数据，做好数据清理核查，确保数据质量管理。三是全面开展自查评估。开展减税降费自查评估工作，最大限度地解决减税降费政策实施中遇到的问题，确保将减税降费政策不折不扣落实到位，持续帮助企业纾困解难，推动霸州经济提质提速发展。

【税收征管】 一是夯实征管基础。做好申报管理、欠税管理、电子税务局宣传培训等日常工作。进一步深化税收征管改革，仔细梳理征管流程，着力提升征管效能。二是强化法治建设。推行依法行政，深入推进三项制度，做好督察内审，开展现金税费征缴整治自查及“回头看”工作，不断提高依法治税水平。三是管好各项税费。做好异地协作平台和快速反应风险任务应对工作，推广增值税专用发票电子化。开展涂料、实木地板、成品油经销企业疑点等消费税核查工作。完成企业所得税和个人所得税汇算清缴工作，强化耕地占用税、环保税、土地增值税等各税种管理，顺利推进财行税合并申报。全力做好城乡居民两险参保缴费工作，平稳有序推进非税收入职责划转，各项非税收入征收到位。

【纳税服务】 一是持续推进便民办税春风行动。进一步转变服务理念，对纳税人进厅办税做到主动问询、合理分流、精准辅导，确保纳税人进厅办税“只进一门”“只到一窗”“只跑一次”。二是进一步优化营商环境。组织纳税人 516 户，其中有 170 余户不同行业、不同规模纳税人代表参加座谈会，举办 6 场需求精准化直播培训，为纳税人缴费人解决实际困难，持续提升纳税人满意度。三是做好“春雨润苗”工作。召开“专精特新”中小企业专项座谈会，走访小微企业 121 户，对最新税费优惠政策及时精准推送，将各项“惠苗”“助苗”“护苗”措施落实到位，为小微企业纾困解难、助力发展。全年，收到纳税人赠送锦旗 13 面，手写信 1 封，办事效率和精细服务受到纳税人和缴费人的充分肯定。

（佟梦瑾）

金融

中国人民银行霸州市支行

【概况】 中国人民银行霸州市支行（以下简称人行霸州支行）隶属中国人民银行廊坊市中心支行，是中国人民银行的最基层机构。2021年，人行霸州支行执行“六稳”“六保”工作要求，着力提高金融管理服务水平，积极防范化解金融风险，在维护辖区金融稳定，支持地方经济健康发展方面发挥积极作用。

全年有2项重点工作和6个金融要情专报被市委、市政府主要领导或主管市长肯定和批示。人行霸州支行被廊坊市政府表彰为“扫黑除恶先进单位”。被人行廊坊市中心支行评为2018—2020年度文明单位。

【金融运行】2021年，全市金融运行趋于平稳，存、贷款双增长，不良贷款处置持续推进，银行盈利能力进一步提高。截至12月末，全市本外币各项存款余额834.56亿元，比年初增60.66亿元，同比增加7.65亿元；本外币贷款余额572.71亿元，比年初增加38.55亿元，同比增加3.35亿元；全市人民币不良贷款余额20.1亿元，不良率3.53%，不良贷款余额较年初减少5.5亿元，占比较年初下降1.31个百分点。全辖银行机构实现利润10.04亿元，比上年同期增加0.75亿元。

【服务民营企业】 畅通货币政策传导机制。召开辖区金融工作会、定期组织召开经济金融形势季度分析、撰写金融要情专报等，将最新金融政策传导给地方政府和金融机构，引导金融机构创新金融产品和服务方式。截至12月末，向霸州市委市政府报送“金融要情”专报8期，其中有3期得到霸州市委、市政府主要领导或主管市长的高度肯定和批示。同时，参与地方政府组织开展的优化营商环境专项推进工作，作为分项牵头单位，每季度按时总结上报进度安排和保障措施。

搭建对接平台，深化银企协作。一是编制《霸州市银行业金融机构融资产品一览表》，将金融产品有效传导给各经济主体。通过此项工作，辖区企业的融资能力得到明显提升，截至12月末，小微企业首贷户524户、547笔、15.1亿元，同比分别增长28%、32%、22.4%。该项工作得到霸州市委、市政府主要领导的高度肯定，并分别给予重要批示。二是出台《霸州市重点企业会商制度》，打破各家金融机构在重点大户企业之间的信息壁垒，形成共识，增强信心，为辖区重点大户企业的发展提供保障。该工作项目得到霸州市政府主管领导的高度肯定并被廊坊中支货币信贷管理科以文件形式转发（廊银货信〔2021〕11号）。三是深入开展“千银万企大走访”活动，利用好现有的银企对接工作机制，推动银企对接向纵深发展。截至12月末，完成对16414家企业的实地走访，其中，655家企业与银行达成贷款意向43.88亿元。

运用再贷款再贴现以及两项直达政策工具，发挥货币政策工具精准滴灌作用，助力中小微企业发展。一是持续利用再贷款政策支持地方法人金融机构加大对小微、民营企业贷款投放。支持两家地方法人机构发放小微企业贷款361笔，金额35489万元。二是落实中小微企业贷款阶段性延期还本付息政策。按照“应延尽延”要求，累计为672户企业办理普惠小微企业贷款延期，金额181812万元，延期率达到93.4%。为两家地方法人金融机构申报延期政策激励619户、644笔、延期本金160136万元，获批激励资金1601.36万元。三是引导法人机构落实信用贷款支持计划，降低小微企业融资成本，霸州农商行普惠小微信用贷款余额2.15亿元（103户），比年初增加164%；霸州舜丰村镇银行普惠小微信用贷款余额1.2亿元（1326户），比年初增加94%，在降低小微企业融资成本的同时，也有效缓解了小微企业的融资困难。

【风险防范】 加强重点区域和重点机构金融风险管理。一是持续开展对胜芳担保圈的风险监测工作，强化对担保圈信贷风险的监测处置工作。霸州市委、市政府出台《“优化金融生态建设诚信霸州”专项整治活动方案》和《盘活不良债权抵押土地处置规定》，并取得初步成果。辖区金融机构已与24家企业达成处置方案，处置金额16.4亿元。其中，已达成重组意向企业14家，贷款金额9.95亿元；已初步达成抵贷意向企业10家，金额6.45亿元。二是指导帮助霸州农商行开展承兑汇票压降工作。截至2021年末，霸州农商行承兑汇票余额47.16亿元，较年初下降6.8亿元，票资比17.1%，较年初下降4个百分点，压降工作取得较大进展。

深化金融市场管理，规范市场主体行为。一是完善组织机构，规范存款产品及利率管理。组织成立霸州市市场利率定价自律委员会。编制《霸州市市场利率定价自律委员会工作指引》和《霸州市市场利率定价自律委员会成员单位名单》，成立东、西市区2个工作组，组织2个工作组开展重要节日存款管理明察暗访活动，及时通报发现的问题，进一步规范存款管理。二是督促地方法人银行业机构落实房地产贷款集中度管理。就房地产贷款增速过快问题先后两次约谈了霸州农商银行。同时，对霸州市房地产市场变化持续开展动态监测分析，对辖内8家银行严格实施房地产监测，要求其按月上报个人按揭贷款房地产抵押品贬值信贷风险监测表，并形成分析报告。三是加强外汇市场监管，促进涉外企业合规用汇。截至12月末，对辖内52家出口企业开展现场核查，其中存在违规问题企业16家，对9家企业实施降级处理，2家企业实施行政处罚，罚款金额合计8万元，对5家企业采取注销名录措施。

大力推进存款保险宣传，强化流动性风险监测与风险排查。一是指导各投保机构构建宣传长效机制，建立以营业网点为阵地的长期宣传站，同时利用新媒体平台发布存款保险宣传视频，提高公众对存款保险的认知。二是坚持开展地方法人机构流动性风险日报制度，组织敏感性、流动性风险压力测试和集中取款事件应急处置演练，进一步提高了地方法人金融机构应对发生流动性风险的实战能力。三是开展风险排查，消除风险隐患。督导金融机构坚决落实防范化解金融风险的主体责任，认真组织金融机构开展风险摸排，做好流动性风险管控，妥善处置突发事件，及时消除和化解风险隐患。

【优化金融环境】 确保支付运行安全稳定。一是联合银保监部门和公安部门召开了霸州市银行业防范打击电信网络诈骗违法犯罪专项会议，成立专项领导小组，并在全辖金融机构下发了相关通知和工作指引，建立长效工作机制，及时地遏制了辖区内电信诈骗、倒卖银行卡等非法活动的高发态势。该项工作受到了霸州市政府两位副市长的重要批示。二是保证ACS 业务平稳运行，实现会计核算全年“零差错”。在2021年支付结算科开展的廊坊全辖ACS业务“零差错”竞赛活动中，人行霸州支行所有业务无网点原因导致业务作废情况，连续两年“零差错”。

稳步开展反洗钱工作。一是对霸州辖区40家反洗钱义务机构进行分类评级，其中保险证券类21家，银行类19家，实现辖区所有义务机构分类评级全覆盖。二是积极完成2次反洗钱培训，提高反洗钱业务能力。三是扫黑除恶工作圆满收官，人行霸州支行被廊坊市政府表彰为“扫黑除恶先进单位”。四是积极配合上级反洗钱工作，参加省行以及廊坊中支行分别组织的反洗钱执法检查工作，得到了上级行的认可和表扬。

【提升服务水平】 着力提升国库服务水平。一是参与完成廊坊中支国库科非现场远程监督创新工作，有效解决因疫情等因素影响国库现场检查工作难以开展的问题，实现国库业务检查常态化。此项工作已被石家庄中支国库处发文（银石国库〔2021〕16号）在全省推广。二是顺利完成TCBS和TMIS系统参数维护、升级工作，协同财政、税务部门有序、快速、准确地办理个人所得税退税业务，最大程度方便纳税人，确保优惠政策落实到位。三是做好国库业务宣传，通过“3·15”消费者权益保护日、普惠金融活动和金融宣传月活动，开展形式多样、内容丰富的国库知识暨国债知识宣传，取得了较好的宣传效果。

推进征信业务归属分工调整，提高征信管理水平。一是按照廊坊征信业务分工要求，结合征信考核办法，设立征信业务归属分工调整过渡期，完善分工调整实施方案，进一步明确分工后的考核和权责关系，并印发方案上报征信管理科。二是切实做好征信查询管理工作，疫情防控常态化前提下，做好个人、企业征信查询和异议处理工作。对两家自助查询代理点开展巡察，对本年新增申请设立的自助查询代理点——廊坊银行胜芳支行开展指导工作。三是做好征信宣传，促进诚信体系建设。组织辖区21家机构参加征信信息安全管理巡讲学习，并进行征信政策知识测试；组织辖内金融机构685余人参加了“征信知识在线答题”活动，并在“3·15”消费者权益保护日、“6·14”信用记录关爱日期间开展形式多样的线上、线下征信知识宣传活动。

提升金融科技水平，增强金融普惠性。一是督导辖区各银行机构提升科技服务，增加适老服务功能，成效显著。辖区各家银行业金融机构开发出了不同版本，具备超大字体、语音助手、极简设计等适老手机银行、网上银行、ATM等产品。辖区两家法人银行机构通过北京国家金融科技认证中心的银行营业网点适老服务认证。二是组织辖内银行机构开展金融科技赋能乡村振兴行动，运用科技手段解决涉农服务的痛点。部分银行机构与乡镇卫生院合作开通聚合支付结算业务、与霸州市第三医院合作推出“银医通”、与霸州公交车公司合作推出乘车扫码支付、借助移动端线上办理贷款业务、线上线下一体化的代收费（缴费）服务等。其中，指导霸州农商银行开发的“银医通”得到上级行认可，并在石家庄中心支行微信公众号宣传报道。

提升调查统计研究能力。加强统计人员培训，及时准确完成常规报表上报。促进地方金融组织统计制度的落地实施，组织召开地方金融组织统计制度会，协商完成地方金融组织统计报表。坚持做好重点企业调查工作，及时、准确地向上级行反馈辖区宏观经济运行和企业经营状况，在人行廊坊市中心支行组织的半年度经济金融运行分析评比中，排名第三。

做好金融消费者权益保护工作。一是组织开展金融消费者权益保护宣传工作。开展以“权利·责任·风险”为活动主题的金融消费者权益保护宣传活动，以“普及金融知识，守住‘钱袋子’”为主题的集中金融知识宣传月活动和以“金融知识普及月”为主题的集中宣传活动。二是组织全辖金融机构开展2021年度自评估工作，进一步提高金融消费者权益保护评估水平。三是根据上级行要求，组织辖内金融机构相关人员填报2021年普惠金融调查问卷50份，并填报辖内金融机构近3年的普惠金融指标数据，通过数据对近3年霸州市普惠金融发展情况进行详细地分析，形成分析报告上报上级部门。四是根据上级行二代消保系统上线运行的要求，做好系统投诉咨询模块学习培训工作，并组织辖内法人机构成功运行二代消保系统。

（杜兆红）

中国银行保险监督管理委员会廊坊监管分局霸州监管组

【概况】 中国银行保险监督管理委员会廊坊监管分局霸州监管组（以下简称霸州监管组）隶属于中国银行保险监督管理委员会廊坊监管分局，依法依规对辖内银行业和保险业实现统一监督管理。2021年，霸州监管组坚持以党建工作为统领，在做好常态化疫情防控工作的同时，围绕金融风险防控和银行业、保险业支持企业高质量发展等开展工作，取得较好的效果。霸州监管组获廊坊市扫黑除恶专项斗争先进单位称号。第七党支部获分局先进基层党组织称号。

【风险监管】 霸州监管组分别于年初和6月对辖内的2家地方法人机构进行风险提示，内容涉及疫情期间金融服务、坚守市场定位、不良贷款、案防、票据风险及公司治理等7个方面，提出监管意见12条，现2家法人机构运行平稳，业务发展持续向好。

2021年元旦、春节期间，霸州监管组联合公安局对农商行、村镇银行、邮储银行和光大银行的部分网点进行抽查，对存在的问题下发整改意见书。在督导自查的基础上，与公安局对辖区的农商行总行及建设道支行、霸州市舜丰村镇银行总行及南孟支行、平安银行霸州支行、胜芳工行、胜芳农行、胜芳中行、兴业银行霸州支行等网点安全评估情况进行抽查，对发现的各种问题下发整改意见书。

霸州监管组积极参与霸州市地方金融监督管理局出台的重点支持企业“白名单”筛选工作，最后确定对77家纳税百万元以上的企业进行重点支持，为有效化解担保圈风险走出坚实的一步。5月19日，深入霸州胜芳区域的廊坊银行、工商银行等机构，就担保圈化解存在的问题进行调研，探讨担保圈化解的办法。召开胜芳区域8家银行业机构参加的座谈会。会上传达分局近期工作会议精神，就下一步工作提出要求。6月24日，参加霸州农商行牵头组织召开的对霸州天利制管债权债务情况及风险状况的债委会。

8月12日，霸州市东部片区企业家座谈会在胜芳镇政府召开，霸州市主要领导、霸州人行、银保监、霸州农商行及市直有关部门14个单位参加会议。霸州监管组就胜芳区域金融运行情况、风险状况及担保圈化解情况等进行汇报。会后，就企业提出的有关问题，深入到河北银行等有关银行业机构进行现场核查，提出相关建议措施。8月13日，主管副市长李晨光带领监管组、人民银行深入企业听取意见。

10月9日，霸州市召开“优化生态环境 建设诚信霸州”专项整治活动动员大会，廊坊银保监分局霸州监管组作表态发言。同时就活动开展情况及方案制定工作分别到霸州农商行胜芳支行、廊坊银行胜芳支行、胜芳工行、胜芳农行等进行现场督导。

【支持经济发展】 2021 年，霸州监管组结合 2020 年金融支持复工复产专项督查中发现的问题，有针对性地开展督查。先后对霸州农商行及下辖的老堤支行、岔河集支行、光大银行、沧州银行和霸州的兴业银行进行督查；对霸州人保财险、中华联合财险和燕赵财险等进行督查。截至 12 月末，辖内 21 家银行业机构办理借新还旧 171 户，314 笔，金额 550257 万元；无还本续贷 259 户，293 笔，金额 221286 万元；延期还本付息 643 户，899 笔，金额 1036682 万元；支持小微企业 5350 户，6003 笔，1277165 万元。同时，采取多种形式为企业减费让利。

【保险业监管】 3 月 24 日，为强化对保险业的监管，霸州监管组邀请分局保险科参加在霸州召开的 2021 年保险业监管工作会议。会上，分局保险科主要负责人传达 2021 年保险业监管工作重点，指出辖区保险业存在的主要问题，对下一阶段提出具体的工作要求。5 月 18 日，对辖区的天安财险、天安人寿和华夏人寿等 3 个被接管保险机构进行巡查，3 个机构经营情况总体稳定。配合廊坊市农业保险保费补贴合规性核查督导领导小组对霸州市农业保险政策性补贴合规情况进行现场督导。参与霸州市农业保险高质量发展方案制定工作，霸州市出台《加快霸州市农业保险高质量发展工作方案》。

【日常监管】 根据廊坊人行与廊坊银保监分局联合下发的《关于做好金融服务乡村振兴考核评估工作的通知》精神，霸州监管组与人民银行沟通，下发《关于开展金融服务乡村振兴考核评估工作的通知》，落实责任分工，制定具体的工作方案，完成上报工作，为后续工作开展打下坚实的基础。

按照《2021 年廊坊市银行业保险业农村基础金融服务“回头看”工作方案》要求，霸州监管组选取霸州市农村商业银行、霸州舜丰村镇银行和中国人保财险霸州支公司、中国人寿霸州支公司等 4 家机构进行现场检查。到 6 月末，全市 15 个乡镇区办无银行、保险空白乡镇，实现金融服务全覆盖。其中，机构覆盖行政村 61 个，电子机具覆盖行政村 383 个，较好地满足了辖区农村金融服务需求。

（梁敬文）

中国工商银行股份有限公司霸州支行

【概况】 中国工商银行股份有限公司霸州支行（以下简称工行）下辖 1 个营业室和 4 个二级支行。2021 年末，工行各项存款余额 700616 万元，较 2020 年增加 10347 万元；各项贷款余额 532878 万元，较 2020 年减少 6473 万元。实现拨备前利润 16305 万元，居同业首位。实现中间业务收入 2226 万元，居同业第二位。

【信贷工作】 一是抢抓京津冀协同发展机遇，大力营销项目贷款。二是致力于支持实体经济发展，创新挖掘梅花生物、牛市运昌食品、新星模具等域内强企融资需求。持续落实普惠贷款的政治责任，着力抓好线上业务发展及政银、政企平台方式触达客群。三是继续保持个人贷款市场优势，密切跟进重点区域房市及信贷政策动向，加大市场营销力度。四是围绕从严治贷，提高质量。加快存量不良处置，加快账销案存清收，最大限度化解风险。

【存款工作】 一是重点做好财政、教育、医疗等系统大户的稳存、增存工作，积极营销预售资金监管、农民工工资监管等账户。二是按部室、分板块、分重点客户，逐人落实客户分包责任，按季进行考核，落实奖惩措施。三是大力发展普惠客户，以经营快贷优势产品为依托，加强与周边乡镇、开发区、企业管理公司沟通，拓展客户资源，为存款增加话语权。四是稳定存量大户，紧盯代发工资户，尤其是财政、社保等，扩大冀建通卡、退役军人优待卡等特定群体的代发份额。五是按网点确定对标目标，按旬进行督导，确保网点在同业排名进位争先。

【内控案防】 以“强风控 保双无”专项行动为统领，全面开展“价值创造年”主题活动，实现了“双无”目标。树牢依法合规经营理念，深植合规文化入脑入心，并落实到经营管理全过程。面对新冠疫情常态化管理要求，加强线上服务功能提升，加大“工行服务”小程序推广力度，向客户宣传推介云网点、云理财等新型线上渠道，实现对客户服务的实时触达。协同推进运营管理、服务保障等各项基础管理工作，全面提升履职管理实效，持续抓好信访维稳与舆情管理等工作，为全行稳健发展保驾护航。

（安志强）

中国建设银行股份有限公司霸州支行

【概况】 中国建设银行股份有限公司霸州支行（以下简称霸州支行）全体干部员工团结协作，使各项业务均衡、稳定、健康发展。同时进一步增强全员风险防范意识，有效地规避各类经营风险，使全行的经营管理水平明显提高。

【经营业绩】 2021 年，年末一般性存款时点余额 45.38 亿元，比年初新增 7.47 亿元，其中：对公存款 6.45 亿元，比年初新增 4723 万，个人存款 38.93 亿元，较年初新增 7 亿元；贷款余额 37.94 亿元，新增 4.13 亿元，其中对公贷款 6.86 亿元，新增 5512 万元；个人贷款 31.08 亿元，新增 3.58 亿元。逾期贷款余额 241 万元，较年初下降 620 万元，不良率 0.02%。

【乡村振兴】 2021 年，霸州支行将乡村振兴做深做细做实，成立乡村振兴专班，负责“裕农通”业务的整体推动，对接村委会外拓客户，营销各类支农贷款。通过乡镇政府牵头搭线对接所辖各村街，以行政力量推进农村业务的受理效率，加快智慧政务的推广，加快乡村振兴服务平台的安装使用进度。同步宣传营销建行专属信贷产品方面，通过海报张贴、内部微信群、村街广播等方式重点介绍建行的党建惠农贷、个体工商户贷、地押云贷等相关产品，使农民清楚办理各种贷款的条件和范围。

【普惠金融】 霸州建行加大对疫情影响企业融资需求的帮扶力度，为客户打造个性化金融服务方案。一是通过普惠金融授信为 78 户企业解决融资需求，融资总额度 2000 万元，有效地缓解受疫情影响，地方企业生产资金不足的问题；二是充分运用善融贷、云电贷、薪金贷、云税贷、个体工商户经营快贷等多个大数据信贷工具，通过工商、税务、工信、行政审批等职能部门向社会推荐，收到良好的社会效果，提升建行品牌；三是主动帮扶经营运转企业办理贷款延期，全年累计办理各类线上线下贷款延期业务 37 户，金额 2938.54 万元，有效降低企业转贷风险。

【零售业务】 为稳定存款业务，抓好新一代系统运用和营销商机，通过大额存单、“薪享通”“惠享通”等新产品吸收、锁住、稳定个人客户存款，做到户户有人管、笔笔有人营销。通过走访装修公司、建材经销商、汽车4S店等，参加装修产品推介会、融入本地建材供应商联盟等方式，大力宣传分期产品和知识政策，从专业市场和各类联盟、团队寻找突破口，对团队中所有商户集中营销，持续提升零售业务比重。

【风险防控】霸州支行将内控案防、合规管理、反洗钱工作作为核心工作常抓不懈，梳理流程，建章立制，先后出台多项制度办法，明确任务清单和工作目标，做好措施安排工作和分配，并定期就落实情况开展核查督办。每季度至少组织召开一次支行合规案防及反洗钱工作会议，研究案件防控及反洗钱工作，认真梳理、自检防控重点，对各类业务、产品、服务的关键风险点进行充分识别、评估和把控，剖析问题成因，研究制定解决措施。按月组织支行行务会专门研究支行各部门条线案件防控、柜面风险管理及反洗钱工作等，研究规章制度的落实、流程优化及问题整改，做好警示教育、案例宣讲及员工行为管理，提升员工合规经营与合规操作意识，不断提升霸州支行内控合规管理水平。霸州支行全年稽核差错率在系统内低于全省平均水平，各项内管指标位列前列，未发生一笔重大违规问题和营运管理方面的重大问题。

（张则昭）

中国银行股份有限公司霸州支行

【概况】 中国银行股份有限公司霸州支行（以下简称霸州中行）隶属于中国银行股份有限公司廊坊分行。2021年，各项贷款287108万元，其中公司贷款36799万元，个贷余额227710万元；各项存款236142万元，其中，公司存款余额42150万元，储蓄存款余额193587万元。实现营业收入10032万元，净利润5842万元。

【做好企业复工复产】2021年疫情期间，为满足企业复工复产和项目建设需要，按照“有效、灵活”原则，开办“绿色通道”、线上金融，坚持急事急办、特事特办，确保金融服务做在前面、贯穿始终。累计增加普惠金融贷款23509万元。

【网点建设】 加快网点转型，提升网点综合效能，制定《营业网点服务质量标准》《服务质量考核实施办法》，对内设科室和营业网点在服务组织推动、服务仪表、服务态度、服务纪律、服务效率等方面实行考核，为实施优质服务长效管理奠定了基础。

（白吉山）

中国农业银行霸州市支行

【概况】 2021年末， 中国农业银行霸州市支行（以下简称霸州农行）各项存款余额67亿元，其中储蓄存款余额61.97亿元，同业排名第一，对公存款余额5.12亿元。各项贷款余额21.08亿元，其中对公贷款余额3.1亿元，个人贷款17.97亿元。其中，民营企业贷款净增1.76亿元，个人生产经营贷款净增7624万元，“惠农e贷”净增8582万元，涉农贷款增量33859万元，“助业快e贷”增量4481万元。

【信贷工作】 结合2021年经济、信用环境等因素，霸州农行把普惠类贷款、线上信贷业务作为主要发展业务，坚持“做大做强个人贷款业务”和“加快个贷业务转型升级”不动摇，明确以拳头产品“惠农 e 贷”“房抵 e 贷”“助业快 e 贷”“助业贷款”为业务发展重点，坚持线上线下相结合，线上业务扩户数，线下业务上规模。本年度发放中小微企业贷款 150 户，金额 14253 万元，发放个体工商户“惠农 e 贷”824 户，金额 13474 万元，发放“网捷贷”165 户，金额 1045 万元。

【深化改革】 霸州农行按照省分行改革的思路，组建综合业务团队、个贷及分期团队、公司团队、机构团队和“三农”团队。大力推行信贷业务下沉，每个网点实现了至少 1 人能自主操作线上信贷业务。扎实推进网点服务模式优化转型。从硬件、思想、人员配置、工作重点、督导上抓好落实，突出网转的包户和掌银两大核心要义。落实绩效与薪酬新机制，统一实行 KPI 考核，严格落实基层员工各项保障制度，极大调动员工积极性。加快中后台集约化支撑保障工作，进一步减轻基层负担。强化纪委书记专职化职责，实现监督执纪问责精准化，协助党委抓好从严治党“最后一公里”。

【服务“三农”】 霸州农行积极响应党和国家号召，继续深入支持地方经济发展，深入贯彻落实党中央全面推进乡村振兴战略部署，严格落实党和政府以及人民银行金融支持稳企业保就业的有关政策要求，充分发挥金融服务实体经济的作用。在持续做好信贷业务“一大一小”营销的前提下，将国家鼓励做、正在努力做的供应链、普惠小微、个人生产经营、惠农 e 贷、消费（信用卡分期）等业务确定为贷款投放的主要方向，从核心客户、特色产业、消费需求等角度切入，努力拓宽服务领域，加快信贷结构调整，加大小微企业首贷户贷款、信用贷款和中长期贷款投放额度，加大民营企业贷款投放额度，加强引导，凝聚合力，将“惠农 e 贷”作为振兴乡村和做大资产业务的重要抓手，配强专业营销力量，强化团队、网点联动营销，凝聚发展合力，更好地满足各类市场主体和人民群众对金融服务的需要，更好地服务实体经济。

【金融服务】 霸州农行始终保持高度的政治敏锐性，切实防范各环节操作风险，推进“优化金融生态建设诚信霸州”专项整治活动，协助辖属乡镇为企业制定处置专项方案，推动有发展意愿的受困企业通过增资、并购、重组等多种形式全面恢复生产经营。严格按照人民银行规定和行内规章落实金融消费者权益保护工作。把消费者权益保护工作前置渗透到各项具体的业务中，向金融消费者全面、完整提供有关金融产品或者服务的真实信息。不断完善融资收费管理制度，继续落实减费让利。制定《关于签订信贷告知书》，加强监督管理，提升中间业务发展质效，明确银行收费事项，严禁出现不合理收费、贷存挂钩和强制捆绑搭售等问题，对于银行方垫付的抵押登记费采取报销制，严禁出现费用转移，进一步规范信贷融资各环节收费与管理，降低企业融资成本。

【内控管理】 结合廊坊市分行案防合规文化教育系列活动，扎实开展新年第一课、案防警示教育、员工行为守则学习、“十二条禁令”学习等活动，突出领导干部宣讲，从细节入手认真落实规定动作，营造浓厚宣传氛围，各单位、网点利用晨夕会，开展再学习再教育，营造良好工作氛围，培养员工合规意识。通过解读、剖析发生在身边的典型案例，让员工明底线、知敬畏，在合规的前提下发展业务。班子成员不定期与基层员工开展谈心谈话，切实了解员工工作生活情况。以“三线一网格”管理模式为抓手，持续强化员工行为管理。工作中把“我的合规我负责，别人的合规我有责”“严管就是厚爱”理念的传导和履职工作的落实作为一项重点督导内容，促进合规理念内化于心。对信访举报、日常监督、干部考核、业务检查、巡视巡察、内外部审计中发现的案件线索及时核实调查，一经查实，严肃追责，坚决惩治违规、违纪行为，发挥纪律处分的威慑力，切实提高广大干部员工的规矩、纪律意识。

（周　旋）

中国农业发展银行霸州市支行

【概况】 2021 年，中国农业发展银行霸州市支行（以下简称霸州支行）坚持以“稳进求强、发展为先、严控风险、构建和谐”理念为价值观，落实国家宏观调控政策，促进地方经济的发展。年末，霸州支行的各项贷款余额为 175907 万元，累计发放贷款 28001 万元，累计收回贷款 20192 万元；年末贷款余额 175907 万元，较年初增加 7808 万元；存款余额 14896 万元，日均存款 17128 万元，全年实现 FTP 利润 2213.21 万元。获得廊坊金融团工委“青年文明号”称号。霸州市支行一直把贷款的风险管理放在信贷管理工作的首位，多年无新增不良贷款，保持不良贷款零余额。

【业务范围】 办理粮食、棉花、油料、食糖、猪肉、化肥等重要农产品收购、储备、调控和调销贷款；办理农业农村基础设施和水利建设、流通体系建设贷款；办理农业综合开发、生产资料和农业科技贷款；办理棚户区改造和农民集中住房建设贷款；办理易地扶贫搬迁、贫困地区基础设施、特色产业发展及专项扶贫贷款；办理县域城镇建设、土地收储类贷款；办理农业小企业、产业化龙头企业贷款；组织或参加银团贷款；办理票据承兑和贴现等信贷业务；吸收业务范围内开户企事业单位的存款，吸收居民储蓄存款以外的县域公众存款，吸收财政存款；办理结算、结售汇和代客外汇买卖业务；承销债券；按规定设立财政支农资金专户并代理拨付有关财政支农资金；代理收付款项及代理保险；企业财务顾问服务；经省分行授权的国务院银行业监督管理机构批准霸州支行的其他业务。

【企业文化建设】 为加强企业文化建设，霸州支行大力践行总行提出的支农为国、立行为民的使命和建设现代化高质量发展的农业政策性银行的愿景，执行“三位一体”的办行理念，秉承着家国情怀、专业素养的职业精神，在全行形成“敬业奉献、改革创新、诚信实干、遵章守纪、勤俭办行，风正气顺心齐，想干会干干好，为民务实清廉，团结一致干工作，一心一意谋发展”的良好氛围。

中国邮政储蓄银行股份有限公司霸州市支行

【概况】 中国邮政储蓄银行股份有限公司霸州市支行（以下简称霸州市支行）坚持服务“三农”、服务中小企业、服务城乡居民定位，全力打造县域服务“三农”的有效载体，通过大力发展小微企业、农户商户贷款、建立金融服务站等多种形式，提高普惠金融服务水平。

【“3·15”消费者权益保护日宣传】 3 月 15 日，霸州市支行组织开展以“权利、责任、风险”为主题的 2021 年“金融消费者权益日”宣传教育活动。

活动期间，霸州市支行在消费者权益保护站、咨询台、柜面等醒目位置，摆放统一制作的“金融消费者权益日”宣传手册，并适时派发到客户手中，指定大堂经理进行宣讲，解答相关咨询。组织员工走进社区，向公众和商家发放宣传资料，讲解金融消费者各项重要权益和相关维权方式，并主动征询对改进服务和产品的意见或建议，进一步提升服务品质和客户体验。

霸州支行有针对性地融入消费者权益保护知识宣传。根据本次活动的主旨，重点提醒广大消费者明辨金融广告的真实性、合法性，避免其盲目投资、冲动交易，提升金融消费者识别非法金融广告的能力和风险意识。

【开展邮爱公益日活动】 在邮储银行公益日到来之际，组织全体员工开展“邮爱公益日”宣传活动。员工统一佩戴邮爱公益 logo 胸贴，通过多种渠道宣传邮爱公益基金，在营业网点张贴海报、摆放折页，在 LED 显示屏滚动播放“邮储银行公益日”的宣传内容，向客户展示、宣传邮爱公益基金，线上通过微信朋友圈等现代化媒体介质进行传播公益项目。同时员工通过运动平台手机计步，进行爱心捐步活动，用实际行动支持邮爱公益，传递邮爱之心。

【开展“七一”活动】 “七一”前夕，霸州市支行党支部联合霸州市邮政分公司党支部到霸州市廉政教育展厅参观学习。通过图文、视频、实物等呈现形式，深层次了解关于党风廉政建设和反腐败斗争取得的伟大成就，以勤廉先进典型为示范引领，用反面典型警示告诫，通过多形式多维度的观感和视觉体验，给人以心灵的感染和启迪。

【金融知识宣传】 2021 年 9 月，霸州市支行联合霸州市邮政分公司在霸州市博物馆前广场启动“金融知识普及月 金融知识进万家 争做理性投资者 争做金融好网民”宣传活动。

宣传队员向群众散发宣传资料，并就群众关心的问题进行讲解。工作人员主要针对借记卡、自助银行、电子银行、个人信用、信贷、金融服务收费、反假货币和反洗钱等业务知识作重点宣传，发放宣传资料约 300 份，解答客户咨询上百人次。

（张俊玲）

中国农业银行股份有限公司霸州市胜芳支行

【概况】 中国农业银行股份有限公司霸州市胜芳支行（以下简称农行胜芳支行）坐落于河北省霸州市胜芳镇开发区，前身为中国农业银行霸州市支行营业所。2021 年度，农行胜芳支行获得在系统内占全省县域支行存款增量贡献前 10 名、存款增速前 10 名以及总行存款增量考评前 100 名、运营管理先进单位、先进基层党组织等荣誉和称号；有 22 人次获得内外部各项荣誉和竞赛奖励，实现全年安全经营无事故。

【业务经营】 2021 年底，农行胜芳支行本外币存款余额 112.04 亿元，比年初增加 7.31 亿元，存量、增量继续保持市场份额第一，其中对公存款余额 14.11 亿元，个人存款余额 97.93 亿元；日均余额 107.05 亿元，比上年日均增加 7.99 亿元。各项贷款余额 18.68 亿元，较年初减少 3.05 亿元，其中公司类贷款余额 11.11 亿元，个人贷款余额 7.57 亿元。实现中间业务收入 2918 万元。

【开展“我为群众办实事”活动】 为扎实推进

全行党史学习教育工作，开展“我为群众办实事”实践活动，农行胜芳支行在廊坊农行国际金融部的指导帮助下，联合廊坊外汇局、霸州人行举办“树立汇率中性理念、助力出口企业发展”主题宣讲。现场邀请进出口企业 20 余家，提倡企业把汇率波动纳入日常的财务决策，聚焦主业，尽可能降低汇率波动对主营业务以及企业财务的负面影响，以实现预算达成、提升经营的可预测性以及管理投资风险等主营业务目标。结合具体案例为各企业介绍该行套期保值、跨境人民币业务等主要汇率避险产品，并现场逐一解答各企业在汇率、业务流程、个性需求等方面的问题。

【服务乡村振兴】 农行胜芳支行以服务乡村振兴为主线，加大信贷投放，全力巩固拓展脱贫攻坚成果、有力有序推进乡村振兴服务。2021 年，全力支持农产品稳产保供，该行为农产品稳产保供重点企业累计投放贷款 2.7 亿元。持续加大乡村振兴重点领域信贷投放，累计投放“惠农 e 贷”1.25 亿元，“普惠 e 贷”1.06 亿元。深化扩大乡村产业服务，为重点产业集群授信 1.25 亿元。

【实施机构改革】 2021 年，农行胜芳支行实施机构改革，“两部”打造为“5 个团队”，即原客户部和综合管理部，重组为综合业务团队、公司团队、机构团队、“三农”团队和个贷分期团队。以团队的形式运营，直接对接各类客群，灵活高效，提升客户综合服务体验。

【服务特色】 2021 年，胜芳支行私行财富顾问秉承金融服务“三农”理念，借助全年重要节日先后组织 6 场线上线下客户活动，包括花样女神节财富讲堂、“六一”小小银行家、庆中秋开启财富管理新篇章等活动，内容涵盖普惠金融宣讲、防诈骗小技巧、财富管理以及反洗钱相关金融知识普及等，参与客户达 110 余人，每场活动都得到客户的积极认可。

【严格内部管理】 一是紧盯重点领域和关键环节，加强关注客户经理等关键岗位人员，加强关注员工经商办企业、参与民间融资、与客户发生非正常资金往来等违规行为，增强员工的“自律”和“他律”意识。二是严肃执纪问责。严厉整治懒政不作为和乱作为，突出执行力建设，在全行范围内组织开展案防合规文化建设暨员工行为管理“十二条禁令”学习教育活动，并通过日常会议，监督检查，把警示提醒常态化。三是突出重点管控。坚决杜绝空壳公司开户，严防洗钱风险、IT 风险，进一步规范保密、信访维稳、舆情监控等各项日常管理工作，对保密、印章、财务等工作进行监督自查。

（余　瑞）

中国工商银行股份有限公司廊坊胜芳支行

【概况】 2021 年，中国工商银行股份有限公司廊坊胜芳支行（以下简称工行胜芳支行）实现营业收入 1.38 亿元，同比增长 25.23%；拨备前利润 1.20 亿元，同比增长 33.85%，实现净利润 1.15 亿元，同比增长 28.30%。实现中间业务收入 2590 万元，实现结理代收入 1894 万元。

【存款情况】 本外币全部存款日均较年初增加 3.39亿元，时点较年初增加1.37亿元，其中公司存款日均增加0.62亿元，储蓄存款日均、时点较年初分别增加2.73亿元、3.23亿元，机构存款日均、时点较年初分别增加800万元、441万元。

【客户发展】 年末全量个人客户较年初增加5102户，其中日均金融资产5万元的客户较年初增加819户，对公结算账户较年初增加287户，日均金融资产1万元以上公司客户净增47户，有效对公结算账户净增102户，机构客户净增4户。

（杨　毅）

河北霸州农村商业银行股份有限公司

【概况】 河北霸州农村商业银行股份有限公司（以下简称霸州农商银行）是经银监部门批准成立的地方法人金融机构，前身是霸州市农村信用合作联社，2019 年 1 月 28 日正式挂牌改制为霸州农商银行。2021 年，各项存款 241.21 亿元，比年初增长 22.84 亿元，完成任务比例为 105.25%；各项贷款余额 188.48 亿元，比年初增长 17.42 亿元，贷款增速 10.18%，完成全年贷款投放任务 124%；大额贷款占比 29.42%，较年初下降 12.32 个百分点。

【中间业务】新型收单活跃商户完成 10172 户，审计中心任务 7550 户，完成比例 134.7%；电子银行交易占比 95.22%，审计中心任务 90%，超任务比例 5.22 个百分点；中间业务收入完成 1165.47 万元，审计中心任务 1260 万元，完成任务比例 89.65%；代销黄金手续费收入完成 9.1 万元，审计中心任务 9 万元，完成任务比例 101%；手机号码支付签约完成 4479 户，审计中心任务 3300 户，完成任务比例 135.7%；乡村振兴卡完成 21189 张，审计中心任务 8700 张，完成任务比例 243.6%。

【存贷规模扩张】2021 年，霸州财政持续紧张，加上大宗商品价格以及运输成本不断上涨增加企业流动资金占用，能源紧张也限制企业产能，活期结算资金增长乏力，低成本存款表现不及预期。在此背景下，霸州农商银行一方面强化督导调度和宣传走访，抢抓个人存款营销机遇，另一方面运用财政存款对接小组的信息优势瞄准优质财政项目，营销财政存款弥补不足，整体存款业务实现超额增长，市场份额持续扩张。全年累计增长存款 22.84 亿元，市场占有率达到 29.06%，较年初增长 0.89 个百分点。

【营销财政存款】 随着农村集体产权改革，国有大型商业银行通过发力“三资”管理平台来争夺农村财政存款，霸州农商银行因系统原因失去战略先机，财政存款一度流失严重。为此霸州农商银行积极应对，最大化地运用银行对地方经济贡献度政策延缓财政存款流失。同时将社保卡发卡、“三资”管理平台对接作为今后的重要战略积极跟进，不仅及时挽回农村财政存款，还成功地营销社保基金存款和荣乌新线征地补偿款两个项目，直接带动存款增长 3 亿元，有力地弥补低成本存款指标的短板。

【增强信贷投放】 霸州农商银行根据省联社、廊坊审计中心的相关政策要求，结合霸州实际情况集中信贷资源重点支持实体企业、普惠型小微企业、新型农业经营主体、家庭农场、个体工商户等企业群体，在扩大规模的同时落实普惠政策。全年发放贷款 17.42 亿元，贷款增速高达 10.18%，贷款市场占有率达 33.19%，较年初上升 2.89 个百分点。

【调整信贷结构】 2021 年，霸州农商银行继续按照“压大放小”的整体思路，严控大额贷款，将全行信贷资源向普惠金融、“三农”领域、小微企业、个体工商户不断倾斜，采取审批优先、计划优先的方式全面发展小贷业务，发展普惠金融，着力调整信贷结构。全年小微企业贷款余额累计增长 15.44 亿元，增速达 12.69%，涉农贷款增长 15.56 亿元，普惠型小微企业贷款增长 2.34 亿元，增速达 20.03%，高于整体贷款增速，信贷结构日趋合理。

【提升服务水平】 2021 年，霸州农商银行成立独立的客户服务中心，大规模开展客户回访，按日梳理汇总客户建议，按周分析查摆问题，逐一解决提升。同时为进一步提升服务效率，霸州农商银行还推行业务限时办结，依托客服中心对业务流程进行全程跟踪，按照时间节点监控业务办理时限，对因个人原因延误业务的部门、个人严肃问责，有力地提升整体服务水平。全年累计开展电话回访 1500 余次，整理客户意见 200 余条。

【建设产品体系】 2021 年，霸州农商银行一是将新小贷中心作为产品研发的基地，从经营类贷款、消费类贷款两个方向着手，全面建设信贷产品体系。霸州农商银行首先对霸州全域产业进行系统地调研，按照行业、规模、经营状况等标准对企业进行细分，深入洞察分析不同类型企业的信贷需求，以行业普遍需求为导向，从客户的全生命周期出发，研发契合本土需求的信贷产品，提升信贷服务的精准性。二是开展同业调研。霸州农商银行采取实地暗访的形式对域内同业机构产品的利率、期限、额度、审批效率开展清单式调研，通过横向对比全方位分析霸州农商银行产品的优劣，在竞争中根据目标客户精细化调整霸州农商银行产品和服务，全面强化霸州农商银行在竞争中的长处，规避霸州农商银行的不足。全年累计研发 10 款信贷产品，其中经营类 7 款，消费类 3 款。

【扩大“双基”共建范围】 2021 年“普惠强化年”活动开展以后，霸州农商银行将“双基”共建作为拓展业务的基础工作来抓，严格按照审计中心“双基”共建信用工程要求进行工作安排和部署，将信用村建设与整村授信结合起来，继续实行部室支行联动工作机制，牢固树立“大农户”思想，将社区居民、机关团体职工、个体工商户、小微企业等主体全部纳入“双基”共建范围，扎实推进进村入户、进场入店、进园入企，全力提升授信覆盖面。全年累计走访 3.8 万户居民家庭，新增建档 2498 户，授信率达 76.98%。

【信用风险化解】 2021 年，霸州农商银行风险管控的整体策略是首先在维持不良贷款率基本稳定的基础上谨慎采取刚性措施，综合运用延期还本付息、置换、无还本续贷等方式尽量给企业时间和机会，帮助企业摆脱前几年的困难局面。随后逐步收紧处置政策，对救助后经营仍然没有显著改善的企业坚决核销清理，在保障担保圈、担保链基本稳定的前提下实现精准拆弹。全年累计清收处置不良贷款 11.76 亿元，现金清收 4.19 亿元，核销 3.16 亿元，政府资产置换 4.13 亿元。

【业务培训】 2021 年，霸州农商银行召开“即时制发卡”“ETC 柜面业务培训会”“代销黄金业务培训会”“新版农信 e 缴费业务操作培训”等 4 次业务培训会，对业务流程、具体操作、考核规则进行重点剖析，全面提高员工对市场拓展业务的认识，保障市场业务指标顺利完成。

【首家智慧银行网点投入使用】 霸州农商银行首个智慧银行网点正式投入使用。智慧银行网点位于总行综合服务大厅，整个大厅分为智慧银行服务区、公司信贷服务区、个人信贷服务区、网银体验区及前台人工服务区 5 个区域，主要为信贷客户及周边客户量身打造，尤其是信贷客户在办理相关手续后可直接通过智慧机具完成开卡、电子银行签约、改密、取现等操作，为网点转型积累经验。

【开展党史学习教育】 一是提高政治站位，推动党史教育“学深悟透”。霸州农商银行党委将党史学习作为党委会“第一议题”和党委理论学习中心组学习的规定动作，贯穿全年。实行每周五“党课日”制度，班子成员带头讲专题党课，发挥思想领航的作用，以上率下，推动党史学习教育在全行持续升温。二是丰富学习载体，推动党史教育“入脑入心”。以支部为单位组织党员干部以主题党日等形式，开展“观红色影片 忆百年党史”主题观影活动，先后观看《建党伟业》《血战湘江》《榜样 5》等 10 余部党史系列专题片、纪录片及红色影片，深化党史、国史、改革开放史学习教育，引导党员继承革命传统，弘扬革命精神，激发党员爱党爱国热情；坚持“走出去”，用好红色教育资源，开展现场教学。组织党员前往霸州市华夏收藏馆爱国主义展厅、革命圣地西柏坡开展“学党史、庆百年、践初心”主题党日活动。通过重温入党誓词、参观革命旧址等方式，开展现场党史学习教育，追忆革命先烈，重温党的光荣历史，接受政治灵魂的洗礼与思想认识的启迪，激励引导广大党员立足岗位，担当作为，履职尽责；在微信公众号开设党史学习教育专栏，定期分享党史知识、党史故事，发布党史学习教育动态，营造浓厚氛围，推动党史学习教育入脑入心。三是坚持学以致用，推动党史教育“落实落地”。在全行开展“我为群众办实事”活动，着力解决群众急难愁盼的问题。

（张　晟）

中国人民财产保险股份有限公司霸州支公司

【概况】 中国人民财产保险股份有限公司霸州支公司（以下简称公司）是人保财险在霸州市的分支机构，实行统一法人制度。 主要经营机动车车辆保险、财产损失保险、责任保险、信用保险、意外伤害保险、短期健康险、国家政策规定的农业保险，各类财产保险的再保险业务，各类财产保险及再保险的服务与咨询业务。2021 年，保费收入 12896.13 万元，理赔赔款 9164.05 万元，充分发挥保险补偿功能，稳定社会发展，为地方经济建设保驾护航。

【服务与发展】 公司作为财产保险市场的主导力量，注重保持公众形象，注重社会责任，始终坚持把社会效益与经济效益的统一放在第一位，以“人保保险，服务人民”为使命，服务广大消费者，为全市百姓提供优质便利的保险保障服务。

【合规经营】 公司不断完善内部管理机制，始终把坚持依法合规经营作为业务发展的前提。严格规范承保、理赔手续，严格遵守财经纪律十五条禁令，切实保障消费者的合法权益。

（王晓梅）

中国人寿保险股份有限公司霸州支公司

【概况】 2021 年，中国人寿保险股份有限公司霸州支公司（以下简称公司）落实好服务实体经济、防控金融风险、深化金融改革三项任务，推动霸州支公司高质量发展。

【拓宽经营服务】 公司以市场需求为导向，从产品销售到经营策略进一步回归保险保障本质，以“国寿福”重大疾病保险、“百万如意行”重大意外保险、“如 E 康悦”大额医疗报销保险等保障类险种为经营主导，在拓展服务对象、扩大保险覆盖面、积极发展大众普惠保险的同时，不断推出商业养老险种，不断提高养老保险保障，让更多逐渐步入老年生活的人群老有所依、老有所养；不断完善服务领域，更好地满足人民群众日益增长的保险保障需求。

【加强风险管控】 通过合规经营宣导，提高全员合规意识。提倡将合规工作常态化：将监管机构的各项检查内容作为日常实务工作的准则和公司进行自查工作的重点；把监管部门及上级公司的各项工作制度切实运用到实际工作中，提高全体员工的责任意识。

公司开展反洗钱、非法集资、诚信教育、声誉风险、内控合规、风险管控、扫黑除恶、保密法以及养老诈骗等宣传和自查、互查工作。通过发放防范非法集资、反洗钱宣传折页，对销售人员加强教育，在公司大门口的电子屏24小时滚动播放各类风险的宣传标语，客服大厅悬挂条幅、张贴海报，转发微信朋友圈等多种形式向全体工作人员及广大客户进行宣传。定期对内外勤进行排查，防患于未然。同时加大力度对内外勤团队进行专业化训练，提升团队专业技能，规避销售误导行为，定期进行风险排查。

【优化保险服务】 持续优化保险服务和理赔效率，加大“理赔直付”“重疾一日赔”等产品服务推广力度。强化科技服务工具的应用，让数据多跑路，百姓少跑腿。对于800元以下的小额案件实现手机直接上传理赔资料，无须前来柜面提交理赔资料，节省客户的时间，理赔处理人员接到上传案件后当日处理，理赔款当日即可到账。2021 年理赔出险支付时效为41.45 天，其中学平险出险支付时效为 34.23天，大大提高了公司品牌的知名度，同时上级公司对于大额医疗、身故案件开展理赔快速通道，对于重大疾病案件开展重疾一日赔等系列的理赔优质服务，重疾一日赔 30 日给付率达到 53.13%。

【推进数字化应用】 遵循科技是第一生产力要求，深入推进“科技国寿”战略，全面加快数字化应用。主动高效地使用各渠道数字化系统平台，为数字化管理提供实时化、智能化支撑。推进业务线上化，深入推广“黄金宝典 3.0”等科技化平台应用。全面推进服务科技化，运用公众号、国寿 E 店，寿险 App 等，为客户提供越来越多足不出户、方便快捷的保险服务。

（孙　丽）

中国人寿保险股份有限公司
胜芳镇营销服务部

【概况】 2021 年，中国人寿保险股份有限公司胜芳镇营销服务部全年处理理赔案件约 819件，付保险金 453.83 余万元。

【业务经营】 2021 年， 营销职场业务指标完成情况：首年标保 239 万元，首年期交 509 万元，十年期及以上期交 344.92 万元，短险166.52 万元，保障性产品 176.45 万元，新单510.64 万元，五年期以下期交 162 万元，续期保费 3633 万元。

收展职场业务指标完成情况：首年标保168.41 万元，首年期交 774.17 万元，十年期及以上期交 166.86 万元，短险 95.42 万元，保障性产品 69.89 万元，新单 775.27 万元，五年期以下期交 607 万元，续期保费 1822.74 万元。

银保渠道：全年完成保费 363 万元，其中三年期保费 222 万元，五年期保费 141 万元，标保 33.67 万元。胜芳合作网点有 14 个，全年出单网点达到 8 个。

团险渠道收取保费 348.67 万元，完成团险全年目标的 99.62%，其中学生儿童系列 103.35 万元，占全部保费的 29.7%；剩余业务主要以自然人投保团单、法人客户、云助理卡单及康悦为主。整体保费规模比 2020 年增长 64.47%。

【理赔工作】 中国人寿在寿险行业始终保持专业领先地位，公司拥有强大的产品研发与创新能力，不断丰富保险产品和客户服务的内涵。为客户人身健康和意外险事故赔付处理得体，受到客户的一致好评并送锦旗表示感谢。

（王继伟）

财达证券股份有限公司
廊坊霸州迎宾道证券营业部

【概况】 廊坊霸州迎宾道证券营业部（以下简称霸州营业部），隶属财达证券股份有限公司。公司于 2021 年 5 月 7 日成功首发上市，股票简称“财达证券”，股票代码“600906”。客户资料已归档上柜，建立客户档案，并在中国建设银行、农业银行、工商银行、中国银行等九大银行全面实现第三方存管上线。2021 年，霸州营业部合计交易额达 92.82 亿元，累计开户 10044 户。

【客户服务】 开展投资者教育工作，为投资者进行有效的投资咨询提供服务，定期对股民进行投资技巧培训， 提高股民素质；提升服务水平，树立优质服务的良好信誉， 施行“首问负责制”，即接待股民咨询的第一人全程负责解答，直至客户满意为止。

【内部管理】 营业部对开户、销户、清密、解冻、冻结、转托管等各项柜台操作统一按照公司制定的《经纪业务操作规程》办理。为加强日常管理和风险控制，营业部定期开展经纪业务检查，从风险揭示到各项交易业务流程，出现问题及时纠正，杜绝管理死角。由于规范化、制度化，工作差错率、投诉率为零 。

（董纪标）

科技·气象

科　技

【概况】 2021年，全市认定高新技术企业39家，累计达到90家。完成技术交易成交额14.42亿元。

【壮大创新主体】 一是组织高新技术企业申报工作。2021年已认定高新技术企业39家，累计达到90家，超额完成全年任务数。二是推进科技型中小企业申报工作。新认定科技型中小企业475家，累计达到1314家，超额完成全年任务数。三是培育企业争列国家、省、市各类科技项目。安泰（霸州）特种粉业有限公司成功立项河北省重大科技成果转化项目，获得省级资金300万元；霸州市云谷电子科技有限公司、安泰（霸州）特种粉业有限公司成功立项廊坊市重大科技成果专项项目，获得市级资金200万元；已组织霸州市津恺食品有限公司、霸州市禹德农业科技有限公司申报2021年度河北省农业科技成果转化资金项目。

【加强平台创新】 推进产业技术研究院、重点实验室、技术创新中心等研发平台的建设。加美中、纽莱客、昊方新能源、亚杰石油科技、凯晟设备、臣森汽车零部件、乾鑫塑料、中龙家具、小仙炖、双根食品、宏拓汽车配件、爱民家具等12家企业被认定为市级研发中心；云谷电子、小仙炖等2家企业被认定为省级技术创新中心。市级以上研发平台累计达到71家。集聚各类要素资源，激发创新创业活力，构建科技企业孵化器，已组织廊坊和易生活网络科技股份有限公司申报“廊坊和易生活科技企业孵化器”项目。

【促进院企对接】 加强与京津院校、科研院所合作，加速转化一批先进技术，提高院校科技成果转化效率。2021年，与北京师范大学就合作建设航空产业研究院、离子束表面溅射项目进行洽谈，达成初步合作协议；与河北工业大学就共建科技成果超市服务网络节点事宜达成共识；组织鑫磊农业科技园区与河北工业大学进行蔬菜新品种种植的合作；组织禹德农业科技有限公司与河北工业大学就共同开发、研究、培育菊苣新品种签订项目合作协议，并共同建立劳动就业实践基地。

【优化创新环境】 落实扶持奖励政策，进一步修改完善《关于进一步促进民营经济发展的若干意见》，重点围绕创新主体、创新平台等方面相关企业进行支持奖励，拨付1041万元奖励资金，促进科技企业的高质量发展。深入实施县域创新驱动发展跃升工程。对霸州市2020年度科技创新管理工作情况进行分析和总结，并对科技项目、表彰奖励和制定科技政策等情况进行全面梳理，年底考核评价排名全省第41名，较上一年度前进31名。大力实施科技创新人才计划。组织廊坊和易生活网络科技股份有限公司的安成刚、李巍申报省级中小企业创新英才；为霸州市禹德农业科技有限公司的许珈银申报乡土拔尖人才评选。

【做好农业服务】 一是推进农业科技特派员工作。会同农业农村部门与技术院校进行对接，确定科技特派员人选，邀请廊坊职业技术学院动物科学与技术系主任周翠珍、副主任杨恒友到霸州进行农业科技指导，组织各级农业科技特派员参加活动达100人次。二是积极培育农业科技企业申报“星创天地”项目。霸州市益田种养殖农民专业合作社、霸州市元康种养殖专业合作社已成功申报2021年省级“星创天地”项目。

（马　涛）

霸州市2021年度科技成果一览表

表1

编号	项目名称	完成单位	鉴定形式	完成时间
1	徒手血肿内双靶点纵行穿刺治疗脑出血的临床研究	廊坊市第四人民医院	函审鉴定	2021-04-02
2	霸州农村地区土壤和生活饮用水中重金属含量测定及评价研究	霸州市疾病预防控制中心	函审鉴定	2021-06-03
3	智慧型急诊预检分诊系统的设计及应用的相关性研究	廊坊市第四人民医院	函审鉴定	2021-06-18
4	点阵激光联合表皮生长因子凝胶治疗痤疮瘢痕的临床研究	廊坊市第四人民医院	函审鉴定	2021-06-21
5	霸州市2008－2016PCI术后严重出血并发症危险因素分析及预后观察的研究	廊坊市第四人民医院	函审鉴定	2021-06-23
6	基层EICU在有创通气下应用血液灌流治疗有机磷中毒导管护理的相关性研究	廊坊市第四人民医院	函审鉴定	2021-07-02
7	优化二联疗法与护理干预对幽门螺杆菌阳性患者根除的临床研究	霸州市第二医院	函审鉴定	2021-08-02
8	个性化护理用于高血压脑出血小骨窗开颅血肿清除术后的临床研究	廊坊市第四人民医院	函审鉴定	2021-08-10
9	氨甲环酸降低脊柱手术失血量及输血率的临床研究	廊坊市第四人民医院	函审鉴定	2021-08-25
10	质子泵抑制剂不同用药方案治疗胃食管反流病的临床观察研究	廊坊市第四人民医院	函审鉴定	2021-10-18
11	三种不同药物对视网膜静脉阻塞性黄斑水肿临床研究与效益分析	廊坊市第四人民医院	函审鉴定	2021-11-09
12	超声技术在剖宫产瘢痕部位妊娠治疗中的应用研究	廊坊市第四人民医院	函审鉴定	2021-11-09

气　象

【概况】2021 年，霸州市气象局以深化供给侧结构性改革为战略主线，构建普惠共享的现代气象服务体系；以气象核心业务技术突破为战略重点，构建智慧精准的现代气象业务体系；以气象创新驱动发展为战略支撑，构建开放协同的科技创新体系；以改革发展为战略保障，构建规范有序的气象治理体系；以全面强化党的领导为战略保证，以高质量党建推动气象事业高质量发展；坚持疫情防控和气象工作两手抓，各项工作均取得较大程度进展。被中共霸州市委评为文明单位。

【构建现代气象服务体系】 严格落实突发事件预警信息发布制度，按照《霸州市气象局 霸州市应急管理局预警信息发布协议》，在重要天气过程中与应急管理局联合发布信息。修订《霸州市气象信息员管理办法》，强化信息员培训和动态管理，年度培训比例达到 70%，与应急管理局联合发布《关于进一步加强全市气象信息员队伍建设工作的通知》，推动基层气象信息员队伍与社会综合治理网格员、灾害信息员等共建共享共用。做好乡村振兴气象服务保障工作，开展气象科普宣传进乡村活动，联合农业农村局面向高标准农田提供气象服务。

【构建现代气象业务体系】 发展全方位精密监测，全年综合气象观测设备运行正常，认真全面执行体系文件，根据指令适时启动应急气象观测；加强观测员队伍建设，组织全体业务人员参加全省综合业务考试；提高暴雨预警信号准确率，强对流天气（雷电、冰雹）预警时间提前量（T2）分别高于过去三年平均值，发布的暴雨预警信号精细到乡镇；加强气象装备安全生产，全年未出现安全事故。

【构建科技创新体系】 在中国核心科技期刊《四川环境》发表文章 1 篇；按要求落实相关改革任务，各项工作稳妥有序；进一步规范机构管理，落实机构编制年度报告和实名制登记等制度，按要求做好名称规范和法人登记等工作。

【构建气象治理体系】 完成《河北省气象局高质量推进气象现代化建设进度安排》年度工作任务；严格执行重大突发事件和重大事项信息报告制度，全年未出现漏报、迟报现象；落实新冠肺炎疫情常态化防控措施，建立良性互动的协调分工机制；全面应用网上报销系统和计财业务系统各子系统，完成本局中央零余额账户和基本户银企直联业务的上线使用；受理各类雷电防护和升放气球行政许可申请 2 件，对 98 家易燃易爆场所的防雷安全责任制落实情况、防雷安全措施到位情况、防雷装置定期检测情况等进行“全覆盖”检查。

（钱茂鑫　闫利霞）

2021年各月平均气压及年最高最低气压一览表

表2　　单位：百帕

年度	1月	2月	3月	4月	5月	6月	7月	8月	9月	10月	11月	12月	平均	最高	最低
2021	1025.6	1021.1	1019.2	1017.1	1006.2	1003.3	1003.0	1006.5	1011.7	1022.7	1021.3	1026.8	1015.4	1046.4	992.4

2021年各月平均气温及年最高最低气温一览表

表3　　单位：℃

年度	1月	2月	3月	4月	5月	6月	7月	8月	9月	10月	11月	12月	平均	最高	最低
2021	-5.8	1.6	8.7	14.3	19.9	25.0	26.6	24.7	21.3	11.6	4.5	-1.2	12.6	38.1	-24.0

2021年各月平均相对湿度及年最小相对湿度一览表

表4　　单位：%

年度	1月	2月	3月	4月	5月	6月	7月	8月	9月	10月	11月	12月	平均	最小
2021	54	52	60	49	51	61	82	80	86	74	72	60	65	5

2021年各月降水量及年总降水量一览表

表5　　单位：毫米

年度	1月	2月	3月	4月	5月	6月	7月	8月	9月	10月	11月	12月	合计
2021	0.8	10.4	28.6	4.2	11.2	19.5	229.3	106.8	162.1	89.9	23.7	4.2	690.7

2021年各月平均风速及年最大风速一览表

表6　　单位：米/秒

年度	1月	2月	3月	4月	5月	6月	7月	8月	9月	10月	11月	12月	年平均风速	年最大风速	年极大风速
2021	1.6	1.8	1.7	2.0	2.2	1.6	1.3	0.9	1.1	1.2	1.5	1.4	1.5	—	21.1

文化·卫生

文化旅游

【概况】 霸州市文化广电和旅游局（以下简称文广旅局）成立于 2019 年 1 月，是按照机构改革要求，由原霸州市文化广电新闻出版（版权）局改革而来。下属单位包括文化馆、图书馆、李少春大剧院、李少春纪念馆、华夏民间收藏馆、益津书院。2021 年，文广旅局开展线上、线下文旅活动，推动公共文化服务体系建设提质增效，进一步发展文化旅游产业、规范文化旅游市场秩序，推动霸州文化旅游事业全面健康发展。

【提升公共文化服务硬件设施水平】 一是公共文化场馆服务效能稳步提高。文化馆顺利通过第五次全国文化馆评估定级。图书馆积极拓展总分馆建设的新模式，采用馆校合作的方式，把服务阵地向学校延伸。二是进一步完善基层文化服务设施。为 15 个乡镇（区、办）的部分村街配发 47 套阅报栏、20 套武术器材、30 套乐器、一批标识系统（制度牌和标识牌）和 100 个拉杆音箱。三是开发建设“霸州文化云”App。为方便各场馆间的数字资源共享，开发建设“霸州文化云”App 数字文化平台，成功将“霸州文化云”与河北省公共文化云、国家数字图书馆进行链接，扩充“霸州文化云”的资源内容。

【加强非遗保护】 为国家级项目胜芳花灯及元宵灯会申报 2021 年度重点项目保护补助经费 29 万元；为国家级和省级非遗项目传承人发放补助资金 6.2 万元，6 位县级非遗传承人成功申报成为第六批廊坊市级非物质文化遗产代表性项目代表性传承人。经过申报，霸州市人民政府（京剧）、胜芳镇人民政府（灯会）被命名为 2021—2023 年度“河北省民间文化艺术之乡”。同时，胜芳镇人民政府（花灯）被命名为 2021—2023 年度“中国民间文化艺术之乡”。

【文物资源普查保护】 一是争取上级部门支持。胜芳镇张家大院和王家大院消防工程被列入河北省文物局 2022 年度省级文物保护单位文物安全防护工程项目计划，争取省级财政资金 442 万元。华夏民间收藏馆数字化提升工程被列入省文物局项目库。二是高标准开展大运河国家公园项目前期准备工作。对霸州中亭河、大清河两岸文物遗存保护状况进行常态化实地踏查并形成电子档案。以信安镇、胜芳镇为核心，对大运河流域及邻近区域不可移动文物进行整理、制表。完成大清河、中亭河流域范围内历史文化遗存资料的收集整理。为霸州市不可移动文物编制电子档案，收录市域内 74 个行政村的 106 处文物保护点信息。

【举办线上、线下文旅活动】 文广旅局克服新冠肺炎疫情带来的不利影响，创新工作举措，丰富活动内容，举办线上、线下文化活动。市图书馆通过微信公众号开展全民阅读系列活动 8 次，市文化馆、华夏民间收藏馆以微信公众号、抖音号为平台举办各类线上展览展示活动 13 项。文化馆组织举办成人葫芦丝培训和汇报演出。华夏民间收藏馆组织开展爱国主义教育活动20次。益津书院举办8次书画展览、3期霸州书画大讲堂、3次书画笔会、28期书法公益讲座和1次送春联活动。依托各文化场馆大力开展庆祝中国共产党成立100周年系列活动6次。向全市15个乡镇发放420张文化惠民卡和22500张文化惠民券。开展"七进"文化惠民演出213场。

【开展疫情防控、安全生产及市场监管】 2021年，文广旅局不断提高文化旅游市场监管水平，持续加大文化旅游市场监管力度，深入开展安全生产排查整治。截至年底，针对安全生产、疫情防控、扫黄打非、安全播出检查、禁毒检查等工作，出动316车次、736人次，检查督导经营场所584家次，立案2件，移交乡镇执法队3件，发现场所安全隐患119处，现已全部整改完毕。除牤牛河历史文化园以外，全市其他4家场馆类A级旅游景区全部按照要求进行关停，各旅行社严格执行跨省旅游经营活动管理"熔断"机制，规范经营范围，网吧、歌厅等场所全部严格落实各项疫情防控要求，全市文化旅游行业经营规范、安全有序。

【推进旅游发展】 一是组织筹备霸州文化旅游资源北京推介会，前期准备工作已基本完成，待疫情防控条件允许后适时召开。二是积极帮助牤牛河文化园申报成为AAA级旅游景区。三是在"五彩光影看霸州"摄影大赛和摄影展成果基础上，设计制作包括画册、明信片等系列旅游宣传品2000余册，在京九铁路桥制作大型户外广告牌。四是举办乡村旅游创客大赛。

（李海员）

霸州市融媒体中心

【概况】 2021年3月，中共霸州市委机构编制委员会印发《关于市融媒体中心调整隶属关系的批复》（霸编〔2021〕12号），同意将霸州市融媒体中心（以下简称市融媒体中心）调整为市委直属事业单位，归口市委宣传部领导。

市融媒体中心始终坚持团结稳定鼓劲和正面宣传为主的方针，紧贴市委市政府的中心工作，精心策划新闻选题、选准报道方式，及时准确、全面深入地宣传报道霸州市经济和社会事业发展的新思路、新举措、新典型、新成效。

【新闻宣传】 2021年，市融媒体中心在央媒等上级媒体播发短视频38篇，其中，在人民日报客户端发稿29篇，在新华社发稿5篇，在央视频发稿3篇，在中新网发稿1篇；"学习强国"平台播发117条，其中国家平台5条、河北省平台47条、廊坊市平台65条。进一步提升霸州的对外形象。

霸州电视台、霸州电台、《新霸州》报围绕市委、市政府重点工作，深入乡镇村街社区，深挖统筹推进疫情防控和经济社会发展、党史学习教育、解放思想大讨论、安全生产、创城、生态建设、扫黑除恶、拆违等各项工作开展、推进、完成情况的典型经验做法，推出《在习近平新时代中国特色社会主义思想指导下——奋斗百年路 启航新征程》《在习近平新时代中国特色社会主义思想指导下——学党史、悟思想、办实事、开新局》《我为群众办实事》《深入开展"三重四创五优化"活动》《坚决打赢大气和水污染防治攻坚战》《落实党代会精神 打响攻坚战》《解放思想、转变作风、提升状态、加快发展》《全力打好打赢秋冬拆违攻坚战》《统筹推进疫情防控和经济社会发展》《两会特别报道》《霸州市卫生健康局 国家基本公共卫生项目专栏》《关注食药安全 维护群众健康》《筑牢底线思维 狠抓安全生产》《争创文明城市 共建美好家园》《扫黑除恶》等专栏 30 余个，播出公益广告 3 万余条。

新媒体平台“霸州发布”公众号、“霸州发布”视频号、掌上霸州 App、抖音账号开设专题专栏 20 余个，重点工作报道 1600 余条，公益宣传图文 1100 余幅，公益宣传短视频 900 余条，转载上级重要文章 310 篇。其中，掌上霸州 App 全年发稿量 2481 条，单条栏目最高访问量累计 8341237 次，总访问量 13528941 次。市融媒体中心平台在社会覆盖面、群众度、信息活跃度等方面实现质的飞跃，成为全市第一品牌。

面对新冠疫情，市融媒体中心采制《因时因势 常态防控——霸州在行动》《全民核酸检测 霸州正全力以赴》2 部优秀的电视专题作品；拍摄全市人才建设专题片《智汇霸州 筑梦未来》、双拥工作创建专题片《双拥花开别样红 鱼水情深润古城》、世界环保日献礼 MV《让中国更美丽》、迎接 2022 北京冬奥会专题片《冰雪会客厅——走进霸州》等专题片 80 余个，均获得市领导的好评与肯定，引起群众的强烈反响。

【媒体融合】 市融媒体中心统一整合采、编、制录、播发等流程，一次采集、多种生成，记者采访的新闻素材，分头制作成新闻、专题、评论、图片、短视频等多种传播形式，在报纸、电视、广播等传统媒体播出的同时，通过“掌上霸州”App、微博、抖音、“霸州发布”微信公众号、微信视频号等新媒体进行发散传播，实现一次采集、多种生成、多元传播、迅速扩散，提高覆盖面和阅读量，打造出霸州最具权威性和影响力的媒体。

【精品专题栏目】 《霸州公安》栏目 2021 年制作播出节目 20 余期，实现公安节目的稳步扎实推进，努力打造精品节目，以鲜活的案例、严谨的法律解析来赢得观众的认同，实现自己“宣传法律知识、提供法律服务”的节目定位，树立自己的栏目品牌形象，其中，制作的《让爱回家》，跟踪报道霸州公安帮助失散 12 年的孩子回家，受到广泛关注和好评。《霸州教育》栏目组组织开展第五届“争荣杯”霸州市中小学生朗诵大赛暨庆祝中国共产党成立 100 周年朗诵大赛和廊坊市第五届舞蹈大赛，并获得廊坊市舞蹈家协会评选的优秀组织单位奖。同时还开办《新闻播报》《十万个为什么》《生活小妙招》《童星梦剧场》《讲好中国故事》等栏目，力求新颖化、务实化、走群众路线。

【宣传纪律】 市融媒体中心本着加强正面宣传、堵住负面报道、慎重对待敏感性报道的原则，进一步严肃新闻宣传纪律，严格实行新闻报道审批三审制。同时，不定期开展新闻从业人员职业道德教育，促进新闻从业人员加强自身思想政治、职业道德修养和文明礼貌修养，从讲政治、讲正气、讲大局、讲纪律、讲文明的高度，树立“四个意识”，开展新闻宣传工作，自觉维护霸州融媒整体形象。

（王　森）

档　案

【概况】 2021 年，霸州市档案馆以党史学习教育为动力，以中共十九届六中全会精神和习近平新时代中国特色社会主义思想为指导，在做好新冠疫情防控的前提下，贯彻落实《中华人民共和国档案法》《河北省档案工作条例》，加强班子思想作风建设，加强队伍建设，推进档案工作，在档案接收管理、查阅服务等方面取得新进展。

【档案接收管理】 以丰富馆藏、资政惠民为目标，加强档案接收管理工作，全年接收档案 699 盒卷、3077 件，超额完成任务。征集到曾经战斗在京津保地区的老党员领导干部高荣著《战火风云——庆祝中国共产党成立 100 周年回忆录》、《新霸州》报 5 年合订本、《崔氏族谱》等珍贵资料 35 件套。截至 2021 年底，馆藏档案 85318 卷 126337 件，资料 12087 册，电子扫描资料 14273 卷 6627 件，企业退休人员档案 3293 册。2021 年把“防疫”档案和“脱贫”档案文件材料收集归档工作，作为一项重点工作和政治任务来对待，思想上高度重视，进一步增强工作的责任感、紧迫感、主动性和积极性，以更加有力的举措加以推进。及时成立档案接收领导小组，由支部书记、馆长王继欣任组长，四级主任科员王玉花负责具体工作。档案馆在工作中注重方式、方法，提高工作效率，以点带面，全程跟踪、合理安排、提早谋划，明确职责任务，统一工作标准。 另外积极配合“防疫”和“脱贫”领导小组办公室工作，主动开展服务，加强对“防疫”和“脱贫”文件材料的收集、整理和归档的业务指导，提供业务培训和指导，明确档案收集、整理、利用、移交等事宜，截至年底，全市开展“防疫”和“脱贫”形成的档案已全部接收进馆，“防疫”档案中文书档案 2687 件、照片 1898 张、音像 401 件；“脱贫”档案中文书档案 9019 件、贫困户档案 128 卷。确保“防疫”和“脱贫”档案资料的系统、完整。

【档案开发利用】 霸州市档案馆进一步优化窗口建设，完善查询中心办事流程和布局，简化查阅手续，扩大档案开放范围，使群众查档更加便捷。同时，努力提高服务质量，端正服务态度，热情接待各界查档群众。为应对新冠肺炎疫情常态化需要，保障借阅人员的安全和健康，降低交叉感染风险，及时开展预约查档，做到总量控制、措施限流的防控要求，全年接待社会各界档案利用者 1055 人次，无一人感染新冠肺炎。查阅案卷数量 2199 卷次，为霸州市经济建设、编史、修志、机关查考、调解纠纷、核实工龄、工作调动、户口迁移等方面提供大量翔实的第一手资料，增强社会档案意识，扩大档案工作的知名度。

【档案安全体系建设】 一是库房管理措施制度到位。切实做好库房“八防”工作，实行库房每天巡查和温湿度记录，定期开展消防安全检查和设备维修保养，严格执行档案出入库登记制度，认真做好档案接收入库工作，做到档案安全、规范整齐、万无一失。二是强网络信息安全建设。开展馆藏档案信息资源管理系统的安全等级保护备案工作，请专业公司进行两次测试，采购相应的防火墙、漏洞扫描和入侵检测等网络安全设备。完成局域网的馆藏档案信息系统安全等级备案工作。

（高子星）

广电网络

【概况】 河北广电信息网络集团股份有限公司霸州分公司（以下简称广电公司）是以广电网络资产为基础，以资本为纽带，通过行政推动、市场运作的方式成立的，隶属于河北省委宣传部，同时又是霸州市政府的双管单位，广电公司严格执行省、市各级政府的相关规定，是党和政府对外宣传最有效、最安全的传输载体。

【党媒政网】 广电公司业务涵盖数字电视（含普通、高清、4K、网络软终端）的新装及续费、广电宽带的新装与续费、付费频道及互动业务的销售与传输、小区各类入网工程（含监控、道闸、对讲及各类弱电线路的铺设等）、各企事业单位及政府各级部门的数据传输业务（如公安网、政法网、视频会议等）等。作为国有企业，广电公司拥有最专业的技术及售后服务团队，拥有中国广电品牌，拥有当地市委市政府的鼎力支持，是最稳定、最正规、最专业的视频及网络运营企业，省市县各级视频会议均由广电公司负责传输及运维。

【售后服务】 广电公司有专门的施工抢修队伍，同时公司技术部的工作人员也作为临时抽调进行抢修，发现险情，及时响应，确保因修路、拆迁、车辆刮断等原因导致的信号中断最快3小时处理完毕，最迟不超过6小时恢复信号。此外，公司安排专人巡查分前端机房，做好防火、防盗、防潮、防汛等安全检查，发现问题及时处理。此外，公司技术部门全年为政府传输视频会议60余次，未发生信号中断事故，保证会议的正常收看。公司经常召开班子会、支委会，专门研究讨论提升售后服务问题。经过不断整改，公司维修、安装水平明显提高，超时工单大大减少，投诉率降至零。

（韩宏增）

卫生和健康

【概况】 霸州市卫生健康局（以下简称市卫健局）成立于2019年3月，是霸州市卫生和计划生育局机构改革以后成立的市人民政府组成部门，主管全市卫生健康工作，业务上受廊坊市卫健委指导。2021年，建立健全全市公共卫生服务体系（突发公共卫生事件应急处置体系、疾病预防控制体系、医疗救治体系、卫生执法监督体系、妇幼卫生体系）等，开展卫生服务、医疗保健、疾病防控、卫生执法监督、健康教育、医政管理、计生协会、计生奖励扶助、落实计生政策等管理工作。

2021年，霸州市有公立医院23家（三级综合医院1家、二级综合医院2家、二级中医院1家、卫生院18家、妇幼保健院1家），卫生服务站1家，市疾控中心1所，市卫生健康综合执法大队1个。全系统在职人员2314人，其中正高职称41人、副高职称265人、中级职称605人、初级职称723人。

【疫情防控】 1.全力推进新冠病毒疫苗接种工作。抽调专业人员组成预防接种专家指导组、异常反应专家诊断组和处置组，制定接种工作制度和流程。按照“布局合理、覆盖全域、方便群众”的原则，选定28家预防接种单位并指定8家二级以上综合医院作为定点保障医院，建立对口负责机制确保接种安全。2.规范医疗救治准备工作。一是指定廊坊四院南院区作为霸州市重点人群定点救治医院，市三院作为霸州市后备医院，煎茶铺中心卫生院作为霸州市新冠病毒感染康复期患者收治定点医院。二是抽调业务骨干组成3个医护梯队，每个梯队安排60名医护人员，定期组织开展业务培训，确保随时可以投入救治工作。3.强化医疗机构院感防控工作。霸州市各级医疗机构在满足正常通行需求的前提下，严格控制医疗机构入口开放数量，落实首诊负责制，保持24小时全天候接诊。要求二级及以上综合医疗和有条件的医疗机构设置发热门诊，乡镇卫生院和社区卫生服务中心设置发热筛查门诊，发现发热患者实行闭环管理。同时，规范发热患者的接诊处置流程，指导村卫生室的医务人员在诊疗活动中详细询问和登记流行病学史，充分发挥基层医疗机构“哨点”作用。4.完善信息化网络平台应用工作。开通疫情防控平台VPN接入服务，开通“核酸检测机构”“疫情流调队伍”和“消毒消杀”队伍访问政务外网的权限。组织各乡镇（区、办）对接种新冠疫苗人员信息进行复核。

【医改工作】 1.推动公立医院高质量发展。加强党对公立医院的全面领导，建立健全医院外部治理体系和法人治理结构，完善监管机制和医院内部管理制度，强化绩效考核制度和经济运行管理制度。2.积极稳步推进医共体建设。“廊坊市第四人民医院医共体”“霸州市第三医院医共体”已基本完成体系框架建设，进一步细化双向转诊、医疗资源共享机制，累计服务患者约1.3万人次。3.做好“健康小屋”建设工作。霸州卫健局出台《在全市推广邯郸模式健康小屋改革试点方案》，以乡镇卫生院为依托建设完成7所“健康小屋”，定期开展“服务百姓健康行动”大型义诊活动周，为群众提供健康教育、健康咨询、健康干预和慢性病防控等服务，方便群众在家门口看病就医。4.提升医养结合服务。霸州市已实现养老机构医疗服务全覆盖，养老机构与属地医疗机构签订医养结合协议，定期为老年人提供健康服务，确定霸州镇卫生院为霸州市“社区医养能力提升工程”试点单位。5.推进康复医疗中心建设。依托霸州市中医院康复科建设霸州市康复医疗中心，建成后属于独立设置的医疗机构。6.进一步探索京津冀协同发展。在现有京津冀协同发展基础上，河北大学附属医院与霸州市第三医院合作共建霸州院区，通过重点科室“点对点”精准帮扶新模式，在霸州三院建立泌尿外科；廊坊市第四人民医院与保定市张岗乡卫生院进行对口帮扶，帮助张岗乡卫生院提高医疗卫生服务能力和技术水平。

【基层医疗服务】 1.为12个乡镇卫生院和开发区社区卫生服务中心配备DR和负压救护车，对霸州镇卫生院进行改造升级，按要求购置1辆核酸检测车。2.按照乡村一体化建设要求，进一步深化村卫生室建设，全市实行“十统一”的村卫生室达到365个，签订聘用合同村医395名，实现村卫生室“一村一室”的工作目标。3.以医联体为依托选派中级以上医务人员进驻基层医疗卫生机构，指导疑难危重病症诊疗，帮助建设重点科室，提高农村医疗服务水平。4.继续推进“优质服务基层行”活动，全面提升医疗服务能力，全市12家卫生院达到“优质服务基层行”活动基本标准，确定煎茶铺中心卫生院为“社区医院创建”试点单位。

【健康扶贫工作】 1.对患有大病、慢病的贫困人口进行分类救治，进一步做好建档立卡贫困人口、低保、特困3类人群在县域内定点医疗机构住院“先诊疗、后付费”和“一站式”结算，减轻贫困人口医疗费用负担。2.开展大病集中救治，发现一例救治一例，制定完善个性化诊疗方案，因人因病施治。3.巩固健康扶贫成果后评估工作，对脱贫人口、边缘易致贫、突发严重生活困难人群罹患大病、重病情况进行监测，落实先诊疗后付费、大病专项救治、家庭医生签约等帮扶措施。

【公共卫生体系建设】 1.加强疾病预防控制队伍建设。针对应对新冠肺炎疫情过程中暴露出来的基层流调、消杀等专业人员水平不高、能力不强等问题，有针对性地组建流调、消杀队伍，并开展专业技能培训。同时，强化实战模拟演练，切实抓好素质提升。2.加强卫生急救能力建设。健全完善院前急救体系，强化急救中心及急救网络，全力推进院前急救全市“一盘棋”建设。

【疾病预防控制】 2021年，霸州市无甲类传染病报告，报告乙、丙类传染病15种，1866例。同时，按照规范要求，全力做好艾滋病、肺结核防治工作。

【妇幼卫生】 2021年，全市新增叶酸服用人数5606人，发放叶酸21960瓶；全市接受HIV、梅毒和乙肝检测的产妇6232人，接受免费乙肝免疫球蛋白注射159人，免费为乙肝表面抗原阳性产妇所生新生儿注射乙肝人免疫球蛋白，免费“两癌”检查2470人，免费孕前优生健康检查1506对，免费婚前医学检查1654人，免费为849位孕妇进行唐氏综合征筛查，为2871位孕妇进行无创产前基因筛查，为3494位孕妇进行耳聋基因筛查。全市新生儿先天性心脏病筛查4335人，新生儿遗传代谢疾病筛查5832人，听力筛查5825人，0～6岁儿童眼保健人数45351人。开展“互联网+精准照护”健康家庭项目，差额资助142个家庭，发放奶粉450桶。

【中医工作】 1.在11个乡镇卫生院建成国医堂，在开展中医药诊疗服务的基础上，结合中医人员自身的专业特长，开展针灸、推拿、电疗、熏蒸等理疗科目，强化中医药功能。2.鼓励支持有资质人员开办中医诊所，按规定简化备案流程，同时加大中医诊所备案宣传力度，已完成备案中医诊所9家。

【卫生监督】 1.2021年度霸州市应参加校验的医疗机构994家，实际参加校验合格971家，逾期未校验23家。2.对辖区内的各级医疗机构、公共场所、医学隔离观察点、消毒产品生产经营单位等疫情防控重点单位展开监督检查和指导工作。执法队全年督导检查单位3072家，出动监督员4485人次，执法车辆1451台次。3.按照国家“双随机”抽检任务部署，通过细化工作任务，落实责任分工，完成任务195家，关闭1家，完成率达99.49%，完结率达100%，完成率廊坊市排名第一。

【落实计划生育惠民政策】 1.完成奖扶、特扶人员生存认定及信息审核工作，新增奖扶人员832人，特扶人员9人；审核发放独生子女父母退休一次性奖励3000元190人，共计57万元；审核发放农村及城镇居民独生子女父母奖励金5077人，共计58.5万元；审核发放计划生育一次性救助公益金7户，共计12万元；为计划生育特殊家庭进行健康体检，体检108人，投入资金14.2554万元，对计划生育特殊家庭城乡居民医保进行统一缴费；组织开展2021年“圆梦女孩志愿行动”活动，确定6名受助女孩，每人发放了2000元受助金。2.3岁以下婴幼儿照护服务试点工作，联合市教体局等部门，按照要求分阶段开展婴幼儿照护服务建设工作。

【爱国卫生运动】 1.强化制度保障。2021年2月，市爱卫办印发《深入开展冬春季爱国卫生运动 助力常态化疫情防控倡议书》《深入开展春季爱国卫生运动的通知》，结合疫情形势，对霸州市春季爱国卫生运动工作进行广泛宣传和安排部署；印发《开展第33个爱国卫生月活动的通知》《开展2021年春季统一灭鼠活动的通知》《霸州市爱国卫生运动委员会工作规则和成员单位职责分工的通知》；2021年5月，印发《霸州市无烟党政机关建设实施方案》，推动健康霸州控烟工作深入开展。2.深入开展爱卫活动。年度内开展爱国卫生月活动、世界无烟日宣传活动、开展“爱国卫生运动，助力新冠肺炎疫情防控”宣传活动，开展环境整治保护等活动，通过现场讲解、发放宣传册、组织人员清理卫生等形式，有效推动爱国卫生运动，提升霸州市卫生质量。

（邓　璐）

【医院介绍】

廊坊市第四人民医院（以下简称廊坊四院） 始建于1956年，前身为霸县医院、霸州市第一医院，2005年12月更名为廊坊市第四人民医院。2015年3月经河北省卫健委批准纳入三级医院管理，为廊坊市南部区域一所集急救、医疗、教学、科研、预防、保健、康复、专科特色于一体的三级综合医院。廊坊四院本部位于霸州市金康道1128号，占地5万余平米，建筑面积4万余平方米；东院区位于霸州市兴华中路1797号，占地1.7万余平米，建筑面积4.3万余平米。总编制床位数900张，实际开放床位836张。设有32个临床科室、14个医技科室和20个行政后勤科室。2021年门急诊量77.5万人次，收住院3.1万人次，开展大中型手术1.6万例。在职职工1056人（医师386人、护士483人、医技89人、后勤98人），其中高级职称204名，中级职称376名。有硕士研究生85名。廊坊四院骨科（骨一科、骨二科、手外科）和神经内科是廊坊市重点学科，急诊科和眼科是廊坊市重点发展学科。

廊坊四院现有固定资产总额4.5亿元，拥有德国全数字兼容型平板血管机、飞利浦3.0和西门子1.5T超导核磁共振、医科达医用直线加速器放疗系统、GE和飞利浦64排128层螺旋CT、GE飞天DR机、GE乳腺机、奥林巴斯射频消融治疗系统、热化疗灌注机、日本岛津数字胃肠机、美国科医人眼底激光机、日本拓普康眼底照相机、GE和西门子彩色超声诊断仪、斯道斯及奥林巴斯系列腔镜、德国电子频闪喉镜等大型先进医疗设备84台。

廊坊四院信息化建设除基础应用系统外，还建设了电子病案、门诊电子病历、OA办公、抗生素管理、无线心电、电子签名、手麻重症、掌上智慧医院、桌面云、BI智能分析等80多个子系统，并在省内率先实现电子病案无纸化。

廊坊四院除开展常见病、多发病的常规诊疗技术外，还成功开展一批高难度医疗技术，包括心脑血管和外周血管介入治疗术、埋藏式永久起搏器、右心系统声学造影、急性脑梗介入动脉取栓术、面肌痉挛及三叉神经痛微血管减压术、三叉神经球囊压迫术、颅底肿瘤切除术、颈椎手术、髋关节及双膝关节置换术、断指（趾）再植术、游离皮瓣移植术、足踝外科手术、周边视网膜变性裂孔激光治疗术、角膜移植术、乳癌保乳术、妇科单孔腹腔镜技术、胸腔镜下肺叶切除术、腹腔镜下结肠癌、直肠癌根治术、腹腔镜肝叶切除术、肝门胆管肿瘤切除术、射频消融治疗下肢静脉曲张、肠管代膀胱术、经输尿管钬激光碎石术、经皮肾镜取石术、床旁纤维支气管镜、急诊床旁超声等。

廊坊四院是“中国急性心肌梗塞救治项目河北省PPCI医院”“国家卫计委基层医院慢性疾病标准宣贯实验基地”“河北省级助理全科医生培训基地”“廊坊市全科医生转岗培训基地”“廊坊市心血管内科继续教育基地”，同时担负着廊坊卫生职业技术学院专科层次的教学任务。实行京津冀一体化协同发展之后，与多所京津三甲医院建立紧密型的协作关系，相继成为“承德医学院属附医院（非隶属）”“首都医科大学朝阳医院合作医院”“首都医科大学宣武医院医联体成员单位”“北京中医药大学第三附属医院合作医院”“天津市胸科医院合作医院”。

廊坊四院2015年被中国卒中联盟授予“卒中中心”称号，2020年通过国家脑防委“综合防治卒中中心”认证，2017年通过“中国胸痛中心”标准版认证，2020年被中国创伤救治联盟授予“中国创伤救治联盟创伤救治中心建设单位”称号。廊坊四院还成立 “孕产妇急救中心”，2018年加入 “河北省产科危重症救治联盟”。此外，廊坊四院还是城市癌症早诊早治项目承担医院、县域慢病健康管理中心、霸州市司法医学鉴定中心、血液酒精浓度检测中心、廊坊市120急救分站、职业病体检单位等。

近年来获得廊坊市“名院”、廊坊市文明单位、廊坊市“最美抗疫卫生健康先进集体”及河北省医务人员岗位基本技能竞赛活动先进单位、河北省先进集体等荣誉称号。

医院管理。1.坚持因时而变，努力实现业务增长“加速跑”。2021年，廊坊四院完成门急诊77.47万人次，较上年增长13.96万人次；出院3.08万人次，开展手术1.67万例，其中三、四级手术6536例，较上年增长1359例。医疗总收入5.87亿元，较上年基本持平。其中药品收入占比为31.56%，较上年下降5.69%；卫生材料收入占比为22.89%，较上年下降14.32%；医疗收入占比为45.55%，较上年增长15.34%。随着国家实行药品和医用耗材集中带量采购改革以来，廊坊四院药品和医用耗材收入均在逐年下降。医疗收入的大幅增长表明廊坊四院在受国家医改、医保政策调整与疫情等多重因素影响下，采取的措施是积极有效的，仍在保持高质量快速发展。2.全力打好疫情防控“主动仗”。2021年，廊坊四院严格按照国家、省卫健委关于疫情防控的相关工作要求，多举措做好疫情防控常态化部署。一是结合疫情形势及时制定防控方案，狠抓重点环节，层层压实责任。二是派遣6名护士驰援石家庄开展核酸检测工作。三是加强门急诊病人的扫码监管和体温监测。强化病区管控，规范过渡病房使用。四是加强全员防护知识培训，严格执行非必要不外出制度。五是南院区独立建成PCR实验室，全年共进行核酸标本检测38.88万例。104名医护人员直接参与发热门诊和留观病房患者的诊治工作，接待发热门诊就诊患者1.01万人次，并实现医务人员和患者零感染。省疫情防控督导组领导对廊坊四院疫情防控工作给予高度评价，并在廊坊市疫情防控调度会上进行通报表扬。3.坚持危中抢机，奋力写好谋篇布局“大文章”。东院区顺利搬迁，推动医院综合实力提档升级。在霸州市委、市政府和廊坊四院的共同努力下，东院区已于2021年上半年正式投入使用。东院区设置床位621张，高标准手术间10间，缓解日常住院和手术室紧张的压力。飞利浦3.0T核磁共振、64排CT、医科达直线加速器等大型医用设备及配套设施的投入使用，大大改善临床诊疗超负荷状态，满足患者的诊疗需求。与此同时，廊坊四院还争取地方政府专项债券6000万元，用于对医院本部的升级改造。增设摆渡车，方便患者及家属两个院区之间的往返需求。4.革新绩效分配，提高医务人员的工作积极性。廊坊四院基于RBRV评价体系，建立以工作量评价为基础，以工作质量考核为标准，以强化直接成本控制为手段，专项激励与单项惩戒为辅的绩效模式。通过医、护分开核算，使各科护理之间的奖励性绩效评价方法同质化，降低医护之间绩效的关联性，体现护理人员自身劳动价值。激励医务人员关注医疗质量，重视疑难重症患者诊治，鼓励开展新技术，支持重点学科建设。根据经济运行情况调整奖励工资总量，便于廊坊四院宏观调控。通过二次分配打破科室“大锅饭”，确保绩效考核发挥正向激励作用。5.合理规划学科发展，推进主诊医师负责制。廊坊四院对内科进行按部位重新划分，将内一科、内二科细分为内科、呼吸内科和消化内科3个科室。成立输血科，加强临床用血管理。增设中医科门诊，全年就诊950人次，开具中药处方1万余张，中药总额累计87.34万元。将产一科、产二科进行合并，成立盆底康复室进行产后管理。妇科门诊增设门诊无痛人流、无痛清宫项目，全年开展门诊手术 1308 例。急诊科加强院前急救建设，引进具有专业资质医生 5 名，在“2021 中国县级医院优秀专科评选”中荣获“十佳临床专科奖”。

医疗质量。医务科不断加强医疗工作中的环节质控与技术管理，抽查运行病例 5000 余份，开展联合检查 12 次，发现问题 400 余项，开展科内疑难病例讨论 324 次，全院会诊 13 次。指导各科室完成应急演练 234 场。质控出院病历 2.78 万份，下发病历反馈单 45 份。重新制定临床路径和单病种质量控制标准，规范临床用药和输血管理，调整手术分级目录，完成全院医师定期考核及注册。

护理部进一步建立、健全护理工作制度和护士长考核方案。修订护理工作制度 14 项，质量管理标准 28 项。推进“321”护理服务，完成护理质量专项改进和 43 项敏感指标上报。强化疫情常态化病区管理，规范落实核酸采集和疫苗接种，全年接种疫苗 5.51 万人次。组织理论培训 34 次，技术操作 4 次，对新分配 60 名护士进行岗前培训，培养专科护士 8 名，派遣 15 人参加短期培训班学习，6 人在河北省及廊坊市组织的技能竞赛中分获二、三等奖。

技术创新。廊坊四院按照“三级医院服务能力”要求，严格把控新技术新项目审批，2021 年通过新技术 1 项，为神内一科的经颅多普勒发泡试验技术。2020 年通过的新技术开展情况良好，其中神经外科开展 3DSlicer 技术支持下脑出血微创血肿穿刺引流术 111 例、三叉神经半月结球囊压迫术 19 例；普外科开展超声引导下经皮经肝胆囊穿刺置管引流术（PTGD）3 例；骨一科开展关节镜直视下复位关节内骨折 14 例；胸外科开展纤维支气管镜下检查及治疗 130 例；消化内科开展 ERCP 手术 5 例。心内一科应用血管内超声技术在未使用造影剂的情况下，完成造影剂过敏患者的支架植入 1 例，该项技术目前在国际上处于领先水平。妇科独立完成腹腔镜子宫切除术 77 例，该手术在 2020 年前均需外请专家。检验科开展临床基因扩增检验技术 38.39 万例；麻醉科开展关节置换术后超声引导下外周神经阻滞镇痛技术 204 例；影像科开展磁共振动脉自旋标记灌注技术（3D-ASL）80 例；放疗科收治患者 310 例，较上年增长 100 例。业务收入 950 万元，较上年增长 291 万元。司法医学鉴定中心恢复“人体血液酒精检测”业务，收取血样鉴定 224 例，采信率 100%。

医疗保障。1.2021 年组织院内、外招标 35 次，使用资金 8255.9 万元，用于东院区购买飞利浦 3.0T 磁共振成像系统、64 排 CT、通用型血管造影系统、奥林巴斯电子胃肠镜、法国声科、美国 GE 彩色超声等大型医用设备和办公家具的采购，以及今后两年内医院本部和东院区的后勤服务等。与环保部门进行对接，实现污水处理监测设备与国家环保监测系统联网，污水处理数据已达国家环保标准。2.廊坊四院作为征兵体检指定医院，完成 2021 年度春、秋季征兵体检工作。廊坊四院医疗救护连顺利通过省军区战备局现场考核，省军区战备局领导对廊坊四院民兵建设工作给予充分肯定。参加由国防动员部部署，廊坊市武装部组织召开的全国民兵动员大会，并完成相关任务。3.安全生产管理办公室全年累计处理突发事件 40 余起，处理火灾报警 120 余次，器件故障 75 次。进行用电和消防检查 31 次，组织消防、应急训练 16 次，新老员工培训 50 余次。强化院区内控烟，清理泡沫垫、行军床等易燃物 100 余张，有效降低了火灾隐患的发生，为广大患者及医务人员提供了一个安全的就医环境。

继教科研。科教科完成线上、线下各级各类学术会议 3 场，“三基三严”培训考核 7 场。申报获批省级继教项目 7 项、市级继教项目 6

项，省级必修课3项。新立项科研14项，成果结题14项，获省医学会一等奖2项、三等奖1项。顺利完成实习生的培训考核与助理全科医生的招生工作。参加国家级、省级师资培训55人次，院级师资培训50人次。全年派出长、短期学习人员101人，费用支出35.55万元。

服务宣传。宣传科利用多种媒介及时传播医院的新技术、新项目及最新发展动态。开展网络直播2场，组织公益讲座8次、义诊7次。组建新闻爆料群，发掘抢救心脏骤停群众的高海东、手打石膏绷带坚持工作的宋广朴等多名医护正能量。被国家级、省级媒体各报道5次、市级媒体报道6次、新媒体报道64次。在国家卫生健康委开展的"2018－2020年改善医疗服务活动"中，廊坊四院宣传科获"全国改善医疗服务先进典型科室"荣誉称号；廊坊四院志愿服务队被河北省文明办推选为"河北省先进志愿服务组织"；被廊坊市委、市政府所辖17个部门联合授予廊坊市学雷锋志愿服务"先进志愿服务组织"称号。

（李雅娟）

霸州市第三医院（以下简称霸州三院） 建于1987年，主要承担区域内居民的常见病、多发病诊疗，急危重症抢救与疑难病诊疗，基层医疗卫生机构人员的培训和指导，相应公共卫生服务职能以及突发事件紧急医疗救援等工作，经过近40年的发展，已成为霸州市及周边地区力量雄厚、设备齐全、环境优良且集医疗、康复、教学、科研、预防、保健于一体的二级综合医院。

霸州市第三医院现为"一院三区"布局，分为主院区、北院区和南院区3个院区，总建筑面积4万平方米，编制床位499张，实际开放床位644张，医院设有13个医技科室，15个职能后勤科室。现有职工457人，其中副高职称12人，中级职称70人；卫生技术人员379人，医师人数143人，医技人数48人，执业护士188人；研究生学历3人，本科学历247人。

发展情况。2021年全年实现业务收入1.8953亿元，比上年同期增长5390万余元，同比增长了39.74%，门急诊患者335931人次，较上年增长111979人次，同比增长50%；出院患者15271人次，较上年增长2805人次，同比增长22.5%；完成手术4117台次，较上年增长701台，同比提高20.52%；麻醉科全年配合完成无痛胃肠镜、无痛人流3358台，较上年增长979台，同比增长41.15%。

基础设施建设。2021年6月6日，新院区正式启用，新院区按照北大国际医院等三甲医院装修设计，增设介入科、医学重症科（ICU）等科室，购置信息系统机房动力环境监控系统、化验室罗氏实验室自动化流水线设备、深信服桌面云等先进系统、设备。截至2021年底，拥有价值100万元及以上设备8台、10万元以上100万元以下医疗设备65台、万元以上医疗设备323台。

运营管理。2021年6月，廊坊市医院等级评审专家组到霸州三院开展二甲评审工作，顺利通过了二甲评审。2021年11月，廊坊市医院巡查组对霸州三院党风廉政、行业作风、医疗服务质量、医院安全、经济运行管理等工作开展巡查，医院各项工作受到巡查组专家的一致认可。

医疗质量。2021年，霸州三院继续加强医疗质量管理和医疗安全管理，强化18项核心制度执行，完善并持续改善各项医疗核心制度的落实，将核心制度考核作为督导检查重点内容。建立健全了各种医院管理委员会，临床各科室成立医疗质控小组，做到院科两级，层层把关；明确各组织的职责，制定各种管理与持续改善措施，完善各种应急预案，为医疗质量与安全提供了坚实的保障。定期开展医政、护理、感染、物价多科室联合查房、病历汇报、处方点评、业务授课等活动。加强落实《病例书写基本规范》和《手术安全核查制度》，规范病历书写和手术安全核查工作。2021 年检查运行病历 2466 份，终末病历 5000 余份；开展处方点评 15 次，点评处方 2560 张，通报不合理处方 166 张；开展业务联合查房 13 次，覆盖全院主要业务科室；开展院级业务讲课 36 次，全员多次参加新冠疫情防控及治疗的学习。

加强人才培养。组织各类学习活动 40 余次，派送规培医师 5 人，到廊坊市医院、管道局医院、省二院轮转学习 20 人次，短期国内、省内业务学习及管理知识培训 70 人次。2021 年多名医师晋升高级职称，医院整体人才结构得到进一步优化。

霸州市第三医院预防接种门诊。按照五星级规范化接种门诊高标准进行建设装修，接种门诊使用面积 300 平方米，配备先进的电子接种信息系统，全年接种新冠疫苗 10 万针次，为使动物致伤情况得到及时处理，第一时间接种狂犬疫苗，犬伤处置实行 24 小时服务。经廊坊市疾控中心免疫规划专家组的现场复核，霸州市第三医院预防接种门诊在 48 家参评单位中被评选为廊坊市唯一一家五星级示范预防接种门诊。

护理工作和优质服务。1.强化护士长管理，提升护理质量。2021 年召开护理质量委员会 4 次，各质控组汇报季度护理质量持续改进情况，参加科室业务查房、疑难护理病例讨论 5 次并给予指导，举行 4 次各科护士长目标管理交流，效果良好。2.提高护理人员业务素质。为适应医院发展，选派 6 名护理人员到廊坊市人民医院、管道局医院进修学习，吸取先进经验，扩大知识面，开展新技术，2021 年度进行 PICC 置管 14 例。3.强化优质护理服务内涵，落实责任制整体护理。全院优质护理服务病区覆盖率达 100%，各病区实行责任制整体护理，提供优质护理服务 7200 余人次。调整优质护理服务绩效方法，将优质护理服务绩效与科室护理质量挂钩，提高护理质量。开展住院患者对护理工作满意度调查 4 次，参与调查 4800 余人次，满意度 100%。

医共体建设。2021 年，煎茶铺分院落实市委、市政府疫情防控工作任务，承担煎茶铺镇及周边村街的新冠肺炎疫苗的接种工作和核酸采集工作。2021 年煎茶铺分院收治门急诊患者 19930 人次，住院患者 1509 人，全年业务收入 811 万余元。医共体建设后，霸州三院选派医院学科带头人，扎根医共体，精心组织教学和实践，开展基层健康知识科普工作，提高了煎茶铺中心卫生院的服务能力和工作水平。

（陈建超）

霸州市第二医院（以下简称霸州二院）始建于 1958 年，是一所国家二级甲等综合医院，设 49 个科室，200 张病床。现有职工 540 人，其中高级职称 1 人，中级职称 121 人，副高级 43 人。拥有大型仪器、设备 GE 64 排 CT、1.5T 核磁共振、国内首条日本安图磁悬浮生化仪流水线、廊坊地区第一台全自动 BHF-VI 核酸芯片检测仪，德国狼牌腹腔内窥镜、眼科 AB 超声诊断仪、中心供氧系统、钬激光治疗仪、口腔数字化牙片机、富士 DR 机、彩超诊断仪（5 台）等大型医疗检查治疗设备。

新冠疫情防控工作。紧急建立预检分诊、发热门诊、留观病房、隔离病区，对医疗防控、核酸检测、医疗救治、后勤保障、疫情信息报送等工作进行安排部署。多次组织新冠疫情防控、救治等相关培训和演练。积极筹备防控救治物资，突击改造防控、隔离治疗的分区布局；规范了预检分诊、发热门诊、隔离病房防控治疗的流程。

坚持公立医院公益性，深化医药卫生体制改革。2021 年，霸州二院坚持公益性原则开展改革试点工作，以现代化医院管理和示范县创建为抓手，多次召开专项会议研究部署工作，取得多方面成效。落实医院核心制度建设，以《霸州市第二医院章程》作为医院管理的基本依据，进一步明确党政职能。健全财务资产管理，优化医院收入结构。全面推行聘用制度和岗位管理制度，实行合同管理。以人事薪酬改革为重点，调动人员积极性，强化医院信息系统标准化和规范化建设，利用信息化技术管理，全面开展便民惠民服务，将霸州二院医药卫生体制改革逐步推向深入。

加强医院信息系统标准化和规范化建设。2021 年，霸州二院积极进行信息化建设及系统改造工作。1. 完成市居民健康平台接口的改造和医保体检上传接口的改造。2. 医保接口改造已完成正在测试。DIP 付费接口改造完成正在测试，智慧医疗、预约挂号、诊间结算接口正在进行与河北银行联网改造。3. 电子签名数字证书系统已上线。河北非税电子票据、移动查房、移动护理、输液手持系统、合理用药系统、临床医学管理系统、药物信息咨询系统、医务管理系统各项工作已经步入正轨。

通过二甲复审。2021 年 6 月 1 至 4 日，霸州二院顺利通过二级医院评审组专家检查验收，6 个检查组对霸州二院二甲复评工作给予肯定。

（李二鹏）

霸州市中医医院（以下简称霸州中医院）是一所集医疗、急救、预防保健、教学于一体，以中西医结合为主的二级甲等综合性中医医院。医院占地面积 10600 平方米，建筑面积 1 万平方米。医院设有内科、外科、骨科、妇产科、急诊科、儿科、精神科、五官科、内分泌科、碎石科、体检科、皮肤科、耳鼻喉科、眼科、中医针灸推拿理疗康复中心等 15 个临床科室和 5 个专家门诊。设放射科、CT 室、检验科、B 超室、心、脑电图室等 6 个功能科室，设病床 440 张。2021 年底，霸州中医院门诊就诊达 13 万人次，较上年同期增长约 10%，完成住院 8870 人次，全年业务收入达到创纪录的 1.12 亿元。

注重人才培养，提高诊疗水平。霸州中医院要求广大职工开展业务自学，并由医务科定期安排有一定水平、高资质的主任或进修学习回来的人员，每周四下午为全院业务人员讲课，以更快地提高自身能力，提高诊疗水平。选派临床医护人员到上级医院进修、深造。2021 年霸州中医院选派 50 余人到天津、北京、石家庄等上级医院进修、学习。涉及中医、药剂、护理、急诊、医技等科室人员。

加大医疗硬件投入，提升危重急症的诊疗水平。霸州中医院筹措资金购入 E10 型彩超和 3 套 ICU 整体设备。ICU 病房的投入使用，是霸州中医院开展急症医学一个良好的开端。

加强医院的品牌建设。霸州中医院针灸康复科不断进步，荣获河北省卫生厅重点专科称号，全年门诊量达 2 万余人次，排在廊坊市各家医院针灸科的首位。霸州中医院精神科，是河北省卫生厅定点的 13 家重症精神病救治中心之一，服务范围面向整个廊坊市的精神病患者群。霸州中医院内分泌科是河北省糖尿病防治学会健康教育基地、廊坊市重点专科。

践行“京津冀一体化”，引进专家，提升诊疗水平。充分利用北京知名医院雄厚的技术力量，为霸州中医院搭建绿色通道、双向转诊、人才培养、专家应诊等四大合作平台，使霸州市广大患者到北京、天津看病难，找知名专家看病更难的难题得到了很好解决。

提高医疗质量、打造平安医院。1.严格执行卫生部《医院感染管理规范》和《消毒隔离技术规范》。合理使用抗生素，执行用血登记、用血报批、检验核对制度。加强医院感染管理，防止院感事件发生。按市卫生局监督督导的要求添加了贮血冰箱等设备。2.加强一次性医疗用品的使用管理，按要求消毒、毁形、焚烧处理，把院内感染控制在最低限度。3.紧抓以手术管理为核心的医疗风险教育，切实落实患者知情和风险告知制度，杜绝盲目、轻率实施医疗活动的行为。4.医务科定期组织讲课，进行业务指导，现场督察，对临床诊疗规范进行指导，对病历、处方进行定期检查、点评、评比。5.认真执行医疗护理核心制度，各职能科室加强督导和检查，重点加强病历质量及医疗核心制度执行情况的督查，确保医疗质量稳步提高，最大限度地消除医疗安全隐患。

（张卫峰）

霸州市妇幼保健院 成立于 1978 年，占地 8.25 万平方米，总建筑面积 9746 平方米，注册床位 99 张，医院内设“三大部”，即孕产保健部、儿童保健部、妇女保健部，内含妇科、产科、儿科、新生儿科、保健科等 20 余个科室，现有干部职工 236 人。是一所集医疗、预防、保健于一体的具有妇幼卫生工作特色的二级医疗保健机构。以保障母婴安全，提高出生人口素质为目的，依托妇科、产科优势，全面分析妇幼卫生工作的形势，切实履行公共卫生职责，完成了政府和卫生行政部门下达的任务。

妇幼健康工作。1.“逢孕必检”，强业务、抓流程、杜绝漏报。阻断艾滋病母婴传播工作紧紧结合孕产妇早孕建卡建册，建立“逢孕必检”“首诊负责”的工作制度。在为孕妇建立《母子健康手册》的同时，免费检测 HIV、乙肝和梅毒。重点抓阳性病例的登记上报，做到发现一例，治疗一例，通过垫付资金让患者享受到治疗补贴。2.统筹谋划，孕前优生及“两癌”筛查工作不断推进。2021 年免费孕前优生健康检查 1506 对，完成项目目标人群的 94.1%。免费两癌筛查 2482 人，完成率 124.1%，超额完成上级下达的任务数。3.优化服务模式，认真落实叶酸发放工作。年初制定项目方案和工作计划，妇幼保健院在就诊大厅循环播放宣传片，向卫生院、卫生室发放宣传资料海报。利用孕前优生、婚检环节在产科门诊、卫生院、卫生室发放叶酸，同时做好登记、随访工作。2021 年，叶酸新增服用人数 5952 人，完成率 108.2%。4.产筛工作。霸州市有 4 个产前筛查点，霸州市妇幼保健院产科门诊把临床与保健有机结合，开设 4 个诊室。截至 12 月底，完成唐氏筛查 3294 人、无创基因筛查 2845 人、耳聋基因筛查 4133 人。5.儿童近视防控工作有序开展，扎实推进。根据省市 0～6 岁儿童近视防控实施方案的相关文件要求，出台《霸州市 0～6 岁儿童近视防控实施方案》，经卫生和健康局党组研究决定，批准廊坊姚氏眼科医院和瞳明眼科医院成为霸州市的儿童、青少年近视防控中心，为全市的儿童、青少年的视力保驾护航。全年眼保健筛查人数 45096 人，覆盖率 90.97%。6.开展免费婚检工作。利用微信公众号、朋友圈、抖音等方式宣传婚检的政策、注意事项等内容，到婚纱影楼发放宣传告知。并将孕前优生和婚检有机结合，截至 12 月底霸州市免费婚前医学检查 1692 人。7.扎紧三级预防最后关口、做好各项疾病筛查。各助产机构严格按照疾病筛查实施方案和技术规范进行操作，在疾病筛查室等处悬挂宣传资料，对可疑阳性病例协助新生儿遗传代谢病筛查中心，及时通知复查，以便确诊或采取干预措施。截至年底，新生儿遗传代谢疾病共筛查 6315

人，听力筛查 6289 人，新生儿先心病筛查 4681 人。

医疗队伍建设。霸州市妇幼保健院进一步树立“一切为病人、为了一切病人、为了病人的一切”理念，围绕病人就医过程中的热点、难点、焦点问题，不断改善就医环境，在优质服务上做文章，确保医疗质量、医疗安全。

常态化新冠疫情防控工作。1. 认真落实国务院联防联控制定的“四项机制”。按规定建立“三级管理”感控督查组织，明确感控督查组织体系的管理层级与责任，及时研究解决问题。每月下科室进行检查督促医院感染防控工作，日常随时深入科室进行监督检查。2. 严格落实国家、省、市卫健部门工作部署，及时更新诊疗防控方案和相关流程。2021 年修订健全霸州市妇幼保健院《新型冠状病毒感染肺炎疫情防控工作应急预案》等多项制度规定，确保防控工作流程安全科学。3. 从院领导到科主任、护士长实行网格化管理，落实首诊负责制，加强出入院三道防线监控。4. 严格落实挂号、缴费、候诊一米线，一患一诊室制度，物业保安、门诊主任、总务科协同配合，疏导维护秩序。5. 加强发热筛查门诊管理，压实发热筛查门诊的“前哨”责任。6. 加强病区管理。一是疫情期间取消探视，推行陪护证制度。原则上一人一陪护。二是严格转诊管理，对特殊急危重症须经院内会诊上报主管院长，原则上域内转诊，发热病人一律不允许转诊京津。三是加强消毒、隔离及防护工作，严格实施标准防护。要求医院各科室病区全面加强消毒隔离及病人的管理，严格执行消毒隔离技术，做好病区清洁消毒及通风换气，要求医护人员做好自身防护，加强手卫生，同时做好医疗废弃物和污水的处理。物业部门每天做好医院地面整体消毒，加强门诊、病房、电梯等重点部位消毒擦拭频次。7. 严格本院职工管理，疫情期间实行全员封闭式管理，严禁外出。

医疗保健业务。自 2021 年 7 月与北京福棠儿童医学中心合作，开设专注力训练门诊，依托国家级技术及设备，对多动、注意力缺陷儿童进行科学训练，至 12 月份接诊 77 次；加强呼吸亚专业建设：针对临床慢性咳嗽婴幼儿较多，个别患儿疑似百日咳及咳嗽变异性哮喘，积极开展百日咳杆菌核酸检测、肺功能检查协诊，提高诊治水平。加大力度开展妇科手术。例如宫腔镜下宫内各种疾病的诊治：宫腔粘连、子宫纵隔、宫内节育器嵌顿、胚物残留及经宫腔镜双侧输卵管开口插管通液术，利用宫、腹腔镜等微创技术，针对病因对不孕症进行个性化诊断与治疗。2021 年妇科门诊就诊约 26000 人次，完成妇科手术 446 例。妇产科护理部把中医科熏洗技术用到产科临床，不但减轻了病人术后腹胀带来的痛苦，还对泌乳有很好的疗效，早早地实现了新生儿纯母乳喂养，受到产妇的一致好评。超声科引进新技术，为 6 个月内的宝宝进行小儿髋关节超声检查，可使髋关节脱位的宝宝早发现、早干预、早治疗、早康复。检验科开设新的检验项目 3 个，贫血两项（铁蛋白和叶酸测定）、B 族链球菌测定、流感三项（甲型流感病毒，乙型流感病毒和副流感病毒），为临床诊断与治疗提供可靠依据。2021 年完成 IIIS 系统和电子病历系统建设，医院内、外网物理隔离的工作，更换机房核心交换机，与廊坊信息化平台的对接、安装自助机切实解决了挂号排队、缴费排队、取报告排队等就医难问题。总务科 2021 年完成对放射科建筑改造，增加钼靶、口腔 CT 房屋建设，满足科室用房要求。

（郝春兰）

廊坊红十字霸州开发区医院　建筑面积 5600 平方米，用于医疗业务用房面积 4200 平方米。现有工作人员205名，设置病床110张。主要设置风湿免疫、骨科、椎间盘、妇产科、甲状腺五大专科，同时设置内、外、儿、眼科、手外科、皮肤科、耳鼻喉科、口腔科等职能科室。还设有检验、DR、CT、超声、康复理疗、按摩、高压氧、血液透析、内镜等辅助检查和治疗科室。执业医师73名，执业护士54名，技士20名，卫生技术人员149名，主任医师1名，副主任医师7名，主治医师23名，副主任护师3名，主管护师7名。

医疗设备。2021年，廊坊红十字霸州开发区医院购置德国速林SONOCA300超声骨刀、日本拓普康电脑角膜验光仪、自动视力表投影仪、视力检查器、蒸汽发生器、脉动真空灭菌器、手功能康复机器人、理邦十二导心电图机、全自动医用PCR分析系统、骨盆功能康复训练机、核心肌群功能训练机等大型医疗设备。

专科建设。通过专家带动扶持重点专科发展，提高处理复杂疑难病症能力，增强医院的核心竞争力，提高医院整体的诊疗水平和技术创新能力，带动医院全方位的发展。在血管造影机（俗称大C臂）的协助下，廊坊红十字霸州开发区医院顺利完成冠心病患者冠状动脉造影、冠状动脉支架植入术126例、骨科相关手术32例、经皮肝动脉栓塞术1例、食道CA置入术1例等多种、多例手术。2012年开展无痛分娩至今，接生550余个无痛分娩宝宝，院长带领妇产科团队开展妇科单孔腹腔镜微创手术，完成多例单孔腹腔镜下宫外孕、卵巢囊肿剥除术。开展胶囊内镜48例。

科研工作与人才培养。医院强化继续医学教育，注重专业人才培养。坚持科技兴医，重视人才培养和科研工作。2021年度选派3人前往各专业权威医院进修学习。

护理工作。狠抓医疗护理质量管理，确保医疗安全。认真组织和督促医务科、护理部等职能科室定期开展医疗质量大检查活动，对病历、处方的书写以及消毒隔离执行情况进行认真检查，综合分析，严格按照医院管理制度执行。同时，充分发挥行政、后勤职能部门的协调、指导、督查等作用，为临床一线业务的正常开展提供了强有力的后勤保障。全年无重大医疗差错事故发生，有效地防范医疗风险，促进医疗业务的快速增长。

（郭方生）

王庄子镇卫生院 医院占地面积约2500平方米，建筑面积为1400平方米，医疗业务用房1326平方米，编制床位42张，实际开放床位42张。还拥有村级卫生室7个，一体化卫生院13个，均由卫生院管理。有职工23人，主治医师1人，执业医师及执业助理医师6人，执业护士5人。卫生院设内科、外科、妇产科、国医堂、预防接种门诊、公共卫生科、医技科室等11个科室，拥有DR、全自动生化分析仪、血球分析仪、B超、彩超、12导心电图机、经颅多普勒、凝血四项、尿常规检测仪、二氧化碳激光治疗机等医疗设备。能开展内、儿科常见病，多发病以及部分危急重症的救治。外科开展外伤缝合、犬伤处理、体表肿物等手术。王庄子镇卫生院承担着全镇4.3万余名群众的基本医疗和公共卫生服务工作。

中医药服务体系建设。王庄子镇卫生院设有国医堂，设置独立诊区，充分满足辖区内居民的中医药服务需求。中医诊区设有中医一科、中医二科、煎药室、中药房、康复治疗室等科室，并配备中药橱、煎药机、治疗床、针灸器具、TDP神灯、牵引床、中药熏蒸床、火罐、艾灸条及消毒器具等设备，开展包括中药、针灸、推拿、火罐、刮痧、熏蒸等适宜诊疗技术。

扎实推进公共卫生均等化服务。开展居民健康档案管理、预防接种，0～6岁儿童健康管理、65 岁以上老人健康管理、高血压、糖尿病患者管理、严重精神障碍患者管理等，群众的健康保障意识和水平得到了提升。

全面推进基本药物制度的实施。王庄子镇卫生院及辖区村卫生室全部使用基本药物，并实行零差价销售，所有药品严格执行网上平台采购，解决群众看病贵的问题。

（郭则稳）

教育·体育

【概况】 霸州市教育和体育局（简称市教育体育局）为市政府工作部门，是人民政府主管全市教育和体育工作的职能部门，业务上受廊坊市教育局及廊坊市体育局指导，担负着全市教育和体育改革与发展的各项工作。2021年，全市有各级各类全日制学校、幼儿园409所，在校生总人数151033人（含民办），教职工总人数11229人（含民办）。其中，普通小学97所，在校生77506人，教职工3904人，专任教师3719人；普通初中24所（含4所九年一贯制学校），在校生30097人，教职工2598人，专任教师2231人；普通高中3所（含完全中学1所），在校生9167人，教职工859人，专任教师796人；中职学校3所（含职业高中学校2所、成人中等专业学校1所），在校生3354人，教职工283人，专任教师253人；幼儿园281所，在园幼儿30764人，教职工3566人，专任教师1708人；特殊教育学校1所，在校生145人，教职工19人，专任教师19人。2021年，市教育体育局荣获廊坊市文明单位。

【改善办学条件】 市一小新建教学楼工程、市二小改造工程、王庄子镇王庄子小学新建教学楼、幼儿园教学楼工程、市三中科技楼加固项目、市三小教室改造等6个项目竣工，全市中小学厕所改造一期工程涉及37所学校，已完成20所学校改造任务，12所学校正在施工，5所学校正在办理招标手续；市四幼、岔河集乡岔河集中心小学幼儿园、胜芳镇红星小学教学楼工程、四小新建教学楼工程，市三幼、市区九年一贯制学校、辛章新区小学教学楼工程，市一中阶梯教室加固工程、市二幼改造工程等29个续建、新建项目加快推进。

【立德树人教育】 党史学习教育形式多样，组织红色电影放映323场，红歌比赛85场，演讲比赛29场，参与活动师生9.5万余人，9条信息被“学习强国”平台采用刊发；培育践行社会主义核心价值观，学习开展“扣好人生第一粒扣子”“清明祭英烈”“童心向党”等活动，参与学生近14万人，2名学生荣获廊坊市新时代好少年荣誉称号；开展“戏曲进校园”“非遗进校园”活动20余场，惠及学生1万余人；完成省级文明城市和未成年人思想道德建设测评各项工作，成绩位居廊坊各区市县前列。

【教学质量提升】 全面贯彻落实党的教育方针，备齐教师、教材、教案，全市各级各类学校2021年秋季学期实现劳动课全覆盖；在全国学科竞赛活动中，霸州市学生成绩斐然，市一中王仁桐等8名学生获奖；体育赛事收获15个省冠军，市九小的4名学生代表廊坊市参加河北省2021年青少年网球排名赛获6金2银2铜的历史最好成绩，市三中4名学生在2021年河北省青少年网球锦标赛中取得男子乙组、女子乙组9项冠军； 美育实现新突破，市四小学生郭雨菲书法作品获中宣部表彰奖励；学生科技素养显著提升，获省级奖励28项，其中市四中学生翟瑞的作品《移动的三角函数曲线》、市八中学生包行畅的作品《探究水的奥秘》在第三十五届河北省青少年科技创新大赛上被评为河北省青少年作品一等奖；高考成绩再创历史新高，在南五县遥遥领先。

【教师队伍建设】 组织“廊坊市教育系统爱岗敬业模范事迹巡回报告会（霸州专场）”，举办霸州市优秀教师先进事迹巡回报告会，选树师德标兵、优秀班主任、教学能手、优秀青年教师先进典型400余名，张满意获评河北省师德标兵，刘冰等13名教师获廊坊市师德标兵荣誉称号；加强专业培训，先后组织国家、省、市、县各类培训30余次，受训校长、教师达2万余人次；深入落实《霸州市青年教师千人计划》，青年教师在各种业务竞技活动中获廊坊市级以上奖励336人次；全市各中小学教学联盟共举行教研活动148次，听、评课486节，展示优秀课例135节，青年教师结对拜师1256对，共享教学资源2400余项；“三名”工程扩容出彩，新增赵长青等河北省骨干教师5人、刘凌云等廊坊市骨干教师13名，市七小被河北省教育厅、河北省生态环境厅共同命名为“河北省绿色学校”，市六小被省教育厅、省司法厅、省法治宣传教育领导小组办公室授予“河北省第八批依法治校示范校”荣誉称号，市二小被省教育厅命名为“北京2022年冬奥会和冬残奥会奥林匹克教育示范学校”，市十八中校长张春海被河北省教育厅授予第三届“河北最美校长”称号。

【提升教育保障能力】 完成“接返”工作，年初将分布在石家庄5个聚集点的466名霸州籍初中、高中、大学学生接回霸州；扎实做好校园疫情常态化防控工作，推进疫苗接种，确保适龄无禁忌人群应接尽接，全市教职工接种9141人，18周岁学生接种1269人，15～17周岁人员疫苗接种已完成11656人，12～14周岁人员疫苗接种已完成29012人，3～11周岁在校、在园学生幼儿接种第一针剂89245人，第二针剂57973人，18周岁以上教职工接种加强针2801人；严格落实“五项管理”，扎实推进“双减”工作，科学制定课后服务实施方案，全市95所小学、19所初中、8.3万余名中小学生接受校内课后服务，实现“城乡中小学全覆盖、有需求的学生全覆盖”；全面开展校外培训机构整治，依法关停取缔83家，限期整改23家；教育资助精准实施，全市发放教育免、补、救等资金180余万元，惠及从学前教育到高等教育就读的幼儿、学生4000余人次，确保全市范围内无因贫失学、辍学现象，通过省、市巩固脱贫成果评估验收；落实农村小学生营养改善计划，覆盖全市农村小学127所（含分校区及3所民办校），受益学生5.5万名；校园整体安全稳定，深化学校安全“双控”建设，组织防溺水等安全主题教育，开展防范中小学欺凌专项治理，全市校车运营车辆42辆，服务6个乡镇的11所学校，服务学生3400余人，联合公安、市场监管等职能部门，对全市各级各类学校及校外培训机构开展3轮安全工作执法检查，全市学校、幼儿园全部实现全封闭管理、一键报警视频监控系统与公安机关联网安装率、护学岗建设、专职保安配备率、校门口防冲撞设施安装率“5个100%”，城区学校落实电子门禁100%。

【体育事业发展】 按时完成74处全民健身工程项目建设任务；组织举办23项精品赛事、大型赛事和群众冰雪等群体赛事活动；组队参加廊坊市第八届运动会，取得1个团体第一名、4项个人冠军的优异成绩；举办全民健身日网上启动仪式，组织进行国民体质监测，全民健身积极性和体质健康水平明显提高；持续深入开展场馆安全管理，确保人民群众的生命安全。

【学校介绍】

霸州市第一中学（以下简称市一中） 为

河北省示范性高级中学，占地17.3万平方米，总建筑面积10万平方米，绿化面积4万平方米。学校现有在校生4911人，在岗教职工523人，其中博士1名，硕士16名，本科以上学历482人，正高级教师3人，高级教师145人，一级教师244人。建有高标准教学楼3栋、实验楼1栋、艺术教育园区1处、天文观象台1座、师生公寓楼8栋以及磁卡售饭餐厅10个。

举行第四届“最美教师”评选活动。推荐19名教师为候选人，经公开宣传、网络投票、综合评定，最终于永军、张丽萍等10名教师当选。

承办廊坊教育局专题教研活动。廊坊市教育局“基于教学改革、融合信息技术的新型教与学模式”高中教学专题研讨活动（南四县）在市一中举行。廊坊市各学科教研员与来自霸州、永清、文安、大城的10所学校150多名优秀教师共同进行为期一天的教研活动，成功开展包括语文、英语、历史、化学、地理5个学科的示范观摩研讨课活动。

开展党史学习教育。自4月开始，市一中党史学习教育全面铺开。首先，召开全体党员参会的动员大会，指出此次活动的重大意义，要求全体党员以此次活动为契机，不断开创学校发展新局面，以优异成绩向中国共产党成立100周年献礼。按照活动方案，进行集体上党课、党史学习教育进课堂、党史学习教育知识竞赛、颂歌献给党合唱比赛、清明祭英烈、党员社区志愿服务等活动。

举行学生十八岁成人礼仪式。市一中以“逐梦青春心向党 感恩家国勇担当”为主题，为学生举行十八岁成人礼仪式，激励学生勇敢担起成人的责任，心怀家国，立志成才，将来报效祖国。

河北农业大学“优质生源基地”签约授牌。6月20日，河北农业大学与霸州市第一中学共建“优质生源基地”签约授牌仪式在霸州一中举行。河北农业大学生命科学学院党委书记石中泉向校长杭辉授牌。

举行庆祝中国共产党成立100周年文艺晚会。7月1日，霸州一中举行“胸怀千秋伟业 恰是百年风华”主题文艺晚会，向中国共产党成立100周年送上祝福，激励全体教职工奋发向上，再创佳绩。

廊坊市第三届冰雪运动会上获佳绩。11月，在廊坊市第三届冰雪运动会上，由霸州一中运动员参与组成的霸州市代表队，取得优异成绩。其中，邢博胤获得高中男子组速滑500米第三名、1500米第三名；李逸伦获得高中男子组轮滑500米第二名、1000米第二名；李琳获得高中女子组轮滑300米第三名。

霸州市第二中学（以下简称市二中） 占地面积35668平方米，建筑面积25564平方米。市二中建有高标准理化生实验室14个，音乐、美术专用教室各1个，心理教室1个、创客教室1个，录播室1个，电子备课室3个，标准250米操场1个，塑胶篮球场2个，健身房2个、乒乓球室2个，学生计算机房5个，学生机330台。建有高标准图书室、阅览室各1个，生均图书53册，能充分满足师生借阅需求。学校现有54个教学班，2800名学生，257名教职员工，其中高级教师63人，一级教师120人，二级教师65人，教师学历合格率100%。

2021年，市二中先后获得“廊坊市星级中学团校”及霸州市“实绩突出领导班子”“A等次领导班子”“初中教育综合考评第一名”“教育工作先进单位”“初中教学质量先进单位”“文明校园”“绿色校园”“信息化教学先进单位”等荣誉称号。

德育工作。加强校园文化建设，重新布置、更换部分创文展牌；在中国共产党成立100周年之际，广泛开展毛泽东诗词朗诵、观看红色影片、读红色书籍等活动；开展第二课堂，举行“庆丰收、感党恩”社会实践活动、“重阳节手抄报”活动、“诗词鉴赏”主题班会、“团结拼搏杯”混合接力赛、班级素质对抗赛和“迎新年”书法比赛等各类文体活动；开展心理健康活动课、举办心理辅导讲座；修改完善“文明班级考核制度”和“班主任工作考核细则”，促进班集体建设。

师德师风教育工作。组织学习习近平总书记关于实现中国梦重要讲话精神、《中小学教师职业道德规范》《中华人民共和国教师法》及市教体局有关文件，有效提升师德素养。

教学工作。按照“双减”和“五项管理”政策要求制定教学及教学管理制度；严格抓好教学常规管理工作，强调教学过程管理，提高课堂效率；定期召开年级校长、主任、学科组长会。

教科研工作。牛金领语文名师工作室，完成霸州市重点课题《诵读博览在初中语文教学中的实践探索》，获霸州市教育科研优秀成果一等奖；赵建振物理名师工作室完成霸州市重点课题《基于思维导图的初中物理复习课教学策略的研究》；杨玉娟作为“廊坊市李颖名师工作室”主要成员，多次到其他省市作课、作报告。

安全工作。制订《校园安全专项整顿暨突出隐患“清零行动”实施方案》《设立护学岗工作方案》《冬春火灾防控实施方案》，组织召开安全专题会议并签订责任书，对学校各类设备设施进行了检查、整改，开展“宪法宣传周”系列活动，组织紧急避险疏散演练，举办“莫让青春浮暗影”安全法制报告会和“高标立德守护未来”安全知识讲座，对保安人员进行业务工作培训。

霸州市第三中学（以下简称市三中） 坐落在市区裕华东道152号，学校占地36600平方米，建筑面积22551.28平方米。学校现有48个教学班，在校生2531人，义务教育完成率100%；在职教师204人，教师学历合格率为100%，其中，中学副高级教师37人，中级教师100人，初级教师66人。2021年，市三中承办霸州市班主任素质大赛、师德师风培训、演讲比赛、提升教学质量等现场会。

德育活动。市三中开展学雷锋志愿活动。成立中国象棋、传统体育项目、舞蹈和书法社团并开展系列活动；开展网上团员学习和青年大学习活动，不断提高团员队伍素质；开展“礼赞祖国 歌颂英雄”手抄报活动、网上祭英烈活动、特别主题团日活动，“致敬英雄 助力武汉”征文等活动；开展七八年级秋季田径运动会，丰富师生课余文化生活；利用母亲节、父亲节、网络安全日、清明节等特殊节日，开展礼仪、感恩、爱国、理想、法治等教育活动。

教研活动有序开展。完成线上线下教学工作；严格落实领导干部巡课听课制度；着手征集、评选创新论文和优秀教学案例工作，推动学校创新发展。教师在各级教学比赛中获奖人数达120余人次；在课题研究方面，学校在廊坊市级课题研究中结题3个，立项2个，在霸州市级课题研究中立项2个。

教学联盟活动稳步推进。开展教学联盟线上活动4次，参加教师达80余人次，通过参与听课教研和联盟命题统考，实现联盟校共同提高的目的。

育人环境不断改善。市三中为防疫需要，购置各类防疫物资，保证防疫期间各项工作的正常开展；推广无尘课堂，安装白板，保障师生健康；投入20余万元在校园设立40处文化展牌，在弘毅楼楼道装饰文化长廊；装配舞蹈教室、音乐教室、美术教室、书画教室、传统体育项目活动室、心理咨询室、创客教室、校园书店、校史室等，为学生发展打造广阔的空间；把校园内饮用冷水、热水均改为净化水；修缮消防设施，购买、更新消防器材，校园内安装全覆盖监控，教室内安装360度无死角远程监控及门卫一键报警设施。

霸州市第四中学（以下简称市四中） 地处胜芳镇东北部，占地面积 13.3 万平方米，拥有主体教学楼2栋，学生公寓楼4栋，学生餐厅6个，设有图书室1个，教师阅览室2个，学生阅览室3个，高标准、现代化的实验室18个（物理、化学、生物各 6 个），并配备陈列室、准备室、储存室等附属用房，综合数字化探究实验室1个，录播室1个，专用教室7个，标准微机室2个和教师电子备课室3个。学校体育设施齐全，有标准化400米塑胶运动场1座、篮球场地10个、乒乓球场地30个。

2021年，学校有教学班62个，学生3327人，教职工242人， 专任教师207人，学历达标率100%，其中拥有研究生学历的占教工总人数的6%。拥有高级职称者78人，中级职称者112人；河北省级骨干教师4人，廊坊市级骨干教师16人，霸州市级骨干教师41人；廊坊市学科名师10人，霸州市学科名师6人。

成功举办建校70周年庆典。10月16日，学校举办以“胜园春芳，七秩秋实”为主题的建校 70 周年庆典活动。庆典活动以在校全体师生及部分校友为主体，采取现场直播的形式举行，仅邀请在霸州的部分老校长、老教师、老校友及教体局的部分领导100余人现场参会。

校友捐赠。校友王玉锁自 1998 年便开始对母校进行奖教助学活动，从未间断。2021年，王玉锁决定将捐资额度提高到每年200万元，不设期限。同时设立专项基金，斥资千万元，帮助母校优化生源，聘请名师来校任教，提高学校内涵，助力母校早日腾飞，实现霸州市东西部教育均衡发展。校友崔大乐自 2011 年开始对母校捐资助教助学，2021年，他一次性为学校捐款70万元，用于改善教学条件和环境。

教研成果。2021年，市四中教师100余人次获得不同级别的教学奖励及荣誉称号：刘冰参加河北省中小学青年教师教学竞赛荣获一等奖，张慧、刘潇、王玉姣等多名教师参加河北教科所举办的河北省高中历史、语文、音乐学科优质课评比并全部荣获一等奖，曾庆山、徐文平的课入选省级精品课，7 人获廊坊市教育研究工作项目活动说播课一等奖，10人荣获霸州市 “学科带头人”称号，7人荣获霸州市中小学幼儿园骨干教师称号，4人获霸州市“四百教师” 教学能手称号，7 人入选廊坊市中小学实验教学专家库。

霸州市第五中学（以下简称市五中） 位于霸州市南孟镇，是一所历史悠久的完全中学。学校占地45667平方米，建筑面积20004平方米，建有教学楼、综合楼、餐厅各1栋，学生宿舍楼2栋，化学、生物、物理实验室各2个、准备室2个，微机室3个，录播室和多功能厅各1个，音乐、美术、书法、舞蹈专用教室、体育器材室、图书阅览室、创客教室各1个。学校现有在校生2288人，44个教学班，其中初中1344人，26个教学班；高中944人，18 个教学班。教职工 189 人，其中高级职称64人，中级职称102人，初级职称17人，工人6人。2021年，市五中被评为霸州市文明校园、霸州市“一师一优课、一课一名师”活动先进单位、霸州市教育系统培训工作先进单位、霸州市自制教具工作先进单位、“烛光计划”书法作品展评优秀组织单位。

提高教师业务素质。市五中成立教科研室，组织教师学习《中小学教师行为规范》，交流师德学习体会，进一步提高教师的师德水平，组织教师定期开展听课、评课和教研等活动，开展课题研究，指导教师参加各级各类教学评比活动。以教学联盟为依托开展多样化的交流活动，加强帮扶经验总结和推广，提高教师整体业务能力。

深化学生德育建设。市五中始终以“立德树人”为根本任务，以“培养学生良好的学习习惯、生活习惯、行为习惯和高度责任意识”为中心开展德育工作，收到很好的效果，培养学生“责任、诚信、自信、勤奋、感恩”的“核心品德”。成功举办市五中第一届学生成人礼，激发学生对国家、家长、老师和周围人的责任感和担当感。

安全工作。市五中严格按照《五中网格化管理实施方案》要求，开展各类安全知识培训、教育活动，落实各项防卫措施，制定安全事故应急预案，定期开展安全逃生演练。坚持“隐患就是事故、发现就要处理”的原则，建立健全学生管理、门卫值班、领导值班、防火防灾、食品卫生管理、安全用电、体育器材检查、健康体检等规章制度。

注重身体素质培养。市五中依托体育课和特长生培养，锻炼强身，励志运动，开足体育课，增加课程学习项目，开设课间操和课外活动课，组织开展多项体育竞赛，成功举办市五中首届田径运动会。开展劳动课教学，开辟劳动基地，让学生在劳动中学会尊重劳动、热爱劳动，提升学生自我磨炼能力和意志力，改变学生羸弱的体质和精神面貌。

霸州市第六中学（以下简称市六中） 前身为霸县第三中学，后改为霸县师范学校、堂二里中学，2002年更名为霸州市第六中学。学校占地面积8.3万平方米，建筑面积15000平方米。学校现有27个教学班，在校生1400多人。在校教职工114人，专任教师110人，其中高级教师35人，中级教师44人，初级教师31人；教师学历达标率100%，其中研究生学历4人，本科学历106人。

学校有多媒体教室27个；多功能录播室1个；标准化物理、化学、生物实验室6个，准备室3个；音乐、美术专用教室各1个，音美器材用具完备；体育器材室1个，能满足教学要求；图书室1个，藏书66159册；计算机教室2间，计算机260台；心理咨询室1个。建有标准化400米田径足球运动场1个，足球场1个，篮球场3个，乒乓球场2个。

教师专业化水平。开展骨干教师培养和名师工作室建设工作。2021年1人被评为廊坊市骨干教师，2人被评为霸州市骨干教师；现有霸州市级初中英语名师工作室1个，霸州市级名师工作室成员9名；校级学科工作室1个。不断强化教师的教科研水平，2人参加“国培计划”廊坊市级骨干教师培训，30多名教师参与5个课题的研究，其中廊坊市级课题1个、霸州市级课题4个。在各级各类教学评比活动中，学校教师均积极参加并获得奖励。2021年，六中教师执教的课例被评为霸州市级及以上优质课46节，其中廊坊市级优质课20节，霸州市级优质课26节，完成校级公开课100多节。

教学联盟工作有序开展。学校充分发挥核心引领作用，积极组织联盟活动，促进各校共同发展。2021年，市六中联盟举办2次优秀班主任经验交流会、1次青年教师说课大赛、联盟内第三届优质课大赛，促进各联盟校青年教师的成长。

安全工作。学校成立由校长、各处主任为主要成员的法制安全领导小组，负责学校的安保工作，严格按照《河北省学校安全条例》制定安全工作制度；制定各种值班制度与职责，严格值班纪律，严格落实一岗双责，采取双管齐下和多管齐下的安全管理措施；强化学生安全教育，开展火灾地震等逃生演练活动，增强防范意识，确保学校财产安全和师生生命安全。开展安全教育系列活动，学生以班级为单位，利用课余时间，通过墙报、板报、手抄报等多种形式，进行安全知识的宣传活动。

德育工作。学校开展以“磨炼意志，凝聚力量，感恩过去，憧憬未来”为主题的秋季接力赛活动，提高班级凝聚力。开展朗诵比赛、演讲比赛等多种形式的活动，丰富学生的学习生活。

霸州市实验中学（以下简称实验中学） 位于霸州市建设西道。学校占地面积3.6万平方米，建筑面积23395平方米，校园绿化面积3267平方米。在校生 2851人，教学班53个，其中住宿生1336人，教职工241人，其中高级教师46人、一级教师105人、二级教师88人，教师学历达标率100%。

学校现有高标准实验楼1栋，理化生准备室、仪器室、实验室6个，微机教室4个，舞蹈教室、音乐教室、美术教室、书法教室各1个，创客空间教室1个，现代化录播室1个，学生阅览室2个，藏书11万余册。学校拥有室外300米标准运动场1座，9人制人造草皮专业足球场地1块，塑格篮球场地2块，现有水系完备的校园公园1处。

改善办学条件。本年度投入76万余元实行校园物业化管理，投入34万余元进行学生基础训练试卷印刷服务，投入48万余元修缮教室，投入11万余元安装彩色LED屏，投入4万余元购置音响设备。

提高教学质量。各学科以改革备课、作业批阅、教学课后反思等为主要抓手强化过程管理，精心备课，精写实用教案，抓住教学的重要环节，促进课堂教学水平的整体提高。做好课题立项、课题研究、教科研论文征集工作，推进“精品课、展示课、微课大赛、讲课大赛”等活动。学校有1个廊坊市级课题、3个霸州市级课题立项，40余人次的教育教学论文先后在廊坊市级、霸州市级组织的活动中获奖，3名教师的精品课获得廊坊市级精品课称号，50余名教师在霸州市授课、说课、自制教具等活动中获奖。

德育工作。组织全体教职员工进行《河北省中小学教师违反职业道德行为处理办法实施细则（试行）》等4个文件的学习，撰写心得体会。加大对班主任工作的管理力度。组织召开班主任工作会议12次，安排优秀班主任代表进行班主任工作经验交流，组织班主任基本功大赛3次，刘娜在全市班主任大赛中荣获二等奖。加强学生的心理健康教育，未发生一起因学生心理健康原因而出现的不良事件，学校被霸州市教体局授予“霸州市心理健康教育实验校”荣誉称号。

开展安全教育。加强校园治安管理，严防师生侵害事件发生。全力推进“四防”建设。加强学生交通安全管理，严防交通事故的发生。通过国旗下讲话、校园广播、橱窗等对学生进行交通常识教育，提高学生的交通安全法制意识和自我保护能力。加强食堂管理，保障食品安全。食堂专人管理，建立管理台账，从业人员健康证等各项证件齐全。坚持住宿生管理规范化、制度化。严格执行住宿学生请销假、学生值日、宿舍管理员工作规范及日上报制度、查寝制度等管理制度，确保学生住宿安全。

霸州市职成教育总校（以下简称总校） 占地8.67万平方米，建筑面积4.62万平方米。学校现有教学楼2栋，实训楼1栋，宿舍楼1栋，高标准微机室8个，多媒体教室29个，汽车运用与维修车间1个，数控实习实训车间

1个，数控实训中心1个，航空模拟舱1个。现有教职工166人，其中正高级教师2人，高级教师35人，中级教师71人，初级教师43人。2021年招收全日制在校生757人，全日制在校生共2024人。成人学历专、本科函授在校生889人。开设有“3+2”航空服务、幼儿保育、导游服务、数控技术应用、汽车运用与维修、计算机网络技术、计算机平面设计、会计事务、电子商务、水路运输服务10个专业。

教师培训。2021年参加职业学校教师国培项目12人，省培项目6人，“1+X”证书培训3人，公共基础课培训2期教师共计68人次，继续教育教师全员培训101人，由各系部负责校内业务培训8次。

学校建设。安装人脸识别门禁设备1个，体温、行程码检测一体机1个，宿舍归寝系统1套，男生宿舍楼的二次给水系统1套。新装校园无线网及100M无线宽带，对花园水池做了围栏。购置新能源汽车教学实训台5个，安装会议室屏幕设备，更新食堂设备。更换办公楼、实训楼的楼道突起地砖。对北办公楼楼顶做了加高彩钢板，将北平房改造成库房。

专业建设。学校高度重视专业建设，建成的汽车美容装饰与加装改装项目“1+X”证书考点，是河北省该项目的唯一考点，首批16名考生以优异成绩全员通过省专家组的“1+X”证书考核，通过率为100%。学校还有智能财会等4个专业参加了“1+X”证书制度试点工作。

德育工作。以培养“四有新人”为目标。结合“平安校园”“诚信校园”“和谐校园”“文明校园”的创建，开展以诚信、敬业为重点的职业道德教育；开展军训、爱国影片展播、文艺节目演出、演讲征文比赛、重大节日纪念主题教育活动，突出爱国主义、集体主义教育。

学历教育。总校建有河北师范大学、石家庄幼儿师范高等专科学校两所函授教育辅导站，负责廊坊市辖区内成人高考招生、教学管理等工作。总校申请将廊坊广播电视大学霸州分校更名为霸州开放大学。完善硬件办学条件，规范机构设置、人员配备，提升学校整体办学水平。

校企合作。与十几所幼儿园签订实习实训协议，与多家企业签订培训协议，为学生提供实习岗位。2021年6月，在校召开毕业生顶岗实习双选会，提供实习就业岗位300多个。

获得荣誉。在河北省旅游职业学院承办的“中高职导游服务技能大赛”中，学生郭蕊获三等奖。多名教师在河北省中等职业学校班主任能力大赛、河北省职业院校技能大赛、廊坊市第一届中等职业学校班主任能力大赛等比赛中取得优异成绩。2021年，总校团委被授予“霸州市共青团员先锋队”等荣誉称号，两个班级获河北省先进班集体荣誉称号，多名学生荣获省、市优秀团员、优秀学生干部以及三好学生称号。

霸州市职业技术中学　位于霸州市煎茶铺镇东方地球物理公司霸州基地管理处旁。学校占地14.5万平方米，建筑面积30798.4平方米，有教学楼、办公楼、实训楼、实习工厂、宿舍楼、食堂等设施。学校现有33个教学班，在校生1384人，教职工35人，其中高级职称14人、中级职称15人、初级职称3人。

接管廊坊市物探子弟学校。经过霸州市政府、廊坊市教育局及霸州教体局的协调推动，2021年7月14日，廊坊市物探子弟学校正式被霸州接管，霸州教体局委托霸州市职业技术中学代为管理。学校代管物探子弟学校后对其外聘师资继续全员聘任，待遇保持不变。

基础设施建设。学校启动男生宿舍楼的改造装修，进行墙壁粉刷、楼顶防水、内部水电暖和消防设施改造，安装电扇、窗帘、防护窗，购置高低铺460套；为教室添置基本设备，购置课桌600套、交互一体式电子黑板12块；硬化地面近7000平方米，铺设草坪2800平方米，安装草坪围栏600米，新建两个标准化篮球场。

学生获奖。72班学生蔡悦荣获河北省三好学生称号，69班学生赵阔荣获河北省优秀学生干部称号，3名同学荣获廊坊市三好学生称号，79班荣获廊坊市先进班集体称号。

“三农”职业技能培训服务。根据农业产业发展实际，学校对160名高素质农民和51名专业农机手进行技能提升培训。通过过程性评价、结果性考核和实践技能考评，全部学员均达到合格，颁发全省统一式样的培训证书。

队伍建设。学校通过申请成为河北省教师教育学会会员单位，6名教师成为会员。在河北省教师教育学会举办的第七届中小学教师教学案例评选中，谢大菊荣获三等奖。在河北省教师教育学会举办的“新时代教师的责任与担当”主题论坛征文中，谢大菊获得一等奖，郝军、昝更云获得三等奖。在廊坊市第一届中等职业学校班主任能力大赛中，昝更云获得个人三等奖，学校获得优秀组织奖。

霸州市第一小学（以下简称市一小） 位于霸州市盐水河南道84号，占地面积17845.68平方米，建筑面积10825平方米。学校有47个教学班，2436名学生，教职工139名，其中省市级骨干教师28人，教师学历达标率为100%，高级教师8人，一级教师77人，二级教师59人，工人1人。学校拥有教学楼、多功能教学楼3栋。

办学条件改善。2021年8月，投资17.8万元的消防改造工程完成，改善学校原有基础设施建设和办学条件。2021年9月，投资434.2881万元新建教学楼工程竣工并投入使用，教室里均配备崭新的课桌凳和先进的交互式多媒体电子白板。

教学工作。数学名师赵素君工作室、信息技术名师孙贺玲工作室被霸州市教体局评为优秀名师工作室。在名师工作室的引领下，市一小启动基础教育精品课遴选工作，调动广大教师投身课堂教学的积极性和创造性，促进教师深入研究课程教材内容，融合应用现代信息技术，创新教学方式方法，提高课堂教学质量和教育教学能力，吕海杰、张彩瑜、宋亚3名老师报送的课例被评为省级“基础教育精品课”。

德育工作。以“做一个有道德的人”主题实践活动为主线，以学生行为规范养成教育为主要内容，以学校少先队活动为载体，以重大节日纪念日为契机，开展学生德育活动，加强对学生进行爱国主义、集体主义、社会主义思想教育和道德规范教育。深入开展“弘扬雷锋精神，争做新时代好少年”学雷锋系列活动，“传承红色基因”清明节祭英烈活动，庆祝中国共产党成立100周年系列教育活动等。

安全为重。市一小以学校安全“双控”机制建设为重点，建立完整的安全管理体系。学校各个风险点有专人负责，发现问题及时处理，并做好记录。统筹部署安全工作，定期开展应急演练、讲座和法制宣传工作。全天候开启测温门，学生上下学实行路队制度。及时与辖区派出所、综合执法等部门共同治理学校周边环境，学生安全得到有力保障。

霸州市第二小学（以下简称市二小） 占地面积22000平方米，建筑面积9170平方米，现有59个教学班，在校学生3274人，在职教职工169人，其中高级教师9人，一级教师63人，二级教师95人，工人2人，教师学历达标率100%。

改善办学条件。2021年，学校给所有教室安装空调，改造供电线路，协调有关单位更换价值变压器一台，改造供水设施，更换 2～3 楼和附属楼的防火门，新进 86 英寸触摸式电子白板一块。

教学工作。学校强化校内培训，大力实施“青蓝工程”，促进青年教师成长。以课题为抓手，大力提高教师素质。2021 年，市二小有 1 项廊坊级重点课题、2 项霸州市级课题已经顺利结题；省级课题“基于‘核心话题’的小学英语教学实践研究”已开题，现进入实施研究阶段；有 2 项廊坊级课题，2 项霸州市级课题正在实施阶段；现在正在组织申报的廊坊级课题还有 4 项。1 名教师获得廊坊市师德标兵，5 名教师获得霸州市骨干教师，教师获得霸州市级以上表彰 140 人次。

德育工作。组织庆祝中国共产党成立 100 周年系列活动，相继举行“学党史、强信念、跟党走，争做时代好少年”主题活动、“听党话、颂党恩、跟党走”礼赞新时代，童年展风采才艺大赛活动，组织全校师生观看“中国共产党成立 100 周年”庆祝大会；开展民族节日系列爱国教育活动，分别举行“清明祭英烈”主题活动、国家安全教育日宣传活动、爱眼主题宣讲进校园活动、“劳动美”教育活动等，2 名同学被评为霸州市新时代好少年、廊坊市新时代好少年。

安全工作。强化疫情常态化下的安全管理，促进校园和谐发展疫情管理网格化；全面整治校园环境卫生，早晨、中午各消毒 1 次，不留死角；加强周边环境治理，确保校园安全；加强护学岗建设，由男教师组成的义务护校队，按时持械上岗，及时处置学校发生的突发事件。

2021 年，学校先后荣获霸州市教学质量先进单位、霸州市文明校园、霸州市先进基层党组织、霸州市绿色校园、河北省奥林匹克教育示范校、河北省信息化 2.0 工程整校推进试点校等荣誉称号。

霸州市第四小学（以下简称市四小）　校园占地面积 8551 平方米，建筑面积 6600 平方米，有 37 个教学班，在校生总数 2012 人，教职工 138 人，教师学历达标率 100%。2021 年市四小被评为廊坊市绿色学校、霸州市教学质量先进单位等。学生在霸州市第三届冰雪运动会中荣获小学组滑冰比赛第三名，轮滑比赛第六名，陆地冰壶比赛第八名的好成绩。

德育工作。坚持立德树人的根本任务不放松，坚持做到活动育人、教师育人、环境育人的工作方针。加强学生理想信念教育，通过以“创建文明城市”主题实践活动为主线，举行“小手拉大手，文明一起走”志愿服务活动，以学校少年先锋队活动为载体，以重大节日纪念日为契机，开展学生德育活动，加强对学生进行爱国主义、集体主义、社会主义思想教育和道德规范教育，开展“缅怀革命先烈，弘扬爱国精神”清明祭扫活动，“从小学党史•永远跟党走”党史教育进校园活动，“情系童心•传递温暖”红领巾微心愿活动，“请党放心，强国有我”少先队建队日活动，“童心向党 • 百米长卷送祝福”活动，“迎冬奥•传统体育进校园”活动等。

教学工作。加强常规教学工作管理，严格落实“双减”工作的各项要求，充实课后服务工作内容，丰富课后服务工作组织形式，在切实减轻学生及家长负担的前提下，探索学生作业针对性、阶梯化操作，促进学生全面、均衡发展。每周一至周五课后延时服务至 17：40，解决了学生家长接送难的问题；深化教学改革，以“三区建设”为依托，探索“三段五环节”下“预学单”及“项目驱动”等教学模式；搞好教学联盟工作，以解决教学中普遍的问题为导向，创新教学联盟方式，与兄弟学校学习，取长补短，共建共赢。

安全为重。利用安全教育日、防灾减灾日、119 安全日等对学生进行专题安全教育；通过防溺水、防食物中毒、防校园欺凌等专题教育，减少安全事故的发生；定期进行避险疏散逃生演练，增强学生自我防护能力；定期开展安全隐患排查，及时堵塞管理漏洞。通过齐抓共管营造安全工作的氛围，切实保障师生的生命财产安全，维护学校正常的教育教学秩序。

党史学习教育。市四小党支部发挥党员先锋模范作用，开展党史学习教育。组织党员教师参加党史学习教育动员培训会；组织全体党员召开 2021 年度支部党员组织生活会；开展学习习近平总书记在河北承德考察讲话精神培训活动等。

霸州市第五小学（以下简称市五小） 学校占地 1 万平方米，建筑面积 9000 平方米，建有电教室、微机室、仪器室、少科室、舞蹈室、实验室、图书室、音美器材室、档案室、体育器材室等多个专用教室。现有 72 个教学班，4000 余名学生，教职工 205 人。学校教师高级职称 9 人，中级职称 80 人，初级职称 115 人，工人 1 人。2021 年，市五小被霸州市教育和体育局授予首批“霸州市心理健康实验校”称号，被中共廊坊市委评为“先进基层党组织”。

党史学习教育。市五小党支部积极发挥党员先锋模范作用，组织党员教师认真学习党史，深入学习中共十九届六中全会精神，解放思想，实事求是，为学校各项工作的开展提供有力保障。

德育工作。以升旗仪式、广播站、网络等形式为载体，开展德育主题教育活动，提高师生的参与活动积极性，增强德育工作的针对性和实效性。学校推进校园文化建设，营造“生命、阳光、健康、快乐”的师生喜爱的校园文化，引导师生自觉追求高雅文化，达到塑造健康、阳光、自我的目标。市五小体育组根据上级冰雪运动要求组织学校教职工比赛、学生班级联赛，使广大师生学习和认识冰雪运动，为冬奥会做好铺垫。

教学工作。学校建立健全以校长为组长的“校本研修”领导小组，由教学副校长负责，学校教导处、教科研室、年级组、学科备课组组成研修网络，建立“教、学、研”一体的校本研修制度，举行第十季“百日阅读”和硬笔书法“每日一练”活动及“好书推荐，快乐共享”活动，邀请河北省特级教师、国家二级心理咨询师郝玉霞为学生进行心理健康讲座及学生家长进行家庭教育知识讲座。市五小“于金华语文名师工作室”被霸州市教体局评为“霸州市优秀名师工作室”。

改善办学条件。2021 年 6 月，市五小新建二层水冲式厕所 1 座，建筑面积 460 余平方米；对教学楼楼道及教室窗台墙壁 2300 平方米进行了装修；对校园网络进行升级改造。

霸州市第六小学（以下简称市六小） 坐落于霸州市兴华南路光华街3号。现有33个教学班，在校生1622名，教职工97名，正高职1人，副高职4人，中级职称38人，初级职称52人，工人2人。河北省骨干教师1人，廊坊市骨干教师4人，霸州市骨干教师24人，学科名师2人，教师学历达标率100%。学校总占地面积9100平方米。2021年，市六小先后荣获河北省依法治校示范校、廊坊市绿色学校示范校、廊坊市依法治校示范校等称号。

办学条件改善。2021 年投入 3 万元完成校园绿化、修葺，投入 4 万元完成彩绘校园墙体，投入 30 万元为教室整改线路、安装空调，为全面提高教育教学质量提供了坚实的物质保障。

教学工作。规范学校教学常规精细化管理，全方面提升教育教学质量，推进课堂改革和教学评价改革，促进线上线下教学有效融合，全面提高教育教学质量和办学效益。2021年，市六小被教体局确立为能力提升工程2.0“整校推进”试点校。

队伍建设。学校结合校情实际，多措并举，不断强化队伍建设，有效提升教师队伍整体素质，教师获得河北省级奖励4人次，廊坊市级奖励20人次，霸州市级奖励 25人次。

德育工作。市六小把德育融入在学校教育教学工作各个环节和学生实际生活中，注重学生的养成教育，加强班级管理，规范学生行为，组织升旗仪式、主题班会、传统节日等专项德育活动。

安全管理。加强安全管理，开展安全教育，进一步增强师生的安全意识，结合不同的宣传日对学生进行有针对性的法治教育工作。学校加强校园应急预警预防，落实双控机制建设，培训班主任学习“双控”指导手册，掌握风险辨识的能力，找出隐患及时整改。

霸州市第三小学（以下简称市三小） 坐落于霸州市牤牛河畔，于 2014 年 9 月建成并投入使用，学校占地面积 20010 平方米，是一所花园式学校。市三小有 66 个教学班，在校生 3843 名，教职工 146 名，教师学历达标率为 100%，其中大专及以上学历教师占 100%，高级教师 12 人，一级教师 46 人，二级教师 88 人。2021 年，市三小先后荣获“廊坊市先进基层党支部”“2020-2021 年度‘廊坊市优秀少先队大队’”“霸州市信息化教学先进单位”“霸州市学校法治工作先进集体”“霸州市第三十届自制教具工作先进单位”等称号。

教学工作。为了更好地贯彻落实“双减”政策精神，学校制定实施方案，与全体教师签订“减负”工作责任状，切实做到精心备课、向课堂 40 分钟要质量。建立作业公示制度、统筹控制作业总量。通过开展课堂评价活动规范课堂教学，引导教师投身课堂教学研究，加强学生行为习惯的培养。

德育工作。开展德育实践活动，培养学生优良品德和行为习惯。学校组织开展“童心向党•党的故事我来讲”“学党史 敬劳模”“清明祭英烈”“小手拉大手 文明一起走”等多种活动，提高学校的德育水平。

师德建设。加强师德教育，促进教师专业发展，严禁教师从事各种形式的有偿家教，建立教师道德诚信档案卡，和教师签订拒绝有偿家教承诺书。将师德教育作为教师培养培训的“第一课”；对在职教师开展师德宣誓活动；组织全体教师观看优秀事迹典型纪录片，学习优秀教师——王红旭的先进事迹，全体教师撰写先进事迹学习心得体会 140 篇。

安全工作。市三小每月一次设施安全大检查，教室、卫生间安全天天查，发现安全隐患做好记录并立即排除。设立《风险辨识管控台账》，将 100 多个风险点划分为重大风险、较大风险、一般风险和低风险四个级别，并责任到人，将安全事故消灭于其成为隐患之前。

霸州市第七小学（以下简称市七小） 位于霸州镇东城南路，占地面积 10290 平方米，建筑面积为 3639 平方米，绿化面积 4500 平方米。现有 20 个教学班，在校生 900 余名。教职工 24 名，专任教师学历达标率 100%。学校设有仪器室、实验室、体育器材室、图书室、阅览室、信息技术教室、少科室、音乐室、美术室、心灵驿站、环保教室、广播室等多个专用教室，满足了基本教学要求。2021 年，学校先后荣获霸州市文明校园、霸州市宣传工作先进单位等称号。

教育教学。学校抓好教学流程的各个环节，规范教师的教育教学行为。狠抓教学常规检查，锤炼教师基本功，定期组织开展各类教师基本功比赛活动，教师的专业素养、教学能力和教研水平都有了很大提升。2021 年 12 月，由市七小教师主持的廊坊市级课题“双减背景下小学数学作业深化设计的研究”，霸州市级课题“双减背景下小学语文作业设计与实践研究”通过审批立项。

教师成长。2021 年 9 月，来自各市直学校的 11 位优秀教师来到市七小，开始为期 1 年的支教交流。通过组织骨干教师与青年教师结对子，开展支教教师示范课、骨干教师引领课、青年教师磨课研讨、青年教师汇报课等多种形式的教研活动，助力教师课堂教学专业化成长。3 名老师被评为“霸州市学科带头人”，2 名老师荣获“霸州市教学能手”称号。

“双减”落实。学校强化科学评价引领，构建发展以素质教育为导向的科学评价体系，为学生搭建素养展示的平台，在基础性课程的基础上，开展校园文化活动和社会实践活动，创意美术、机器人编程、武术、韵律操等精彩纷呈的课后延时服务特色课程，促进学生全面发展。

德育工作。学校设计打造校园、走廊文化，优化美化育人环境，提升文化育人环境，发动师生开展“童心向党，礼赞百年”“清明祭英烈，传承民族魂”“浓情端午，传承文化”“感党恩，跟党走，启航新征程”等各类主题教育和艺体活动，丰富校园文化生活。同时开展“新时代好少年”评选“文明班级”“文明学生”活动，引导广大师生继承和弘扬中华民族优秀文化传统。

校园安全。学校严格执行上级疫情防控工作安排部署，扎实做好校园安全工作。以安全网格化责任体系为重点，保证各个风险点有专人负责，全力抓好校园安全。把安全检查作为常态举措及时发现薄弱环节和工作漏洞防患于未然。切实抓好维稳工作。加强学校内部管理，和睦周边关系，排除矛盾隐患，化解矛盾纠纷。

霸州市第八小学（以下简称市八小） 坐落于霸州市贾庄村，始建于 1948 年。2012 年 3 月城区改造，学校迁址新建，总占地面积 10333 平方米，现有 20 个教学班，在校生 900 多人，教职工 42 人，其中高级教师 3 人，一级教师 25 人，二级教师 14 人，教师学历达标率 100%。2021 年，学校先后获得“霸州市文明单位”和“廊坊市绿色学校”称号。在霸州市第三届冰雪运动会轮滑比赛中荣获体育道德风尚奖。

党建工作。学校组织全体党员教职工进行党史学习，走进霸州市博物馆，重温入党誓词。志愿者深入社区开展志愿活动，弘扬雷锋精神。开展“传承红色基因，讲好中国故事”主题演讲活动；组织学生学党史、敬劳模活动。

教学工作。市八小与市一小、市二小成立了教学联盟，无缝衔接地互相学习听课交流，提高教师的业务水平，有计划地开展教师培训。

德育工作。学校以“弘扬高尚师德，崇德立心”为主线，每周开展升国旗活动，学生代表讲话；在第 22 个中国青年志愿者服务日中，学校组织全校师生开展学雷锋活动；开展地震应急演练，教授学生地震应急方面的知识；组织少先队入队仪式；开展宪法宣传活动。

安全工作。学校成立由校长、各班主任参与的法制安全小组，负责学校的安全工作，认真制定值班制度与职责，严格落实全校师生进校园体温监测，一人一测，确保防疫工作常态化。学生安全教育方面，通过开展火灾地震等逃生演练，利用周会、学校的宣传屏幕等形式，增强防范意识。

霸州市第九小学（以下简称市九小） 原为霸州经济技术开发区小学，2020 年更名为霸州市第九小学。学校占地 14000 平方米，建筑面积 7200 平方米（含在建二层教室 1100 平方米）。有一至六年级 33 个教学班，1820 名学生，幼儿园在园幼儿 116 人。全校教职工 80 人，其中高级教师 23 人，一级教师 33 人，专科以上学历教师占 98%以上，教师学历达标率 100%。2021 年，学校荣获“廊坊市优秀少先队大队”“霸州市教学质量先进单位 ”“霸州市教育宣传先进单位”等称号。

基础设施建设。2021 年，市九小结构式用房正式投入使用，面积达 1250 平方米。学校体育设施进一步完善，建有 300 米环形塑胶操场、2 个标准化篮球场、1 个足球场。学校加强校园文化基础设施建设，绘制 100 多米的国学教育长廊和古诗鉴赏长廊。

教育教学工作。市九小以“教学”工作为重点，集中精力抓教学。组织老师们学习培训，提高业务知识水平。加强德育队伍建设，特别是班主任队伍建设。抓好学生行为规范建设，通过周会、班会等多种形式积极开展文明礼仪学习，开展法制教育。推进素质教育，开设国学教育课堂。完善教学常规管理，整合全校资源，深化校本研修，组织教学教研活动，落实巡课制度，分学科组织骨干教师进行“一招鲜”分享活动，组织业务经验交流，学校教育教学水平稳步提升。疫情期间，开展“空中课堂”特色教育；李彩红等老师心理课取得较好的效果；校本课程《书写中国》稳步推进。

校园安全管理。切实做好安全管理工作，完善安全管理制度，继续实施安全网格化管理，定期对安全隐患进行排查整改。开展“汛期防溺水”“消防安全”“交通安全”“网络诈骗安全”等安全教育工作，增强广大师生的安全意识。

霸州市第十小学（以下简称市十小） 位于裕华街道办事处北杨庄村。前身为霸州市城区办事处北杨庄中心校，于 2020 年 4 月 14 日正式更名为霸州市第十小学。学校拥有教学楼 1 栋，占地面积 4533.33 平方米，建筑面积 1144.64 平方米。现有 7 个教学班，在校学生 223 人，在职教职工 15 人，其中高级教师 2 人，一级教师 12 人，二级教师 1 人，教师学历达标率 100%。

教学工作。学校制定合理教学计划，实行严格的听课、评课制度和推门听课制度，教研活动做到有计划、有记录，定时间、定地点、定内容，严格按照《小学课程安排》科学地安排课程表，开齐上足各类各门课程。学校丰富学生课余生活，开设轮滑、书法、朗诵等兴趣课。落实“双减”政策，制订“五育并举，五育融合”实施方案。

推进“青年教师”系列工作。学校组织教师参加“廊坊市中小学名师·名校，课堂教学与深度学习高端论坛”活动与名师面对面，充实提高老师自身业务能力。

德育工作。学校组织开展形式多样的“传承红色基因，清明祭英烈”“学党史、敬劳模”“童心向党”“预防校园欺凌，构建和谐校园”系列主题教育活动，丰富校园文化生活，教育引导党员干部和师生坚定理想信念，提升党性修养，继承和弘扬党的优良传统。

安全工作。市十小每月一次设施安全大检查，教室、楼道安全天天查，设立《风险辨识管控台账》，消除安全隐患。全体教职工签订安全责任书，制定学生疏散预案和疏散图。班内召开防溺水、用电、交通、消防知识等安全教育主题班会，组织学生学习安全自救知识，开展防地震、防踩踏、消防安全疏散演练。

霸州市第十一小学（以下简称市十一小） 始建于 2020 年，坐落于南孟镇田各庄村，占地面积 16667 平方米，建筑面积 3985 平方米。学校现有微机室、仪器室、实验室、图书阅览室、少科室、音体美室等多个专用教室，建有足球场、篮球场、塑胶跑道。学校现有 12 个教学班，在校学生 515 人，在职教职工 25 人，其中高级教师 6 人，一级教师 9 人，二级教师 10 人，学历达标率 100%。

安全工作。十一小始终坚持安全第一，预防为主的原则，切实加强安全防范工作，制定和完善各种安全预案，规范安全档案并指定专人负责，定期组织全校性质的安全联查，发现问题及时纠正。充分利用集会、国旗下讲话、班会、对学生进行安全教育，各班每周对学生进行至少一次安全教育活动，每学期组织开展一次安全演练。

德育工作。加强少先队建设，开展活动，不断加强未成年人思想道德建设。2021 年，十一小先后开展“学党史 知党情 跟党走”“筑梦新时代，争做好少年”等一系列教育实践活动，召开以“沟通心灵，共同成长”为主题的毕业班家长会，与家长共同形成教育合力。

教师队伍建设。组织教师参加各级各类培训，外出培训教师按照惯例，返校后要对在校教师进行二次培训，提升教师专业素养。学校通过名优骨干教师引领、师徒结对、青年教师培养计划 3 个模块整体推动，采用“一对一”帮扶的形式，促进年轻教师快速成长。多名教师在市教育行政部门组织的优质课、微课评比、自制教具、教育论文、各类征文等活动中获奖。

教学工作。成立以校长为组长的“校本教研”领导小组，教导处、各学科组长组成研修网络，健全“教、学、研”一体的校本研修制度。每学期组织开展听、评课活动，培养教师向专业化、研究型转变。学校语、数、英、心理、道法 5 节公开课得到了教体局教研员们的一致肯定。

校园文化。市十一小开设以《弟子规》为主的礼仪校本课程，提升学生的文化素养，增强学生对中华优秀传统文化的认知和兴趣。坚持开展读书活动，让图书室的图书“活”起来，分年级分时段向学生提供借阅，每周完成一次阅读记录卡。

霸州市幼儿园（以下简称市幼儿园） 始建于 1979 年，占地面积 8500 平方米，建筑面积 5000 平方米，是一所全日制省级示范园。现开设 15 个教学班，在园幼儿 560 余名。现有教职员工 85 人，其中园长 1 人，副园长 3 人。教师 95%以上幼教专业毕业，学历达标率 100%，其中高级教师 1 人，一级教师 23 人，二级教师 49 人，三级教师 9 人，职工 3 人。

改进育人环境。2021 年，市幼儿园先后投入 80 余万元，改造升级一批教学设备，重新设计与粉刷了户外墙面，增加绿化面积，并以创建文明校园“六好”标准为纲，多维度推进创建工作。2021 年，被评为“廊坊市绿色校园”“廊坊市文明单位”“霸州市级文明单位”。

党史学习教育。市幼儿园进行党史专题学习 9 次，组织参观红色基地、党史绘画比赛等活动，推出“红色故事”专栏 13 期，开展“童心永向党、小手绘长卷”等主题教育活动。2021 年 6 月，市幼儿园被中共霸州市委评为“先进基层党组织”。

提升教师素质。市幼儿园通过签订师德师风承诺书等系列活动，全面提升教师思想政治素质和职业道德水平，并通过常规听课、园本培训与教研、课题研究、“千校手拉手”等方式为教师搭建多元化专业提升平台。有 40 余名教师在各类省市级行业比武中获得奖励，市幼儿园被评为霸州市级“自制教具工作先进单位”“教育系统培训工作先进单位”。

园本课程建设。在“时雨春风，乐润成长”办园理念的指引下，市幼儿园从“游戏化”“本土化”“生活化”“亲自然”的课程理念出发，构建“乐润”课程体系，编制完成《常规培养活动手册》《主题生成活动手册》《幼儿交通安全教育活动手册》《绘本阅读活动手册》《幼小衔接活动手册》等园本书刊，进行一系列课程实践。

校园安全建设。市幼儿园完善各项安全管理制度，编制《安全工作手册》和《应急预案汇编》，细化各项工作流程。2021 年 6 月，市幼儿园被评为“河北省近视防控示范性幼儿园”。

推进家园共育。市幼儿园通过多种形式开展家长工作，并通过微信公共平台发布幼儿园活动 80 余篇，亮点活动被各级官方媒体报道 20 余次。2021 年 3 月，市幼儿园被评为教育宣传工作先进单位。

落实迎检工作。市幼儿园先后迎接廊坊市教育督导评估、廊坊市学前教育普及普惠发展检查、廊坊市政协对霸州市学前教育专题调研等工作，以及霸州市级党建、校园安全、教育教学等专项工作检查指导，并于 11 月高标准通过省示范园复查评估工作。

霸州市第二幼儿园（以下简称市二幼） 始建于 2013 年，位于霸州市东大街南侧，占地面积 5900 平方米，建筑面积 4600 平方米，是霸州市第二所政府投资的公办园。设有 13 个教学班，小班 5 个、中班 5 个、大班 3 个，在园幼儿 500 余人，教职工 73 人，专业教师 63 人，本科学历 42 人，大专学历 31 人。其中，高级教师 1 人，一级教师 17 人，二级教师 44 人，三级教师 11 人。

党风廉政建设。2021 年，市二幼党支部以“学党史，强党性，促发展”为主题，进行党史的学习，开展中国共产党成立 100 周年党史学习教育，发放党史学习教育书籍，为更加规范地推进党史学习教育奠定基础。

师德师风建设。开展师德考核，教师签订师德师风承诺书、开展最美教师主题论坛活动、师德专题培训，评选最美班组、最美班组长、最美教师、最美后勤员工、优秀班主任、优秀青年教师，举行“青蓝结对、师道传承”新老教师拜师结对仪式，发挥骨干教师的传帮带作用，促进教师的成长。

园本课程建设。市二幼坚持保教并重，充分利用资源，以玩中学为基础，充分发挥游戏化教学。开展特色教学活动，开展自然角、区角投放评比活动。以五大领域为特色，开展多种形式的园本教研，把园本教研抓实，丰富区域材料的投放，督促教师扎实开展区域活动。加强教师园本培训，规范带教工作，思考带教形式的多样性。注重开展户外活动，力争使每个孩子得到最佳体育发展。

安全卫生保健。保持园内外清洁，严格按照消毒规范进行消毒保洁，并做好消毒记录。坚持幼儿食具一餐一消毒，督促食堂人员注意个人卫生习惯，勤剪指甲，用流动水洗手，上班时穿戴好工作衣帽。为落实常态化疫情防控，有效做好节后防疫消毒工作，保障师幼身体健康与生命安全，二幼邀请蓝天救援队专业人员对全园进行了全方位无死角消杀工作。“11·9”全国消防安全日，市二幼开展师幼应急疏散演练、教职工消防技能培训等一系列活动。

霸州市特殊教育学校（以下简称霸州特校） 坐落在霸州市南孟镇。建筑面积4938平方米，是一所公办九年义务教育寄宿制学校。霸州特校肩负着全市适龄培智儿童的义务教育教学任务，是一所集教学、康复于一体的特教学校。学校建有语训室、感觉统合训练室、家政厨房教室、唱游律动室、体育康复教室、美术室、图书室、生活情景室等功能教室。现有专用评估仪器：构音障碍训练仪、认知评估训练仪、CSDD（7～10岁发展性障碍儿童支持性评估系统）、情绪与行为障碍干预系统、注意力训练仪等。学校设有4个教学班，教室全部实现多媒体网络化。学校现有在岗教师21人，其中高级教师6人，一级教师10人，二级教师5人。2021年，霸州特校获评“先进基层党组织”。

办学理念。学校根据残疾学生的“特殊需要”制定个别教学计划，有针对性地进行教学，让学生身心缺陷得到补偿。个别化训练课程包括国画训练组、儿童画训练组、感统训练组、算数训练组、手工训练组、唱游律动组等，孩子们在自己的兴趣方面都有不同程度的提高。

学校活动。举行“开启生态生活，建设绿色校园”主题系列活动，教师通过各种形式鼓励培智学生参与绿色实践，培养学生热爱学校、热爱劳动、热爱自然的意识。开展消防安全演练，进一步强化师生对突发事件的灵活应变能力，使培智学生在循序渐进中掌握消防安全知识，培养消防意识和自我保护能力。

开展“手语微课堂”主题党史学习教育。特校教师结合专业特色，在党史学习教育中用手语再现中国共产党百年历史中的经典语录和经典故事。他们通过手语，录制视频或拍摄图片，将党史讲给有听力障碍的人群，让红色基因代代相传。《赵一曼：甘将热血沃中华》《小兵张嘎》《坚贞不屈的巾帼英雄：江竹筠》先后被“学习强国”学习平台采用。

霸州市京师艺术幼儿园 京师艺术幼儿园紧邻霸州市第四小学，占地面积2300平方米，师资力量雄厚，办园理念先进。现开设1个托班、2个小班、2个中班、1个大班，在园幼儿122人。幼儿园设执行园长1名，教学园长1名，教师12名。教师、园长均有多年学前教育及管理工作经验，并持证上岗。

霸州市培文幼儿园 位于霸州市锦绣华府小区院内，占地面积2520平方米。幼儿园功能完善，环境优美，配备大中小型玩教具，教室设有独立卫生间、洗手池、空调、消毒灯等。幼儿园在册幼儿135人，教职工18人，均持证上岗。

霸州市津东学校 是一所民办九年一贯制非营利学校，创办于1999年2月，坐落于霸州市东段乡经济开发区，占地面积36630平方米，建筑面积19846平方米，现有一至九年级18个教学班，689名学生，教职工56人。学校始终坚持“为了一切学生，为了学生一切，一切为了学生”的办学理念，把培养学生“学会学习，学会做事，学会做人”作为教育教学工作中的主线，着力培养学生行为习惯，提高学生素质，提升校园文化品位，构建书香墨浓、文明和谐的校园。

（于江涛　赵　勇）

社会生活

人力资源和社会保障

【概况】 2021年，霸州市聚力保障改善民生，扎实推进促进就业创业、社会保障体系建设、人事人才队伍建设、协调劳动关系等工作，进一步转变作风、提高效能、优化服务，推动全市人社工作提档升级、进位争先。

【就业创业】 按照省市关于“六稳”“六保”部署要求，以在“三重四创五优化”“三基建设年”活动中承担的大众创业任务、就业职业培训工程等为引领，制定出台系列稳就业、促创业政策文件，多措并举统筹推进疫情防控和稳就业保就业工作，强力推进各项工作任务落地落细落实。2021年，城镇新增就业6825人，完成廊坊市任务目标的113.8%；开展创业服务7856人次，完成廊坊全年目标的196.4%。

【企业养老保险】 开展企业扩面工作，采取多种手段，利用各种机会，开展社会保险政策宣传工作，增强企业和职工主动参保意识。2021年企业养老保险新增参保人员9326人，完成廊坊任务目标的247%，覆盖人数达到68721人。企业养老保险基金收入89136万元，支出89136万元。

【机关事业养老保险】 2021年按照省市要求，推动全市机关事业单位养老保险制度改革全面落实到位。机关事业养老保险覆盖人数达到23707人。机关事业基本养老保险基金收入35482万元，支出39252万元。

【工伤保险】 通过深入企业宣传工伤保险政策、作用、待遇和参保方法，以提高企业和职工的参保积极性。2021年工伤保险新增参保职工17766人，参保职工达107799人。工伤保险基金收入8159.5万元，支出工伤保险基金14383.9万元。

【失业保险】 不断扩大失业保险覆盖面。2021年在保证原有参保人数以外，失业保险新增参保10924人，正常缴费人数达20008人。全市失业保险基金收入485万元，支出失业保险基金503万元。

【城乡居民养老保险】 2021年全市城乡居民养老保险参保总人数为336656人；城乡居民养老保险个人缴费收入4691.2万元，财政补助收入19234.5万元，支出保险基金18526.88万元。实现城乡居民养老生存认证工作全覆盖，进一步提高待遇领取人员资格认证意识，杜绝冒领、虚报情况的发生，堵住基金流失的漏洞，确保基金运行安全。

【人事人才工作】 2021年，优化大中专毕业生就业服务环境，减少毕业生办理报到手续的中间环节，提升工作效率。新增毕业生报到存档1080人，其中研究生48人，本科452人，大专541人，中专36人。创新思维，强化人才服务职能，加强人才交流引进工作。通过聘用、兼职、星期日工程师等方式引进中高级人才103

人，其中高级专业技术人员36人、中级专业技术人员67人。

【工资福利】 为机关事业单位工作人员进行工资普调，为乡镇工作人员发放乡镇补贴。严格执行退休提前预审制度，认真审核拟退休人员档案，严把缴费、工龄、年龄关，维护退休政策的严肃性和广大干部职工的切身利益。2021年，为341名企业职工和181名机关事业单位职工办理退休手续。

【专业技术人员管理】 完成2021年中高级职称评审申报工作，其中高级申报216名，中级申报328名。完成2021年度事业单位专业技术职务聘任工作和廊坊市市级专家选拔推荐工作，推荐专家6人。推进企业职工职业资格的评定工作，组织33批2493名考生参加职业技能鉴定考试，2389人考核合格，合格率95%。

【考核任免奖惩】 按照年度考核要求，统一安排布置政府部门科级以下事业单位工作人员2020年度考核工作。参加考核人员13192人，其中优秀1976人，合格11154人，不定等次55人，不合格7人。有1865人被授予嘉奖，记功111人。

【劳动合同签订】 推行劳动合同、集体合同备案制度，规范劳动合同管理签订。2021年，劳动合同签订企业累计2862家，涉及职工93996人；劳动合同解除涉及职工25826人。

【劳动监察】 充分发挥劳动保障监察的职能作用，开展根治欠薪专项行动，维护劳动者合法权益。线下受理案件320起，为705名农民工追回1191.02万元工资。“12345”市长热线、国务院欠薪平台受理1242起，涉及劳动者4842人，涉及金额6901.97万元。

【劳动争议仲裁】 完善劳动仲裁院标准化建设，强化劳动争议多元处理机制，健全裁审衔接工作机制。2021年，劳动仲裁院受理劳动争议案件275件，其中，工伤赔偿类案件95件，劳动关系确认类95件，劳动合同争议类81件，劳动报酬争议类4件，按期结案率100%。

【农民工工作】 狠抓落实建设领域农民工工资保证金和专用账户管理制度。2021年，全市工程建设领域新开工项目44个，足额缴存农民工工资保证金3026.43万元；缴存农民工工资专用账户6922.35万元。

（赵建强）

医疗保障

【概况】 霸州市医疗保障局（以下简称医保局）于2019年1月29日挂牌成立，为市政府工作部门，机构规格为正科级。2021年，全市基本医疗保险参保589554人。其中，城乡居民539452人、城镇职工50102人。

【完成基金监管试点任务】 对全市定点医药机构开展“拉网式”排查；对年初医保基金专项审计移交的疑点问题进行全面核实；开展尿毒症透析全面排查，对廊坊四院、霸州二院等4家具有尿毒症透析治疗资质的定点医疗机构开展全面核查；配合廊坊市医疗保障局检查组完成对霸州鑫泰医院的现场检查工作。2021年，追回定点医疗机构违规基金585.8万元，维护了医保基金安全。通过学习借鉴其他地区监管方式，在追回违规基金同时，对违规机构进行相应行政处罚。已完成对尿毒症专项排查中发现问题的廊坊武平医院和廊坊红十字霸州开发区医院的行政处罚，罚没金额887704.57元。

【推行医保支付方式改革】 按照廊坊市医保局要求，将各医疗机构2021年病案首页以及结算数据分批次上报廊坊市局医药管理科，及时配合市局完成对各医疗机构基线调查工作。组织医疗机构参加DIP线上专题培训会以及召开病案首页培训会。完成DIP付费工作专家的推荐工作。

【药品耗材集中带量采购】 2021年，一是督导各定点医疗机构完成城乡居民高血压、糖尿病门诊药品续约及网签工作。二是完成对河北省两病药品以及国家第一批第二周期和第二批集采药品的医保基金结余留用考核工作。其中，两病药品涉及4家医疗机构7251.2元，第一批第二周期涉及21家定点医疗机构，1591127.71元。第二批集采药品涉及14家279624.49元。三是督导各定点医疗机构及时准确完成第二批国家组织药品集中带量采购第二年续约报量、河北两病药品续约、三明联盟药品续约、京津冀药品联合带量采购报量工作，三明联盟药品第一个周期涉及3家定点医疗机构15276.99元。2021年6月1日起，一次性使用输液器和静脉留置针集中带量采购、三明联盟续约药品全面落地实施。

【医保扶贫和医疗救助】 2021年，全市建档立卡脱贫户137户277人全部纳入市城乡居民医疗保险，其个人缴费280元由财政全额资助，代缴医保参保费用77560元。全市建档立卡脱贫户有89人在定点医疗机构享受住院和门诊特殊疾病待遇，医疗费用发生额为286万元，贫困人口基本医疗得到保障。加强对脱贫群众和贫困边缘群体的监测，防止“因病返贫、因病致贫”，已从医保系统内筛选出自费金额超两万元人员838人次报送市乡村振兴局。同时，做好医疗救助工作。资助低保、特困、建档立卡脱贫户等贫困人员11771人参加医疗保险，资助参保金329万元。全年救助低保、特困和其他困难群众809人次，发放救助金375万元。

【门诊特殊疾病申报鉴定】 结合“我为群众办实事”活动，组织医疗机构上线门诊慢性或特殊病评审认定系统运行，廊坊市第四人民医院、霸州市中医院和信安中心卫生院确定为首批门诊特殊疾病网上评定定点医疗机构。截至年底，市域内3家定点医疗机构完成慢性病或特殊病鉴定审核4194人次，系统运行较为稳定，参保患者可随时在线申报。

（孟　健）

住房保障和房产管理

【概况】 霸州市积极融入协同发展，支持服务雄安新区建设，严格管控开发，妥善落实住房保障任务与制度，加强房地产调控与物业管理，依法实行稳预期限量政策、限价政策和限购政策，编制2019-2022年住房发展专项规划。以完善勘查流程，加强材料审核，严格审批制度为重点，加强商品房预售监管，房地产市场总体状况运行平稳。

【住房保障】 2007年以后，霸州市政建设幸福佳苑小区、河畔新城小区和江南春城配建公租房项目，建成各类保障性住房3245套，其中公共住房2136套、经济适用住房476套、限价商品房633套，已全部投入使用，有效地解决全市城镇中低收入住房困难家庭的住房问题。

霸州市集中建设的幸福佳苑小区、河畔新城小区以及配建的江南春城小区公共租赁住房已全部投入使用。河畔新城小区公共租赁住房已分配入住 1506 户，需办理年审和缴纳房租 1444 户。已审核 1444 户，收取房租 1444 户 309.9 万元。办理公共租赁住房家庭成员增加 19 人；家庭成员减少 14 人；退出并收回房屋 34 户。交付公租房 17 套，已全部交付并办理入住手续。幸福佳苑小区 2021 年应收房租 521 户，租金 107.9 万元，截至 12 月 25 日完成房租收缴 517 户，金额 106.8 万元；退出 14 户公租住房，完成对小区 517 保障户年审工作，上市交易完善产权申请审批 148 户。江南春城小区公共租赁住房已分配入住 80 户，需办理年审和缴纳房租 80 户。已审核 80 户，收取房租 80 户 20.3 万元。

【房地产开发市场】 霸州市备案开发企业 87 家，其中一级资质 1 家（入境企业，荣盛房地产发展股份有限公司）；二级资质企业 11 家（入境企业 1 家，河北燕城房地产有限公司）、三级资质企业 15 家（入境企业 1 家）、四级资质企业 27 家（入境企业 7 家）、暂定资质企业 33 家（入境企业 1 家）。

2021 年办理预售许可证 83 个，批准预售面积 74.93 万平方米，预售套数 7892 套。全市房地产投资 24.5 亿元，一手房销售面积 90.59 万平方米，二手房销售面积为 24.74 万平方米，库存面积 166.48 万平方米。

霸州市严格执行限购、限价政策，防止房价大起大落，严厉打击涉房企业的违法违规行为，确保全市房地产市场平稳健康发展。一手房房价稳定在每平方米 8717 元，二手房房价稳定在每平方米 6345 元：一手房房产交易额 78.56 亿元，二手房房产交易额 16.39 亿元。

【老旧小区改造】 2021 年，投资 2400 余万元完成 21 个老旧小区，25 栋住宅楼的改造，改造建筑面积 7.09 万平方米，惠及居民 720 户，已完成全部改造。

【物业行业管理】 截至 2021 年底，霸州市现有物业服务企业 68 家，物业管理小区 102 个，物业从业人员 2800 余人。创建省十佳优秀管理项目 2 个，省级标准化优秀管理项目 11 个，廊坊市级优秀管理项目 28 个。

【中介机构管理】 2021 年，全市共有房地产经纪公司 66 家，商品房销售代理公司 22 家，存量房经纪公司 44 家。

【档案管理】 2021 年，入库各类档案 8442 份，入库率 100%，开具各类证明 1242 份，协助公安等相关部门查询 370 份。

【棚户区改造】 自 2011 年至 2021 年底，霸州市启动 21 个棚户区改造项目，新建棚改回迁安置住房 6721 套，18 个开发企业参与到霸州市的棚户区改造，累计投资达 25 亿元，2017 年及以前年度的棚户区改造项目已全部竣工分配，约 2.3 万人告别棚户区。特别是 2016 年和 2017 年霸州市棚户区改造开工套数显著攀升，棚户区改造发展势头良好，对改善居民生活环境、提高人民生活质量起到积极作用，霸州市的整体规划建设和城市品质得到提升。

【产权交易】 全年办理房屋初始确权 32 件，确权面积 91.03 万平方米；补换证业务 520 件，面积 8.35 万平方米；变更业务 46 件，面积为 8.2 万平方米。办理转移交易 8090 件，交易面积 101.7 万平方米；办理查解封 1823 件；注销业务 9 件；补档业务 6 件，办理绿色通道服务 10 件。新建商品房合同备案 8610 套，面积 90.53 万平方米，交易金额 78.51 亿元，交易均价 8673 元/平方米，其中住宅 8252 套，面积 85.72 万平方米，交易金额 74.73 亿元，非住宅 358 套，面积 4.81 万平方米，交易金额 3.79 亿元。办理存量房合同备案审批 1952 套，面积 25.63 万平方米，交易金额 13.16 亿元，其中住宅 1916 套，面积 23.05 万平方米，成交金额 12.57 亿元，非住宅 36 套，面积 2.58 万平方米，成交金额 0.59 亿元。全年完成商品房的查封 14 次，解封 6 次，配合受理查询 12 次。

（车建明）

廊坊市住房公积金管理中心 霸州市管理部

【概况】 廊坊市住房公积金管理中心霸州市管理部（以下简称霸州市住房公积金管理部）是隶属于廊坊市住房公积金管理中心的正科级部门。负责国家机关、企事业单位以及符合规定的个人单独缴存的住房公积金归集业务管理工作、住房公积金提取业务管理工作、住房公积金贷款业务管理工作、职工维权和行政执法等工作。2021 年度，霸州市住房公积金管理部受理住房公积金归集业务存额约为 3.48 亿元，实缴人数 2.8 万人；受理住房公积金提取业务 6428 人次，提取额约 2.1 亿元；受理完成住房公积金贷款业务 400 笔，本年度个人住房公积金贷款放款额 2 亿元。

【服务提质增效】 霸州市住房公积金管理部充分重视加强业务政策学习工作，对于市中心和上级主管部门发布的业务政策及时组织全体工作人员传达学习落实，在具体业务中严格执行政策规定，提高办事便捷程度，严格落实市通存通取工作规定。充分发挥共产党员先锋岗和优秀业务标兵岗的积极促进效益，针对不同业务客户需求开展针对性的业务政策解答和办理。

霸州市住房公积金管理部根据上级主管部门工作部署，严格贯彻落实开展住房公积金业务“跨省通办”“通缴通取”“异地贷款”等工作，同时及时配合司法部门开展多笔涉诉账户冻结和强制划扣业务工作。

霸州市住房公积金管理部依托廊坊市住房公积金管理中心已经开通包括廊坊市住房公积金管理中心网上营业大厅、网络“12329”短信平台、廊坊市住房公积金网站、廊坊市住房公积金手机 App、廊坊市住房公积金管理中心官方公众号、官方微博、冀时办 App 以及全国住房公积金小程序等多种网络服务渠道，引导客户依托网络工具办理业务，收到良好的社会效益。

【加强基层党建】 霸州市住房公积金管理部组织管理部全体党员和全体工作人员贯彻落实中共廊坊市住房公积金管理中心党组关于开展党史学习教育工作的指示精神以及中共霸州市委关于开展党史学习教育工作的指示精神，扎实稳妥地开展党史学习教育工作。

参加廊坊市住房公积金管理中心组织的各项党史学习教育，通过网络视频会议、专题会议等多种形式学习领会习近平总书记在党史学习教育动员大会上的讲话、习近平总书记在庆祝中国共产党成立 100 周年大会上的重要讲话精神、习近平总书记在党史学习教育总结大会上的重要讲话精神，研读习近平《论中国共产党历史》及《习近平新时代中国特色社会主义思想学习问答》《中国共产党简史》等重要文献。

霸州市住房公积金管理部组织全体党员赴霸州市胜芳镇王家大院、胜芳博物馆、胜芳张家大院、文昌阁等爱国主义教育基地参观学习，通过学习红色历史，重温入党誓词，让党员干部群众领悟革命历史，传承红色基因，接受党史教育。

开展“我为群众办实事”专题实践活动，有针对性地开展“政策进楼盘”专题上门服务活动，进行“一对一”推送政策，为企业和职工提供贷款及贷后政策和提取业务相关政策宣讲活动。

（马　冬）

民　政

【概况】 2021 年，霸州市民政局（以下简称市民政局）践行“民政为民、民政爱民”的工作理念，认真履行基本民生保障、基层社会治理、基本社会服务等职责，较好地完成各项工作任务。2021 年被省委、省政府评为河北省脱贫攻坚先进集体。

【巩固拓展脱贫成果】 自 2017 年 8 月全面启动农村贫困人口建档立卡“回头看”工作，市民政局围绕“两不愁三保障”脱贫目标，完成脱贫攻坚工作任务。2021 年，市民政局严格落实过渡期内“四个不脱”总要求，不折不扣推进各项工作落实。

继续严格落实社会救助兜底保障政策。在全市 134 户 267 人建档立卡户中，81 户 173 人享受农村低保待遇、41 户 47 人享受农村分散特困待遇。享受兜底保障政策的户占比和人占比分别为 91%和 81.5%，实现应保尽保、应救尽救、应帮尽帮。

加强农村低收入人口常态化帮扶。在坚持现有标准、确保低保制度持续平稳运行的基础上，适度扩大低保覆盖范围。对低收入家庭中的重残人员、重病患者等特殊困难人员，参照“单人户” 纳入低保保障范围。同时推进低收入人口数据库建设，加强对低收入人口动态监测。截至 12 月底，累计将 823 户 2155 人录入低收入人口数据库。

持续开展防贫保险工作。自 2019 年开始，霸州市开展防贫商业保险工作，每年对市内 1 万多名低收入群众在就医、就学方面进行保障，避免出现这些群众因病致贫、因学致贫的问题。2021 年，市财政出资 335.3 万元，为 10479 名经市、乡、村三级认定的防贫保险对象购买商业防贫保险。截至 12 月底，承保公司（中华联合保险公司）已累计救助群众 769 人次（其中助学 53 人，大病救助 716 人次），金额达到 256 万元。

【殡仪馆改造提升】 2020 年 10 月底，殡仪馆改造提升项目新址工程建设完工，达到启用标准，具备服务雄安新区的基本功能。为切实抓好殡仪馆新馆运营服务管理及后续附属工程建设，充分发挥社会效益，市民政局严格按照省委、省政府领导批示精神，在市委、市政府的大力支持下，依据工作实际，积极完善相关配套设施和办公设备，有力推动新建殡仪馆高效运营。在工程建设方面，市民政局不断加大工作力度，倒排工期，挂图作战，全力推进剩余地下骨灰堂及附属工程建设。在财政部门配合做好殡仪馆旧址资产评估清算和拆除招投标等准备工作后，顺利完成骨灰堂搬迁、旧馆拆除等工作。截至 12 月底，剩余地下骨灰堂及附属工程建设已进入收官阶段，地上综合服务楼主体工程、屋面造型、回填土、一层垫层及二次结构施工均已完成。地下二层骨灰堂主体工程、二次结构、防水施工及回填土工程均已完成，电力安装已完成 90%以上。

【换届选举】 按照省委、廊坊市委关于第十二届村委会换届工作的安排部署，市民政局高度重视、精心组织，在深入分析村情、市情的基础上，推进村（居）委会换届选举工作。

深入调研，开展换届前期摸排工作。按照上级工作要求，市民政局转发《河北省村（居）委会自治矛盾问题排查整治工作方案》，对全市村（居）委会自治矛盾问题进行排查，并登记造册，针对排查的问题进行专项整改，截至 2020 年 12 月底，霸州市村（居）委会存在自治矛盾问题全部整改完毕，为村（居）委会平稳换届打下坚实基础。

严密组织，开展村（居）委会培训工作。针对此次换届工作的新要求，市民政局利用现场、视频等方式先后 3 次进行专题培训，会上制发《村民委员会换届选举工作流程》《居民委员会换届选举操作规程》等培训材料，确保依法依规操作，严格把控换届程序不走样。

依法操作，确保工作程序规范严谨。在此次村委会换届中，市民政局切实增强“程序即法”意识，联系指导各乡镇（区、办）严格按照规定程序和规定动作，从严从实做好换届选举相关工作。截至 4 月底，全市 363 个村街和 18 个社区全部完成换届选举工作。

【困难群众救助】 城乡低保应保尽保。市民政局从健全机制和规范管理等方面入手，坚持“应保尽保、分类施保、动态管理”的原则，2021 年累计注销低保对象 834 户 1436 人，同时将符合条件的 105 户 206 人纳入保障范围，做到“应保尽保”“应退尽退”。截至 12 月底，全市城乡低保有 2368 户 4036 人，其中城镇低保 205 户 351 人，农村低保 2163 户 3685 人。全年累计发放低保专项资金 2447.74 万元，生活天然气补贴 16.63 万元，冬季取暖补贴 161.87 万元。

特困供养保障有力。对无劳动能力、无生活来源且无法定赡养、抚养、扶养义务人的老年人、残疾人以及未满 18 周岁的未成年人，给予特困人员供养待遇。截至 12 月底，全市有散居特困供养人员 867 户 904 人，集中供养 172 人，其中失能半失能人员集中供养率在廊坊市处于领先位置，2021 年累计发放散居特困人员补助金 1414.89 万元，生活天然气补贴 3.56 万元，冬季取暖补贴 146.59 万元。

临时救助规范有序。市民政局进一步细化明确临时救助对象范围和类别，优化简化审核审批程序，科学制定救助标准，严格落实乡镇困难群众临时救助备用金制度，有效解决困难群众的突发性、紧迫性、临时性基本生活困难。2021 年全市累计临时救助 160 人次，支出 16.76 万元。

“两项补贴”发放到位。按照上级要求，市民政局坚持做好残疾人“两项补贴”动态管理，对符合条件的残疾人及时纳入保障范围，做到应补尽补、应退尽退。截至 12 月底，全市有困难残疾人 1722 人，重度残疾人 2737 人，全年累计发放补贴资金 898.77 万元。

儿童福利落实到位。市民政局严格按照上级关于进一步加强孤儿和事实无人抚养儿童保障工作要求，全面落实孤儿和事实无人抚养儿童福利待遇。截至 12 月底，全市有孤儿 26

人，事实无人抚养儿童 40 人，全年累计发放散居孤儿和事实无人抚养儿童生活费 79.41 万元。同时，认真开展“福彩圆梦•孤儿助学”活动，为 5 名大学就读的孤儿发放助学金 2.5 万元，切实维护他们受教育的权利。

社会救助基金会作用凸显。为进一步发挥社会救助托底作用，兜牢基本民生保障安全底线，2020 年 8 月底正式成立霸州市社会救助基金会。基金会针对在享受相关救助政策或扶贫政策后，基本生活仍然困难的城乡特困群众，开展多项捐赠救助工作。截至 12 月底，除市政府注入原始资金 500 万元以外，基金会共募集善款 62 万元，捐物折款 45 万元（150 台半球牌净水机），累计救助 38 户低保户家庭、3 户散居孤儿家庭和 21 户特困人员家庭，救助金额 15.93 万元，各项工作指标均位于全省前列。

【养老服务体系建设】 完成社区居家养老工程建设。按照省市民生工程安排，市民政局按照建设标准和时间节点，全力推进社区日间照料服务站建设。截至 6 月底，在完成工程规划、前期选址和资金测算等工作的基础上，确定的隆泰、盐水河、滨河、鼓楼、迎宾、石油馨苑等 6 个服务站全部建设完成。之后，按照省民政厅“社区日间照料间全覆盖”的最新部署和要求，市民政局进一步加大工作力度，全力推进“全覆盖”各项工作。截至 9 月初，全市 20 个社区已全部建成社区日间照料间，提前 2 个月完成目标任务。

推进中心敬老院改建工程。为进一步满足特困人员养老需求，市民政局将中心敬老院改建工程作为进一步强化基本民生保障的重大民生工程，成立由主要负责人为组长、分管负责同志任副组长，相关部门负责人为成员的工作专班，统筹推进工程建设相关工作，确保中心敬老院改建工程有序推进。截至 12 月底，已完成设计方案制定、前期选址、土地勘测、工程概算、项目立项和资金评审等工作。

持续优化养老服务床位供给。市民政局通过落实各项养老扶持政策、推动养老机构改扩建等举措，不断提高优化养老床位供给。截至 9 月底，全市累计新增养老床位 200 张，改造康复护理型床位 70 张。

规范养老资金审批发放。市民政局不断加强对发放对象的精准认定、动态管理，严格把好年检年审、申报公示和审核审批等各个环节。全年为 9917 人发放高龄补贴 780.2 万元，为 1924 人发放养老服务补贴 146 万元，为 62 人发放经济困难高龄失能半失能补贴 7.34 万元。

【婚姻登记】 2021 年，市民政局办理结婚登记 2858 对，离婚登记 556 对，补发结婚证和离婚证 1417 对，婚姻登记合格率和归档率继续保持 100%，未出现一例违法登记现象。

【社会事务管理】 市民政局坚持“安全第一、预防为主、综合治理”的方针，强化底线思维和忧患意识，加大安全生产工作力度，健全安全风险分级管控和隐患排查治理双重预防机制，进一步加强落实安全生产工作职责。截至 12 月底，对全市民政服务机构累计开展安全生产专项检查 70 多次，排查出安全隐患 62 处，并已全部整改完成。

市民政局创新救助机制和提高依法救助水平，按照自愿求助、无偿救助的原则，对露宿街头和进站求助的流浪乞讨人员进行分类救助，2021 年累计救助流浪乞讨人员 412 人，先后帮助 6 名确认身份的人员回归家庭。此外协调为 20 名符合条件的人员解决户口问题，再按照相关政策为他们落实社会救助待遇。

市民政局开展春节、清明节、中元节和寒衣节期间主城区禁烧工作，与涉项部门和乡镇组成巡查小组对主城区道路两侧、广场等公共场所露天焚烧祭祀用品和门店、摊贩、夜间售卖开展巡查、劝阻工作，集中清理流动摊点 70 余处。此外，市民政局按照《河北省民政厅等部门关于开展殡葬服务设施规划编制工作的通知》要求，推进殡葬服务设施规划编制工作。截至 12 月底，已完成全市殡葬设施、城镇、农村、60 周岁以上人口及土地总体规划等数据摸排统计，此项工作已进入中期成果编制阶段。

2021 年累计销售福利彩票 7018.54 万元，其中电脑票销售 5549.47 万元，即开票销售 1469.07 万元。销售总量在全省扩权县中排名第三位。

开展 2021 年度社会组织年检工作，针对年检中社会组织存在的问题，组织推动整改工作，提升社会组织发展质量。加强社会组织党建工作，依托社会组织党群活动中心，组织开展党建相关活动，持续提升社会组织党建“两个覆盖”质量。

配合公安部门完成“一标三实”编码审核工作。同时，按照上级要求，高质量完成全国标准地名词典第 2～8 部分的释文撰写工作。对市区损坏的 170 多处街路牌及公益广告及时进行更换维修，为霸州市创建省级文明城市提供支持。

市民政局严格按照上级工作部署和相关要求，加强与相关乡镇、社区的沟通协作，整合社会资源，推进乡镇（街道）社会工作服务站建设。分别于 6 月和 8 月建成南孟镇社工站和开发区社工站。

（赵　健）

2021年霸州市农村住户人均收支情况表

表7　　单位：元/人

指标名称		数值
可支配收入	合计	21914
	工资性收入	10212
	经营净收入	10731
	财产净收入	713
	转移净收入	258
消费支出	支出合计	19976
	食品烟酒	5895
	衣着	1560
	居住	4815
	生活用品及服务	917
	交通通信	3303
	教育文化娱乐	1592
	医疗保健	1383
	其他商品和服务	511

2021年霸州市城镇住户人均收支情况表

表8　　单位：元/人

指标名称		数值
可支配收入	合计	51295
	工资性收入	34181
	经营净收入	11723
	财产净收入	4827
	转移净收入	564
消费支出	支出合计	24712
	食品烟酒	6585
	衣着	1889
	居住	5567
	生活用品及服务	1172
	交通通信	3904
	教育文化娱乐	3132
	医疗保健	1687
	其他商品和服务	777

乡镇区办

霸州镇

【概况】 霸州镇政府位于霸州市西南部，镇政府驻地在市区内。北距北京 80 千米，西距保定 90 千米，东至天津 70 千米，京九、保津铁路，106、112 国道和保津、京开高速路三横三纵在镇内交会，交通便利，区位优越。全镇辖 45 个行政村街、3 个社区，即城内一街、城内二街、城内三街、城内四街、东关一街、东关二街、东关三街、东关四街、东关五街、东关六街、东关七街、东关八街、东关九街、维民坊村、王铁脸村、关王堂村、王伍房村、牛业庄村、包裹庄村、许庄村、南关村、老堤村、营上村、武将台村、桑园村、张岗村、牛岗村、太平庄村、赵家庄村、张各庄村、刘村、摆渡口村、纸坊头村、王各庄村、太保庄村、善来营村、渔津洼村、郝庄伙村、牛庄伙村、臧庄伙村、前卜庄村、后卜庄村、南张庄村、梁庄村、寨上村，以及贾庄社区、花车店社区、盐水河社区。辖区面积 76.3 平方千米，耕地 4476 公顷。

2021 年，霸州镇户籍人口 75557 人，粮食播种面积 3539 公顷，粮食总产量 18859 吨，财政收入 31883 万元。

【项目建设】 2021 年，霸州镇亿元以上续建项目 4 个（清芦峪、万科新城一期、王铁脸村幸福家园项目二期、河北住工 100 万立方米建筑构件）；新开工项目 6 个（四季花园二期、永正星城小区、河北住工 20 万立方米装配式构件、河北住工 30 万立方米轻质隔板墙、河北住坊 160 万立方米地暖模块砖、荣府花园项目）；计划开工项目 1 个（城南排水体系公园改造项目）；前期谋划项目 2 个（金丰物流基地项目、霸州市雄商混凝土有限公司年产 60 万立方米商品混凝土项目）；签约项目 3 个（河北住坊 30 万立方米加气块板材生产、廊坊祥运旺年产金属爬架 5000 件、年产 5000 件建筑金属配件霸州市一平机械）；在谈项目 6 个（年产 100 万立方米商品混凝土搅拌站河北住坊、年产 100 万立方米商品混凝土搅拌站南京某公司选址南张庄、四座固定翼飞机建设项目北京某空军选址煎茶铺、民办综合性大学项目北京与牛岗、合作生产瓶盖项目河北搏强与四川宜宾普拉斯、世界美食小镇文旅项目中金控股与贾庄）。固定资产投资项目 11 个，截至 12 月底已完成 7.538 亿元；规模以上工业企业 10 家，已完成产值 11.379 亿元，新增 3 家规模以上工业企业。全年科技型中小企业申报 26 家；高新技术企业申报 3 家；设立霸州镇科技特派员工作站，争取省级扶持建站资金 5 万元，省级科技特派员 1 名，科技特派专干 5 名。

【城镇建设】 坚持城乡统筹，加快新型城镇化步伐，城乡面貌发生新变化。112 国道霸州镇区域内全长 2.2 千米，国道两侧路缘石外 22～29 米范围内征用土地 145 亩。涉及贾庄、南关、许庄 3 个村街，44 户拆迁户，已签订协议 30 户（剩余 14 户均为许庄住宅）。除许庄外均达到进场要求，可以顺利施工；2021 年，完成老旧小区 2 个，涉及 2 栋楼 58 户。

【民生社会事业】 一是开展农村居民最低生活

保障普查。霸州镇现有农村低保201户、城镇低保52户、特困50户，发放低保补助金264余万元；对辖区内11户28人因突发原因造成的困难户进行救济，申请救济金20385元；霸州镇有在册孤儿5人，其中4人为孤儿，1人为父母均重病事实无人抚养儿童，每年按月足额发放低保金。帮助大病家庭申领医疗救助金，发放救灾款，申请办理临时救助资金等；完成村民危房改造工程以及大中专毕业生、中低收入家庭保障性住房审核申报工作；完成农村合作医疗和城乡养老保险工作等。二是巩固拓展脱贫攻坚工作。按照《河北省巩固脱贫成果后评估实施方案》要求，把巩固脱贫成果摆在乡村振兴的突出位置，严格落实“四个不摘”要求，聚焦责任落实、政策落实、工作落实和巩固成效，坚持目标导向、问题导向、结果导向。霸州镇现有建档立卡脱贫户6户，其中农村低保户4户，特困户1户，一般脱贫户1户。截至年底，社保待遇、残疾人补贴、龙头化企业带动项目、土地流转补差、粮补、养老、电补、气补等各项奖补帮扶措施均已落实到位，所有资金全部按时发放到户。通过就业扶贫，现有脱贫人口中有劳动能力的人员2人，全部实现稳定就业。2021年度霸州镇脱贫户总体实现稳定增收，超过上一年收入622.24元，“两不愁三保障”得到有效保障，脱贫户无返贫致贫风险。三是加强学校基础设施建设。第八小学的塑胶操场已经完工，第七小学、第八小学、老堤小学的厕所改造项目基本完成，春季开学交付使用。老堤小学学校门口的硬化已经完工。四是推进南水北调水源切换工作。霸州镇施工进度12075米，其中工业一路1147米已完成施工，29个井室砌筑完成；东城路628米已完成施工，21个井室砌筑完成；兴华南路完成拉管2800米，井室砌筑6个；建设道完成拉管1500米，井室砌筑4个；渔津洼、太保庄、后卜庄3个村街辖区内完成拉管6000米，井室砌筑完成7个。

【大气污染治理】 霸州镇从宣传培训入手，在夯实群众环保意识上下功夫，充分利用三级网格尽职履责的作用，营造环保工作良好社会氛围，强化企业环保主体责任。定期召开环境污染防治攻坚动员大会，对辖区大气污染防治工作进行阶段性部署。2021年，全镇121家“散乱污”企业全部完成关停取缔、整改提升（包含2017年度2家整改提升企业）；定期对辖区110个坑塘（其中有水坑塘71个、无水坑塘39个）进行巡查，彻底杜绝坑塘周边垃圾倾倒等脏乱差现象发生；安排专人对工地进行每日巡查，加大建筑扬尘治理力度，实现“六个100%”目标；强化镇区饭店油烟、燃煤污染治理，坚决取缔露天烧烤；加大执法力度，做好秸秆禁烧工作。制定和实施节日、婚庆期间镇区禁止燃放烟花爆竹的长效机制。

【社会秩序稳定】 2021年，全镇发生信访396批次，涉及1459人次，相比2020年的590批次1473人次，信访数量下降了32.9%。霸州镇把信访稳定作为重中之重的一项工作，创新工作思路，通过抓“五个重点”（抓基础，着力提升工作效能；抓排查，着力预防矛盾；抓源头，着力减少矛盾；抓疏导，着力缓解矛盾；抓结果，着力解决矛盾），实现“五大转变”（变“上访”为“下访”，将全镇群众上访变成包村领导下访，增强工作主动性，班子成员带队，结合村街社区老党员、宗族长、社会带头人等力量，形成小专班到村入户处理多年积案；变“事后处理”为“事前预防”，强化工作的前瞻性；变“堵截”为“疏导”，防止和减少信访问题；变“一时息事”为“彻底解决”，强力推进问题的解决；变“稳控群众”为“服务群众”，全力维护群众的根本利益）。通过这些举措极大地改善干群关系，降低群众上访率，提高信访案件的化解率。

【社会综合治理】 按照中央、省、廊坊市和霸州市提出的工作要求，坚持从解决好人民群众诉求入手，抓好矛盾纠纷排查治理，把握好排查、化解、稳控、打击等关键环节，下大力抓好社会治安综合治理中心、信访中心和便民服务中心建设，构建“群众说事、干部解题”矛盾纠纷排查化解体系，不断提升全镇社会管理综合水平，完成各项重大活动和重要时期的安保任务，进一步加强社会治安综合治理。

【重点村街】

武将台村 位于霸州市霸州镇西南部，是电线电缆生产加工基地。全村503户、1506人。村“两委”干部4人，平均年龄53岁，其中高中（中专）学历4人。

村街活动场所面积420平方米，其中综合服务站面积40平方米。耕地面积2800亩，水域面积5亩，主要作物为玉米、有机蔬菜。该村是乡村振兴重点村，村内现有电线电缆加工生产企业百余户。

太保庄村 位于霸州市霸州镇南部，与文安县交界。位于大清河北岸、106 国道以东 2 公里。村街现有私营企业 40 多家，以汽车配件、模具制造、五金冲压、注塑加工、仓储货架、电缆桥架、渔具及钢材销售为主。全村278户、1387人（常住人口1291人）。村“两委”干部5人，平均年龄52岁，其中高中（中专）学历4人，大专学历1人。

村街活动场所面积360平方米，其中综合服务站面积20平方米。耕地面积1860亩，坡场/水域等面积 250 亩，主要农作物为玉米、小麦。2021 年度村集体经济收入 22.4 万元，主要来源于土地、房屋租赁。

东关五街 位于霸州市霸州镇城中村，全村 312 户 1545 人。村两委干部 5 人，平均年龄为 45 岁，其中，高中学历 3 人，大专学历 2 人。

村街活动场所面积 230 平方米，其中综合服务站面积 60 平方米。耕地面积 270 亩，主要作物为玉米、小麦等。2021 年度村集体经济收入 212.9 万元，发包及上缴收入 169 万元，主要来源于市场土地租赁。村内现有占地 5.3 万平方米的大洋模具城，为主体产业。

（张新博）

胜芳镇

【概况】 胜芳镇地处京津保三角中心，位于首都经济圈、环渤海经济圈腹地，距天津 35 千米、雄安新区 60 千米、北京 120 千米，112 国道毗邻胜芳，津保高速公路和津保高铁在胜芳设有出口，交通便捷。全镇辖 39 个街村，即东升街、红光街、民强街、巨华街、前进街、幸福街、红旗街、东风街、中山街、中华街、新华街、石沟一、石沟二、石沟三、石沟四、向阳街、北楼村、胜利街、大桃园、南楼村、建新街、崔庄子、永明街、田家堡、尚家堡、西董家堡、新明街、东明街、朝阳街、陈家堡、纪家堡、新村、红星街、建华街、东方街、中口村、建国街、繁荣街、楼庄村。镇域面积 104.7 平方千米，规划区面积 53.57 平方千米，建成区面积 27 平方千米。

2021 年，户籍人口 9.8 万余人，外来常住人口 10 万余人。完成财政总收入 6.43 亿元，占全年任务的 82%；一般预算收入 3.40 亿元，占全年任务的 97%；规模以上工业企业 33 家，完成产值 196.26 亿元，比上年同期增长 43.14%；完成固定资产投资 4.93 亿元。

【项目建设】 全力推进项目建设。重点引进投资 0.5 亿元的强源科技有限公司对万路建材闲置厂房设备改造升级项目，谋划三强金属光伏支架、廊坊胜隆川德家具有限公司新建年产 20 万套钢木家具项目等项目。同时建立健全重点项目服务机制，全程协助企业解决项目建设问题，加速项目落地投产。优化营商拉动转型。做好企业帮扶，帮助星光家具等 3 家企业申报省级工业设计中心、霸州市级企业研发中心等；协助霸州泰美服饰等 6 家企业申报贴息补助。防疫期间协调解决企业货物运输出行难问题，及时发放 760 张防疫紧急物资车辆通行证；协同卫健部门入企业进行核酸检测和疫苗接种 1.3 万人次，解决企业货运难和生产经营中的问题。广泛开展领导包联企业活动，扩大包联企业范围至 41 家，全力将各项惠企政策落到实处。加大招商引资力度。全面动员部署全民招商活动，充分利用多方社会力量，挖掘投资潜力。宏升实业汽车轮毂项目、集思广益科技孵化中心建设项目等 17 个项目正在进行有效对接，已完成签约企业 6 家，在谈企业 11 家。举办第 25、26 届两届家具采购会，年成交额突破 400 亿元。同时，积极落实人才强市战略，创新人才服务工作机制，摸排上报符合 A 卡条件人员 1 名。

【人居环境整治】 加强纳污坑塘整治。按照一坑一档原则，明确责任到人，降级中高风险坑塘 3 个，销号无水坑塘 3 个，77 个纳污坑塘全部实现线上平台分类管理。推进城乡环卫一体化。常规抓好生活垃圾日常保洁，日均清运生活垃圾 250 吨，实现生活垃圾清运全覆盖；突出抓好工业垃圾清运，多途径宣传，多方式推进，日清工业垃圾 60 吨，取得初步成效。推进厕所改造建设工作。2021 年度涉及户厕改造 309 户，公厕改造 13 座，改造完成率 100%。同时重点做好问题厕所摸排复核，涉及户厕 5795 户，发现问题厕所 634 户，已整改 116 户。推进市容市貌综合整治。建立占道摊点、占道搭棚长效管理机制，对占道集市摊点严重路段落实专人守点、规范经营，对红白喜事占道搭棚进行严格管控，全年劝离规范摊点 3000 余处，治理占道搭棚行为 70 余起，违规占道问题治理效果显著。开展停车管理领域违法违规专项整治，拆除停车场起降杆 14 套，规范停车场 4 处。加强环境噪声治理，整治噪声污染 60 余起，规范施工噪声 50 余起，为周边居民营造良好生活环境。推进违章建设和违法用地拆除清理。严厉打击违法占地行为，强化巡查，重拳执法，做到露头就打，决不姑息。全年整改违法图斑 55 个，拆除违法图斑 41 个，补办手续 14 个，有效遏制土地违法行为。基础设施维护日益提升。完成镇区 13 座市政泵站、3 座农业泵站的日常运行和维修维护工作，确保汛期安全度汛。完成南水北调水源切换 12645 户，日均用水量 8300 吨，同时做好道路、供水等市政设施维护管理工作，有效保障居民正常生产生活秩序。新农村建设水平日益精细。按照片区统筹推进的思路，申报中山、东升等 6 个棚户区改造项目，正在办理完善相关手续。不断加强居民小区综合管理，制定居民小区疫情防控管理办法，完成胜苑、御芳园等 4 个小区业委会的换届选举，为居民打造安全、便捷、舒适的居住环境。

【生态保护】 做好加强工业企业治理，对已关停的“散乱污”企业开展“回头看”和深度大排查专项整治，对涉 VOCs、涉源企业常态化巡查监管。开展污染企业集中整治行动，全年排查检查企业 1700 余家，停产整改 150 余家，依法行政拘留 27 人。抓好秸秆禁烧治理。垃圾、秸秆露天禁烧管理常态化，成立 3 个应急巡查组、39 个村街禁烧巡查组，常态化巡查检查，及时处理突发情况；大力推进无偿粉碎秸秆杂草工作，粉碎秸秆、荒草 8000 余亩，力争实现“不着一把火，不冒一处烟”。抓好餐饮业油烟治理。开展店外经营、露天烧烤的清理整顿行动，出动执法人员 600 余人次，清理烧烤摊点 220 余处，劝导入室经营 30 余家，对 100 余台餐饮油烟净化设备定期检查，确保正常运行。抓好散煤管控工作。强化源头治理，加强散煤运输管控，严厉打击偷运、无照储存销售散煤等违法违规行为，持续保持散煤“动态清零”。查处清理散煤销售点 6 个，查扣散煤 11 吨，立案查处罚没款 8000 元。

【安全生产】 抓好安全生产管理。以安全生产大排查大整治行动和消防安全专项整治行动为契机，检查各类生产经营单位 8500 余家，发现并整改各类安全隐患 2400 余处，断电整改 23 家，关停取缔 8 家。以“安全生产月”为抓手，组织安全生产宣教培训班 6 期 300 余人次，组织生产类企业“三项岗位”人员培训 4 期，337 名安全管理人员和 176 名特种作业人员 100%持证上岗，组织全镇各方应急救援力量在重点村街、企业开展系列消防安全应急演练活动 16 次，有效提升防火自救互助能力。

【平安建设】 细化各项防控方案和应急预案，严格落实网格化管理、小区包联制度。加强对外省来霸返霸人员排查，已启动集中隔离点 2 个，隔离 213 人，所有涉及人员核酸检测全部阴性；全力推进疫苗接种工作，确保接种工作安全、规范、高效、有序进行，2021 年 12 周岁以上第一剂累计接种 95810 剂，第二剂累计接种 95977 剂，18 周岁以上人群加强针累计接种 20370 剂，全力建立社会防疫屏障。社会保障持续跟进。对低保、特困的 328 户家庭每月发放低保金 26.5 万元。全年救济困难群众 9 人次，发放救济金 6000 元。大病救助 41 人次，发放救助金额约 8 万元。为 200 名下岗职工办理灵活就业登记，受理就业困难认定 37 人。扎实推进食品药品安全，强化村级食品安全协管员培训管理，落实“三小”商贩备案制度，对 850 余家餐饮、药品经营单位常态化排查检查，及时消除食品药品安全隐患。社会稳定持续向好。深入推进禁毒、反邪教、社区康复等综治工作，推广应用“国家反诈中心”App 近 4 万人。以扫黑除恶常态化为抓手，强力开展“燕赵—砺剑铸盾 2021”“飓风 2 号”社会治安整治等专项行动，全年调解案件 1030 起；破获刑事案件 30 起，刑事拘留 31 人；行政案件 132 起，行政处理 115 人，责令停业整顿企业 17 家，抓获网逃 13 人。信访矛盾化解有效开展。全年接待群众来访 217 批 1214 人次，上访人数较 2020 年同比下降 32.7%，登记、受理信访案件 149 件，已办结 115 件。网上信访阳光信访平台转交督办 172 件，已办结 169 件，正在办理中 3 件；智慧外网转交办 15 件，已办结 14 件，正在办理中 1 件；市长热线交办案件 1354 件，已办结 1338 件，受理、答复率 100%。教育工作显著提升。九年一贯制学校新建工程已完工，十中、二小已于 9 月搬迁入学。市四幼新建工程、红星小学改建工程 2022 年 9 月投入使用。第一小学改建工程、东升幼儿园新建项目正在进行前期手续办理。在 2021 年小学终结性测试中，胜芳镇名列乡镇第一，9 所学校获得教学质量先进单位称号，29 名教师获得先进个人称号。八中在全市中考综合考评中名列第一，十中在全市中考综合考评中名列第三，红光小学荣获“第十二批河北省绿色学校”称号，八中党总支荣获廊坊市“先进基层党组织”称号。

【党风党纪】 党风廉政主体责任严格落实。全年镇纪委共收到问题线索20件，已办结19件，运用第一种形态处置13人，党纪处分1人。配合上级市纪委办理问题线索4件，已办结2件，运用第一种形态处置1人，政务警告处分3人。干部队伍履职能力不断提升。完成“两委”换届工作，高质量完成“一个全面、四个提上去、一个降下来”的任务目标，村街两委干部结构趋于科学合理。换届后，积极组织新一届两委干部开展村街业务培训、重点工作培训、优秀支部书记讲课、党史学习培训、信安仁义街观摩培训等活动，培训支部书记195人次，进一步提升党员干部的思想认识和业务水平。庆祝中国共产党成立100周年氛围日益浓厚。以开展庆祝中国共产党成立100周年系列活动为契机，创新开展系列特色活动。组织开展重温入党誓词、书记讲党课、集中观看习近平总书记系列重要讲话等活动，14个党支部组织300余名党员到红色教育基地进行学习，为老党员颁发“在党50周年纪念章”323枚，进一步激发全镇广大党员爱党爱国热情。党员教育从严抓实。从严落实“三会一课”、组织生活会和学习培训等党组织活动，镇村两级分别采取“线上+线下”的学习方式，充分利用“学习强国”App、“乡信”App、网络远程教育等平台，全面开展各项活动，全镇党员干部党性素养和业务能力有效提升。党员发展不断规范。严格入党程序，不断提高党员对象质量，2021年发展46名党员，无三年以上不发展党员村街。“红色地标”标准化建设。完成中华街、北楼村“红色地标”标准化建设，已有12个村街建设“红色地标”，15个村街配备综合服务站。村级集体经济不断壮大。2021年度年收入50万元以上的村街26个，占比66.7%，其中100万～500万元16个、500万元以上2个，占比46.2%，村街集体经济整体水平位居全市首位。

【开展党史学习教育】 一是开展集中宣讲，营造强大舆论氛围。开展学习贯彻习近平总书记“七一”重要讲话精神宣讲活动，引领全镇党员干部从中国共产党的百年风雨、百年奋斗中汲取滋养，不忘初心，勇担使命。二是围绕贯彻习近平总书记重要讲话和文章组织开展12次集中学习，5次专题读书班。在微信公众号开辟理论学习专栏，开展网络学习，发布理论学习知识100余条。三是先后开展4次非遗进校园党史专题课和9次“非遗+党课”主题活动，引导青少年从小听党话、感党恩、跟党走，让革命薪火代代相传。四是线上线下“双发力”，强化正面引导。开设党史学习教育专栏，全年发布党史教育工作动态25条，转载权威文章240余篇。其中，《河北霸州：小小非遗传承人 学党史奏红歌》在人民日报客户端刊发，《霸州胜芳：“非遗体验课”让党史教育“活”起来》在长城网刊发，点击量已突破140万人次，起到良好的引导作用。

【文明城市建设】 一是开展志愿服务活动。发挥社会公益组织作用，宣传社会正能量。开启“志愿+”模式，组织开展多次无偿献血、寸草心志愿服务等活动。组织辖区村街开展“文明家庭”“星级文明户”“移风易俗”等文明创建活动。全力支持文艺活动，为村街、社会文艺团体申请音乐器材、体育器材、演出服装及文化活动场地，不断提高群众综合素质，满足群众文化需求。古镇建设不断升级。强化景区标准化建设、景区安全生产创建，改造古镇景点，不断提升古镇旅游服务形象。举办“红色教育、民俗传承”特色展览、专题讲座、志愿者培育等各类爱国主义教育活动，持续发挥博物馆爱国主义教育主阵地功能。公共文化体系日益完善。全年申报县级非遗项目18个，推荐国家非遗馆藏品征集项目2个，组织非遗传承人参加“一带一路”长城国际民间文化艺术节活动。39个村街全部完成基层文化服务中心建设，组织开展非遗进校园、“庆七一”书画展等10余项文娱活动，完成戏曲、综艺进农村公益演出10余场，切实将文化惠民落到实处。

【重点村街】

红光街 位于霸州市胜芳镇，地处胜芳镇区中部，全村共1135户，有4450人。2021年，集体经济收入1800万元，农民人均纯收入1.8万元。村街集体累计固定资产达2.7亿元。该村党员108名，村街“两委”7人。红光街先后获得“河北省精品村”“河北省幸福乡村”“五星级党组织”“党建示范村”等称号。

红光街采用“商贸市场带动”和“固定资产盘活”两种集体财富积累模式。多年来，红光街党支部带领全村党员群众发展壮大集体经济，从一个没有“家底”、年集体收入不足几十万元的普通村街，发展成为集体年收入千万元的富裕村街。自2007年起，村街“两委”因地制宜，将新民居建设和城中村改造结合起来，通过“平改楼”，实现土地的集体利用和人口的相对集中。鸿昇新区顺利完工，1200户楼房全部交付使用，村街先后投资建设社区医院、社区幼儿园、鸿昇商业街等相关配套设施对外承租，大大增加街村的经济实力。投资建成红光小学，安装太阳能路灯136盏，建立鸿昇社区小剧场和红光街村史馆，成立红光街京评梆小剧团、红光街中华韵旗袍队、红光街百灵鸟合唱团等文艺团体，逢年过节免费为群众送上文化大餐。

55周岁以上的老人每月领700元的“退休金”；每个村民每年都有500～8400元6种不同的福利分配，全村无一低保户，无一上访户。

东风街 地处胜芳镇区中部。现有人口658户，3523人，党员82名，可耕地1804.6亩。2021年人均纯收入1.12万元，集体年经济收入450万元。

村街“两委”整合土地资源，将北畦车瓦地、台面土地改造成工业区每年出租，将城区内闲置的土地，建成门脸房、厂房进行出租，为村街带来了稳定的经济收入。村街固定资产将增长到4000万元。

村街每年给50岁以上老人每人每月发放200元养老金。按照分地年限及年龄确定每人每年4000元、2400元、800元、600元、200元5种不同的福利分配方案。

在辖区建设户外健身场所，有健身器材10套，建立东风街幸福院、图书室。多次被霸州市人民政府评为文明街村、成绩突出领导班子，连续5年被霸州市委评为四星级党组织。

崔庄子村 位于霸州市东南部，胜芳镇西部，现有人口4868人，耕地面积3401亩，水域面积894亩，村集体经济年收入约50万元，主要来源于土地租赁。崔庄子村是乡村振兴重点村，省级淘宝村，村内现有钢木家具制造及配套企业300余家。

崔庄子村自筹资金建造农村新民居小区4万多平方米，半数以上的村民都住进配套设施完备的居民小区，生活质量得到很大提高。

2021年，完成1500平方米的村级组织活动场所的“红色地标”建设，功能齐全，布局合理，做到“党务村务服务”清晰划分，更好地体现出综合服务站“便民惠民服务”的功能与效率。先后建立崔庄子村老体协、京评梆票友活动室、书画社，丰富村民的文化生活，4项民俗活动被评为廊坊市级以上“非遗”项目，其中“盂兰盆会”被评为“中国农民丰收节”100个乡村文化之一。

2021年，完成居民区2400余户南水北调饮水工程。引导村内上百家企业进行产业升级，优化发展电商平台，村企合一，三产融合发展，打造自己的特色品牌，年度村内个体企业依托电商平台线上销售突破10亿元。筹资150万余元硬化路面，面积1万多平方米，安装路灯150余盏。通过村企出资，组建村联防队，现有10名队员及两部巡逻车，24小时对村辖区进行不间断巡逻。

巨华街 地处胜芳镇区西部。现有人口658户，3273人，党员94名，可耕地1227亩。2021年人均纯收入15000元，集体年经济收入800万元。

巨华街“两委”整合土地资源，将西畦田闲置的600亩土地改造成养殖基地每年进行出租，将大桃园土地出租，每年为村街增收50万元。2021年，巨华街联合周边村街，积极争取上级帮扶资金，对村内的主路（中山大街）进行修缮，并自筹资金修缮辅路，一条长650米，主道宽6米，两侧辅路各宽0.5米的公路投入使用，同时新增20盏路灯，拆除道路两旁违建10余处。

巨华街中55周岁以上的老年人每人每月可领450元福利金；按照分地年限每人“两节”都可分得1400元、800元两种不同的福利金，无土地人员、新增人员每年也可分得600元福利金。村街建有两处户外健身场所，设置健身器材20套。村街中的巨华小学定期进行修缮，配备水冲式厕所、空调、全程监控系统、篮球场、多媒体教学等高标准设施。

田家堡村 位于霸州市东部，南邻胜芳镇，距市区30千米，距镇区2千米。有村民860余人，党员25人，村“两委”干部4人，村党组织书记、村委会主任“一人兼”。全村耕地面积786亩，村集体经济主要收入来源为土地租赁，2021年村集体收入41万元，被廊坊市委组织部授予“先进基层党组织”称号。

2001年，田家堡在村内建起家具厂，吸引村民回村就业。同时，还帮助部分村民建起家具厂和配件厂，形成产业规模，增加就业岗位，增加村民收入，真正做到“大家富”。

田家堡“两委”创建养殖农民专业合作社，合作社成立初期，村集体投资20万元，争取财政扶持资金50万元，但还存在较大的资金缺口。村干部带头做工作，积极引导村民以每股1万元投资加入合作社，累计筹集资金300万元。合作社于2019年底完成施工，当年引进种羊800只，第二年收益达20万元，让村民真正看到实惠。2021年，随着市场形势变化，经合作社及股东代表商议，决定对品种羊优化提升，新采购湖羊400只。

该村“两委”干部为村民服务，为困难户和困难党员解决就业问题。每逢过节，都为年迈老人发放慰问品和慰问金。多方筹集资金，修建1500米公路，为村内安装100余盏路灯，涂刷墙体2500平方米。

（薛　颖）

南孟镇

【概况】 南孟镇位于霸州市北部，东距天津75千米，北距北京80千米，西距保定100千米。南孟镇现辖南孟、金各庄、田各庄、罗卜营、圈子、中北岸、西北岸、东北岸西头、东北岸西头、宋村、西粉营、东粉营、王村、北落店、姜家营、沈家营、塔上、马坊、东坨、西坨、东家营、安家营、披甲营、崔各庄、和平、扩大 26 个行政村，镇域面积 45.18 平方千米。

2021 年，全镇总人口 3.2 万人；年末常用耕地面积 3.8 万亩，粮食播种面积 1246.67 公顷，同比增长 1.3%；粮食总产量 7852 吨，同比增长 2.3%；农林牧渔业总产值 35632 万元，同比增长 3.6%；财政总收入 15187 万元，同比减少 9.61%；镇区一般预算收入 9273 万元，同比增长 2.24%。南孟镇拥有优越的交通区位优势，106 国道和廊霸路贯穿南北，高铁霸州北站坐落在镇辖区内，荣乌高速新线、京雄城际铁路和在建的 R1 线贯境而过，拥有独特的交通区位、良好的生态环境和美丽乡村片区三大优势。

【经济发展】 南孟镇是传统农业大镇，是河北省第一批农业产值超亿元乡镇之一。主要以小麦、玉米、花卉和苗木种植为主，其中，镇区北部沈家营、姜家营等村街的苗木种植面积达 9800 亩，主要供应京津地区苗木市场。在招商引资发展经济中，南孟镇不断优化发展环境和生态环境，着力引进环保无污染、科技含量高、竞争力强的现代制造企业，2021 年完成一般预算收入 9273 万元；7 家现有规上工业企业完成产值 2.045 亿元；5 个在建投资项目完成固定资产投资 6.5 亿元，形成以农产品深加工、汽车配件、机加工为主导的行业群体，代表企业有争荣食品、六必居、华硕汽配等。

【自然生态】 霸州生态公园坐落在南孟镇域内，是人们休闲锻炼的好地方。全镇路网、林网、管网等农业设施建设居全省前列。地下水资源和地热资源丰富，地下水质优良，富含多种有益人体健康的微量元素和矿物质，温泉资源可采储量达 3.52 亿立方米，出口水温 90℃以上，具有很高的经济价值。优美的生态环境和丰富的自然资源为南孟发展现代农业、生态工业及生态旅游业提供良好的基础。

【城乡建设】 全镇着力开展省级美丽乡村片区建设，通过民居改造、饮水安全、污水治理、街道硬化、美化亮化等 12 项行动全面改善提升村街的基础设施及居民的生活质量。全面实施气代煤工程，全镇 8000 多户居民全部实现天然气取暖做饭。持续优化农村生活环境，实现“户集、村收、镇运输、市处理”的城乡垃圾一体化处理机制，生活垃圾日产日清，在企业中推行垃圾有偿处理。通过对垃圾及秸秆禁烧、烟花爆竹禁放、扬尘、散乱污企业治理的巡查管控，空气质量逐年提高，排名位于霸州各乡镇前列。在水资源治理方面，严格落实河长制巡河制度，对河流巡查常抓不懈。镇域内 33 个有水坑塘全部完成治理，专人专管，严禁生活污水、垃圾排入坑塘，确保水质污染不超标。对 45 处无水坑塘进行垃圾清理，并设置标识牌和围挡，同时加强管控、巡查力度，坚决防止私倒垃圾和其他污染物的事件发生。全镇 78 个坑塘全面实行坑长负责制并进行日常巡查，录入霸州市坑塘线上管理平台，实现线上线下齐抓共管。对全镇 18 处水资源保护地完成保护治理，拆除保护区范围内可能造成污染的违章建筑。全镇的城乡环境得到明显提升。

【教育资源】 2021 年，镇高级小学投资 377 万元新建 1329 平方米装配式板房教室工程，投资 88 万元新建水冲式清洁厕所，均已投入使用。南孟中心幼儿园投资 13 万元建成高标准塑胶活动场地；中北岸幼儿园投资 40 万元配备多媒体、空调、电脑等，并对幼儿园园区进行升级改造。全镇在职教师参训率达到 100%，全年选派 130 多名教师先后参加国家、省、市、县级研讨、观摩、培训等活动。2021年在“一师一优课，一课一名师”活动中有31人获廊坊市级奖励。

【重点村街】

田各庄村 位于霸州市北部，村街有291户、1280人，耕地1130亩（已全部被征收）。村街有两家集体企业，2021年村集体收入400万元，集体财富积累达到9325万元（含固定资产）。该村党员44名，村“两委”干部5人。村街多次获得霸州市“五星级党组织”，廊坊市“先进基层党组织”，河北省“先进基层党组织”等称号。田各庄村两委根据霸州市新农村建设总体要求，本着“科学规划、村民自愿、节约用地、适度开发”的原则，新建田旖小区1处，小区内有居民楼12栋，建筑面积63640平方米，道路硬化、绿化等配套工程齐全。2014年，田各庄村被列为河北省农村面貌改造提升行动示范村。2016年又纳入南孟镇美丽乡村省级重点片区建设范围，使村街面貌得到再提升，其中民居节能改造170户，完成路面硬化37770平方米，新安装路灯98盏，铺设污水管网6084米，给水管网13560米，燃气管网1800米，电力线路4144米，通信线路3200米。墙面粉刷32000平方米，绘制文化墙890平方米；新增绿化200株。新建2635平方米游客中心及丰收广场各1处。游客中心主要陈列的是一些南孟镇的人文、历史简介和照片。田各庄村有霸州市标牌厂和路明金属钢杆厂两家集体企业，为村街增加就业岗位120个。标牌厂拥有固定资产1200万元，工人70人，年产值3500多万元，年上缴税金180多万元；路明金属钢杆厂年产值达3000万元，工人50人，年上缴税金170多万元。田各庄村对60岁以上老人，每人每月发放养老金70元，老党员每人每月发放养老金80元。每年年底，村街按户口每人发放100元的过节补贴。

西坨村 地处南孟镇东北部，与东坨村隔路相望，全村东西长800米，南北长600米，居民200户，总人口850人，有耕地1234.3亩，全村以种植葡萄、苗木为主。在美丽乡村建设中，实施民居节能改造、路面硬化亮化、绿化、铺设污水管网、给水管网、无害化厕所改造、墙面粉刷等基础改造提升；新建桥梁1座、村民服务中心1座，使村街面貌焕然一新。西坨村文化底蕴深厚，成立评剧团和秧歌队，活动至今。西坨村自编自导过评剧，“舞动奇迹”广场舞队曾多次在廊坊市、霸州市广场舞比赛中获奖。经镇村两级研究，决定新建标准高、设施齐全的大剧院1座。西坨大剧院的建成，不仅成为南孟镇的地标性“景观”，而且对周边村街乃至霸州市的文化发展起到促进作用。

西头村 位于霸州市西北部，村街63户、271人，党员20名，村“两委”干部6人，耕地408.1亩。集体财富积累达到50万元。为改变村街集体经济薄弱的面貌，村街将闲置的近20亩集体土地以180万元承包给个人办厂。2021年重建远程教育站点，使用面积达到70平方米，播放设备由原来的小型电视机换成了投影仪，同时还添置音响、功放等现代播放设备。站点能够同时容纳40人同时观看远教节目。除定期播放远教节目外，村民任何时候都可以到站点点播自己需要的节目。西头村在美丽乡村建设中，铺设污水管网875米、给水管网1243米、电力及通信线路3828米。完成路面硬化3376平方米、墙体保温3800平方米、立面整治7000平方米。新增绿化植物300株、路灯16盏，新建村委会办公用房和公园1处，公园占地150多平方米，内设篮球场1个，健身器材 50 余件。西头村给村街 60 岁以上的老人，每人每月发放养老金 60 元；每逢春节，村街给老党员、老干部、贫困户发放慰问品。投资 30 万元，安装 26 个摄像头及监控操作平台，24 小时对全村进行全方面监控，保障村民生命财产安全。

（王阁明）

煎茶铺镇

【概况】 煎茶铺镇位于霸州市辖区的中部，镇政府所在地中煎街位于霸州市区东 10 千米，东距天津市中心 65 千米，北距北京市中心 100 千米，112 国道、津保高速公路、廊沧高速公路、津保高铁和津霸铁路纵横贯穿境内。煎茶铺镇辖东一街、东二街、东三街、中煎街、西煎街、沙窝街、元里街、胡各庄、大台山、中台山、西台山、河东、花桑木、平口、十间房、田口、赵各庄、大宁口、小宁口、郝青口、王青口、田青口、七间房、后两间、白坟、南庄头、济悯庄、前两间、高村、大高各庄、小高各庄、王坟等 32 个行政村街和 1 个石油物探社区，总面积 75 平方千米。

2021 年，全镇总人口 4.4 万人，常用耕地 4699 公顷，同比增长 0.2%；粮食耕种面积 3159 公顷，同比增长 3%；粮食总产量 25755.56 吨，同比增长 10%；农林牧渔业总产值 3.9080 亿元，同比增长 1.2%；农民人均纯收入 11999.92 元，同比增长 9%；农业机械总动力 85005.27 千瓦，同比减少 0.6%；农村非农行业总产值 58.3 亿元，同比减少 0.2%。镇区人口 12880 人，占地面积 300 公顷。

【项目建设】 2021 年，全镇一般公共预算收入任务 2700 万元，实际完成 2726 万元，100%完成任务。完成全年税收任务。煎茶铺镇有规模以上工业企业 8 家，产值 5.2 亿元，同比增速达到 16%，企业发展态势良好。煎茶铺镇固定资产投资入库项目 4 个，总投资 19400 万元，完成总投资 12986 万元。续建项目 1 个：（廊坊市重点项目）霸州市华诚汽车制动器有限公司年产 100 万套电子驻车（EPB）产品及高端轮边制动器项目，占地 1.5 万平方米，总投资 1 亿元。新开工项目 1 个：霸州市东晨科技有限公司年产 50 万件五金配件项目，占地面积 1.9 万平方米，总投资 1 亿元。签约项目 2 个：霸州市优丽雅环保科技有限公司年产 12 万吨低碳、绿色、环保型全棉水刺无纺布项目，占地面积 8 万平方米，总投资 12.2 亿元，该项目正在办理前期手续；廊坊润泽铭泰报废汽车回收拆解有限公司年回收拆解报废机动车 3 万辆项目，占地面积 2.2 万平方米，总投资 1.2846 亿元，该项目正在办理开工手续。

【环卫工作】 2021 年，煎茶铺镇开展“加快推进城乡一体化进程”，全体管理人员以保质量、确保重点、不留死角完成任务为前提，做到路面整洁、人员落实、责任到位，分工不分家，包干、包段，责任明确，落实管理责任制，以确保主干道为主、次干道为辅的环境卫生工作原则。拟定环卫奖惩制度，发动全民参与，举报乱倒垃圾现象。每日不定时进行环卫巡查，打击乱倒垃圾现象。2021 年，清理积存垃圾 89 处 780 余立方米。为推进一体化进程，煎茶铺镇第一时间推进垃圾入户收集。其中发放垃圾入户铁质垃圾桶 15000 余个，各村街发放电动垃圾清运车共 40 余辆，确保垃圾入户收集工作进行。根据煎茶铺镇垃圾运输量，已要求环卫公司增加 2 辆垃圾清运车辆。按照各村街环卫人员配置，补足环卫人员。针对 112 国道、采留线、苏三路、煎台路、镇环镇路、中亭路等主要道路，增加保洁员，负责以上街道的清扫工作。

【教育工作】2021年，煎茶铺镇加大教育资金投入，进行校园改扩建、危房改造和改善办学条件等工作。投入170万元用于大高各庄学校、煎茶铺镇一小、镇二小新建水冲式厕所。筹措资金45万元对煎茶铺镇第三小学赵各庄校区幼儿园进行改建升级，并建童趣屋1所。

【民生工作】2021年，煎茶铺镇新增城乡低保24户，注销不符合低保政策家庭49户，年末全镇城乡低保231户425人；新增特困3户，注销7户，转集中供养1户，全镇城乡特困人员71户73人。同时对全镇25名符合条件的特殊老年人申请服务补贴，每人每月享受60元。对全镇享受残疾人双项补贴待遇的残疾人进行认证，为2022年残疾人补贴发放工作提供保障。煎茶铺镇2021年上报残疾人护理补贴人员32人，每人享受100元补贴，上报困难补贴人员27人，每人享受255元。全镇享受护理补贴人员266人，困难补贴人员239人。2021年对6户贫困残疾人家庭进行无障碍改造，对17名残疾人进行辅具登记发放。2021年新增2个产业帮扶项目，实现脱贫户稳定增收。同时为巩固拓展脱贫攻坚成果同乡村振兴有效衔接，煎茶铺镇成立防贫工作站，对困难家庭给予相应帮扶。劳动和医疗保障工作，按时完成养老保险死亡人员注销录入并上报；劳资纠纷总体平稳，全年未发生拖欠农民工工资事件。城乡居民养老保险参保2021年度扩面目标任务数为177人，本年度新参保缴费人数195人，扩面完成率达110.17%。城乡居民医疗保险征缴工作完成情况，截至12月底，应缴费人员43163人，已缴费人员35832人，享受政府免缴特殊人员2253人，完成率为88.24%。

【社会事业】2021年，每季度对全镇高龄老人进行生存认证，全镇高龄老人697人，其中80周岁以上633人，每人每月享受50元，90周岁以上70人，每人每月享受200元，100周岁以上1人，每人每月享受300元。同时对散居孤儿和事实无人抚养孤儿进行摸底核查，对符合条件的3名孤儿进行审核，使其继续享受孤儿待遇。疫情防控方面。煎茶铺镇充分认识疫情防控形势的严峻性、复杂性、艰巨性，严格落实党政“一把手”第一责任人责任，制定并修改完善《煎茶铺镇新型冠状病毒感染的肺炎疫情防控工作实施方案》，成立镇疫情防控指挥部，由党委书记主要领导负责，下设10个工作小组。组织召开党委会议3次、专题会议2次、安排部署做核酸会议1次。从2月2日起，10名班子成员轮流到镇疫情防控指挥部值班、现场办公，加强镇疫情防控指挥部值班调度；安排17名镇级领导分包各村街和社区，强力督促推动各项疫情防控措施落细落实；建立专班推进机制，成立33个工作专班并明确牵头责任人，加快各项工作落实。

【重点村街】

后两间村 位于河北省霸州市市区东9千米，煎茶铺镇西北3.5千米，西邻京德高速、采留线、百米渠。后两间村是霸州市最大的回民村，全村居民680户，总人口2200人，回族人口1800人左右，占全村人口比例80%。耕地面积3900亩，主要以农业、餐饮、养殖、五金冲压为主。全村以养殖业作为村民收入的主要来源，村东建立养殖区，养殖专业户达20家，有规模的10多家，年羊出栏率4万只，牛出栏率2000头，每年羊肉产量140吨，牛肉产量60吨，熟食产量30吨，年产值7200万元，在霸州市已成规模。建有符合国家标准的牛羊屠宰场1个。2021年人均收入11236元。

投资 28 万元建起文化牌坊；投资 50 万元完成街道亮化工程，同时配合镇政府完成气代煤工作；投资 28 万元在主要街道修建排水管道、排水沟；投资 24 万元完成中心大街粉刷、村委会小广场建设工程；投资 10 万元对主要路口安装监控设施，使村内治安环境得到进一步保证。投资 105 万元完成复兴道大街的硬化、村内健身小广场硬化、环村街道粉刷、南片村街亮化等工程；多方筹资 800 余万元建设高标准的小学教学楼、操场、幼儿园；拆除村内私搭乱建 400 余处，清理“三大堆”垃圾 6000 余立方米。投资 40 多万铺设中心大街学校牌楼到董广顺卫生室路肩马路砖。2021 年，为村民新修两条胡同长 300 多米，宽 4 米；投资 50 万在村南头修建长 90 米、宽 20 米的鱼塘，完工后可以进行养殖或出租。后两间村先后被授予“图强进位村街”“五星级村街党组织”“文明村街”“红旗党支部”“省级少数民族特色村寨”等称号。

平口村　位于煎茶铺镇东南，全村 486 户，1996 人，其中耕地 2408 亩。党员 35 名，村两委干部 4 人。个体企业户 203 户，主要生产销售家居日用品，农业以种植小麦、玉米等粮食作物为主。村集体经济年收入主要来源于土地承包。

村内现有企业 289 家，村两委引导企业打造知名品牌专利产品，创办多个电商平台，逐渐转向网店、直播带货等线上销售模式，使平口村成为全国北方家居用品产业基地，连续 5 年被阿里巴巴研究院评为“中国淘宝村”。

平口村与 70 余家企业签订垃圾有偿服务，由专业的清运公司清运工业垃圾。所有耕地、沟渠、坑塘实现网格化管理，由 4 名专人负责防火、环境监督工作。平口村先后被评为“河北省老年体育示范村街”“廊坊市红旗党支部”“廊坊市文明村街”“河北省文明村街”“全国文明村街”。

（王雨晴）

信安镇

【概况】　信安镇政府驻地位于信安镇团结街，西距霸州市政府 25 千米，信安镇辖建设、团结、仁义、红强、忠勇、爱国、解放、光明、英明、利民、新立、高桥、杨各庄、菜园、郝场、头屯、张庄 17 个行政村街。全镇面积 41.58 平方千米。2021 年，全镇总人口 32305 人，从业人员 14899 人；年末常用耕地面积 3.3 万亩，粮食播种面积 1.6 万亩，同比减少 15.8%；粮食总产量 10337 吨，同比增加 34.7%；农林牧渔业总产值 12678 万元，同比增加 0.95%；农民人均纯收入 15659 元，同比增加 40.4%；财政总收入 1.01 亿元，同比减少 23.9%；农村非农行业总产值 59.6 亿元，同比减少 14.5%。镇区一般预算收入 2442 万元，同比增加 12.7%；镇区占地面积 3.8 平方千米。

【经济工作】　大力开展招商引资，稳步推进项目建设。成功引进总投资 1.1 亿元的金华科生物技术有限公司家庭自测诊断试纸生产项目、总投资 3 亿元的“乐龄公馆”示范基地项目。利用仁义街集体闲置的 700 平方米集体车间，成功争取到北京京科兴业科技公司到仁义街投资，打造“精品车间”。该项目投资 1500 万元，解决仁义街 30 多名劳动力就业，平均为村街带来每年 15 万元的收益。加大“入规”企业培育力度，重点培育霸州市鸿信环保科技有限公司、郭氏家具有限公司“入规”工作，新增规模以上企业 4 家。全年累计完成财税收入 1.01 亿元，完成固定资产投资 4 亿元，规模以上工业总产值达到 60 亿元，经济稳步发展。

【特色农产品种植】 信安镇打造自有品牌，推动张庄村冬枣、六瓣蒜和头屯村普罗旺斯西红柿规模化种植项目，打造“信安冬枣”“信安六瓣蒜”靓丽名片，让“小冬枣”“本地蒜”发挥“大价值”。张庄冬枣相继被《人民日报》及省市媒体宣传，枣农以每年每亩100元的价格承包村街土地30年，引进沾化冬枣树苗，种植面积130亩，每亩产量达到1000公斤，每公斤售价20～30元，每亩收入约3万元。张庄蒜农种植六瓣蒜20余亩，一挂50头，售价达200元以上，效益也十分可观。头屯村西红柿种植农户每年的销售供不应求，每公斤售价大约在20～30元，比普通西红柿价格高出4～5倍，产量与普通西红柿相当，收入增加好几倍。

【民生工作】 抓统筹、促融合，大力发展乡村振兴。一是巩固拓展脱贫攻坚成果。坚决做到脱贫不脱责任、脱贫不脱政策、脱贫不脱帮扶、脱贫不脱监管，不断巩固提升脱贫攻坚工作成果，确保脱贫户不返贫。信安镇贫困户全部入股河北争荣股份有限公司，每年3月和9月进行分红；与域内企业对接，有的脱贫户签订了用工合同，有的脱贫户被安排到卫生保洁员岗位，实现稳定增收；为贫困学生发放“三免一助”国家助学金2000元，为4名贫困学生发放春蕾助学金16800元；为全镇422户766人办理防贫保险，政府代缴保险费用245120元，实现脱贫攻坚与乡村振兴有效衔接。二是全力改善人居环境。组织800余人次、各型清运车辆1350车次，对辖区内的道路两侧、河渠、坑塘、田间、林地、高铁、高速沿线等重点积存垃圾地段清理，清理各类垃圾7500余立方米。同时，镇村两级河长对15条约36千米的沟渠定期进行巡查，发现垃圾30余处，全部进行清理。对112国道两侧临建进行集中拆除，清理占道经营户10余家，拆除临建20余处，在112国道与西环路交叉口打造景观小品，提升煎茶铺镇形象和品质，以点带面，带动全镇大清理、大整治。开展违法违规广告清理行动，出动工作人员70余人次，车辆9台次，清理楼顶及墙体广告505处，2000余平方米，形成常态化管理。

【村镇建设】 2021年，信安镇对镇内道路及排水管网进行巡查，修复破损路面20处、更换井盖、箅子30个，有效排除安全隐患；清理砍伐津保高铁两侧危树402棵，加固房屋2处；推进霸州市第十八中学综合楼工程建设进度；完成新华北路大修工程，挖补2000平米，整体罩面，新建收水井48个。同时，不断强化总体规划的实施，加大小产权项目巡查，强化镇区内建筑的审批，保证镇域内各项建设健康有序。大力开展违法占地整治集中整改攻坚行动，截至年底已拆除违章建筑17处，其中耕地面积45.79亩，基本农田面积14.29亩，整改进度87.37%，持续保持控制新增违建的高压态势，确保零增长。

【文化建设】 充分发挥党委中心组示范作用，组织开展党委理论学习中心组学习12次；切实抓好政治理论教育，引导党员充分发挥党员先锋模范。做好热点问题和突发事件的舆论引导和监督工作，加强对微信公众平台信息的宣传管理。采取形式多样、内容丰富的宣传形式，组织开展“我们的节日”、普法教育、扫黑除恶专项斗争等方面的系列宣传活动。充分利用“信安发布”微信公众平台正能量传播作用，累计发布及转载信息458条。与大运河国家文化公园规划精准对接，深入挖掘边关文化、榷场文化等历史资料。17个村街全覆盖建成村级文化大院，17个农家书屋更新图书2000余册，12个健身广场得到修缮、更换健身器材。对张庄、高桥冀中笙管乐国家级非遗、尚家笙、宋文丞相题词处等省级非遗进行系统梳理，发掘申报中幡会、双根食品传承技艺2项非物质文化遗产。建设仁义街、爱国街村史馆，把传统文化融入村街建设，打造贴近群众、服务群众的文化新阵地。

【党史学习教育】 推进党史学习教育。先后成立党史学习教育工作领导小组及办公室、出台党史学习教育实施方案、拟定工作任务清单，形成党委统一领导、党政齐抓共管、宣传和组织部门牵头协调、各部门分工协作、镇村两级上下联动的生动局面，打造"办公楼墙体学习阵地""党员公开承诺"等特色亮点。镇党委集中学习12次、宣传宣讲36场次、撰写学习感言60余篇。同时，广泛开展"我为群众办实事"实践活动，全镇各级党组织完成为民办实事73件，党员个人完成为民办实事1100余件，解决一批群众"急难愁盼"问题。打造党建品牌"百花园"。对仁义街、杨各庄村"老品牌"进行充实完善，围绕中国共产党成立100周年主题主线，以"学习红船精神、振兴乡村经济"为引领，杨各庄村将水上观光园打造成为远近闻名的党建阵地；以爱国街为试点，实行党员量化积分制管理，从开展学习教育、参加组织活动、履职尽责等方面进行考评，重塑党员形象，增强党支部战斗力；光明街深入开展"以党建引领促民族团结"创建活动，把握"铸牢中华民族共同体意识"这条主线，出资160余万元将原镇第一小学改造成村民服务中心，通过文化墙、展板、宣传画册等形式宣传党的民族政策和维护民族团结的重要意义；建设街党建公园主题突出、特色鲜明、内涵丰富，为传承红色基因、弘扬党建文化、加强党性教育、传播精神文明，开辟了新阵地、新场所、新窗口；红强街按照"完善功能、一室多用"的要求，将党员活动室提档升级，使其真正成为党员政治学习的中心，思想教育的阵地，增强党员的认同感和归属感。

【维稳工作】 严格落实"日排查、周上报、月调度"制度，坚持领导干部接访制度，同时充分调动村"两委"抓排查化解的积极性，筑牢第一道防线。通过努力，做到"小事不出村、大事不出镇、问题不扯皮、矛盾不上交"。全年接待受理群众来信来访56件186人，办结率达100%。发挥大调解作用，排查化解各类矛盾纠纷。坚持矛盾纠纷日排查、周调度、月分析、季汇总和重大矛盾纠纷挂牌督办制度。对于发现的问题明确专人、明确责任，争取平稳解决。开展社会综合治理。19名刑事解教人员得到妥善安置；开展全覆盖禁种铲毒排查8次，彻底清除罂粟、大麻800余株，并对2名种植人员严肃处理；对1名吸毒人员落实安置帮教措施，未发生复吸现象；化解各类矛盾纠纷案件52件。各村街成立由村民代表、法律顾问、调解指导员、司法所、派出所、法庭等人员组成的调委会，构建矛盾纠纷多元化解联调联动机制，提升治理水平。开展普法教育，营造法治环境。以法律赶大集形式，组织司法所、国土资源分局、团委、妇联、经委办、人大办、计生办、安全办、食安办等部门，开展两次普法宣传活动，下发各种普法传单及读本1500余份，并对群众提出的问题进行解答。开展法律咨询业务，形成全镇学法知法懂法的新局面。给全镇17个村街配齐法律顾问，为村街提供更好的法律服务。

【重点村街】

爱国街 位于信安镇中北偏西部，医疗、教育、邮电、金融、通信、有线电视、天然气等基础设施健全。经济产业以鞋帽、铸造、机械加工、电力设备、地毯为主。辖区总面积2.65平方千米，其中耕地3309亩，村“两委”干部5人，村民496户2230人，党员78名，村民代表33名。基层党组织结构健全，民主生活健康有序。党务村务议事、决策程序合法、透明、公开。2021年村集体收入234.79万元，每年由村街为全体村民全额缴纳城乡居民医疗保险及养老保险，做到应保尽保。爱国街相继被评为廊坊市级卫生村、霸州市五星级党支部、首都政治“护城河”党建示范村等。

信安镇文化标志建筑——龙泉禅寺坐落于村中心，是廊坊地区唯一一座千年古刹，记录着古镇千年的沧桑变化和历史更替。与古寺并存的古井、牌坊、街巷、各种花会及民俗，共同彰显着信安古镇的文化底蕴与风情。

忠勇街 地处信安镇区东部，村街地理位置优越，交通网络发达，耕地面积1866亩，其中粮食作物种植面积721亩，林地面积1145亩。忠勇街东邻堂二里镇尹华山村、西接信安镇红强街，南距霸杨线2千米、北邻永清县黄家堡村、112国道穿村而过，辖区户籍在册居民350户，人口1462人，党员43人，村民代表23人。

2021年村集体收入为96万元，固定支出为：集体统一为全体村民参保城乡医保保费42万元；年底耕地承包款返还25.3万元；全体村民水费9.7万元；65周岁以上老人生活补贴10万元；合计87万元。村民年人均收入9800元。

村内有革命烈士纪念碑1座；镇级卫生院1座、村级医疗室1个，能满足全村看病的需求；综合文化、健身广场1座，占地面积4900平方米，绿化面积达1100平方米，场内设笼式灯光足球场1座，标准篮球场1座，健身广场1300平方米，健身步道800平方米，健身器材45套，红歌民乐排练室1处，市级非遗东云锦会活动室1处。村主导产业以家具制造业、制鞋业、电子商务为主，有个体工商企业15家，幼儿园1家。便利店和超市6家。

郝场村 位于信安镇西部，村庄距离镇区约3.2千米，村郭呈长方形，东西242米，南北324米，村域面积0.78万平方千米，村庄北邻永清县，西邻头屯村，东邻信安镇镇区。郝场村有114户人口496人。其中党员26人，预备党员1人。2021年村级集体经济收入达到16万元，村民主要收入为务农及在本村或附近村工厂务工，外迁人口很少。

村庄产业以第一产业为主，主要为种植业，种植玉米、小麦，拥有耕地面积802.4亩。村庄东侧有养殖区1处，占地面积2.5万平方米，主要养殖猪、羊。第二产业和第三产业相对薄弱，工业均为小作坊式，域内有7家企业，主要为米面加工、配件加工、冲床等。村庄内有小商店2个，沿乡道和主路布置，主要为满足村民的日常需求。

郝场村致力于打造基层党组织建设，先后打造综合服务站、图书阅览室、退役军人服务站、调解室等，在霸州市率先打造统一风格的“红色地标”，为基层党建示范村建设奠定基础。村党支部始终把加强班子建设和党员队伍建设作为重点工作来抓，优化班子结构，增强班子活力，加强队伍建设和能人队伍建设，充实后备力量。并制定适合本村的发展规划，先后扩建村集体厂房2处，2200平方米，投资80余万，翻新厂房1处，660平方米，投资30余万，招商引租，靠对外出租厂房，引进企业4家，创造集体经济收入15万元，带动本村劳动力就业20余人。累计投资40余万元完成3240平方米道路的“硬化、亮化”工程，完成安全饮水工程，扩建村级活动场所，丰富人民群众的业余文化生活，健全了治保会、调委会等村民自治组织，完善村规民约，继续落实五保人员、退役军人保障措施，优惠扶持残疾人、五保户、退役军人。

张庄村 位于信安镇西3千米，东邻头屯村，西邻永清县刘街乡渠头村，南距霸杨公路2千米，信彩公路穿村而过，地域面积1.6平方千米，耕地面积1511亩，家庭承包地1147亩，机动地面积364亩，（其中有林地100亩，养殖小区50亩）。全村有农户375户，人口1304人，党支部村委会各1个，两委干部5人，其中交叉任职1人，村委会占地400平方米，建筑面积260平方米。村级可支配收入主要来源于政府给予的办公经费和部分土地承包费，2021年村集体收入20万元左右，村民人均收入9600元，村民代表19人，有党员36名，有村级医疗点1个，基本满足全村看病的需求，有农家书屋1个，老年活动中心1个，篮球场地1处，丰富群众的文化精神生活。主导产业以农畜牧和劳动力输出为主，无集体经营性资产，有个体工商户15家，养殖大户3家，个体超市5家。

（苏佳媚）

堂二里镇

【概况】 堂二里镇位于霸州市东部，地处北京、天津、保定三角地带中心区域，北距北京100千米，东距天津40千米，西距保定120千米，距霸州市区33千米。镇区总面积54平方千米，下辖35个行政村（街），分别是堂一街、堂二街、堂三街、堂四街、堂五街、堂六街、堂七街、堂八街、堂九街、堂十街、堂十一街、堂十二街、堂十三街、堂十四街、格达村、王圈村、东庄村、小湾村、黄家堡村、宗柳村、东张柳村、丰林村、尹华山村、王场村、四间房村、三下场村、四合堡村、五家张村、北崔村、北董村、小韩家堡村、商柳村、义合庄村、胡家岗村、小王场村。

2021年，全镇总人口44884人，其中从业人员24657人，年末常用耕地面积2758公顷，粮食耕种面积1649公顷，粮食总产量17805吨，农林牧渔业产值1385万元，财政总收入1.06亿元。

【经济工作】 2021年，全镇财政收入11445万元，规模以上企业（23家）完成工业总产值42.9亿元，固定资产投资完成3.1亿元； 争列2021年廊坊市重点项目1个，为霸州市乐江家具有限公司年产150万套高端电竞桌椅项目，该项目选址在胡家岗村，占地6.7万平方米，总投资3亿元，

【农村面貌提升】 2021年，堂二里镇对廊大路及112国道进行全方面环境治理。清理积存垃圾126处，清运及填埋积存垃圾2136立方米，出动挖掘机械873辆次，运输车辆1821车次，人工3468人次。全镇207家企业已签订垃圾有偿化服务，企业有偿化服务完成率100%，截至第三季度已送至电厂垃圾983吨，完成一般性工业垃圾清运至电厂。本年度改厕任务3200户，进一步推进城乡垃圾一体化治理进程，巩固农村生活垃圾治理长效机制。2021年通过政府筹措资金，鼓励企业、包地大户、农户积极种树，基本完成1020亩的植树造林任务。

【文化发展】 充分利用各村街村委会、综合文化站等公共文化服务场所，采用广场舞、文艺会演等贴近人民生活、群众喜闻乐见的形式，扎实开展好文体活动。镇、村两级组织开展一系列群众文化活动，尤其是在中国共产党成立

100 周年之际，在丰林、格达、小湾等 5 个村街连续开展 5 场以“红心向党、致敬百年”为主题的文艺会演。9 月，在七街、十四街、小韩家堡等 6 个村街组织惠民文艺演出 6 场。

八街协同聚英堂大鼓会组织举办登云老会。登云老会起源于民国初，多以高跷形式表演，高跷属汉族民间舞蹈的一种形式，艺人们腿绑高跷，在器乐的伴奏下翩翩起舞，舞姿以雄健、惊险为主，堂二里登云老会由老一辈高跷艺人带领村街青少年高跷爱好者组建，至今已传承四代。在中秋节、国庆节等时期，登云老会成员给广大群众呈现精彩的演出，增添节日的气氛和欢乐。

【党建工作】 全年深入基层调研 20 余次，主持召开专题党委班子会议 10 余次，对村“两委”换届工作、党史学习、后进村党组织集中整顿、打造“红色地标”、庆祝中国共产党成立 100 周年系列活动、发展壮大村级集体经济等重点工作进行安排部署，有力保证全镇党建有方向、有目标、有遵循。完成全镇 36 个村街“两委”换届工作，村干部年龄、性别、学历等方面较上一届明显优化，各村街工作能力显著提升。开展“红色地标”创建工作，完成对堂一街、堂二街、丰林村、尹华山村等 30 个村街红色地标建设。同时，对全镇 36 个村街进行扩面提标，全年各村街更换上墙党建展牌 180 余块，党务村务公开栏 14 个，村级办公场所两室科室牌 25 套，提升了镇两室的建设水平。全镇两室面积达 200 平方米以上的村街 34 个，占比 94.4%，综合服务站实现全覆盖。出台《村级工作考核办法》，发挥考核“指挥棒”作用，通过全面考核村街基层党建、平安稳定、环境治理、民生服务等重点工作完成情况，推动村街工作全面提升，在全镇形成创先争优的良好氛围。对《党支部工作手册》等 5 本工作台账进行多轮检查规范，达到上级要求。完成后进支部整顿，切实增强后进支部凝聚力和战斗力。

【重点村街】

堂二里五街 位于镇区西北，廊泊路沿线，总面积 1.15 平方千米，人口 237 户，1019 人，耕地面积 1045 亩，农用机井 7 眼，全部实现地下管式浇灌。2021 年全村集体收入 104.6 万元，人均收入 10373 元。拥有集体企业 2 家，个体私营经济 12 家，家具生产为该村的主导产业。五街党支部先后多次被廊坊市、霸州市委授予 “先进基层党组织”“市级文明生态村”“优秀基层党组织”等称号。

五街工业小区内有企业多家，义鑫制管、阳光金属等公司累计吸收村街剩余劳动力 220 余人。五街在集体企业扩大盈利、苗圃种植持续外销的基础上，发展特色蔬菜种植。先后投资近 150 万元，铺设地下管道近万米，使所有耕地都具备水浇条件。

五街与河北健泰公司合作，在街西北部开发建设健泰花园小区，一期占地 9.24 万平方米的 16 栋住宅楼现已竣工。村民平房人均建筑面积在 60 平方米左右，多层住宅人均建筑面积在 45 平方米左右，机动车拥有率 80%以上，有线电视和宽带入户率分别达到 98%和 80%。

五街把全街 15 条共 6000 余米街道、30 处小巷全部硬化；绿化街道 11 条 3200 米。街道两侧种植银杏、北海道黄杨、木棉、龙爪槐等 20 余个品种，4000 余株观赏树；11 条主要街道和 6 条 1000 米的小街全部亮化，安装路灯 40 余盏；组织专业清洁队，同时投资 2 万元购买垃圾清运车，做到垃圾日产日清。

五街成立全市第一个村民治安巡逻小分队，全街凡 18～60 岁男性村民，每户出 1 个主要人员，每月参加 1 个巡逻执勤日，全街分成31个组，每组7人，凡是在编治安巡逻队成员，严格遵守治安巡逻值班制度，按时到岗，认真执行巡逻职责。投资4000余元购买器械和对讲机，每天设专职人员带队巡逻值班。五街治安巡逻队的成立，有效预防打击了犯罪，保证村民生命财产安全，受到全体村民的拥护和支持。

北崔村 位于堂二里镇区北1.5千米外，廊泊路沿线，总面积1.3平方千米，全村耕地485亩，157户，481口人，2021年全村实现集体收入99.86万元，人均纯收入11025元。拥有个体私营企业9家，形成了钢材改制、塑胶制品、蔬菜深加工等主导产业，其中长安塑胶投资超3亿元。在落地企业项目投产后，村两委班子积极与企业协商，解决全村剩余劳动力的就业问题，吸收农业剩余劳动力近150人。

北崔村先后投资58万元，对村内所有大街小巷全部铺上柏油路，总面积1万多平方米；投资7万元进行绿化，种植各种树种7万余株；投资6万元，安装路灯66盏，全部实现亮化；投资8万元，粉刷大街小巷；每年投资5万元，进行日常绿化、亮化维护。投资5万元，在全村90%以上的户院内安装双瓮式环保卫生厕所；村集体为每户购买小推车，用于清理垃圾，成立村街卫生清理队，共5人，购置两辆卫生清理车，每天派专人负责清扫，村内实现无垃圾废物。

全村人均平房建筑面积55平方米，户机动车拥有率79%，有线电视和宽带入户率分别达到98%和72%。村集体投资4万元，建起达到省级验收标准的幼儿园，全村学龄前儿童全部实行无负担上学；投资7.5万元建立了1座水塔；投资5.8万元修建了1座机井房并对机井进行维护；投资6万元购进安装1套饮用水净化处理设备。投资1.5万元，建成了1个近2000平方米的休闲公园；对村内60岁以上的老人，村出资每人每年补助200元。

格达村 位于镇区东南方约6千米处，有耕地面积2540亩，550户，2022人，党员44人。2021年全村集体收入117.8万元，人均纯收入10680元。多次荣获“霸州市优秀党支部”“霸州市招商引资先进村街”“霸州市安定村街”“霸州市文明村街”“廊坊市先进基层党组织”等称号。

在村街经济发展上，该村大力调整农业产业结构，积极发展第二、三产业，先后引进家具制造等企业20多家，其中年产值2000万元以上企业5家，吸纳村街剩余劳动力80%。家具制造已成为该村主导产业，带动农民增收，促进全村经济快速发展。

投资200余万元，将3条主街5万平方米全部建成柏油路面，30多条胡同全部实现砖道硬化；全村主要街道两侧全部绿化；安装路灯130多盏，实现亮化工程。建立完善的环卫设施和保洁制度，建垃圾池13个，固定的环卫人员8人，生活垃圾做到日产日清，并做到定点处理，村民生活环境整洁舒适。

在村党支部的带领下，不断加大农业产业结构调整力度，制定系统的农业产业规划。先后引进红薯（北京红）、花生（鲁花十一、十四）新品种，提高本村沙性土壤利用率，全村农业产业化进程不断加快。形成800亩红薯种植基地、600亩花生种植基地，为农民年增收350万元。农业产业化率达82%以上，加大农业种植结构的调整力度。

开展“十星级”文明户的创建活动，达标户数460户，占全村总户数的95%。村街先后投资2万多元购买器材、服装，成立40多人的格达村秧歌队，经常性开展活动，每到节日更是热闹非凡，丰富人们的业余文化生活。投资 3 万多元，建成藏书 2000 多册的图书室 1 个。在格达村有 2 座古建筑矗立在村中心，具有 600 多年历史的陈家祠堂和具有 110 年历史的戏楼，为本村增添文明古村的色彩。村党支部先后投资 30 余万元进行保护修缮，最大限度地保留传统建筑。1987 年和 2001 年，这两座古建筑先后被霸州市人民政府命名为“文物保护单位”。

丰林村 位于堂二里西 1.5 千米处，距霸州市区约 30 千米，村街东侧紧邻堂二里镇区，西侧与信安镇接壤，北临 112 国道，为堂二里镇西片村街，拥有耕地 1580 亩。全村 444 户 1832 人。农作物以玉米、小麦为主。2021 年集体收入 185.9 万元，人均收入 8794 元。

该村交通十分便利，地理位置十分优越，不少商家在丰林投资办厂，有企业 10 家，其中纳税在千万元以上的企业有 5 家，为本地的经济发展起到了带头作用，解决大批的劳动人员就业。丰林村自然条件较好，适宜北方各类农作物生长，粮食作物以玉米、小麦为主，经济作物以棉花为主，畜牧养殖以养殖猪、羊为主。该村还有几十年的竹编手工业，其竹制品种类比较齐全，销往天津、北京及周边地区。村内所有街道已全部实现硬化、绿化、亮化。该村有文化娱乐场所 1 处，健身场所 1 处，有小学 1 所，此学校为中心学校，供丰林和王场两个村的孩子读书，学生为 1～6 年级的学生。学校有篮球场地、微机室，校园内路面全部硬化和绿化。

（王　雪）

扬芬港镇

【概况】 扬芬港镇位于霸州市东部，辖扬一街、扬二街、扬三街、扬四街、阚里墅、赵家柳、蔡家堡、南王家堡、辛立庄、丁家堡、小庙、肖家堡、褚河港东村、褚河港西村、东寨上、樊李杨、大汪庄、张家堡、许家堡、北王家堡、陈家堡、于家堡 22 个村街，全镇面积 83.3 平方千米。2021 年总人口 40037 人，均为汉族。全镇年末常用耕地面积 4700.4 公顷，同比减少 20.4%；粮食耕种面积 3972 公顷，同比减少 10.49%；粮食产量 20933 吨，同比减少 9.75%；农林牧副渔总产值 20065 万元，同比减少 39.5%；农村非农业总产值 986000 万元，农民年人均纯收入 12500 元，同比减少 12%；镇区一般预算收入 1934.99 万元，同比减少 43.2%，镇区人口 11355 人，同比减少 45.4%，镇区占地面积 288 公顷。

【项目建设】 2021 年，扬芬港镇规模以上企业达 14 家，其他各类企业 500 余家。其中，高新技术企业 4 家，科技小巨人企业 1 家，研发中心 3 家。项目建设 3 个超 10 亿元项目落户扬芬港。总投资 10.5 亿元的凯雷集团汽车零配件智慧供应链北方区域总部项目于 2021 年 4 月进场施工。“5·18”廊坊经洽会期间，总投资 18 亿元的霸州维龙软通智慧安平产业华北中心基地项目、总投资 10 亿元的金螳螂智慧建筑装饰华北供应链基地项目分别在省、廊坊市签约会上成功签约。完成维龙、金螳螂两个项目征地工作，430 亩项目用地实现和谐征迁。

【改善人居环境】 2021 年，扬芬港镇把改善村街环境作为推进民生工作的切入点，以点带面推动全镇人居环境整体提升。首先，把清理村街内外、沟渠道旁的垃圾作为改善人居环境的第一场战役。通过召开动员大会，将村街工作重点转移过来，将村街“两委”班子的积极性发动起来，近五年，累计清理垃圾约 40 万立方米，形成长效管理机制。截至 2021 年，全镇完成厕所改造 7947 座，完成率 100.39%。

【村两委换届】 2021 年 4 月，扬芬港镇 22 个村街完成村“两委”换届工作。新一届扬芬港镇村两委成员 114 人，交叉任职 31 人，22 个村街全部实现一肩挑，占比 100%；女性村委 22 人，占村委会委员 32.4%；35 岁以下 32 人，占比 28.1%；村两委成员平均年龄 44.8 岁，较上一届下降 9.1 岁；高中以上学历，占比 100%；“四类人员”占比 100%。党支部书记 22 人，其中女性 1 人；35 岁以下 1 人，50 岁以下 10 人；平均年龄 48.9 岁，较上一届下降 6.6 岁；大专及以上学历占比 31.8%；“四类人员”占比 100%；连选连任 12 人。

【党史学习教育】 一是通过“三会一课”和主题党日集中学习。集中学习“四史”，中共十九届三中、四中、五中全会精神，以及习近平总书记系列重要讲话精神，撰写读史笔记 300 本。开展党史学习教育进村街、进学校、进企业等，扬芬港镇机关举办“学党史、知党情、跟党走”庆祝中国共产党成立 100 周年党史知识竞赛活动。二是通过基层宣讲广泛宣传。扬芬港镇以学党史、庆祝中国共产党百年华诞为主题，组织全镇性大型演出 9 场，群众自发组织活动近 30 场。其中阙里墅村“永远跟党走奋进新征程”庆祝中国共产党成立 100 周年广场舞会演、扬二街“红色精神代代传”非遗花会展演、扬一街“与民同乐庆华诞”文艺演出等活动收到群众欢迎，引发群众学习党史热情、坚定永远跟党走的决心。三是通过“我为群众办实事”实践活动。2021 年，全镇汇总任务清单达到 77 件。张家堡村多年推进村庄美化工程，将村街 10 多个垃圾坑打造成 2 万多平方米的景观水面，在中国共产党成立 100 周年之际完成村庄总体美化工程；扬三街 1600 多亩的“花间坞”农业种植基地项目于 2021 年开建，全面落实乡村振兴的要求，成百上千的群众走上“土地流转、合作经营”的致富路子；阙里墅村开展助学春暖工程，组织村街企业帮扶 10 多位贫困学子完成学业。

【重点村街】

褚东村 位于扬芬港镇西部霸扬公路北侧，东距天津市区 30 千米，西距雄安 80 千米，北距北京市区 90 千米。全村 700 户，2858 人。其中党员 51 人，预备党员 2 人，村干部 5 人，村民代表 12 人，农用耕地 3047 亩，资产总额 3225 万元。2021 年人均收入超 1 万元。

褚东村开展农村人居环境整治，硬化道路 2 条，硬化面积达到 9500 平方米；绘制文化墙 600 平方米，种植景观树 2100 棵，安装路灯 300 盏，厕所改造 562 户，建立农村公厕 1 座。清理垃圾 3500 立方米，治理坑塘 12 处，完善村民中心建筑设施，重新修建村内文化馆。高标准推动“十星级文明户”创建评选活动，吸引广大居民积极参与，提升社会文明程度。利用广告栏、宣传橱窗、LED 显示屏等阵地，宣传创建评选内容、标准、奖励措施，及时发布光荣榜，形成以得“星”为荣，创“星”争“星”的浓厚氛围。

褚东村文化馆组织丰富多彩的红色戏曲进乡村活动，进行戏曲、舞蹈等节目的表演，丰富百姓业余文化生活。成立秧歌队、舞蹈队、戏班子，每逢节日村里组织秧歌队、戏曲班子演出节目，还多次被胜芳、阙里墅、煎茶铺等地邀请演出。

开展农村志愿服务活动。志愿者先后参与疫情防控工作和抗洪抢险工作，最为突出的是在大清河老龙湾的抗洪抢险时，近 50 名志愿者连续奋战十几个小时，人工灌装沙袋 4000 余袋，成功阻挡老龙湾水位上涨，其事迹得到镇政府领导的一致肯定并且在《霸州新闻》和《廊坊日报》进行报道。志愿者还在村两委的带领下组织慰问村里的五保户、困难户和老弱病残的家庭，送物资、送温暖。村民出现重大意外事故而导致家庭困难时，村两委和志愿者们主动组织村里进行募捐活动，为其解决困难。为助推教育事业发展，鼓励村里的孩子们好好学习，褚东村每年拿出3万～5万元奖励学习成绩优异的大学新生。

张家堡村 位于霸州市扬芬港镇西偏北4千米处，距霸州市40千米，村东紧邻霸州津霸开发区，紧邻天津市西青区，距杨柳青15千米，依傍保津高速河北与天津收费总站，总户数470户，1680人，村两委干部5名，党员64名，村街人均收入达16000元。

张家堡先后投资600多万元，逐步把村中垃圾坑改造成景观湖，先后拆除坑塘周围临建20处，清淤1.5万立方米，铺砌边坡8000平方米，安装护栏1000米，道路硬化6000平方米，草地绿化2000平方米，种植乔木1500株，建设水冲式公共厕所28座，休闲凉亭4个，通过改造提升，形成村中13.3万平方米景观水面，全村路网、管网实现全覆盖，村街布局合理、各项设施齐全，亮化绿化工程进一步完善。2021年，村两委将村景观湖内种植上观赏荷花，也让夏季村街增加了一道靓丽的风景。同时对音乐喷泉进行维修，升级灯光系统，张家堡又增添了几分色彩。

2021年，张家堡村把移风易俗作为美丽乡村建设的重要内容，进一步完善红白理事会职能，选拔村党员干部或村中德高望重的人员担任红白理事会负责人，全权负责村中红白喜事，对婚丧喜事的宴请标准、办事规模，违约处理方式等都做出明确要求。每件婚丧喜事，红白理事会负责人都全程参加，监督工作落实情况，为当事人缓解各方面压力，去除家族中阻力，保证移风易俗工作顺利推行。

张家堡村"两委"建立一整套村街志愿服务者工作服务机制，两委成员坚持以人为本，为村街贫困家庭服务，完善慈善服务内容，重点做好对村街弱势群体的帮扶救助。志愿服务队发展到36人。2021年村志愿者自愿自觉地在疫情值班点值班，对过往的车辆进行排查、扫码（行程码、健康码）、登记，对村街的主要街道、垃圾点、厕所进行消毒，对村街外来人口排查，排除重点地区往来人员。加强超市，菜店，小吃店的管理，要求进店扫码登记，他们有的捐钱捐物为抗疫作出自己的贡献。

阙里墅村 位于扬芬港镇东北部，与天津市武清区、西青区接壤。全村816户，3300人，党员64名，总面积5100亩。村集体年均收入450万元，人均收入3万元。先后被霸州市委授予"五星级村级党组织" "七星级村级党组织"称号。连续4年被廊坊市委组织部授予"全市先进基层党组织"称号。2020年，被司法部授予"全国民主法治示范村"称号，村党总支书记唐福友被评为"全国模范人民调解员"。

深入开展争当"五好家庭""十星级文明户"等系列活动，对广大村民进行传统美德、文明行为的规范和教育。开展普法教育，增强村民学法、用法、守法的自觉性，阙里墅村成为平安村，多年来村里没发生重大刑事案件，没有一个上访户。

村"两委"宣传践行社会主义核心价值观，建文化墙2000多平方米，安装公益广告牌；成立红白理事会，倡导移风易俗；成立禁毒禁赌会，净化社会空气，倡导文明生活；制定村民文明公约，每年评选10家"健康文明户"，弘扬文明村风。村"两委"投资400万元建设高标准小学、幼儿园，2018年投资150万元修建5000平方米的文化娱乐健身广场和篮球场。村内成立舞蹈队、秧歌队、高跷队，每年春节、“七一”、“十一”重大节日组织文艺会演，乡村文明成为阙里墅村的主旋律。村中成立“扶贫助教”基金会，每年开展“春暖工程”，一对一帮扶贫困户贫困生，引导村民走共同富裕之路，培树文明奉献的优良村风，建立标准化的农民书屋，藏有各类书籍3000余册。

（孙继权）

王庄子镇

【概况】 王庄子镇政府驻地位于王庄子镇王庄子村，距霸州市政府16.7千米，辖区面积46.6平方千米，耕地38662亩，辖王庄子、靳家堡、任庄子、王圪垯、樊庄子、菡荚地、王泊7个行政村，总人口3.9万人。全年可实现一般公共预算收入3841万元，占年初预期数的192.05%，同比增长63.86%。完成固定资产投资6306万元，完成规模以上工业生产总值9.2亿元。

【项目建设】 2021年，全镇运作亿元以上续建项目1个，已完工项目1个，在建项目1个，签约亿元以上项目2个，在谈亿元以上项目2个，计划总投资10.62亿元。项目建设进展顺利。

【生态治理】 镇村容貌显著改善。一是常态化落实人居环境整治工作，结合党史学习教育“我为群众办实事”实践活动一体推进、一同开展。一方面把组织发动党员、群众参与作为关键环节，组织各村通过党员大会、村民代表会、高音广播、微信群等方式强化宣传发动，切实增强群众主体意识、责任意识和参与意识，防止“政府干、群众看”现象。另一方面深入实施积存垃圾清理、垃圾上门收集、工业垃圾有偿化服务、垃圾分类试点工作，结合美丽庭院创建，持续改善人居环境，逐步实现“村庄整洁、堆放有序、环境清洁、管理长效”的目标，把民生实事办好、办扎实。据统计，2021年，投入资金120余万元用于环境卫生综合整治，累计清理广告牌及小广告210处、清运垃圾56吨、清理河道沟渠8处，创建各类美丽庭院示范户280户。二是持续强化污染综合治理。组织开展“散乱污”企业“回头看”、涉气企业专项检查、扬尘治理、餐饮油烟治理、黑臭水体专项排查整治、露天焚烧管控、散煤管控及农村生活污水治理等一系列行动，集中整治环境突出问题，域内环境质量持续向好。三是开展违法用地拆除整改工作。2021年拆除53宗，面积154.2亩，耕地面积130.98亩，基本农田72.29亩；剩余13宗，面积62.07亩，耕地面积42.72亩，基本农田8.34亩。

【乡村振兴】 农业发展稳步推进。一是粮食生产运行平稳。2021年完成粮食播种面积46900亩，产量达19556吨。二是畜禽养殖规模不断扩大。全年实现猪存栏量2100头，羊存栏量4100只，鸡存栏量53000只。狠抓动物疫病防控，全年无重大疫病发生。三是农民专业合作社不断发展壮大。全镇农民专业合作社达到67个，农民依托合作社引进技术、拓展销路、创立品牌，促进各种农产品丰产增收。农村基础设施提档升级。一是聘请沧州加一规划设计院为王庄子镇设计完成国土空间规划编制初稿，进一步夯实乡村振兴发展基础。二是道路建设及养护工作不断加强。通过一事一议财政奖补项目，硬化道路3条，总长1661米，全镇交通路网进一步完善。三是供水管网改造工程有序推进。累计完成管道施工13020米，完成任务数的56.19%。四是“厕所革命”取得积极进展。围绕农村户厕和公厕改造、农村户厕问题摸排整改工作，积极谋划，稳步推进。2021年，全镇户厕改造任务698座，累计改造完成698座。全镇公厕建设任务数7个，全部完成村数7个。全镇排查问题厕所1056座，其中468座已整改到位，剩余不能立行立改的588座已被列入“十四五”改厕计划逐步整改，确保全部整改到位。

【社会事业】 社会保障体系日臻完善。一是持续推进民政各项工作落实。累计发放农村低保金180.39万元；城镇低保金2.33万元；为42名散居特困户和1名集中供养户发放供养资金59.62万元；为424名80岁以上老人发放高龄补贴34万元；为128名困难残疾人发放生活补贴39.09万元；为180名重度残疾人发放生活补贴21.57万元。二是积极推进“两险”收缴工作。全镇2021年度城乡居民基本医疗保险应缴38563人，已参保32524人，参保率84.34%；城乡居民养老保险应缴11893人，已参保10942人，参保率92%。三是认真落实退役军人优抚政策。为退役军人送去慰问信、慰问金、新春年画，米、面、油等慰问品。四是完成农房抗震改造107户，超额完成上级下达的任务目标。五是组织开展农村房屋自然风险普查工作。全镇有图斑任务量47067宗，已完成42211宗，完成进度89.68%。脱贫攻坚成果巩固提升。2021年，在脱贫攻坚成果巩固和精准防贫工作上继续精准发力，对照省巩固脱贫成果后评估反馈问题，主动认领，举一反三，切实做好省市反馈各类问题整改，全面提升巩固脱贫成果质量。教育事业健康发展。一是教育环境不断优化。投资3400多万元的王庄子小学教学楼、幼儿园及教师公寓正式投入使用。二是开展校园安全隐患排查治理工作，有效防范和遏制各类安全事故的发生。三是落实“双减”政策，全面提升教育教学质量。一是主动对接联系上级媒体，宣传王庄子镇红木雕刻、玉雕、仿古瓷和鼻烟壶等传统工艺。2021年11月，王泊村张铁安被评为河北省第六批非物质文化遗产代表性项目代表性传承人。另外，“学习强国”学习平台采用王庄子镇视频稿件材料3个，进一步提高非遗项目的知名度。二是持续开展文化惠民活动。开展送文艺下乡3场、送戏曲下乡3场，组织庆祝中国共产党成立100周年系列惠民巡演10场，丰富广大群众的业余文化生活。三是进一步完善镇、村公共文化服务中心管理，全镇7个农民书屋实施免费开放，累计接待阅读群众5000人次以上。计生工作平稳发展。2021年，符合政策生育率为88.74%，人口自然增长率为0.18%；累计发放各类计生奖励扶助金27.155万元。镇综合行政服务中心规范化建设取得新进展。全年接待群众各类咨询1200余人次，窗口办理各项业务800余件，办结率100%。

【稳定工作】 持续抓好安全生产不放松。加大各领域安全隐患整治力度，全年累计排查加油站、商企、酒店、娱乐场所、烟花爆竹经营单位等易燃易爆和人员密集场所783家，整改安全隐患1147处。深化道路交通、食品药品等安全专项整治，全镇无安全事故发生。全力抓好信访稳定工作。始终把稳定工作作为全镇的重点工作来抓，做到思想认识到位，组织领导到位，工作措施到位。持续开展扫黑除恶、反电信诈骗、反邪教、禁毒铲毒等工作，完成重大活动和重要时期的安保维稳任务，保持社会大局和谐稳定。

【重点村街】

王泊村 位于霸州市中东部，东与胜芳镇接壤，北距112国道4千米，村庄占地面积1.2

平方千米，耕地5600亩。该村有1875户，6970人。特色产业以仿明清硬木家具、玉石雕刻和百宝嵌为主。

村“两委”把基础设施和公共服务建设作为改善民生、打通服务的“最后一公里”的大事来抓，不断加大投入，进一步完善基础设施，提升公共服务水平和群众的幸福感。村内道路硬化基本全覆盖，群众出行难问题得到彻底解决。完成村标准化卫生室建设，就医环境明显改善。完成王泊学校标准化操场建设，教育环境不断优化。农村健康水站和生活污水处理站全部安装完成并投入使用。建成村级文化活动中心并投入使用，丰富群众文化生活。

任庄子村 位于王庄子镇南端，毗邻大清河畔，村庄占地1.2平方千米，耕地6400亩，有1919户，6270人。任庄子村紧紧围绕“强村富民、惠及民生”这一目标，以全民创业为抓手助推民营经济发展，工业方面逐步形成以木业加工、塑料制品加工、五金加工、装饰装潢材料为主的产业格局。

该村先后硬化全村所有街道并进行绿化、亮化，完善给、排水设施。修建村民文化健身广场，新建农民书屋、阅览室、仿古戏楼、篮球、乒乓球场和健身路径等设施，安装村街交通信号灯和闭路电视防盗监控系统。新建高标准住宅小区及其配套设施。完成天然气入户工程，完成村标准化卫生室建设。该村先后被评为“河北省文明单位”“廊坊市文明单位”“霸州市文明单位”，并被霸州市委、市政府列为“首批新农村建设省级示范村街”。

王庄子村 位于霸州市区东偏南16.7千米处，是王庄子镇政府所在地。东临王泊村，西临十间坊村，南邻靳家堡村，北临赵各庄村。总面积12.3平方千米。全村1870户，7443人，耕地5340亩。该村大力发展个体私营经济，逐步形成钢木家具、塑料加工、冲压加工等主导产业。下大力度对村内环境进行彻底整治。多方筹资对村内主路进行翻修改造，村内主要街道达到硬化、绿化、净化、亮化。投资修建村民健身广场，购置健身路径器材等设施，为广大村民提供休闲娱乐的场所。

（樊　雪）

康仙庄镇

【概况】 康仙庄镇区位优越。地处河北省冀中平原北部，京津保三角地带中心，位于霸州市西部，交通发达，津保高速、津保高铁、津霸铁路联络线、112国道贯穿全境，三横三纵六条主干道勾勒出全镇交通网络。镇政府驻地位于市区东5千米，东临煎茶铺镇，西连霸州镇、城区办，南与东杨庄镇隔中亭河，北与永清县接壤。辖区总面积78.77平方千米，辖康仙庄村、小辛庄村、大辛庄村、西楼村、西王庄村、于崔庄村、新兴村、北毫家务村、中毫家务村、南豪家务村、栲栳圈村、渔厂村、徐各庄村、东王庄村、卧龙庄村、撒袋营村、石城一村、石城二村、石城三村、后屯村、薛各庄村、高各庄村、大各庄村、南沙村、西沙村、东北沙村、辛店一村、辛店二村、辛店三村、北庄头村、西沙城南村、西沙城北村、东沙城村、北邱庄村、大安庄村、小安庄村、马兴庄村、普安桥村、前营村、后营村40个行政村。

2021年，全镇有15754户，51076人，常用粮食耕地面积76171亩，全部为水浇地，种植结构以玉米、小麦、棉花、蔬菜为主，是霸州市高产创建项目实施区域。畜牧业以养殖猪、羊、家禽为主。工业上以五金加工和注塑为主，细分主导产业有播种机配件生产、电动自行车配件生产、钢木楼梯制造、家居塑料制品制造、电力钢杆、线路机具制造、交通设施制造等 7 类。2021 年全镇累计完成财政收入 9856 万元，占年任务的 121.5%，同比增长 2.8%；公共财政预算收入 4335 万元，占年任务的 117.2%；完成工业产值 43 亿元，同比增长 11%；固定资产投资 5.29 亿元，占任务数的 66.1%。

【经济建设】 优化营商环境，促进产业升级。全年新开工总投资 5000 万元以上项目 4 个：总投资 7.1 亿元的枫景苑南区项目，已完成投资 1.3 亿元，正在进行住宅楼主体建设；总投资 2.65 亿元的再生砂、再生碎石、免烧环保再生标砖项目，已完成投资 1 亿元，正在进行生产车间主体建设；总投资 5000 万元的高频焊管机组及配件项目，正在建设钢结构厂房；总投资 1.2 亿元的建筑垃圾综合利用项目，正在建设基础车间。签约投资亿元以上项目 5 个：总投资 50 亿元的中国（霸州）大马戏城项目，总投资 10 亿元的东部新城三沙社区项目，总投资 2 亿元的医用级防护用品及电动护理床研发生产项目，总投资 1 亿元的军需产品生产项目，总投资 4 亿元的霸州荣禹冷链物流项目，这些项目正在申报省重点项目。在谈总投资 10 亿以上项目 4 个：新型医疗康复器械生产项目、荣盛五星级酒店项目、复星国药国家食品药品应急保障中心项目、丰树集团中央厨房项目。支持传统企业上档升级，加大高新技术企业和科技型中小企业培育力度，进一步完善科技型企业梯度培育机制，2021 年申报高新技术企业 1 家，认定专精特新企业 1 家，认定科技型中小企业 29 家。全力推动校企合作，禹德农业科技有限公司与河北工业大学建设产学基地在菊苣育种和深加工方面展开全面合作，鑫磊农业科技园区与河北工业大学共同研发蔬菜新品种，做足“深加工”文章。坚持产业集群辐射带动，以年销售额 2000 万元的禹德菊苣种植合作社、年接待观光采摘游客 6 万余人的鑫地美及种植面积 200 亩的君悦共享认领蟠桃采摘园项目为示范，带动全镇农业产业结构转型。

【大气污染防治】 全镇有工业企业 3468 家，污染源行业管控：主要污染源行业包括塑料加工、喷漆、喷涂、热镀锌、焊接等，对辖区内不同行业企业有针对性地进行帮扶整改，对持证排污企业在环保部门的指导下按照网格分工加强管控，对无证涉气企业全部按照持证企业的标准进行要求：一是挂牌生产，接受群众监督和各级的检查；二是由供电部门通过技术手段对线路进行改造，杜绝偷排直排现象的发生；三是聘请有资质的检测公司对涉气企业排放达标情况进行检测，凡检测不达标的全部停产整改，直至达标排放。“散乱污”企业管控：按照“两断三清”标准对“散乱污”企业进行取缔，对新发现流入或反弹复燃的“散乱污”企业坚决予以关停取缔，实现全镇“散乱污”企业“清零”任务目标。垃圾和秸秆禁烧：实行网格化管理，将责任落实到包村干部和村干部；积极展开巡查，通过举报发现问题。企业燃煤锅炉取缔。名单内的企业燃煤锅炉已全部取缔，对日常发现的燃煤锅炉，及时发现及时处理。坑塘治理：禁止倾倒垃圾、污水、污物，保持坑塘清洁，设置围挡、标志牌等。扬尘治理：包括料场、搅拌站扬尘，主要道路扬尘，采取的措施主要是洒水和苫盖。散煤治理：建立健全网格化监管体系，秋冬季坚持每天上街巡逻、入户巡查，每 3 天巡查辖区一遍；积极协调，由热力公司出资对散煤进行回购处理。

【民生福祉】 完成居民基本养老保险续保缴费 16169 人，参保率 73.59%；完成居民基本医疗保险参保缴费 42357 人，参保率 92.7%。完成医疗救助登记审核 41 户，住院总费用 255.2 万元；发放社保卡 68 张，累计发放 32000 余张；受理拖欠工资案件 6 起，涉案人数 18 人，涉及金额 15 万余元。累计发放农业支持保护补贴 435.3 万元，惠及 8974 农户；为 8974 种粮农户发放耕地地力保护补贴资金，为 7631 种粮户发放一次性补贴；为 35179 亩投保政策性农业保险，完成 4000 余亩的玉米倒伏、受灾花生农保理赔工作。集中出动各类机械百余台，秸秆粉碎打包 1 万余亩，土地深松 8000 余亩，播种小麦 19200 亩。

全镇 406 户 798 人全部纳入防贫保险，为 82 户因病致贫户发放 296000 元救助资金，新增残疾人“两项补贴”30 人，为 10 名残疾人进行家庭无障碍改造；对 9 户原建档立卡贫困户残疾人进行慰问，发放米、面、油等慰问品，并对全镇 12188 户 50479 人进行大排查，针对每月住院医疗自费 2 万元以上户重点排查，并建立台账，防贫长效机制得到进一步落实。

【社会治安综合治理】 将扫黑除恶专项斗争作为“一把手”工程，建立党委统一领导、党政齐抓共管、政法部门积极作为、有关部门协调配合、社会各界广泛参与的扫黑除恶工作机制。全面铺开“群众说事、干部解题”工作，大力施行三级网格、整合原有各项工作网格体系，对网格覆盖面和管理服务职能进行强化和补充。推行镇、村、片三级网格，做到镇不落村，村不落户，户不落人。超前排查，及时化解矛盾纠纷，贯彻法定信访程序，从群众利益出发，坚决执行信访领导接待日和群众建议征集制度，搞好与基层信息联络基础建设，完成全国“两会”、庆祝中国共产党成立 100 周年等重要时间节点的安保工作，维护全镇社会稳定。2021 年接待到镇上访群众来访 56 起，83 人次，网上信访 60 件，结案 60 件，市长热线 267 件，办结 261 件。对辖区内宗教场所进行入场指导，激发宗教人士爱国爱教热情，加强与宗教界的交流与沟通，扎紧相互联系的纽带。

【安全生产】 全面落实消防网格化管理，全镇 40 个村街签订安全生产责任书，制定《村民消防安全公约》，全面落实消防网格化管理，安全生产大排查重点检查企业 1851 家次，发现问题隐患 3126 处，完成整改 3087 处，清理“三合一”场所 252 处，清理违规留宿人员 294 人，断电整改 24 处；检查火灾隐患企业 1258 家，发现隐患 1059 处并全部整改；对辖区涉食企业、个体进行食品安全检查 25 批次，对存在问题的当场进行教育和整改。完善企业双控机制建设 38 余家，组织各类安全生产动员会 11 场，举办各类安全生产培训班 8 场，发放《致生产经营单位的一封信》2000 余份，发放食品安全明白纸 4000 余份。

【城乡环卫一体化】 以“百日攻坚”行动为抓手，开展镇区环境卫生集中整治行动，制定《康仙庄镇关于对镇区环境卫生集中整治实施方案》，对镇区环境进行彻底整治、清理，达到镇区道路整洁、干净，无卫生死角、无私搭乱建、无乱堆乱放、无门市店铺占道经营、车辆按规定停放，打造全镇环境整治样板；全镇 40 个村全部实现垃圾桶集中定点摆放，11 个村对垃圾桶摆放点修建污水池，解决垃圾点污水横流现象；通过引导村民文明投放垃圾、干湿分离；扎实做好农村改厕工作，完成全年改厕任务目标，全镇户厕改造率达到 90%，完成公厕改造 36 座。

【精神文明建设】 筑牢全民思想意识防线，增强网评员队伍的战斗力，2 名同志受到市委宣传部 2021 年先进网评个人的表彰；开展文化活动，精心组织 2 次“党史”知识竞赛系列活动，开展“送戏下乡”活动 6 场、“唱支红歌给党听”等演出活动 10 场、书画展览活动 1 场，播放红色电影 21 场；全面推进创城工作，拆除、更新展示牌 200 余块，对 7 个村的部分牌匾进行更换。

【党风廉政建设】 聚焦作风建设，加强对党员领导干部特权问题专项整治排查，强化对党员干部“八小时以外”的监督管理，不定期对行政综合服务中心窗口人员工作态度、办事效率、干部考勤、执行请销假等工作制度情况进行监督检查，认真查找工作中存在的形式主义官僚主义问题，在全镇范围内形成用制度管人、靠制度办事的长效机制。聚焦惩防并举，坚持把日常监督检查考评作为推进党风廉政建设责任制的重要手段，在明确考核重点、创新推进机制等方面狠下功夫。按照“一岗双责”“一案双查”的要求，加大执纪审查和惩戒问责力度，做到有错必纠、有责必问，受理各类问题线索 25 件。

【基层党建规范提升】 抓阵地、强堡垒，村“两委”换届工作严肃认真，镇级换届工作依法有序，在已建成 16 个“红色地标”党支部基础上进一步扩面提升；抓队伍、强骨干，创新机制，强抓党员队伍，2021 年发展党员 47 名；设立积极分子预审制度，有 157 名积极分子通过预审，并录入积极分子系统；不忘初心，强抓思想教育，组织党员到狼牙山、霸州市华夏民间收藏馆参观学习等多种建党百年庆祝活动，深入开展“我为群众办实事”实践活动，颁发“光荣在党 50 年”纪念章 191 枚；组织村支部书记到固安县渠沟乡周家务村考察学习村街发展思路、产业布局，拓宽思路，走出自己的乡村振兴之路；统筹协调，强抓非公党建，所辖 6 个非公支部、1 个联合支部均已将党建工作纳入公司章程，并在行政审批中心备案。

【重点村街】

新兴村 位于霸州市区东偏南 4 千米处，北邻康仙庄村，东靠中心渠，西邻北毫家务村。常住人口 416 人，耕地 818 亩，人均耕地 1.9 亩。

村党支部始终把建设一支带民致富能力强、自身综合素质好的领导班子作为党建工作的首要任务，选好干部、完善制度、廉洁奉公，切实让党组织成为老百姓的主心骨。配强党支部、群团和群众自治组织，现有村民矛盾调解组、应急灾情救援组等自治组织。坚持依法干事，先后健全完善目标责任、民主评议、村务公开等规章制度，村级重大事项决策和社会管理更加制度化、规范化、科学化。坚持团结干事，班子成员心往一处想，劲往一处使，为村集体献计出力，为村民办好事实事。

党支部在抓好党员队伍建设，坚持做到“党员靠前站、带着群众干”，使每名党员都能成为群众心目中的一面旗帜。严格执行学习制度，依托“三会一课”、远程教育、短信平台等学习载体，组织党员干部学习党的最新理论，武装头脑、坚定信念、提升素质。党员们争亮身份，争当表率，身体力行为村容整洁、乡风文明贡献光和热。健全民主生活会制度，每季度组织一次民主生活会，做到出现问题自纠自查，党员和村民代表、党小组和党支部分别进行评议，并评议出优秀党员，激励全体党员履职尽责，切实发挥先锋模范作用，成为建设新农村的急先锋和带头人。

东王庄村 位于霸州市区东偏南 7.2 千米处，居中亭河与 112 国道之间，东王庄村现有 330 户 1400 人，耕地面积 2100 亩。在促进村经济发展、增加农民收入、文明生态村创建、村民主管理、解决群众关心与热点、难点问题等方面取得突出的成绩。

东王庄村云叉会被列入河北省非物质文化遗产名录。云叉会是本村靳西谷少年时曾在清朝道光年间皇宫御膳房帮差，出宫后年逾花甲的纪天成所传，于咸丰九年（1859）创建。

云叉会的表演主要是：飞叉、五鬼拿刘氏和独特的敲打鼓古乐。飞叉历经 150 年的演绎，逐渐形成集武术、杂技、民间花会于一体而又不同的独特艺术种类。不同之处在于其道具飞叉的“离身”和“出手”，初学者需两三年时间苦练，才能小成。飞叉由创建会初期的单人、单杆叉且套路简单表演，后经本会历代表演者不断探索创新，发展到如今的 72 个基本套路，200 多个子套路的连接变化；演出形态有单人多叉、双人和数人表演及单人双杆双头叉、三杆叉等，其技艺娴熟精湛，精彩纷呈，极具观赏性和健身功能。

（孙琳媛）

岔河集乡

【概况】岔河集乡位于霸州市西部，东接市区，北临开发区，西与雄安新区（雄县）接壤，南与霸州镇相连，距京、津、保三市均不足 90 千米，处京、津、保三角中心地带，112 国道东西横贯全境，2015 年底正式开通运营的津保高铁与 112 国道平行贯穿全乡，霸州西站位于辖区东南部的钱庄村北侧。全乡面积 42.2 平方千米，以汉族为主，有少量满、回等少数民族。辖岔河集村、于家庙村、摆渡口村、前狄庄村、后狄庄村、东柏林庄村、西柏林庄村、南夹河村、北夹河村、东下岔河村、西下岔河村、钱庄村、宋营村、王良庄村、顾庄村、刘庄村、曹庄村、张庄村、三奇村、杜岗村 20 个行政村。

2021 年，全乡有总人口 27000 人；从业人员有 12135 人；年末常用耕地面积 36355 公顷；粮食耕种面积 1590 公顷；粮食总产量 9556.1 吨；全乡工业生产总值 2.3 亿元，完成固定资产投资 3 亿元。农民人均可支配收入 1.5 万元，年均递增 3%。

【招商引资】岔河集乡始终把招商引资作为引领经济发展、全力做好“六稳”“六保”的有力抓手，努力降低因疫情给经济发展带来的冲击和影响。紧紧抓住京津冀协同发展和雄安新区规划建设发展，承接北京非首都功能契机，坚持在以商招商，亲情招商上下功夫。2021 年岔河集乡完成新开工项目 3 个（2 个工业、1 个仓储物流业，均在 1 亿元以上）；已签约项目 2 个（1 个工业、1 个农业，均在 1 亿元以上）；在谈项目 2 个：霸州市合昇高分子科技有限公司新建热塑性高分子材料精品车间项目、贵州哥能布实业（集团）有限公司智慧农业观光园项目。

【乡村产业】辖区各村街立足村情，因地制宜，发展乡村产业，引导广大农民积极参与，推动富村强民、共同富裕，通过大力推广“六种增收模式”，有效解决农村集体经济收入薄弱、来源单一问题，推动农村集体经济持续健康发展。截至年底，全乡集体收入 5 万～10 万元的村街 9 个，10 万～20 万元的村街 7 个，20 万～50 万元的村街 1 个，50 万～100 万元的村街 2 个，100 万元以上的村街 1 个。

【人居环境整治】加大对农村人居环境的全面清理整治，做好生活垃圾上门收集工作，全乡 20 个村街 10232 户，上门收集垃圾桶发放 10339 个，设置垃圾集中点 80 余个，配备环卫人员 130 余人，车辆 31 辆。全乡生活垃圾月产量约 750 吨，日产量约 25 吨，全部做到日产日清。在日常巡查中先后清除村内道路及房前屋后积存垃圾 30 处、清理残垣断壁 150 处、坑塘沟渠 36 处，全乡推进厕所改造 5600 余座，有效解决垃圾围村、围田、围路、围河问题。

【民生福祉】 2021 年，城乡居民养老保险下达任务数 11352 人，完成 8318 人，占年度任务 75%；完成城乡居民医疗保险征缴工作，全乡参保 21265 人，特殊人员代缴 1286 人；失业登记 15 人；就业援助 26 人；城镇新增就业完成 18 人；公益性岗位安置 5 人；返乡农民工就业 7 人；登记录入劳动力 342 人，转移农村劳动力 26 人；完成企业新录用人员岗前技能培训 30 人。同时加大劳动合同签订，建立健全档案管理制度，全面推进劳动合同制的长效机制，有效保障用人单位和劳动者双方的合法权益。对辖区 7 家规上企业进行劳动用工备案登记，完善备案表 168 份。全乡各用工单位均按时足额发放工资，无拖欠工资现象，劳资关系和谐稳定。

【民政事业】 做好城乡低保工作。根据动态管理原则，做到应保尽保，应退尽退。按时打卡发放各类救助资金，发放农村低保 101.52 万元、城市低保 5.4 万元、困难残疾人救助资金 27.54 万元，重度残疾人发放资金 16.8 万元，80 周岁以上高龄津贴 36.06 万元。做好临时救助工作。将 4 户建档立卡贫困户中，符合条件的 1 户 2 人纳入低保；对困难家庭、慈善和医疗救助务实开展，先后为因病、因灾、因意外造成家庭困难的 6 人，申报临时救助，以解燃眉之急。

【生态文明建设】 全力打好蓝天、碧水、净土保卫战。一是扎实开展大气污染防治工作，抓好辖区散煤管控和秸秆禁烧工作，先后出动人员近 1280 人次，对辖区沿街门市及村街住户进行冬季散煤检查；各村街严格落实网格员制度，分片包联全天候做好防火巡察，有效防治火点的发生，2021 年岔河集乡空气指数在霸州市 12 个乡镇监测数据中正排第五。二是扎实开展环境保护巡查工作。加强日常巡查，严厉打击“违法违规”企业，先后查处“违法违规”企业 52 家，全部关停、整改到位。完成辖区固定污染源摸底、排查工作，固定污染源排污登记 183 家。三是持续加大扬尘管控力度。由环保所巡查监管沙石料场，要求料场使用雾炮除尘，料堆全部苫盖，同时做好洒水抑尘措施，2021 年巡查发现苫盖不完全问题 56 处，已全部完成整改；环卫公司做好道路清扫保洁，重点对 112 国道及雄霸线等路段进行每天早中晚不少于 3 次湿扫作业，全面减少扬尘污染。

【“两违”拆除】 按照市委、市政府“对每一宗违法用地都必须提出整改措施”的要求，根据市政府下发的《2021 年秋冬季违法用地集中整改攻坚行动工作方案》，针对发现的违法违规用地，根据不同违法性质，制定不同的整改措施。全年拆除违法用地23宗，占地面积58.24亩，占耕地面积 9.99 亩，占基本农田面积 8.79 亩。补办用地手续 6 宗，合计占地面积 5.31 亩。坚决遏制违法用地的新增，做到“露头必打”“违法必拆”，对违法用地做到“零容忍”。

【“三农”工作】 一是农业效益稳步提高。全面落实农业保险，实现农业增产增效。发放 2021 年粮补 294.61 万元、一次性种粮补贴 36.09 万元。同时，在 2021 年农业统计工作中，成绩显著，被国家统计局廊坊调查队授予“统计工作先进集体”称号。二是农民生活品质不断提升。加大农村基础设施建设，投入 277.63 万元，修建道路 4544.5 米。新建文化活动场地、补充一批器材、书籍，开展文体活动，满足基层群众精神需求，提升辖区居民生活品位。三是做好农产品质量安全“治违禁 控药残 促提升”工作，完成农产品农药残留检测 320 余例，实现从“田头”到“餐桌”的质量安全保障。

推进【“林（河）长制”制度】 建立健全林（河）长制工作制度，坚持巡查工作常态化。2021 年，累计开展巡林（河）1900 余次，如实填写工作日志。不定期做好巡查工作，对巡查发现的污水排放、河道垃圾、乱堆放等问题，及时协调解决、整改到位，确保河长制工作有序进行；做好辖区森林资源、林地管理，调整巡林员 40 名，落实每周一次巡查，抓好清明野外用火和森林防火工作，杜绝乱砍滥伐行为，森林覆盖率稳步提升。

【防汛工作】 2021 年进入汛期后，霸州市出现暴雨，岔河集乡过程雨量达 80 毫米，局部地区 150 毫米，此次暴雨降雨强度大，持续时间长，为保证群众生命财产安全，岔河集乡第一时间成立应急小组，组织人员进行应急救灾。其间，转移安置 5 户 16 人，未发生一例人员伤亡事件。

【社会稳定】 岔河集乡主要领导及包村领导，协助村街“两委”干部做好调解，全年开展矛盾纠纷排查 70 余次，答复解决“市长热线”121 起，满意率为 100%。接待群众来信来访 58 人次，其中初访 40 起，已全部及时化解。全年处理国家局交办件 1 件，省交办件 8 件，廊坊市交办件 3 件，市交办件 6 件。对信访重点人员，全部落实包保责任人，全力以赴做好重点时期的综治维稳工作。开展法治教育进机关、村、学校和企业，结合“综治宣传月”和“七五”普法宣传活动，开展与群众生产、生活密切相关的法律法规宣传教育 4 次，开展进度宣传 12 次。在增强法律维权意识的同时，提高依法办事能力，全力保障辖区经济社会发展安全和谐发展。

（潘世奇）

东杨庄乡

【概况】 东杨庄乡位于霸州市区东南部，乡政府驻杨庄村，距市区 15 千米。全乡总面积 28.9 平方千米，全乡 5741 户、24590 人，从业人员 19710 人。常用耕地 25684.43 亩，辖苑口、郭庄伙、王庄伙、陈庄伙、杨庄、孙家坊、王坊、杜台子、李庄、贾庄子、刘南庄、东庄、滑庄子、邱庄子、黄庄子、上坊、下坊、上段、中段、下段 20 个行政村。

2021 年，全乡财政收入完成 2737 万元，顺利完成税收任务。粮食耕种面积 1945.6 公顷，粮食总产量 13100 吨。经济指标均衡发展，营业收入完成 420606 万元，利润总额完成 69720 万元，出口交货值完成 9865 万元。固定资产投资完成额 11290 万元。项目建设扎实开展，新增 1 家规模以上工业企业。

【农业发展】 一是全力推进“水韵粮仓”项目。积极与省供销总社协商，协助流转 11 个村街的 12000 余亩土地，通过浅埋滴灌技术对耕地实行集中化种植、集中化管理，为全乡农业发展开辟出新的发展道路。二是继续深化产权制度改革。20 个村街农村股份经济合作社均已成立，以下坊为示范点，探索农村集体经济发展新途径。三是落实季节性休耕工作要求。对 2021 年耕地地力补贴面积进行核实并公示，核减补贴面积433.11亩。四是完成2021年植树任务。全乡新造林1000亩，改造提升900亩，18个村庄绿化率达标。五是不断夯实涉农惠农工作。为王庄伙村370亩、下坊村1235亩、刘南庄730.72亩农民合作社、种粮大户申请“飞防”补贴。六是持续做好一村一品示范村创建。郭庄伙村被认定为2021年省级“一村一品”暨“百村示范带动”工程示范村。

【污染防治】 强化涉气企业日常监管巡查的力度。发现排放不达标、偷排偷放等情况，立即采取合理的停产措施，整改合格后方可恢复生产。加强“燃煤锅炉”淘汰改造。按照“属地负责、政府主导、部门联动、多措并举、整体推进”的原则，全力推进燃煤锅炉淘汰治理工作。整改完成涉及10蒸吨及以下燃煤锅炉企业20家。开展水污染治理保护工作。深入开展中亭河、大清河等主要河流干支流排污口整治行动，及时取缔非法排污口，对河道垃圾及时清理，确保河道干净整洁，加强日常巡查，杜绝反弹。巩固渗坑治理成果，统计上报坑塘54处、沟渠8处，对部分坑塘存在的生活垃圾已全部清理完成，严格落实“坑长制”，充分利用坑塘线上管理平台App，提高科技管控水平。

【安全生产】 东杨庄乡调整充实安全生产工作领导小组，明确工作责任，全面落实“党政同责、一岗双责、齐抓共管、失职追责”的工作要求，进一步完善安全生产责任制确保安全工作整改出实效。一是签订责任书。乡政府与各村、所（站）及1877家企业签订安全生产责任书，乡长与各党政副职签订安全生产责任书，分管领导与分管部门及村委会签订安全生产责任书。完善安全生产网格化监管工作机制，大中小网格员63名，明确安全生产职责和任务。重点监管企业建立健全安全管理机构，制定企业安全生产规章制度，明确专、兼职安全管理人员和责任。二是开展安全生产大检查， 排查整治各类重大隐患。全乡组织开展28次安全生产大检查，联合市公安局、城管局、派出所、市应急局对乡域内无证经营并存在较大安全隐患的2家小企业小作坊进行取缔。在专项整治活动期间和重大节假日期间，对全乡重点行业、重点领域开展安全生产大检查大整治，排查34次，排查出各类安全隐患146余处，下达整改通知书68份，已全部整改完成。 三是加大宣传培训力度。在乡党委、政府相关乡村干部、企业负责人会议上，通过以会代训等形式，传达贯彻上级安全生产工作会议精神，学习安全生产法律法规等知识，提高乡村干部和企业人员的安全意识。组织乡村举办安全生产、消防安全、食品安全、 职业健康等培训会12次，应急演练3次。组织开展“安全生产月 ”群众性安全生产活动，给辖区悬挂横幅138余条、企业员工各村村民发放安全常识手册、安全生产读本共18000余份。

【民生事业】 一是扎实开展各项惠民工作。城乡居民基本医疗保险完成21168人，参保率达89.11%，电话咨询服务1500余人，为3000余人进行代办业务。养老保险有参保资格的11782人全部录入系统参保，其中9105人完成缴费，缴费率达77%。完成重大疾病的医疗救助14人，慢性病评审469人。解决拖欠工资问题15起。办理养老金申领136人，累计追缴农村养老保险金6900元。发放安葬费148人，完成4000余人养老金生存认证。累计发放社保卡5000余张。对全乡建档立卡、特困、五保低保以及贫困残疾人住房进行拉网式排查，危房改造1户，改造面积60平方米。完成60周岁以上人员奖扶133人，独生子女高考加分5人，孕前优生检查66对，婚前医学检查 70 人，“两癌”筛查 160 人，办理准生证 140 张，独生子女证 6 张，红十字会博爱一日捐扶助 1 人。完成抗震房改造 60 户，供水管网铺设 18504 米，受理保障性住房申请 1 份，协助完成蒙西管道地上物及临时占地等相关补偿款发放工作。二是细致部署防汛抗旱和河长制工作。对防汛安全隐患进行摸排，充实打桩班、抢险队人员后备力量，完善《乡防汛预案》《转移安置预案》，做好蓄滞洪区内 18 个村街转移安置对接工作，进行防汛转移安置演练，保障安全度汛。13 个村级河长全部安装河长云 App，按要求按时保质进行巡河，巡河率始终 100%，清理垃圾及违建 30 余处。

【人居环境】 东杨庄乡落实“三创四建”工作要求，全面推进环境卫生整治。清理历史垃圾积存点 38 个，坑塘沟渠 8 处，清理垃圾 1 万余立方米，清理畜禽养殖粪污等农业生产废弃物 800 余立方米，建设小游园、小菜园、小果园 20 个。扎实开展户厕改造工程。持续开展水冲式、双瓮式、三格式厕所改造工作，新建户厕 358 座，累计完成改厕 5182 户，占常住户数的 93%。全面实现户厕改造，应改尽改，能改必改。新建公厕 20 座，主体已全部完工，投入使用 18 座。城乡垃圾一体化运行良好。对鹏洁公司进行监督检查 300 余次，累计扣分 281 分，有效督导完成全乡生活垃圾清运，完成垃圾入户收集，20 个村街全覆盖。

【社会稳定】 一是做好无毒乡镇创建工作。成立禁毒工作领导小组，进行网格化管理，抓实对青少年、学生、流动务工等重点人群发动宣传，切实提高全民的识毒、防毒、拒毒能力和禁毒意识，设立宣传台 2 个，悬挂横幅 20 条，宣传展板 5 块，张贴拒毒标语 200 余条，发放识毒、防毒宣传资料 3000 多份。二是做好武装工作。提高优抚保障水平，走访慰问重点优抚对象，为新退役士兵悬挂光荣牌并发放优待证。为困难退役军人申请关爱退役军人基金救助。为退役军人办理免费参加城乡居民基本医疗保险登记。民兵重组、征兵宣传工作顺利完成。

【党建工作】 一是突出政治建设，打造政治过硬的基层党组织。将党的创新理论成果学习作为 2021 年基层党员干部教育培训的重要内容，年初制定学习培训计划。深入开展党史学习教育，3 月 29 日召开全乡动员大会，引导广大党员学史明理、学史增信、学史崇德、学史力行，把学党史、悟思想、办实事、开新局贯穿全年工作始终。深入开展首都政治“护城河”党建示范村创建活动。围绕“六有四五”创建标准，全面落实“六提升六规范”12 项措施，打造下坊、贾庄子、孙家坊 3 个党建示范村。开展农村“两委”干部培训工程，组织村“两委”干部和党员参加省“万人示范培训”和廊坊市党组织书记线上培训班，实现村两委干部培训全覆盖。二是突出党建引领，夯实乡村振兴组织基础。在新任“两委”班子中，开展“我为群众办实事”实践活动，扎实办好开门一件事，每个村党支部认领一件实事，已完成 15 件。规范组织生活，严格落实“三会一课”、主题党日等制度，持续用党的创新理论武装头脑。加强阵地建设，苑口村、上坊村投资 16.5 万元，完成“红色地标”打造，全乡总数达到 10 个，推动村级组织活动场所不断上档升级。全乡 20 个村街，有三分之一的村建成高标准的“两室一站”，综合服务站全部达到六有标准。抓好发展党员工作，重点解决当前农村党员队伍中存在年龄老化、文化偏低现状，突出“政治优，年纪轻，文化高，致富强”的重点，把农村致富能手、工作骨干培养发展为党员。全乡发展党员 25 人，其中高中及以上学历 12 人，占比48%；35周岁以下党员16个，占比64%，党员年龄结构进一步优化。加强人才队伍建设，全乡62名村街后备干部中，致富能手占比达到67.2%，高中或中专及以上学历占比达到68.8%。同时，鼓励和支持党员领办创办农民合作社，发展特色产业，实现每个村都有数名又红又专的党员致富带头人。三是抓牢意识形态工作，守住意识形态主阵地。深入推进学习型党组织建设。开展理论宣讲工作，宣讲中共十九大和十九届三中、四中、五中全会精神。扎实开展党史学习教育。组织开展专题学习活动、组织生活会、一把手带头讲党课、专题宣讲等活动。积极开展“我为群众办实事”系列活动，帮助群众解决108件急难愁盼问题及最关心、最直接、最现实的利益问题。对以黄庄子村史馆为中心的红色教育基地开展大力宣传，加强爱国主义教育。四是切实抓严党风廉政建设，落实主体责任。乡党委认真督促、抓好党风廉政建设各项工作，召开党风廉政建设专题会议，乡纪委从严抓好机关作风建设，做好节假日期间纠治“四风”监督检查工作，加强机关干部内部管理，开展餐饮浪费问题集中整治工作；按照要求开展谈心谈话、履职谈话活动和党员干部警示教育大会等。2021年全年乡纪委受理问题线索6件，已办结5件，其中函询4件，初核2件，运用第一种形态处置5件，立案处分1件。

【重点村街】

邱庄子村 位于东杨庄乡东部，现有居民258户994人，耕地1498亩。全村从事塑料加工及相关行业的179户，占全村总户数的73%，是远近闻名的塑料专业村。村党总支成员4人，党总支下辖村党支部和新天公司非公企业党支部，党员46名。村党支部带领村民扎实苦干、发展致富，美丽乡村建设和农村人居环境整治工作成绩突出，多年被廊坊市委市政府、霸州市委市政府评为“先进基层党组织”“双文明村街”。

该村加大民生投入。先后投资200万元，更新天然气管道5000米；在村北新打1眼600米饮水井，安装变频泵等配套设施并更新自来水管道，实现全村24小时供水全覆盖；美化楼区、新建凉亭公园1处；栽种经济林20亩3000棵；村内街道硬化全覆盖；新装路灯15盏；生活垃圾干湿分离、日产日清。

2021年，邱庄子村修通村南、村北下水管线800米，修通邱庄子和滑庄子的水泥路分界和下水管线400米；为改善雨水无法外排的问题重修村南水泥路300米；修建120平方米的消防应急站；完成村幸福西道、民主西道路面硬化工程1500平方米，使邱庄子村和滑庄子村南中北三条街道连通，方便两村村民的出行。同时致力于安防工程，实现全村全域无死角全天候摄像头监控，有效地提高邱庄子村群众生产生活的安全指数和幸福指数。完成村民服务中心和红色阵地建设；为确保中亭河大桥顺利通车，完善大桥全套配套设施。

下坊村 位于东杨庄乡中部，是全乡最大的村。全村705户，2748人，耕地4326亩。党支部由5人组成，有79名党员。下坊村党支部连续6年被评为“霸州市五星级党支部”。下坊村以有色金属回收加工为主导产业，主要从事有色金属回收加工及铸造、拔丝相关产业。村建有有色金属交易市场，有商户200多家，年均交易额7000多万元。

至2021年，兴农合作社的建设不断夯实，4200余亩耕地稳定流转，全村入社率连续9年达到100%，人均年分红1000元，为村民增收致富、村集体财富积累提供支撑。

为使合作社更好地运作发展，村“两委”

多方筹措资金 300 万元新建占地 2310 平方米的农机站，购进 20 台播种机、收割机等大型农机设备，建造价值 40 万的粮食烘干塔。开展大型农机作业，必须夯实道路基础，对农田主路进行硬化，修水泥路 9600 平方米。合作社通过村委会集体管理，采用统一耕种、统一收获、统一销售、统一分红的一体化产业模式，全面实现机械化生产，生产效率不断提高。

村党支部先后投资近 200 多万元，建起群众文化活动中心、修建露天戏台、高标准的门球场、乒乓球室、台球室、购置 12 套健身器材，设置阅报栏；组建下坊村河北梆子农民剧团、秧歌队、老年门球队等活动组织，并购置服装、音响等设备，开展各种文体活动；建成老年人的“幸福小院”，为空巢老人提供 1 个休闲娱乐的场所。下坊村在村东南投资 150 余万元，建设 2 万平方米的村民健身广场，栽种海棠、樱花、榆叶梅、法桐、大叶黄杨球、黄叶球、紫荆、玉兰等 2600 株。

2019—2021 年，下坊村深入开展人居环境整治行动。年清理积存垃圾 900 余吨；修建自来水主管道 4000 米；增、修路灯 30 余盏；硬化、绿化、美化村内道路 8600 米；完善小游园、健身广场的建设，修建 1 条长 60 米，宽 4 米水泥路，实现村东村西两条公路无缝对接；在村委会门口修建公厕 1 座，翻修本村中心街约 4000 平方米、村委会门前南北沥青路 3840 平方米；夯实占地 2 万平方米文化公园建设，新种植海棠、榆叶梅、紫荆 1800 余棵；新建 40 吨水塔 1 座，实现 24 小时供水全覆盖；完成水冲式厕所改造全覆盖；生活垃圾实现干湿分离和日产日清。

2021 年，农业合作社收入稳过 400 万元，人均收入过千元。村“两委”在基础设施和人居环境改善提升方面持续发力，翻修村东 3 条主街水泥路 1300 米，4300 平方米；新修主街砖辅路 1300 平方米；投资 7 万元新建水冲式达标公厕 1 座；投资 30 万元修建 800 米吃水井 1 座；新修路灯 10 余盏。

黄庄子村 位于东杨庄乡最东部，全村 464 户，人口 1756 人，耕地 2300 余亩。村“两委”由 5 人组成，党员 53 人。工业企业发展以注塑加工、五金冲压为主，个体工商户 150 余户，占全村总户数的 1/3。黄庄子村多次被评为“霸州市四星级基层党组织”。

为更好地弘扬革命文化、赓续红色血脉，教育下一代不忘初心、牢记使命，缅怀黄庄子村在抗日战争、解放战争、抗美援朝自卫反击战中为国捐躯的革命烈士，纪念黄庄子村历史上涌现出来的革命战士，传承革命前辈们“吓不倒、压不垮”的革命精神和英雄气概，在第二炮兵工程学院原政委袁有望将军提议下，经村“两委”、全体党员、村民代表会议研究讨论并决定，于 2019 年 11 月 6 日开始筹建红色革命教育基地——黄庄子村史馆。

该村史馆总占地面积 666 平方米，计划投资 150 万元。在东杨庄乡党委和政府、黄庄子村“两委”、袁有望和社会各界人士的多方努力下，2021 年 7 月村史馆一馆竣工，实现向中国共产党成立 100 周年献礼的目标。年内，村史馆二馆仍在有序建设中。

一馆占地面积 220 平方米。主要展示从明永乐初至抗日战争前夕的黄庄子村历史，分为迁居厅、村难厅两个部分。

迁居厅主要叙述黄庄子先民从山西省洪洞县迁居到霸州的历史，包括永乐移民、先祖建庄、繁衍生息、黄庄往事等方面。展示内容主要有：地契分单、生产生活用具、各姓氏家谱、学习用品、杰出人物画像、老照片等。

村难厅主要讲述抗日战争时期，日本侵略军给黄庄子村及霸县人民带来的灾难。其中有日本侵略军在霸县造成的惨案 49 起，只选用 10 起本村、附近村庄和较大的惨案及被日伪军烧毁的房屋、树木和破坏的家具等。同时，村难厅又是一幢“百年老屋”，也通过旧址和老物件展示百年沧桑。

一馆院子里，主要有“四碑三门”。四块碑是日军血洗黄庄子碑、伪军洗劫邱滑黄碑、抗日英雄魏大光碑和黄庄子烈士碑。三扇门是火烧门、刀劈门、炮崩门。

二馆占地面积 446 平方米。主要展示抗日战争以来的革命斗争史和中华民族伟大复兴的历史进程。分为“抗战厅”“解放厅”“盛世厅”三大部分。抗战厅主要是展现抗日战争时期：冀中地区主要领导人、黄庄子的老红军黄一民、八路军团长黄久征及其战友、抗日战场上的黄庄子英模、村里参加抗日战争的名单及烈士。展柜里主要展示各种奖章证书、老一辈革命家和将帅后人的赠书、18 个革命历史博物馆的赠品和赠书、革命历史文物等。

解放厅由于场地狭小，主要展示解放战争时期的重点英模人物和参战人员一览表。展柜展出的内容与抗战相仿，物品不同。

盛世厅主要是新中国成立以后的历史。包括“黄庄春晓”“盛世腾飞”“祖国卫士”“群英荟萃”四大块。

“黄庄春晓”主题是“换了人间”，主要叙述中华人民共和国成立后到改革开放前的历史。

“盛世腾飞”主要叙述改革开放以后的村里发生的巨大变化，包括乡村工业的兴起、精神文明的进步、商业和服务业的繁盛、生活水平的提高、基础设施的改善、环境卫生的治理、农业机械化集约化等。

“祖国卫士”主要是展示抗美援朝边境中的英模、军中代表性人物和参军人员名单。

“群英荟萃”主要是展示黄庄子村在工农业生产、文化教育、公益事业、医疗卫生、善孝和谐、书法绘画等方面的代表人物。

盛世厅设 1 间接待室，供来宾休息。接待室摆放党的历代领导人瓷盘画像等。墙上悬挂有《黄庄子赋》书法作品、黄庄子旧貌全图、《盛世黄庄子》大幅画作、历任村支书和村长简介、黄庄子“荣誉村民”简介等。

（靳雅菊）

东段乡

【概况】 东段乡位于霸州市东部，总面积 26.8 平方千米。乡政府驻地东段村。下辖东段、夏柳、西柳、崔家堡、马家堡、徐柳、冯柳、张柳、东柳、毕家堡、王家堡、小桃园、南柳、牛百万、董家堡、何家堡、高家堡、贾庄、郝家堡、石家堡 20 个行政村。

2021 年，全乡人口 23450 人，其中从业人员 14550 人；年末常用耕地面积 1254.5 公顷；粮食播种面积 761 公顷，同比持平；粮食产量 5059 吨，同比增长 1.5%；农林牧渔产值 111069 万元，同比增长 1.6%，农民年人均纯收入 12834 元，同比增长 8%，农业机械动力 53720 千瓦，同比增长 0.2%；农村非农行业产值 110 亿元，同比增长 3%；一般预算收入 2200 万元；全年完成地方收入 1.2 亿元。

【经济建设】 全年开工及谋划亿元以上工业项目 14 个，总投资 89.8 亿元，其中已开工项目 6 个，前期谋划项目 1 个，签约项目 4 个，在谈项目 3 个。投资 15 亿元的霸州市三钢科技有限公司酸洗轧机联合机组生产线技术改造项目、投资 3.2 亿元的廊坊柏思诺家具有限公司年产 50 万件木质家具项目、投资 1.5 亿元的河北胜宝制管有限公司焊管机组技术改造项目、投资 1.3 亿元的霸州市英豪家具有限公司年产 20 万套智能家具项目、投资 7000 万元的廊坊尼克斯家具有限公司年产 50 万套高档金属家具项目和投资 7000 万元的霸州市京华金属制品有限公司冷轧带钢生产线技术改造项目均已开工。投资 26.1762 亿元的河北宝亨金属制品有限公司建设高档家电板材料项目已完成立项，正由霸州市发改局申请省重点项目，正在办理规划、用地等相关手续，并被纳入开发区托管范围。利用原梅花味精一厂土地投资 15 亿元的惠昌商贸智慧冷链物流园和智慧工业园项目、投资 18 亿元兆建公司高端定制家具研发中心项目、投资 2.5 亿元品客现代高端家居项目和投资 15 亿元霸州市海洪金属制品有限公司年产 35 万吨锌铝镁涂层项目均已签约。投资 8000 万元廊坊云途科技股份有限公司年产医疗床 100 万套项目、投资 3 亿元霸州市和机械制造有限公司智能家具产业园项目和投资 5200 万元廊坊柏思诺家具有限公司设计研发中心项目，共计 3 个项目在谈。截至年底，全乡有规模以上工业企业 37 家，其中 2021 年新增规上入统工业企业 11 家，贸易业企业 1 家。全年完成税收 2.6725 亿元，超额完成任务；地方财政收入 1.2324 亿元，同比增长 13.1%；完成工业总产值 322.148 亿元，同比增速 53.26%；固定资产投资 4.258 亿元，经济体系建设初见成效，全乡经济发展后劲持续增强。

【环境治理】 加强环境建设，城乡环境面貌进一步改善。持续做好“散乱污”企业动态清零。全年持续推进散乱污的排查与治理，排查企业 118 家，未发现“散乱污”企业。严格执行坑塘巡查与治理工作。本年度填平坑塘 3 处、治理坑塘 1 处，通过坑塘巡查 App，定期分批次对高、中、低风险坑塘开展巡查，经巡查发现垃圾倾倒等问题 10 余处，均已通知相关村街安排清理。严格管控涉气企业。充分发挥“人防+技防”优势，运用智慧东段 App 监控平台和监管指挥中心，对完成环保设备安装的企业进行 24 小时不间断监测、全过程智能监管，确保企业达标排放，实现常态化巡查管控和智能化管理。严格监管散煤问题。全力推动秋冬季散煤管控“百日会战”行动，成立散煤执法队伍，确定散煤管控各项目标任务，提升大气污染综合治理成效。

开展城乡人居环境整治。全力开展人居环境整治工作，全乡“五清三建一改”任务覆盖率达到 100%。按照“谁产出谁付费”的原则，根据规模、垃圾种类等因素向全乡企业提供有偿服务，并将垃圾运送至市垃圾焚烧发电厂统一处置。截至年底，向 1057 家企业提供服务，发放小型垃圾桶 9554 个，配备电动收集车 63 辆，全部完成工业垃圾有偿服务和上门收集工作。着力构建人居环境治理体系，针对以往环境卫生整治过程中盲区、盲点监管不到位、清扫不到位、管理不到位等问题，开发建设智能监管系统，重点推进垃圾收集点、坑塘沟渠和着火点视频监控系统建设，建立环境卫生网格化管理机制，充分发挥数字城管系统动态监管功能，构建东段人居环境治理体系数字平台。已在全乡 42 处垃圾收集点和坑塘沟渠处安装高清热感摄像头，实现实时监控。全力落实垃圾排查清理工作，通过拉网式排查、地毯式清理，确保“三大堆”垃圾清理工作的开展，出动 2654 人次、垃圾清运车 165 辆次，清理“三大堆”985 处（1600 立方米），清理冯柳、东柳坑塘垃圾 2 个。全面推进厕所革命。在原有改厕 5224 座的基础上，2021 年户厕改造任务 396 座，已全部完成，其中财政支持安装 242 个，农户自行安装 154 个。全乡建设公厕 17 座，已全部建设完工。开展民心工程建设。通过政府主导，按照“上级争取点、企业赞助点、村街自筹点”的资金筹集方式，各村街投资

1682 万余元，完成路灯亮化工程 1000 余盏，维修线缆 2.2 万余米，硬化维修道路 2.5 万余平方米，填补路坑 32 处，更换灯头 83 盏，维修灯头 62 盏，并组织专业人员对全乡的 4 座泵站进行检修。

开展土地管控治理。坚持问题导向、目标导向和结果导向，重点围绕遏制新增和违法违规用地查处等方面，全面清理排查，依法依规整治，维护土地管理良好秩序，推进自然资源治理体系和治理能力现代化。加强日常巡查。本年下发新增违法图斑 22 处，整改 12 处，下发存量违法用地图斑 22 处，整改 11 处，下发季度监测图斑 34 处，已全部核实并上报。加快推进秋冬季违法用地拆除整改攻坚行动。2021 年下发图斑 23 个，其中拆除任务 18 处，现已拆除 14 处，补办任务 5 处，现已补办 2 处。开展自查自纠。针对占用耕地、永久基本农田，直接或变相改变土地用途的“非农化”行为，开展自查自纠，现已全部整改到位。

【民生福祉】 全力抓好民生保障体系建设。加强贫困户收入监测。做到资金使用与建档立卡对象相衔接，与巩固脱贫成效相挂钩，切实让资金惠及贫困人口，实现产业发展扶持到村到户到人，直接间接惠及所有贫困对象。加强贫困户就业监测。由乡扶贫办牵头，重点对全乡建档立卡贫困人口就业需求和培训意愿进行摸底调查和动态监测，实施清单制度和台账管理。加强对患大病、重病的群众监测。经城乡居民基本医保、大病保险报销和医疗救助后，通过实施防贫保险、兜底保障等措施，逐村逐户落实帮扶措施，已为全乡 322 户 466 人边缘贫困人口缴纳防贫保险。截至年底，赔付 10 人，保险金 43580.6 元。做好低保保障工作。组织人员对低保申报家庭进行调查、评议和公示，上报审批低保户 11 户。开展低保核查工作，经调查取消不符合低保待遇的 20 户。加强社会保障体系建设。按照兜底线、织密网、建机制的要求，建立社会帮扶救助基金，全面建成覆盖全乡、城乡统筹、权责清晰的多层次社会保障体系。加快教育文化发展步伐。成立教育帮扶奖励基金，加大教育投入，投资 400 余万元修建第一小学附属幼儿园；投资 60 余万元为第一小学新增变压器、改造厕所和安装空调；投资 41 万元改善霸州市第十二中学周边环境；投资 40.93 万元改善董家堡小学和马家堡中心小学的办学条件，创造安全舒适的学习环境。

【社会治安治理】 全力抓好社会治理体系建设。扎实做好扫黑除恶专项斗争工作，定期召开扫黑除恶专项斗争专题部署会和推进会，传达中央、省市扫黑除恶专项斗争文件和会议精神，安排部署全乡扫黑除恶专项斗争工作。不断加大舆论宣传，全面发动群众，广辟线索来源，开展辖区重点区域涉黑涉恶突出问题大整治专项行动。抓好平安东段建设。成立东段乡治安消防巡逻队，按照“五个一”机制，即每个村成立 1 支治安巡逻队、购置 1 辆专用巡逻车、建立 1 套治安机制、成立 1 支调解队伍、聘请 1 名法律顾问，由村“两委”干部、志愿者等 160 人组成的治安巡逻队伍开展常态化治安巡逻，巡逻期间处理紧急事件 100 多起，切实增强人民群众的获得感和安全感。着力构建社会治安综合治理体系。充分发挥信息技术打击预防犯罪，在各村街的主要路口、高速口、学校周边安装 54 个高清摄像头和便捷报警装置，全部纳入平台管理，加强动态监管，形成天上地下、“人防+技防”的立体化社会治安管控网络，建立“党委组织、政法推动、村街联动”的社会治安大防控格局。

维稳工作。做好排查工作。按照“排查得

早、发现得了、控制得住、解决得好”的要求，采取“三集中”（集中时间、集中人力、集中精力）办法，每月组织力量进行一次全方位、拉网式排查，排查因惠民政策、征地拆迁、违法占地、农村财务、社会治安和涉法涉诉等引发的问题，及时摸排掌握苗头性、动态性问题，做到未访先知、接访有备，全乡排查出各类信访案件 32 件。对排查出的问题，坚持“能调则调、案结事了”的原则，综合运用人民调解、司法调解、行政调解等手段，妥善调处各类案件 28 件，调处率 100%。强化源头化解。启动社会矛盾纠纷调处化解中心，发挥 25 名网格员作用，提高办事效率，解决群众问题，做到矛盾纠纷“微事不出格，小事不出村，大事不出乡”。推广线上公众号，线上为群众解答解决问题，让矛盾及时解决到位。2021 年被廊坊评为“无信访乡镇”。

【安全生产】 全力推进安全生产工作。摸底全覆盖。全乡有各类工业企业 1300 家左右，通过安全生产大排查发现“三合一”企业 337 家，已在 2021 年 1 月底前全部完成整改。宣传全覆盖。全年悬挂安全生产条幅 100 余条，发放宣传资料 150 余份，组织人员答题 20330 次，广泛开展“六进”（进机关、进单位、进村街、进企业、进学校、进社区）活动，努力营造全社会“关注安全、关爱生命”的良好社会氛围。检查全覆盖。组织开展安全生产百日攻坚和安全隐患排查整治专项行动，以企业自查、村街排查、乡督导检查的方式分阶段推进，全乡组织排查 800 余家企业，发现隐患问题 9000 余处，全部整改。培训全覆盖。全年开展 13 次安全生产培训工作，其中企业负责人安全知识培训 5 次（高家堡、郝家堡、崔家堡、毕家堡、牛百万），培训人员 400 余人；开展消防安全培训 2 次，培训人员 170 余人。着力构建安全生产治理体系。突出抓好组织架构、监管服务和机制建设三项重点，研究开发东段乡消防安全智能化管理平台，设立智能化指挥监管中心，将企业纳入实时监管服务范围。截至年底，平台接入 130 家企业的摄像头、烟感电感报警器，连接全乡 38 辆消防车，发生火灾，触发报警，第一时间断电，并通知企业、村街、政府相关负责人和距离最近的消防车司机进行救援。

【精神文明建设】 深入开展公共文化建设。丰富公共文化基础设施。不断加强软硬件设施和文化队伍建设，对各村街的农家书屋和信息资源共享逐一进行检查和补缺工作，与市文广新局、新华书店，共同为村街配发图书。截至年底，各村街均已建起农家书屋，部分村街图书室由专人负责，全天对外开放，部分村街还有文化广场、篮球场等场地。多样化开展文化活动。组织戏曲协会到村街开展巡回演出，组织各村街的文艺团队开展文艺活动，“七一”前夕组织“东段乡庆祝建党 100 周年文艺会演”和机关拔河比赛。加强精神文明建设。以提升公民文明素质、创建“文明乡镇”为目标，建立定期研究部署精神文明建设工作制度，研究制定《东段乡精神文明建设工作安排》和外宣工作奖励办法等，推进群众性精神文明创建活动，努力为全乡经济社会发展营造良好的社会环境。全年上报文明村街 13 个，文明单位 1 个，评选出道德先进典型蔡云秋、藏学秋等。

【党史学习教育】 开展党史学习教育。乡党委第一时间召开动员大会，传达习近平总书记重要讲话精神及省、市会议精神，成立以党委书记为组长的党史学习教育领导小组及办公室，制定《东段乡党史学习教育方案》，明确重点任务、时间节点，统筹全乡开展党史学习教育工作，形成以上率下、示范带动、部署推进的党史学习教育工作格局。充分利用理论学习中心组、“三会一课”“主题党日”等方式组织开展集中学习和研讨交流，坚持线下和线上、自学和集中学习相结合，利用周五学习日组织全体党员开展党史学习6次，参与党员500余人次。筑牢责任、提升服务。通过党史学习教育，党员干部的党性修养和担当精神进一步强化，聚焦“我为群众办实事”活动，号召党员们以支部为单位开展“学党史、知党情、争先锋”等主题党日活动，以开展爱国卫生运动等多种志愿活动，强化初心使命，把“学党史悟思想”和“办实事开新局”结合起来。全乡完成民心工程40余件，粉刷墙面1.5万余平方米，绘制党建文化墙130多幅。

【重点村街】

东段村 位于廊大路以东，霸杨路以北，是乡政府所在地。全村485户，1500余人，耕地面积1800多亩，全村有37名党员，村民代表25名，“两委”班子健全。村街围绕“创建文明乡村”的目标，以加强基础设施建设为重点，以完善村级服务为核心，以健全组织机构为保证，全面推进文明村创建工作。2021年，投资90万元对村内小学路、村西路进行翻修；“七一”期间投资2万元安装太阳能路灯24盏，悬挂小红旗烘托节日气氛，方便百姓夜间出行；投资1万元对村内主要街道粉刷墙壁使村街面貌焕然一新；投资5万元新建公厕1座，得到老百姓一致好评。

徐柳村 位于廊大路以西，津保高速以北，交通位置便利。全村120户580余人，耕地面积180多亩，有36名党员，村民代表11名，“两委”班子健全。徐柳村按照“建点、连线、扩面”的工作思路，把新农村“五化”（硬化、绿化、亮化、美化、净化）连片示范村建设与“营造新环境、发展新文化、弘扬新风尚、培育新农民”为内容的乡村文明结合起来，实现乡村文明工作的双建双赢，让农民真正得到实惠。村内环境干净整洁、道路平整，路两旁栽满各种绿化草木，每条街道都配有崭新的垃圾箱，整洁卫生的乡村面貌让人眼前一亮。2021年，投资5万元安装太阳能路灯24盏；投资10万元为60岁以上老人免费提供午餐；投资2万元为老人发放理容卡。建立机制确保垃圾“日产日清”。徐柳村配备保洁员12名，垃圾桶96个，日处理垃圾3余吨。保证垃圾的日产日清。

石家堡村 位于廊大路以东，霸杨路以南，全村920户3200余人，有85名党员，村民代表40名，“两委”班子健全。村“两委”紧紧围绕“为民办实事、创建文明村”的目标，狠抓精神文明建设，使三个文明建设互为促进，协调发展。2021年投资150万元修路6000平方米；投资6万元新建路灯27根；投资3万元对村内主要街道墙壁进行粉刷；投资80万元新建东环路围挡，村街面貌焕然一新。

西柳村 地处霸州市东部，距市区30公里，霸杨公路北侧，廊泊公路以西，该村住有118户，人口580人，耕地面积502亩。村中有党员14名，村民代表8名，村“两委”班子成员5名。村街“两委”班子以创建美丽乡村，兴办惠民工程，调整产业结构为出发点，全力促进农村经济和社会事业的全面发展。成立村民主法治领导小组，组长由村支部书记担任，副组长由治保主任担任，同时设立治保调解委员会。配合上级领导单位重点排查治理村辖区内各类涉及散乱污型企业。各企业则以企业主要负责人负责本企业的内环保治理、安全生产和消防工作，初步形成一套完整的安全组织体制。加强宣传工作，利用各类宣传工具，宣传法律、法规及安全知识。通过各类会议，强调安全、环保工作的重要性，特别要求各企业负责人，在日常生产管理活动中，应把安全环保工作放在首位。通过宣传，增强了广大领导、职工和村民的法律、法治观念和安全意识。配合企业进行每季度一次的各企业安全生产检查，及时处理各类用电及火灾隐患等，从而使企业和村民的安全得到有力的保障。村内禁赌禁毒，严禁进行各类封建迷信活动，各类婚丧嫁娶禁止大操大办，杜绝各种铺张浪费现象出现。

（韩丽娟 于庆增）

霸州经济开发区

【概况】 霸州经济开发区于 1992 年建立，1996 年被批准为省级经济技术开发区，2016 年经省委、省政府批准，在整合原有 3 个省级开发区基础上，又规划建设霸州现代科技商务产业园，现实行“一区四园”管理。园区批复面积 62.28 平方千米，实际管辖面积 108.91 平方千米（霸州高新技术产业园区 47.18 平方千米、霸州胜芳金属玻璃家具产业园区 31.03 平方千米、霸州津霸现代制造产业园区 10.7 平方千米、霸州现代科技商务产业园区 20 平方千米）。辖村街 24 个：叶庄村、赵家务一村、赵家务二村、赵家务三村、李庄村、南岸村、堤角村、武庄村、辛庄村、西陶家务村、东陶家务村、任水村、郭家务村、大柏林庄村、临津南村、临津北村、西高庄村、东高庄村、西郑各庄村、东郑各庄村、姚庄村、秦楼村、杜庄村、南燕家务村。有社区 1 个（馨苑家园社区），常住人口 36399 人。园区有企业 788 家，“四上”企业 154 家，其中规模以上工业企业 104 家，规模以上服务业 13 家，限额以上批零住餐企业 12 家，房地产和资质建筑业企业 25 家。

【经济发展】 2021 年，开发区以规模以上企业“双倍增”工作任务为主线，围绕“稳增长、促改革、调结构、惠民生、防风险、保稳定”工作要求，统筹推进疫情防控和经济社会发展，较好地完成目标任务，实现经济社会平稳发展。全年营业收入完成 1349.6 亿元，同比增长 13%；税收收入 30.8 亿元，同比增长 0.7%；固定资产投资 163.26 亿元；实际利用外资 3072 万美元；“四上”企业营业收入完成 450.8 亿元，占目标任务的 109.9%；税收完成 10.98 亿元，占目标任务的 101.1%。

【深化改革】 深化人事薪酬制度改革，按照“全体起立，重找座位”的精神开展公开竞聘，39 名中层干部中有 19 名外部人员通过公开竞聘任职，有 13 名原开发区科级干部落聘交流到其他部门。经过改革，开发区班子成员平均年龄由 50 岁降至 45 岁，中层干部平均年龄由 44 岁降至 37 岁，改革后研究生学历由 4 人增至 7 人，大学学历由 23 人增至 30 人，大专学历 2 人。改革后中层副职及以上人员中 12 人有商务、发改等系统任职经历，岗位匹配度进一步提升。

【产业发展】 2021 年，开发区累计谋划运作 5000 万元以上项目 116 个，总投资 608 亿元。在建项目 21 个（续建 6 个，年内新开工 12 个，竣工 3 个），其中：10 亿元以上 3 个，5 亿元～10 亿元项目 4 个，在建项目总投资 92 亿元，完成投资 44 亿元。2021 年申报省重点项目 9 个，市重点项目 13 个，总投资 124.09 亿元，省重点项目完成投资 13.6 亿元，投资完成率 154.5%，市重点项目完成投资 5.05 亿元，投资完成率 123.2%。

开发区在做好疫情防控的同时，积极想办法、找对策、谋出路，创新“线连线”“屏对屏”的线上“云招商”模式，确保招引力度不减。加大招商引资政策及营商环境的宣传，在北京、天津、上海、深圳、厦门、杭州、扬州等地组织召开投资环境推介会等专题招商活动 12 次，参加廊坊经洽会、厦门投洽会、上海国际食品展、武汉国际食品展等大型投资类展会 15 次，对接意向客商 103 批、576 人次，签约项目 34 个，总投资 91.24 亿元；拟签约项目 3 个，总投资 21 亿元，正在拟定入区协议；在谈项目 51 个，总投资 413.34 亿元，其中，食品项目 13 个，工业项目 25 个，服务项目 13 个。

完成新增固定资产投资项目入统 14 个，“四上”企业新增入统 16 家。创新主体不断壮大，截至年底，高新技术企业 38 家，科技型中小企业 367 家，科技小巨人企业 19 家。科技服务体系不断优化，省级以上科技企业孵化器 1 个，省级以上众创空间 1 个，星创天地 5 个，省级以上技术创新中心 5 个，产业技术联盟 3 个，引进中国农业大学院士工作站 1 个，建成霸州市卓冠食品检测中心智能共享实验室，引进硕士学位或中高级技术职称专业人员 42 人。科技成果转化取得新突破，转化项目达到 15 个，技术合同交易总额达到 5.3 亿元，吸纳京津技术合同交易额 400 万元，组织科技成果对接、推送、宣传、展览展示与路演活动 13 场。

【园区承载】 为确保入区项目早落地、早建设、早投产，开发区加大工作推进力度。2021 年，完成征地 4182.6 亩，1476 户，涉及高铁新城、京雄 R1 线轻轨、清新包装制品、裕华西道景观提升等 8 个项目，东陶村、西陶村、叶庄村等 11 个村街。高新园区投资 2500 万元，建设全长 5.8 千米的企业江水直供二期工程。河北霸州经济开发区高新技术产业园基础设施建设工程、津霸园区码扬路道路提升改造工程、河北霸州经济开发区津霸产业园冷链物流及基础设施建设工程、金属玻璃家具产业园标准化厂房及基础设施配套工程正在积极谋划。

【营商环境】 打造企业和群众办事“一门（网）受理、一章审批、一次办好”的“三个一”改革品牌，深入推进审批赋权改革，审批服务大力推进“一网通办”，努力推行“不见面、线上办”。12 月中旬，“日月光半导体芯片测试封装”项目执照变更、项目立项两项业务办结仅用 2.5 小时，创全省最快速度。政务服务大厅从原设置服务窗口 7 个增加到 12 个。2021 年，办理行政审批类事项 420 项、便民服务类事项 7952 件，接待企业、群众约 8400 人次，实现了“零投诉”，群众满意率 100%。举办 2021 年霸州市“都市食品产业”行业招聘会，组织企业 48 家，进场应聘人员 1500 余人，达成就业意向 600 余人，得到企业和务工人员一致好评。由市纪委、监委牵头，开发区承办的开发区营商环境大会、开发区企业家座谈会成功举行。园区“宁静日”制度推行，执法进园区全部实现备案管理，7 个执法部门全年实现执法备案 160 余次。

【民生工作】 坚持疫情防控常态化。村街、社区、工地、企业网格化管理，积极推进新冠疫苗接种工作，18 周岁及以上第一剂疫苗累计接种 33112 人次，第二剂疫苗累计接种超 32872 人次，加强针接种 10156 人次，全市进度排名第二。在全面抓好疫情防控工作的同时，设立企业复工指导小组，开通“复工专车”，积极引导企业复工达产，促发展、稳增长、抓复工。

全力做好民生保障工作。对辖区内 764 名享受高龄补贴人员、276 名优抚对象、156 户 233 人低保人员、61 户 66 名特困人员做到应保尽保。

解决历史遗留问题。联系供电、天然气、自来水公司为玫瑰庄园小区、中上小区等无物业小区解决燃气管道调试和自来水管道勘察，新架设变压器 1 台，铺设高压电缆 50 米，低压电缆 1070 米，解决 88 户居民的用电、取暖问题；会同供电部门为赵家务 3 个村街，134 户居民实施电力低压改造工程，新装 200 千伏配变 3 台、敷设高压电缆线路 1800 米，新架低压导线 4017 米、敷设低压电缆 540 米、敷设入户线 13800 米、敷设 PVC 管 5000 米，解决 134 户用电困难历史遗留问题。

抓实稳定工作。2021 年开发区受理信访案件 268 件，全部化解完毕。以综治平台为依托，线上线下化解矛盾纠纷事件 459 件。"国家反诈"App 推广活动注册人数 17789 人，全市排名第三。做好统战工作，域内宗教活动合法有序。

加强安全生产管理。召开安全生产各类会议 17 次，发放宣传图册 1600 余册。开展安全生产大排查，检查企业 431 家次，查找隐患 521 处，全部整改完成；检查项目工地 26 家，查出各类安全问题 109 处，下达整改通知书 24 份，全部整改完毕；检查铁路周边环境，整治软硬漂浮物近 30 处，砍伐安全隐患树木 1000 多棵，排查隐患 29 户，加固屋顶 3650 平方米，有效改善京雄、京九等铁路周边环境。

【重点村街】

堤角村 位于霸州市西部，是典型农业村庄。全村 240 户 839 人。村"两委"干部 4 人，平均年龄 44 岁。党员 22 人，入党积极分子 1 人。2021 年度上半年分档管理评定档次为X档。村街活动场所面积 392 平方米，其中综合服务站面积 50 平方米。

村域面积 480 亩，其中村庄面积 480 亩，耕地面积 1626 亩，主要作物为玉米、小麦。2021 年度村集体收入 42.57 万元

任水村 位于霸州市西部，是典型农业村庄。全村 433 户 1686 人。村"两委"干部 5 人，平均年龄 47 岁。党员 58 人，入党积极分子 5 人。2021 年度上半年分档管理评定档次为 X 档。村街活动场所面积 240 平方米，其中综合服务站面积 30 平方米。

村域面积 2106 亩，其中村庄面积 400 亩，耕地面积 1750 亩，主要作物为树木。2021 年度村集体收入 33.88 万元。

辛庄村 位于霸州市西部，是典型农业村庄。全村 409 户、1570 人。村"两委"干部 5 人，平均年龄 45 岁党员 37 人，入党积极分子 2 人。2022 年度上半年，分档管理评定档次为 X 档。村街活动场所面积 410 平方米，其中综合服务站面积 25 平方米。

村域面积 3400 亩，以平原为主，其中村庄面积 480 亩，耕地面积 2626 亩，主要作物为玉米、小麦。2021 年度，村集体收入 116.79 万元。

（焦　艳）

裕华街道办事处

【概况】 霸州市裕华街道办事处（以下简称办事处）辖区北至北环路，南至西大街，东至东环路，西至京九铁路，"三纵四横"街道贯穿辖区。"三纵"为益津路（106 国道）、兴华路、益昌路（东环路）。"四横"为裕华道、迎宾道、金康道、建设道。辖区总面积 22.59 平方千米。霸州市党政机关、事业单位、商业服务区大部

分分布于此，是全市的行政商业服务中心所在地。辖 15 个社区，分别为隆泰社区、温泉社区、文苑里社区、朝阳社区、何庄社区、北燕家务社区、泰安社区、滨河社区、天祥社区、河西社区、河东社区、益众社区、挂甲庄社区、迎宾社区、鼓楼社区。辖区总人口 14.62 万人。

2021 年，公共财政预算收入完成 27803 万元。固定资产完成 32.84 亿元，规模以上工业产值完成 1.7 亿元。

【项目建设】 组织新项目入统 5 个，其中，亿元以上房地产项目入统 3 个，亿元以下产业入统 2 个；线上消费品入统 4 个。辖区内项目 48 个（房地产项目 39 个，产业类项目 9 个），总投资 653.56 亿元。续建项目 9 个，新开工项目 6 个，计划开工 7 个，谋划项目 26 个。

【基层党建】 严格按照“一个全面、四个提上去、一个降下来”的总体目标，高质量完成社区“两委”换届选举工作。换届后社区“两委”成员人数 124 人，能够全面实现“一人兼”。为庆祝中国共产党成立 100 周年，裕华街道党工委带领各社区党组织、两新党组织，共同组织重温入党誓词、专题党课集中学习、走访慰问老党员、红色教育基地参观学习、开展志愿服务活动、颁发“光荣在党 50 年”纪念章等一系列专题活动。2021 年发展党员 44 名；参与“万人培训”和“两委”干部“素质工程”培训等线下形式培训累计 13 班次、186 人次；组织党员参加“双育工程”培训班，培训 70 人次；组织党员干部素质提升、专职党建指导员、社会综合治理等培训活动 11 期，培训 266 人次。

【文化宣传】 党史学习教育特色化。围绕习近平总书记在党史学习教育动员大会上的讲话精神、习近平总书记“七一”重要讲话精神等内容，开展中心组学习 12 次、专题研讨 4 次。创新开展巡回宣讲，邀请社区老书记采用提问解答、评书等方式进行宣讲。各党支部开展党史学习教育专题大会、支委会、党小组会 40 余次、社区老书记讲党课 14 次、主题党日活动 21 次、专家辅导 1 次、专题宣讲 25 场，参与人数 2000 余人。打造宣传阵地品牌化。2021 年，办事处的工作经验先后被《人民日报》、新华社、“学习强国”学习平台、《河北日报》、《河北法制报》、长城网·冀云、《廊坊日报》等多家媒体平台广泛报道。文明城市创建常态化。严格对标创建，完善推进机制，切实抓好薄弱环节整改落实。制作安装各类创城公益广告 1000 余处，绘制文明创建相关宣传展板 80 余块，设立移动宣传站点，发放宣传册、宣传单、倡议书等 5000 余份。围绕文明城市创建的核心主题，创新活动载体，丰富活动形式，定期开展特色活动。

【城市建设】 强力推进重点工程。东环路拓宽已完成拆迁；泰安路拆迁剩余 46 户；朝阳路拆迁剩余 172 户；温泉南道涉及拆迁 36 户，正在启动中；温泉西道已通车；迎宾道东伸已通车；天祥路南延工程已完成规划设计方案，正在进行拆迁工作。攻坚克难拆除违建。多次召开班子会分析研判违建排查、宣传、拆违等各阶段工作重点，制订有针对性的拆违实施方案。第一时间成立由党工委书记担任总指挥的拆违领导小组，通过悬挂条幅、张贴公告、出动宣传车等多种形式，形成强大宣传攻势。组建妇女劝解组、前期保障组、老书记调解组、现场拆违组 4 个拆违工作小组，参加拆违工作。组织全体机关干部和 15 个社区全体工作人员，联合市综合执法局、公安局等相关单位，出动人员 600 余人，调动机械车辆 30 余辆，仅用

24小时完成三小南侧500余户的违建拆除工作。

【安全稳定】 安全生产方面，对超市、大型饭店、幼儿园、生产型企业进行消防及食品安全检查，检查44家，发现问题隐患32处，并要求企业立即整改；持续开展“防风险”“除隐患”“保安全”大排查大整治活动，对6家生产经营单位进行安全检查，发现隐患18处，对企业下达整改通知书。强化举措开展餐饮业燃气安全大排查行动，排查商户313家，发现问题隐患65处，已全部整改完成。开展重点领域安全生产突出隐患清零行动培训会，对辖区15个社区，500余家生产经营企业、餐馆、商超等单位责任人进行专题培训。维稳方面，成立综合指挥和信息化网络中心，将信访和人民调解工作有效衔接，搭建社会治理体系二级智慧平台，完善线上线下同步的“接单”“派单”“跟单”及督查反馈等功能，为群众排忧解难。2021年，一级智慧平台调解线上事件79起，二级平台处理线上事件407起，好评率100%。按照“抓小、抓早、抓影子”的原则，对辖区内的重点矛盾隐患进行排查和稳控，妥善处理问题楼盘、征地拆迁等多起难点问题，全力抓好中国共产党成立100周年等重大时间节点的维稳工作。

【民生福祉】 便民服务提质增效。行政综合服务中心接待25926人次，卫生健康窗口办理各项业务680件，市场准入食品窗口办理食品经营许可证和小餐饮证以及预包装食品备案539件，社会事务窗口办理2560件，劳动保障窗口办理各项业务4230件，市场准入工商窗口共办理营业执照各项业务4980件，农业窗口办理1件，所有窗口总计12990件。脱贫攻坚巩固成果。建档立卡脱贫户“两不愁三保障”全部达标，2户5名建档立卡脱贫人口收入实现稳定增长，各项防贫工作任务圆满完成。城乡低保应保尽保。累计新增低保对象1户2人，注销低保对象36户54人。同时，继续做好城乡低保的核查认定工作，对115户189人城乡低保对象完成逐户入户核查。

【创新“12”字工作法】 创新推行“12字”（走起来、串起来、说起来、干起来）工作法，将“12字”工作法和治理平台相结合，线上线下齐发力，实现“智慧”治理。全员上阵“走起来”。发挥网格化管理作用，对治理平台反馈出的问题进行汇总，4818名网格员带着目的多走多转，对环境卫生、市容秩序、扬尘污染等方面管理情况日常巡查，第一时间解决问题，实现人在网格中走，事在网格中做，切实推动各项工作落地落实。分层分类“串起来”。通过治理平台梳理出低保户、残疾人、独居老人、社区矫正人员等重点群众家庭并进行标记，把各类利益诉求人员作为入户走访的重点，及时了解重点人群的动态，准确掌握群众的生产、生活情况，解决居民的疑难问题，将居民忧愁冷暖挂心上，让大家话有地方讲、事有地方办。能人团队“说起来”。挖掘辖区优势资源组成“能人团队”参与基层治理，做好调解纠纷、普及法律、宣传政策等工作，让社区更和谐。加强法治宣传教育，采用“线上+线下”相结合的宣传方式，送法入户，增加群众法律文化服务供给。提振精神“干起来”。坚持以党建为引领，以稳定促发展，以服务促民生，不断增强党组织的凝聚力和组织力，切实带领老百姓过好集体的大日子和自己的小日子。

【重点社区】

河西社区 位于霸州市中心，成立于2017年10月，东至滨河西路，西至兴华路，北至迎宾道，南至建设道（由北关村、朱庄村、迎恩村3个原始村街及13个小区共同组成)。辖区占地1266亩,人口1.2万余人,所辖4个党支部,分别为机关党支部、兴安党支部、兴中党支部、兴盛党支部,党员178人。2021年度荣获“廊坊市文明社区”“霸州市先进基层党组织”“霸州市五星社区”称号。

河西社区于2021年搬迁至新地址,建立党群服务中心。党群服务中心功能设施完善,设有综合服务中心、党群活动中心、日间照料中心等,面积3860平方米,致力于打造以红色、廉政为主题的品牌特色社区。建立微党校、廉政教育厅、红色放映厅、红舞馆、红绣坊等功能区域,省级妇女之家,吸收社会组织蓝天救援队、旗袍协会、老年体协等组织入驻社区。完善社区日间照料功能,服务面涵盖老、中、青多个年龄层面。在妇女节、建军节、国庆节等重要节日开展各种活动。

河西社区坚持“以人为本、服务居民”的工作宗旨,深入推进“六位一体”,协调社区居委会、业主委员会、楼长(居民代表)、物业公司、综合服务站的关系,形成社区事务共同管理、共同参与、共同协商的合力。利用网格化管理模式,以楼宇、路网为界将辖区划分成280个网格单元,并对社区孤寡老人、困难群众、退伍军人等特殊群体进行标识。同时,成立党员服务队、巾帼服务队、青少年服务队、环保志愿队、巡逻志愿队、调解志愿队等志愿者队伍,定期开展各类志愿服务活动。社区内设调解室,邀请社区内德高望重的老党员、老干部担任调解员,定期排查社区内矛盾纠纷隐患。

河西社区充分利用区位优势,发展服务型经济,先后成立“三资”公司、物业公司等服务型集体企业,形成建筑、餐饮、超市购物、物业管理等多业并举竞相发展的态势。社区制订和落实生活补贴、医疗补贴、助学补贴等福利政策,每年为60周岁以上老人、贫困家庭就学子女发放补贴。社区内设有医务室,定期为老人进行体检,并建立健康档案,对老人们的身体健康进行追踪记录。社区实现集体经济不断壮大,居民生活富裕,治安良好,社会稳定的良好局面。

开展党史学习教育。河西社区组织党员干部培训学习,坚持以习近平新时代中国特色社会主义思想为指导,牢牢把握党史学习教育的根本任务和总要求,守初心、担使命,找差距、抓落实,提高自身工作水平。在每月组织1~2次集中理论学习的基础上,邀请老书记以西河大鼓、评书、快板等形式进行党史学习教育宣讲,使文化建设与党史宣传有机结合,组织党史集中宣讲6次,文艺演出2次,观看红色电影8次,激发广大党员干部学史增信、学史力行,力求将学习教育成果切实转化为实际工作效果。河西社区“两委”将办事处“走起来、串起来、说起来、干起来”12字工作法运用到实际工作中,“两委”干部定期走访入户,关注特殊群体,积极为辖区居民排忧解难。

朝阳社区 建于2007年10月,是霸州市首批村改居社区之一,位于霸州市益津路以西,迎宾道以南,金康道以北,朝阳路以东,主要由原宋庄社区、付庄村、城六村部分居民区和多家机关单位的住宅小区构成。辖区面积1500亩,7500余户,人口28000余人。2007年12月成立党总支,下辖7个支部,直管、协管党员425名,两委班子9人,1人交叉任职。2021年度荣获“廊坊市志愿服务示范社区(站点)”称号。

朝阳社区采用“兴办经济实体”集体财富积累模式,先后成立物业管理服务公司、工贸公司、礼仪公司等10多家服务型村办集体企业,不仅彻底解决社区居民的就业问题,还吸收社会劳动力400多人。

朝阳社区率先推出网格化管理模式。社区党总支采取楼宇划分、路网划分、片区划分等形式建立7个党支部，90个党小组。以自然小区为单位，将社区管理与服务区域制成群众工作图，将辖区内居民信息统计录入，在图上对社区的党员户、党小组、调解员、文艺爱好者、志愿者进行标示。根据党员群众的爱好特长建立志愿者协会，组建电脑维修、法律咨询、娱乐活动等党员志愿者服务团队，为辖区群众办实事、好事1000余件。并通过开展“党员奉献日”“设岗定责”等活动，为党员服务群众搭建有效的活动平台，切实解决居民实际问题，让居民成为社区建设的最大受益者。

朝阳社区以“创服务型党组织，打造民心型社区”为目标，建立一站式便民服务大厅，成立便民服务圈，为居民提供低价或无偿的便民服务。定期召开民情恳谈会，建立民情档案，组织社区服务人员深入走访调查；组织社区居民积极参与“文明家庭”“十星级文明户”等评选活动。社区还设立悄悄话室、调解室（恳谈室），听取居民的意见和建议，解决群众反映强烈的突出问题。同时，举办疫情防控、文明城市创建、科普知识宣传活动30余次。

隆泰社区 成立于2006年8月，占地面积1.2平方千米，包括隆泰花园、书香苑、水榭花都、博雅澜庭等11个居民小区，有居民楼152栋，7160户，13000人。在职党员174人。隆泰社区先后建立“一站式服务大厅”“社区多功能活动室”“综合文化服务中心”“社区图书室”。2021年度荣获“河北省志愿服务示范社区（站点）”“省级充分就业社区”“廊坊市文明社区”“廊坊市志愿服务示范社区（站点）”“霸州市五星级党组织”“霸州市文明社区”称号。

2021年，隆泰社区走进居民生活中，了解居民所想所需，调解化解矛盾纠纷，秉承大事不出社区，小事不出物业。社区调解邻里纠纷2起，家庭纠纷3起，调解成功率达100%，安抚欲上访人员2人。安全生产方面，社区组织安全生产培训会1次，对辖区内商业门店、小餐桌、托辅班、公寓安全检查共计20余次，平房区散煤复燃排查5次，餐饮成品油排查15次。

隆泰社区围绕居民生活多样化的需求，不断拓宽服务领域，面向辖区居民提供托老托幼、家政中介、社区养老、社区医疗、法律咨询、快递代收、业主大食堂、业主洗衣房等便民服务，着力拓宽社区发展门路，拉动社区经济增长。

隆泰社区以“六位一体”为管理模式，加强基层党总支建设，提升社区治理水平，全面贯彻落实党的路线、方针、政策。依托“网格化”管理，强力推进社区建设工作，充分发挥网格员的作用，把社区各项工作紧密结合起来。每个网格确定1名社区工作人员为网格员，网格员每周到网格区域走访巡查1次，发现问题及时协调和整改，使各项工作真正做到“日日有人抓，天天有人管”。

社区在隆泰花园小区、书香苑小区、水榭花都小区内，分别建立文体广场，安装多处室外健身器材，为居民提供读书、健康、娱乐活动场所，为青少年提供活动中心，满足居民的精神文化需求，将社区打造成居民学习活动的阵地。社区组织开展“讲文明、树新风”“爱国歌曲大家唱”等文艺活动，将社区广场前空阔地带作为居民晚练点，并为居民开展活动提供方便。

（曹龙妹）

辛章办公区

【概况】 辛章办公区位于霸州市东南 35 千米处，东邻扬芬港镇，西接胜芳镇，北邻东段乡，南与天津市静海区隔河相望，地处作为霸州三大经济板块之一的胜芳金属玻璃家具产业园区的核心地带，区位优势日益明显。全区辖 15 个行政村，即辛一、辛二、辛三、辛四、辛五、辛六、辛七、辛八、辛王堡、策城一、策城二、策城三、策城四、王家岗、北柳，总面积 37 平方千米。

2021 年，辖区常住总人口 24819 人，其中从业人员 13024 人，年末常用耕地面积 35901 亩，粮食耕种面积 15735 亩，粮食总产量 3858 吨，一般预算 5109 万元，财政税收总收入 9700 万元。

【人居环境整治】 一是完成厕所改造任务。2021 年，辛章办公区把农村改厕工作作为农村卫生工作的重点和实事来抓，如期保质保量完成农村改厕工作任务。在改厕的过程中，办事处、村级职责分明，标准明确，治理规范，新建公厕 14 座已经全部竣工投入使用；已完成农户改厕 390 户，做到改一户合格一户，完成率 100.52%。二是做好供水下网实施工作。辛章办公区积极动员村街和村民开展供水管网铺设的工作，动用大型机械 4 台，进场供水管道 8200 多米，焊接管道 400 多米，挖工作坑 42 个，管网铺设正施工中。三是纳污坑塘管控。辛章办公区每月对台账内 38 处纳污坑塘进行现场检查 2～3 次，同时留存影像资料，对其中发现存在漂浮物垃圾的情况，在保证自身安全的情况下对其进行打捞清理。四是加大垃圾清理力度。环卫工人加大垃圾清运频次，对各村重要道路沿线及公共场所进行清扫，及时清理房前屋后及背街巷道杂物垃圾，确保垃圾清运工作做到“日产日清”。五是工业垃圾有偿化服务。通过环卫办的深入宣传和企业服务中心的配合，辖区内大部分企业都与城远保洁签订有偿服务协议，乱倒垃圾现象得到有效遏制。六是村容村貌不断提升。辛章办公区先后 2 次组织政府、工商、公安、综合执法等多部门联合执法行动，对辛胜路、连接路、辛开路两侧违建，摆摊占道的牌匾广告进行彻底清理，出动 60 余人，大型机械车辆 4 辆，拆除广告牌 103 块，临建 28 处 575 平方米，其中自拆 3 处 150 平方米，下发拆除通知单 310 份。七是做好公共基础设施检修、修复、更新工作。2021 年发现 8 处道路损坏并得到及时修复。发现破损井盖 35 处，都已进行更换，同时负责路灯杆的更换和维修。八是加强土地流转管理，培育种养殖合作社。坚持“依法、自愿、有偿”原则，发挥村级主体引导作用，培育农民合作社、家庭农场、专业大户等新型农业经营主体，加强土地流转的规范引导，鼓励土地承包方开展土地承包经营权的有序流转。九是开展农村乱占耕地建房问题专项整治。对各类违法违规用地坚决“零容忍”，清存量、遏增量。多次召开班子成员和村街支部书记参加的会议，要求各支部书记负起责任，对于违法建设要第一时间发现，第一时间制止。

【民生保障】 一是切实保障困难群众生活。2021 年辛章办公区注销 21 户低保 51 人，为辖区 12 户贫困户申请最低生活保障待遇，注销 15 名特困，为辖区内 11 人申请农村特困待遇，对辖区享受两项补贴的残疾人进行二次认证，为 8 名符合条件的残疾人申请两项补贴，切实解决困难群众生活。二是持续巩固脱贫攻坚成果。对已脱贫建档立卡贫困户 8 户，持续用好帮扶政策，高质量开展好动态监测工作，坚决杜绝规模性返贫致贫；持续用好防贫保险等惠民政策，做到应保尽保、应助尽助，2019 年 2 月 1 日至 2022 年 1 月 31 日所有贫困户均免费享受防贫保险，夯实社会保障基础。三是提升计生服务水平。2020 年 10 月 1 日至 2021 年 9 月 30 日考核年度出生 147 人，其中一孩 53 人，二孩 82 人，多孩 12 人，符合计划生育率 93.88%，出生率 5.94‰。四是不断改善教育办学条件。投资 420 余万元，建筑面积 1600 平方米的辛章小学幼儿园 2021 年 10 月投入使用。投资 1350 余万元，建筑面积 4500 平方米的十四中主体教学楼扩建工程现正在准备建设局备案资料。投资 1600 万元，建筑面积 4200 平方米的新区小学扩建工程，正在霸州市开发区办理规划证，近期将入场施工。五是做好养老保险、医疗保险征缴工作。将医保政策宣传作为落实医保惠民政策的重要抓手和根本途径，提高居民参保的积极性和对惠民政策的知晓率，让医疗保险政策最大限度地惠及广大群众。2021 年度养老保险缴费 7190 人，2021 年度医疗保险缴费完成 20392 人。

【环境保护】 一是坚持巡查“散乱污”企业。辛章办公区检查“散乱污”企业旧址 334 次、出动工作人员 356 人次、出动车辆 114 辆次，未发现“散乱污”死灰复燃现象。二是进一步加强秸秆禁烧工作。辛章办公区 15 个村街分别成立 3～8 人巡查小组 95 人，每天在辖区内不间断巡查，对存在火灾隐患的区域进行梳理汇总并上报，各村街安排车辆人员进行集中清理。三是严格管控散煤。对所有村街进行摸底排查，对销售点和流售车进行多次排查，发现 1 辆农用车销售散煤，收缴散煤 10 袋。联合工商部门对辖区内所有商铺，清查多次，发现 1 处燃煤商铺，收缴炉具 2 个，蜂窝煤 712 块。洗浴排查燃煤锅炉 1 个，已责令其拆除。四是切实落实涉 VOCs 排放企业管控措施。辛章办公区成立两个涉 VOCs 排放企业巡查小组，对辖区内涉 VOCs 排放企业进行排查，排查辖区内涉 VOCs 企业 211 家次，发现问题 121 起，整改完成 121 起。五是做好 10 蒸吨以下燃煤锅炉“清零”工作。辛章办公区对 10 蒸吨及以下燃煤锅炉取缔、改造，其中工业企业涉及锅炉 25 台。截至年底，对辖区内已拆除燃煤锅炉进行巡查，未发现企业存在燃煤锅炉及燃烧散煤情况。

【社会稳定】 一是化解矛盾纠纷。扎实开展“群众说事、干部解题”活动。线下：辛章办公区依托“民调中心”开展“群众说事、干部解题”工作，并在 15 个村街全部建立“说事点”；线上：将“霸州民生”微信公众号在全区范围内进行推广，每村选定一名村街两委班子成员作为网格员，下载安装“霸州服务管理”App，熟练掌握“接单”“派单”“跟单”“上报”等功能。二是全力做好“国家反诈中心”App 宣传推广工作。各村街组织村街“两委”、村民代表走进小区、企业、走进百姓家中进行入户宣传，动员辖区群众下载安装“国家反诈中心”App，全力做好“国家反诈中心”App 宣传推广工作，坚决遏制电诈案件高发态势。截至 12 月 30 日，辛章办公区“国家反诈中心”App 共计下载注册 15079 人次，注册率 60.71%，在全市排名第二。三是开展好安全生产检查。企业方面：辛章办公区组织 3 次针对企业安全生产及消防方面的培训；组织召开 4 次安全生产例会；开展“防风险、除隐患、保安全”大排查大整治行动，巡查企业 300 余次，排查企业 750 余家，发现隐患 3600 余处，整改 2890 余处，停产整顿 110 家。建筑施工方面：对辖区内建筑施工工地进行安全隐患排查，重点查看脚手架搭建是否规范，施工围挡是否齐全，工人是否按照要求佩戴安全帽等。排查建筑施工工地3家，发现隐患8处，整改8处。校园安全方面：对策城小学、辛章小学、新区小学、十四中学4所学校进行安全隐患排查，发现隐患15处，已全部整改完毕。食品安全方面：对辖区内饭店、小吃部等食品经营场所进行一次拉网式排查，利用2天的时间排查食品经营场所68家，对存在问题的经营场所，辛章办公区立即对其采取停业整改措施，整改不到位关停取缔并吊销营业执照。

【党建工作】 一是完成村“两委”换届工作。“两委”换届工作中，坚持“五选”“十不选”原则，坚持德才兼备、以德为先用人导向，严格按政策规定、职数和结构要求配备村街“两委”干部，从有利于工作的连续和发展出发，稳妥推进，合理统筹，选举前摸底调研，选举中有序推进，选举后及时总结，指导各村街按期完成“两委”换届工作。村党组织书记、村委会主任“一肩挑”为100%。二是掀起学党史教育热潮。制定学习教育计划，对学习内容、时间安排、学习方式进行明确要求，领导干部以上率下带头学，坚持每月组织集中学习1次，示范带动各基层党组织跟进学。4月19日，组织党员干部一行90余人到霸州市华夏民间收藏馆参观廉政教育展，赴狼牙山红色教育基地开展革命传统教育活动，实地接受党性和革命传统教育，重温红色历史，缅怀革命先烈，传承红色精神。三是党风廉政建设持续加强。压紧压实全面从严治党主体责任，制定党风廉政建设和反腐败工作责任分工，落实党委领导班子全面从严治党主体责任年度工作任务。开展工作作风整治，进一步提升机关效能，用好监督执纪“四种形态”，持续推动全面从严治党向纵深发展。四是结合典型案例，开展党纪党风警示教育。5月11日，辛章办公区纪委邀请开发区纪工委副书记韩勇对办事处15个村街的“两委”成员进行典型案例分析与农村财务常识的学习，使全办事处村街“两委”干部从反面教材中吸取教训，增强自身免疫力；深化廉政风险防控工作，做到“四个到位”，即排查到位、公开到位、执行到位、动态监管到位。同时利用岗位风险防控系统，做好提醒教育。

【重点村街】

辛章六村 位于辛章中心街东侧，交通区位优势明显，村街现有546户2360人，耕地面积1996亩，2021年度村集体经济收入120万元。多年来，村街始终在挖土地资源潜能，推动集体、村民双增收上下功夫，实现了集体经济年收入从“万元户”到“百万元户”的大提升。

在谋求土地经营再发展上，村“两委”班子利用外出培训契机，充分借鉴先进地区经验做法，与霸州市中盛房地产开发有限公司和鑫融达投资有限公司开展合作经营，村街以土地作为固定资产入股企业进行土地开发，每年收取分红。同时，为守住“经济果实”，村街建立健全相关财务制度，实现村街财务和集体资产管理制度化规范化管理，有效防止村级集体经济“流失”。

策城四村 位于辛章办事处东北侧，胜芳协同开发路贯穿本村南侧和西侧，交通极为便利，全村415户，总人口1670人，村“两委”班子成员5人，耕地面积1708亩。

在搞好招商引资的同时，抓好公益事业建设和群众福利事业。按照要求，科学选址后在村街建设公厕，同时改善人居环境，增强广大人民群众的获得感和幸福感。

王家岗村 位于辛章办事处东北部，全村

108 户，335 人，耕地面积 376 亩，村“两委”成员 4 名，2021 年村集体收入 17.7 万元。

王家岗村“两委”班子坚强有力，党员队伍素质高、能力强，发挥先锋模范带头作用；发展党员标准高，党员队伍不断优化；运转机制规范完善，通过加强领导、强化责任、完善制度等一系列措施的推行，营造干事创业、风清气正的浓厚氛围；完成“红色地标”建设，功能完备，服务群众能力升级，社会环境安定和谐，村民安居乐业。

（郑　芳）